本书由厦门大学"211工程"三期"公共政策与政府治理"及"985工程"公共管理重点学科建设项目资助出版。

厦门大学妇女/性别研究丛书

厦门大学
妇女/性别研究
学术文选

陈力文/主　　编
林丹娅/执行主编

厦门大学出版社　国家一级出版社
XIAMEN UNIVERSITY PRESS　全国百佳图书出版单位

厦门大学妇女/性别研究学术文选
编委会

主任
陈力文　厦门大学原党委副书记,厦门大学妇女/性别研究与培训基地主任

编委
陈振明　厦门大学妇女/性别研究与培训基地学术委员会主任,
　　　　厦门大学公共事务学院院长、教授
李明欢　厦门大学妇女/性别研究与培训基地常务副主任,
　　　　厦门大学公共事务学院教授
叶文振　厦门大学妇女/性别研究与培训基地副主任,福建江夏学院副校长、教授
王炳华　厦门大学妇女/性别研究与培训基地副主任,厦门大学宣传部部长
蒋　月　厦门大学妇女/性别研究与培训基地副主任,厦门大学妇女委员会主任,
　　　　厦门大学法学院教授
林丹娅　厦门大学妇女/性别研究与培训基地副主任,
　　　　厦门大学中国语言文学研究所所长,厦门大学人文学院教授
陈武元　厦门大学妇女/性别研究与培训基地学术委员会委员,
　　　　厦门大学社会科学研究处副处长,教育研究院教授
赵叶珠　厦门大学妇女/性别研究与培训基地学术委员会委员,
　　　　厦门大学妇女委员会副主任,厦门大学教育研究院教授

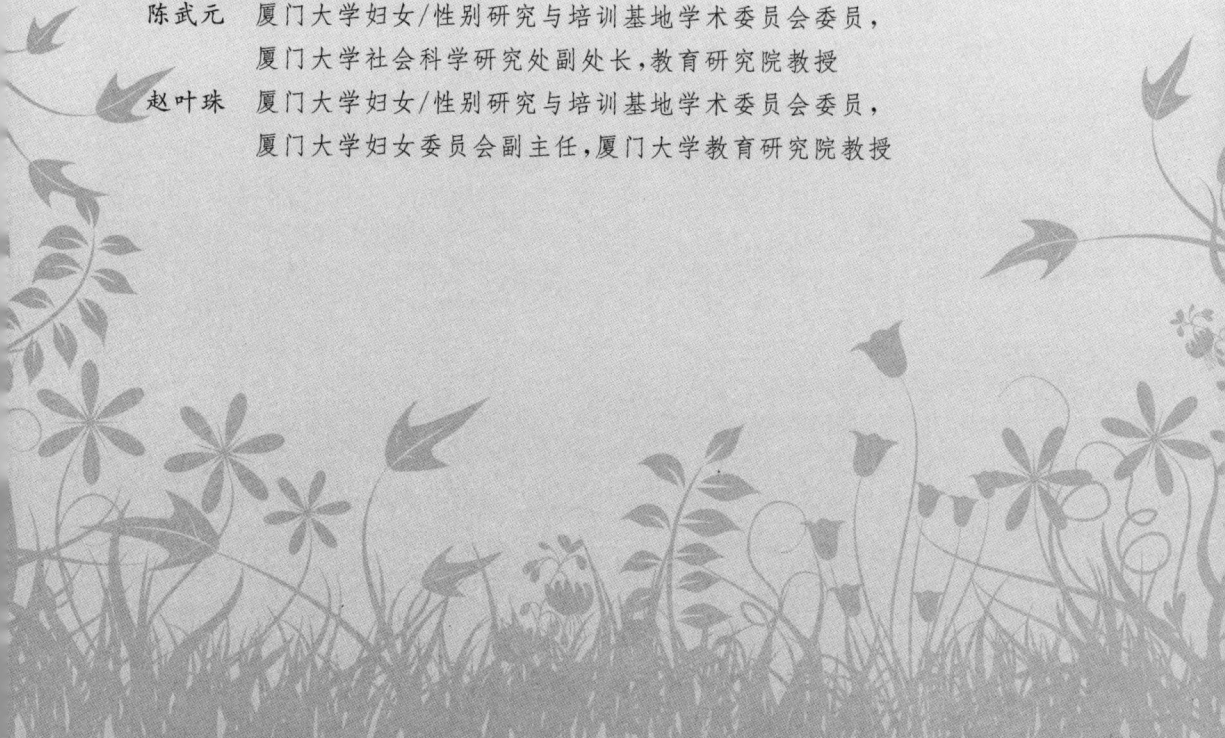

序

  中国的妇女/性别研究兴起于上世纪80年代,厦门大学是国内较早开展这方面研究的高校之一。1995年北京第四届世界妇女大会召开之后,在全国妇联的积极推动下,妇女/性别研究与学科建设越来越得到全国高校与学术界的重视。厦门大学党委与行政班子历来十分关注女性发展,重视妇女/性别研究和学科建设,不断采取措施,促进早期处于分散状、即兴式的研究力量,向有组织、有体系的团队研究发展。1997年,"厦门大学工会妇女理论研究会"成立;2002年,与福建省妇联共建的"厦门大学福建女性发展研究中心"成立;在此基础上,2006年,与全国妇联共建"厦门大学妇女/性别研究与培训基地"。这三个机构职能各有所长,相辅相成,共同支撑出具有厦大特色的妇女/性别研究平台,从而集合起全校从事妇女/性别研究的教学科研人员,组建起不同学科和专业的研究团队,有效地进行跨学科的交流与合作,学科互动,资源共享,大大充实与提升了我校妇女/性别研究的实力。

  2008年,我校成立了"海峡两岸性别研究与教学合作中心",搭建两岸性别研究与教学交流的重要平台,推动两岸文化与教育合作研究向多层次、专业化方向发展。

  2010年,妇女/性别研究被列入我校"985工程"建设平台,进一步使妇女/性别研究成为我校重点学科建设方向。

  多年来,为促进我校妇女/性别研究的持续发展,我们采取一系列措施:对内定期召开学术研讨会,举办学术论坛,进行跨学科、跨专业、跨部门的学术交流与切磋;对外组织师生参与社会研究活动,参加国内外、境内外各种高层次的学术研讨会,组织申报相关课题与相关奖项,促进多出成果,出好成果,在校内营造妇女/性别研究的学术风气与氛围,并把研究成果推广到社会上去,对社会性别意识的形成产生积极有效的影响。

为了能集中展示新世纪以来我校妇女/性别研究具有代表性的学术成果,推进妇女/性别研究工作进一步发展,厦门大学妇女/性别研究培训基地决定组织编辑出版《厦门大学妇女/性别研究学术文选》、《厦门大学妇女理论研讨会论文集》,这也是基地工作五年规划中"文库建设"的第一批成果,本文选便是其中成果之一。

本书选取我校具有代表性的研究者与论文45人/篇,根据研究方向大体上分为性别与社会学、性别与政治学、性别与法学、性别与文学、性别与教育学五个板块,但其中讨论的内容与问题,涵盖面甚广,涉猎性别与文化、文学、艺术、哲学、政治、经济、教育、法律、就业、家庭、人口、心理、健康等各个方面。它突出地体现出我校在此方面的研究所涉学科之多样,同时也共同反映出我们的研究特点与重点:一是深入探讨妇女/性别理论的基本问题,为逐步建立比较完备的中国特色社会主义的妇女理论做积累;二是对中国现代化建设中女性发展所面临的问题进行理论探讨,关注妇女工作和妇女发展的新情况和新问题,为政府解决现实中的妇女/性别问题提供理论服务和决策参考。三是跟踪国内外女性/性别研究的学术前沿,借鉴发达国家的研究成果,也重视第三世界国家在女性研究方面的经验,在自身的研究中推动理论创新,不断取得新的突破与进展。

我校的妇女/性别研究始终得到各级领导的重视和支持,陈至立副委员长、彭珮云大姐曾先后多次莅临我校视察指导,全国、福建省、厦门市各级妇联组织也给予了我们宝贵的支持和帮助,使得我们的妇女/性别研究呈现出蓬勃发展的态势。可以预见的是,随着整个社会文明进程的加快,"男女平等"的目标会越来越频繁、越来越普遍地反映在我们对两性生存状态的关注、研究与改善中。我们每个人的努力都介入其中并分享成果,此部文选的出版,就是我们以自己的方式参与这项伟大而艰巨的文明工程的表征。性别研究方兴未艾,女性发展未有穷期,我们期待着我们的工作能够起到抛砖引玉的作用,吸引更多人关心妇女、关怀两性,共促科学发展,共建和谐社会,共创美好生活。

陈力文

2012 年 11 月

目录

第一辑 性别与社会学

中国女性的社会地位及其影响因素/叶文振/4

女性在国际人口迁移中的地位、作用与影响
　　——《通向希望之路：妇女与国际移民》评介/李明欢/18

女性主义知识论/曹剑波/26

女性发展：建设和谐世界的条件与动力/李　丹/36

女性的自我意识及其影响因素
　　——以福建省为例/石红梅/48

政治哲学视域中的性别正义/宋建丽/62

试析性别理论的核心思想及其学术价值
　　——从性别概念的形成谈起/林　红/74

公共管理研究的性别视角
　　——美国女性主义公共行政理论评述/王宇颖/82

中国大龄未婚人口现象存在的原因及对策分析/林擎国/98

农村失地青年女劳力的转移与就业
　　——厦门市海沧区调查与思考/朱冬亮/110

对基层执行人口计生综合改革政策的反思与建议
　　——基于流动妇女生殖健康的研究/王德文/118

闽台人口对比初探：闽台性别比的对比与思考/郑启五/132

第二辑 性别与文学

作为性别的符号：从"女人"说起/林丹娅/146

另类现代性：时间、空间与性别的深度关联/王　宇/158

《女子月刊》：社团、党派、性别之间的博弈/李晓红/170

赛伯女性主义：数字化语境中的社会生态/黄鸣奋/198

"丑女人"现象

——美国当代小说的一种倾向/王　诺/210
　　王安忆：上海"京派"与社会主义记忆/郑国庆/220
　　性格、问题与命运：虎妞形象再认识/李城希/230
　　围绕赵明诚"诸子"与李清照生平创作的几个问题/钱建状/244
　　莎菲作为"Modern Girl"形象的特征与价值/王　烨/254
　　灾荒中的艰难"向左转"
　　——再论丁玲的《水》/杨　慧/264
　　当代中国影视中的女性形象之嬗变/陈嬿如/276
　　性别的间离过程：十七年女性戏剧研究/苏　琼/288
　　和亲剧的性别文化解读/杨惠玲/300
　　耶利内克《死亡与少女》中的反讽/李晓林/312
　　越境的寓言：《情人》和《上海宝贝》中的异国恋解读/杨　玲/320

第三辑　性别与法学

　　新中国六十年婚姻立法改革述评：基于性别平等的观察与前瞻/蒋　月/336
　　平等与偏爱
　　——对女性退休年龄规定的合宪性分析/刘连泰/356
　　走出同居女性权利缺失的法律困境/何丽新/366

第四辑　性别与政治学

　　马克思主义妇女观及其在当代中国的发展/陈喜乐/382
　　马克思主义妇女观与男女平等基本国策/徐雅芬/392
　　影响妇女在村级选举中参与的诸因素分析/胡　荣/404
　　女企业家成长的环境研究/廖泉文/416
　　培养适应知识经济时代的女新闻工作者/司卓亚/428
　　青年白领的职业获得与职业流动：男性与女性的比较分析/唐美玲/432
　　透过就业竞争力看女大学生的实际就业状况/武毅英/446
　　社会保障与女性成才/徐延辉/456
　　转型时期已婚职业女性在家庭中的角色冲突及调适/张友琴/468

第五辑　性别与教育学

　　女子高等教育文化变迁的寒暑表

——中国女子高等教育的过去、现在和未来/潘懋元/480

高考与女性接受高等教育之现状与展望/刘海峰/492

日本女性接受高等教育与就业问题研究/陈武元/502

社会性别视角下加强高校女研究生思想政治教育的思考/廖志丹/514

改革开放30年中国妇女教育成就

　　——基于全球视野的分析/赵叶珠/522

新中国女子高等教育的成就

　　——历史与国际的视角/郑若玲/532

编后说明/543

第一辑 性别与社会学

叶文振,男,江夏学院副校长,兼厦门大学公共事务学院社会学系教授、博士生导师,厦门大学福建女性发展研究中心主任,从事经济学、人口学、社会学和女性学的跨学科和多学科的比较研究。至今申请获得国家社科基金、教育部社科规划项目和美国福特基金等科研课题资助20余项,公开发表中英文学术文章115篇,出版专著、合著和编著9部。

中国女性的社会地位及其影响因素

摘 要:女性对自身社会地位的主观评估主要取决于自我能力的认可程度、母亲和自己的受教育水平、所居住区域的性别文化性质。对自己的能力树立信心是女性社会地位提高的一个与心理或性格相关联的先决条件,教育投入则是提高女性社会地位一块不可或缺的重要基石。大男子区域文化不仅不合理地降低了女性的社会地位,还让处于不平等社会地位中的女性感到自我满足。要进一步改善我国妇女的社会地位,就必须在注意提高妇女自信的心理素质和自强的教育素质的同时,从社区和社会层面消除以男权为核心的传统性别文化。

关键词:女性社会地位 影响因素 回归分析

改革开放以来,我国经济、社会均发生史无前例的变化。在经济与社会双重转型中,我国女性作为一个整体的生存与发展状态,特别是其在社会结构中的地位,引起学术界和非学术机构越来越多的关注。本文将利用"第二期全国妇女社会地位抽样调查"福建样本的资料,具体描述我国女性对自己目前社会地位的满意程度和社会地位满意度在不同地域文化之间的分布,分析与男性社会地位满意度的对比关系,在综述前人研究成果的基础上,建构一个包括多层面影响因素的中国妇女社会地位理论解释框架,然后结合回归估计结果,提出进一步改善和提高我国女性社会地位的对策。

一、文献综述与理论假设

前人有关妇女社会地位的研究主要集中在两个方面:妇女社会地位这一概念的科学界定和测量,影响妇女社会地位水平的因素分析。

在概念界定方面,西方学者把社会地位看成社会分层的三个构成要素之一(其余两个构成是财富与权力),认为它是指他人对一个人或一个社会群体的尊从与敬重(Renzetti and Curran,2000),是社会分层中反映社会名望的组成部分。然而,国内学者不同程度地把社会地位等同于社会分层,分解出三个关于妇女社会地位的定义：一是妇女拥有社会资源的能力和程度（熊郁，1995）；二是妇女拥有的包括财产、权力在内的社会资源和来自社会的认可程度，或在社会中享有的威望（张敏杰，1995；蒋永萍，1993；沙吉才，1998）；三是妇女的比较社会地位，即相对男性而言，或以男性群体的社会地位为参照系，妇女这一特殊群体在社会关系中的地位（颜士梅，1997；冯立天、陈再华，1997）。但是，概念界定不一致似乎并不影响国内学者对妇女社会地位内涵相对比较趋同的理解；如颜士梅（1997）包括经济地位、政治地位、教育地位、法律地位、婚姻家庭地位和生育地位在内的妇女社会地位的六个构成说；冯立天等（1997）的八个构成论，即把生育地位归入婚姻家庭地位的同时增加劳动、社会参与和健康等三个组成部分；第二期中国妇女地位调查课题组（2001）的八个侧面论，即经济、政治、教育、婚姻家庭、健康、生活方式、法律和社会性别观念等，这都表明，在国内学者的思路里，妇女社会地位主要涵盖妇女在政治、经济、法律、社会与家庭等领域中的地位。

学术界及有关机构对妇女社会地位的测度也表现出多样化特点，例如，1988年在加拿大蒙特利尔召开的会议上，联合国采用以下指标测量各国妇女的社会地位，包括对女婴的态度、女青年入学率、女性就业率、妇女在领导岗位上担任重要职务的比例、妇女在家庭中的地位、妇女个人财产在社会财富中所占的比例。又如，美国人口危机委员会1988年采用五大类20个指标评价世界上99个国家妇女社会地位，其中包括健康（如女婴及0~5岁女孩的死亡率）、婚姻与孩子（如女性早婚率）、教育（如中学女教师比例）、就业（男女在有报酬就业中的对比）和社会平等（如经济平等、政治法律平等、婚姻家庭关系中的平等、男女社会平等对比）。我国学者利用39项指标构成经济、政治、社会（参与社会发展程度）、家庭和文化等五个客观指标，妇女自我认识和发展状况评价两个主观指标，来综合衡量我国妇女的社会地位（韦惠兰、杨琰，1999）。

在分析妇女社会地位影响因素时，外国学者偏重于"制度论"，国内学者都不约而同地倾向"差异说"。Blav and Ferber（1986）认为，男女在资源获取、控制和支配方面的权力大小主要取决于男女劳动分工制度。我国学者战捷（1995）则强调，性别差异导致教育、职业及收入的性别差距，进而影响妇女地位的提高；沈安安（1995）指出，由夫妇自身受教育水平和夫妇教育水平的差异共同反映的家庭文化模式是妇女地位的主要决定因素；顾鉴塘（1995）把妇女地位的高低直接归因于夫妻之间的经济收入差异，认为中国广大农村妇女经济收入低和夫妇间收入差额大是农村妇女家庭及社会地位低的主要原因。

从以上简单的文献综述可以看出，前人的研究至少存在以下几个不足：(1)对妇女社会地位的界定，特别是对其内涵的理解，过于扩大化，几乎无所不包，结果在很大程度上限制了对妇女社会地位的影响因素分析；(2)测量时所使用的指标及其数量差别都很大,影响在不同国家与地区之间进行比较分析;(3)过于侧重社会地位的统计测量,对妇女社会地位的影响因素分析相对比较薄弱,且较少考虑宏观层面因素和个人背景因素的影响作用;(4)较少在个体或微观层面研究妇女社会地位的变迁和影响因素。

本文认为,社会地位不等同于社会分层,也不宜把它仅看成对社会资源的拥有规模。社会地位应该是独立的概念,它主要指一个人或一个社会群体被他人或被其他社会群体的尊重程度及其拥有生存与发展机会的平等程度。因此,所谓妇女社会地位就是指女性或作为个人主体或作为一个社会整体被他人或其他社会群体的尊重程度及其拥有的生存与发展机会的平等程度。一个女性不仅受到社会良好的人格尊重,还拥有与他人同等的社会参与机会,那么她就处于一个较高的社会地位。

在认识妇女社会地位的影响因素方面,本文认为,除了把妇女作为一个整体来分析其社会地位的影响因素以外,还应该甚至更有必要把妇女个体作为分析单位,来探讨是什么原因构成她们各自不同的社会地位,这不仅因为妇女群体由个体组成,还因为基于微观层面的分析有利于从社会、家庭婚姻关系以及女性个人等层面综合认识影响女性社会地位的主要决定因素。鉴于此,我们提出一个多层面多因素的理论解释框架,即每一个妇女社会地位的高低是社会、家庭及个人等相关因素共同作用的结果(图1)。以下是根据模型提出的几个具体的理论假设:

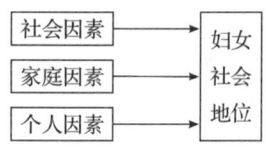

图1 中国妇女社会地位的理论解释框架

(1)从社会层面看,城镇地区较快的经济发展和对传统文化的创新为女性的生存与发展提供了更好的外部环境和更多的参与机会,因此,相对于农村姐妹,城镇女性拥有更高的社会地位。福州地区男人既主外又主内的文化传统和社会氛围既有利于减轻当地女性的家庭负担,又使女性有更多的时间和精力参与家庭外部的各种活动,其结果将有助于提高女性的社会地位;相反,闽南及莆田地区的大男子地域文化则限制女性社会地位的提高。与从未出过远门的姐妹相比,曾经去过外地甚至国外的女性由于长了见识,特别是出外打工,增加了收入和发展机会,也拥有相对较高的社会地位。

(2)从家庭婚姻层面看,父母亲良好的教育背景,特别是母亲较高的教育水平有利于提高女性的社会地位,这主要归因于受教育程度比较高的母亲不仅拥有较多的支持资源,其对子女进行教育和发展投资时也较少重男轻女。但是,夫妻间的教育程度差别越大,女性越容易把发展机会让给丈夫并被家庭与孩子所束缚,她的社会地位就越低;生育子女越多,女性的精力和时间被占用得越多,越难兼顾好家庭事务与自身发展,社会地位也越低。

(3)从个人层面看,年纪比较轻的,教育程度比较好的,自我认可程度比较高的,从事非农工作的,经济收入比较高的女性,她们的社会地位也越高;相反,越是持守传统性别意识的,其地位的提高越不容易。

二、资料与变量测度

本文资料来自"第二期中国妇女社会地位抽样调查",这是全国妇联和国家统计局继1990年第一期中国妇女社会地位调查后组织的又一次全国性的大型抽样调查。福建省调查涉及36个县、市、区,共收回个人问卷2 112份,回收率达100%。为了保证抽查结果的准确性和可靠性,福建省采取多层次的质量审核办法,其中主要包括对住户清单的审核,对换户、换人现象进行处理,对填答后的问卷的质量查核,除部分问卷出现漏填和某些项目置空不回答以外,问卷填答的数据具有较好的可靠性。表1是样本的基本概貌,数据表明,福建省调查样本以汉族为主,少数民族仅占1.8%。61.4%的样本人口分布在南平、福州和泉州等三市,各占22.7%、20.5%和18.2%。另外,81.4%的被调查对象集中在20~49岁。本文的分析单位是每一个被调查的女性,样本规模为1 132。为了进行性别比较,我们也对男性进行相应的检验分析,其样本规模为980。

表1 调查样本的自然结构与地区分布

项目		人数	比重(%)	项目		人数	比重(%)
性别	男	980	46.4	城乡	城镇	1 056	50
	女	1 132	53.6		农村	1 056	50
民族	汉族	2 075	98.2	地区	福州	432	20.5
	少数民族	37	1.8		厦门	96	4.5
					莆田	48	2.3
年龄	18~19岁	39	1.8		三明	192	9.1
	20~29岁	408	19.3		泉州	384	18.2
	30~39岁	787	37.3		漳州	192	9.1
	40~49岁	524	24.8		南平	480	22.7
	50~59岁	255	12.1		龙岩	240	11.4
	60~64岁	99	4.7		宁德	48	2.3

从微观层面看,我们可以采用三种方法来测度女性社会地位这一概念化的变数:一是由一系列具体反映女性社会地位水平的统计指标构成的客观度量;二是用女性对自己社会地位的满意程度表示的主观测量;三是客观测度与主观评估相互结合的综合度量。相比较来说,第三种主客观综合测量的方法最佳,因为它有机地结合了对每一个妇女社会地位的出自个人的自我评价和来自社会的公共估计。本研究一开始也选择第三种测量方法,但在具体使用因子分析法(Factor Analysis)建构妇女社会地位量表时,由于所选择的客观项目或指标各自都有不少缺失值(missing values),使它们的交互组合无法集中在几个主要的因子上,最后我们只好使用主观测量法。显然,由于每个妇女对自己要实现的社会地位的期望值或赖以评价的标准都不一样,她们对社会地位满意度问题的选答就会表现出一定的相对性,即相对于各自的期望值或评价标准而言的。例如,"男外女内"的传统性别规范往往会降低女性对自身社会地位的预期,结果可能增强她们对自己社会地位的满意度。我们将在后续的分析中注意主观测度所隐含的这种相对性的影响。

本文的被解释变量——妇女社会地位有两种主观测度:一是用被调查者对问卷中的问题,即"总体而言,您对自己目前的社会地位满意吗"的选答结果表示女性社会地位的高低,这是一个总括指标,是一种主观的单一的测量。二是用被调查者对三个入户问卷问题的选答结果,经因子分析复合为一个测度指标。这三个问题分别是"您对自己目前的受教育程度是否满意"、"您对自己目前的工作是否觉得满意(先经过因子分析把被调查者对收入、劳动强度、工作的自主性、发挥自己的能力、职业的社会地位和工作的稳定性等六个工作满意程度复合为单一指标,女性样本的可信度为 0.84,男性样本的可信度为 0.85)"以及"总体而言,您对自己目前的家庭地位满意吗"。这一测度的男女样本可信度分别为 0.60 和 0.55。我们之所以对女性社会地位进行第二种的分项式测度,主要因为单一的主观总括指标虽然简单明了,但比较抽象笼统,可能会在一定程度上影响被调查者的选答,多指标分解测度则可以弥补这方面的不足,有助于增强回归分析的效果。另外,教育、就业以及家庭是女性主要的社会活动领域,参与这些活动的参与机会和在参与中被尊重的程度是妇女社会地位的基本内涵,对社会地位的满意度具有较高的代表性。对所选择的解释变量,我们分别进行以下处理和测量。

1. 社区变量

本文选取的社区变量包括城乡、代表不同地域文化的社区以及在人口流动过程中居留过的地区。首先,城乡变量以虚拟变量测度,居住在城里的为 1,其他为 0。其次,我们用两个虚拟变量表示不同地域文化背景,其中,由南平、三明和龙岩三市构成的闽西北样本为参照样本,即居住在福州和宁德市的为 1,其他为0,居住在莆田和厦漳泉的为1,其他为0。最后,本文用4个虚拟变量代表调查对象是否去过县城与地区所在市、省城及其直辖市市区、外省和境外,从未出过远门的为比较样本。

2. 家庭变量

该组变量有4个,即父母亲受教育程度、夫妻受教育程度的差别(用丈夫的受教育程度减去妻子的受教育程度)和孩子生育数。但为了避免样本规模因过多缺失值(missing values)而缩小,特别是使最后的统计验证不仅仅局限于已婚生妇女,而是针对全体女性的社会地位,我们只保留母亲的教育程度这一家庭层面的变量,且把它处理为数量指标。

3. 个人变量

这组变量有10个,包括被访者的年龄、受教育程度、职业、收入以及6个分别反映妇女的自我认可程度和持有的社会性别意识。年龄和受教育程度均处理为连续变量;职业为虚拟变量,非农从业人员为1,其他为0;收入变量因缺失值较多而去掉;与自我认可程度和社会性别意识相关的变量,其中包括对问卷问题"我对自己的能力有信心"、"如果一事无成,我会很不甘心"、"男人以社会为主,女人以家庭为主"、"男性能力天生比女性强"、"干得好不如嫁得好"和"女性应避免在社会地位上超过她的丈夫"的选答结果,也都处理为连续变量,持否定回答的取值小,表示肯定或同意的给值大。选答"说不清"的处理为中间值,以保持样本的容量。

在分析方面,由于被解释变量被处理为连续变量,本文采用OLS回归分析方法估计所提出的中国女性社会地位的理论解释模型。我们分别估计相关自变量对女性社会地位两个测度的回归系数,说明各解释变量对社会地位的影响程度和方向,并比较使用不同测度的两个回归模型之间的差别,以验证对社会地位的分解测度相对于总括度量的优越性。以上回归分析还将分男女样本展开,以便进行男女之间的性别比较。为了防止解释变量之间可能存在的多重共线性影响模型参数的准确估计,本文将在回归分析前先作必要的统计处理。

三、结果与分析

1. 描绘分析

表2是被调查者对自己目前的社会地位总括和分解满意度的性别分布。从总括的社会地位满意度的性别分布来看,虽然男女双方的比较满意及很满意的比例都大于70%,但女性的比例却高出男性5.4个百分点,经X2检验还具有统计显著性。这种明显与实际的社会地位男女分布不符的结果除部分归结于总括测度过于抽象笼统的特点以外,很大程度上还归因于我国男高女低的对社会地位期望值的差异。当我们使用分解测度作比较时,发现其结果有所改善。如对受教育程度的

满意度,女性感到比较满意和很满意的比例比男性低 3.4 个百分点(45.3%—48.7%),而很不满意的则高出男性近 6 个百分点,约占 16.7%,平均每六个被调查女性中就有一个对自己的受教育程度感到很不满意。显然,这种结果比较接近社会现实。但是,女性对社会地位较低期望值的影响仍然存在。根据同样的资料计算,在所有的职业中,福建女性收入均低于男性,其中差距最大的是农林牧副渔业的从业人员收入,女性只有男性的 41.7%,即使在以知识、学历作为收入分配基础的专业技术人员中,女性的年收入也只有男性的 77.5%。另外,在工作稳定方面,女性成为企业下岗的主要对象也是众所周知的社会事实。然而,在反映工作状况满意度的 6 个分指标中,有包括收入在内的 5 个分项满意度都没显示出显著的女低男高的性别差异,而且,女性对工作稳定的满意度反而比男性高,女性表示比较满意和很满意的比例为 64.6%,比男性的 60.3% 几乎高出 5 个百分点。

表 2 社会地位满意度的性别分布

(%)

			很不满意	不太满意	说不清	比较满意	很满意	X^2 检验
社会地位的满意度		男	3.3	23.0	2.4	53.9	17.2	15.68**
		女	1.7	18.6	3.3	60.2	16.3	
受教育程度满意度		男	10.8	38.6	2.0	41.0	7.7	27.12**
		女	16.7	35.7	2.3	35.9	9.4	
工作状况的满意度	收入的满意度	男	16.0	29.9	4.0	41.8	8.3	3.28
		女	16.3	30.8	3.0	42.8	7.1	
	劳动强度的满意度	男	8.4	22.4	5.7	54.5	9.0	2.28
		女	7.1	21.7	5.6	57.0	8.6	
	工作的自主性的满意度	男	3.2	9.4	5.4	61.2	20.8	4.75
		女	4.0	11.1	5.8	61.0	18.1	
	发挥自己能力的满意度	男	6.3	17.6	7.6	53.4	15.2	8.25
		女	7.8	15.2	9.7	54.0	13.3	
	职业社会地位的满意度	男	10.8	24.7	7.8	45.8	10.9	7.36
		女	11.4	22.2	10.7	45.9	9.6	
	工作稳定的满意度	男	12.1	21.1	6.5	48.1	12.2	18.16**
		女	9.8	16.2	9.5	51.9	12.7	
家庭地位的满意度		男	0.3	3.9	1.0	56.7	38.2	7.68
		女	0.9	4.7	0.9	58.3	35.1	

** 表示在 0.01 水平上具有统计显著性。

* 表示在 0.05 水平上具有统计显著性。

从教育、工作和家庭分项满意度的横向比较来看,我国女性对家庭地位的满意度最高,认为比较满意和很满意的比例高达93.4%,对受教育程度的满意度最低,只有45.3%。在工作状况满意度的6个分项中,收入的满意度最低,认为比较满意和很满意的比例只及49.9%,即平均每两个我国妇女中就有一个对自己目前的收入水平表示不满意;次低的是女性对职业社会地位的满意度,满意率为55.5%,满意度最高的分项是工作的自主性,该比例高达79.1%。所以,我国女性社会地位的进一步提高主要依赖于她们受教育程度、工资收入水平和职业社会地位的提高。另外,对女性社会地位满意度进行城乡比较分析的结果显示,城镇女性对自己目前的社会地位满意度略高于农村姐妹。因此,假如其他因素不变,城镇化将有利于提高女性对自身社会地位的满意度。

表3是被分析对象社会地位满意度在不同区域文化环境下的比较结果。不论是对总括的还是对分项的社会地位,闽南女性都相对具有更高的满意度(包括比较满意和很满意的比例),这跟在大男子地域文化中长期形成的对社会地位的低期望值有比较大的关系。福州相对平等的性别传统对女性社会地位的改善的确起到一定作用,从各项认为很满意的比例看,除了对家庭地位的满意度以外,福州女性都不同程度地高出其他地区的姐妹。当分地区个别分析时,三个地区的女性都表现出偏低的对受教育程度的满意度(39.8%~48.2%,包括比较满意和很满意的比例,下同),中等或中上的对工作状况的满意度(48.6%~83.8%),以及相当高的对家庭地位的满意度(91.7%~94.7%)。其中,尤其突出的是各地区女性对受教育程度和劳动报酬相当低的满意度,换句话说,我国女性社会地位相对低下,主要是她们在教育资源和劳动收入的分配制度中的地位偏低。

2. 回归分析

表4罗列了女性和男性社会地位的多元回归分析结果。比较两个女性模型的样本决定系数,即表4中的R^2值,我们发现用多项复合测度自变量的模型解释女性社会地位的方差为26%,而用单一指标度量的模型来解释只有7.3%,前者是后者的3.6倍。显然,我们关于对社会地位的分解测度优于总括度量的推论得到证实。下面我们将用复合测度的模型分析结果来验证本研究提出的关于妇女社会地位的理论假设。

首先,城乡虚拟变量的回归系数为正值,说明加快城镇化有利于妇女社会地位的提高,但是,在福建城镇化的这种正面影响相对比较弱,不具有统计显著性。福州男性也主内的文化的影响亦是正方向的,但不显著。闽南大男子传统与妇女社会地位满意度呈显著的正相关关系主要归因于闽南女性对社会地位较低的主观要求。人口地域流动的作用方向虽与假设相符,但无统计意义。母亲受教育程度对女性社会地位的积极作用得到统计证实,其回归系数为0.097,在0.05

统计水平上具有显著性,说明在其他条件都保持不变的情况下,母亲的教育程度每提升一个层次,女儿对社会地位的满意度就提高10%。

表3 女性社会地位满意度的地区分布

(%)

		很不满意	不太满意	说不清	比较满意	很满意	X^2检验
社会地位的满意度	地区1	1.3	19.4	4.6	61.1	13.5	15.3*
	地区2	2.9	15.9	2.6	61.1	17.5	
	地区3	0.8	21.8	1.9	57.9	17.6	
受教育程度满意度	地区1	22.2	36.5	1.5	34.5	5.3	24.8**
	地区2	14.7	32.6	4.2	39.2	9.2	
	地区3	15.4	36.9	1.9	34.6	11.2	
工作状况的满意度 — 收入的满意度	地区1	14.6	32.7	2.7	44.9	5.1	16.2*
	地区2	15.8	29.4	4.5	42.3	8.1	
	地区3	21.7	29.7	0.0	40.0	8.6	
工作状况的满意度 — 劳动强度的满意度	地区1	6.3	25.3	3.9	56.8	7.7	25.0**
	地区2	6.8	18.5	9.7	56.8	8.1	
	地区3	10.9	21.3	1.1	57.5	9.2	
工作状况的满意度 — 工作的自主性的满意度	地区1	2.7	8.7	4.8	69.4	14.4	27.4**
	地区2	4.6	9.5	8.2	60.2	17.4	
	地区3	5.2	15.6	2.9	51.4	24.9	
工作状况的满意度 — 发挥自己能力的满意度	地区1	5.4	14.5	11.7	56.9	11.4	26.8**
	地区2	8.6	11.2	11.5	55.3	13.5	
	地区3	9.8	23.7	3.5	48.6	14.5	
工作状况的满意度 — 职业社会地位的满意度	地区1	10.3	23.3	11.8	46.2	8.5	7.9
	地区2	12.6	19.9	12.6	44.2	10.6	
	地区3	14.1	23.5	6.5	44.7	11.2	
工作状况的满意度 — 工作稳定的满意度	地区1	7.5	18.1	10.5	51.8	12.0	17.9*
	地区2	12.9	17.8	11.9	46.5	10.9	
	地区3	9.9	12.3	4.7	57.3	15.8	
家庭地位的满意度	地区1	0.2	6.8	1.3	64.3	27.4	31.8**
	地区2	0.5	3.4	1.3	53.0	41.7	
	地区3	2.3	4.6	0.8	57.5	34.7	

注:地区1:龙岩、三明、南平市;地区2:厦漳泉、莆田市;地区3:福州、宁德市。

** 表示在0.01水平上具有统计显著性。

* 表示在0.05水平上具有统计显著性。

表 4　社会地位满意度的多元回归分析结果

	总括社会地位满意度		复合社会地位满意度	
	女	男	女	男
社区变量				
1. 城乡分类	.023	−.089	.036	−.099
2. 福州、宁德地区	−.006	.016	.034	.040
3. 厦漳泉、莆田地区	.012	.082*	.085*	.118**
4. 最远到过外省	−.036	.095	.013	−.009
5. 最远到过境外	.039	.040	.015	.019
家庭变量				
6. 母亲受教育程度	.045	.044	.097*	.106*
个人变量				
7. 年龄	.079*	.155**	.031	.125**
8. 受教育程度	−.022	−.047	.247**	.155**
9. 是否非农从业人员	−.004	.020	−.043	.049
10. 我对自己的能力有信心	.250**	.225**	.346**	.218**
11. 如果一事无成,我会很不甘心	−.031	−.009	−.042	−.002
12. 男人以社会为主,女人以家庭为主	−.052	.060	−.023	.007
13. 男性能力天生比女性强	.082*	.029	.079	−.002
14. 干得好不如嫁得好	−.104*	−.109**	−.053	.008
15. 女性应避免在社会地位上超过她的丈夫	.007	−.067	−.032	−.068
R^2	0.07	0.09	0.26	0.11
F	6.5**	7.0**	15.2**	5.9**
N	1 048	878	603	625

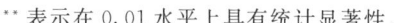

** 表示在 0.01 水平上具有统计显著性。
* 表示在 0.05 水平上具有统计显著性。

其次,个人变量中的教育与自我认可变量的影响与所提出的理论假设保持一致。妇女的受教育程度和自我认可程度与社会地位的满意度都呈十分显著的正相关,回归系数值分别为 0.247 和 0.346,表明妇女自身的教育程度和自我认可程度每往上移动一个台阶,如从高中提升到大学本科或者从对自己的能力没有信心到有一定的信心,那么她对社会地位的满意度就会在原来的水平上相应地分别提高 24.7% 和 34.6%。个人的年龄和职业的回归系数都不具有统计显著性,而且影响的方向与假设相反。我们认为,年龄对社会地位满意度的正面作用是和年龄比较大的女性具有相对比较低的社会地位期望有关,而非农从业人员的社会地位满意度之所以比农林牧副渔业从业人员的低,是因为她们要面对更多的男性竞争者,同时她们又具有相对比较高的对社会地位的追求。另外,虽然与传统性别意识有关的4个变量的影响都不显著,但其中3个变量的回归系数都是负值,表明持有传统性别思想多少会影响社会地位的提高。

最后,通过表4第三、四栏结果的对比,我们发现男性模型的解释力比较弱,R^2值只有11%,不到女性模型的一半。另外,闽南男权文化明显地提高了男性对自己社会地位的满意度,其回归系数上升到0.118。而且在男性模型中,年龄的影响也变得具有显著的统计意义,伴随着年龄的增长,男性所拥有的社会地位也在明显地上升。

四、结论

本文利用"第二期中国妇女社会地位抽样调查"资料,对所提出的中国妇女社会地位的多层面多因素解释模型进行回归检验,分析结果部分证实本文的原假设,所建模型具有较好的拟合度。

我们认为,本研究的意义主要体现在三个方面:

(1)从方法论上来说,对社会地位进行分项复合测度有利于增强回归模型的解释能力;在使用主观测度时,要注意把握主观测度所隐含的相对性的影响。

(2)从理论上来看,女性对自身社会地位的主观评估主要取决于自我的认可程度、母亲和自己的受教育程度以及所居住区域的性别文化性质。在现实当中,女性社会地位偏低不仅仅是因为在男权社会中男性凭借制度或文化对有限资源和机会的超额占用,而且还因为女性本身对自己的能力缺乏信心而主动放弃本来就不多的参与机会。因此,对自己的能力树立信心是女性社会地位不断提高的一个十分重要的与心理或性格相关联的先决条件。母亲和自己的受教育程度与女性社会地位状况的密切关系则告诉我们,教育投入是提升女性社会地位一块不可或缺的重要基石。大男子区域文化对女性社会地位满意度的正面影响提醒我们,男权文化不仅不合理地降低女性的社会地位,而且还让处于不平等社会地位中的女性感到自我满足。

(3)从政策上来讲,要进一步改善我国妇女的社会地位,就必须在注意提高妇女自信的心理素质和自强的教育素质的同时,从社区和社会层面进一步消除以男权为核心的传统性别文化。

参考文献

1. Renzetti, C. M. and D. J. Curran, 2000, *Living Sociology*, *Needham Heights*: *Allyn and Bacon*, p.197.

2. 熊郁:《当代中国妇女地位研究——中国改革开放与妇女发展》,沙吉才主编:《当代中国妇女地位》,北京大学出版社1995年版。

3. 张敏杰:《论中国妇女的社会地位和人权保障》,《浙江学刊》1995年第4期。

4. 蒋永萍:《中国妇女社会地位概观:全国卷一》,中国妇女出版社1993年版。

5. 沙吉才:《中国妇女地位研究》,中国人口出版社1998年版。

6. 颜士梅:《台湾妇女社会地位的现状及其成因》,《浙江大学学报》1997年第2期。

7. 冯立天、陈再华:《北京城市妇女地位调查研究》,李小江等主编:《平等与发展》,三联书店1997年版。

8. 课题组:《第二期中国妇女地位抽样调查主要数据报告》,《妇女研究论丛》2001年第5期。

9. 韦惠兰、杨琰:《妇女地位评价指标体系》,《兰州大学学报》1999年第2期。

10. Blav. Francimed and Marinne A. Ferber: *The Economics of Women. Men and Work*. 1986。

11. 战捷:《性别差异对女性地位的影响》,沙吉才主编:《当代中国妇女地位》,北京大学出版社1995年版。

12. 沈安安:《家庭文化模式对上海妇女地位的影响》,沙吉才主编:《当代中国妇女地位》,北京大学出版社1995年版。

13. 顾鉴塘:《中国夫妇经济收入差异》,沙吉才主编:《当代中国妇女地位》,北京大学出版社1995年版。

(原发表于《人口学刊》2003年第5期)

作者简介

李明欢,女,厦门大学公共事务学院社会学系教授,人口研究所研究员,社会学与人类学专业博士生导师,获国务院颁发政府特殊津贴专家,国务院侨办专家咨询委员会委员。主要从事国际移民与华侨华人研究。曾在国内闽、浙、粤侨乡及亚、欧、美、澳、非等30多个国家和地区从事华侨华人历史与现状的实地调查。曾先后应邀前往哈佛、牛津等10多所国际著名学府参加国际学术会议或讲学。出版《当代海外华人社团研究》、《欧洲华侨华人史》、《国际移民政策研究》等中英文专著7部,在国内外学术刊物发表中、英、法文论文上百篇。

女性在国际人口迁移中的地位、作用与影响
——《通向希望之路：妇女与国际移民》评介

摘　要：全球经济发展不平衡、劳动力市场内在结构变化和国际化趋势的连锁效应促使越来越多的女性走上跨国迁移的谋生道路。联合国人口基金会2006年的统计数据显示，全球跨国迁移人口中女性达9 500万，占国际移民总数的49.6%，国际移民呈现出女性化趋势。因此，各国的移民政策应当增强性别意识，关注女性移民面对的特殊问题，维护她们的权益，赋权女性移民。

关键词：国际移民女性化　人口构成　产业结构

自1996年以来，联合国人口基金（UNFPA）①每年均组织专家小组选择当下世界人口的一个重大问题进行专题调研并以"世界人口状况"（State of World Population）年度报告的形式公布研究结果。2006年9月，该组织的第11个世界人口年度报告——《通向希望之路：妇女与国际移民》（简称《妇女与国际移民》）——以英、法、西班牙、俄罗斯、阿拉伯共5种文字出版，通过出版社与网络媒体同时发布。②

《妇女与国际移民》首先对21世纪国际移民的总体状况进行全球扫描，指出当今世界是一个"流动的世界"（world on move）；高、低收入国家之间的贫富鸿沟伴随着全球化进程而日益突显，富裕国家高收入、高福利的诱惑通过现代科技传媒有意无意的影响，超越国界而形成较之以往任何时候都更为强烈的跨国迁移的强大拉力。在此大背景下，全球生活在"非本人出生国"的人口总数在2005

---

①　"联合国人口基金"正式成立于1967年，原名"联合国人口活动基金"（United Nations Fund for Population Activities），1987年改名为"联合国人口基金"（United Nations Population Fund），但英文缩写UNFPA维持原状不变。

②　UNFPA, 2006, State of World Population 2006, *A Passage to Hope: Women and International Migration*.

年底达到 1.91 亿[p5]①，可以说，现今全世界几乎没有哪个国家能够完全置身于国际移民大潮之外，不同之处仅在于有的国家以移民接纳为主，有的国家以人口外迁为主，而相当一部分国家则同时经历着人口的流入与流出。有鉴于此，不少国家，从政界、学界到普通百姓，均密切关注这一与自身命运息息相关的移民潮流，联合国及其隶属机构也纷纷将国际移民问题列入重要的议事日程。

伴随着当代国际移民的浪潮，国际移民女性化（the feminization of migration）成为引人注目的现象。其主要表现有二：一是当代全球移民人口的性别比已经趋于平衡，2005 年联合国的统计显示，目前全球移民人口女性比例高达 49.6%，总数约 9 500 万，真正成为全球移民的"半边天"[p5]；第二点更为重要，即越来越多女性是作为"独立移民"成为其家庭跨国迁移务工谋生的先驱。

第二次世界大战前，传统的跨国移民模式基本以男性为先驱和主导，女性或留在原居地家中照顾老小，或在男性家人多少已经立足于异国他乡之后，才作为他们的依附者（配偶、女儿、母亲等）踏上跨国迁移的旅途。然而，据《妇女与国际移民》专家组的调查，自 20 世纪 70 年代以来，越来越多的女性移民成为独立的"养家活口的人"（breadwinner），在家庭中率先走出国门，为家人谋利益。据统计，进入 21 世纪，跨国务工的亚洲女性多达 200 万以上，其中，菲律宾、斯里兰卡、印尼等国的女性移民比例均远在本国男性之上，也就是说，独立女性移民占据主导地位。2005 年，每天约有 3 000 名菲律宾人出国务工，其中女性超过 65%。2002 年，从斯里兰卡向国外迁移的人口中，女性比例达 2/3。2000—2003 年，从印尼到国外务工的人中，女性占 79%。另外，在南美的巴西和加勒比海岛国多米尼加，跨国迁移人口中女性也高达 70%。2000 年，意大利曾对入境外国移民进行性别统计，发现有 13 个来源国移民女性比例占 70% 以上，其中比例最高者为佛得角地区，女性达 85%[p23]。另一个典型的例证是，2006 年 7 月黎以爆发激烈冲突，国际移民组织（IMO）协助从黎巴嫩撤出 1.3 万名外国移民工人，其中女性比例高达 94%。②

那么，当代国际移民出现女性化趋势的原因何在？《妇女与国际移民》一书从主动移民、人口走私、难民庇护等多个不同层面对此进行比较详尽的分析。该书指出，女性知识水平、专业能力、自主意识提升，使得跨国流动的专业人员中女性比例上升，但这不是该报告关注的重点，该报告主要关注位于社会下层的女性

---

① 本文引用《妇女与国际移民》一书的资料出处，均根据原著英文版页码在括号内标明。

② 由于国际移民组织的救援对象以弱势女性为主，因此当地移民总量当中女性的实际比例低于此，但从中仍然可以看出当地女性移民的人数可观。

移民工人。由于参加报告调研写作的多达数十人,各章节有不同的主笔,因此,对于同一问题的分析往往在不同章节中分别或重复出现,这不能不说是该报告的一大不足之处。在普通女性劳动者为改变命运而走上迁移之路的动因中,除了原居地与目的地之间显而易见的经济差异外,还受制于劳动力市场内在结构变化及国际化趋势的连锁效应。简而言之,可从以下四个方面进行梳理剖析。

(1)全球产业结构的变化使女性得以进入更广泛的就业领域,这推动了女性的流动。随着20世纪70年代以来新经济的发展,无论是经过科技改造的传统产业还是新兴的电子工业,其对工人体能的依赖都大大降低,"身强力壮"的男性因而不再具有从业优势。年轻女性通常"心灵手巧",收入期望值也较男性低,更重要的是传统女性对于男性(因老板及管理人员大多是男性)"听话服从"的惯性,反倒使女性在劳动力密集型产业领域具有就业上的"优势"。来自外国的女性工人,更被认为"易于管理"而"价廉物美"。《妇女与国际移民》的资料显示,2001年在毛里求斯的制衣厂和纺织厂工作的外国工人中,女性占3/4。在泰国雇佣外国工人比较集中的达府(Tak)地区,外国工人中70%是女性。这些女工的工资收入普遍低于同厂工作的男性[p28]。

(2)高收入国家的护理服务业成为吸引低收入国家女性的就业大市场。大多数高收入国家均为本国国民提供全面的社会医疗服务,人口老龄化的趋势使这些国家的社会养老机构与设施承受空前的需求压力。从医院、养老院到面向各类残障、智障人士服务的社会机构,对护士和护理人员的需求量空前激增。然而,护理业是一个被认为既脏又累,且社会地位相对低下的行业,少有当地年轻女性愿意从事这一工作。自20世纪80年代以来,发展中国家的年轻女性已成为发达国家护理业不可或缺的人力资源。据统计,美国1/4的护士和护理人员是出生于外国的移民;英国从非洲招聘的护士总数在1998—2004年的6年间增加4倍;新西兰2002年的资料显示,该国23%的护士是外国移民;新加坡2003年的资料显示,全国护士中有30%属于"非新加坡出生"。而且,各类预测均显示,发达国家护理职位的空缺还将与日俱增。据世界卫生组织(WHO)估计,英国到2008年还需要增加约10万名护士。美国政府的预计是,全美到2020年将需要补充100万名护士。加拿大估计在未来4~5年内需要补充7.8万名护士,澳大利亚同期则需要补充至少4万名护士[p28~29]。国际组织及相关国家政府都清楚地意识到,这些护士职位空缺的大部分将不得不由发展中国家的女性移民来填补。

(3)随着高收入国家本国国民生活水平和福利待遇的提高,中产阶级以上家庭纷纷将"家务"转为雇佣劳动,对"女佣"的大量需求形成又一个跨国劳动力大市场。最突出的事例之一是,菲律宾训练有素的百万"女佣"跨国务工,已经成为国际劳务市场的"品牌",也成为菲律宾大量创汇的"民族英雄"。国际劳工组织(ILO)2003年的统计显示,沙特阿拉伯全国由家庭雇佣的外籍佣人在100万以上,中国香港雇佣的外籍佣人达20万,马来西亚也雇佣了15.5万。在新加坡,平均每7户即有一户雇佣一名入户居住的保姆。在阿联酋,平均每户雇佣3个佣人。2003年,阿联酋平均每天发放300个签证给从事家务劳动的外籍女性。这些家庭女佣的主要来源国除菲律宾外,还包括印尼和斯里兰卡。在拉美,当地从事跨国家务服务的女性主要去往前宗主国西班牙。据报道,西班牙每年将近50%的移民配额直接发给"家政工作者"[p51]。

(4)社会对女性的刻板印象和带有歧视性的社会定位,使女性在大多数国家主要从事餐饮、旅馆、娱乐、旅游、电话中心等服务业,一些男性以女性(尤其是异国女性)为欣赏、消费乃至玩弄对象的欲望,这推动了以性产业为主的特殊行业的发展。由于"娱乐业"与"卖淫业"之间不易划出清晰界线,因此,一些移民女性以"娱乐业从业人员身份"进入移民目的国,被迫以性谋生者不在少数。加拿大20世纪90年代中期的记录显示,每年登记在案的发给"前来表演的异国女舞蹈演员"的工作签证高达千人以上,其中显然有诈。在日本,2004年一年内就给外籍女性发出6.5万份"娱乐业"签证,她们绝大多数来自菲律宾。在韩国,有1000多名俄罗斯女性在从事"性工作",她们大多持娱乐业工作签证或旅游签证进入韩国。英国相关政府部门2004年收到的外国女性工作申请中,申请进入娱乐业的多达5 908份,同时还有4 627份申请从事"接待、餐饮"及相关工作。据统计,在欧盟各成员国从事性产业的移民女性可能达到20万~50万,她们中相当一部分是被人口走私团伙从欧洲以外国家或地区运送入欧洲的。《妇女与国际移民》的作者在调研中还发现,某些性产业的操纵者为满足其客户的猎奇心态,在亚洲、欧洲以及北美、南美之间形成一个互通有无的地下网络,通过引诱、交换不同民族、不同肤色的女性进入本地性产业,以赚取更多利润[p26]。

除了以上独立性迁移外,女性迁移的另一重要原由是跨国婚姻。跨国婚姻是较不发达国家的女性追求向上流动的途径,因此,跨国婚姻的主体以较不发达国家的女性与较发达国家的男性结婚为主,以女性迁移至丈夫所在国为主。《妇女与国际移民》一书公布的对俄罗斯的一项调查显示,目前在俄罗斯有多达近千家提供跨国婚介服务的"中介机构",估计每年有1万~1.5万名俄罗斯女性嫁到国外。过去10年内,总计已有8万名俄罗斯女性嫁到国外。作者同时亦指出,在这些跨国婚姻中,不乏以"婚姻"为名,行人口走私之实的案例[p25]。

该报告也注意到中国台湾的"外籍新娘"问题,指出,在过去十多年内,已有约10万越南女性嫁入台湾。在台湾"外籍新娘"流动的背后,潜藏着一个值得关注的层级流动的交替链。近二三十年来,在台湾都市受过良好教育的女青年,通过跨国婚姻嫁到美国、日本及欧洲发达国家的不在少数;台湾本岛经济发展以都市经济圈为主的趋势,则在吸引农村女性进入城市务工的同时,也吸引农村女性通过婚姻永远离开农村,从而形成岛内女性从农村向城市的婚姻流动。受此影响,那些相对偏远落后的农村地区,自然出现适龄女性缺失的现象。作为替补,这些农村地区的男性青年,就到经济发展水平低于台湾的东南亚等地迎娶新娘,从而形成婚姻流动的又一层级。据台湾有关方面2003年公布的一份统计资料,2002年全年台湾女性外嫁共4 457人,同期嫁到台湾的外籍女性有44 843人,其中37.3%来自东南亚地区。① 这一婚姻择偶圈中层级流动的交替链,同样见于日本、韩国、马来西亚等多个国家,其对女性生存发展的影响,亟待进行进一步研究。

在对跨国女性流动原因进行全面分析的基础上,《妇女与国际移民》一书对女性移民的贡献给予了比较客观、积极的评价。在本报告发布之前,世界银行曾在"2006世界经济展望"报告中,以"汇款与国际移民的潜在经济意义"(Global Economic Prospects 2006: Economic Implications of Remittances and Migration)为主题,列举大量数据,对国际移民汇款的经济意义进行了翔实的分析。报告指出,2005年全世界跨国移民汇款总额达2 323亿美元,其中有72%,即1 669亿美元,汇入发展中国家,超过发展中国家收到的其他各类援助的总额。可见,移民是发展中国家扶贫减困的有效途径。② 该统计公布后,引起相关专家学者及政府部门的广泛关注。

《妇女与国际移民》一书进一步从性别视角比较分析男女移民汇款动机和行为的异同。虽然经济统计中往往缺乏基于性别区分的数据,但该报告还是用有限的数据论证了女性移民的经济贡献。例如,1999年斯里兰卡总计收到本国移民从国外汇回的钱款约10亿美元,其中62%以上来自女性移民。在菲律宾,20世纪90年代后期大约每年收到60亿美元汇款,其中女性汇款占1/3。根据联合国国际女性培训与研究院(United Nations International Research and Training Institute for the Advancement of Women, INSTRAW)与国际移民组织2000年的研究成果,女性移民总体收入水平低于男性,但女性移民汇回家乡钱款占其收入的相对比例明显高于男性。例如,在中东工作的孟加拉女性寄回家的钱款平均高达其收入的72%。相关研究还显示,女性对于原居地的家庭更有

---

① 根据"行政院主计处"2003年7月30日公布的统计数据,转引自《结婚比重占1/4,台湾"外籍新娘"达25万》,http://www.southcn.com/news/hktwma/shijing/200307311117/ht.

② Global Economic Prospects 2006: *Economic Implications of Remittances and Migration*, in http://www.worldbank.org

责任感。对在多伦多的加纳移民女性的调查表明,大多数女性都计划用自己在加拿大的劳动所得在老家盖房,其中56%的女性已经着手在建。许多东南亚、南亚国家的女性移民表示,她们通过自己的劳动源源不断地汇款回家,大大提高了自己在家中的地位,改变了家乡人对女性的看法。而且,作为有着独立收入的劳动者,她们对家庭事务拥有更多的发言权,也拥有更多的自信[p29]。

研究者还注意到,除了经济收入外,不少女性还从跨国谋生的经历中提高了对自身价值的认识,增强了权利意识。例如,当阿富汗国家重建时,在国外的阿富汗妇女积极推动祖籍国女性参与其中。当2006年刚果民主共和国迎来首次民主选举时,在比利时的刚果移民妇女积极推动祖籍国的女性参选,以提高国民议会中的女性代表比例。不少国家的女性移民在移入国组建妇女会等团体,维护自身的合法权益。

正是基于以上种种事实,《妇女与国际移民》的作者对女性移民踏上移民之路给予高度评价,认为这是一条"希望之路"。因为对许多妇女而言,迁移为她们打开了通往新世界的大门,她们渴望在那里能够摆脱传统的压迫和歧视,享有更大的自由与平等,追求新的机遇与发展。

然而,机遇总是与风险并存的。离开熟悉的故土走向异乡,需要勇气、毅力和途径,也时常可能遭遇不可预测的风险与伤害。《妇女与国际移民》一书列举了一连串事例,说明女性移民除了与男性一样可能在异国他乡受到经济剥削、种族歧视之外,还可能遭到性骚扰、性暴力、性虐待,并要面对艾滋病感染率的风险。根据国际劳工组织的估计,目前全球遭受人身束缚与虐待的"现代奴隶"可能多达1 230万,其中以妇女儿童为绝大多数:在受到过度经济盘剥的跨国移民中,56%是妇女和儿童;在被迫进入性产业的移民中,98%是妇女和儿童。例如,土耳其是贩卖前苏联女性的最大世界性市场,2005年,有数以千计的前苏联女性在这里被卖为"性奴"(sex slave),其中60%来自摩尔多瓦和乌克兰,半数以上年龄在18~24岁,犯罪集团因此牟利高达36亿美元。墨西哥的一项调查显示,大约46%的移民女性曾遭受性侵害,其中23%报告海关官员是主要犯罪嫌疑人,其余犯罪嫌疑人依次为警察、行政司法官员(各占10%)和军人(6%)。另据斯里兰卡劳工局的报告,2001年该国共计有1 600多名女性报告在海外工作时受到性骚扰,但这只是冰山一角[p44~45]。女性移民遭受性侵害的问题正引起越来越多的社会关注。

对于女性而言,跨国迁移需要承受的另一压力是心理和情感负担。在佛得角,几乎每个家庭都有人生活在国外,有些家庭的成员甚至分别在3~4个不同国家生活。在菲律宾,800万人在国外工作的现实使得跨国家庭成为常态,许多年轻母亲在异国日日夜夜为他人抚育孩子,照顾老人,却终年不得与自己年幼的

子女见上一面[p33]。

正如《妇女与国际移民》的作者所指出的,数十年来,女性移民犹如一条虽日益拓宽却一直在悄无声息中滚滚流淌的大河。如果说跨国移民因为是新世界里的陌生人而面对各种潜在的风险与障碍,那么,进入异国劳动力市场的女性劳动者,则是跨国移民群体中更弱势,也更易受到伤害的群体。从长远看,妇女处在迁移过程中,而且还将继续迁移。联合国国际女性培训与研究院院长卡门·莫诺在论述女性与国际移民问题时就强调指出:"在国际移民大潮中,女性越来越成为主要的经济支柱。女性作出移民的决定,显示她们不惜为家庭牺牲自己的勇气。"前联合国秘书长安南在《全球化与相互依存:国际移民与发展》报告中亦强调:"鉴于国际移民中女性占据相当高的比例,国际移民政策应当增强性别意识,应当有利于赋权于女性移民,绝不能使其处于弱势无助的地位。"女性移民的辛苦付出应当得到承认,她们的权益应当得到保障,她们的声音应当让更多的人听到。唯有如此,方能有助于真正实现 2006 年 9 月联合国主办的首届"国际移民与发展高层对话"(High Level Dialogue on International Migration and Development)所提出的"实现国际移民效益最大化,危害最小化"的目标。

参考文献

1. Donato, Katharine M. et al., 2006, *A glass half full? Gender in migration studies*, in International Migration Review, 40(1).

2. Pessar, Patricia R. & Mahler, Sarah J., 2003, *Transnational Migration: bringing gender*, in International Migration Review, Vol. 37(3).

3. Piper, Nicola, 2006, *Gendering the politics of migration*, in International Migration Review, 40(1).

4. The World Bank, 2006, *Global Economic Prospects 2006: Economic Implications of Remittances and Migration*, Washington: The World Bank.

5. UNFPA & IOM, 2006, *Female Migrants: Bridging the gaps throughout the life cycle*, New York: UNFPA & IOM.

(原发表于《国外社会科学》2007 年第 4 期)

曹剑波,男,厦门大学人文学院哲学系教授,博士生导师,主要从事当代西方知识论研究。已在《汉语基督教学术论评》、《道风:基督教文化评论》、《哲学动态》、《自然辩证法通讯》、《学术月刊》、《复旦学报》(社科版)、《北京师范大学学报》(人文社科版)、《厦门大学学报》(哲社版)、《吉林大学社会科学学报》、《自然辩证法研究》、*Frontiers of Philosophy in China* 等刊物上发表论文120余篇。

女性主义知识论

摘　要：女性主义知识论研究性别对认识的对象、结果、确证等的影响。女性主义知识论认为，传统（占统治地位）的关于知识的生产者、消费者及知识确证的思想和实践都忽视女性认识方式的特殊性，忽视女性的利益与要求，把女性排除在认知范围之外，不利于女性的生存和发展。研究女性主义知识论是全面了解女权运动和知识论不可或缺的环节，对国内学术界来说，女性主义知识论也是全新的领域，对其进行较全面的介绍和评价十分必要。

关键词：女性主义知识论　知识的境遇性　女性主义后现代论　女性主义经验论　女性主义立场论

女性主义知识论研究性别对认识的对象、结果、确证等的影响。女性主义知识论认为，传统（占统治地位）的关于知识的生产者、消费者及知识确证的思想和实践都忽视女性认识方式的特殊性，忽视女性的利益与要求，把女性排除在认知范围之外，不利于女性的生存和发展。女性主义知识论的任务在于揭露传统知识论对女性的歧视，摒弃男性中心主义和性别不平等，扭转占统治地位的知识观念和认知实践，创立新型的女性主义知识论。

女性主义知识论是西方女权运动与社会知识论发展的产物，它既为女性主义实践活动提供哲学依据，又为批判与更新西方主流知识论提供动力。研究女性主义知识论是全面了解女权运动和知识论不可或缺的环节，而且，对国内学术界来说，女性主义知识论也是全新的领域，对其进行较全面的介绍和评价十分必要。

一、女性主义知识论对传统认知模式的批判

传统知识论中，有两种观点含有性别歧视：一，女性没有理性；二，在社会结构中，男性更重要。女性主义知识论者强烈批判这两种性别歧视，认为其与主客二分和价值中立这两种占主导地位的认知模式密切相联，因此他们主要批判这

两种认知模式。

自笛卡儿以降,日益强化的二元分立模式把事物分成对立的两方,如客体/主体、客观/主观、理性/情感、男性/女性,赋予前者更高的价值与地位。在知识论上,主张客观的知识优于主观的知识,理性优于情感,男性优于女性。这些对立的方面相互联系,不仅客观、男性、男性气质和理性相互联系,主观、女性、女性气质和情感之间也存在对应和隐喻关系,因此,西方认识论的二元图式也可视为这种性别二元论的产物。二分法本身的等级制和统治逻辑,使得主流社会倾向于肯定、赞扬和接纳与男性相对应的范畴,而否定、批判、贬抑与女性相对应的范畴;这种男优女劣的等级秩序基于父权制文化对性别的规定和诠释。在其规定和诠释中,男女生理上的差异被视为文化角色、社会境况差异的基础,因其先天性而具有绝对的稳定性。女性主义反对这种观点,认为:一,人们的行为受文化的引导并由文化所决定,传统知识本身是构成性别不平等的重要部分;二,性别角色是文化的产物,而非生物的产物,它是每个人在特定的文化氛围中学会的。正如存在主义的女权主义的杰出代表西蒙波娃所说,"女性气质不是天生的,而是被塑造成的"①;三,女性性别角色不仅受文化影响,还受社会制度、阶级等的影响。正因如此,女性主义知识论者反对把性别特征固定化,主张在不同的场所里男女都可能表现出"女性的"和"男性的"特征②,他们提出"社会性别"概念,从文化上阐释男人/女人、男性气质/女性气质的涵义及构成,强调性别二分法与认识论二分法的相互建构与相互强化的关系。

传统知识论主张客观的、理性主义的认知模式,并以普遍的、价值中立的客观性作为最高目标。它要求认知者排除主观的、境遇的、价值的个人因素,以普遍有效的方法探究世界的真实面貌,追求客观事实。科学知识社会学的最近发展对这种观点提出了严重的挑战,它认为,知识是构造的,而不是发现的,科学知识建立在创造它的社会群体的利益上。女性主义知识论赞同这种批判,认为所有知识进程和认知者都是具体的并处于一定的境遇中,我们关于世界的知识,反映了作为认知者的我们的社会、历史背景及价值观念。由于认知者是具有主观意识的人,他(她)们的价值判断会左右调查过程并对资料进行筛选,认知者在以自己的解释框架来解说事实时参与了对象的建构,认知者成为认知过程和认知结果的一部分。

---

① 申平华、邓微:《女性的世界——现代女性社会学》,湖南出版社出版1992年版,第11页。

② Candace West & Don Zimmerman, *Doing Gender*[J]. Gender and Society, 1987, 1: 125~151.

二、知识是境遇的

女性主义知识论者认为,不利于女性的、占统治地位的知识之所以产生,归根到底在于不了解知识的境遇性,为此,女性主义知识论者着重探究知识的境遇性。知识之所以是境遇的,由于个体原因和社会原因两类原因。

(一)境遇知识产生的个体原因

境遇知识产生的个体原因有五个:

第一,认知者的境遇性。认知者是特定的、具体的,认识过程受具体的空间、时间、社会和情感的因素影响,没有超验的、普遍性的认知特权。[①]

第二,人称不同。个体能直接感知自己的生理和心理状态,能获得这些方面的直接知识,他人只能通过对个体的外部征兆的解释及想象力的投射或他人的陈述来了解这些状态,这必然导致第一人称知识与第三人称知识的不同。

第三,关系的不同。由于认知者与被认知的他人的关系不同,因此认知者关于他人的知识也就不同。这种知识更像是理解的知识而不是说明的知识,因为这些知识通常是心照不宣的、不能完全表达的以及直观的。

第四,情感、态度、兴趣和价值的差异。人们描述的对象经常与其情感、兴趣和态度相关,这种相关性必然影响其知识。例如,小偷认为锁使人灰心,锁的拥有者则认为锁是安全的保证。

第五,认知风格的不同。人们的背景信念和世界观不同,研究和表述的风格因此不同,这使得她们对同一对象的认识有所不同。

这些个体性的特征对知识的影响表现在如下几个方面:影响认知者获得信息的方法;影响知识的表达形式(清晰的/含蓄的、正式的/非正式的、熟知的/描述的);影响认知者对其信念的态度(确定的/怀疑的、独断的/开放的)和确证的标准;影响认知者对认识意义的评价。

(二)境遇知识产生的社会原因

境遇知识产生的社会原因即知识的社会处境性。女性主义知识论强调社会处境对认知者"去认知什么"和"怎样认知"的作用。认知者的社会处境包括她的社会身份(性别、性格、种族、社会等级、亲属关系、社会地位)、社会角色和社会关系(职业、政党关系等)。在某种程度上,由于认知者的社会处境不同,她们的权力、义务、被赋予的性别角色的目的和利益以及服从的规范也不同。女性主义者

---

① Helen E. Longino, *Feminist Epistemology*. in The Blackwell Guide to Epistemology, edited by Dancy & Sosa. Oxford:Blackwell Publisher,1999,p. 338.

着重研究了作为社会处境的性别在认知中的作用,并区分性和性别。她们认为,性主要是男女生理上的差别,性别则包括性别角色、性别规范、性别特征、性别意义、性别行为和性别身份,是社会造成的①。性别角色的不同表现在社会角色的不同,如男性的政治和军事职务与女性养育孩子的任务就不同。性别规范的不同指男女的行为举止规范的不同,男性是自信的、好动的;女性则是恭顺的、谦逊的。性别规范由性别角色决定。男女遵循性别规范的原因在于使其更好地适应其性别角色,尽管其实际上并未占有这些角色。性别特征与性别美德在传统知识论中通常联系在一起,性别特征表现为"男性的"和"女性的"两种。男性如果具有"男性的"特征则被认为是美德,女性具有"男性的"特征则被认为是罪恶;反之亦然。

三、三种女性主义知识论

女性主义知识论可分为女性主义后现代论、女性主义经验论和女性主义立场论。

(一)女性主义后现代论

女性主义后现代论者深受法国后结构主义者福柯、拉康、德里达和利奥塔的影响。她们质疑任何诉诸普遍性、必然性、客观性、理性、本质、一致、总体、基础以及终极真理和实在的超越人类境遇的尝试,并强调对世界、自我和善的任何详细的说明的当下性、片面性、偶然性、不稳定性、不确定性、模糊性以及可争论性。她们猛烈地抨击男性中心主义,特别是那种宣称男女的不同是自然的、必然的,因而女性的低等是合理的论调。她们认为,根本不存在"事实真理",女性的经验或叙述不仅反映女性被压迫的事实,而且"叙述"本身也是建构权力和压迫关系的力量。康纳尔认为,话语和叙述体现了社会性别的秩序性,话语场是支配与被支配、建立霸权与抵制霸权等的场所。② 后现代论的两大特征是:拒绝把"妇女"当作一个分析的范畴;对观念的无限解构。她们主张分裂和多元化,主张观念的转变是不同境遇的妇女进行对话的基础。她们认为,我们的认识状态永远是多元的,其中没有一种是客观的,没有任何超验的东西存在。

后现代论的不足之处在于:首先,它消解了所有的群体,不可避免地产生了知识启蒙时期的相对主义,然而,相对主义是她们要反对的。其次,她们主张立

---

① Sally Haslanger, *Gender and Race: (What) Are They? (What) Do We Want Them To Be?* [J]. Nous, 2000, 34:1.

② Connell, R. W. *The State, Gender, and Sexual Politics: Theory and Appraisal* [J]. Theory and Society, 1990, 19:507~544.

场的流动性,这只能重新产生客观主义和自律观念,只不过是用"无处不在的观念"来掩盖"没有来源的观念"而已。这种客观主义和自律观念也是她们所反对的。最后,她们解构自我,主张"主体死了",这对她们实现她们的目的是没有帮助的。事实上,如果她们直接提出人权和自律的理想,而不是在解构了自我后提出"主体死了",能更好达到她们的目的。

(二)女性主义经验论

女性主义经验论者认为,经验为知识的来源提供了合理的说明。在研究方法上,经验论强调知识的可操作性,强调倾听女性经验的重要性,并赋予这些经验在认知中的重要地位。

经验论研究的中心问题表现在两个明显的矛盾中:首先,偏见的矛盾。经验论在反对科学研究的偏见,尤其反对女性是低等的,男性是至上的偏见。她们反对的基础是建立在"偏见在认识上是坏的"假设上。然而,女性主义科学观则强调女性价值在科学研究中的作用,这说明科学研究中渗透了某些偏见。这种矛盾是要调和的。其次,社会解释的矛盾。许多经验论者致力于揭示性别、社会和政治的因素在科学研究中的作用。而科学家之所以提倡男性中心主义,是因为它们被社会中较广泛的男性价值观念所影响。这说明,如果要消除这些社会偏见,女性主义者必然采用一种个人主义的知识论。然而,女性主义知识论强调知识的社会解释,主张从事科学研究不能把研究者从社会的影响中分离开来。

以上两种矛盾都主张价值(偏见)与事实(证据)的对立,并认为偏见、政治价值和社会因素仅仅当它们代替证据、逻辑以及其他能导致正确理论的纯粹认知因素时,才能影响科学研究。经验论者认为,这种观点是错误的。对此,她们从实用的、程序的和道德的三方面进行了说明。实用主义强调研究方法的多目的性,主张科学研究的目的是寻找真理,但特定的研究寻找什么真理依赖于这些陈述的用途。可靠的研究既尊重社会的价值又尊重证据的作用,即证据帮助研究者寻找真理,社会价值帮助研究者解释这些真理性陈述的实用目的①,因此它们是不矛盾的。程序论认为,知识的主体、认知的理性或客观性是属于认知共同体的,而不是个体的,因此,坏的偏见可以通过研究社会的适当的组织来控制。一个主张人们用不同的偏见能解释另一种偏见的组织,纵使组织成员可能免除不了坏的偏见,但组织整体却能够消除坏的偏见。道德论认为,道德的、社会的、政治的和女性主义的价值判断有价值,证据是为价值辩护的,因而通过女性主义的价值而获得的研究成果并没有代替对证据的注意。正因这三方面的理由,经验

---

① Elizabeth Anderson, *Knowledge, Human Interests, and Objectivity in Feminist Epistemology*[J]. Philosophical Topics,1995,23:27~58.

论者认为,由于事实与价值缺乏尖锐的对立,因此,不能说女性主义的价值在原则上是反对真理的。

经验论的错误有:首先,假定有个体的、超历史的、远离社会的知识主体存在。其次,尽管经验论者认可证据有理论和价值负载的特征,因此在新的证据、理论和标准下,经验的描述是可修正的,但她们却接受一个未加批判的"经验"概念[1]。再次,女性经验论者天真地主张,没有女性主义的价值或见识的帮助,科学能纠正它关于女性和其他弱势群体的偏见和错误。这与经验论的基本观点相矛盾,这种观点认为没有女性主义对集体事业的平等的要求,科学不能获得关于性别化的人群或我们性别化的社会的客观知识,只有从不同形式的利益团体出发来揭示不同等级的现象,才能把握实在的整个结构。最后,立场论者汉德莱比批判了经验论者忽视了女性主义的政治行动的关键任务,没有把对抗意识的发展作为挑战男性中心主义的重要手段[2]。

(三)女性主义立场论

女性主义立场论是一种批判的女性主义理论,是从阿多尔诺到哈贝马斯的法兰克福学派的批判社会理论在女性主义研究中的运用和发展,其目的是通过帮助妇女(即研究对象)充分发挥她们的自我理解能力,更好地赋予她们谋求自身利益的权力,它是一种关于研究对象并为了研究对象的理论。为了达到她们的目的,女性主义者必须:联系女性的利益来描述社会;提供一种研究对象易理解的对社会的说明,使她们能认识到她们的处境;提供一种改善研究对象处境的社会说明。立场论者认为,由于立场论基于实用的价值而非知识的价值,因此它比其他理论更优越[3]。

立场论强调女性在知识论的特权地位,强调知识应该为女性服务。女性在知识论上的特权表现在:中心性,即妇女在人类再生产中的中心地位;妇女的集体自我意识,妇女集体自我意识的提高有助于她们摆脱传统观念仅把她们看作性对象的错误;认知风格,由于女性认知风格不仅克服了主客二元分立,而且它是一种大众的伦理关怀,这优于传统占统治地位的对男性关怀的伦理,因此,她们认为,女性认知风格在知识论上是优越的;压迫,妇女的压迫状态使妇女有双重意识,从而使她们有能力看到统治者和被压迫者的不同立场。特权立场不是

---

[1] Joan Scott, *The Evidence of Experience*[J]. Critical Inquiry,1991,17:773~797.

[2] Catherine Hundleby, *Where Standpoint Stands Now*[J]. Women and Politics,1997, 18:25.

[3] Nancy Hartsock, *Comment on Hekman's "Truth and Method": Truth or Justice*[J]. Signs,1996,22:367~373.

妇女的特权立场,而是女性主义者的立场,男人也能参与女性主义运动。

立场论假设每种性别都有各自的立场,立场的差别导致了男女在思考对象和思维方式上的显著差别。它还进一步主张,由于个人经验的多样性,因此男性和女性立场也具有多样性。当然,它更强调男性与女性立场区别的重要性,并强调所有关于社会的知识都反映了认知者的社会地位(因而也承认自己理论可能会有片面性)。正因为有不同的立场影响认知活动,因此没有客观的知识。任何认识都可能有偏见,不可能存在超越个人社会立场的对社会及其社会性别的全面理解。

立场论提出从女性的视角来观察问题,这是富有启发意义的,但它夸大女性在知识论上的特权,这是它的不足之处。因为不能把任何一种群体的不平等作为其它群体不平等的核心,这些不平等关系是交叉的①。

(四)三种女性主义知识论的不同

后现代论、经验论和立场论三种理论的不同表现在:

第一,工具的不同。后现代论使用的工具是后结构主义和文学理论。经验论以分析哲学的方法为工具。立场论仍然与唯物主义知识论相联系,它完全与经验论的自然化知识论相协调。

第二,对标准的看法不同。后现代论反对任何标准。经验论则在自然化的知识框架中寻找标准,在它看来,不同的环境能约束知识的提出,因为特定的境遇既是错误的根源,又是智力的根源。立场论则主张标准有高低之分。

第三,对境遇的处理不同。经验论预设了一个非境遇的政治中立的知识主体,而立场论和后现代主义则对境遇的知识问题提出了不同的解决方案。立场论坚持一种境遇的认识高于另一种境遇的认识。后现代论则持类似相对主义的观点,拒绝知识论的特权要求,强调认知者社会角色的偶然性和不稳定性,因而也强调认识结果的偶然性和不稳定性。

第四,对批判的理论的认识不同。后现代论把批判的理论看作解构性的。经验论和立场论则把批判的理论看作一种建构性的而不只是解构性的。立场论主张女性主义科学具有认识上的优越性。经验论更关心在多元论的餐桌上为女性主义的科学方法留一席之地,而不声称代表她们利益的认识方法更具优越性。

第五,对客观性的不同诠释。尽管后现代论有相对论的倾向,它的怀疑性和对不确定性的强调,解构了无所不包的客观性的所有例证以及封闭的、傲慢的相对主义的褊狭。后现代论中独特的见解不是"批判是可能的"这种观点,而是"批

---

① Kimberlé Crenshaw, *Demarginalizing the Intersection of Race and Sex* [Z]. University of Chicago Legal Forum,1989,139~167.

判的任何一种形式使人们能够建立和形成新的认知权力,而不是拆除和解构已有的认知权力"。立场论主张排斥传统认识论的二元模式和价值中立的客观性原则,用一种建立在主体与客体、事实与价值相互交融基础上的具有强烈反省精神的"强的客观性"取代传统意义上主客二分的"弱的客观性",这种客观性可通过反省自身立场的局限性以及把所有的立场融入一种理论中来获得。经验论并不怀疑客观性的传统涵义,但认为在传统认识中男性主体在实践中未能严格遵循科学的方法论准则,由于受到传统文化、习俗惯例、迷信偏见的影响,导致了认知过程中的男性中心主义,从而未能达到真正意义上的普遍的客观性。她们提出一种对客观性的可供选择的程序化说明,主张通过让大量妇女参与认知活动进行弥补和修正,因为女性和女性主义者比男性和男性主义者更易克服男性偏见,女性经验将揭开男性文化掩盖的真实图景,为追求价值无涉的、客观的理想目标提供更大的可能性。

四、女性主义知识论的评价

女性主义知识论作为一种新兴的知识论,其优缺点是并存的。女性主义知识论的启发意义有:

第一,知识实际上是由一种特殊的社会观建构而形成的,因此,从不同的社会观来研究知识论是有意义的。

第二,在知识的研究中,我们应该强调主观与客观、理性与情感等的联系,而不能把它们对立起来。

第三,我们要认真对待情感、主观和身体在知识论的地位,而这些方面在传统知识论中却常被忽视。

第四,我们要停止把理性与情感之类看作男人与女人区别的标准,反对把男性气质和女性气质绝对化、固定化。

第五,从多重角度观察世界,以"女性"观察世界的视角弥补男性观察世界的视角的不足之类的主张,是值得重视的。

第六,女性主义知识论者对知识和社会价值关系的持续探讨,对忽视这种关系的分析知识论来说是富有启发性的,而且,这种探讨能确保这些主题继续吸引哲学家的注意力①。

第七,女性主义知识论强调弱势地位者的利益,强调从弱势群体的视角认知世界,这对社会代表全民的利益而不忽视弱势群体的利益,具有重大意义。

---

① Helen E. Longino, *Feminist Epistemology*. in The Blackwell Guide to Epistemology, edited by Dancy & Sosa. Oxford:Blackwell Publisher,1999,p. 349.

女性主义知识论的不足之处在于：

第一,对二元分立倾向进行全面批判的片面性。二元分立倾向不是愚蠢或恶意的产物,而由社会观以及相互一致的意义和价值理论体系决定,因此,从这个角度的社会观来研究知识论而不是把它霸权主义化,是有意义的。

第二,对"男性知识"批判的极端性。有些女性主义知识论者贬低抽象的理性而抬高情感的作用,主张"女性知识"更优越,并幻想用"女性知识"取代"男性知识",这是片面的。

第三,平等的信念与知识的追求之间的困境。女性主义的温和派以男性作为标准参照系来追求知识、追求平等,主张平等就是无条件地向男性看齐,通过无保留地消除性别差异,使女性同化于男性的认识标准、社会准则和价值体系,从而实现男女平权。激进派则赋予女性经验以特权,通过强化差异、弘扬女性文化来实现妇女解放。这两种主张都是有困境的。因为温和派违背了天赋人权的平等法则,激进派由于肯定了现实中妇女的弱势地位而以文化上的女性优势的自我赋值和诠释作为补偿,这也远离了平等。

第四,在知识与境遇、认知过程与社会过程关系问题上的两可。经验主义试图保持知识的价值无涉性、认知过程的纯粹性,捍卫传统认识论追求的客观性目标,但又试图借助妇女运动、通过改变认知主体的性别因素来改变认知实践中的男性化倾向。立场论强调一切知识都是境遇中的,强调认知过程与社会过程的互动和建构,将知识过程还原为本质上是一种立场选择和价值判断。立场论大力渲染文化上的多元论与相对主义,但始终抱住认知判断上的理性准则不放,结果不得不重新落入认知与社会相区分的二元模式。

（原发表于《哲学动态》2004年第11期）

李丹,女,厦门大学公共事务学院政治学系教授,主要研究领域:国际政治、科学社会主义、性别政治。发表的主要论文有《社会主义与全球化和反全球化的关系》、《反全球化运动多维透视》、《NGO、反全球化运动与全球治理》、《女性在全球化中的地位及其反全球化的理论与实践》、《文化全球化的前景与和谐世界的构建》。出版论著《反全球化运动研究——从构建和谐世界的视角分析》等。

女性发展:建设和谐世界的条件与动力

内容摘要:女性发展是构建和谐世界的重要条件和应有内容,女性在反战维和上的特殊贡献有利于维护世界和平与安全,她们在经济领域的参与和成就有利于促进世界繁荣,在政治生活中的作为有利于推动世界民主,女性素质的提高是世界持续发展的潜力和动力。然而,在全球范围内,女性发展还面临诸多障碍。消除女性贫困、赋权给广大女性、提高女性素质,是促进女性发展、推动和谐世界建设的有效途径。

关键词:女性发展 和谐世界 全球化

构建和谐世界是由我国倡导的新的国际战略和外交理念,"面对当今纷繁复杂的世界,我们应该更加重视和谐,强调和谐,促进和谐。建设一个持久和平、共同繁荣的和谐世界,是世界各国人民的共同愿望,也是人类社会发展的必然要求"①。十七大报告指出:"共同分享发展机遇,共同应对各种挑战……各国人民携手努力,推动建设持久和平、共同繁荣的和谐世界。"②和谐理念日益成为国际社会的基本共识,得到越来越多国家和人民的认同和支持。女性发展指女性在社会、政治、经济、文化等各领域的全面发展、协调发展:"妇女发展关注的是女性自身的发展及其社会地位的提高。具体来讲,就是促进女性对社会、经济、政治和文化生活等领域发展的参与,并获得自身的发展,改进女性的社会生活状况及地位。"③女性发展需要良好的外部环境,提倡建设和谐世界符合女性发展对国际环境的期待和要求,女性是构建和谐世界的重要主体和支柱动力,女性发展是构建和谐世界的重要条件和应有内容。

---

① 胡锦涛:《促进中东和平,建设和谐世界——在沙特阿拉伯王国协商会议的演讲》,《人民日报》2006年4月24日。

② 胡锦涛:《高举中国特色社会主义伟大旗帜 为夺取全面建设小康社会新胜利而奋斗》,《人民日报》2007年10月25日。

③ 韩贺南、张健:《女性学导论》,教育科学出版社2005年版,第223页。

一、女性发展是构建和谐世界的重要因素

(一)女性在反战维和中的特殊贡献

和平是当今世界的一大主题,是人类社会生存的基本条件,是构建和谐世界的首要前提。女性是构建和谐世界的一支特殊的"维和力量"。《中国妇女的状况》白皮书中指出:"妇女是维护世界和平的伟大力量。"《北京＋10宣言》中提出,"妇女是缔造和平、解决冲突及冲突后重建的一支根本的、不可或缺的力量",呼吁国际社会要"推动妇女充分平等地参与促进及维护和平与安全的各项活动,加强她们在预防和解决冲突中的决策作用,支持各地妇女争取和平的努力"。

女性是战争救护者和战后重建者。战争不仅不能让女人走开,而且需要女性发挥作用。战火所到之处,社会服务系统崩溃,女性的社会角色显得尤为重要,作为看护者和保护者,她们负起寻找食物、维持日常生活机制正常运行的重担。90年代初,索马里发生内战,双方滥杀无辜,导致全国很多地区发生饥荒,摩加迪沙的女性积极分子冒着生命危险,不顾持枪歹徒的袭击,坚持经营粮食加工点。她们将粮食小批量地运往1 000多个地点,立即进行加工,使其丧失商品价值,从而挫败军阀抢夺补给品的企图,这项行动拯救了上百万民众的生命[①]。1999年2月,苏丹南部新苏丹教会联合会工作的妇女成功组织召开部落高峰会议,通过穿梭外交,结束丁卡人与努埃尔人之间因为水、渔场和牧场归属问题而进行的血腥战争。[②] 国际红十字会组织指出:"在帮助她们自己、她们的家庭以及她们所处的社会克服武装冲突所造成的创伤并重建生活方面,全球的妇女发挥了至关重要的作用。"[③]2007年1月30日,联合国第一支全部由女兵组成的维和部队抵达利比里亚,以解决该国战后犯罪率飙升、男性维和人员屡屡对当地住民进行性侵犯的问题。事实证明,女性维和人员的工作卓有成效,女兵坚持每天巡逻,持械抢劫因此减少65％。一些专家也认为,与男兵相比,女兵更具有亲和力,能更好地和当地居民建立感情和信任[④]。近几年来,联合国维持和平行动委员会与联合国妇女地位委员会开展多项合作,让更多的妇女加入维和重建队伍。

---

① 胥莉:《从性别角度看战争伤害与和平的实现》,《当代世界与社会主义》2008年第1期。

② 贺文萍:《妇女在非洲发展中的作用》,http://iwaas.cass.cn/show/show_fruit.asp?id=671。

③ http://www.icrc.org/web/chi/sitechi0.nsf/html/women！Open。

④ 刘莉莉:《女性,让维和更加"温柔"》,《新民晚报》2010年3月26日。

目前,联合国在世界各地的 15 个维和行动小组中有 1/3 的成员是女性①。

女性是缔造和平的行动者和决策者。1991—1993 年,索马里部族之间的内战升级,妇女们举行非暴力静坐示威,制止交战部族之间的敌对行动。在新世纪最大的反战运动中,美国妇女辛迪·希恩引领了美国反伊战运动的洪流。她在演讲中说:"我们生活在战争机器的阴影下。它们吞噬生命,摧毁一切,把死亡传播到全世界。我们要关掉这些战争机器。"在世界各地争相爆发大规模反战示威中,妇女都是引人注目的群体。不少国际组织和国家认为,妇女比男子更具合作精神、更倾向于达成共识和妥协。这些组织和国家开始有意识地吸收妇女参与消除战争和缔造和平的决策。2000 年 10 月,联合国在历史上第一次专门召开会议讨论妇女参与缔造和平的问题,会议承认,没有妇女充分和平等地参与,就不可能实现真正的和平。安理会第 1325 号决议敦促秘书长扩大妇女在联合国野外行动中,尤其在军事观察员、民事警察、人权工作者和人道主义工作人员中间的作用。2001 年 11 月,欧洲议会通过一项决议,呼吁欧盟成员倡导妇女平等参与外交冲突解决,确保 40% 的调停、维和和防止冲突的职位由女性担任,支持创立和强化致力于防止冲突、增强和平和冲突后重建的非政府组织(包括妇女组织)。正如联合国秘书长安南所说:"解决这些战争的努力和对战争伤害根源的声讨将不会成功,除非曾经经受损害的人——特别是妇女,授权加入这一行列。只有当妇女承担起充分与平等的角色,我们才能够建立一个长久和平的基础,即发展的、良性政府的、拥有人权和正义的基础。"②

(二)女性参与经济领域事务

和谐世界是共同繁荣的世界。女性是世界的另一半,是推动世界繁荣的重要力量,在某种程度上,女性的经济贡献带来的效果更显著,作用更持久。女性发展带动家庭发展,支持下一代的发展,为构建和谐世界做出多方面的贡献。在全世界的农业生产中,妇女发挥重要的作用。全世界有 16 亿农村妇女,她们生产出一半粮食,而在大多数发展中国家,妇女生产的粮食占 60%～80%。越是农业生产条件差的国家,妇女发挥的作用就越大。战争、男子入城务工以及艾滋病引起的越来越高的死亡率,都助长了发展中国家"农业的女性化"的倾向,女性成为"留守大军",包揽生产、经营和家务等一切劳动。据津巴布韦的一项调查,妇女和儿童从事田间劳动的 73%,饲养牲畜的 62%,采集燃料的 81% 及日常家

---

① 《联合国呼吁重视女性在维和工作中的作用》,http://online.cri.com.cn/2822/2003-11-4/179@341543.htm。

② [加纳]安南:《妇女、和平与安全》,《联合国教科文组织妇女问题总结报告(2002 年)》,http://www.un.org/womenwatch/daw/public/eWPS.pdf。

务的96%。在撒哈拉以南非洲,80%参与经济活动的妇女从事农业。在布隆迪、莫桑比克和卢旺达等国,这一数字更高达95%。妇女不仅要承担抚养孩子、担水(农村没有自来水,需步行远至几公里之外的水源取水)、缝缝补补、清洁及一日三餐的准备等大量繁重的家务劳动,还要在农田里劳作,到集市里出售小商品以贴补家用。在整个非洲,妇女占农村劳动力的70%,生产全非洲70%的粮食。近10年来,非正式部门生产非洲大陆全部经济产品的约20%,创造出70%的新工作岗位。①

女性在工业、服务业、信息业中也做出独有的贡献。从全球范围内看,妇女的劳动参与率呈现不断扩大的趋势,妇女占世界劳动力的40%。1991—2005年,全球女性劳动力从不足10亿上升为12.2亿,占所有就业年龄妇女的52.5%。② 随着全球化、经济一体化和第三产业的发展及由此带来的国际间产业结构的变化,发达国家妇女投入服务业、信息业和高新技术产业的比率越来越高,劳动密集型工业是新兴发展中国家女性就业的主渠道,带动一大批妇女从无酬家庭主妇变为有薪职业女性;经济自由化和一体化,使劳动力市场变得更加灵活,一些妇女开始创业。30%的妇女不仅自己成为现代中小企业的女雇主和经理,也为其他妇女创造就业机会,对经济发展和消除贫困做出关键的贡献;女性的职业构成有所变化,女性企业家、科学家、工程师、医生、CEO、高新技术产业中的人员增多。在世界范围内,女性企业家的比例上升。从2003年9月开始,美国均富国际会计公司在全球26个国家和地区展开调查,统计结果表明,89%的俄罗斯企业高级管理层中有女性的身影,85%的菲律宾企业、76%的美国公司雇佣女性高级经理。英国利兹大学女教授梅特卡夫称,与男性相比,女性任公司高级管理者具备十大优势:坚决果断、耐力持久、善于引导、敢于创新、富有灵感、开放纳新、决策清晰、长于合作、脚踏实地、善解人意。③ 女性创造的财富比例也迅速飙升。《福布斯》杂志的报道显示,2003年美国前400大富豪中,女性富豪的平均身价为28亿美元,首次超越男性(24亿美元)。④ 在世界经济舞台上,女性成为亮丽的风景。

---

① 贺文萍:《妇女在非洲发展中的作用》,http://iwaas.cass.cn/show/show_fruit.asp?id=671。

② 《劳动世界的格局改变——2006年国际劳工组织报告》,http://www.un.org/chinese/esa/labour/changingpatterns。

③ 许婧:《女性适合当公司主管,俄罗斯女高级经理最多》,http://news.xinhuanet.com/world/2004-02/26/content_1332677.htm。

④ 《女力世界波》,http://news.21cn.com/renwu/hsrw/2005/03/22/2042409.shtml。

(三)女性平等参与政治生活,推动世界民主

女性平等参与政治生活,这是女性发展的重要内容和标志,也是衡量国家民主程度和世界民主进程的重要尺度。越来越多的女性在多层次的政治参与中发挥作用,才能体现现代民主政治人人参与的精髓,才可能从根本上消除歧视妇女的不和谐现象,为构建和谐世界提供政治保障。女性政治参与的程度可以用女性担任重要职务的比例来衡量,这通常指女性议员、女性内阁部长、女性高级管理人员所占的比例。目前,各大洲都有女性担任国家最高领导人,女性参政群体正在崛起。北欧是妇女参政水平最高的地区,女性议员比例在全球名列前茅。在享有"世界上最女性化的民主国家"之美誉的挪威,妇女成为左右政局的重要力量。1986年以后,挪威内阁中女性部长的比例就从未低于40%。从政妇女有较强的政治影响力,构成对政治决策、议案及政治态度、行为、方式产生显著影响的"核心团体"。大多数男政治家承认,妇女从政会改变政党的观点。[①] 在欧洲其他地区,女性的参政比例也都普遍较高。2008年西班牙首相萨帕特罗组建的新内阁有17名成员,女性占了9席,副首相、国防大臣等要职均由女性挂帅。在南太平洋,2000年新西兰五个最高职位——国王(由英国女王兼任)、总督、总理、议长、最高法院院长清一色由女性担任,新西兰因此被称为南太平洋上的"女儿国"。2010年6月,澳大利亚选出历史上首位女总理朱莉娅·吉拉德。在拉美,近年来女政治家人才辈出。巴哈马出现女总督,智利选出女总统,牙买加迎来女总理,阿根廷则拥有首位民选女总统。2010年,哥斯达黎加和巴西也分别选出各自国家历史上的首位女总统。非洲妇女的参政状况也毫不逊色。2004年南非大选中,内阁中妇女代表的人数大量增加,比例首次接近50%,全国9省中有4名女省长,新一届国民议会中,议长和副议长都是女性,女性议员占比从30%提高到32.8%,在世界排列第11位[②],国民议会议长、副议长及全国省级事务主席均由女性担任。2005年,莫桑比克政府中女部长的比例达到30%,女性议员占36%,执政党中女党员的比例为49%。2005年底完成换届的坦桑尼亚新国民议会中,女性议员人数达97人,占30.4%议席。[③] 2009年各国议会联盟(Inter-Parliamentary Union)发表报告指出,卢旺达下院女性议员比例达到了56.3%,位居全球首位。[④] 这不仅标志着这些国家的女性冲破传统习俗,追求自

---

① 肖莎:《北欧妇女的参政模式》,《欧洲》1998年1月。
② 李新烽:《南非大选 非国大更大女代表巨增》,《人民日报》2004年5月1日。
③ 张秀娥:《世界妇女参政新趋势》,《南宁日报》2006年7月16日。
④ 李茂奇:《从国会女性议员比例构成管窥各国妇女参政现状》,http://www.unmultimedia.org/radio/chinese/。

身解放的行为进入新的历史时期,而且对于解决全球范围内最为严峻的生存发展问题具有里程碑意义。事实证明,这些女性领导人在消除种族、宗教以及政治冲突方面的表现优于男性。卢旺达发生导致 80 多万人死亡的种族灭绝后,妇女在该国的重建中发挥了比男性更突出的作用,这是卢旺达女性议员占据多数席位的根本原因,大屠杀造成男女比例失调只是表面原因。

女性参与公共事务有助于克服传统高级政治的痼疾和官僚政治的弊端。传统的高级政治崇尚武力、征服,因此战争和冲突不断,新兴的低级政治则注重和平、发展、合作、人性、协商。希拉里竞选总统时就提出要结束布什战争时代。美国前白宫新闻发言人迪·迪·迈尔斯在《为何女性应当统治世界》一书中指出,上个世纪是人类历史上"最血腥的一个世纪",充斥着"战争、恐怖主义、宗教极端主义、极端贫困和疾病肆虐"。虽然这并不都是男人的错误,但是这一切的确发生在男人主宰世界期间。如果女性统治世界,一切将不同①。女性参政的意义并不仅仅在于在政治中加入人性因素,女性出现在世界政坛上,进入传统属于男性统治的领域,这有利于增进民主参与、形成政坛民主格局、加快民主进程。女性尤其关注教育卫生、生态环境、妇女儿童和残疾人权益、社会治安和社会风气等问题,这些都是事关可持续发展的核心议题,她们积极提出立法和政策建议,努力促进这些方面的进步与发展。1991 年,美国的"环境与发展妇女组织"等机构曾组织召开"为了健康的地球世界妇女大会",宣传妇女在环境保护与发展中发挥的重要作用。在其后召开的世界环境与发展首脑会议上,由于妇女组织的坚持和游说,妇女与环境问题受到大会重视,被列为各国政府向联合国提交的《21 世纪议程》报告中必须陈述的专题。2006 年 12 月 13 日,第 61 届联大通过《残疾人权利公约》,联合国人权高级专员路易斯·阿尔布尔指出:妇女权利运动鼓舞了其他群体评估自身的特性并拓展对人权的解读。妇女的决策权对儿童的影响和意义尤其重大。如果能提高妇女地位和决策权,夭折、营养不良和得病的儿童人数都会大幅减少。② 有的研究者指出,女性参与公共事务,有助于提高效率、抑制腐败,"妇女应该参与政治生活,因为这样可以导致好的管理、性别平等、减少腐败——例如,当秘鲁的妇女占据官僚体系 30% 的岗位时,那里的腐败就减少了 30%"③。因此,妇女参政影响社会进步与全球未来。

---

① 《女性统治下世界将更宜居更和平?》,http://news. xinhuanet. com/world/2009-11/16/content_12464067. htm。

② 《妇女地位如何影响到儿童福祉》,http://www. un. org/chinese/radio/story. asp? NewsID=2601。

③ Nurbaiti, A modern society needs female voices, *The Jakarta Post*, December 30, 2003.

(四)女性素质的提高是世界持续发展的潜力和动力

女性是创造人类文明的伟大力量,增强女性素质、提高女性受教育水平和层次,是实现两性平等、世界发展与和平目标的重要手段。首先,女性教育直接关系开发占人口一半的女性的智力。只有提高妇女的素质,挖掘妇女的智力资源,培养更多的女性人才,才能实现人类的全面发展和充分发展。《纽约时报》2004年6月的一篇专文《被忽视的资源:女性工作者》指出,日本经济长达13年未复苏,跟女性劳动力未被适度释放有关。日本劳动省估计,少了妇女参与,经济增长率每年少0.6个百分点。① 韩国每日经济报社和世界著名咨询机构"麦科进基"公司的报告也指出:如果不在2010年前把有学历女性人才的使用率提高到90%以上,韩国难以建成发达国家的经济体系。这份报告提醒说,韩国高学历女性人才的使用率为54%,是经合组织中最低的。对此,金大中总统夫人李姬镐说:政府坚信,实现腾飞,把21世纪韩国建设成为世界第一流国家的力量首先来自于优秀的女性人力资源。② 世界妇女峰会组委会主席伊雷妮·纳蒂维达德在越南河内第18届峰会开幕式上说,在影响21世纪的因素中,有两个最为重要,一是亚洲,一是女性。她说,女性的经济进步不仅将使她的家庭受益,也将使整个国家受益。③

其次,女性教育的状况和水平又是人类下一代健康成长的关键。女性受教育的好处已经远远不止于增加个人机会,更有利于对缓解高生率、保证后代身体健康发育以及降低高婴儿死亡率。调查研究表明,儿童免疫率随着母亲受教育水平的提高而上升,5岁以下儿童死亡率的主要决定因素是母亲的教育水平。文盲母亲所生孩子的5岁以下死亡率是念完初中的母亲所生孩子的两倍以上。受过良好教育的母亲可能利用基本的健康服务、较少高龄生育,更可能拉长生育间隔——这些因素都有利于孩子的存活。④ 联合国千年目标中第四个目标要求将5岁以下儿童死亡率减少2/3。受过教育的妇女,是实现这个目标的关键。

再次,女性教育关系人类文明的传承、人类发展的未来。推动世界的手是摇动摇篮的手,母亲的素质决定着人类的未来。家庭教育是教育的重要组成部分,而家庭教育的主体、开发孩子人力资源的主要责任人是母亲。德国教育家福禄

---

① 何燕侠:《日本女性劳动权利法律保障的新进展——〈男女雇用机会均等法〉的修改》,《妇女研究论丛》1999年第3期。

② 《女性人力资源现状及发展》,http://news.xinhuanet.com/employment/2005-08/19/content_3376473.htm。

③ 《第18届世界妇女峰会在河内开幕》,http://news.xinhuanet.com/newscenter/2008-06/05/content_8318042.htm。

④ 《2005年人类发展报告》,http://www.un.org/chinese/esa/hdr2005/box2.htm。

培尔说:"国家的命运与其说掌握在当权者手中,倒不如说是掌握在母亲手中。"母亲对孩子的智力、意志、情感、品性等方面的发展有难以估量的作用。女性是国民之母,女性素质提升,能带动家庭素质提升,带动民族素质提升,直接影响下一代。正是在这种重要意义上,1995年联合国第四次妇女大会的《行动纲领》指出:教育投资于女孩和妇女,其社会效益和经济效益特别高,已证明是实现可持续发展及增长的最佳手段。女性教育的普及和提高决定了全球发展的潜力,也有助于为构建和谐世界营造美丽的精神家园。

二、如何更好发挥女性在构建和谐世界中的作用

女性发展对和谐世界的构建有十分重要的意义和作用,没有女性各方面的参与和发展,和谐世界无从谈起,也无法实现。然而现实世界中女性发展状况与构建和谐世界的要求还有很大的距离,克服女性发展障碍就成为构建和谐世界的必需途径。

(一)消除女性极端贫困

世界贫富分化已经触目惊心,在国际层面,贫困和绝望为恐怖主义提供了温床;在一国内部,贫富差距导致越来越多有组织的暴力犯罪,造成社会安全感丧失甚至发生动乱;在人与人的关系中,贫富不均产生的敌意、仇恨、凶杀屡见不鲜。一个不能共享的世界是一个危险的世界。近年来,爆炸等恐怖活动中经常出现女性人体炸弹,这与女性自身状况不断恶化、生存无望密切相关。2007年,女人弹在伊拉克发起8起自杀式袭击,2008年,发起15起①。2010年3月29日的莫斯科地铁爆炸案疑为两名女人弹所为,与他们一同组成"敢死队"还有另外28人。② 从性别视角来考察,受世界发展不平衡、分配不公正伤害更深重是女性,女性成为在享受发展成果最少的群体,"贫穷女性化"成为全球发展领域引人瞩目的象。根据世界银行每天生活费用不超过1美元的标准,赤贫人群中妇女占70%。③ 即使在美国,女性的生存状况也让人意想不到。美国人口普查局2009年9月公布,美国全职妇女2008年的年均收入为35 745美元,全职男子的年均收入为46 367美元,女性收入为男性的77%,低于2007年的78%。到2008

---

① 《美军入侵后基地组织才进入伊拉克》,http://world.huanqiu.com/roll/2010-10/1194996.html。
② 《俄地铁女人弹通过互联网被招募30人共组敢死队》,http://www.chinanews.com.cn/gj/gj-oz/news/2010/04-02/2204577.shtml。
③ 《经济、社会及文化权利国际公约》使用手册,http://www.hrol.org/hrfile/manual/Cn_ESC_Poverty.html。

年年底,有420万个单亲女性家庭生活贫困,比率达28.7%。① 但贫困的内容宽泛得多,除了以人均收入、人均消费为基础衡量的贫困外,还包括缺乏赋权、机会、能力和安全感。在所有这些方面,女性的处境均不如男性。贫穷对女性的"偏好"已为世人认可,第四次世界妇女大会指出"贫困长着女人的面孔"。

贫穷女性化是女性发展的桎梏和障碍,造成贫穷女性化的原因有很多。首先,发达国家与发展中国家的差距越来越大,这使发展中国家妇女生存条件恶化,加速、加重了贫穷女性化;其次,由于全球化强化了资本优势,各国为获得国际资本的青睐,常常以减少公共开支和社会方案为诱饵,从而将代价转嫁给家庭,而妇女最终承担了更多的损失;最后,在全球化扶强抑弱的效应下,女性的弱势被放大和强化了。

与男性相比,妇女的受教育程度低,家庭养育的牵绊多(妇女的无报酬时间中,70%用于照料家庭其他成员②),就业面临的不利因素多,从业更加不稳定(妇女越来越从事非正式和常常朝不保夕的工作),劳动保障更不健全,收入分配中更容易遭受盘剥。这些极大地制约着女性参与经济活动及分享劳动成果。

在全球劳动力市场上,女性是最早的失业者与最晚的就业者。根据国际劳工组织最新发布的统计数据,2006年全球女性就业人数虽然创历史最高水平(女性就业起点低于男性),但女性失业人数也处于历史上的最高点,女性失业率为6.6%,高于男性的6.1%,且女性隐性失业率更高。在15岁以上进入工作年龄段的妇女中,只有将近一半人在工作,男性在这方面的比率要高出两成。与此同时,两性在地位、工作稳定性、工资、教育等方面的持续差距造成"就业贫困者女性化",她们大多从事农业和服务业中的低生产力的工作,报酬也少于同一工种的男性③。

女性陷入贫困化不仅影响女性自身,更影响人类的未来,"如果一个成年女性同时遭受收入贫困和知识贫困的双重贫困,那么可以肯定地预期,她的女儿也会遭受同样的贫困。"④贫困妇女生活条件恶劣,享受不到相应的卫生保健,很少有机会接受教育,她们的孩子难以存活,也难完成学业,这就形成一个无休止的恶性循环,导致贫困代代相传。因此联合国千年发展目标中称不改变妇女的贫困便无法完成全球脱贫任务。和谐世界理念强调共同发展、共同享有,共享是和谐的前提,和谐是共享的结果。男女共享发展成果才能构建温馨和谐的世界。

---

① 《2009年美国的人权纪录》,http://world.people.com.cn/GB/1029/42354/11133115.html。
② 联合国妇女发展基金:《世界妇女进步2000》,地质出版社2003年版,第6页。
③ 《国际劳工组织发布报告:2006年全球女性就业人数创新高》,http://www.jwjy.com.cn/Article/ShowArticle/4250_1.html。
④ 徐延辉:《社会保障与女性成才》,《经济社会体制比较》2005年第6期。

(二)赋权给广大女性

和谐世界是民主的世界,民主的本质是平等参与。平等既是国与国之间的平等,更是人与人之间的平等。性别是对人的基本分类,以性别分类的标准比国家、阶级、种族的划分标准要早得多,也更天然、更凝固。世界和谐体现在性别平等上表现为两性平权、平等决策,无论在执政、参政、议政、知政各个层次,女性应该与男性一样普遍广泛地参与公共事务。但是,目前全球女性大多数还是政治边缘人。据各国议会联盟组织的最新统计,2006年,在全世界范围内,女性议员所占比例为17%,虽然创下历史新高,比1995年提高了5个百分点,但增长速度低于前一年。按照这个速度,要到2077年世界才能实现议会当中男女人数平等的目标①。根据社会学家的分析,在各种政治游戏中,只有至少拥有30%的发言权的团体才有可能为自己的团体争取到现实的权益。这就是为什么美国"反战母亲"和无数要求撤军的反战女性在布什家门口安营扎寨示威抗议仍然阻挡不了美国当权者向伊拉克增兵。政治不相信眼泪和真情,它通过投票来决定,大多数女性与政治的隔离导致女性群体的意见被庞大的表决机器吞没。

因此,联合国制定了保证妇女参政达到30%的比例标准。至2004年7月,已有14个国家或地区在宪法中规定妇女参政的比例,31个国家或地区在选举法等有关法律法规中规定妇女参政比例,17个国家或地区在宪法或其他法律中规定地方议会或政府中妇女的比例,61个国家的129个政党使用配额制②。制定妇女参政比例有助于保证妇女进入决策领域,加快男女参政平等的进程。但也有不少反对的声音,声称配额制违反机会平等原则,向女性提供照顾。按照罗尔斯正义论的两个原则,第一,"每个人都拥有和其他所有人同样的自由体系相容的、最广泛平等的基本自由体系的平等权利"。第二,"社会和经济的不平等,应该这样加以安排,以使它们:(1)适合于最少受惠者的最大利益,并与正义的储蓄原则相一致;(2)在公平的机会平等条件下,使所有的职务和地位向所有人开放"③。同时满足这两个条件才能达到正义。在男女参政结果极不对等的条件下,过分强调机会平等、片面追求"齐脚的平等",只能离结果平等越来越远,无法达到"齐头的平等"。因此必须诉诸政治权力的干预,采取增低就高或削高补低的措施,这才是符合正义的平等。随着越来越多的国家加大对女性赋权的决心和进程,政治舞台上将有望呈现出越来越浓的玫瑰色。

---

① http://www.un.org/chinese/News/fullstorynews.asp?newsID=7369。
② 张秀娥:《世界妇女参政新趋势》,《南宁日报》2006年7月16日。
③ John Rawls, *A Theory of Justice*, Cambridge, Massachusetts: The Belknap Press of Harvard University Press, 1971, p.302.

(三)减少教育性别鸿沟

从女性自身寻找原因,政治、经济地位不平等的根源在于受教育程度的不平等。全世界 8.76 亿文盲 2/3 是妇女。在 1.13 亿没有上学的小学学龄儿童中,近 2/3 是女童。女孩到 18 岁时,受教育平均比男孩少 4.4 年。① 世界上大部分地区,在入学率、学习机会、升学率及学习给工作家庭所带来的回报方面,均存在着令人难以接受的性别不平等现象。在一些国家,歧视女孩的不平等现象还很严重,女孩的入学率通常极低,她们小学能否毕业仍然是一个大难题。在撒哈拉以南的非洲国家,女孩的小学学业完成率平均 44%,乍得的这一数字只有 13%。② 目前只有 1/3 的国家在中等教育领域实现两性平等。

妇女受教育程度低是许多相关因素造成的。在教育机会方面,女孩存在"天然"劣势。在家里经济条件只允许有一个孩子上学时,女孩注定是被淘汰的对象,她们小小年纪就要帮助承担家庭责任,甚至要为兄弟赚取学费。受教育女性在工作中得到的回报少,无法与同等教育程度的男性获得相同收入,也是一些家长有条件也不支持女孩受教育的原因。在成人教育和技术培训中,女性受教育的权利与妇女承担的传统角色发生冲突,她们很难争得丈夫和家人的支持,自己也难以脱身。因此女性在教育资源享有和利用上的弱势贯穿教育过程的始终,制约着女性一生的发展,也直接影响联合国千年目标在减少文盲、教育平等方面所做承诺的实现:到 2015 年普及基础教育,减少一半成人文盲,力争做到男女平等。

女性发展是衡量世界发展进步的天然尺度,没有女性参与、不考虑女性的发展,是不完整的发展、不充分的发展、人性有缺陷的发展,是一种"恶之花"。社会性别主流化即把性别平等纳入社会发展和决策的主流,正日益成为国际共识。第四次妇女大会明确了社会性别主流化是两性平等发展的全球性策略。2005年联合国"北京+10"会议提出,"妇女强大了,经济就会发展,婴儿死亡率就会降低,艾滋病就会得到控制,未来的儿童就会得到良好教育,冲突就会更快结束,和解进程就会加速前进"③,这肯定了妇女发展对世界和谐的重要性。女性不发展、男女不平等的世界绝不可能是和谐世界。女性发展是对男性发展、社会发展、世界发展的促进力量,是构建和谐世界、造福人类社会的福音。

(原发表于《中华女子学院山东分院学报》2010 年第 5 期)

---

① 《两性平等与联合国千年发展目标》,www.un.org/chinese/events/women/iwd/2003/background。
② 世界银行编:《2004 年世界发展指标》,中国财政经济出版社 2005 年版,第 82,80 页。
③ 《联合国评估北京妇女大会十年成果》,《人民日报》(海外版)2005 年 3 月 2 日。

石红梅,女,厦门大学马克思主义学院副教授,中国妇女/社会性别学科发展网络常务理事,福建省妇女理论研究会常务理事。代表论文和著作有:《中国女性性别意识及其影响因素——以福建省为例》、《女性就业与家务分工现状的经济学分析》、《中国女性自我意识及其影响因素——以福建省为例》,专著有《已婚女性的时间配置研究》。2007年后主持的代表性的课题有"福建省农村'留守妻子'的生存状况及其发展对策研究"、"福建省女性自主创业模式及其政策支持研究"、"经济下行中青年流动妇女的流动现状和流动趋势研究"、"金融危机下女企业家的创业研究"、"社会性别视角下公共政策研究"。

女性的自我意识及其影响因素
——以福建省为例

摘 要:本文在揭示自我意识概念及其内涵的基础上,利用第二期中国女性社会地位调查福建样本的数据描述分析女性自我意识的特征及其影响因素。多元线性回归分析结果表明工作的满意度对女性自我意识产生最显著的影响;从事非农职业的女性自我意识较强,女性的受教育年限、法制政治观念、母亲受教育程度与其自我意识呈正相关,而年龄、父亲的受教育程度对女性自我意识呈反比。数据还表明城镇女性的自我意识较农村女性弱。最后我们根据分析结果提出加强女性自我意识的对策。

关键词:自我意识 影响因素 多元回归

长期受夫唱妇随的男性本位文化的熏陶,中国女性的自我意识一直处于较为压抑的状态,市场经济对人的主体性的要求为培养自我意识提供了良好的契机,但女性在提升自己能力的同时呈现出消极的自我意识。对男性成功的依赖,对"男主外女主内"的家庭模式的认同,在工作和竞争中的被动等待,社会责任感和使命感的淡漠都使女性自我意识的现状令人堪忧。引导女性观念变革,唤醒女性自我意识,开拓女性自我价值是时代的任务。

一、女性自我意识的定义与内涵

自1890年James在其著作《心理学原理》中首次提出自我意识以来,自我意识研究的范围逐渐拓宽,取得了长足的进步。至今学术界对自我意识定义和内涵的争论主要表现在自我意识与自我的关系,一种观点认为自我就是自我意识,对主体的自我认知就是自我意识,这种自我认知不包括自我以外的其他关系的认识。①② 另一种观点强调自我意识是对人我关系的意识,这种人我关系强调自

---

① 张增杰:《论大学生心理》,西南师范大学出版社1986年版,第53~55页。
② 时蓉华:《社会心理学》,上海人民出版社1986年版,第228~229页。

我与外界的关系认知。① 据此,自我意识的内涵也由于定义的问题而呈现出不同的侧面。自我意识往往被认为是自主意识、竞争意识、进取意识和创新意识等各种意识的总和②③④或根据数据情况被分解为成就意识、竞争意识、自我能力评价和性别意识。⑤

笔者认为不能把自我等同于自我意识,偏重强调对主体自我的认识;自我也不能着重强调认识人我关系而忽视对自身的认识。众所周知,个体是自我意识产生的载体,没有对自我客观的认识,就不可能产生正确的自我意识,但个体是群体的个体,只有在与他人发生作用的过程中,自我意识才有可能产生。偏重于强调自我意识的任何一个侧面都不能正确反映自我意识的内涵。我们认为自我意识是对自我及其与他人关系的意识,它包括个体对自身的意识和对自身与他人关系的意识两大部分。女性的自我意识在认识人我关系时特别注重男女关系。根据概念的界定,经过分析,我们认为自我意识其实包含四个相互关联的层面,一是自立意识,即认识的对象是不是独立完整的个体;二是自我能力评价,这是对女性自身状况的认识;三是性别意识,是指对于男女关系的认识;四是自我主观感受,即对社会已存状况的主观感觉。前二者是主体的自我对其自身的认识,而后二者是主体对自身与周围他人关系的认识。

二、女性自我意识的结构状况与时期变动

(一)数据来源及方法

本文运用1990年和2000年第一、二期"中国女性社会地位调查"福建省的数据,抽样调查的对象是调查标准时点上所有居住在福建省管辖范围的家庭户内18岁及以上,64岁及以下全体男女公民。1990年抽查女性样本容量1045人,占福建省总样本的52.7%,2000年女性的样本数为1728,占福建省总样本的47.0%。两次调查抽样方案科学、组织实施严谨、调查数据结果与基本事实相符,具有较强的可信性和有效性。本节在分析方法上采用描述分析和单变量分析,运用SPSS软件包来完成。

(二)描述分析

下面我们使用"第二期中国女性社会地位调查"福建样本的数据,从四个方

---

① 沙莲香:《社会心理学》,中国人民大学出版社1987年版,第167~168页。
② 祖嘉合:《女性主体意识及其发展中的矛盾》,《社会科学论坛》1999年第5,6期。
③ 王小波:《再论女性意识与女性解放》,《江西师范大学学报》(哲学社会科学版)2000年第11期。
④ 魏国英:《女性学概论》,北京大学出版社2000年版,第31~34页。
⑤ 《福建妇女社会地位调查》,中国妇女出版社1994年版,第119~128页。

面对女性自我意识进行描述分析。

一,女性参与经济活动、争取独立的观念越来越强,自立意识明显强化,但相比男性还是显弱。有71.5%的女性在配偶收入足够高或有大量钱财时会去工作/劳动,表现出较强的经济独立意识。从年龄分组看,40岁以下的女性持肯定态度的比例达74.9%,比40岁以上的女性认同率(66.1%)高出8.8个百分点。说明60年代以后出生的女性自立的意识更加强烈。但相比男性来讲,女性的自立意识还有待于进一步提高。在配偶收入够用的前提下还会工作的女性虽超过半数,但相比男性的认同率(85.1%)相差13.6个百分点;有18.7%的女性持否定态度,比男性高出12.7个百分点,这说明女性的自立意识相比男性要弱得多。

表1 女性自立意识状况(2000年)

	合计		40岁以上		40岁以下	
	男	女	男	女	男	女
会	85.1	71.5	85.4	66.1	84.8	74.9
不会	6.0	18.7	9.3	23.3	3.5	15.7
不知道	1.9	1.3	1.2	1.7	2.5	1.1
不清楚	4.5	5.7	3.5	5.9	5.2	5.5
不回答	2.5	2.8	0.7	3.0	3.9	2.7
合计			100	100	100	100

1. 数据来源于2000年第二期中国女性社会地位调查福建样本(下同)。
2. 问题"如果您的配偶收入足够高或您有大量钱财,您还会工作/劳动吗"。

二,女性对自我能力的自信度逐步提高,但对自身专业技能认同度较男性低且呈现下降趋势。表2数据显示:2000年调查中有78.7%的女性对自己的能力有信心,近73.5%的女性认为事业无成,不甘心。但也有54.4%的女性认为自己缺乏一技之长;男性对此问题的认同率则是48.3%。这一时期比较的数据显示女性对事业的追求上升了8.3个百分点,但对自己的专业技能的认可度呈现下降趋势。2000年时,54.4%的女性认为自己缺乏一技之长,1990年时这个比例才49.2%(表3)。这些数据一方面揭示女性对自身能力的信心在增加,但也从另一方面反映出,我国公民的整体科学技术水平还比较低,尤其是女性缺乏一技之长,因此,加强成人专业技术教育和培训,特别是强化女性的技术特长,应该引起全社会的重视。

表2　女性自我能力的综合评价(2000年)

性别 指标 选答	男性					女性				
	符合	较符合	不太符合	不符合	说不清	符合	较符合	不太符合	不符合	说不清
问题1	65.3	22.0	5.1	1.9	5.6	52.9	25.8	7.6	3.8	9.9
问题2	55.3	24.7	7.9	4.4	7.8	47.3	26.2	11.1	4.7	10.8
问题3	27.1	21.2	20.9	22.0	8.7	31.6	22.8	18.2	13.9	13.5

1. 问题1"我对自己的能力有信心"。
2. 问题2"如果一事无成,我会很不甘心"。
3. 问题3"我觉得自己缺乏一技之长"。

表3　女性自我能力的综合评价(1990年)

	男性				女性			
	非常同意	同意	不同意	无所谓	非常同意	同意	不同意	无所谓
问题1	19.6	51.4	8.5	20.4	15.9	49.3	8.7	26.1
问题2	4.1	43.3	30.5	22.1	3.3	45.9	19.5	31.3

1. 数据来源于1990年第二期中国女性社会地位调查福建样本。(下同)
2. 问题1"如果一事无成,我会很恨自己"。
3. 问题2"我觉得自己缺乏一技之长"。

三,总的来看,女性男性都认可女性的能力,但女性性别意识向传统的性别意识的复归表现得非常明显,男性的性别意识较为现代,这些都从侧面反映出女性对自身性别角色和性别期待的滞后。从女性性别意识的时期变动看(表4和表5),女性不赞成自身能力比男性差的比例在上升,由1990年的22.2%上升到2000年的29.4%,对自身能力的信心和认可上升了7.2个百分点。同时,男性对女性能力认可度上升7.4个百分点(22.1%～29.5%),性别能力评价比十年前更强。女性对传统的性别分工"男人以社会为主,女人以家庭为主"的肯定态度(非常同意和同意)也由1990年49.5%上升到2000年52.6%;对于"女性应避免在社会地位上超过她的丈夫"也从22.1%上升到36.1%。这些数据显示:虽然社会经济在不断进步,性别能力认同感在加强,但传统的性别意识在女性中还有很大的市场,大多数女性对家庭幸福报以极大的期望,贤妻良母是她们对性别角色较为认同的定位。从对性别意识认识的频率增幅度看,男性对于传统性别意识的支持度相对女性还偏低,男性支持"男人以社会为主,女人以家庭为主"这一说法的比例上升了1.1%(54.2%～55.3%),远远低于女性对此的认同度上升比例3.1%(49.5%～52.6%);男性对女性应避免在社会地位上超过她的丈夫上升比例12%(22.8%～34.8%)低于女性对此问题的认可度上升比例14%。对于女性比较认同的干得好不如嫁得好等说法,男性的支持度比起女性反而下降5.1%,(40.1%～35%)这说明男性比女性更不认同这种看法,性别意识的现代化程度要比女性自身要高。这说明,除了受传统的男性中心的性别意识和社会环境潜在压力影响外,女性的性别意识的复归与女性自身的状态也有重要关系,相当一部分女性的进取意识淡薄,自身的独立意识与开拓精神不足,目标失落和模糊,忽视对未来的社会责任,这一点非常值得关注。①

表4 女性性别意识的综合评价(1990年)

指标 \ 性别态度	女性					男性				
	非常同意	同意	无所谓	不一定	不同意	非常同意	同意	无所谓	不一定	不同意
问题1	5.6	43.9	6.7	20.7	23.1	8	46.2	7.1	21.7	17
问题2	0.7	21.4	16.6	28.6	40.6	1.8	21.0	18.4	25.5	33.3
问题3	2.1	27.3	5.0	40.7	24.8	2.1	27.4	4.6	23.1	18.2

1. 问题1"男人以社会为主,女人以家庭为主"。
2. 问题2"女性应避免在社会地位上超过她的丈夫"。
3. 问题3"男性的能力天生比女性强"。

表5 女性性别意识的综合评价(2000年)

指标 \ 性别态度	女性				男性			
	非常同意	比较同意	不太同意	很不同意	非常同意	比较同意	不太同意	很不同意
问题1	17.8	34.8	33.1	14.3	22.0	35.3	34.4	8.3
问题2	11.5	24.6	42.6	21.3	11.8	23.0	51.2	14.0
问题3	12.1	28.0	37.5	22.3	10.4	24.6	44.3	20.7
问题4	5.2	17.0	49.9	27.8	5.9	16.2	52.2	25.6

1. 问题1"男人以社会为主,女人以家庭为主"。
2. 问题2"女性应避免在社会地位上超过她的丈夫"。
3. 问题3"干得好不如嫁得好"。
4. 问题4"男性的能力天生比女性强"。

---

① 石红梅:《女性性别意识及其影响因素——以福建省为例》,《人口学刊》2003年第2期。

四,女性对男女平等有很高的认同,相当满意自身的社会和家庭地位。表6的数据显示:在对待男女平等问题上,女性认为自己在社会上受到与男性平等的对待的比例为67%,超过半数,这说明性别平等的程度很高。在对待自己的社会地位的满意度问题上,女性满意自己当前的社会地位的比例是75.2%,这个比例比男性对社会地位的满意度比例(69.8%)高出5.4个百分点,体现社会强调性别平等的过程中,可能更多地为女性创造条件,相比较男性,女性地位提高的速度比男性快。分析女性对自身家庭地位的满意度可以看出,女性对自己在家庭中的地位满意度比例为91.5%,绝大多数女性相当满意于自己的家庭地位,但相对于男性对这一方面的满意度(93.4%)来讲,低了2.9个百分点。表明女性受家庭的束缚还在一定范围内存在,传统的家庭男女分工对女性的发展有一定的制约作用。

表6 对男女平等主观感受的性别比较(2000年)

男女平等	女性	男性	性别差值
否	20.9	15.7	5.2
是	67.0	70.5	−3.5
说不清	12.2	13.8	−1.6
合计	100	100	0

表7 对社会地位和家庭地位满意度的性别比较(2000年)

	女性					男性				
	很满意	较满意	说不清	不太满意	很不满意	很满意	较满意	说不清	不太满意	很不满意
指标1	14.7	60.5	2.9	20.1	1.7	17.6	52.2	3.7	23.8	2.7
指标2	30.8	60.7	1.2	6.6	.6	35.4	58.0	1.5	4.5	.6

1. 指标1"社会地位的满意度"。
2. 指标2"家庭地位的满意度"。

三、女性自我意识的影响因素

(一)前人研究的综述

自19世纪末20世纪初,自我意识在西方一直是经久不衰的研究课题。早期,心理学家研究自我意识多侧重于生理原因的分析,如个体的外貌、身高、能力、性格。① 直至80年代，自我意识的研究范围逐渐拓宽，来自不同学科的研究者注意到自我意识与群体和社会环境的联系，把女性放在宏观的经济和社会背景中考察其自我意识的形成和发展。② 国内学者早期对女性自我意识的挖掘大多集聚在文学领域，许多文学作品塑造的新型女性是女性自我意识萌发和发展的范例，90年代以来，社会学领域基于社会性别的视角也对女性的自我意识进行研究和分析，最值一提的是有些学者利用1990年第一期妇女地位抽样数据进行相关的分析，认为城乡结构、文化程度、年龄、职业等因素都在一定程度上影响或制约着女性的自我认知。③④⑤

国内外学者的研究和分析对我们探讨自我意识的影响因素问题提供了一定的视角，也给我们很多的启发。比如，我们在分析自我意识影响因素时，个体的特征是自我意识的重要方面，同时考虑收入、年龄、教育程度、职业、跨市迁移等个人的因素和城乡结构对女性自我意识的影响。但是他们的研究也存着一定的缺陷，主要表现在三个方面：

(1)对妇女自我意识认识大多停留在定性的分析上，定量的分析非常少，虽然有些学者尝试设计了一些量化指标进行测度，但由于对自我意识的内涵理解过度扩大化，从而限制了影响因素分析。

(2)家庭背景因素对于女性自我意识的影响作用未能很好地挖掘，分析难免产生一定的局限。

(3)研究和分析较为偏重从个人的生理和经济因素的侧面去探讨自我意识的影响因素，很少从社会环境和群体作用下自我拥有的政治和法律因素进行综合分析，也就难以制定出切实可行的有效措施，有针对性地解决自我意识的现实问题。显然，我们还需要一个能综合反映自我意识影响因素的理论解释框架。

(二)理论框架和假设

为了准确分析女性自我意识的影响因素，克服单一因素解释的局限，从多层面角度综合分析，我们认为，影响女性自我意识的因素主要为：首先是个人方面

---

① BLAV FRANCINE D & FERBER MARIANNE A, WINKLER ANNE E, *The Economics of Women, Men and Work*, Engelwood Cliffs, New Jersey: Prentice Hall, Simon & Schuster Inc. 1986.

② RENZETTI, C. M. & D. J. CURRAN, NEEDHAM HEIGHTS: *Allyn and Bacon*, Living Sociology, 2000:197.

③ 陶春芳：《中国妇女社会地位概观》，中国妇女出版社1993年版，第283~301页。

④ 战捷：《性别差异对女性地位的影响》，蒋永萍：《当代中国妇女地位》，北京大学出版社1995年版，第229~241页。

⑤ 沙吉才：《中国妇女地位研究》，中国人口出版社1998年版，第310~323页。

的因素,包括年龄、受教育年限、职业自主性、工作满意度、法制观念和政治面貌,都会影响自我意识;其次是家庭方面的因素,家庭是女性重要的生活领域,夫妻受教育程度的差别、父母亲的教育程度、生育孩子的数量都会对其自我意识产生影响;最后是社会方面的因素,社会制度和文化的安排,包括城乡结构、流动状况,都会影响女性的自我意识(图1)。

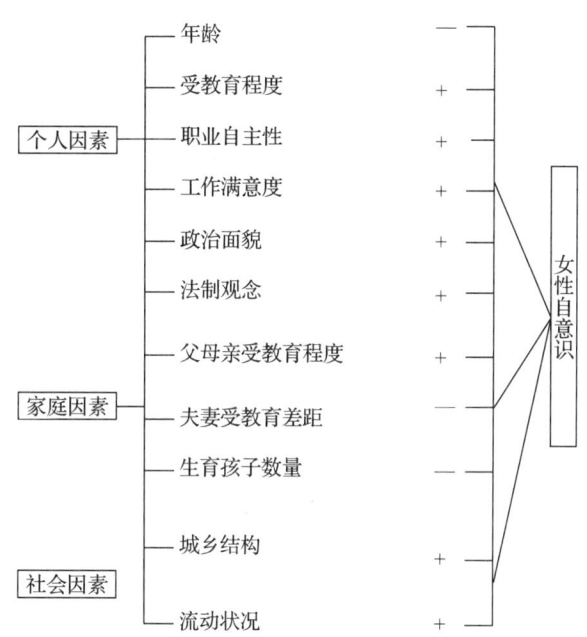

图 1 女性自我意识的理论解释框架和假设

我们提出以下三个具体假设,以便利用抽样数据进行统计估计和检验:

1. 女性个体所具备的特征影响其自我意识的强弱

具体表现为个人的年龄与其自我意识呈负相关,受教育年限、职业自主性、工作的满意度、政治面貌和法制观念与其自我意识成正相关。相比较60年代出生的女性,当前社会为个人的发展提供的机会更多,展示自身能力的舞台更大,自我意识更强;个人拥有的文化和经济资源对自我意识有相当影响,受教育程度越高,职业的自主性越强,对工作的满意度越高,其自我意识越强;政治面貌党团员,往往在社会和日常生活中起着带头作用,思想上积极上进,是先进生产力和文化的代表,表现出较强的自我意识,另外,个人的法制观念越强,维护自身权益的意识就强,在争取性别平等的过程中,主动性强,自我主观感受也相对较高,自我意识强。

2. 家庭因素对女性自我意识形成和发展产生重大影响

具体体现在家庭中父母亲的受教育状况与女性自我意识呈正相关,夫妻受教育差异、生育孩子的数量与自我意识呈负相关。父母受教育的程度越高,接受的各种知识便越多,女性在家庭生活中拥有的支持资源越多,对自我能力的发展空间也越大,自我的主体意识,自立意识越强,更容易实现自我价值。夫妻受教育程度差异越大,女性越容易把发展机会让给丈夫和被家庭孩子所束缚,生育孩子的数量越多,女性的精力和时间被占用的越多,越难兼顾好家庭事务与自身发展,其自我意识越弱。

3. 社会的城乡分类和流动状况与女性自我意识成正相关

即居住在城市的女性,经济发展较快,传统文化影响相对较弱,为女性生存和发展提供了更好的外部环境和更多的参与机会,其自我意识强于乡村。女性流动的距离越远,其自我意识越强。与从未出过远门的姐妹相比,曾经去过外地甚至国外的女性由于长了见识,特别是出外打工增加了收入和发展机会,也具有相对比较强的自我意识。

(三)变量测量和分析方法

关于自我意识的测量,我们采用因子分析的方法。基于我们对自我意识的内涵理解,我们选用女性对"如果您的配偶收足够高或您家有大量钱财,您还会工作/劳动吗?"的回答情况来衡量女性的自立意识,具体赋值为:不会为"-1",说不清为"0",会为"1"。"我对自己的能力有信心"的作答情况来判断女性自我能力的评价水平,符合为"5",较符合为"4",说不清为"3",不太符合为"2",不符合为"1";关于性别意识的测量,用来复合的4个变量是问卷中有关反映女性性别意识的几个问题,即:

(1)男人以社会为主,女人以家庭为主;

(2)女性应避免在社会地位上超过她的丈夫;

(3)干得好不如嫁得好;

(4)男性的能力天生比女性强。

度量的时候,我们通过被调查对象对这几个问题的同意程度来反映其性别意识的强弱,具体赋值为:很不同意为"5",不太同意为"4",说不清的为"3",比较同意为"2",非常同意为"1"。女性样本的 KMO 值为 0.719,解释率为 56.795%,而且 Bartlett 球度检验值都在 0.01 水平得到统计检验支持[①]。自我主观感受的衡量通过对"您认为自己在社会上是否受到了与男性(女性)平等的对待?"和"总体而言,您对自己目前的社会地位满意吗?"及其"总体而言,您对自己的家庭地位满意吗?"的回答情况来看,我们把认为是的赋值为"1",说不清的

---

① 王小波:《再论女性意识与女性解放》,《江西师范大学学报》(哲学社会科学版)2000年第11期。

赋值为"0",认为否的赋值为"-1"。经过因子分析我们发现用来衡量女性主观感受的几个因子聚合在一起,KMO检验值分别为0.533,解释率为51.310%,且Bartlett球度检验值都在0.01水平得到统计检验支持。最后我们把反映自我意识的几个因子聚合在一起,性别意识、自立意识、自我能力评价和自我主观感受的因子聚合在一起。从表8显示的因子分析结果来看,女性自我意识的KMO检验值分别为0.624,而且Bartlett球度检验值都在0.01水平得到统计检验支持,因此用最后复合而成的因子来表示自我意识是合理的。

表8 女性自我意识因子分析结果

自立意识	.604
性别意识	.619
自我能力评价	.696
自我主观感受	.638
KMO检验	.624
Bartlett球度检验	428.001**
解释百分比	40.957

1. ** 表示在0.01水平上有统计意义;
2. 提取方法为主成分分析法;
3. 因子得分计算采用回归分析法。

对所选择的解释变量,我们分别进行以下处理和测量:

(1)社区变量。城乡变量处理成虚拟变量,其中城镇取值为"1",其他为"0";流动状况用女性最远到达的地方表示。对最远到达地方这一变量也进行类似处理,以"从未出过远门"为参照,最远到过县城与地区所在市和省直辖市区为"1",其他为"0",最远到过外省、外境为"1",其他为"0"。

(2)家庭变量。母亲的受教育年限、父亲的受教育年限和夫妻受教育年限的差别(用丈夫的受教育年限减去妻子的受教育年限)都直接用教育年限的长短来测量;生育孩子数也直接用它的数值来测量。

(3)个人变量。个人年龄、受教育程度均处理为连续变量;职业类别则用虚拟变量处理,用是否非农来表示,从事农业工作的赋值为"0",非农工作的赋值为"1"。工作满意度,用她们的工作收入满意度、劳动强度满意度、工作的主动性满意度、工作稳定性满意度、发挥自己能力的满意度和职业社会地位的满意度六个方面通过因子分析最后复合成一个反映工作满意度的主因子,在我们的结果中,女性样本的KMO检验值是0.85,且Bartlett球度检验值也都在0.01水平,得到统计检验支持。法制观念的测量我们用"您认为出嫁女儿应怎样继承家里财产"和"愿意不愿意随母姓、有无必要建立专门保护女性的法律"回答情况来进行因子分析,复合成的单一主因子,其 KMO 检验值是 0.527,而且 Bartlett 球度检验值也都在 0.01 水平得到统计检验支持。政治面貌我们用虚拟变量处理,用群众做参照,共青团员为"1",其他为"0",共产党员为"1",其他为"0",民主党派为"1",其他为"0"。

在分析时,由于被解释变量已处理为连续变量,所以采用 OLS 回归分析方法去估计所提出的女性性别意识的理论解释模型。我们分别估计相关自变量对女性性别意识的回归系数并计算它们的标准回归系数,并借此说明各解释变量对女性自我意识的影响程度和方向。

(四)结果与分析

表 9 是女性自我意识的多元回归参数估计的结果。我们发现对女性自我意识有显著影响的变量有:

1. 个人层面的变量

第一,女性对目前工作的满意度,其回归系数是 .427,且在 0.01 水平上具有统计意义,这说明女性对自己的工作越满意,女性的自我意识越强,对目前工作的满意度越低,其自我意识越弱,这与我们的理论假设一致。第二,职业,女性从事非农工作的自我意识较高,其标准化回归系数是 .193,且在 0.01 水平上具有统计意义,这说明在非农的职业部门更多地为女性自我意识的发展创造了条件,与我们的假设一致;第三,女性受教育程度,其回归系数是 .149,在 0.01 水平上具有统计意义,说明女性受教育程度层次越高,其自我意识越强;第四,女性的法制观念对其自我意识产生正相关作用,说明女性的法制观念越强,其自我意识越强,回归系数是 .095,且在 0.01 水平上具有统计意义;第五,年龄,其回归系数是 -.081,在 0.05 水平上具有统计意义,表明年龄越大,女性的自我意识越弱,这也符合我们的理论假设;第六,政治面貌,中共党员的回归系数是 .069,且在 0.01 水平上具有统计意义,这说明政治面貌为中国共产党员的女性自我意识较强,在工作和生活中能够处处直到示范和带头作用。

2. 家庭方面的变量

第七,家庭中女性父亲的教育程度对女性的自我意识产生影响,其回归系数是 -.066,母亲的受教育程度,其回归系数是 .071;都在 0.05 水平上具有统计意义。父亲的受教育程度与女性的自我意识呈负相关的分析结果在一定程度上表明在男性为主的家庭,女性的自我意识可能因此受到压抑,从而减弱自身的进取意识。母亲受教育程度与女性自我意识的正相关说明女性自我意识的提高关键在于母亲的受教育程度。

3. 社会层面的变量

城乡分类,其回归系数是—.123,在0.01水平上具有统计意义,说明居住在城市的女性其自我意识的现代化程度较农村弱,这与我们的假设不一致。原因可能是因为:经济相对发达的城镇女性面临较多的机会,相比较农村女性来说,压力增大,在就业、收入及升迁的机会等方面遇到歧视较多,自我价值难以实现,使她们自信心降低,从而呈现出较弱的自我意识。整个模型的样本决定系数,即R^2值为0.361,表示我们所提出的回归模型解释了36.1%的女性自我意识的方差。

表9 女性自我意识多元回归分析结果

解释变量	标准回归系数
城乡分类	—.123**
最远到过外省和境外	.009
最远到过县与地区市、省/直辖市	.043
夫妻教育程度差	—.001
父亲受教育程度	—.066*
母亲受教育程度	.071*
孩子数	—.049
年龄	—.081*
受教育程度	.149**
对目前工作的满意度	.427**
是否从事非农产业	.193**
是否民主党派	—.003
是否共青团	.040
是否中共党员	.069**
法制观念	.095**
adjR²	0.361
F	47.018**

1. ** 表示在0.01水平上有统计意义。
2. * 表示在0.05水平上有统计意义。

四、结论与建言

本文所提出的理论假设大部分得到实证检验的支持,按照对女性自我意识影响的显著性来排序,它们分别是对工作的满意度、女性职业、受教育年限、城乡分类、法制观念、年龄、母亲受教育程度、政治面貌和父亲的受教育程度。因此，我们有理由断定，在影响女性自我意识的诸多因素中，经济因素最重要，其次是文化因素，再次是女性的政治面貌和法制观念。根据这些分析结果，我们认为，增强女性自我意识，进而提高妇女地位和保证男女平等，我们必须致力于以下四个方面的工作：

第一，加强经济独立意识，重视女性对自身工作的感受，提升女性个体职业层次。女性走出家门，寻找工作自立自强，这是女性获得独立个体认同的前提条件；女性喜欢自己的工作，爱岗敬业，向社会贡献聪明才智，获得社会认同，这是强化自我意识的关键。各级部门都应该人尽其才，提供平等的机会和条件，对女性普遍感觉到的职业角色和性别角色的困惑进行引导，特别要使女性对自己将要担任的社会角色和承担的社会责任有比较清楚的认识，端正她们的竞争态度，提高她们在社会中的竞争能力，加快自我意识程度的提高。

第二，提高女性的文化素质，特别要注意到母亲的文化程度是影响下一代女性自我意识的重要因素，所以我们应该在两性中平等地分配教育资源，确保女性的受教育权利，增加他们进入社会的资本，这对于女性自我意识的影响是至关重要的。

第三，关注城市女性和中老年女性的自我意识状况，促进社会的全面进步和发展。我们要关心二类女性群体，一类是城市女性，由于她们面临较大的工作压力，表现出传统观念复归的倾向，另一类是出生在改革开放以前现已进入中老年的女性，时代文化的印迹使其无法突破自身，不能跟上变化的时代，自我意识相对较弱。我们应该区分不同地区和不同的年龄，有针对性地强化女性的自我意识，发掘其性别优势，倡导积极进取，勇于开拓创新的精神，真正使女性做到自尊、自信、自立、自强。应该从制度上保障女性的权利，使他们能够平等地与男性共同促进社会的进步和发展。

第四，提高女性的政治参与能力，注重女性政治素养的提高，充分发挥城乡共青团和党组织的作用，为女性自我意识的增强提供思想组织保障，全社会应充分重视法律常识的宣传，切实提高全社会的法制意识，保护女性权益不受侵犯。

(原发表于《市场与人口分析》2007年第6期)

宋建丽，女，厦门大学马克思主义学院副教授，中国英文妇女网学者，专家库成员。研究方向为政治哲学、伦理学。主持 2007—2010 年国家社科基金青年项目"女性主义公民资格与社会正义"，代表性成果有《文化差异群体的身份认同与社会正义》、《政治哲学视域中的性别正义》、《差异公民资格与正义：艾利斯·马瑞恩·杨政治哲学探微》、《改革开放 30 年来中国女性主义伦理学研究综述》、《女性的社会平等与性别差异》，译著《女性主义哲学指南》，教材《女性学》等。

政治哲学视域中的性别正义

厦门大学妇女/性别研究学术文选

摘 要:女性主义对公民资格理论传统的批判凸现传统公民资格理论中女性之缺席,但由于潜在的性别本质化分析而陷入普遍主义正义伦理的两难,关怀伦理成为女性主义摆脱正义伦理两难处境的另类思考。与此以关怀为基础的路径相一致,差异性立场、身份政治转而成为女性主义表达其性别正义诉求的武器。然而同样可疑的是,如果妇女不再具有普遍意义,如何提出妇女的政治主张?因此,建构基于宽容、对话、理解、友爱、团结基础之上的包容不同身份差异(包括性别差异)的公民身份和公民制度成为继身份政治之后女性主义进一步考虑的重点。更具包容性的或对妇女友好的公民资格模式要求跳脱性别和身份的束缚,结合正义伦理和关怀伦理,这一类性别正义的目标是于多元纷纭的争论中辨明差异和独特性应得到的理解和尊重,于严整统一的正义体系中寻找作为女性自我存在的独特的社会政治意义。

关键词:女性主义 公民资格 性别正义

女性,只能在生物学意义上说是一个统一的性别象征,在社会学意义上,女性并非一种统一的社会角色象征,女性的性别身份和其出身、血统、种族、所处社会阶级深刻纠缠在一起,呈现出多元的复杂性。正因如此,女性主义从一开始就不是一种声音的代名词,而是充满多种理论诉求、争辩丛生。女性主义政治理论由三种倾向性不同的探究构成,第一种是对历史上和当代的"主流"政治思想的批判性讨论,批判焦点是男性偏见以及虚假的普遍主义,通过这种批判,女性揭示出自身一直被排除在政治和政治思想之外的事实,要求获得和男性一样的平等对待。然而,在反对男性偏见和虚假普遍主义的同时,女性自身却不得不面对女性的性别本质化以及普遍主义正义伦理的难题。由此,女性主义政治理论当中的第二种探究体现在对传统观念的建设性的重新解释以及对主张和观点的重新修正,讨论性别关系和性别分歧,关注差异性的立场和身份政治,对普遍主义正义伦理之优点的讨论与以关怀为基础的路径形成对比。第三种探究源自对妇女运动中的女性主义理论和政治行动之经历的反思,旨在超越性别意识,在多元争论的基础上寻找统一的理论基础,得出更为一般的政治哲学结论。① 在此背景下,女性主义在公民资格的基础上发展了女性主义的公民理论,女性的公民资格以及女性的民主潜力受到重视,女性主义的公民资格理论成为女性主义内部联合的有益尝试,以超越性别身份的束缚,探寻女性存在之独特的社会政治意义,在更广阔的全球化背景和后现代语境中寻找女性主义之未来。

一、以平等为目标的女性主义运动与正义两难

不论是在公民资格的历史传统中,还是在公民资格的当代理论形态中,妇女都是缺席的,性别差异或直接或潜在地成为妇女被排除在公民资格之外的理由。在亚里斯多德和其他的公民共和主义思想中,妇女被认为属于私人的家庭领域,本质上不关心政治或者甚至反政治,政治美德和品质明确地和男性相连。在许多基督教的和父权制的理论中,妇女的公民资格被认为是多余的,妇女的利益已经被她们的父亲或丈夫所代表。此外,将妇女置于和男人一样的地位被认为有悖于由上帝规定的自然秩序。贯穿整个公民共和主义、基督教理论和父权制理论的主张是:妇女,由于她们的本性,是不能理性思考的,这就使得女性丧失成为政治公民的资格。"自然权利"理论在18世纪末被开始用于提供公民资格权利的进步目的,然而在自然权利理论当中,男女之间被作出截然的划分。尽管妇女有自己的品质,却仍然被视为自然地次于男人并应该由此而被排除在公民资格权利之外。妇女仅仅在她们作为母亲的能力方面被视为是有价值的,正如男性在他们作为公民的能力方面被视为有价值的一样。在这里,妇女的性别差异再次被建构为据以将她们排除出公民资格权利之外的基础。②

这种反女性主义的排斥激起女性主义的回应,一些女性主义者指出,即便男女之间存在某些差异,这些差异应该和公民资格无关而且不应该由此剥夺妇女的权利,所有人生而平等并具有相同的自然权利的主张支持两性要求平等的公民资格权利之中。在18世纪,伸张妇女的公民资格主要通过诉求平等来捍卫。

作为这场运动的成就,妇女获得法律上的公民资格。然而,在自由主义的法律条文中,公民资格是一个普遍性的概念,它要求抹去他或她本身的所有个性化特征从而保证其平等的公民身份和地位,"公民"被去除了性别、种族和阶级,成

---

① Diemut Bubeck, *Feminism in Political Philosophy: Women's Difference*, in Miranda Fricker and Jennifer Hornsby (ed.), *Feminism in Philosophy*, Cambridge University Press 2000. p.186～187.

② Rian Voet, *Feminism and Citizenship*, London: Sage Publications, 1998. p18～19.

为一种抽象的个体和一种非历史化的存在。正如玛格丽特·桑顿所指出的,"实际上,病态的法律目光根本不会看到多元的和异质的利益"①。与此对公民的性别抽象化理解以及对女性之性别独特性的忽视相关,一种形式上的男女平等对待掩盖了男女之间事实上的不平等。一方面,自由主义已经在西方社会占据支配地位并设置正义和公平的理想,另一方面,妇女却仍然是二等的或更确切说是"第二性的"公民:不论是在高层决策中的比例,还是在其他方面的社会地位,相对而言,妇女都非常低。一系列有关妇女之二等公民地位的事实促使女性主义批判占支配地位的自由主义的公民资格观念,她们指出,只要妇女的特质被漠视,只要妇女仍被作为二等公民来对待,这种公民资格观念就是不完善的。

简言之,自由主义的公民资格理想在为女性的平等要求提供必要的前提,同时让女性主义者进退两难:或者女性被视为等同于男性,这样一来,她们作为女性的独特地位和能力就无法得到承认,她们的公民资格在本质上是不平等的;或者女性被视为不同于男性,这又回到出发点,女性的性别差异成为其被排除在公民资格之外的理由,由此,公民资格所许可的权利和它所强加的义务又在实质上成为不平等。②

在此,女性主义不得不面对正义两难:一方面,"女性"需要扩展公民资格理念以及于自己,自由主义女性主义之"性别中立"的议程正是某种形式的如上要求的逻辑结论;另一方面,女性往往同时坚持认为,作为女性,她们有着独特的能力、天分、需要以及关照,因此,她们的公民资格的表达方式将不同于男性公民资格的表达方式。③也就是说,女性主义一方面需要以自由主义公民资格之性别中立作为自己的前提,即坚持是否具有公民资格与性别无关,另一方面,又需要正视自身的客观差异,避免以形式上的齐头式对待反造成新的不平等。

那么,妇女究竟是否应该使用和男人完全一样的公民资格标准呢?如果是,女性主义就难免直接或间接地将"男性的"生活方式和行为类型视为妇女的典范;如果不是,又如何看待女性平等的理想呢?

二、以差异为重点的关怀、身份政治与差异性立场的认识论困境

与以平等的诉求来主张妇女之公民资格的女性主义者不同,一些女性主义者认为妇女的性别差异不能被认为和公民资格无关,相反,妇女的性别差异是一

---

① [澳]玛格丽特·桑顿著,王卫平、魏鸣译:《公民概念的性别化分析》,《外国法译评》1997年第1期。

② Kate Nash, Feminism and Contemporary Liberal Citizenship: The Undecidability of "Women", Citizenship Studies, Vol. 5, No. 3, 2001. p255.

③ Carole Pateman, *The Disorder of Woman*, Cambridge, Polity, 1989. p197.

种潜在的公民资格来源,应该得到足够的关怀和重视。妇女应该被包括进公民资格,在众多其他理由中,最主要的理由是因为她们的性别差异将导致更好的社会或更好的政治。例如,沃尔斯通克拉福特(Wollstonecraft)曾经指出,作为公民的政治平等的确要求平等的权利和美德,但是却并不要求所有的公民都精确地拥有相同的责任和行为。相反,她认为如果公民们被允许以各种不同的方式为共和国服务,共和国将会变得更加强大。①

可见,沃尔斯通克拉福特早就将关怀的道德视角纳入对公民资格的考虑,然而,将关怀伦理视为对正义伦理的另类思考并形成学术论辩内容的却当属吉利根(Carol Gilligan)。吉利根创造出"关怀伦理"这个术语,以区分于"正义伦理",她用这个术语来描绘她所认为的两种不同的道德推理模式——与男性相连的正义伦理的道德推理模式及与女性相连的关怀伦理的道德推理模式。占支配地位的"男性的"道德推理是将普遍的、抽象的公平和公正作为普遍性规定,以从这种普遍、抽象的规定中引申出来的形式上的规则及相伴而来的权利作为出发点;与此不同,和关怀伦理相连的道德推理是特殊性的和情境性的,它强调滋生于具体环境中之特殊关系的责任,强调教养、关怀、同情和交流,通过移情的过程和关怀的行动强调特殊需要。吉利根指出,女性在自我和道德的发展上与男性有别,"男性的"道德发展模式只强调公正(正义)、个体性和自主性,忽视了"关怀"。②

当代母性女性主义者(maternalist feminists)大量利用吉利根的阐释,她们将关怀伦理等同于妇女特殊的、优良的道德视角。例如萨拉·拉迪克(Sara Ruddick)试图将"母性思想"发扬为男性统治文化的解毒剂以及可替代的在世生存之景观,爱尔希坦(Jean Bethke Elshtain)则通过揭示母性思想的政治意涵及重新构造政治意识的努力,挑战她视之为女性主义运动的母性恐惧症(matriphobia),妇女的道德被提高为应该被整合进政治中并作为更好的政治和公民资格之基础而发挥作用的优良的道德形式。③

与关怀伦理的路径相一致,在政治领域,女性主义要求在当前的自由主义民主体制之上添加基于妇女身份的政治。例如在杨(Iris Marion Young)看来,妇女的压迫并不在于被阻止参与完整人性的实现,而在于特殊的女性价值和行动被过度工具主义和极权主义的男性文化所否定、所贬低。因此,妇女的身体和传

---

① Rian Voet, *Feminism and Citizenship*, London: Sage Publications, 1998. p20~21.
② 肖巍:《女性主义伦理学》,四川人民出版社2000年版,第32页;Ruth Lister, *Citizenship: Feminist Perspectives*, Palgrave Macmillan, 2003, P.101~2.
③ Mary G. Dietz, *Citizenship with a Feminist Face: The Problem with Maternal Thinking*, Political Theory, Vol. 13, No. 1, 1985. p20.

统的女性行为应该被视为社会和政治所需的积极价值的源泉。① 从这个角度看,身份政治可以被理解为女性主义关怀伦理立场在政治领域的发展和运用,其基础是女性的性别经验,其目的是矫正越来越被视为不公平的、歪曲的男性视角。由此,关怀伦理及女性主义身份政治的理论立场试图为批判政治理论中的女性主义对男性偏见的提供必要和有效的解释。

然而,关怀伦理和身份政治的联合也促使人们批判基于吉利根的研究的本质主义,批评者认为吉利根的研究把妇女视为同质的群体,用单一的"不同声音"讲话,从而忽视了她们特殊的历史境遇或文化境遇。在反对基于性别的压迫的意义上,一种本质主义的策略有利于良好的政治,然而,这种本质主义策略值得质疑。第一,是否存在一种统一的基于女性身份基础之上的性别经验?第二,强调对妇女之特殊性道德是否会走向它反对的那种权威,反过来落入对现状的赞成?

首先,关怀伦理和身份政治所持的差异性立场本身,按其自身逻辑发展,会不可避免地解构所谓统一的女性立场本身,从而表明统一的基于女性身份基础之上的性别经验之不可能。试想,如果差异性的立场可以根据男女之性别的社会划分来确定,那么,任何社会划分都应该被严肃视为立场之来源,例如种族划分、性别倾向、身体能力、年龄。妇女彼此之间的区分以如上这些进一步的社会区分为基础,而且这些进一步的社会区分反过来决定着在这种视域中被视为不同种类的妇女的差异性经验以及由此而来的差异性立场。这样一来,就可能存在黑人女性的立场、女性同性恋的立场、工人阶级的女性的立场或其他诸多的差异性立场,不论从哪种立场出发,那种占优势地位的、流行的白人、中产阶级、异性恋的女性主义立场都会因其包括一切的特性以及其基于"所有女性"而立论的普遍化的事实而受到批判。②

其次,既然已经在性别之间安置了本质的差异,赋予女性语言、女性道德、女性社群以特权,那么,"妇女的特殊性道德"就极有可能走向它反对的那种权威,成为具有权力意味的东西,这反过来又意味着赞成现状。妇女本质上或天生就是柔弱的这种观念拥有漫长的历史,因而反动力量可能利用妇女照顾、关怀的特殊能力而将妇女限制在母亲身份上从而将她们排除在传统的男性占支配地位的那些职位之外。换言之,强调女性身份的独特性,赋予女性身份以特殊价值,从

---

① Iris Marion Young, *Throwing like a Girl and Other Essays in Feminist Philosophy and Social Theory*, Bloomington and Indianapolis: Indiana University Press, 1990a. p79.

② Diemut Bubeck, *Feminism in Political Philosophy: Women's Difference*, in Miranda Fricker and Jennifer Hornsby (ed.), *Feminism in Philosophy*, Cambridge University Press 2000. p.188.

某种角度而言,固然有助于确立一种政治上的个体成员资格感,如果这种女性群体中的成员资格被认为内在于其自身的目标,起初激进的政治目标就可能反过来沦入颂扬群体压迫性后果、固守使自身永久存在的虚弱的女性文化的危险。由此看来,关怀伦理和身份政治同样可能受到与普遍主义正义伦理相一致的谴责,即从多样性和历史现实中抽离出来,从而塑造人类个体的普遍主义模式。只不过在关怀的女性主义这里,是以有同情心的妇女代替普遍主义正义伦理中那种抽象的原子式的个体。对于人类关系而言,自由主义的正义伦理是一个贫瘠的框架,它将人类关系简约为自愿选择的产物,而且由此排除了那不论我们是否选择都会存在的义务,然而,在授权于个体并解放个体方面,对关怀伦理和身份政治可能遭遇的具有潜在压迫意味的社群而言,普遍主义的正义伦理始终是不可或缺的补充。[①]

三、超越正义伦理和关怀伦理的对立:
对妇女友好的公民资格模式与性别正义

综上所述,以平等为基本正义诉求的女性主义基本沿袭了传统自由主义对普遍主义正义伦理的坚持,她们为所有成年个体声张平等权利和责任,不管她们身处何处、职业、身份为何,也不论她们是否处在国家领土范围之内。她们认为构成一半以上人口的妇女的平等权利,是实现正义的先决条件。妇女的权利只有在一个所有人的权利都受到尊重且政治安排旨在于保持正义社会的背景中才能获得。简言之,对于普遍主义的正义伦理两难,以平等为正义诉求的女性主义对此的回应可概括为:"让我们被作为公民而包括并忘记我们是妇女。"以差异为正义诉求的女性主义者并不反对政治平等的所有含义,然而她们更要求公正或认同,而不是平等对待的平等以及对群体差异的超越。在她们看来,性别中立的公民资格的发展是无意义的实践,注定失败。相反,她们主张从女性公民的视角出发重新思考公民资格。例如,佩特曼对女性主义正义两难的回应是:我们不应该从我们赞同性别中立的公民资格的反思出发而消除"男人"和"女人"的区别。毋宁说,如果两性都想要成为完全的公民,"性别差异就必须不再意味着自由和从属之间的差异"[②]。简言之,以差异为正义诉求的女性主义者对正义两难的回

---

① Christine Sypnowich, *Justice, Community, and the Antinomies of Feminist Theory*, *Political Theory*, Vol.21, No.3., 1993. p492~494.

② Carole Pateman, *Equality, Difference, Subordination: The Politics of Motherhood and Woman's Citizenship*, In Gisela Bock and Susan James (eds), *Beyond Equality & Difference: Citizenship, Feminist Politics and Female Subjectivity*, London and New York: Routledge, 1992. p28.

应可以被概括为:"让我们努力作为女性公民而被包含,而且,在这样做的过程中,改变公民资格的观念。"与此两种路径不同,解构主义的女性主义把矛头指向政治和社会中更加多元的事实,她们不仅质疑那种建立在为所有个体宣称平等权利的自然权利传统基础之上的平等普遍的公民资格观念,指出关怀路径和差异公民资格的危险。在她们看来,一方面,具有差异性需求的人们并不能从同一的公民资格模式中获得什么助益,而且她们中最脆弱易受伤害的人甚至会因此而更加地被边缘化;另一方面,一种关怀的路径和差异的公民资格也是危险的,差异性类别的公民的存在可能会给一些群体打上耻辱的烙印并因此使她们遭受到更严重的孤立和排斥。①

概言之,正义伦理的平衡力来自于抽象的、普遍的个体权利,关怀伦理的平衡力则植根于特殊情境中的关系,这两种伦理相平行并植根于平等—差异的困境中,反映了普遍和特殊之间的紧张并提供了一种有关权利和义务之辩的不同视角。追求普遍公正的正义伦理固然有着策略上的意义,但亦需借助于差异性的性别关照及关怀伦理的观点重新定义公民资格观念,使其更加符合全球化和多元化的未来。

与将正义伦理和关怀伦理分别对应于男性和女性的思路不同,特朗托(Joan Tronto)质疑关怀伦理和正义伦理在妇女和男人身上各自的分配,她由此采取去性别化的关怀伦理的立场。特朗托反对建立在科学和策略基础之上的简单的性别等式,她指出,18世纪的苏格兰启蒙思想家,如休姆(Hume),就曾赋予男人许多道德品质,这些道德品质正是今天和妇女紧密联系在一起的那些品质。性别关怀反映的不是先天的心理上的特征,而是劳动的性别划分,在这种后天的分工中,妇女承担了更多的照顾和关怀任务。由此对关怀伦理的不同方向的思考出发,特朗托明确地区分关怀伦理和"妇女的道德"观念,坚持在政治背景中考虑关怀伦理。她主张为一个"人们彼此之间的日常照料是人类存在的有价值的前提"的世界定制"一种关于关怀伦理的政治观点";一种关怀伦理的创造和维持要求"一种重视关怀的政治承诺以及对政治制度进行改造以反映变化了的价值"②。

与此政治伦理取向的关怀伦理相一致,对妇女友好的公民资格观念要求合并正义伦理和关怀伦理。一方面,对妇女友好的公民资格模式必须以正义伦理蕴涵的个体权利、自治、物质福利、平等尊重为底线,换言之,在我们能够扮演积极公民的角色之前,我们必须先是自治的公民、免于绝对的贫困、受到国家的平等保护并免于国家干涉;另一方面,仅有这些尚不足以充分反映女性

---

① Rian Voet, *Feminism and Citizenship*, London: Sage Publications, 1998. p28~29.
② Joan Tronto, *Moral Boundaries*, New York: Routledge, 1993. px, p178.

政治参与的特殊性,因此,引入关怀伦理视角有助于赋予妇女友好之公民资格,有利于废除妇女二等公民资格的社会地位并有助于强化对妇女的尊重。

如前所述,在自由主义的公民资格观念中,权利的个体承担者是男性主体,他是男性的家庭首领,活跃在交往的公共领域中,在这个公共领域中,他与其他这样的公民们相互交流。根据女性主义对自由主义这种男权特征的批评,自由主义公民的普遍权利建立在性别本质化的分析基础之上:男性具有同一的与理性相关的能力、需要及倾向,女性也拥有同一的与非理性相关的能力、需要及倾向。自由主义公共领域之涵义的建构事实上和那个以自然的女性关怀和女性从属于家庭领袖之男性为特征的私人领域相反:"男性,公共世界,普遍的个体主义、权利、契约、理性、自由、平等、公平的法律以及公民资格的世界……只有在和私人的特殊性、自然的征服、不平等、情感、爱、偏爱——以及女性和妇女气质的世界相对照、相对立的情况下才获得其自身的意义和重要性……"①

也正因如此,自由主义的公民资格观念给女性主义造成前述正义两难:或者"女性变得像男性那样,并因而成为完全的公民",由于她们事实上并无法做到完全等同于男性,因此她们只能永远是次要的男性;或者"她们继续保持女性的那些对于公民资格而言并无价值的特征"②。从哲学层面剖析这种女性主义正义之两难,问题在于:女性本身具有不可判定性的特征,然而一旦被给予本质化的对待,不论是将她们本质化为抽象的像男人一样的"人",还是将她们本质化为具体的"女人",都与女性本身的不可判定性相悖,由此必然造成上述正义两难。

女性的不可判定性指女性不能截然被判分在公共领域或私人领域,女性不但建构着传统赖以维持的那种二元对立,也在不断瓦解这种二元对立,女性尽管总是面对公与私、男性特征的个体和从属性的、女性气质的关怀者之间的二元对立,但也总是面临以女性公民之独特身份和方式重新解构这种二元对立的可能。③ 由此,一种性别平等的公民资格要求我们超越个体的公民资格视角的局限,转而采用群体的视角——两性的视角。在这种性别的视角之内,两性轮流扮演统治和被统治的角色非常重要。毕竟,如果一种性别被永久地排除在参与决定之外,而另一种性别垄断统治职位,这种状况显然是不正当的。

对于女性而言,一种满意的公民资格观念必须是对妇女友好的,它包含性别平等的内在要求、精英的轮流为治以及积极的政治参与。由于女性不可判定性

---

① Carole Pateman, Introduction to Pateman, C. and Gross, E. (Eds), in: *Feminist Challenges: Social and Political Theory*, London, Allen and Unwin, 1986. p6.

② Carole Pateman, *The Disorder of Woman*, Cambridge, Polity, 1989. p197.

③ Kate Nash, *Feminism and Contemporary Liberal Citizenship: The Undecidability of 'Women'*, Citizenship Studies, Vol. 5, No. 3, 2001. p257.

的根本特征,女性公民的政治参与亦具有其独特性,这是一种人们借此和他人讨论共同事务、反思公共善、学习承担责任、行使判断和做决定权利的更加广泛的社会参与,通过这种参与,人们对可欲的新的社会特征进行反思,通过与他人的合作来增加社会的活力。在女性公民的如上政治行动中,社会参与和政治参与之间的界线消失了,更加广泛的公共生活领域中的参与为严格术语意义上的政治统治进行了良好的准备。不论是参与严格意义上的政治领域中的决策过程,还是参与更普遍的公共生活,如付薪工作,都有助于女性公民学习积极的公民资格的技能,通过积极的创造公共性的活动,女性公民能更深刻地理解公民的含义并更有效地承担公民资格的义务和责任。正因如此,对女性公民而言,完全公民资格的构成并不仅仅只是参与做决定,它还意味着必要的政治主体性,即知道如何扮演政治角色,有行使政治判断的能力,能够通过实际行动表明自己不是一个臣民,而是一个公民;不是一个顺从的奴隶,而是能够和他人一起决定公共事务之未来的人。公民资格由此而不再仅仅象征固定不变的身份或地位,而意味着更深层次的实践和参与。①

在一定意义上,女性主义公民资格的理论建构可以看作身份争论的进一步展开。今天的女性主义试图在更广泛的意义上理解公民资格,公民资格不仅标示国家与个体公民之间以及公民之间静态的政治关系,它还意味着由此关系而产生的权利与义务、观念与行动的动态平衡。女性主义公民理论在六个方面强调女性的地位和需求——自由、权利、社会平等、政治自主性、政治表现、政治判断。在女性主义这里,公民资格与其说意味着承载权利的静态身份,不如说更是动态的实践,包括广泛的政治参与。对女性以及对女性之利益多元性友好的政策必须建立在女性经验以及公民资格观念的转变上,以适应女性经验的多样性,而不是仅仅让女性去适应传统的公民资格观念。它的目标是建立一种兼顾"差异的普遍主义"的制度,以赋予两性平等的、多样的地位。换句话说,女性主义公民理论强调的是在对女性缺席的传统公民资格理论的批判当中,建立一个中立的没有任何歧视(包括性别歧视)的多元意义的公民以及公民资格概念,在此基础上建构一种包容不同身份差异(包括性别差异)的公民制度。②

综合以上讨论,女性主义对传统公民资格理论的批判,凸现了普遍主义正义伦理在性别问题上的困境,关怀伦理的路径又不可避免地隐含强化女性身份和女性传统的企图。建构超越正义伦理和关怀伦理之争,寻求性别正义之辩证法

---

① Rian Voet,*Feminism and Citizenship*,London:Sage Publications,1998.p136~146.
② 陈彩云:《从"平等"、"社会性别"到"公民资格"——西方女性主义的理论转向》,《教育科学研究》2002年第4期。

的女性主义政治哲学已成为必须,女性主义公民资格理论正是这样的有益尝试。无论如何,不切实关注人类另一半之生存境况,这样的正义理论必将是不完善的;同样,不去辩证思考性别正义本身之政治哲学内涵,这样的女性主义行动也难免盲目。究竟是从普遍性的人性本质出发强调两性之间的平等,还是从特殊性的女性特质出发强调女性差异,平等和差异究竟何者优先?从女性主义公民资格理论的建构方向来看,性别正义既以普遍平等为特征的刚性的正义伦理为底线,也不排斥柔性的伦理关怀,辅之以积极的创造公共性的行动,性别正义渴望体现为普遍性的正义要求和差异性的正义关照之间、公共领域和私人领域之间的开放的、动态的权衡。

(原发表于《妇女研究论丛》2008年第4期)

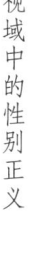

  林红,女,厦门大学人文学院人类学系副教授,硕士生导师。教授"性别人类学"、"都市人类学"、"性别研究与人类学"等专业课及"性别与社会"通识课。主要从事妇女/性别研究,兼任日本爱知大学国际问题研究所研究员。先后发表过《20世纪50年代中国取缔娼妓政策》(日文专著)、《明代节妇烈女旌表初探》、《从妇女守节看贞节观在中国的发展》、《废娼与妇女解放的历史反思》等论著数十篇(部)。

试析性别理论的核心思想及其学术价值
——从性别概念的形成谈起

摘　要：70年代以来，在西方女性主义学术发展的基础上逐步形成性别这一女性主义学术的核心概念及其相关理论。该理论以透析男女两性差别的社会存在为主要内容，从解构男性中心主义传统知识体系入手，强调社会文化建构对性别的作用及其多样性、可变性，倡导多元化的思维方式，关注女性/弱势群体的生存状态，力倡改善男女两性关系与社会公正。性别理论的知识批判与重建精神及其实践性，反映了这一新兴的、跨学科的综合性人文社会科学所具有的开放性格和学术生命力。

关键词：性别概念　社会文化建构　性别文化积淀　知识批判与重建

1993年，天津召开"妇女与发展"研讨班，介绍和引进性别理论，从此，性别成为女性主义学术的核心概念和分析范畴，我国的妇女研究者也逐渐熟悉这一概念。1995年第四届世界妇女大会召开后，"性别"一语在全球范围内更是被广为使用，但在我国的传播和学科化建设过程中，由于误解和偏见，这一国际学术界中的常识性概念尚未得到我国人文社会科学工作者的普遍理解和接受。至今仍有人以为，性别理论是女性主义者挑拨女人仇视男人、教女人与男人抗争的工具。殊不知，充满火药味的性别争斗只是20世纪70年代美国妇女运动中激进女权主义者的做法，八九十年代以后，代表美国妇女运动和世界妇女运动方向的性别理论则反对男女两极对立，主张改善现存两性关系的社会结构，营建男女互助共生、平等和谐的两性关系。

本文试从性别概念形成的谱系学入手，阐明性别理论的核心思想及其学术价值，以期帮助更多的人文社会科学工作者了解女性主义，以各自学术研究的背景为舞台，自觉运用性别视角审视人类已有的知识，促进性别平等意识的普及。

一、性别概念的提出

20世纪五十六年代，《第二性》一书的作者西蒙娜·波伏娃等早期女权主义者在向性别差异本能(先天)论挑战时,开始质疑造成性别不平等、置女人于从属地位的男权社会构造。她们对欧美和非洲一些地区进行文化人类学考察,论证了男女性别的分工和差异是由社会文化建构的,是在男性优位的社会建构过程中逐步形成的。虽然波伏娃未直接使用"gender"这一用语(她用法语写作),但其著名观点"女人是被塑造的"成为其后女性主义性别概念的核心思想源流。

20世纪六十七年代,精神分析学家R.J. Stoller和性学家J. Money对"性认知障碍"的形成原因进行实证性研究,正式引入"性别"(gender)这一概念①,以强调社会文化因素对性别自认(心理上认定自己是男/女)的作用。R. J. Stoller研究"性认知障碍"患者后认为:一个男儿或女儿身的孩子,出生后即被当成与其生理性别相反的性别养育,久而久之形成的性别自认是很难改变的。J. Money对阴阳人(俗称"半男女"或"两性人",主要系生理性别分化或发育不完全引起)及由于事故而失去生殖器的患者进行治疗和研究,发现并进一步证实:性别自认并不取决于人的生殖器官的属性,而更多地取决于社会文化因素的影响。此外,一些生物学家和生理学家们还发现,并不像我们以前所认为的那样,每个人都可以根据生物属性被精确地划分为男性或女性,人类社会中常有居于男女两者之间的半男半女和随着时间推移而变化的性别。近年来,我国日渐向社会公开的易性癖、同性恋、双性恋者就是最显而易见的实例。

长期以来,人们习惯按照生物的性别、社会的性别、性行为上的性别来对性现象进行分类,将男女染色体、激素、内外生殖器等与生俱来的男女生物属性视为生物的性别——sex;将男女的社会分工、男女角色、气质、能力、性格以及身份、地位等后天约定俗成的一整套男女规范视为社会的性别——gender;视性意识、性取向、性行动等为性行为上的性别——sexualty。人们普遍认为,生物性别上的差异决定社会性别和性行为上的差异。"性认知障碍"的研究成果从根本上推翻了长期以来占主流地位的性差生物决定论,为性别是社会文化建构的观点提供了坚实的科学依据。

性别(除了性和生育功能外)受社会文化因素影响,因此,孤立地从生物的性别、社会的性别、性行为上的性别的任何一方面理解和把握性别概念都有失偏颇。社会文化不仅直接规定和约束社会性别和性行为;而且通过社会性别加强、复制和合法化那些建立在生物学基础上的差别。基于性别的社会文化建构性的无处不在及三类性别之间彼此相关的特性,女性主义学者们反对分离生物的性

---

① 日本国立御茶水女子大学性别研究中心的馆熏教授认为,他俩是最早赋予gender一词以社会文化建构之义的学者。馆熏〈ジェンダー概念の検討〉,日本《ジェンダー研究》第1号(1998):第81~95页。

别和社会的性别,反对社会性别基于生物性别的观点。为了避免把性别概念狭隘地理解为或混同于上述三类性别中的"社会的性别",笔者采用李小江等人的"性别"译语而不用"社会性别"。

二、性别理论及其在中国

20世纪70年代第二次女性主义浪潮兴起以来,女性主义学者质疑已有知识体系,不仅发现妇女在这一知识体系中的缺位,而且看到父权制文化在这一知识生产过程中的权力关系,看到由这种权力关系制造的、被作为常识接受的性别话语的偏颇和谬误。于是她们进行了大量的学术调查研究,批判、解构和重构传统的二元对立的男性中心主义知识体系。她们分别在自然科学史、社会学、人类学、历史等领域对基本理论和观点中的性别标识进行深入细致的追踪,发现性别文化的无处不在,连生物性别上的差异——我们长期信以为科学的生物学上的有关性差的知识,都是由社会文化编造出来的。

最先在社会学领域中对性别进行研究的是20世纪70年代初安·奥克利对男女之社会和家庭分工(work and housework)的研究。安·奥克利指出:性别分工并不是由男女生物学上的差别决定的自然体,而是社会有意造成的性别不对等的社会规范,从性别规范上揭示了性别的社会文化建构性和不平等性。

1975年,人类学者盖儿·卢宾在《女人交易:性的"政治经济学"初探》这一被视为"70年代影响最大的女权主义理论文章之一"[①]的论文中分析借鉴了马克思主义理论、列维·斯特劳斯的结构人类学以及弗洛伊德的精神分析理论,提出性别机制理论。她说,"性/性别制度"是制造和规范着性、性别甚至于个性的一整套社会组织;这套组织(特别是亲属关系和婚姻结构的组织)在制造性别差异的同时维持着性别差异。视性别为制度的分析方法在女性主义学者中影响很大。此后,许多学者纷纷从各自的研究背景出发探究性别制度在各种社会文化和各个历史阶段的不同表现和演变,极大丰富了性别概念的内涵。

1988年,历史学家琼·W.斯科特在《性别:历史分析中一个有效范畴》中进一步强调性别是权力关系,即"以性别差异为基础的社会关系的成分"和"区分权力关系的基本方式"[②]。她将性别理解为权力关系,把它运用在历史学,尤其是女性史,的研究中,从而使女性主义性别研究的主要关注点由研究性别差异转向研究性别关系及其社会结构。

---

① 王政等主编:《社会性别研究选译》,三联书店1998年版,第21页。
② 李银河主编:《妇女:最漫长的革命》,三联书店1997年版,第168页。

当女性主义学者们普遍关注性别关系及其社会结构时,著名的黑人女性主义理论家贝尔·胡克斯把阶级、种族、民族等造成人类不平等的其他社会因素引入性别研究。她揭示了性别、阶级、种族、民族等各种压迫得以产生和彼此关联的思想根源,即"竞争性的非此即彼式的思维"①。其后(1996年),斯科特在为《女性主义与历史》一书所写的序言(见前注《社会性别研究选译》)中,也进一步强调要重视女性群体中不同文化、不同种族、不同阶级和阶层、不同辈分和年龄之间的差异及链接,从而大大丰富和发展了女性主义的性别理论。

简而言之,西方女性主义学者们先后把性别视为一种制度、一种权力关系、一种分层机制。她们在性别分析过程中建立起来的这些理论,有助于我们考察性别现象。在我国,新中国建立后制定了一系列男女平等的立法和政策,从制度上排除了性别歧视,中国妇女由此走出家庭、走向社会,在客观上改变了社会地位和传统角色,性别不再赤裸裸表现为社会制度或社会关系。尽管我国与西方国家的社会背景如此不同,但改革开放后性别现象的潜滋暗长却日益反映出性别文化积淀在我国的深刻影响。或者说,性别在我国更多地表现为思维定势和意识观念。举例而言,劳动力市场上两性不同的参与模式、不同的工作机遇和待遇现象的出现;宣传平等政策和维权时不自觉地损害着妇女的利益,无形中宣扬并强化性别意识(退休制度硬性规定女职工、女职员,包括女知识分子比男性早退休5年;妇女阶段性就业的提出等);对社会中存在着的性别问题,学者们缺乏应有的性别敏感,视性别差异为天经地义,或者单纯地将其归结为经济原因而忽视性别文化的作用,此类性别歧视现象和性别盲点不胜枚举。由于众所周知的原因,20世纪90年代兴起的我国女性/性别研究,"对知识建构和传播的热情往往让位于对现实问题的关怀"②,难以从根本上抵制和抗衡传统的性别思维定势对性别歧视现象的催化作用。所以说,在我国,传统观念中人们对男性和女性持有的不同看法和期待,以藏而不露的性别文化形态和潜移默化的性别意识观念,干扰着性别平等政策的落实和性别平等的真正实现。

三、性别理论的学术价值

尽管说,女性主义性别理论在西方形成的背景与在中国兴起的背景有所不同,中国的国情与西方国家也有差异,其具体分析对象和范畴不能机械地照搬于

---

① [美]贝尔·胡克斯著,晓征等译:《女权主义理论:从边缘到中心》,江苏人民出版社2001年版,第36页。

② 杜芳琴:《全球视野中的本土妇女学——中国的经验:一个未完成的过程》,《云南民族学院学报》(哲学社会科学版)2001年第5期。

中国,但其核心思想具有普适性和指导意义。

具体而言,有以下这么几个层面。

首先,性别是全球性的共有的学术概念。自其产生以来,经过不断充实和完善,不仅成为西方女性主义学术的核心概念,而且广泛渗入世界许多国家的社会科学研究领域,成为人文社会科学研究的不可或缺的重要分析范畴。由于性别本身无处不在的特征,性别研究的对象可以涵盖所有不同的历史、文化、地域的各种人群,涉及哲学、自然科学、人文社会科学的各个领域。这使性别研究具有广泛的国际间文化交流和跨学科互助合作的基础,为全球性的对话和沟通筑起宽阔的学术平台。

其次,性别理论是一种哲学思维方式,它反对非此即彼的二元思维模式,弘扬和谐共存的多元式思考方法,在哲学方法上突破了二元思维模式的局限。它否定先天的、生物决定论的观点,坚持后天的、社会文化建构的思想。根据它揭示的社会文化建构的观点,两性间的不平等现象既是男性中心社会权力结构的产物,又是维持这种权力结构的基础。在考察性别关系的权力构造时,不能忽视阶级、民族、人种、辈分等其他因素引起的同一性别间的差异及各因素间的链接。当我们关注社会文化建构的特性时,既应认识到社会结构的顽固性,也应看到社会结构的可塑性,确信:性别既然是社会文化建构的就可以重构,既然是建构的就不会是静态和固定不变的;我们可望通过社会文化、通过改变社会结构最终消除性别不平等、建立新型的性别文化。这样一种开放、能动式的思维,对当前学术界实践三个代表思想,勇于创新不断创新具有很大的现实意义。

再次,性别理论是一个多维的认知框架,是在挑战、质疑、批判、解构传统知识体系的过程中建立的。它否定以等级制和排他性为特征的二元对立的男性中心主义知识建构方式,强调多元和谐的知识互补;用辩证批判的眼光审视已有的一切性别观念,坚持发展可变的观点、追求平等和谐的两性关系的实现。它以长期被传统学科排斥、冷落一旁的女性为研究对象和出发点,强调把女性问题置于性别关系的结构中进行分析,而反对将女性问题孤立地剥离出来;它不仅从性别角度去考察社会,还从性别角度去审视我们所继承的人类知识,从而填补传统知识结构中的空白,重构新的知识体系。这种知识批判与重建的思想体系,有利于我们在学术层面上加强对知识建构的批判和学科理论的建设,克服我国女性/性别研究中重解决实际问题而轻文化批判和知识生产传播的偏向,符合我党提倡的与时俱进的时代精神。

最后,性别理论是一种注重人本的现代意识。它以21世纪"以人为中心的可持续发展"为理念,揭露性别不平等,但反对把男性当作女性的对立物。它认为:不论男女,都不应以牺牲对方作为发展自我的前提,而应该共建彼此尊重、平等相处、协力互助、平衡和谐的伙伴关系。它追求一个没有成见、没有歧视、更为公正而富有人性的理想社会。这种现代理念使性别研究充满人性的光辉和理性的光彩,充分体现了学术研究对人类文明的贡献和价值。

总而言之,以知识批判和重建为特色的性别研究,旨在创造两性平等和谐发展的社会文化环境,是实践性很强的学术领域,它已日渐成为当今国际学术研究领域中的显学。性别理论则为我们分析不同阶层、地区和民族的男女在各个历史阶段中的性别形态,特别是在我国经济体制改革不断深化、阶层和性别分化日趋显著的今天考察性别与其他社会关系的互动状况、充实和完善性别平等的基本国策提供了新的研究视角和理论指导。

(原发表于《福建论坛》2004年第1期)

  王宇颖,女,厦门大学公共事务学院公共管理系副教授,从事性别与公共管理、性别与公共政策的研究与教学。近年来先后在《中国行政管理》、《理论前沿》等期刊上发表相关学术论文,代表性论著有《女性主义公共行政理论》等。

公共管理研究的性别视角*
——美国女性主义公共行政理论评述

摘　要：基于美国公共行政理论和实践中女性缺席的现实，美国女性主义公共行政研究中出现经验论、立场论和后现代主义这三种研究取向，这是一场公共行政领域的性别启蒙运动，为公共行政学提供新的知识生产方式，也是公共行政学中的一种知识变革。但该理论在研究方法、理论逻辑和实践方面存在局限，还需不断发展和完善。美国女性主义公共行政理论对我国的女性参政理论和学界研究立足于中国的"女性主义的公共行政问题"提供了借鉴的视角。

关键词：女性主义　公共行政　后现代主义

上世纪70年代以来，美国公共行政学中的"新模式"层出不穷，如新公共行政学运动、政策分析、新公共管理运动、新公共服务、治理网络，在这股反思的潮流中，女性主义公共行政理论作为一枝奇葩渐渐绽放。美国女性主义公共行政理论是美国公共行政学中的一种反霸权话语和批判理论，它以女性主义的视角审视主流公共行政学中对女性的研究，促进主流公共行政学对女性经验和立场的了解，批判主流公共行政学中男性中心主义的传统的认知图式，试图重新建构包括女性在内的公共行政学。

一、公共行政的性别盲区

1864年，联邦法案规定"女性文秘人员"的年收入为600美元，是男性的一半，这是美国首次关于女公务员的立法。① 一战前，公务员中女性只占5%～10%。② 从1919年开始，所有对男性开放的公务员职位均对女性开放，而在这之前，60%的公务员考试都不允许女性参加。20世纪20年代，女公务员的人数有

---

* 厦门大学"211工程"三期和"985工程"公共管理重点学科建设项目阶段性成果。

①② Van Riper, Paul P. *History of the United States Civil Service*. Evanston, Ill.: Row, Peterson, 1971.

所增长。一战后,公务员中女性占20%,但所有女公务员都只能做文秘工作①。二战期间,女公务员人数剧增,1944年达到公务员总人数的40%,由于战后男人们从战场上返回,1947年,公务员中女性人数锐减为26%,不过比起战前还是有所增长②。然而,正如马丁·格鲁布格所言,"虽然有许多女性在为政府工作,但几乎都是承担着不重要的工作"③。

到1970年为止,超过33%的联邦政府人员是女性,但G13-G15级别的公务员里只有3%是女性,G16-G18级别的公务员里只有1%是女性④。1985年,G16—G18级别的公务员里6.1%是女性。⑤ 1987年,G9以上级别的公务员里女性的比例是28%⑥。

自20世纪90年代以来,受雇于联邦政府、州政府和地方政府的女性日益增多,人数比例渐渐接近男性。例如,1999年,联邦政府里的女性行政管理人员比例达到44.8%,1997年,州政府和地方政府里的全职女性雇员占44.3%⑦。可是,女公务员的级别仍然比较低。1998年,G14和G15级别的联邦政府人员中,女性只有24.5%⑧。1994年,州政府的部门领导人女性占22%,城市经理人中女性占7%。⑨

公共行政学里存在着严重的"女性无形化"现象,是导致现实生活中女性公务员边缘化的重要意识形态根源。学者们从不同的角度探讨、回顾公共行政学中的女性主义研究进展时,都表达了同样的焦虑。

---

① Lemons, J. S. *The Woman Citizen: Social Feminism in the 1920s*. Charlottesville: University of Virginia Press, 1990. p222.

② Van Riper, Paul P. *History of the United States Civil Service*. Evanston, Ill.: Row, Peterson, 1971.

③ Gruberg, Martin. *Women in American Politics*. Oshkosh, Wis.: Academia Press, 1968. p131.

④⑦ U. S. Bureau of the Census, 1999.

⑤ Fox, S. F. Rights and Obligations: Critical Feminist Theory, the Public Bureaucracy, and Policies for Mother-Only Families. *Public Administration Review*, 1987, 47(5).

⑥ Guy, Mary E. *The Feminization of Public Administration: Today's Reality and Tomorrow's Promise*. In Bailey M. T., & Mayer R. (Eds.). *Public Administration in an Interconnected World: Essays in the Minnowbrook Tradition*. Westport, CT: Greenwood Press, 1992. p95.

⑧ U. S. Office of Personnel Management, 1998.

⑨ Bowling, C. J., & Wright, D. S. *Change and Continuity in State Administration: Administrative Leadership across Four Decades*. *Public Administration Review*, 1998, 58(5).

黛布拉·斯图尔特指出,"早期的文献很少关注女性从质量和数量上对公共服务的贡献。甚至到了 20 世纪 70 年代早期,在一些主要的公共行政著作里,女性还是被忽视"①,这是公共行政学史上第一次针对女性研究的文献进行回顾②。

吉恩·哈里斯认为,课程设置和教科书中应该包括关于女性的学术研究,这一点已经为多数学者所接受,但她考察公共行政学入门教科书后发现这些教科书很少涉及女性③。

迪尔德丽·康迪特和珍妮特·哈钦森统计了主流公共行政学期刊刊登的由女性所写的和关于性别研究的论文情况。虽然女学者发表的论文总数有所增长,但 1960—1995 年,在该学科的主流期刊中,每人发表的论文不超过一篇④。而且,"很少学者尤其是女性学者的论文与性别相关,或是讨论主要与女性有关的公共政策"。甚至,大部分有关性别研究的论文都停留在采用自由主义女性主义的视角来探讨男女平等。她们得出的结论是:"在过去的三十年里,虽然女性主义研究和女性主义认识理论都在蓬勃发展,但很少迹象表明公共行政学界对此有所关注。"⑤

凯思琳·施陶特和威廉·韦弗看到,"公共行政话语受到妨害不仅因为男性特权,还因为女性很难在话语中以公共行政者的身份存在,更不用说作为公共行政的委托人、顾客或选民了"⑥;"公共行政学中大多数有关女性的研究聚焦于政府机构里存在的性别不平等现象,研究者们提出的问题都不与现存的管理途径相抵触"⑦。

玛里琳·卢宾评估 20 世纪 90 年代的十年间女性在美国公共行政学会里的发展时指出:"虽然女性在该组织里的人数增加了,并全面参与对组织的管理,但对公共行政学的学术贡献还是不如男性"⑧。

珍妮特·米尔和梅雷迪斯·安·纽曼曾就美国公共事务与行政院校联合会

---

①② Stewart, D. W. *Women in public administration*. In N. Lynn, & A. Wildavsky. *Public administration*: The state of the discipline. Chatham, NJ: Chatham House, 1990. p215. p223. p220.

③ Harris, J. W. Introductory public administration textbooks: Integrating scholarship on women. Women and Politics, 1994(14).

④⑤ Condit, D., & Hutchinson, J. Women in public administration: Extending the metaphor of the emperor's new clothes. *American Review of Public Administration*, 1997(27).

⑥⑦ Staudt, K., & Weaver, W. *Political Science and Feminisms*. New York: Twayne Publishers, 1997. p135. p139.

⑧ Rubin, M. Women in the American Society for Public Administration: Another Decade of Progress but Still a Way to Go. *Public Administration Review*, 2000(60).

(NASPAA)成员院校开设的公共行政学研究生课程涉及性别问题的情况开展调查,发现接受调查院校中有 2/3 没有提供深入的性别研究课程,把性别研究当作一门单独课程的不到 30%①。

伊丽莎白·德宾等谈到,开设的女性和公共管理课程尽管得到了学生的认同,但是"我们所有的男同事并不欣赏它的价值,这是由于先天的男性至上主义和抗拒改变造成的。因此我们觉得,我们设立的课程和管理方面的性别问题课程在瓦格纳学院仍然被边缘化"②。

二、美国女性主义公共行政理论的三大研究取向

20 世纪 60 年代开始,女性主义公共行政理论家们觉察到公共行政领域中的性别盲点。她们摒弃以往对高度抽象化的、"无性别的人"的研究,即,"把男人等同于人"的研究,专门将女性作为研究对象,揭示男权文化的偏见,挑战传统性别角色的规范,关注女性参与公共事务状况的改善,掀起了公共行政学中的性别启蒙运动,亦是一场基于性别的公共行政学知识变革。

女性主义公共行政理论历经女性主义经验论—女性主义立场论—后现代女性主义三种理论建构:七八十年代的经验论持改良倾向,揭示与批判主流公共行政学中的性别歧视现象,强调性别公平,这种旨在追求以男性为标准的平等研究显然无法撼动公共行政学中的男权根基;在 90 年代转变为革命的立场论,认为必须彻底推翻公共行政学研究传统中的主流男性话语,建构女性主义公共行政理论的知识图景,但这种更为激进的努力忽视了女性内部的差异性,且因"女性优越论"受到诟病;21 世纪初,后现代女性主义对启蒙运动以来西方公共行政学中的普遍的或绝对的信仰与概念进行了彻底的挑战与颠覆,倡导性别多元、身份解构和话语重构。

---

① Mills, J., & Newman, M. What are We Teaching about Gender Issues in Public Affairs Courses?. *Journal of Public Affairs Education*, 2002(8).

② Durbin, E., S. Ospina, & E. Schall. Living and Learning: Women and Management in Public Service. *Journal of Public Affairs Education*, 1999(5).

(一)经验论:男女平等

1. 将性别作为研究变量

公共行政领域的性别研究在刚起步时主要针对作为个人属性的性别进行分析①,研究女性的个体特征及与男性的异同。例如,工作年限方面,职位高低与在公共部门服务时间长短有关②。女性由于生育和抚养孩子被迫中断工作,相比之下,不间断工作的男性获得升迁的机会更大③。教育背景方面,男女高层官员受教育水平相当,多为大学以上学历,说明教育和培训在职业发展中起着很重要的作用④。针对联邦官员的研究也表明,职位高低通常与学历成正比。工作10年以上、获本科学历的女公务员比男公务员要少得多,许多女性因缺乏相应的教育背景而丧失提升机会⑤。政治背景方面,联邦政府和州政府的女性更多通过政治任命的方式获得现有职位⑥。女性更多地通过政治参与,如担任议员的助手等方式进入政府部门工作。女性高级官员多属于民主党派,男性高级官

---

① Long,J. E. Employment Discrimination in the Federal Sector. *Journal of Human Resources*,1976(17);Borjas,George J. Discrimination in HEW:Is the Doctor Sick or Are the Patients Healthy?. *Journal of Law and Economics*,1978(21);Taylor,Patricia A. Income Inequality in the Federal Civilian Government. *American Sociological Review*,1979(44);Lewis,Gregory B. Gender and Promotions:Promotion Chances of White Men and Women in Federal White Collar Employment. *Journal of Human Resources*,1986(21);Lewis,Gregory B. Race,Sex and Supervisory Authority in Federal White Collar Employment. *Public Administration Review*,1986(46);Lewis,Gregory B. Equal Employment Opportunity and the Early Career in Federal Employment. *Review of Public Personnel Administration*,1986(6);Lewis,Gregory B. Changing Patterns of Sexual Discrimination in Federal Employment. *Review of Public Personnel Administration*,1987(7).

②⑤ Naff,Katherine C. Through the Glass Ceiling:Prospects for the Advancement of Women in the Federal Civil Service. *Public Administration Review*,1994,54(6).

③ Guy,Mary E. *Women and Men of the States:Public Administrators in the State Level*. Armonk,NY:M. E. Sharpe,1992. pp. 209~210.

④ Hale,Mary M. ,& Rita Mae Kelly. *Gender,Bureaucracy,and Democracy:Careers and Opportunity in the Public Sector*. Westport,Ct:Greenwood Press,Inc. ,1989. p144;Guy,Mary E. ,& Lois Lovelace Duke. Personal and Social Background as Determinants of Position. In Mary E. Guy. *Women and Men of the States:Public Administrators in the State Level*. Armonk, NY: M. E. Sharpe, 1992. pp. 43 ~ 60; Bullard, A. N. , & Wright D. S. Circumventing the Glass Ceiling:Women Executives in American State Governments. *Public Administration Review*,1993,53(3).

⑥ Bayes,Jane H. Women in Public Administration in the United States. *Women & Politics*,1991,11(3);Bullard,A. N. ,& Wright D. S. Circumventing the Glass Ceiling:Women Executives in American State Governments. *Public Administration Review*,1993,53(3).

员多属于共和党派,说明男女公务员的异质性不仅因为性别差异,还因为二者间的社会和政治差异①。在通过变更工作地点换取升迁方面,女性常为照顾家庭而放弃或是上级在考虑此类人选时将女性排除在外②。家庭背景方面,与同级男性相比,女性高级官员及父母学历更高,父母在事业上更为成功,说明担任同等职位的女性官员所具备素质要比男性高③。女性官员中已婚的只有50%,男性官员已婚比例为80%。未婚女性比已婚女性更有可能升职④。有配偶或伴侣对男性的职业生涯有助益,对女性则没有⑤。相对于没有孩子的女性、有孩子的男性和没有孩子的男性,有孩子的女性更难以获得升迁⑥。

2. 性别差异最小化

经验论女性主义公共行政理论以男性为标准,力证女性和男性在管理态度和管理行为上的相似性大于相异性,从而为女性辩护。对 GS-15 到 GS-18 级别联邦高级官员的抽样调查发现,首先,女性同样希望获得权力,有明确的责任感,知道组织应该往什么方向发展才是有效率和有效能的。其次,没有证据表明,女性更注重发展直接的人际关系,女性对组织的个人忠诚度并不比男性高,对下属评价较低。最后,女性更多地考虑过换工作。在她们对目前这份工作好坏的评价与男性大致相同的情况下,说明她们在就业上更有冒险精神⑦。

莱法斯提出,少数族裔和女性官员同白人男性同事一样,希望影响政策,希望别人听取自己的意见,想赚钱,想升职,有强烈的职业抱负,追求权力和影响力⑧。此外,两性的"管理意识形态"相似,"管理意识形态"指认为管理高层需要更多地控制下属,组织对绩效的要求是合法的,管理过程本身是有趣和重要的。"管理意识形态"的影响超过基于性别或种族的群体立场的影响,组织的同化作

---

①③ Guy, Mary E., & Lois Lovelace Duke. Personal and Social Background as Determinants of Position. In Mary E. Guy. *Women and Men of the States: Public Administrators in the State Level*. Armonk, NY: M. E. Sharpe, 1992. pp. 43~60.

②⑥ Naff, Katherine C. Through the Glass Ceiling: Prospects for the Advancement of Women in the Federal Civil Service. *Public Administration Review*, 1994, 54(6).

④ Guy, Mary E. Summing Up What We Know. In Mary E. Guy. *Women and Men of the States: Public Administrators in the State Level*. Armonk, NY: M. E. Sharpe, 1992. pp. 213~214.

⑤ Naff, Katherine C. *To Look Like America*. Boulder, CO: Westview, 2001.

⑦ Lynn, Naomi B., & Richard E. Vaden. Towards a Non-sexist Personnel Opportunity Structure: The Federal Executive Bureaucracy. *Public Personnel Management*, 1979(3).

⑧ Rehfuss, John A. A Representative Bureaucracy? Women and Minority Executives in California Career Service. *Public Administration Review*, 1986(46).

用弱化了个人属性的作用①。

男女人员流动率差异几乎完全是由于双方在平均年龄、工资及服务年限长短方面的差异造成的。在上述因素类似情况下,两性的流动性大体相同②。

3. 性别公平

经验论女性主义公共行政理论认为,社会文化影响下形成的男女差别要大于男女生理上的差别,反映在组织上,就是强调组织结构、组织内的权力关系、组织文化等对性别的影响。

玻璃天花板意指女性在升迁过程中遇到无形的阻力。1991年8月,劳动部在对女性和少数族裔的发展前景进行初步研究之后公布了一项报告,其中提到"玻璃天花板确实以非正式的政策和实践的形式存在,无意中导致在选拔高层时女性和少数族裔都没有得到同等的考虑③"。1990年代高级行政人员中白人男子比例从84%降至69%,但仍占绝对优势,而女性和少数族裔往往集中在较低层的职位上。即便在控制了教育、经验以及其他与升职相关因素之后,白人男子的平均职位仍比女性和少数族裔高。刻板的性别印象——事业对男性最重要,家庭对女性最重要——潜在地破坏了女性晋升高层的努力④。而"避开玻璃天花板"的策略,即,女性担任新设部门的领导或是通过州长直接任命的方式可以使女性以非常规途径避开不利的性别影响⑤。

职业性别隔离是社会和家庭社会中性别角色界限和分工在工作场所的延伸,按照通常认为的女性所长将女性归入相应的角色和活动中。尽管市政府的再分配机构里已达到性别平衡,但分配机构和规制机构里女性比例严重偏低。因为再分配机构里的薪酬平均低于分配机构和规制机构,因此职业的性别隔离造成两性薪酬悬殊;虽然有证据显示,在分配机构和规制机构里的玻璃幕墙有被

---

① Rehfuss, John A. A Representative Bureaucracy? Women and Minority Executives in California Career Service. *Public Administration Review*, 1986(46).

② Lewis, Gregory B., & Kyungho Park. Turnover Rates in Federal White-collar Employment: Are Women More Likely to Quit than Men?. *American Review of Public Administration*, 1989, 19(1).

③ Naff, Katherine C. Through the Glass Ceiling: Prospects for the Advancement of Women in the Federal Civil Service. *Public Administration Review*, 1994, 54(6).

④ Naff, Katherine C. *To Look Like America*. Boulder, CO: Westview, 2001.

⑤ Bullard, A. N., & Wright D. S. Circumventing the Glass Ceiling: Women Executives in American State Governments. *Public Administration Review*, 1993, 53(3).

侵蚀的趋势,但这一变化很缓慢①。另外,"在州政府的执行分配和规制政策的机构里,行政人员当中存在严重的职业性别隔离;但这些机构里的专业人员当中,职业性别隔离已经渐渐减少了"②。在"女性化"部门——文教卫生、社会福利等——工作待遇较低,升职机会较少,而由于职业性别隔离造成这些部门里恰恰女公务员居多,所以大量女公务员发展受阻③。

(二)立场论:男女有别

1. 赞美女性特质

罗伯特·登哈特和简·帕金斯预言了"行政男性"的死亡,提倡用基于女权运动的组织价值观建立的女性化组织来代替现有男性化组织④。弗格森认为,"女性发展出一种不同的声音,是一种被湮没的话语",可以用来建立一种去官僚制的集体生活;在这里,官僚制话语将由关注个人发展和社区需要的女性主义话语取而代之⑤。

卡罗尔·艾特伦特支持女性也能够成为很好的管理者和领导者的观点,将女性领导风格总结为权力的运用、协调工作关系、解决冲突和解决问题四个方面。女性领导者采用变革式的领导方式,即通过设计一个更宽的组织目标,将下属的个人兴趣融合到组织当中,在实现组织目标的同时实现个人目标。女性领导者更倾向于认为自己的权力来自于个人魅力、勤奋工作以及与下属之间的个人关系,而不是来源于在组织中的地位,她们更喜欢分享权力而非使用权力。女性领导者通过鼓励下属参与决策、提高下属的自我价值实现及调动和激励下属等手段,形成互动式领导方式,明显区别于传统的命令—控制型领导方式。协调工作关系包括绩效标准、团体参与和有效的人际沟通。女性领导往往给自己设置很高的绩效标准,更加重视生产力和喜欢以身作则。男性领导模式视团队合作为个人之间的竞争和赢过他人,女性领导模式中对团队的强调是个人做到最

---

① Miller, W., B. Kerr, & M. Reid. A National Study of Gender-based Occupational Segregation in Municipal Bureaucracies: Persistence of Glass Walls. *Public Administration Review*, 1999, 59(3).

② Reid, M., W. Miller, & B. Kerr. Sex-based Glass Ceilings in U.S. State-level Bureaucracies, 1987—1997. *Administration & Society*, 2004, 36(4).

③ Stewart, D. W. *Women in public administration*. In N. Lynn, & A. Wildavsky. *Public administration*: The state of the discipline. Chatham, NJ: Chatham House, 1990. p215. p223. p220.

④ Denhardt, R., & J. Perkins. The Coming Death of Administrative Man. *Public Administration Review*, 1976(41).

⑤ Ferguson, Kathy E. *The Feminist Case against Bureaucracy*. Philadelphia: Temple University Press, 1984. p22.

好,共同获得成功。传统领导观念认为参与管理是对权威和影响力的威胁,女性领导理念则视参与管理为机会、信任、活力和自由。女性领导是关系导向型而不是任务导向型,她们把感觉、倾听、关怀和感受等人际沟通技巧带入组织,强调在与别人交往时的合适和得体,强调敏感性、同理心和理解①。

2. 性别差异最大化

性别制造差异的观点认为,女性的加入将使公共行政的面貌发生质的改变,使公共行政多元化,更具代表性和合法性。福克斯和舒曼对城市经理人的研究显示,首先,女性城市经理人比男性城市经理人更多地卷入公民参与和社区参与。这一点体现在女性陈述进入市政当局的动机、将自己看作经理人及描述自己的决策过程时。其次,女性城市经理人强调沟通,包括与公民的沟通和与其他政府官员的沟通。再次,女性较多地把自己定位为经理人和协助者,而不是"政策企业家"(policy entrepreneur)。福克斯和舒曼认为,城市管理政治中有一种独特的"女性的声音",女性明显发出"女性的声音";在城市管理层里,这样的声音音量偏低。可是,由于市政府主要行政人员中女性只占11%,而且女性城市经理人的人数在过去十年中增长缓慢,市政府的代表性和合法性面临巨大危机。另外,女性似乎更有可能促进传统的民主进程,比如,让公民成为决策过程中的重要组成部分。女性更珍视公民参与,更愿意位于互动网络的中间,而不是高高地站在等级制的顶端。在地方一级政府,公职人员有更多机会参与社区共同决策,女性经理人则更喜欢利用这些重要的机会,她们似乎在运用促进"民治"的民主原则的技能。女性城市经理人的技能和价值观有助于推动政府的合法性②。

3. 倾听"女性的声音"

女性常用自己的话表达对工作经历的思考,体现了女性之间细微的差别和具体的女性经验。玛丽·黑尔的《他说,她说:性别和工作生活》探究"人们如何看待性别和他们的'活生生'的工作经历之间的关系"③,她发现,"当前公共组织中性别不平等的建构和规定对于男性和女性的工作经历起着至关重要的作用",

---

① Edlund, C. J. Humanizing the Workplace: Incorporating Female Leadership. In Bailey M. T., & Mayer R. (Eds.). *Public Management in an Interconnected World: Essays in the Minnowbrook Tradition*. NY: Greenwood, 1992. pp. 84~86.

② Fox, Richard L., & Robert A. Schumann. Gender and Local Government: A Comparison of Women and Men City Managers. *Public Administration Review*, 1999, 59(3).

③ Hale, Mary M. He Says, She Says: Gender and Worklife. *Public Administration Review*, 1999(59).

并且,工作场所"非常性别化"①。该论文能在主流公共行政学术期刊上发表实在不同寻常,因为文中将许多冗长的受访者的原话逐字列出,读者看到的是男人和女人在用他们自己的话来诉说他们的工作生活经历。类似的还有:卡米拉·史迪佛斯的《比弗莉·迈尔斯:公共行政中的权力、伦理和女性特质》、埃普丽尔·荷洁卡·尔金斯的《玛丽·瑞洁恩蒂:揭露腐败的道德勇气》和贝丽尔·雷丁的《爱尔莎·波特:缝合政府的缝隙》。史迪佛斯写道,迈尔斯的"故事,无论是指真实的生活,还是对生活的讲述,都是与我们原先熟悉的完全不同的一种叙述",它"意味着公共伦理的一种新思维方式:去除了文化上的男性特质"②。雷丁则声称,作为一名女性是构成波特正式职业生涯"情境"的三大要素之一。波特显然受到女性主义价值观的指引,她"作为女人的身份"是"她是谁"的一大组成部分③。

(三)后现代主义:超越性别

1. 挑战"姐妹情谊"

后现代主义女性主义公共行政理论认为,女性还具备其他种种不同的社会身份,比如不同种族、民族、阶级、性倾向、宗教和年龄,同样的,性别化只是公共行政的特性之一。例如,从个体角度看,白人女性与黑人女性受到的性别歧视不可同日而语;社会地位也会影响男性气质的展现,因此男性气质并不为一切男性所有,而是以白人、中产阶级、异性恋男性为标准,它在压抑女性的同时也束缚了男性。从组织和文化角度看,单一地强调性别关系,会影响对组织中起作用的其他权力关系的分析,而那些权力关系是帮助我们理解公共行政不可或缺的元素。史迪佛斯说:"审视公共行政中的性别困境并不意味着其他诸如种族和阶级等因素就是次要的。性别与种族和阶级联系在一起,性别的重要性不是因为它是唯一的主导因素,而是因为作为一种视角,性别能够使我们看到从其他视角看不到的事物……我试图不将性别一般化,这样会使我们看不见种族和阶级的影响"④。

---

① Hale, Mary M. He Says, She Says: Gender and Worklife. *Public Administration Review*, 1999(59).

② Stivers, C. Beverlee A. Myers: Power, Virtue, and Womanhood in Public Administration. In T. Cooper (Ed.). *Exemplary Public Administrators*. San Francisco: Jossey-Bass, 1992. p168.

③ Radin, B. Elsa Porter: Working the Seams of Government. In T. Cooper (Ed.). *Exemplary Public Administrators*. San Francisco: Jossey-Bass, 1992. p204.

④ Stivers, C. *Gender Images in Public Administration: Legitimacy and the Administrative State*. Newbury Park, CA: Sage, 2002. p5.

2. 主体解构

麦克斯怀特不否认现实中可以辨认的性别生物学差异的存在,但强行把这些差异范围分成二元对立是不必要和不可理喻的。性别差异在其所有向度上(物理的和心理的)是一个连续体出现的,这个连续体是一个渐近的、二元模式的配置。"从生物学上讲,从男性到女性是一个多级的渐变系列;这取决于人们如何规定范围,人们可以说,沿着这一系列至少有5种性别——也许更多"。说性别"自然地"分成两类未免把问题简单化了①。

哈钦森反对两性区别与生俱来且恒久不变的观点,认为两分法总是暗含着等级制,男权文化中男性与女性的二元区分强化了主动与被动、统治与屈从的关系,造成对女性的压抑。公共行政话语中缺乏女性主义经验和视角,可以用"多元性别"来弥补。现在需要"重下定义,即承认多元的他者(性别上的他者)已经并将继续地被排除在传统公共行政的思想之外","性别化的男性特征和性别化的女性特征不是二元的,而暂时是处于一系列的性别上的他者的两端"②。严格的性别二分法使公共行政中的男性和女性同样受到限制,陷入"忧郁"(melancholy)状态甚至更糟。这种性别模式解放了个人,并为"公共行政空间——法律、政策、组织和行政实践的激进重建"提供了可能性。③

3. 重构女性话语

麦克斯怀特认为,性别是符号性的(亦即语言学的)现实的反映,而不是经验现实的反映。作为理性的意识,把符号性的客观限制加于性别分类之上,而我们通常就是以此为基础来认识这些类别的。妇女代表着理性不能符号化的界限。而任何从一种积极有效的立场拒绝边界的人或物,都是对理性的威胁。理性是现实本身的关键,因此理性的人必定会把我们带到建制性权力的位置。要想维护理性的地位,就必须否认包括女性在内的任何包含有无界限或否认边界的人或群体或将它们置于其控制之下。在不运用理性的情况下该如何创造世界(万物)?答案是,如果我们建立了关系,我们就不需要理性④。可是又该如何在社会秩序中达成一种人际关系,从而使理性能够被取代呢?麦克斯怀特的答案是,采纳以福莱特和其他实用主义者的观点为基础的公共行政模式,即与公民合作的实用主义模式。麦克斯怀特通过对"理性"的女性话语分析,表明男权偏见的优势话语是如何充当压迫的工具,而从女性的话语角度又该如何抵制和颠覆这

---

①④ O. C. McSwite. *Legitimacy in Public Administration: A Discourse Analysis*. Translated by Wu Qiong. Beijing: China Renmin University Press, 2002. p216, p229.

②③ Hutchinson, J. Multigendering PA: Anti-administration, anti-blues. *Administrative Theory & Praxis*, 2001, 23(4).

种话语的强制权力。

20世纪90年代生活史和生活写作盛行。2000年,盖伊以传记的形式展示了一位为公共行政学做出重要贡献却鲜为人知的女性——伯奇菲尔德,她于1943—1958年担任《公共行政评论》(PAR)的执行编辑以及在这期间的大部分时间里兼任美国公共行政学会(ASPA)的财务主管。伯尼尔结合个人经验对这一文本进行解读,她指出,广泛的社会、文化和政治现象可以通过个人生活的讲述来研究和理解,亦即,"人类的经验可以作为社会(或政治)文本来阅读"[①]。

三、对美国女性主义的公共行政理论的评价

(一)理论贡献

首先,女性主义公共行政理论是公共行政领域的一场性别启蒙运动。女性主义的公共行政研究力图说明女性介入公共行政的可能性和必要性,使女性进入公共行政研究视野,帮助消除公共行政领域中的性别歧视。这样做不仅有利于更多的女性参与公共事务和社会管理,在公共领域做出独特的贡献,对于提高女性的社会地位,实现女性的真正解放具有深远的意义。这种反思的自觉性还拓宽了公共行政学的研究主题或是原有主题的研究维度,增加了与女性直接相关的研究主题,如均等就业机会、平权行动、玻璃天花板、职业性别隔离等,使公共行政知识建构更加全面。

其次,女性主义公共行政理论为公共行政学提供新的知识生产方式——"情境化"知识的生产方式。女性主义公共行政理论以女性及其他边缘人群的生活经验为背景和源泉,强调身体、感情和知觉,肯定女性知识的独特性,认为女性应该具有自己的思维方法和叙述方式,运用具体情境下产生的经验和行动来说明和解释公共生活和公共组织的运行情况,构造公共行政现象的文本性,既有对社区改良运动中"定居女性"群体的颂扬,也有对以福莱特、伯奇菲尔德为代表的女性个人的致敬,重建女性作为认识主体和知识生产主体的地位。

最后,女性主义公共行政理论是一场基于性别的公共行政学知识范式变革。它以"不守规矩的知识"的方式批判正统公共行政学,用处于边缘地位的女性的声音挑战主流的男性话语权力,指出了公共行政研究中存在的性别盲视和男权话语霸权——其研究主题和学术见解往往带有男性偏见且多采用男性主导的社会科学研究方法。它质疑公共行政学的客观中立性和公正性的面目,挑战既有的学科价值体系和理论预设,期望带来传统公共行政学基本思路的转换,形成新的知识增长点;利用性别视角重新界定公共行政学中的概念,围绕公共组织理

 Denzin, N. *Interpretive Biography*. Newbury Park,CA:Sage,1989. p9.

论、组织行为、行政伦理和公共行政史等研究主题发展出关于公共行政知识的"另一种声音"。

(二)局限性

美国女性主义公共行政理论的知识体系还不完备,至今仍在不断发展和完善。在研究方法方面,纯理论研究中提出的女性主义观点常常无法通过实证研究予以证明,从而削弱了女性主义公共行政研究的说服力。其一,可能因为学者们在量化研究中为方便起见,经常把生理性别等同于社会性别,把生物意义上的男性和女性当作划分标准,所以得出与理论相左的研究结果;其二,性别不是存在于在超验的世界中,由于其他因素对于性别的影响,也使得性别不是一个标准的概念,因社会情境化而发生改变。这些都增加了女性主义公共行政研究的难度。在理论的逻辑方面,由于三大研究取向之间存在着差异甚至矛盾,削弱了其连贯性,至今未能建立起一个统一的理论基础和框架。在实践方面,将女性主义公共行政的理论成果付诸实践也面临着很大的阻力,女性化组织、柔性领导风格等的实施离不开能够反映女性性别角色价值的组织设计、组织文化和政治环境。

(三)借鉴与启示

公共行政学是促进社会全面和谐发展的力量之一,我们应该重视观察公共行政问题的多元视角,如性别视角。公共行政学中的性别研究分为"公共行政中的女性问题"和"女性主义的公共行政问题"两种,前者借助公共行政学已有的概念和理论框架开展"关于女性"的研究,是单纯的妇女问题研究,研究的立足点是男女平等,目前国内的研究主要还停留在这个层面上,即,基于男女不平等的普遍事实,为女性争取参与公共事务管理的各种权利,基本以女性参政为主线。那么,在借鉴西方公共行政学的女性主义视角的基础上,中国的女性参政理论需要注意:

(1)女性参政理论不是孤立的、仅仅关于女性的学术活动,应该与公共行政学等其他学科紧密联系。例如,根据研究者的出发点和目的,可以从"性别的角度",即从促进女性参政的角度,也可以从"管理的角度",即从改善公共行政的角度对公共行政领域中的性别问题进行研究。

(2)性别作为一个变量与性别作为分析范畴的区别在于:前者仅仅是以女性为研究对象,将女性或与女性有关的问题加入公共行政,不改变公共行政的基本结构;后者从一开始就认定公共行政是有性别的(而非性别中立),用女性主义的视角对男性中心主义的公共行政理论进行批判和重建。

(3)国内的学者主要从宏观(社会制度、文化传统和价值观念)和微观上(心理学和人力资本因素,如教育程度、家庭背景)对女性参政进行分析。中观上的分析,即对组织因素,如组织结构和组织文化的分析被忽视了。从关注女性本身转向对组织性别化(gendered organizations)的研究,公共组织的内部性别意识的提高能促进个人与社会因素综合发挥作用。

(4)女性内部的利益也并不统一,女性之间由于年龄、教育程度、经济条件、地域等造成的差异性不容忽视,这决定了女性参政的多元化。例如,在推进农村妇女参政与城市知识女性参政时所遇到的障碍和采取的办法就有所不同。我们不能把女性作为一个无差别的整体来对待,用同样的标准去衡量妇女解放问题,抹煞了民族、文化、阶级和种族差别。

中国应重视对"女性主义的公共行政问题"的研究。这超越了有关女性问题的清单,更多地指向公共行政学本身,是公共行政学在当代的新发展。以男性视角和以女性视角来看这个世界的各种关系和规律,其结果可能有根本差别。如果忽略女性的特点、经验与思想,让男性特权和男性偏好主宰公共行政领域的知识生产过程,会导致公共行政学成为背离性别平等的学科。推动女性主义公共行政理论成为我国公共行政学的发展动力之一,必将丰富和深化公共行政学,提高其对现实的回应程度。

(原发表于《中国行政管理》2011年第3期)

林擎国,男,教授、博士生导师,曾任厦门大学计划统计系副主任、经济学院院长助理、MBA中心主任、经济学院副院长兼人口研究所所长、《厦门大学学报》(哲社版)副主编。主要致力于利用经济与人口核算的基本知识、技能和资料,围绕可持续发展的理论与实践,进行宏微观经济社会运行和投资分析,为政府宏观管理、企业经营和市场竞争提供咨询服务。教学方面,独创4门新课程,以专题方式授课,效果显著;为省内外上百个党政机关和企事业单位举办数百场专题报告。

中国大龄未婚人口现象存在的原因及对策分析

摘　要：本文从界定独身不婚这一婚姻行为入手，通过对中国大龄未婚人口现象的系统描述来认识其存在的特征和后果，在分析原因的基础上为解决中国大龄未婚人口问题提出对策。笔者认为，中国大龄女性未婚人口现象的存在是和适婚男性非理性的"下娶"相联系的，而大龄男性成婚难则应该归因于适婚女青年理性的"高攀"和跨地区流动以及自身相对低下的社会经济条件。

关键词：大龄未婚人口　原因　对策

婚姻是人类社会的一个重要制度，社会通常借助这一制度以及支撑这一制度的具有深厚文化背景的婚姻观念使结婚成为该社会成员生命周期中的一个重要的甚至不可避免的环节。然而，大约从第一次工业革命开始，婚姻制度就受到越来越猛烈的冲击。其中，最严重的挑战是来自西方国家，目前也已蔓延到东方社会的独身不婚现象。

一、大龄未婚人口现象存在的特征及后果

独身是相对于是否履行婚姻实践而言的。如果从时点的角度观察人口的婚姻状况，一个社会的所有成员可以分为两大部分：一是已婚的，二是未婚的。已婚人口包括初婚、再婚、离婚和丧偶四种；未婚人口则可分为非适婚和适婚未婚人口两个群体。非适婚未婚人口指还没达到社会法定结婚年龄的未成年或成年未婚人口。适婚未婚人口指已经达到或超过法定结婚年龄的成年未婚人口，它包括两个部分：一是志愿不婚或独身，即不想嫁也不想娶；二是非志愿未婚或独身，即想嫁嫁不出去和想娶娶不进来。这些人可能在未来的生活中进入婚姻关系，变成已婚人口；也可能一直不能实现结婚的愿望，成为终身不婚人口。所以，独身不婚人口主要指一个社会志愿和非志愿的适婚未婚人口。

在西方发达国家，志愿不婚或独身主义正在成为许多人奉行的生活观念或实践着生活方式（蔡禾，1993）。据美国人口调查统计，现在美国独身人口共

1 011万,其中男性160万人,女性850万(蒙晨,1991);独身率大约5%~10%,呈缓慢增长趋势(John E. Farley,1990)。而在中国,"男大当婚,女大当嫁"的传统生活观念仍然占据统治地位,绝大多数适婚而未婚者主要是非志愿的。1990年的全国第四次人口普查结果表明,中国30岁及以上的适婚未婚人口达1 240多万人,其中30~44岁大龄未婚者为786万人,占未婚人口的63.4%,下面让我们对30~40岁的大龄未婚人口进行结构分析。

首先,从年龄和性别这两个重要的人口自然属性来看,大龄未婚人口中大部分属于30~34岁和35~39岁年龄组,分别占30~44岁未婚人口的43%和34%;40~44岁者仅占23%。从性别看,男性大龄未婚人口为740.7万人,占94.3%;女性为45.5万人,仅占5.8%,前者是后者的16倍。30~44岁男性、女性人口未婚率分别为6.1%和0.4%,即平均每千名该年龄组的男性、女性人口中分别有61名和4名未婚者,说明中国大龄未婚者的性别构成主要是向男性倾斜,这是男性适婚人口失婚比率偏高所致。

其次,从城乡的生活经济区域分布看(见表1),大龄未婚人口的79%聚集在农村地区,即大约每10个大龄未婚人口有8个是农民。对大龄未婚人口进行性别和城乡的交叉分组分析,发现男性大龄未婚人口主要集中在农村,约占男性大龄未婚总数的81.6%;相反,女性则主要分布在城镇,约占女性大龄未婚人口的65.2%。和全国相比,农村大龄未婚人口的性别比例失衡更为严重,为38∶1;城镇的性别比则应对平衡,为4.5∶1。

表1 中国大龄未婚人口的城乡分布

地区	合计		男		女	
	人数(万人)	比例(%)	人数(万人)	比例(%)	人数(万人)	比例(%)
农村	620	78.8	604	81.6	16	34.8
城镇	166	21.2	136	18.4	30	65.2
全国	786	100.0	740	100.0	46	100.0

最后,分别从受教育程度和职业状况观察大龄未婚人口的社会分布。表2显示,大部分大龄未婚人口教育水平低下,文盲、半文盲者占27%,小学教育程度的占44.1%,大约平均每10个大龄未婚人口中有7人没上过学或者只受过小学教育。按文化程度划分的未婚率分布基本是一种倒过来的正态分布,即两头高、中间低,文盲、半文盲和大学本科及以上学历者的未婚率都相对偏高,中专文化水平的未婚率则最低(平均每百人中只有一个未婚)。分性别看,男性未婚率和文化程度大体上是负相关,文化程度越低的男性越不容易成婚;相反,女性

的未婚率和文化程度成正比关系,受教育程度越高的女性越容易未婚(表2)。从表3可以看出,除专业、技术人员以外,拥有越好的社会职业的人口越容易成婚。如果在两性中间进行比较,从事低职业的男性和高职业的女性都有较高的未婚率(见表3)。

表2 按文化程度划分的中国大龄人口未婚状况

文化程度	合计		男		女	
	比重	未婚率	比重	未婚率	比重	未婚率
文盲、半文盲	27.02	5.60	27.38	21.54	21.10	0.34
小 学	44.06	3.62	45.93	7.18	13.63	0.13
初 中	20.01	2.38	19.58	3.38	27.03	0.53
高 中	6.82	2.19	5.85	2.76	22.64	1.17
中 专	0.69	1.04	0.42	1.01	5.05	1.08
大学专科	0.95	2.17	0.55	1.67	7.47	3.40
大学本科	0.46	3.32	0.30	2.83	3.08	4.56
总 计	100.00	3.36	100.00	6.10	100.00	0.41

以上分析结果说明,中国大龄未婚人口现象具有以下几个特征:

(1)规模不小,比海南省的总人口数还超出130多万;
(2)年龄构成以30~39岁为主;
(3)性别构成向男性倾斜;
(4)城乡结构偏重农村;
(5)文化和职业分布则显示出性别反差,低文化、低职业男性和高文化、高职业女性都相对容易成为非志愿独身人口。

表3 按职业划分的中国大龄未婚人口未婚状况

职 业	比重	未婚率	未婚率	未婚率
各类专业、技术人员	2.59	1.36	1.37	1.35
国家相关党群组织、企事业单位负责人	0.32	0.43	0.33	1.12
办事人员和有关人员	0.84	1.28	1.26	1.35
商业工作人员	1.86	1.62	2.48	0.67
服务工作人员	2.56	3.09	6.56	0.69
生产工人、运输工人和有关人员	12.55	2.42	3.24	0.87
农、林、牧、渔业劳动者	79.22	3.89	7.59	0.13
不便分类的其他劳动者	0.03	3.71	6.25	1.36

尽管社会习惯于从负面的角度来理解大龄未婚人口现象,但这一现象本身却具有正反两面的社会功能。从人口学意义上理解,它推迟了婚龄,特别是女性跃过一生中的生育旺期;更重要的是,她们当中有相当一部分人可能终身不婚。如果以50%计算,大约可少生370万人,这有利于计划生育。另外,这个现象的存在还间接地把一些可能影响婚姻的社会问题显现化,如人口出生性比例失调、社会成员择偶观念陈旧和个人成婚条件低下,这不仅有助于引起社会和政府的关注重视,还有助于对这一现象进行成因分析和对策思考。

大龄未婚人口现象的社会负面观念主要体现为:

(1)随着时间的推移,数百万大龄未婚人口将逐渐步入中老年,在社会保障制度和服务体系尚不完善的情况下,大龄未婚人口的身心健康和饮食起居将不同程度地受到影响,遭遇具体困难。

(2)独身不婚会影响生活质量,进而影响独身者的平均健康水平。美国普林斯顿大学的人口学者研究结果表明,独身不婚者的寿命通常要比结婚人口短(Goldman and Hu,1993;Goldman,1993)。游荡于婚姻之外的大龄成年人还会产生生殖健康问题,如婚前性行为、未婚生育、人工流产、性传播疾病和艾滋病的传播(谭林等,1997)。

(3)通过结婚而形成的各种婚姻家庭关系,一方面增强了已婚者的社会责任,另一方面也加大了她(他)实践越轨行为的社会成本或代价。因此,长期游离于婚姻关系之外的人口不利于社会秩序的稳定。

(4)由于女性大龄未婚人口素质都比较高,她很可能被已婚的男人挑选为婚外情的合作者,从而对现存的婚姻关系形成潜在的威胁和挑战。

(5)大量无偶男子的存在,还给"以婚谋财"的不法分子提供机会,使以拐卖妇女牟取暴利的犯罪行为应运而生(张和生,1994)。

可见,大龄未婚人口现象的社会负功能远大于正功能,不论是从个人还是从社会的角度看,都不宜让这一现象长期存在下去。

二、大龄未婚人口现象形成的主要原因

在对大龄未婚人口现象或非志愿不婚行为进行原因分析的各种学派中,最具有代表性的要数人口学的结构理论、社会学的政策理论及经济学的收入理论。人口结构论者认为,大龄未婚主要归因于适婚人口的性别构成失调,使可选择的合适对象稀缺。不少学者通过对中国实行"一孩"政策以来的出生性别比的深入研究,呼吁禁止人为的性别选择,重视维持人口生育性别的自然平衡,否则这些新生人口达到婚育年龄时,因为缺乏可以匹配的异性而无法进入婚姻关系(顾宝昌等,1996;曾毅等,1992)。显然,从长远看,这种呼吁是完全必要的。但目前中

国大龄未婚人口都是先于"一孩"政策时期出生的,这一理论解释并不合适。

持政策理论观点的学者强调,中国大龄未婚人口现象其实是当年极左政策的副产品。"文革"中,知识青年上山下乡、接受再教育,使不少城市男女青年错过最好的择偶成婚的年龄。在农村时,年轻人不敢结婚,担心从此留在乡下;回城后,想结婚又偏大了,可以选择的合适对象少。特别是回城的女知青,在婚姻市场里显然竞争不过更年轻的女性,成了"泼不出的水",为迟迟不能进入"围城"而感到无奈。以上政策分析似乎可以说明中国城市女性大龄未婚人口现象产生的原因,但对占较大比重的农村男性大龄未婚人口来讲,这种理论思考也与实际情况不相符。

经济学派则从微观的角度,把大龄未婚人口现象与个人收入相对水平联系起来,认为结婚早晚更多地取决于个人收入的相对水平。当收入水平较高时,年轻人没有经济压力,就会倾向早婚;相反,当经济收入水平下降或比较有限时,他们会因为手头拮据不得不推迟结婚(叶文振,1995)。当前,社会上把成语"成家立业"倒过来说成是"先立业再成家",实际上是"收入决定论"的通俗说法,表明"成家"费用上涨后,低收入的约束将使一些年轻人成为非志愿的大龄未婚者。从这个意义上来说,收入论可以用来解释为什么中国男性大龄未婚人口主要聚集在农村,他们不是不想成家,而是娶不起。

以上研究成果表明,从微观经济学的角度透视中国大龄未婚人口现象还是有意义的。大龄未婚是和择偶过程相联系的,尽管不少人反对把择偶行为等同于不涉及感情的纯理性过程,但事实中的择偶过程的确包含着越来越多的理性,或者说当今的择偶更加现实了。择偶过程的理性化至少表现在两个方面:一是更直接明了地提出过去羞于启口的或间接传递的对对方的物化要求,如明确公布择偶双方条件和要求的征婚启事;二是所有择偶者都期望找到最理想的伴侣,这种心理趋向实际上就是微观经济学强调的追求效用最大化的属于个人层次上的经济性动机或目的。随着经济的日益市场化,人们从社会和家庭那里找回越来越多的个人决策权力,婚姻决策过程中加入了更多物化的或经济的动机,促使婚姻演变为经济性不断加强的理性的选择,不探讨年轻人在婚姻市场上的选择过程及其具体动机,不可能正确地认识中国大龄未婚人口现象的成因。

笔者认为,中国大龄未婚人口现象的形成主要是三个因素共同作用的结果,它们是婚姻选择偏好、个人的微观条件和婚姻市场信息的拥有量。婚姻选择偏好分为两种:婚姻梯度选择偏好和婚姻区域选择偏好。按照婚姻梯度择偶时,当事人一般遵循"男高女低"的原则。女性往往要求配偶在年龄上不小于自己,身材要高于自己,学历不低于自己,职业、工作和家庭等条件不劣于自己,明显表现出寻找各方面条件和能力都要比自己强的"攀高"择偶倾向;相反,男性一般要求妻子年龄小于自己，身材学历不高于自己，工作不优于自己，明显地表现出一个女性各方面条件和能力不要超过自己的"低就"择偶倾向（谭仁杰，1992），这种"男高女低"的非平行的婚配模式，使婚姻市场出现人为的"选择性"的性别比失调。对于高学历高职位的女性来讲，可以匹配的更优秀的男性或者即使同等优秀的男性都相对稀缺。那些既没有文化又没有像样工作，处于社会经济阶梯最底层的男性，却由于同等层次女性的"高攀"，成为绝对的被爱情和婚姻遗忘的群体。因此，"男高女低"的择偶方式不改变，要想在适龄时不失婚，男性必须沿着社会经济阶梯努力往上爬，处的阶梯越高，在婚姻市场上的行情就越好；女性则注意适可而止，否则再上一个阶梯也就意味着多一份失婚的风险。其实，从经济学的观点来看，女性"高攀"择偶是理性的行为，每个具有自主性的市场主体都会利用自己的资源去追求最理想的婚姻或使来自婚姻的收获最大化。从这个意义上说，批评这种合理追求的态度缺乏市场意识。然而，中国男性"往下娶"的低就择偶方式是非理性的，为维持虚伪的门面和权威而放弃对婚姻利益最大化的追求，男性在婚恋市场上的这种非理性的表现造成高层次适婚女性人口的相对过剩。

婚姻区域选择偏好指在择偶时对婚后居住地区的偏好。从地理位置来看，有对东部沿海地区的偏好；从行政区域来看，有对上海、广东、江苏、福建等省市的偏好；从城乡不同的社会经济发展区域来看，有对城市的偏好。这些不同的地区偏好交叉融合在一起，左右着年轻人的择偶行为。在长达几十年的计划经济年代里，城乡二元化结构所形成的向城市倾斜的发展模式，使城乡之间差距明显拉大，做"吃商品粮"的城里人是许多农村人、特别是农村姑娘的追求，择偶时争取往城里嫁，不仅是一种强烈的偏好，还是一种时髦和体面。经济体制转变后的市场经济所特有的开放性进一步强化了这种"城市婚"的偏好，指引着年轻女性沿着农村—远郊—近郊—卫星城—城区呈梯变城镇化的路线进行婚姻流动。另外，在改革开放的进程中，考虑到经济发展的区域不平衡性，中国对外开放是从东向西分阶段依次推进的，对外开放政策优惠程度最高的保税区、经济特区和经济技术开发区绝大部分在东部沿海地区。这种对外开放政策在地区上对东部沿海地区的时间和力度的双重倾斜，打破了历史上形成的东、中、西部相对的社会经济平衡，拉开了所谓发展中的地区间差距。伴随着地区差距的逐步拉大，年轻人的地区意识在上升，表现在择偶上，有了以前未曾有过的对开放地区的偏好。在这种偏好驱使下，过去的区内婚姻变为现在的区间婚姻，即不少年轻女性顺着中西部内地——东部沿海的轨道，跨地区择偶组建家庭。如果我们把女性"往上嫁"或通过婚姻变换自己原先的社会阶层和地位说成是垂直流动的话，那么一个人借助结婚以实现居住地区的迁移就可以称为水平流动（赵喜明，1991）。显然，当前这种地区间的水平流动也是以实现经济社会的垂直流动作为动机的。但是,不论是城乡之间还是沿海内地之间的婚姻流动,都是性别选择十分明显的一种流动,基本上是"多嫁出去少娶进来"的"一边倒"模式,这种单性别婚姻流动对流入、流出两地来说,都不利于总人口特别是适婚人口的性比例的平衡,会导致两地婚姻市场的供求关系失调。在部分贫困地区,一批光棍户和光棍村的出现与择偶的地区偏好较强的女青年大量流失有着十分密切的关系。因此,中国大龄女性未婚人口现象的存在是和适婚男性非理性的"下娶"相联系,而大龄男性成婚难则应该归因于适龄女青年理性的跨地区婚姻流动。

此外,中国大龄人口未婚现象的存在还和大龄人口本身的微观条件有关系。用一句通俗的话来说,大龄女性嫁人难是因为本身的条件太好,而大龄男性结婚不易则源于自己的个人背景太差。个人条件比较好的女性一般不太轻易地"将就"自己的终身大事,当她意识到不能一直这样挑拣下去,决心放宽条件时,愿意和她携手进"城"的人已经难以寻觅,她也就无可奈何地加入大龄女青年的行列。另外,条件比较好的女性还是不少适龄男性非理性"下娶"行为的"受害者"。这种明显散发着"男高女低"封建气息的择偶行为对高层次女性构成人为的威胁,造成观念性的适婚人口的性比例失调,把她们闲置在婚姻市场上(尹瑞龄,1995)。相反,个人条件比较差的男性一般急于解决个人的婚姻大事,但因经济实力弱和个人条件差,无力与高质量男人竞争抗衡,被排除在当地娶妻的婚姻领域之外。这些男性不仅不能进入高层次女性的择偶视野,甚至和他们一样条件的女性也不愿意与他们为伍。他们要不凭借居住地区的优势吸引来自更为贫困地区的外来妇女,要不摆脱居住的贫困社区,成为流向较发达地区的劳动人口,只能通过地区间的工资差改变自己的经济状况,进而提升相应的婚恋地位。然而,真正能够带给他们婚姻机会的还是自身的素质,特别是教育水平的提高。否则,这种相对的婚姻市场的大龄男性人口的剩余就会转化为绝对的剩余。

要在婚姻市场竞争中占据主动地位,除了市场主体本身的质量高低以外,还和市场主体是否拥有丰富的婚姻市场信息有关。改革开放进程中出现的婚姻介绍所的社会服务,通过报刊电视征婚以及社交机会和网络的扩大等等,都为当代中国婚姻市场信息的收集和交流创造了很好的条件。但这些婚姻市场的信息服务还基本上局限在城镇,大部分农村和偏僻地区还主要依靠亲缘地缘的狭小网络提供择偶信息,这在一定程度上限制了农村青年在更大区域范围内寻找合适的配偶。江苏省淮阴市万人外流妇女婚姻调查结果表明,通过征婚、男方自带、人贩骗人和亲友介绍联姻的分别占 4.9%、55.3%、14.2% 和 25.5%(张和生,1994)。男方自带是指一些大龄无偶男子不惜南下北上,到外地去带媳妇,这种费用成本不小的方式带有较大的盲目性,它和人贩骗人都是农村婚姻市场信息不流畅的表现。居住在城镇的自身条件比较好的年轻女性,开始都对自己的婚姻前景抱有自信和乐观,对利用婚姻介绍所、报刊、电台、电视征婚等手段了解和进入婚姻市场,或一笑置之,或不屑一顾,甚至连亲朋好友的介绍都加以拒绝,相信自己有足够的吸引力和爱情机遇,认为只有自己认识的才是真正的自由恋爱,忽视了对现代婚恋信息手段的有效利用。当觉得有必要使用这些信息手段时,她们又担心这样做会"掉价",损伤自己的婚姻市场的形象和地位,无形中又给自己设置了一道心理障碍。所以,当农村男青年苦于缺少富有时效的婚姻市场信息时,城里高层次的女性却未能很好地利用便利的择偶信息手段及时地把自己推向婚姻市场,了解自己在市场上的行情,从而有针对性地进入双向择偶之中。

值得一提的是,这三个决定因素还受到改革开放以来所营造的宽松和多元社会经济文化大背景的影响。其中,最为显著的是改革开放解除了长期以来严格实践着的以限制人口移动为目的的中国户籍控制。1994年国务院就农民进入县以下城镇落户问题专门发出通知,打破了长期条块分割、地区封锁、城乡隔离的格局,为城乡沟通拆了"围墙",打开了"城门",为"农民大军"进城和"地方队伍地区移动"提供了可能(李德滨,1995)。改革开放还增强了人们的生存意识和竞争观念,人们敢于从血缘和地缘的小天地里走向更广阔的社会空间,去寻找个人与社会更好结合点,以实现人生的最大价值。因此,改革开放以来所出现的新的开放型的社会经济运行格局,一方面帮助年轻人形成和发展结构性的婚姻选择偏好,另一方面又促使他们把这些偏好转化为具体的择偶行为,最终把素质较差的大龄男性滞留在落后地区的同时又把他们搁置在婚姻生活的外围。

三、对策

如前所述,出于对今后可能出现因适婚人口性比例失调而结婚难的社会问题的关注,一些人口学者转向对中国新增人口的性别比进行系统的研究。相反,对已经存在着的中国大龄未婚人口现象却少有人问津。我们认为,要解决这批大龄未婚人口的婚姻问题,从动态的角度防止出现新的大龄未婚人口,首先应该通过更多学者、研究人员的努力,让社会和有关部门了解中国大龄未婚人口群体的现状、特征、形成原因和存在的社会后果,采取有针对性的具体措施,帮助他们尽快走上通向婚姻的红地毯。同时,也让正在论婚说嫁的青年男女能够在婚姻市场中保持正确的态度和清醒的头脑,适时地解决好婚姻大事。

对于层次较高、条件较好的大龄未婚女性来说,要注意在择偶的年龄和有无婚史方面适当放宽要求,以扩大可以选择的准对象队伍。另外,要排除不必要的心理障碍和负担,勇敢地走向婚姻市场。充分运用各种现代的中介手段,努力搜集婚姻市场的有关信息,争取在更大的空间范围里进行相对务实一点的双向选择。那些有幸领先进入婚姻关系的层次比较高的妻子们务必发挥自己的素质优势,善于通过各种社会家庭角色的科学转换,把婚姻关系经营得更加成功,以唤醒优秀男性的理性意识,实现从非理性的"下娶"向理性的"平娶"甚至"往上娶"的转化。优秀男性择偶行为的理性化,不仅可以扭转婚姻市场供不应求的状况,而且还会刺激女性人口的教育需求,产生更多的高层次的适婚女性,促使婚姻市场的供求关系逐步向平衡状态过渡。

摆在素质比较差的大龄未婚男性面前的主要问题是如何自我提高、自我完善。如接受更多的文化教育和技能培训,这也是获取信息能力加强和信息来源拓宽的过程;而婚姻市场信息需求的不断满足又反过来指导他们自我完善提出更高的要求,使自己在婚姻市场上更具有竞争力,这就是自我提高完善和婚姻信息需求之间的互动效应。作为父母的也应该从低素质的男性人口难以成婚的社会事实中反思自己的人口再生产方式,重数量不求质量的人口投资模式在很大程度上是在造就新的一代大龄未婚男性人口。

最后,家庭、单位和社会都要给予大龄未婚人口更多的理解和关心,切不可歧视他们。那种把大龄未婚人口特别是大龄未婚女性看成是心理不正常或变态的做法,只会加重她们的心理负担,甚至对社会家庭产生抵触情绪。在帮助她们时,要注意方法方式,讲究艺术性,以取得她们的积极合作。对农村大龄未婚男性人口,要把解决婚姻问题和提高人口素质、勤劳脱贫致富结合起来,积极为他们创造条件,转变婚姻的个人和地区劣势。在一些先富起来的地区所出现的城里姑娘往乡下嫁、或者"农村婚"的喜人现象就是一个很有力的启示。此外,注意把宣传先进的择偶观的工作融入对青年婚姻大事的关心和具体帮助中去,逐渐转变"男高女低"的传统婚姻意识,倡导平行互补联姻。同时,加快培育和完善农村婚姻信息市场,在为青年农民提供良好的婚姻市场信息服务的同时,鼓励他们积极使用现代的择偶联姻手段,及时地把自己推向婚姻市场。

参考文献

1. 蔡禾:《文明与代价——婚姻的嬗变》,广州出版社1993年版。
2. 蒙晨:《中西方家庭比较》,科学普及出版社1991年版。
3. John E Farley,1990,Sociology,Prentice Hall,Englewood Cliffs.
4. 国家统计局人口与就业统计司:《中国人口统计年鉴1994》,中国统计出版社1994年版。
5. N. Goldman Hu Yuanreng,1993,Excess mortality among the unmarried:a case study of Japan. *Social Science and Medicine*,36(4):533～546.
6. N. Goldman,1993,The perils of single life in contemporary Japan. *Journal of Marriage and the Family*,55:191～204.

7. 谭琳等:《论大龄女性未婚问题及其社会人口学影响》,《人口研究》1997年第4期。

8. 张和生:《婚姻大流动——外流妇女婚姻调查纪实》,辽宁人民出版社1994年版。

9. 顾宝昌、罗伊:《中国大陆、中国台湾省和韩国出生婴儿性别比失调的比较分析》,《人口研究》1996年第5期。

10. 曾毅等:《我国近年来出生性别比升高原因及其后果分析》,《人口与经济》1993年第1期。

11. 叶文振:《我国妇女初婚年龄的变化及其原因》,《人口学刊》1995年第2期。

12. 叶文振:《当代中国婚姻问题的经济学思考》,《人口研究》1997年第6期。

13. 谭仁杰:《婚姻经济学》,河南人民出版社1992年版。

14. 叶文振:《我国利用外资的结构分析》,《国际经济合作》1997年第1期。

15. 赵喜明:《商品经济与农村婚姻流动》,《社会》1991年第6期。

16. 叶文振:《论市场经济对婚姻关系的影响和对策》,《人口研究》1997年第3期。

17. 尹瑞龄:《中国知识妇女》,国际大学出版社1995年版。

18. 李德滨:《跨世纪的人口流动浪潮》,黑龙江人民出版社1995年版。

(原发表于《中国人口科学》1998年第4期)

　　朱冬亮,男,厦门大学公共事务学院社会学系教授、博士生导师,主要从事农村社会学、家庭社会工作、社会管理与和谐社会建设、社会保障等方面专题研究。主持或参与国家重大课题项目、省部级课题项目10多项,已经出版《和谐社会理论与厦门实践》、《以人为本和谐社区》、《家庭社会工作》、《社会变迁中的村级土地制度》、《新集体林权制度改革与农民利益表达》等专著5部,参与编写《女性学导论》部分章节,在国家权威、核心刊物等刊物发表各类研究论文50余篇。有3项研究成果获得福建省政府奖励,4项成果获得厦门市政府奖励。

农村失地青年女劳力的转移与就业[*]
——厦门市海沧区调查与思考

摘　要：本文以厦门市海沧台商投资区为调查研究个案，探讨失地农村富余青年女劳力的转移就业问题。调查结果认为，和35岁以上的农村妇女相比，年轻女劳力虽然拥有优势，但也有不少问题。影响海沧区农村富余青年女劳力转移就业的因素主要是工资待遇偏低、部分富余女劳力就业期望值与社会需求存在错位、外来女工的竞争、政府的协调服务不完善。

关键词：失地青年女劳力　转移与就业　海沧区

上个世纪90年代中后期，随着我国城镇化进程的加速推进，失地农民的转移就业问题引起人们的关注。[1][2]不过，已有的失地农民问题研究中很少注意到地处城郊的农村失地女劳力的转移与就业处境。本文即探讨失地农村富余青年女劳力的就业问题。考虑到农村的实际情况，本文的农村富余青年劳动力特指土地已经被征用或者大部分被征用的年龄在18~35周岁的农村妇女。在分析中，我们还有意识地把这部分群体和年龄在35以上的妇女就业情况进行比较。

一、调查说明

90年代之前，厦门市海沧区基本上都是农村。1989年，国务院批准把海沧区辟为台商投资区。截至2003年12月31日，海沧累计引进内外资企业612家，包括一些著名的跨国企业，投资总额72.54亿美元。新世纪前后，厦门进行产业结构调整，原先在岛内的企业纷纷向海沧区迁移，大量企业进驻，迅速推进海沧的城市化，海沧成为厦门最集中的制造业基地之一。2003年，厦门市进行区划调整，海沧成为厦门市的新区。2004年，海沧区总面积152平方公里，人口大约13.9万人，其中常住人口8.7万人，外来人口5.2万人。

---

[*] 本文是国家社科基金项目"城市化进程中的农村社会保障问题研究"（项目编号03BSH029）的部分研究成果。

快速推进的城市化,直接导致海沧区农村的迅速变迁。大量农村耕地被征用,加上西海域整治,种植、海水养殖等农村主导产业迅速衰落,其他产业取而代之。转型过程中,那些从传统产业中脱离出来的农村妇女成了富余劳动力。由于厦门市的农民大多已统一成为居民,这里所说的"农民"主要指原先有农业户户口并居住在农村的那部分人,他们依然具有所在村子的"村籍",享受村集体的各种相关福利待遇。

我们的调查是2004年年底进行的,主要选取海沧区的X.Y.村和J.M.村两个村,同时也对其他村庄的情况进行问卷调查。这两个村庄各有特点,在整个海沧区有代表性。具体的调查主要采取的调查方法是"点面结合",结合问卷调查和个案访谈。调查一共向300位农村妇女发放了问卷,回收有效问卷280份。我们还重点对其中的5个家庭进行了比较深入的访谈,并与两村的村干部及各小组的计生协管员进行了深入座谈,获取了很多有价值的信息。

二、海沧区农村女劳力转移与就业现状分析

和"离土离乡"型的"主动性"劳动力转移不同,海沧区的农村劳动力转移大都是"被动"的。从人口学和社会学的推拉力理论(push-pull theory)看[2],这些失地农民多是因为土地被征用而被推向劳动力就业市场。特别是对35岁以上的劳动力而言,他们的转移多半是迫不得已的,因为土地被征用,村民没有别的出路。

截至2004年年初,海沧区有农业人口71 271人,其中女劳力有1.9万人。这些女劳力中已经转移到企业上班的有4 800多人——绝大部分是25岁以下的年轻女劳力。扣除45~55岁的这部分女劳力,剩下富余女劳力还有1.15万人,这些富余的女劳动力有一部分隐性就业或者就业不充分。

由于各个村所处方位不同,城市化发展进程也各不相同,海沧各村的社会经济发展状况差异很大。大致看来,海沧区的农村可分为三类:第一类是以海沧镇的X.Y.村为代表,这类村因靠近新兴的工业区,村里的耕地已经基本被征用,建起现代化的工业厂房,整个村庄也因此而变为"城中村";第二类是那些土地大部分已经被征用,但仍然保留少部分土地的村,这类村的女劳动力大都转到工厂做工或者从事个体工商业等第三产业,如海沧镇的J.M.村就属于这种类型;第三类是那些周边还没有进行工业开发的村,海沧区东孚镇90%以上的村都属于这种类型,因为土地基本上没有被征用,所以这些村仍然保留传统产业(蔬菜、果树种植),不存在政策扶持层面上所谓的富余劳动力问题,不过这些村的女青年大部分已经转移到工厂打工。

根据问卷调查分析,在被访问的280人中,到企业上班的占31.1%,她们一

般都具有初中以上学历,年龄普遍在18~25岁,未婚,也有少部分超过25岁,但不到35岁。出现这种特点是因为一般的企业都规定只招收25岁以下未婚的女工。所以,对于农村富余女劳力而言,25岁是一个"槛",过了这个年龄,工厂企业一般都不招收了。至于其他68.9%妇女,她们就业不充分或者没有就业,或者在家里从事农业或者海水养殖业,兼做短工,或者自己做点个体小生意(如贩卖蔬菜),或者跟随丈夫偶尔打零工(如泥水匠)。需要特别指出的是,大约27%的农村妇女是纯粹的家庭主妇,她们一般年龄在35岁以上、文化层次也偏低,也有小部分是不愿意就业或者暂时没有就业的带小孩的妇女(下表)。

表1 海沧区农村妇女劳动力从业情况

	人数	所占百分比(%)
在企业上班	87	31.1
从事农业兼打短工	64	22.8
个体小生意	42	15
随丈夫一起打零工	10	3.6
家庭主妇或者无业	77	27.5
合计	280	100

调查还发现,去工厂、公司上班的青年女劳力,绝大部分在工厂当工人,少数在餐厅、商场当服务员、营业员。到工厂上班的女工普遍都是生产线上的操作员,很少有人能进入管理阶层,升到班组长位置上的也很少。她们的流动性较大,从找第一份工作到跳槽找第二份工作,间隔最短的是4个月,最长的也不过3年,平均是6个月。这个调查结果显然和我们对外来女工的调查有些差异,外来女工第一份工作的从业时间平均在10个月以上,没有确切的把握,外来女工不敢随意辞掉来之不易的工作。当地女工离家近,更了解相关的信息,重新寻找工作的成本自然也低些。当然,或许正是因为频繁变换工作岗位,她们在工厂中难以获得提升机会。

至于这些上班妇女的工资收入,调查显示,在500~999元这个区间所占比例最高,占85%以上;1 000~1 499元的只占10%;不到5%的人的收入高于1 500元。这与她们文化层次、就业岗位的性质等因素有关。大部分受访者都是一线生产工人,加上就业时间相对较短,收入自然不可能多高。需要说明的是,她们的工资收入一般都包括加班费。据J.M.村一位20岁的女工X反映,她所在的公司订单多的时候,平均一天要加班4个小时,每小时的加班费是4元,即使这样,她一个月的总收入也很难超过1 500元。据J.M.村另一位曾经在厦华公司工作的19岁女工Y反映,她一个月的底薪是480元,由于该公司下半年加班比较多,那时候一个月收入平均是800元左右。到了上半年,就没什么加班,一个月收入就只有500~600元。因为每月还要扣去水电费、房租100多元,加上其他花销,每个月的工资也就所剩无几了。

调查还发现,相比之下,村里的男青年如果到工厂做工,一般都有八九百元收入。即便如此,在一些家庭中,女儿打工的收入已经成为某些家庭的主要经济来源,那些有多个女儿的家庭而言更是如此。2003年的统计数字显示,当年厦门市农民人均纯收入5 152元,这其中工资性收入成为收入的主要来源,占全部收入的41.94%。这部分工资性收入很大一部分是妇女创造的。毕竟,相对而言,女青年就业比男青年更加容易些。

问及影响农村妇女转移就业第一位原因,26.3%的受访者认为,影响农村妇女转移就业的原因是"文化低";其次则是"家庭的拖累",占21.1%;15.8%的受访者认为"农民思想封闭保守";10.5%的受访者认为"工厂的要求太高";还各有约5.3%的人认为影响农村妇女致富的原因是"无地"和"政府不关心农民";剩下的15.7%则是填写其他原因(如年龄、经验、社会交往能力差)。

分析调查问卷,从"面"上大致了解对海沧区农村富余女劳动力的就业状况有了一个。接下来再从我们所重点调查的X.Y.村和J.M.村这两个"点"入手,对农村富余女劳动力转移就业状况进行分析。这两个村庄,实际上代表两种不同的劳动力转移模式。

1. X.Y.村——村企共建

X.Y.村2004年有常住户858户,全村人口总计3 327人,妇女有1 600多人,其中18~55岁,有统计学意义的女劳动力约有1 100人。目前,在这些女劳动力中,进厂做工的有300多人,这部分人主要是年龄在25岁以下的年轻女性,从事服务业、第三产业的有300多人,从事农、林、水产养殖等第一产业的有200多人,剩余的两三百人,年龄在35~45岁,她们年龄偏大、文化程度也比较低。难以找到合适的职业。这些女性的子女多半还在上学,部分家庭的经济比较困难。也有部分人家里比较富裕,她们觉得到工厂做工太苦太累,挣的工资又不多,宁愿呆在家里。

X.Y.村因临近海沧新阳工业区,近几年,随着工业区的开发建设,X.Y.村的绝大部分土地被征用,村民因而成为富余劳动力。据该村村干部介绍,X.Y.村有组织的女劳动力招工是从2002年4月开始的。此前,一些企业对本村的女劳动力实行限制,理由是本地的劳工不好管理,而且工厂招收当地人负担的保险费用也比雇佣外地的女工要高,致使用工成本相应提高。不过,从2002年4月该村和著名的电子公司夏新公司进行沟通,最后双方达成"共建"协议。自此之

后夏新公司就开始一批批地从这个村招收劳动力,仅 2003 年一年就从这个村招了 300 多人,其中大部分是年轻的女工。现在这个村 18~25 岁具有初中以上文化的女劳动力,基本上被招聘到附近的工厂做工,夏新公司还把该村妇女的年龄限制放宽到 28 岁。这些到附近工厂上班的本村女工平均每月收入是 800 多元,包括加班费。和别的村庄相比,X.Y. 村有的家庭有丰厚的出租房屋收入。

2. J.M. 村——政府帮助村民自主择业

和 X.Y. 村相比,J.M. 村的富余女劳动力转移比较困难。该村周边没有大型企业,比较近的大型台资企业翔鹭公司也不从村里招聘人,更不像夏新公司与 X.Y. 村一样建立"共建"关系。

总的来看,和 X.Y. 村相比,这个村的富余女劳动力转移就业有两个特点:该村的女青年外出打工比较分散,不像 X.Y. 村一样,主要集中在附近的企业;房屋出租业不发达,依靠出租房屋为生的村民很少,村民的主要经济来源是靠外出打工收入为主。

X.Y. 村的绝大部分女青年劳动力找工作是通过"村企共建"形式,J.M. 村显然更能代表海沧区其他多数村的情况。根据我们的调查,J.M. 村约有 55% 的女青年依靠亲戚朋友的帮助介绍找到工作,约 20% 的女青年通过村组织来获取相关信息。剩下的 25% 的人中,相当一部分是刚从技校毕业的年轻女工,她们通过学校的推荐找到第一份工作。

目前,厦门市各区都会整理汇编企业用工信息,透过政府劳动部门的渠道下发各村,各村再把这些信息告知本村需要找工作的人,后者也可以直接到村里索要招工信息册。在访谈中,J.M. 村女工 Y 告知我们,通过私人中介介绍工作,成功的话,根据企业待遇高低,要收取 600~800 元不等的"介绍费",相当于她们一个月的工资。

三、影响农村富余女青年劳力就业的因素分析

从上述调查分析可以看出,影响海沧区农村富余女劳力转移就业的因素主要有 6 个。

1. 年龄偏大,文化程度偏低

调查显示,目前海沧区的农村富余女劳动力"非农化"就业有明显的年龄差异。18~25 岁的青年人基本上能在企业中找到工作,但 35 岁以上的妇女很难在企业中找到工作。这个年龄段的妇女往往子女还未成年,家庭负担比较重,当务之急是如何解决这部分人的就业问题。

2. 工资待遇水平低

在已经就业的女青年劳力的收入普遍不高,大都为 500~1 000 元,和外来

女工的收入相差无几(外来女工的平均月工资为789.6元)。统计数据表明，2003年厦门本市城镇在岗职工人均月工资为1 585元，相比之下，这些经常加班并且在高强度下工作的农村青年女工的收入偏低。不仅如此，调查还发现，大部分的农村妇女就业不稳定，频繁跳槽，也缺乏职业上的晋升机会。

3. 部分富余女青年劳动力就业期望值与社会需求存在着一定的差异

虽然厦门市及各区的政府部门经常举办针对农村富余劳动力的专场招聘会，但并不受农民的欢迎，招收当地员工的企业也发现留不住人。这就出现结构性矛盾：一方面农民不容易找到工作，另一方面企业又招不到想要的工人。这和劳动力供需双方的要求错位有关。一方面，企业工资低、劳动强度大、工作环境较差，经常要加班加点，这就无法吸引农村女劳动力；另一方面，本地青年女工的劳动技能比较低，缺乏吃苦耐劳精神，而且，她们对工作的待遇、工作环境怀有较高期望。厦门岛内的"城中村"也有这种情况，村里的年轻人宁愿整天无所事事，有的甚至走上歧途，原因在于，这些"城中村"中的家庭多半有出租房屋，有一份不菲的收入，到工厂做工不仅收入低，而且又苦又累，他们宁愿待在家里，也不愿上班。当然，根据我们的调查，农村女青年的就业情况普遍好于男性。这是因为，招收农村富余劳动力的企业大都是劳动密集型企业，它们需要年轻女工，女性对薪资的要求一般也低于男性。

4. 外来女工的竞争

影响农村富余女青年就业的更深层的原因是外来青年女工的竞争，无一技之长、文化程度又普遍较低的本地农村女青年的竞争对象主要是外来女工。很多工作，当地青年女工不愿意干，外地女工却很愿意干，这样无形之中就把企业的用工成本降到最低。诸如电子类的青年女工密集型企业，无论是本地人还是外来打工者，只要岗位相同，报酬就是一样。这些企业给出的底薪一般为400～500元，这个水准和政府规定的最低工资水平相差无几。为了获得更高的收入，唯一的途径只能是加班。

5. 青年女工的劳动权益易于受到侵害

和外来女工类似，本地农村青年女工的劳动权益也经常遭受用人单位的侵害。如超时加班，变相扣减加班费；一些小企业或者民营企业变相收取押金或扣押某些证件，以要挟她们；女工的工资偏低，很难获得应有的发展机会等。这些因素也使得一些农村出租房屋收入较高的家庭女青年不愿到工厂上班。

在调查中，我们还发现，一些年龄偏大的农村妇女强烈要求企业在招工时，放宽年龄限制。也有的受访者表示，政府部门应该多关爱农村妇女，帮助她们解决"想自主创业却缺乏资金"的问题。

小 结

从上面的分析中可以看出,厦门市海沧区失地青年女劳力基本上都能在工厂企业找到非农职业,但是她们的工作待遇、工作环境却不尽如人意。她们的就业处境和城市的外来青年女工基本相同。解决她们的转移就业问题,需要更健全的制度支持,为她们提供可持续发展的机遇,最终实现从"农村人"向"城市人"的转变。

参考文献

[1]高勇:《城市化进程中失地农民问题探讨》,《经济学家》2004年第1期。
[2]李培林:《巨变:村落的终结——都市里的村庄研究》,《中国社会科学》2002年第1期。
[3]李强:《关于国外人口流动研究文献的回顾》,《国外社会学》1996年第3期。

(原发表于《中国青年研究》2005年7期)

  王德文,女,厦门大学公共事务学院公共管理系教授,长期从事社会医学、人口健康、卫生事业管理等方面的教学与科研工作。现兼任日本顺天堂大学医学部协力研究员,福建人口学会、计生协会及妇女理论研究会理事。2000年以来,主持13项横向和纵向科研项目,用中文、英文、日文在国内外发表科研论文30多篇。

对基层执行人口计生综合改革政策的反思与建议*
——基于流动妇女生殖健康的研究

摘　要：本文考察我国流动妇女生殖健康及享有人口计生服务的现况，分析基层执行人口计生综合改革政策过程中存在的问题。研究结果表明，流动使妇女的生育率下降，但并未降低人们对生育性别的偏好。由于性传播疾病预防知识的匮乏和基层执行人口计生综合改革政策的不到位，流动妇女面临高危性与生殖健康风险。最后，本文从流动妇女生殖健康视角提出对基层执行人口计生综合改革政策的反思与几点建议。

关键词：人口计生综合改革　流动妇女　生殖健康

人口流动是市场经济发展的必然产物，是生产力发展和社会进步的表现，也是全球化的必然趋势。2005 年我国流动人口总量已达到 1.47 亿。到 2020 年，我国城镇化水平将提高到 55％ 以上，预计每年将有 1 000 万以上的农村人口转化为城镇人口。流动人口为我国的经济发展、城市建设做出巨大贡献，是我国经济社会发展不可或缺的中坚力量。但与此同时，加强流动人口管理，解决因人口流动而产生的各种问题成为关系经济持续、政治稳定和社会安定团结的大问题。目前，我国大部分地区正在根据 2006 年 12 月中共中央、国务院发出的《关于全面加强人口和计划生育工作统筹解决人口问题的决定》①（《决定》）精神深化人口计生综合改革，尤其是流动人口管理服务体制的改革，按照"属地化管理、市民化服务"原则，将流动人口管理服务纳入日常工作，逐步消除对流动人口的歧视性政策，使其享有平等权利，共享改革发展的成果。

虽然我国人口计生工作总体形势较好，但也处于前所未有的复杂局面，如低生育水平面临反弹的现实风险、出生人口性别比居高不下、出生缺陷发生率以及性病、艾滋病等发病率呈上升趋势，其中特别需要关注的是流动妇女的生殖健康

---

*　本研究接受福建省社科基金的资助（2007B019）。
①　中共中央国务院［2006］22 号文件。

问题,她们正面临着高危性与生殖健康风险。近几年的调查报告显示,流动妇女未婚先孕、婚外孕的发生率以及非意愿妊娠流产率、性病、艾滋病等患病率每年都在上升(郑真真,2004;王丰等,2006;李晓铭,2006)。因此,从流动妇女生殖健康视角出发考察基层执行人口计生综合改革政策的现况及问题,对提高我国流动妇女的生殖健康水平有积极的现实意义。

一、流动妇女生殖健康现状研究

生殖健康也称生育健康,是国际经济与社会发展不断深化过程中提出的新概念。1988年,世界卫生组织提出生殖健康概念,1994年,该组织给出正式定义并将其写入《国际人口与发展大会行动纲领》(《行动纲领》)。生殖健康的定义及内涵概述如下:第一,整个生命阶段与生育有关的生理、精神和社会诸方面的健康;第二,在知情选择的前提下育龄夫妇和个人享有自由和负责地决定是否生育、何时生育、生育间隔及生育多少;第三,有生育能力,对非意愿性的不孕症积极治疗,以获得生育能力;第四,安全、满意的性生活,含男女之间平等和互相尊重的性观念,含不因性生活失当而发生性传播疾病,含避免计划外妊娠;第五,实施易行实用全面的生殖保健服务。《行动纲领》还要求所有国家不迟于2015年通过初级保健制度,为所有适龄人群提供生殖保健服务。

为此,我国政府于1994年就确立人口计生工作方向的"两个转变",由强调人口指标为主向以服务对象为中心的方向转变,由提供单一的避孕节育服务向生殖健康和妇女权益目标相结合的方向转变。本文将根据上述定义,梳理近几年学术界相关的理论及实证研究以弄清以下三个问题:流动对妇女生育率的影响;流动对妇女生育性别偏好的影响;流动对妇女性传播疾病的影响。

(一)理论分析

1. 流动对妇女生育率的影响

国家人口计生委副主任王国强在2006年10月全国流动人口计划生育工作座谈会上指出,目前异地规避的违法生育问题比较突出。"超生游击队"一向是人口与计划生育管理的难点。流动妇女常被描述为"超生游击队"。那么,流动妇女与"超生游击队"有什么联系,流动对妇女的生育意愿和生育行为会造成什么样的影响?

生育意愿指人们在一定的社会、经济和文化因素影响下对终生生育子女数的期望、态度和倾向,它包括生育目的、意愿生育数量、意愿生育时间及意愿生育性别等方面,生育意愿直接支配和制约着人们的生育行为,衡量生育行为的指标通常有生育率、生育子女性别比。

国际学术界研究流动对生育意愿与生育行为的影响已有近百年历史,总结出选择理论、社会化(同化、适应)理论、干扰(中断)理论和分离理论等若干理论(默斯顿 1985;You and Poston 2004)。

选择理论认为,流动迁移行为本身是有选择的,流动迁移者具有共同的特征——比较年轻,文化素质相对较高,有强烈的发展愿望,原居住地不能满足发展需求,因此他们流动迁移到更能获得工作和发展机会的地方。对他们而言,发展需求占主导地位,因而会有意识地控制自己的婚姻和生育模式及家庭规模,保持较低的生育率。

干扰理论或中断理论认为,流动迁移干扰婚姻生育。流动迁移者进入全新社会环境,他们的思想观念、行为习惯等都会受到强烈的冲击,在陌生的地方开始新生活使他们常常处于紧张、疲劳和不安定的状态,生理和心理的双重负担使他们无暇顾及或不愿意在此阶段生孩子。

社会化理论(同化理论、适应理论)认为,流动迁移人口融入城市目的地要经历社会化过程,这个过程主要解决文化适应的问题,随着时间的推移,流动人口不断接受和适应流入地的生活习惯及思想观念,改变原有生育意愿和生育行为,进入大中城市的流动者逐渐实现低生育水平。

分离理论将流动迁移人口视为处于游离状态中的人口,流动迁移人口与流出地分离,流出地的社会环境、习俗观念对其的影响和控制削弱,但他们还未融入流入地的生活,所以他们的生育意愿和生育行为也介于流出地与流入地之间。

我国的人口流动与发达国家的非常不同,我国的人口流动受严格的"计划生育政策"的引导,所以,存在国外理论解释不了的异地规避的违法生育的流动现象。但从宏观角度看,考察我国人口流动的原因、形式和特征,选择理论、社会化(同化、适应)理论、干扰(中断)理论和分离理论还是适合用来分析我国绝大部分流动人口(妇女)的生育特点。倍倍尔(1958)曾预言:"在将来,一定可以发现一种关于人口问题的有决定意义的要素,就是我们的妇女占有更高尚而自由的地位,通常不愿因神赐而生很多子女,以致把她们中最宝贵的部分为妊娠、哺乳及育儿所耗费。"美国人口学家洛特斯坦[①]研究了西欧人口转变过程,证实,从农业社会转变为工业社会,妇女受教育、就业的机会增加,但却要面临在就业、获得收入与生育孩子之间进行选择的矛盾。但考察中国女性成长的动力发现(朱楚珠等,1996),我国女性正在由生儿育女为主过渡为自我价值实现为主。

---

① 中国人口学会、中国人民大学人口研究所编:《刘铮人口论文选》,中国人口出版社 1994 年版,第 122 页。

理论上,笔者认为流动对生育数量下降有积极作用,流动人口并非都是"超生游击队"。

2. 流动对妇女生育性别偏好的影响

马克思认为,人口规律不是自然规律,也不是生物学规律,而是由社会生产方式决定的社会规律①。有目共睹,市场经济体制的建立,一系列保护妇女就业的政策措施的出台,第三产业的不断发展等大大改善我国女性的就业环境,但社会性别角色的刻板印象导致人们在职业选择上出现性别偏见,就业上仍然存在显著的男性偏好。

本文探讨流动对妇女生育性别偏好的影响,根据社会认知理论和归因理论,笔者认为女性就业比男性更困难,这导致流动妇女倾向于将自身的流动、就业经历等"不悦"体验潜意识地归因于个体生物学的性别特征,所以在生育观念上潜意识地导致不喜欢多生小孩但更喜欢生男孩,以提高后代在社会中的竞争力。当然,这种流动对妇女生育性别偏好的影响会因个体的流动形式、流动经历、流动时间及恋爱婚姻生活中的不同遭遇而存在程度上的个体差异。

总之,流动对妇女生育性别偏好的影响除了与其自我性别、角色意识的形成和变化进程有关,还与所处的社区经济及文化背景有关。笔者认为,受现有的"男权文化"和生产力水平下现状的影响,流动不会快速降低人们对生育性别的偏好,流动甚至可以通过医疗信息和经济手段来实现生育性别的选择。风笑天等人(2002)从史学角度出发研究生育决策,也认为,从传统向现代的演进首先表现为生育数量选择的变化,其次是生育时间选择的变化,最后才是生育性别偏好选择的变化。

3. 流动对妇女性行为的影响

流动妇女从相对闭塞的流出地流动到流入地,接触性话题的途径大大增加——广告、电影、电视、杂志、小说,甚至网络,所以,除了原本女性对性传播疾病存在生理上的易感性外,流动妇女身上还存在社会的脆弱性,部分人难免受经济利益驱使,因性预防知识较薄弱而尝试危险性行为及遭受生殖健康风险。再者,丈夫的外出也会导致配偶患传染性病的风险增大。从生物学及社会经济学角度分析,流动会不同程度地影响个体的性取向、性动力、性方式及性模式。

流动本身和性与生殖健康风险并无必然的关系,但人口流动与性病病原体相结合,必然导致性传播疾病加速传播,导致性行为的高危性与生殖健康风险。

---

① [德]马克思、恩格斯著:《马克思恩格斯选集》第 1 卷,人民出版社 1995 年版,第 80 页。

流动人口中有近一半为妇女,其中以40岁以下者为多数,这些流动妇女多数处于生育最旺盛阶段;其次,流动人口的社会活动相对频繁,年富力强,除自身的健康风险暴露之外,还会使这些暴露的影响扩散到更大的地域和人群;最后,这个群体的文化程度低以及健康的预防知识较薄弱。因此,应在流动妇女群体中普及性知识,为其提供生殖健康保健。

(二)实证分析

1. 流动妇女的生育意愿和生育行为

国内对流动人口的生育意愿和生育行为的研究始于20世纪80年代后期。1987年,中国社会科学院人口研究所对全国74个城镇的人口迁移情况进行抽样调查,样本10万多人,研究表明,在各个年龄组中,流动妇女的平均生育子女数均明显低于农村非流动妇女(杨子慧,1991)。敖再玉研究1988年2‰人口生育节育抽样调查数据后认为,迁移对生育率的影响是客观存在的,流动已婚妇女生育率低于非流动已婚妇女(敖再玉,1990)。周祖根(1993)的研究表明,流入上海的流动妇女的生育率低于其原住地。

本文整理近几年有关流动人口流动前与流动后、流动过妇女与从未流动过妇女的对比研究(表1)发现,2005年深圳流动人口调查中,流动后"期望子女数"与"曾生子女数"比流动前减少了,2000年对安徽和四川两地农村妇女的调查中流动过妇女比从未流动过妇女"期望子女数"与"曾生子女数"均有所下降。然而,不同的是在2005年深圳流动人口调查中"期望子女性别比"流动前110,流动后264;"曾生子女性别比"流动前128,流动后169;但是在安徽和四川两地的调查中流动妇女"曾生子女性别比"为119,低于非流动妇女。再参考2005年温州市流动人口调查及2002年厦门市的流动妇女调查"曾生子女性别比"分别为138、140,远超过107的国际出生性别比警戒线。可见,流动后妇女生育率下降了,但生育性别偏好中"男孩偏好"现象似乎更严重了,而"曾生子女性别比"中不同研究呈现不同结果,有待以后深入研究。

You and Poston(2004)用1990年人口普查数据,陈卫等(2006)利用2000年第五次人口普查的数据进行研究,均表示中国流动人口的生育率显著低于来源地。可见,人口流动性的不断增强,流动人口规模的不断增长,将对生育率的进一步下降和实现持续的低生育水平起到积极作用。然而,笔者在厦门实际调查中也发现,由于强烈的"男孩偏好",厦门周边地区的一些农村孕妇采取异地躲藏,到了临产期匆忙到医院分娩。所以,计划生育政策下强烈的"男孩偏好"现象也导致"超生游击队"。总之,实证研究的结果表明流动导致妇女生育率下降。但是,流动不会快速地下降生育性别偏好现象。

表 1　流动对农村流动人口(妇女)生育意愿及生育行为影响的比较研究

生育意愿	生育行为				
	调查样本数	期望子女数	期望子女性别比(女=100)	曾生子女数	曾生子女性别比(女=100)
2005 年深圳流动人口调查					
流动前	1 737	1.79	110	1.51	128
流动后	1 739	1.67	264	1.46	169
深圳户籍人口	239	1.66	63	—	—
2000 年安徽、四川的农村妇女调查					
从未流动过妇女	2 017	1.76	—	1.37	138
流动过妇女	1 108	1.66	—	1.26	119
2005 年温州市流动人口调查	725	1.79	105	1.38	138
2002 年厦门市的流动妇女调查	935	1.68	117	1.45	140

资料来源:(1)伍海霞、李树茁等:《城镇外来农村流动人口的生育观念与行为分析——来自深圳调查的发现》,《人口研究》2006 年第 30 期;(2)王承宽、周建芳等:《温州市流动人口调查与计划生育研究》,《人口研究》2006 年第 30 期;(3)葛学凤:《农村流动人口的生育意愿及其影响因素分析——来自厦门市流动人口的调查》,厦门大学硕士学位论文 2005 年;(4)郑真真、解振明:《人口流动与农村妇女发展》,社会科学文献出版社 2004 年版。"—"表示无具体数据。

2. 流动妇女生殖健康现状及相关知识的知晓率

笔者整理了近几年有关流动妇女(部分为流动人口的资料)生殖健康现况和对性病艾滋病等传播途径知晓率的研究资料(表2)。可见,2003 年,广东的调查发现流动妇女人工流产的发生率高达 61.3%,首次性行为最早为 15 岁,29.2%的流动妇女从未使用避孕套;2002—2003 年,深圳市、南宁市、北京市、郑州市针对未婚流动女性的调查发现,流动妇女生殖道感染(RIT)为 56.1%、性传播疾病(STD)的患病率为 9.7%。王临虹等(2004)的研究显示,流动妇女是 RTI/STD 的高危人群,RTI/STD 患病率高于户籍妇女。

造成流动妇女非意愿妊娠和人工流产增多的原因很多,各家的看法不一,陈明惠等(2004)指出,其原因有以下几点:首先,婚前性行为普遍化,当代流动女性有 50%以上存在婚前性行为,而且首次性行为日益"提早化";其次,由于年龄偏小及流动导致双方关系不稳定,因而意外妊娠不得不选择人工流产;最后,担心怀孕、生育影响收入或为保住工作,主动要求人工流产。个别女性因胎儿性别选择流产。

造成流动妇女 RTI/STD 高风险的原因,郑真真(2005)在其研究中指出"一些城市中的多数性工作者是农村未婚女性,以商业为目的的性交易活动正成为一个增长中的地下行业。因为该行业的非法性,从事这一行业的妇女难以主动寻求健康保健,从而增加了她们感染性病艾滋病的风险"。王丰等(2006)在上海针对未婚流动女青年展开调查发现,2.8%的未婚流动女青年从事性交易。李晓铭(2006)等的研究发现,有5%以上流动青年因发生性行为而得到钱物,有31.2%与多人发生过性行为,有36.1%从不使用安全套。2004年广东、江苏等6省的流动人口调查发现,27.1%的流动女性有多个性伴侣。此外,近几年发表的研究报告警告说,流动人口(妇女)对艾滋病的预防知识知之甚少,"避孕套可预防艾滋病、输血、共用注射器、母婴传播、拥抱握手、接吻及共同用餐"等的正确回答率只有30%～40%(蔡昉、白南生,2006;张金辉、陆杰华,2005)。这些实证研究都提示流动妇女正面临着性与生殖健康风险。

表2 流动妇女(未婚流动女性)RTI/STD患病率及高危生殖风险情况

(%)

	样本数	RTI/STD患病率	人工流产发生率	首次性行为的平均年龄(岁)	婚前性行为发生率	多性伴发生率	未使用避孕措施情况
2002—2003年深圳市、南宁市、北京市、郑州市未婚流动女性的调查	1 129	RTI:56.1 STD:9.7	38.7	20.3±1.8	—	—	17.5%从未使用过任何避孕药具
2002年上海市的未婚流动女性调查	1 092	RTI/STD:8.7	5.5	—	18.6	1.5	
2004年广东、江苏等6省的流动人口调查中的流动妇女资料	2 540	RTI:43.1	—	21.0±2.4	18.7	27.1	87.2%首次性行为均无避孕措施
2003年广东流动妇女调查	2 006	—	61.3	最早为15岁	23.4	—	29.2%从未使用避孕套

资料来源:(1)赵更力等:《中国部分城市流动人口未婚人工流产女青年生殖健康状况分析》,《生殖医学杂志》2005年第5期。(2)楼超华等:《不同特征未婚流动人口性相关行为的发生状况》,《生殖与避孕》2005年第12期。(3)张金辉、陆杰华:《城市流动人口的生育健康状况调查》,《中国生育健康杂志》2005年第2期。(4)黄江涛等:《流动人口年轻女性生殖健康知识及需求调查》,《中国妇幼保健》2005年第20期。本表根据上述资料整理得出。"—"表示无具体数据。"RIT"流动妇女生殖道感染;"STD"性传播疾病。

二、现状及问题

目前,我国拥有国家、省、地、县、乡、村六级生殖健康工作网络,集宣传教育、技术服务、信息收集分析、安全套供应和质量监控等多种功能,拥有52万专职工作人员,近百万名村级生殖健康基层工作者,数以千万计的志愿者在城乡开展宣传动员工作,为群众提供基本的生殖健康服务。但这看似完善的人口计生服务体系是否满足目前流动妇女(人口)生殖健康服务的需求呢?本文在接下来部分将主要弄清以下两个问题:流动妇女在基层享有生殖健康服务的现状;基层相关部门在执行人口计生综合改革政策中所存在的问题。

(一)流动妇女在基层享有生殖健康服务的现状

笔者梳理了近几年不同地区流动妇女在基层所获得避孕节育等生殖健康知识途径的研究资料(表3)。可见,流动妇女在流入地从"人口计生人员/医生"处所获得生殖保健知识有限,多数地区未婚者在上述项目中所占比例不到10%,已婚者所占的比例波动在3.1%~34.1%。2006年,笔者参加由厦门市妇联主持的厦门市流动妇女卫生保健现状的调研,发现不少流动妇女对基层人口计生工作者的印象是:"计生工作人员每次除了查环、查孕外,还是查环、查孕!"这说明基层人口计生对流动妇女所开展的生殖健康服务内容的单一。

表3 不同地区流动人口(妇女)获得避孕节育等生殖健康知识的途径

	2004年6省的流动人口调查(%)		2000年安徽/四川农村流动妇女调查(%)			
	未婚	已婚	安徽婚前外出	安徽婚后外出	四川婚前外出	四川婚后外出
流出地人口与计生人员	6.5	42.1	54.2	70.5	60.7	70.7
流入地人口与计生人员/医生	8.6	34.1	6.1	3.1	13.1	9.2
培训讲座	5.0	9.1	10.5	18.4	28.0	17.9
广播电视	62.5	61.2	54.2	52.7	51.4	54.5
书报杂志	86.0	68.7	38.5	24.9	58.9	34.1
亲戚朋友	23.6	24.3	31.5	30.3	23.4	30.4
打工同事	31.6	23.4	19.7	14.2	15.0	7.8

资料来源:(1)郑真真等:《流动对农村妇女生殖健康状况的影响》,蔡昉、白南生主编:《中国转轨时期劳动力流动》,社会科学文献出版社2006年版。(2)刘鸿雁、汝小美、丁峰:《流动人口的生殖健康服务》,《人口研究》2004年第28期。"—"表示无具体数据。

近几年,尽管国家出台了一系列保护流动人口生殖健康合法权益的政策法规,但政策在自上而下落实的过程中出现落差,基层只能提供查环查孕为主的服务,无法提供所有生殖健康服务。姜秀花(2004)的研究发现,在许多地区,不仅未婚流动妇女被排除在生殖健康服务外,大部分已婚育龄妇女也未进入生殖健康的管理与服务者的视野。郑真真等的研究(2004)发现,流动妇女从计生人员处获得的避孕节育知识在流出地更有保障,在流入地获得计划生育教育和服务的机会相对较少。许多学者也指出,由于生殖保健服务缺位和婚前性行为,未婚流动人口未婚妊娠、感染性病和艾滋病的风险增大。张金辉、陆杰华(2005)在广东、江苏、四川、河南、安徽、甘肃6省进行的流动人口生育健康状况调查发现,流动妇女中有43.1%在打工期间出现生殖系统疾病症状,其中仅有一半人去医院检查。所以,我国流动妇女生育健康认知水平比较低,认知渠道狭窄,生殖道感染情况比较严重,对自身生殖健康状况不重视。总之,流动妇女在流入地享受生殖健康服务仍然面临诸多困难和困惑。

(二)基层相关部门在执行人口计生综合改革政策中存在的问题

回顾近20年的相关研究,笔者发现,基层人口计生部门对农村人口大量涌入城市的趋势和速度估计不足,缺乏完善的管理体制,基层人口计生部门人员自身素质及技术水平低,这是造成流动人口问题认识滞后、管理和服务滞后及政策法规执行滞后的主要原因。

1. 基层计生队伍的技术力量及设备等相对薄弱

目前,虽然我国有52万专职从事人口和计划生育工作的干部,但其中只有16万为技术服务人员,有专业技术职称的不过13万,有初级职称的仅占62.5%,许多技术服务人员存在技术操作规范化程度不高,服务技能和水平有限,咨询技巧和手段不强等问题(刘鸿雁等,2004;宋健,2005)。这直接导致基层人口计生部门能提供的生殖健康服务有限。由于相关工作人员并未接受人口计生综合改革政策培训,观念陈旧,只能依旧提供查环查孕服务,无法提供其他更丰富更多样化的服务。在针对基层工作者的调查中,笔者发现基层工作者本身对生殖健康相关知识的知晓率、信念及行为有待提高。根据综述文献报道的结果及实践工作体会,笔者认为基层计划生育部门的实力有限,无法为提供生殖健康服务支持必要的人力、物力及技术。

2. 流动人口生殖健康管理体制尚欠完善

由于流动人口生殖健康管理体制的不完善,同时由于流动人口规模不断扩大,流动性强、分布广、去向不定、构成复杂,已成为基层人口工作中的难点和盲点。此外,流动人口计生管理和服务工作也让基层原本吃紧的人力物力资源雪上加霜,造成不少流动妇女在某种程度上处于管理和服务的"真空"地带;其次,现居住地与户籍所在地双向协作困难,制约了对流动妇女生殖健康权益的有效保护;再者,基层人口计生部门在有些地区的覆盖面还有局限,导致相当一部分流动妇女没有进入管理与服务者的视野,导致在一些地方流动妇女依法免费享有的基本计划生育技术服务还没有兑现,以致更难免存在对流动妇女的生殖保健宣传教育与服务等方面的人文关怀不足。所以,创新完善基层流动人口生殖健康管理体制是确保基层有效地执行人口计生综合改革政策的必要条件。

三、结论与建议

基于上述分析,可以得出如下结论:
(1)流动对生育数量下降有积极作用,流动人口并非都是"超生游击队";
(2)在现有的"男权文化"以及生产力水平下,流动不会快速改变妇女对生育性别的偏好;
(3)人口流动与性病病原体相结合,将必然导致性传播疾病的加速传播,导致高危性与生殖健康风险,现阶段我国流动妇女面临着高危性和生殖健康风险;
(4)我国流动妇女在流入地享受生殖健康服务的内容有限,面临诸多困难和困惑;
(5)流动人口生殖健康管理体制尚欠完善,基层人口计生队伍、技术力量及设备等相对薄弱,难以应对日益增长的流动人口生殖保健服务的需求。

针对上述情况,笔者从流动妇女生殖健康视角,对基层执行人口计生综合改革政策的反思与建议如下:

(1)转变思想观念,防止政策执行过程自上而下的中断现象。基层人口与计生等相关部门应正确理解人口计生综合改革政策的科学内涵,转变思想观念。对流动妇女工作重心应从以查环查孕为主,即从对"超生游击队"治理,转变到建立生殖健康优质服务与预防性传播疾病相结合的综合模式上。不论是国际上还是我国的事实都表明,流动对生育数量下降有着积极的作用,流动人口并非是"超生游击队",应积极动员基层工作者把关注流动妇女的生殖健康、预防其性传播疾病作为当前的工作重点。防止政策执行过程自上而下的中断现象。

(2)建立健全社会保障体系,有效治理生育性别偏好现象。本研究表明在现有的"男权文化"以及生产力水平下,流动不会快速改变人们对生育性别的偏好。从生育性别偏好的动因理论分析中,笔者认为深化人口计生综合改革政策,可以综合各地区社会、经济及文化等因素,通过建立健全社会保障体系,改变社会观念,来逐渐治理"男孩偏好"的现象。笔者认为广东省近年来建立长效的流动人口及农村人口计划生育利益导向机制,以及健全社会保障机制(钟庆才,2006)是实现人口再生产类型真正自主型转变的成功模式,是有效治理生育性别偏好的很好的典范,值得进一步探讨。

(3)把流动人口的生殖健康服务纳入基层人口计生等相关部门的考核评估体系。我国性病、艾滋病疫情已经处在由高危人群向普通人群大面积扩散的临界点。流动妇女面临高危性和生殖健康风险,然而,该人群对生殖健康及性病艾滋病的预防知识知之甚少。据调查(蔡昉等,2006)多数农村流动人口不知道避孕药具是由国家免费发放的,流入地的生殖健康服务和一年一次的生殖健康检查也基本不覆盖农村流动人口,72%的计划生育手术费是农村流动人口自己负担的。所以,加强对流动人口生殖健康服务并把该指标纳入人口计划生育考核评估体系,是促进基层对流动人口的管理和服务工作,真正保障流动人口尤其育龄妇女能够获得有效的生殖健康服务的有效措施。

(4)提倡计生卫生资源整合,加强基层人口计生工作队伍的实力。基层计生队伍、技术力量及设备等相对薄弱,难以应对日益增长的生殖保健服务需求。笔者认为南京市政府向社区卫生部门购买计划生育技术服务是一个值得探讨和推广的先例(周长洪,2005)。即把人口计生与社区卫生服务的技术力量及设备进行整合,充分利用基层社区卫生机构的技术力量及设备等,一是使国家资源从宏观上得到最有效的充分发挥,二是使基层人口计生队伍力量快速得到提升,满足日益增长的流动妇女的生殖健康服务需求。此外,还应该定期对基层相关部门的决策者、管理者、技术服务人员进行相关培训,以提高基层执行政策的效力。

参考文献

1. 敖再玉:《我国迁移与非迁移已婚妇女生育行为的差异》,《人口动态》1990年第4期。
2. 倍倍尔:《妇女与社会主义》,三联书店1958年版,第497～498页。
3. 蔡昉、白南生主编:《中国转轨时期劳动力流动》,社会科学文献出版社2006年版。
4. 陈卫、吴丽丽:《中国人口迁移与生育率关系研究》,《人口研究》2006年第30期。
5. 陈明惠、吴艳乔:《生殖健康现状及其主要影响因素》,《中国妇幼保健》2004年第9期。
6. 风笑天、张青松:《二十年城乡居民生育意愿变迁研究》,《市场与人口分析》2002年第5期。
7. 姜秀花执笔:《切实保护流动妇女的计划生育/生殖健康权益》,《中国现代化进程中的人口迁移流动与城市化学术研讨会发言稿》,北京2004年。
8. 李晓铭、方晓义等:《"中国青年流动人口艾滋病防治教育研究"问卷调查报告》,童星主编:《公共管理高层论坛》2006年第3辑。
9. 刘鸿雁、汝小美、丁峰:《流动人口的生殖健康服务》,《人口研究》2004年第5期。
10. 宋健:《中国的人口,安全吗》,《人口研究》2005年第2期。
11. 王临虹、方利文等:《中国生殖道感染(RIT)/性传播疾病(STD)流行现状与防治对策》,《中国妇幼保健》2004年第19期。
12. 王丰、詹绍康等:《上海女性流动人口的生殖健康状况、知识与接受服务的研究》,蔡昉、白南生主编:《中国转轨时期劳动力流动》,社会科学文献出版社2006年版。
13. 杨子慧:《流动人口的生育行为》,《人口与经济》1991年第3期。
14. W. 默斯顿:《人口迁移的影响》,《人口资料》1985年第7期。
15. You, Helen Xiuhong and Dudley L. Poston. *Are Floating Migrants in China Child-*

bearing Guerillas:*An Analysis of Floating Migration and Fertility*. Asia and Pacific Migration Journal,2004;13

16. 张金辉、陆杰华:《城市流动人口的生育健康状况调查》,《中国生育健康杂志》2005年第2期。

17. 郑真真、解振明:《人口流动与农村妇女发展》,社会科学文献出版社2004年版。

18. 郑真真:《人口流动与妇女健康》,《婚育杂志》2005年第5期。

19. 钟庆才:《和谐与创新:广东省人口与计划生育利益导向机制体系建设的理性思考》,《人口研究》2006年第30期。

20. 周长洪、苏宇红等:《城市计划生育技术服务方式创新——南京市玄武区政府购买计划生育技术服务的实践》,《人口研究》2005年第29期。

21. 周祖根:《人口流动迁移与生育》,《人口学刊》1993年第5期。

22. 朱楚珠、彭希哲主编:《中国妇女参与的行程》,高等教育出版社,1996年版。

(原发表于《厦门大学学报》2008年第2期)

郑启五，男，厦门大学人口研究所副教授、硕士研究生导师，中国人口学会人口国际比较专业委员会委员，长期跟踪研究台湾人口动态与两岸人口对比，任《中国人口·台湾分册》主编助理，《中国人口年鉴》台湾人口动态专栏撰稿人，《中国计划生育年鉴》特约编辑，福建人口学会副会长等。其台湾人口研究论文曾获中国人口科学奖二等奖两次，福建人口论文评比一等奖一次、二等奖两次。

闽台人口对比初探:闽台性别比的对比与思考

摘 要:本文回顾、分析和对比福建省和台湾省的人口性别结构,透析异同,提出控制福建省婴幼儿性别比失调的对策与思路,回顾、分析与前瞻海峡两岸通婚。

关键词:闽台 性别比 两岸通婚

人口的性别结构(sex structure)指一定时点、一定地区男女两性在全体人口中的比重。性别结构是最基本的人口结构,是社会结构的一部分,人口性别结构的社会和经济意义十分深远,社会生活中性别参与结构的变化可能成为社会变迁的力量。人口的性别构成是人口的自然属性中最本质的特征,在一定的社会和经济条件下,它会影响人口的出生、死亡、婚姻、迁移等各个方面。人口性别结构常用的表示方法有两种,一种为总人口性别比,即男性(或女性)人口在总人口中所占的比例;另一种为男女性别比,以一个人口总体中的男性人口数除以女性人口数,把所得结构乘以100,即可得到该人口总体中每百名女性对应的男性人口数,这就是人口性别比。

性别结构的时期和地区间的差异一般用出生婴儿性别比、婚龄性别比、劳动力性别比、老年性别比及总人口性别比等指标来衡量,我们下面主要以(男女)性别比和初生婴儿性别比对闽台两地历年的性别结构进行比较。

一、台湾的性别结构状况

众所周知,1950年前后,大批人口从祖国大陆迁移到台湾。在当时的战争混乱状态下,迁移人口的具体情况不可能有详细记载。那么,迁移的规模究竟有多大? 有人推算,1946—1949年由大陆和1950—1955年由海外迁入台湾的人数的总和为197.3万~201.7万(蒋正华等,1996)。有人认为,1945年台湾光复后,大陆迁台人口数约为102.5万(陈永山、陈碧笙,1990,P164),二者相去甚远。后者似乎更能令人信服,因为它得到《台闽地区户口及住宅普查报告书》(1966)、《台湾地志》等多种资料较为一致的验证。而且这次迁移的人口是以军事人员为主,因而有两个显著的特点:第一,性别比极高,102.5万大陆迁台人口中,男性为80.6万,女性为21.9万,性别比高达368;第二,青壮年人口占很大比重,因此,1950年前后,大量大陆人口迁往台湾,对台湾人口性别结构的影响在不同年龄上其程度是不一样的,影响最大的是青壮年人口。1950年前后19~38岁年龄组内人口一下子增加70多万,约占当时台湾全省相应年龄组人口的25%,特别是增加了约60万男性人口,占当时台湾全省男性相应年龄组人口的40%左右,使部分年龄组人口性别比高达150以上(陈永山、陈碧笙,1990,P258)。从1970年的数据推算,1960年20~24岁组性别比应在105左右,30~39岁为性别比的高峰年龄段,性别比高达150以上。随着时间的推移,性别比高峰年龄组逐步向高年龄组移动,1970年为45~49岁组(151),1985年移到55~59岁组(141)。以此类推,2000年应为70~74岁组。

二、福建的性别结构状况

从图1可以看出,处于祖国大陆人口一部分的福建人口的性别比40余年来相对比较稳定,基本上浮动于106~107上下,一直保持在正常的范围之内,只有部分年份的性别比偏高,如1960年为109.19,这是由于处于经济困难时期,人口死亡率上升,老年人容易死亡,而高龄人口中女多于男,也就是高龄妇女死得多;再则对女性婴幼儿的保护也比较差,因此女性死亡人数多于男性,拉大了性别比的差距。可见,在没有大规模的政治和军事移民的情况下,一个地方的性别比不会出现过高或过低的现象。由此也可以说明,台湾省的性别比的失衡在很大的程度上应归因于1950年前后的特殊的军事、政治因素。从表1中无法看出台湾省50年代前后过高的性别比,原因在于1968年以前,台湾当局为了隐瞒性别比严重失调的实际状况,以军事机密为由,其人口统计未将以男性青年为主的在营军人包括在内,因此我们看到的数字远不如实际上的高。1969年后,把军队在营人口数纳入人口统计,人口的性别比即由1968年的106.2骤升至111.4,为此亦可以推估台湾省的1950—1969年性别比处于111.4之上,向111.4缓缓下降的过程。可见台湾省经过1950年前后至1985年30余年的过程,方才将全省人口的性别比调节至福建省的水平。从而再一次说明了台湾省

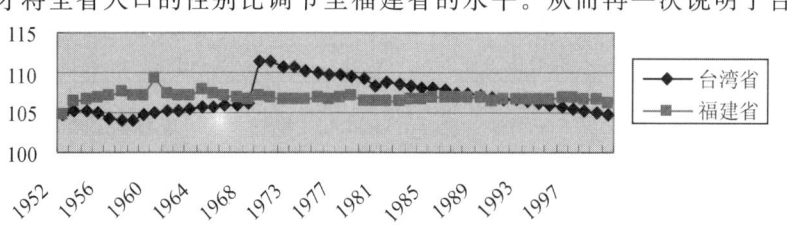

图1 闽台历年性别比

性别比的失衡原因是机械变动,但也可以通过人口的自然变动因素进行调节,即凭借女性人口的人均寿命高于男性,而男性的人口死亡率高于女性这一人口现象来进行人口的性别比的调节。

三、闽台两省性别比的对比

表1 福建省和台湾省历年的性别比(1952—2000年)

年份	性别比		年份	性别比	
	福建	台湾		福建	台湾
1952	104.71	104.70	1977	106.80	109.70
1953	106.38	105.20	1978	107.17	109.50
1954	106.66	105.30	1979	106.44	109.30
1955	106.81	104.90	1980	106.40	108.35
1956	107.04	104.40	1981	106.44	108.75
1957	107.51	104.10	1982	106.44	108.59
1958	107.16	104.10	1983	106.61	108.34
1959	107.10	104.80	1984	106.70	108.21
1960	109.19	104.90	1985	106.83	107.99
1961	107.45	105.20	1986	107.00	107.80
1962	107.17	105.20	1987	106.95	107.49
1963	107.24	105.40	1988	106.91	107.29
1964	107.79	105.60	1989	107.00	107.11
1965	107.30	105.80	1990	106.44	106.90
1966	107.26	106.00	1991	106.57	106.77
1967	106.93	106.00	1992	106.61	106.61
1968	106.57	106.20	1993	106.65	106.41
1969	107.06	111.40	1994	106.74	106.19
1970	107.00	111.40	1995	106.78	106.02
1971	—	111.20	1996	106.87	105.79
1972	106.58	110.80	1997	106.83	105.53
1973	106.74	110.60	1998	106.78	105.22
1974	106.64	110.30	1999	106.61	104.94
1975	106.83	110.10	2000	106.27	104.66
1976	106.76	109.80			
地区差别的 χ^2 检验值			96.000(α=0.081)		

注:1952—1968年台湾省的数据未把军队在营人口数纳入人口统计范围之内。

数据来源:台湾省的数据1952—1979年引自《中国人口》(台湾分册),其他年份引自历年《中国统计年鉴》;福建省的数据1953—1982年引自《中国人口》(福建分册),其他年份由《2001年福建省统计年鉴》的数字经过计算求得。

用现有的数据进行统计检验,两省人口的性别比不存在显著的差异,α值为0.081,接近0.05的统计意义上的显著性水平。我们认为,如果台湾省的性别比用调整过的包括军队的在营人数计算所得的数据,则两省的性别比的差异一定能够得到统计上的支持,从而可以从统计上说明两省性别比的差异是存在的。

由于战后台湾人口高出生低死亡的"人口转型"阶段从50年代一直持续到70年代,因而,这一时段出生的人口比重逐年大幅增加,他们稳定在平衡区间的性别比逐渐成为左右台湾总人口性别比的主导,大大缓解了由于1949年大陆政治军事移民所导致的性别比严重失衡的状况。全省人口性别比由1969年的111.4逐年下降至2000年的104.66,年均下降0.22个百分点,已经处于正常的性别比范围之内。

我们也可以通过图1看两省历年性别比的发展趋势。台湾省的性别比波动范围较大,最低为2000年的104.66,最高为1969年和1970年的111.40,若把1968年以前的数据经过调整,其性别比的较大波动应出现在50年代前后,而不是出现在1968—1969年。福建省的人口性别比的走势总体来说比较平稳,其波动范围也较小,最低为1952年的104.71,最高为1960年的109.19。但两省性别比总的发展趋势都是先升后降,然后便保持在106~107左右的平衡性别比附近小幅波动。

下面我们从两省部分年份的分年龄性别比进一步分析两地性别比差异形成的原因。

表2　闽台两地部分时期分年龄性别比

年龄组	福建省					台湾省				
	1953	1964	1982	1990	2000	1947	1960	1970	1980	1985
合计	106.38	107.79	105.92	105.61	106.29	102	105	111	109	108
0—4	112.43	107.90	106.18	109.94	123.84	104	105	106	107	107
5—9	125.78	112.82	106.14	107.25	120.53	104	105	106	106	106
10—14	133.92	113.23	106.55	106.17	107.28	103	106	105	106	105
15—19	113.74	118.70	104.04	104.78	101.01	103	106	105	105	105
20—24	111.45	120.32	104.48	101.60	101.63	97	70	105	105	105
25—29	107.17	120.64	106.19	102.59	104.93	101	105	106	105	104
30—34	104.72	118.99	112.91	107.98	105.17	106	113	105	106	104

续表

年龄组	福建省					台湾省				
	1953	1964	1982	1990	2000	1947	1960	1970	1980	1985
35—39	102.12	114.09	121.08	106.95	105.31	102	121	118	105	105
40—44	95.90	107.95	124.03	117.11	109.06	105	125	150	104	105
45—49	93.82	100.48	116.09	121.78	106.11	105	129	151	119	103
50—54	93.21	90.50	114.08	118.00	114.62	103	118	141	149	113
55—59	87.15	82.68	106.62	112.55	117.53	96	110	131	144	144
60—64	75.28	76.97	95.55	105.62	112.94	86	99	110	132	141
65—69	59.79	66.39	81.20	91.76	102.28	74	87	98	118	127
70—74	47.89	53.77	66.81	76.90	92.58					
75—79	38.25	38.04	54.50	61.10	75.50	56	61	71	84	95
80+	30.10	27.55	40.44	41.67	51.19					

资料来源：《中国人口》（福建分册）、《中国人口》（台湾分册）、《福建省199年、2000年人口普查资料》。

从表2可以看出，福建省各年龄段的性别比和台湾省有所不同。就福建省而言，从1953年的第一次人口普查到1982年的第三次人口普查，0～4岁组的性别比不断下降，从112.43降到106.18。但是从80年代以后，0～4岁组的性别比却急剧上升，到2000年第五次人口普查时竟然达到惊人的123.84。1992—1994年的人口变动抽样调查显示，0～4岁年龄组的性别比三年分别为115.7、129.5和128.9。尽管抽样调查中可能有这样那样的偏高因素，但婴幼人口性别比的失调已是不争的事实。我们认为，这主要是由于建国以来，经济发展，人民生活水平提高，卫生医疗条件改善，人口死亡率迅速下降，尤其是破除重男轻女的封建思想，提高妇女地位，保护女婴迅速成长，使女性人口的死亡率下降更快，平均寿命大大提高，从而使出生人口性别比不断下降，也说明了社会经济因素对人口性别比的构成产生重要的影响作用。自从70年代后期，我国因过去错误的人口政策导致人口过多并成为国家发展的沉重负担，因此把计划生育作为我国的基本国策，使得部分居民的生育愿望无法得到满足，从而瞒报、漏报、遗弃甚至溺杀女婴、利用现代医疗技术进行有选择的流产等方式人为的引发出生婴儿性别比偏高。这将给今后的人口结构和社会经济文化结构带来很多问题。对比海峡对岸台湾的情况，1947—1985年，台湾省的0～4岁组婴儿的性别比并未出现福建省那样先降后升的现象，而一直维持缓慢的上升趋势，到1985

年也只达到107,仍在正常范围之内。80年代中期也出现上升的势头,1985—1991年出现直线大幅上升的势头,由106.23上升至110.33,第二、第三胎的性别比更是高出许多,可见中国传统的以男孩延续家族香火的中华生育传统文化在闽台两省如出一辙。在面对年度出生性别比持续失调的情况下,台湾省的"卫生署"于1992年再次重申"现有产前检查技术绝对禁止适用于胎儿性别的鉴定"。该年的婴儿出生性别比即有些许下降,此后数据近年又明显下降。1990—1996年的7年间台湾全省婴儿性别比变动数字为110.30(1990)、110.33(1991)、110.04(1992)、108.58(1993)、109.03(1994)、107.99(1995)及108.58(1996)。严禁产前性别鉴定是目前降低出生性别比失调最有效的办法,只要将"严禁"落到实处,必有立竿见影的效果。

四、对福建性别比的控制建议

我们认为,降低福建省目前过高的出生婴儿性别比的最有效的办法也应是对产前婴儿性别检查进行立法和实施细则,使法律在这一复杂的领域里更具有可操作性,且要加大执法的力度,这样才可能使当前严重失调的婴儿出生性别比恢复到正常的范围内,否则将会对福建省的经济发展和社会稳定造成恶劣影响。为此本研究特建议如下:

(1)首先要进一步解决出生人口瞒、漏报的问题,提高统计数据的准确性,拧干性别比统计数据中的水分,把握人口性别比发展的最新态势。

(2)尽快摸索出一套维护婴儿性别比平衡的切实可行的法规来,从而有效打击非法的胎儿性别鉴定,尽可能杜绝选择性人流"选择"的可能。同时计生部门应加强对"孕情消失"监控的力度,增加选择性人流进行的难度。

(3)必须进一步加强对医疗系统和计生系统内有关人员特别是B超检验人员的医德医风和遵纪守法的教育,反复讲清楚非法胎儿性别鉴定对社会的严重危害;加大对非法胎儿性别鉴定实施人员的处罚力度;凡进行非法胎儿性别鉴定的公职人员,一经查实,立即开除公职,绝不心慈手软。同时摸索出实施细则的可操作性和有效性,并建立有关单位法人代表的第一责任人制度,对违法的单位和第一责任人进行高额罚款乃至吊销医疗执照的处罚,提高其违规的风险成本。使经济利益驱动下的非法胎儿性别比鉴定时时处于一种"鸡飞蛋打"的风险中。

(4)严禁私营的医疗卫生所(院)拥有任何可以从事胎儿性别鉴定的仪器,一旦拥有,立即没收,并吊销营业执照(目前的情况是有的非公有医疗单位公开打出"备有B超"的广告,以招徕生意)。

(5)由于胎儿的性别鉴定B超要在怀孕4个半月后才能比较准确鉴别出,因此要把怀孕4个月后进行的人工引产对母体产生的巨大危害乃至生命危险等纳

入优生优育和热爱生命的重点宣传之中。

(6) 废止或严控胎儿的绒毛膜检查。这一检查既有可能构成对胎儿的伤害,又极有可能为选择性流产提供更多的机会。

(7) 严厉打击非法的游医,特别在农村及城乡结合部。大力宣传游医从事非法的流产引产导致孕妇死亡的案例。

(8) 对农业人口"一女户"怀第二胎4个月后擅自进行人工流产(引产)的,原则上将取消其再生育的指标("一胎化"政策规定在农村,独生子女为女儿的,间隔五年可以再生第二胎)。

(9) 结合"三查",切实加强"孕情跟踪管理",对怀孕4个月以上的孕妇"孕情消失"者都应及时上报当地的计生部门,以便进行有效的现场监控、验查和追踪非法胎儿性别鉴定的源头。

(10) 监察部门应接受违法胎儿性别鉴定的举报,会同计生部门采取行动,对举报人以予保密并给以重奖。

(11) 加强与周边省份以及海峡对岸的台湾省和金门县的协作,共同打击直接危害于中华民族共同利益的胎儿性别鉴定。

福建作为沿海经济快速发展的省份更有责任有义务在维护性别比的平衡上作出表率。一旦把这方面的工作做严了做好了,总结和积累相关的经验和教训,其意义不但有益于本省人口的和谐发展,而且还至少有如下两个重大意义:

(1) 有利于海峡两岸关系的和谐。台湾地区1987年开始注意婴儿性别比失调的问题,台湾省家庭计划研究所发现全省1987年第三胎婴儿的性别比为极不正常的117,到1990年,第三胎的性别比高达128。这清楚地表明"拼命"生孩子的夫妇一试再试,非生个男孩不可。该研究所从12 000名妇女的优生保健资料里找出曾做过产前优生保健的妇女进行跟踪调查,结果发现,做可以预知胎儿性别的绒毛膜检查的产妇中有72%生下的是男婴。由此可以相信,很多孕妇经由此法知道自己怀的是女婴后就人工流产了。为此台湾当局的"卫生署"于1992年重申"现有产前检查技术以及协助人工生殖科技绝对禁止用于胎儿性别的鉴定"。这一重申产生近乎立竿见影的效果,出生婴儿的性别比由1992年的110.04下降至1995年的107.99。但随后又出现反弹。闽台人口流动频密,两岸联手打击非法胎儿性别鉴定,共同维护中华民族性别比平衡,势在必行。

(2) 全国一盘棋,福建沿海作为数百万外来人口和其他流动人口的流入地,多年来已经摸索出一条卓有成效的管理外来人口计划生育的路子,如果再杜绝非法的胎儿性别比鉴定,势必将目前的管理水平再提高一个层次。市场经济的发展扩大了流动人口的规模,而农村和山区的劳力大量向沿海地区的流动一直是近20年来人口流动的趋势。流动人口不乏"超生游击队",但更应看到为了减轻流动中的负荷,势必迫使绝大多数流动人口在婚育行为趋于"晚、稀、少",进而导致流动中的婚育人口对"一男"或"一女一男"的子女结构的希望更为迫切。人口的流动使得较为偏远落后地区的流出人口有了更多了解、接触和实践胎儿性别比鉴定的机会与可能,因而流动人口流入地所负的责任也就更大。

五、台湾人口性别比失调与两岸通婚

比较闽台两省老年人口性别比的差异,发现,随着经济的发展,医疗水平的不断提高,老年人口在总人口中的占比逐渐增加,老年人口性别比也有提高的趋势。就福建省来说,从1953年第一次人口普查到2000年第五次人口普查,60岁以上各年龄段的老年人口性别比均有显著提高,例如1953年,60～64岁和65～69岁年龄组的性别比分别从75.28和59.79提高到2000年的112.94和102.28,老年人口特别是男性老年人口寿命的大幅上升。1980年以后台湾省60岁以上老年性别比要比福建省高出许多,例如1947年60～64岁和65～69岁年龄组的性别比由86和74,分别大幅提升至1992年的127.69和136.67,老年人口性别比失调状况触目惊心。这正是当年大陆迁台的百万人口中绝大部分属于青壮年男性人口带来的影响。由于台湾和祖国大陆近乎40年人为的隔绝,除了少量的华侨女性人口和东南亚的新娘,女性人口的迁入微乎其微,尽管性别比不断在自然调节中逐年下降,但这批大陆去台的青壮年男性人口所在的年龄组性别比始终居高难下,男多女少的尴尬处境造成了台湾社会的婚姻挤压现象,首当其冲的退役军人有相当一部分人无法成家(无法成家的原因还在于他们在当兵时受所谓的"军人结婚条例"的限制),退伍后孤独无靠。他们就是被台湾社会称为"荣民"的"老兵人口"。

在台湾,"荣民"这个概念的解释有变化,早年定位为大陆籍的退伍军人;而后又指以低军阶退伍的官兵,他们大多数单身或晚婚,退伍后从事不固定或低技术性的工作。当今台湾社会普遍认为他们是社会的"弱势群体"。大陆将他们称为"国民党老兵",就是本研究所指的"老兵人口",是导致半个世纪来台湾人口性别比失调的主要群体。

1978年后祖国大陆改革开放,发生历史性的巨大变化,对海峡两岸的关系产生不可抗拒的影响。1987年11月,台湾当局被迫开放台湾民众赴祖国大陆探亲和观光。一位来祖国大陆观光的女青年爱上了一位厦门男青年,他们相爱并结婚了,这是海峡两岸自1949年底隔绝以来的第一对跨海峡通婚的青年男女,此后两岸婚姻呈现出近乎几何级数般的增长,1990年突破500对,1993年突破5 000对,1997年突破1万对,2001年突破3万对,达到31 522对。这些婚姻中,配偶在福建省的12 219对,占1/3,2001年台湾每5对结婚的男女中就有一

对的配偶在祖国大陆,每14对结婚的男女就有一对的配偶在祖国的福建省,由于福建省在地理位置和方言环境的双重优势,一直是台湾同胞寻求配偶的首选地。但在直线上升的数字后面,出现一些问题,经过两岸媒体的渲染,给民众普遍留下了两岸婚姻大多为所谓老兵配少女的"老少配"模式,台湾"境管局"1997年10月表示,台湾社会一般以为,只有在台湾婚姻市场较为弱势的族群如残胞或老兵才会到大陆娶妻,直至2001年初仍有一篇发表在大陆某报的题为"十万新娘台岛姻缘惊梦"的文章(类似的文章和措辞频繁出现在两岸的媒体上),有这样的文字:"偏偏娶大陆新娘的人很多是经济上的弱势者,其中以退伍老兵居多。"一而再、再而三地给人们留下了海峡两岸的通婚是老兵为主体的深刻印象。因此,对上述的"退伍老兵居多"和"十万新娘"两说是否真实,客观地评估老兵人口与海峡两岸婚姻发展的关系就具有非常的现实意义了。

进入20世纪90年代,海峡两岸的婚姻对数持续增加,祖国大陆民政部门从1990年开始正式公布海峡两岸的通婚数据。根据这些数据,仍可将增长的状况大致分为三个阶段。

第一阶段(1990—1993年)为迅猛增长期。据统计,1990年有518对,1991年有1 317对,年增154.25%。1992年有3 684对,年增加179.72%。1993年有5 359对,年增加45.47%。1993年是1990年的11.5倍。

第二阶段(1994—1996年)为稳步增长期,1994年有5 492对,年增加率仅为2.5%,基本上与前年持平。1995年为6 363对,年增加率为15.86%,增加率有所回升。1996年为7 590对,年增加率为11.93%,呈现出回升的势头。

第三阶段(1997—1999年)为第二个迅猛发展期,是年突破万对,达10 500对,年增加38.34%。1998年为13 497对,年增28.54%。1999年19 300对,年增加42.99%。2001年突破3万对,基本上保持强劲的高增长态势。这一时期,海峡两岸婚姻总对数达到15万对(1990—1999年10年总73 620对)。

以1992年台湾"主计处"的统计,是年全省总人口的男女性别比是106.61,但从分5岁年龄组来分析,60~74岁的三个年龄组的性别比最高,其中65~69岁为136.67,60~64岁为127,69~74岁为121.87。失调状况之严重,触目惊心。这批人在1949年为17~31岁,恰恰是构成国民党去台的最主要的青壮年人口的年龄构成。

据台湾省家庭计划研究所1990年的调查,是年全省60岁以上的老兵人口约28.2万人,至1995年将达到最高峰的29.13万人。台湾当局把1934年以前出生的在大陆参军的老兵称为"资深荣民",据行政院退除役官兵辅导委员会1997年8月的统计,"资深荣民"有389 621人。29万和39万显示出统计口径上的不一,但当年(1949年十四五岁的"娃娃兵")时至1995年都跨过了60岁的老龄线,这是无可置疑的。

关于两岸婚姻的 4 个调查显示"老兵人口"在这一群体中所占的比重:

(1)1994 年厦门大学人口所郑启五副教授根据厦门民政当局提供的数据分析,厦台婚姻组合中 60 岁以上的台湾新郎约占 1/3。

(2)1996 年上海有关部门的调查显示,25～35 岁年龄段的青年占两岸婚姻通婚总人数的 77.4%,双方年龄相差 10 岁以上者占 50.9%。

(3)1996 年台湾台湾当局的"人口政策委员会"进行的两岸通婚的问卷调查。该调查的对象在 1993 年 3 月之前向台湾当局申请其配偶从大陆去台湾团聚的台湾一方的当事人。调查显示 95.48% 是大陆女嫁给台湾男,台湾女嫁大陆男不足 5%。台湾配偶多数属于初婚,年龄以 30～39 岁居多,占 44%,其次为 40～49 岁,占 11%,再则为 60 岁以上的,占 10.53%。

(4)根据台湾中研院中山人文社会科学研究所杨文山和台北市立妇幼综合医院优生保健科林陈立和王彩琴的论文《大陆来台新娘生育状况之研究》中的统计资料披露:居住于台北地区之大陆新娘年龄层主要分布于 26～35 岁,大陆新娘平均年龄为 29.51 岁;教育程度为国中、高中居多;来台前所从事的行业以商业居多。大陆新娘的台湾夫婿年龄层主要分布于 35 岁以上,平均年龄为 42.58 岁;台湾夫婿的教育程度以国中、高中为主;主要从事于商业与工业。年龄差为 13.07 岁。

4 个调查尽管有抽样规模小的局限性,但综合起来看并不背道而驰,基本上体现相同的趋势,至少是海峡两岸婚姻热第一阶段(1990—1993 年)的状况。从两岸婚姻的年龄结构分析,所谓的"老兵人口"并非两岸通婚的最主要人口。况且,来大陆寻求配偶的 60 岁以上的台湾男性并不一定就是老兵,但由于这些年龄段的台胞与 1949 年大陆迁台人员里的青壮年人口处在同一个年龄段上,也是时代导致的台湾性别比严重失调的直接受害者,也可把他们算在广义的"老兵人口"中。即便如此,60 岁以上的台湾男性在两岸婚姻中所占的比重从一开始也不是占最大比重的,此后则大幅递减。

按一般的推理,由于海峡两岸的隔绝和台湾地区男女性别比长期失调,导致大量"老兵人口"单身度日。单身的"老兵人口"既有熟悉大陆生活的背景,又有渴望成家的强烈欲望,但又为什么他们在海峡两岸通婚的人数中并非向人们想象的那样成为大多数呢? 本研究认为原因不外有以下几点:

其一、单身的老兵人口晚境凄楚。"老兵人口"是台湾社会公认的弱势群体,未婚或单身的老兵人口更是弱者中的弱者,财力上、心理状况上和身体上都力难从心。他们中相当一部分人早住进了公立或私立的养老机构打发余生。这些专为安排"老兵人口"的养老机构叫"荣家"。早在 1984 年就在台湾社会引起强烈

反响的影片——《老莫的第二个春天》反映的就是"荣家"里的老兵晚年单身生活的光景,该片获得了当年台湾电影的"金马奖",客观上体现了台湾社会对影片揭示的社会问题的关注。

其二,海峡两岸通婚的大门缓缓开启之后,已经是20世纪80年代的末期,"老兵人口"绝大多数已进入老年。据1997年台湾的《荣民统计月报》统计,"单身荣民"有52 048人,其中住在"荣家"的22 170人平均年龄高达75.9岁,他们连基本生活都举步维艰,又何以论及婚姻?这批终身未娶的单身老人群体是海峡两岸分离最悲惨的一群。1996年起台湾当局允许"老兵人口"回祖国大陆生活,当年就有4 588人隔年又有4 834人回大陆生活。

其三,也是最主要的,从20世纪80年代末开始的海峡两岸的通婚热潮远非仅仅是"老兵人口"所在的台湾人口年龄段性别比失调的一种调剂,从狭义上说,这是两岸同胞接触交往不断发展、亲情相依、联系广泛的客观反映;就广义而论,是海峡两岸的同胞对同一个中华民族同一个祖国的认同(台湾多年开放的"东南亚新娘"的结果微乎其微)。站在历史的角度分析,这当为1949年底海峡两岸人为隔绝之前业已广泛存在的通婚状况的恢复与延续,体现的是整个台湾同胞广泛的心向。以现实意义而论,15万个新兴的跨海峡家庭在"一家两制"的实践客观上加强了两岸的血脉联系,他们与台湾当局种种悖情逆理的做法进行抗争,成为渴望祖国和平统一最积极最强烈的一群。"老兵人口"中的单身汉的部分人在海峡两岸恢复通婚的第一阶段(1990—1993)为通婚热的拓展身体力行,在很大程度上起到不畏拦阻勇争婚姻权的示范作用,但由于他们仅仅占台湾全省总人口的2%左右,因此无法也不可能在这一个为大多数台胞普遍认可的热潮中成为最主要的人数构成。在新世纪方兴未艾的两岸通婚热潮中,"老兵人口"除了作为热心的牵线搭桥人之外,基本不再成为当事人,这是自然的和年龄的规律使然。

根据最新的调查显示:海峡两岸的婚姻出现新郎新娘年龄差异缩小、文化水平接近、恋爱时间变长、愿意在祖国大陆当地定居、台湾女配大陆男的比重相对增加,婚姻的稳定性增加等特点。婚姻趋向明显从"改善生活"趋向"追求情感"。

第二辑 性别与文学

作者简介

林丹娅，女，厦门大学人文学院中文系教授、博士生导师，厦门大学中国语言文学研究所所长，主要从事性别与文学文化研究。发表论文数十篇，著有《当代中国女性文学史论》、《中国女性与中国散文》、《用脚趾思想》等论著与文学作品集，主编"悦读女性"丛书、国家十一五规划教材《女性文学教程》等。主持国家、教育部社科项目"台湾女性文学史"、"性别视野下的文学语言"等。兼任福建省作协副主席、中国妇女理论研究会理事、中国女性文学委员会副会长、福建省写作学会副会长、现代文学研究会副会长等。

作为性别的符号:从"女人"说起

厦门大学妇女/性别研究学术文选

摘 要: 探讨文学语言中的性别问题,符号是重要概念与对象,符号不仅是文学语言的有机成分,还构成其特定的修辞元素与意义。考察"女人"或"男人"此类性别符号在文学文本中的经典性表现,探讨由"男人/人类"(man/human)构筑的男性中心为历史的文化,呈现"男人—女人"(man-woman)此类符号在文学叙事中进行的"给予意义"活动,揭示性别歧视文化结构在文学语言结构中的投射、反映与其互动。

关键词: 文学语言 性别符号 女人形象

探讨文学语言中的性别问题,符号是重要概念与对象,符号不仅是文学语言的有机成分,还构成其特定的修辞元素与意义。符号意蕴的性别性,最终都体现为文学语言的性别性。这种性别性出现在每个具体文本的具体形象上,融入被塑造或被接受的过程中而发生不可思议的定向作用。

而要揭示符号所具有的性别性与文学形象之间的关系,"女人""男人"这样的符号与形象,在表征性别的意义上,不仅是首当其冲的,也是本源性的。日本的语言文化学者池上嘉彦曾指出:凡是人类所承认的"有意义"的事物均成为符号,人们不断地在文化的各个方面进行着这种类似"创造语言"的活动,现代符号学所关心的就是探讨这种活动的原型和本质。换言之,现代符号学关心的是人类"给予意义"的活动结构和意义,即这个活动如何产生了人类的文化,维持并改变了它的结构。① 因此,本文将借由对"女人"这个本源性的性别符号在文学文本中的形象构成,来探讨人类——一个由"男人/人类"(man/human)所构成的以男性中心的——文化,对男人—女人(man-woman)这个符号在文学中进行的"给予意义"活动,它与性别刻板印象形成的关系与过程,这个过程与结果又怎样

---

① [日]池上嘉彦著,张晓云译:《符号学入门》,北京国际文化出版公司1985年版,第3页。

146

反过来加固了性别符号的既定,以期揭示人类的性别歧视文化结构在文学语言结构中的投射、反映与功用。

一

众所周知,著名语言学家索绪尔为界定"符号"做出巨大的理论贡献,择其要点阐述如下:其一是索绪尔经过一番慎重的比对与思考后,确定用"所指"与"能指"这两个概念来表示符号的组成部分。法国著名学者罗兰·巴尔特评价说,在索绪尔找到能指与所指这两个词之前,符号这一概念一直意义含混,因为它总是趋于与单一的能指相混淆。他认为索绪尔的这一主张至关重要,应时刻不忘,因为人们总易于把符号当作能指,而它实际上涉及的是一种双面的现实①;其二就是关于这个"双面的事实"。索绪尔认为语言符号连结的不是事物和名称,而是概念和音响形象。他特别强调说这两个要素都是心理的,它们紧密相连而且彼此呼应,由联想的纽带连接在我们的脑子里,因此,语言符号是一种两面的心理实体②。按巴尔特的总结是:在索绪尔的术语系统中,所指(signified)和能指(signifier)是符号的组成部分。能指面构成表达面,所指面则构成内容面。或者说能指是符号的表示成分或声音,而所指则是被表示成分或概念。所指并不是"一个事物",而是该"事物"的心理再现。"索绪尔本人明确指出所指的心理性质并称之为概念(concept)"。③这当然是一个伟大的发现与阐述。但笔者在此想提出的一点是,也许索绪尔的研究是基于拼音语言文字之上的,故他对符号的"能指"面概念只能建立在音响形象之上,而对于如汉语言文字这样的象形文字来说,其符号的"能指"可能不仅仅只限于其音响形象,应还包括文字形象,即巴尔特所说的符号的表示成分。如若这个推理成立,那么索绪尔强调的"能指"面的心理性质,应同样也是文字形象这一要素所具有的。

笔者以为,与索绪尔区分符号的能指与所指一样伟大或重要的是,他指出语言符号的心理性质。这就为我们把对符号进行探究的视野从符号本身的结构扩展到与人类文化结构的关联上,是特定的人类文化活动在人心理上的投射,造成人类心理在特定符号上的投射。这是我们洞察与讨论"女人"被作为性别文化的符号与文学形象的理论前提。

当代中国著名作家贾平凹,曾用不愿"一副奴相去逢迎,百般殷勤做妓

---

① ③ [法]罗兰·巴尔特著,王东亮等译:《符号学原理》,北京三联书店1999年版,第29页,第33页。
② [瑞士]费尔迪南·德·索绪尔著,高名凯译:《普通语言学教程》,商务印书馆2003年版,第100～101页。

态"①,来表达自己傲然不流于俗的人格与个性。这个境界,是中国从古至今知识分子人格的理想境界,是中华民族人格史上的主旋律,"做人要做这样的人",说出来完全可以取得一呼百应、心领神会的效果——尽管在现实面前不知有几人存焉,但可以肯定的是,没有一个人会愿意说自己"奴相"、"妓态",不为别的,只因为这两个符号的所指意指都甚为不堪。作家只在此使用这两个符号,便轻而易举地达到了不仅是言简意赅的,而且更重要的是形神兼备的传达效果,从而不仅显示了作家的人格境界,也显示了作家深厚的文学修辞功力。这种效果无疑得归功于"奴相"与"妓态"这两个修辞意义极为强烈的形容性名词。这个充满贬义不堪的修辞义,正是人类文化活动所赋予符号的意义,它们共同把这两种原本十分抽象的、既难于表述同时也难于理解的概念性"表达物"——一种人格状态,连带对这种人格状态的价值评判倾向,通过具有一定修辞意义的文学语言——一种符号,具体地、生动地、形象地表现出来,令人一目了然。试问谁愿为奴做妓,任人凌辱蹂躏践踏?被逼可谓惨,自甘则是贱,女人的别称是"贱人",为人妻是"贱内",从"贱人"的指事到"人格贱"的会意,于是,心领神会也好,一呼百应也好,人们是很容易产生共鸣的。从这两个符号表示成份(能指)的"女之属"——一种屈辱的文字形象,到这两个符号被表示成份(所指)的"贱人"——一种低贱的人物形象,源远流长的性别等级制与性别歧视文化,已教会人们如何神速地读解出意蕴其内的含义。"我爹爹像松柏意志坚强,顶天立地是英勇的共产党"②,这个陈述就是"一副奴相去逢迎,百般殷勤做妓态"的反比,同样经典。与"奴相"、"妓态"的"女之属"符号的负面形象与特征相反,它充满男性化的正面形象与特征。顶天立地如松柏一样的形象,即是爹爹与共产党的男人形象,同时也是男性性特征形象,松柏成为能够标志男人精神气质与人格状态的符号,意蕴着顶天立地,意志坚强,光明磊落……阳性的褒义意象与色彩充满其所指,成为阳/男性符号的所指。作为与阳性二元对立而存在的阴性所指,则充满贬义意象与色彩,成为阴/女性符号的所指。

  作为"女性"的另一个符号"阴",也典型地反映出性别文化作用于符号结构的组成部分。其实,最早的"阴"仅是表示方位意义的词,《说文解字》解:"阴,闇也,水之南山之北也。"在清代的段玉裁注里,词义内涵进一步扩充,意义更详细:"阴,闇也,闇者,闭门也。闭门则为幽暗,故以为高明之反。"用以表示并形容阳光照不到的空间,即阴地也。但当"阳清为天,阴浊为地","阳在上,阴在下","男为阳,女为阴"成为人们的性别习得观念时,当阴阳二极同时成为男女二性的性

---

① 贾平凹:《辞宴书》,见贾平凹:《长舌男》,作家出版社2004年版,第166页。
② 引自《红灯记》中李铁梅唱段《打不尽豺狼决不下战场》。

别符号时,阴阳二词的词义所指的不仅仅是自然方位的结构,它更承载人类性别文化的结构。从《说文解字》到《现代汉语词典》,可以直接观察到的是,从"陰"到"阴",字形简化了,意蕴则大大扩充:阴沟、阴私、阴谋、阴险、阴曹、阴间、阴暗、阴沉、阴毒、阴风、阴魂、阴冷、阴霾、阴森、阴翳、阴雨、阴影、阴鸷……每一个由表示方位同时象征女性性别符号的"阴"构成的双音节词语,也都同时具有形容、比喻、双关等贬义修辞的作用——它们进入特定语言陈述系统之刻便也是它们开始作用于这个陈述系统的修辞之时。于是,我们可以看到并感觉到的是,阳/男性符号中蕴有的褒义性修辞多么自然而深入人心,阴/女性符号中蕴有的贬义性修辞也就多么自然而深入人心。从"女"字曲膝跪伏的象形,到如"奴"与"妓"等"贱人"的意会,再到如"奴相"与"妓态"等"贱格"的意蕴,承载着阴/女性符号太多负面修辞意蕴的"女人",作为文学语言中不可或缺的性别文化的符号,就这样产生:她被文化所文化,被符号所符号。

二

女,据《说文解字》解:"为妇人也,象形。"女人,据《现代汉语辞典》解,有二个含义:"一为女性的成年人,二为妻子。"前者是对生理发育到一定阶段的女性的指称;后者是对处在一定人物关系状态中的女性的指称。如孙犁的《荷花淀》:

女人坐在小院当中,手指上缠绞着柔滑修长的苇眉子。(成年女性)

水生的女人说:"又给他们送了一些衣裳来!"(妻子)

以上这两种意义上的"女人"可以说是"女人"这个符号的初始义。可以看出,"女人"在这里,还只是对处于"自然关系"状态中的女性的客观性命名,本身不含有来自命名者的主观评价而形成的褒贬。它与一指"成年男性"、二指"丈夫"的"男人"指称一样,都是表示人物在生物学意义上的和社会学意义上的角色身份的词语,只是它们分别表示不同的性别。因此,按理说,"女人"和"男人"这两个词语的意义,就在于它们是可以用以区分成年人或婚姻关系人的性别,也只能起到区分性别的词语。但在文学语言中,情况却远非如此,它们不仅各自蕴有大大超越于区分自然性别与人物关系身份的客观性词义,两者之间还蕴有意义完全相左的、意味微妙的修辞意象,这使它们在文学语言的语境中,从词义到词意,都产生巨大的差异,获得完全不同的修辞效果。这种差异性与不同效果,可从堪为经典的戏文《沙家浜》"智斗"一场中的男女对话中,一窥其奥妙:

刁德一:这个女人不寻常!

阿庆嫂:刁德一有什么鬼心肠。

胡传魁:这小刁一点面子也不讲!

阿庆嫂:这草包倒是一堵挡风的墙。

刁德一与阿庆嫂是敌对的双方,当作者让刁德一用"这个女人"来指称阿庆嫂时,就完全把刁德一对阿庆嫂的敌对心理、敌对情态、敌对状态完全地、鲜明地刻划出来,表现出来。显然,"女人"在此已不仅仅只有指称"成年女性"的客观性意义,它更蕴有可以与此表达情景相匹配的具有贬义性所指的主观性词义。或换而言之,是一种含有对"女人"这个性别群体具有约定俗成的、贬义性词义的所指,恰与刁德一要表示的对阿庆嫂这个女人个体的敌意一致,才使"这个女人"指称,得以以最简约的话语形态,却最生动、最形象、最切合作者意图地,也是最能让读者迅速领会地表现出刁德一对阿庆嫂的敌意,从而获得最佳的修辞效果。

但是,有意味的是,在这同一个场景与情景中,阿庆嫂却不能以其道而用之,即用"这男人有什么鬼心肠"来替代"刁德一"这个个体男人的实名所指。如果从词义含有的生物学意义上的所指来说(即成年的、女性的),用"这个男人"来指代刁德一,就像用"这个女人"来指代阿庆嫂一样,没有什么不可以,因为,这里既不存在语法上的错误,也不存在词义上的错误。那么,是什么阻碍了作者使用同样的修辞手法来表达阿庆嫂的话——这种语言情景几乎也是约定俗成的,具有普泛性的,人们自然而然是不这样用,如果这样用,就会有种不得劲、不对味、别扭的感觉。这种不对劲、不对味、别扭的感觉,就是一个词语用在此时此地时所产生的修辞作用,它不是最贴切的与最恰当的,它所产生的修辞效果不是最理想的,甚而有可能是完全败坏的,是它构成文学语言表述中的所谓"败笔"。那么,这是怎样的一种"败笔"呢?作者为什么不能让阿庆嫂沿用刁德一的说法,用"这个男人"来指称刁德一呢?显然,问题出在"女人"与"男人"这两个本应完全不带有任何主观性评价倾向的表示自然人的词义上。但现在,情况却发生微妙的变化,如果阿庆嫂也用"这个男人"来指称刁德一,不仅不能产生如刁德一用"这个女人"指称阿庆嫂时所产生的恰到好处的、十分精妙的修辞作用与效果,还可能削弱这种作用与效果。奥妙在于"男人"这个符号不仅没有"女人"这个符号蕴有的贬义性所指,反倒更具有褒义性所指。因此,如果在贬义性陈述句中用"男人"这个词语,就会与贬义性的陈述句构成意义上的冲突与悖反。具体到阿庆嫂的这句话中,就是说使用它并不能表现阿庆嫂所要表示的对刁德一的敌意的作用,它不但不能与这种敌意构成统一的一致的语境,反倒会破坏掉文本所要营造的情境。这也就是为什么听众会听到刁德一唱"这个女人不寻常",而不会听到阿庆嫂唱"这个男人有什么鬼心肠"的内在因素。

同理,作者也不会让阿庆嫂用"这男人倒是一堵挡风的墙"来取代"这草包……"的所指。如果阿庆嫂用"这男人",那么"男人"中含有的褒义性所指的修辞作用就会使这句话的意思和味道完全改变,它将不再是这个贬义性陈述句原来要表达的意思,它表现的也不再是作者要表现的人物关系。在这里,阿庆嫂要利用明知是敌人的胡传魁缺心眼、头脑简单(即"草包")的缺陷来为自己打掩护，作者借此表现阿庆嫂的智慧。若用"男人"来取代"草包"，这句话的意思和所要表现的情景就会变为：因为胡是男人，所以他成为身为女人的阿庆嫂的挡风墙，这才符合男人保护女人、男强女弱的性别既定与公众心理，那么，它就可能被曲解出不必要的歧义，甚而褒义，这显然不符合这个特定情景中的人物关系与情节关系，不仅词不达意，而且不伦不类。

可见，"男人"与"女人"，这样一个原来只是在自然的生物学意义上对人所进行的性别区分的符号，却也正因为其区别的恰恰是性别而不是别的其他，从而就被具有"性政治"意味的性别歧视文化，赋予远远超出于生物学自然本义的且已全然不能对等的社会学、文化学意义上的意蕴。

如：
你是女人……女人啊，你的名字叫弱者——贬义性
你是男人……男人啊，你的名字是强者——褒义性①
我是女人……做女人难，做名女人就更难——否定性
我是男人……要学那泰山顶上一青松——肯定性
她是女人……一个女人，就是再要强，又能强到哪里去——否定性
他是男人……一个男人，有事业能担当才是真男人——肯定性

我们还可从否定式反证来证明这二者之间的差别："别看他是个男人，做起事来可一点都不……"因为不像男人，这句话含有对不像男人的男人的贬意；"别看她是个女人，做起事来可一点都不……"因为不像女人，这句话则可能含有对不像女人的女人的褒意。我们可以从类似上述的表述话语中归纳出这样一种语言心理现象，那就是人们不能像对"男人"这个符号那样来认同"女人"这个符号。这是为什么呢？这是因为，"今天，男子是积极的和中性的人，意即代表着男性和人。而女子则只是消极的人，只停留于女性，每当女子作为一个人做出什么行动的时候，人们便认为这个女人和男人同化了"②。与之相佐证的，还有西美尔的发现："在所有可能的领域中，凡有缺陷的表现都被贬为女性的，当人们不知道如何更好地称赞一个女人在同样领域内的成就时，就只能称之为'简直像男的'。这一事实显然得归咎于文化客观因素的男性特征。这不仅因为男人的自大，好像'男性的'是有价值的同义词。"③这也就是为什么在实际生活中常常发现，如

---

① 如果女人是强者，一般就会特指其"女"性，即"女强人"，在具体语言使用环境中，非褒意性更多，有另类之意指。
② ［日］服部正著，江丽临等译：《女性心理学》，上海翻译出版公司1987年版，第31页。
③ ［德］西美尔著，顾仁明译：《金钱、性别、现代生活风格》，上海学林出版社2000年版，第141页。

果一个男人被比做女人,那是对这个男人极大的污辱;而一个女人若被比做男人,则多少含有对这个女人从个性到人格,从经验到事业的肯定与嘉许。"男人"的符号成为"女人"是否具有社会价值的标杆,"男人"本身就被性别文化赋予没有缺陷的和有价值的符号,这就是为什么刁德一用"这个女人"的指称就可以到达他对阿庆嫂敌意的效果;而阿庆嫂若用"这个男人"的指称无法到达同等效果的原因。所以,作者只能让她选择避开"男人"符号而直呼其名或其类,比如草包、败类、孬种、恶棍。

三

"你有什么话嘱咐我吧!"
"没有什么话了,我走了,你要不断进步,识字,生产。"
"嗯。"
"什么事也不要落在别人后面!"
"嗯,还有什么?"
"不要叫敌人汉奸捉活的。捉住了要和他拼命。"
那最重要的一句,女人流着眼泪答应了他。

这是孙犁小说《荷花淀》中主人公水生夫妇的一段对话,也是最为人称道、引人入胜的文学桥段,它常常被引用来证明孙犁小说的美文特色,进而引用来说明以孙犁为代表的"荷花淀"派的叙事特色。准确地说,这是孙犁式人物白描的最大特色:它不是通过对人物外形的直接描绘,而是通过人物对话间接来体现。他的人物形象与人物关系,完全是在对话的场景中,被活灵活现地勾画到读者面前的。他的这种白描对话的手段,是文学描写中的经典。中国最为传统的女性形象与夫妇关系,与最富有时代进步(抗战)气息生活的融合,无疑是这篇小说叫好又叫座的关键。其中可以肯定的一点是,孙犁内敛的、素朴的但富有空间想象感的而充满韵味感的白描对话手法,与传统女性形象与夫妇关系的古典模式,形成天衣无缝般的诗意场景,是这关键中最为亮点的地方。可以想见的是,如果抽取了这部分对话"白描"精华,即使这篇小说写的题材有多么重大或应时,恐怕也难成为"荷花淀"派的文学气候与叙事标志。

那么,这个经典的对话场景体现了怎样的人物形象与夫妇关系呢?

---

① "荷花淀派"为中国当代文学的一个流派,顾名思义便知这一命名源自于孙犁的短篇小说《荷花淀》。一般认为此派叙事的大体特征是具有浪漫主义气息与乐观主义精神,语言素朴清新,描写逼真,心理刻画细腻,抒情味浓,富有诗情画意,主要代表作家还有刘绍棠、从维熙、韩映山等。

在这个场景中,男主角水生作为男人,一名成年男性,在他作为"夫"的身份中,的确完全相应地显示了他作为成年男性应有的成熟与独立,他有独立的心智、人格、意志、思想与主事的能力。而女主角——水生家的女人,一名成年女性,则在她作为"妻"的身份中,非但丝毫没能体现出她作为一个成年女性也应有的与成年男性一样的成熟心智与独立能力,恰恰相反,它显示的是她完整的"没有"。女人的在场,先是只作为一个活动着的男人的沉默背景或活道具而存在,进而是作为烘托男人主事的形象而存在。男人女人的关系在这样的场景中形成了一个鲜明的对比与尖锐的对照。有男人在,凡事有男人做主,女人只要听男人的话干活就是了。但现在男人要出远门了,女人就只好要男人的"嘱咐"——一种可以继续保存男人话语权在女人生活中的、保证男人继续对生活中的女人行使话语权的形态。也只有通过这样的描写,才会把"女人"温顺听话的"正面"价值与传统形象,表现得如此鲜明突出。当然,与此同时的是,"女人"无主见的负面价值与形象便也相伴而生。于是,在这个场景中人们看到的只能是,一个作为成年女性的女人/妻子,全面、完全、严重依附并依赖于作为成年男性的男人/丈夫的语言生活。因此,二者之间的关系,便在实质上被表现得完全不像是处于同一个"成年"阶段的、都具有主体意识与主体能力的心智成熟的男人与女人之间的关系,而更像是有思想能力的、知道做什么怎么做的、心智成熟的成年人,与毫无思想能力的、不知道做什么如何做的、心智发育未成熟的儿童之间的关系。除此之外,这个动人的桥段还有涉及终极性意义上的生命权问题,这也是这一对话情境里最打动人的高潮:"女人"因其"性"属而绝不能被"敌人"——潜在的男人——所占有,在一系列温顺的"嗯"之后,最后还得流泪答应男人"最重要"的一件事:只为一个"男人"的性占有而活命的原则。很显然,女性在此关系中是毫无主体性而言的。人们,包括作者与读者,塑造与读解的是把性别文化中的"妻子"作为潜在标准而塑造的女性形象,而不是作为"女人"而塑造的女性形象。此处完全剥离作为"女人"符号的能指,男权制夫妇关系中"妻"的伦理内涵,成为"女人"符号的潜在所指。这种性别关系塑造的不平等要害之处在于正如劳拉·穆尔维揭示的那样:"男人在这一秩序中可以通过那强加于沉默的女人形象的语言命令来保持他的幻想和着魔,而女人却依然被束缚在作为意义的承担者而不是制造者的地位上。"①有意味的是,作者并不着意揭示"女人"具有的这种弱根性,而正相反的是,他完全是从审美的角度上来体现"女人"的这个"温顺如水"的。事实也证明了这一点,绝大多数读者都接受了这样的审美信息乃至熏陶:《荷花

---

① [英]劳拉·穆尔维著,周传基译:《视觉快感与叙事性电影》,中国艺术研究院影视所编:《影视文化1》,北京文化艺术出版社1988年版,第225页。

淀》能够以美文著称并流传于今,与其中对"女人"的审美笔致分不开。这也是笔者举这个文本作为事例的意义所在。因为,它可以使我们更清楚地看到,符号如何主导作家的审美意识,这样,我们才可能切入其中的逻辑缝隙,揭示出惯常审美表层下的深层悖谬。

现在,我们可以来做这样一个有趣的实验:如果把上述文本中的"女人"与"男人"的符号与形象互置,那么,文本会产生什么样的修辞效应呢?首先它应该非常令人不安,因为它看上去是这样不真实与不合实际。如果硬要把它当做有意义的文本来看——犹如李汝珍在《镜花缘》里所描写的"女儿国",那么它即便不是反讽的,至少也是荒唐与滑稽的。但是,如果这些表现是置放在"女人"这个符号下——犹如孙犁的《荷花淀》,那么,它不仅非常真实,而且"看上去很美"。不仅如此,这"女人"被表现得越软弱和弱智,越没有主意与主见,越主动让"男人"对自己耳提面命,越使自己表现得俯首听命,那么,它的修辞效应就会越"美"越"正点"。因为这样的"女人"就越具有人们想像中的东方女性的"美德",或者说是越满足人们对"女人"的想像——在男性视角、男性观点、男性声音成为普遍性的历史(history)场景中,在与男性同化的艺术审美与社会价值观中。学者朱学勤曾针对性别问题说过这样一段话:"在男性为中心的社会,文化是男性文化,性别歧视渗透到最细小的一层文化细胞。女性如有价值,也只有美感价值,而且是生理性的美感价值,不是文化意识上的审美价值。"①这个见解固然精辟,但笔者还想说的是,男性文化不唯对女性"生理性美感价值"感兴趣,男性文化其实也"创造"了女性在文化意识上的审美价值。

对"女人"的这种审美价值观,直至今天,它依然根植于人们的意识之中,并且很少受到其他包括政治、经济、职业、教育程度、意识形态差异的影响。换而言之,在这世上,人们对事物的认识会存在太多的差异,但对"女人"这个符号的认知却几乎没有什么差异。举一个生活中的不乏典型性的例子:从事先锋艺术创作并以此标榜于世的某艺术家就曾这样表示:"我希望在女人身上看到我所没有的东西,包括她的幼稚、善良、她的容忍性。"他认为这是女人的天性,女人如果不这样,就是"丧失了自己的天性",他希望女人不要丧失天性②。这番体现说话人女性观的话语反映了男权话语的显著症候:他没有的东西,即所谓"美德",但却并不想让自己通过后天努力去获得,反而希望"女人"先天就为其所备。

显然,与其说这种"美德"是"女人的天性",莫如说,是说话人通过话语权强加给"女人"的天性。当然,这种话不是某艺术家的发明,他只是在重复数千年以

---

① 朱学勤:《书斋里的革命》,长春出版社1999年版,第201页。
② 此段评述出于《女人是女人,男人是猪》,《北京青年报》2005年8月15日。

来反复被塑造的,而他信以为真的话,用他的话语权,再一次强加给"女人的天性"而已。他不是说这种话的第一个,也绝不会是最后一个;也不是身为男人的某艺术家才会这样说,很多生为女人的女人也会这样说。因为,这世上的很多男人和女人,都会把重复了很多次的语言当真,并把它当做自己的思想。"人类一旦成为语言生类,就有了其他动物完全不具备的可能,就可以用语言的魔力,一语成谶,众口铄金,无中生有,造出一个又一个的事实奇迹"①,中国著名作家韩少功把这种事实叫做用语言新造出来的"再生性事实"。因此,他们绝对不排斥男人把什么当做"女人的天性",女人就把它当做自己天性的事实,无论是在现实生活中,还是在文学语言中。

可见,作为表示人的性别成分的符号,在文学语言中,"男人"与"女人"除了有客观词义外,性别文化还赋予它们特有的意蕴。如果注意到索绪尔所指出的语言符号所具有的心理性质,我们便可以理解这种语言现象或语言行为的产生:它的确不取决于被什么符号所标识,而取决于人们对被标识的这个符号的心理反映。正因为符号有这样的特质,它启发我们继续进行这样的探究——在文学语言的范畴里,具有特定意蕴的性别符号是如何形成的,又是怎样作用的。一方面是性别符号在形象塑造时的作用,一方面是被塑造的形象对性别符号的固成或改变的作用。

[原发表于《南开学报》(哲社版)2010 年第 6 期]

① 韩少功:《马桥词典》,上海文艺出版社 1997 年版,第 149 页。

作者简介

王宇,女,厦门大学人文学院中文系教授,博士生导师,中国当代文学研究会理事。代表作有《性别表述与现代认同》,代表论文有《另类现代性:时间、空间与性别的深度关联》、《百年文学民族身份建构中的性别象征隐喻》、《20世纪文学日常生活话语中性别政治》、《新时期之初的"男子汉"话语》、《现代性民族国家想象与性别的文化象征》。主持教育部2010人文社科项目"新世纪女性乡土叙事潮流研究"、2008年福建省社科基金项目"现代性与被叙述的乡村女性——五四以来文学中的乡村女性形象研究"等。

另类现代性:时间、空间与性别的深度关联

摘 要:本文通过考察"外来者故事"这一"五四"以来中国文学中反复出现的叙事模式近百年的绵延、变异,旨在揭示,在现代中国象征意义系统中,新与旧、现代与传统、进步与落后、文明与愚昧这样的二元对立进化论时间范畴不仅被深刻嵌入中国与西方、外与内、都市与乡村等空间范畴的建构中,还被嵌入另一对空间性范畴——男性与女性(性别身份也是一种空间性的存在)的建构中。换一句话说,性别符码一直在以自身的文化释义及其和其他范畴之间的复杂纠葛中参与有关时间、空间的表述。

关键词:时间 空间 性别

现代性首先是进化论的时间价值诉求,而在中国这样的后现代性国家中,这种时间价值则被空间化,即将现代与传统、新与旧、进步与落后、文明与愚昧这样的现代性时间范畴深刻嵌入西方与中国、外与内这样的空间范畴,对时间化了的空间或者空间化的时间的体验成了中国人深刻而独特的现代性经验。"娜拉出走"就是对这一独特现代性经验的经典表述,即女性由内向外空间位置的变迁(出走)见证了历史进步的脚步,"女性"实际上是这种空间化的时间体验的重要支点。当这样的现代性经验诉诸文学时,"外来者故事"①模式便应运而生。这

---

① 本文所讨论的"外来者故事"与中国现代文学中经常被论及的"还乡叙事"是两种在外延和内涵上既重叠又有很大差异的叙事形态。首先,"外来者故事"中的"外来者"是现代知识分子或有着有现代文明背景的人物,而"还乡叙事"中的还乡者则不一定具有现代文明背景。其二,"外来者"与"内在"空间的疏离、对立,是一种异质性的文明冲突,是时间上新与旧、现代与传统、进步与落后之间的差异,叙事呈现出明确的进化论时间指向。而"还乡叙事"中的许多作品恰恰更关注空间,抵抗时间,以记忆中的故乡否定眼前的故乡,叙事指向对时间的伤逝、对世事无常的哀婉,比如1930年代京派作家的还乡叙事。其三,呈现在"还乡叙事"中的空间地点一定是返乡者的故乡——乡村/小镇,而呈现在"外来者故事"中与"外"相对的"内"在空间则不一定是"外来者"的故乡,也不一定是乡村、小镇,只是个封闭、保守的空间,可以是乡村小镇也可以是都市中某一特定空间。

个"五四"以来近百年中国文学中反复出现的叙事模式大致有着这样的固定情节:有着现代文明背景的"外来者"来到一个闭塞的传统空间,冲突由此展开。外来者境遇有两种,第一种,不为环境所容——或遭遇进入"无物之阵"的尴尬,或遭受排挤放逐;第二种,成功进行启蒙,唤醒、解放闭塞、落后空间中的蒙众。有着现代文明背景的"外来者"都是男性,而传统空间中的生存被表述为女性化的生存,包括女性、孩子抑或被去势的男性,"她们"被专制、落后势力囚禁在封闭传统空间中亟待启蒙、救赎,完成由内而外、由传统到现代的时空转变。不难看出,这个叙事模式包含着时间、空间与性别三者之间的复杂关联性,这种关联性在"外来者故事"模式近百年的绵延、变异中被赋予怎样不同的表现形态,这其中又包含怎样不断变化的现代性经验,这正是本文要讨论的。

一、"外来者故事"的原初形式

鲁迅在《呐喊·自序》中讲述的那个著名的"铁屋子寓言"算是"外来者故事"最早的雏形,那个大嚷起来唤起铁屋子中"较为清醒的几个人"的人就是"外来者","铁屋子"正是传统中国的象征。这个寓言已然奠定了"外来者故事"基本的结构原型。此后这一结构原型被不断复制、丰富,成了启蒙叙事最重要的结构模式。完全吻合或多少包含这一结构模式元素的作品不胜枚举,当然了,鲁迅自己的小说以及柔石的《二月》无疑是最具代表性的。

《二月》的主人公——现代知识分子萧涧秋来到闭塞的南方小镇——芙蓉镇,他很快陷入对穷苦的青年寡妇文嫂的人道主义同情和与新女性陶岚的爱情纠葛中。小镇流言骤起,文嫂自杀,萧涧秋愤然离去。尽管萧涧秋在芙蓉镇逗留时间总共不到两个月,但这个来而复去的"外来者"却在芙蓉镇激起轩然大波。他的到来首先唤醒了陶岚被小镇的保守、封闭氛围所压抑着的热情,这样的热情一旦苏醒便喷薄而出,反过来对萧涧秋颓唐、软弱构成一种覆盖、拯救。这使萧涧秋对陶岚心存疑惧,一方面,在芙蓉镇,陶岚是他唯一的知音,他需要通过与陶岚的对话和共谋来避免陷入失语状态,来确认自己截然不同于庸众的现代主体身份;另一方面,与陶岚交往又使他的启蒙者身份一直处于虚设、悬置状态,因为他无法通过陶岚来实现启蒙、引导、救赎这些启蒙者的基本功能。于是,贫苦的底层劳动妇女文嫂和她七岁的女儿采莲的出现就成为叙事的必需。这两个形象可以看成对陶岚形象必要的补充,她们弥补了陶岚形象所欠缺的而又是启蒙叙事期待于女性的角色功能。通过对文嫂的无私救助、对采莲的悉心教诲,萧涧秋完成自我角色期待,超越内心深处因自我认同的障碍而导致的失落、空虚,一直被虚设、悬置的启蒙者身份也落到实处。同时也正是通过共同救助文嫂、采莲,陶岚由萧涧秋的对话者渐渐演变为他忠实的追随者。尽管萧涧秋最后难逃失败的命

运,但"铁屋子"中三位女性的存在却使他作为一个启蒙者的身份得以明确确立。

这恰恰是鲁迅笔下的"外来者"们无法做到的。在《故乡》、《祝福》中,"我"同样面对封闭传统空间中的女性人物——杨二嫂和祥林嫂,但她们并不与知识者"我"构成两性情爱关系域。杨二嫂不仅未能成为启蒙信息的接收者,还自作主张用"三房姨太太"、"八抬大轿"等一大堆传统文化信息来对"我"的身份进行误认。在这样的误认面前,"我"根本就陷入失语中,更遑论对她进行启蒙。祥林嫂虽然主动请求"我"指点迷津,但"我"却支支吾吾,无力教导。无论是"故乡"还是鲁镇,都比芙蓉镇更具"铁屋子"的象征意味,但唤醒和救赎的行动却先期流产,先觉者根本无缘体会萧涧秋式失败的悲壮就先期退场。这无疑反映了鲁迅对启蒙理想的绝望,鲁迅一生对启蒙最有激情、最有诗意的讲述出现在《伤逝》中,尽管在这篇小说中启蒙理想最后也没能逃脱"无主名"杀人团的天网,但涓生毕竟成功引领子君的出走。事实上,在"五四"语境中,关于启蒙的激情讲述几乎都离不开两性关系域,启蒙者最成功的事业便是引领娜拉出走,此外的启蒙言行几乎都很难奏效。即便是面对孩子,启蒙者的困境也在所难免。《在酒楼上》《孤独者》中的吕纬甫、魏连殳在孩子那里遭遇到的冷漠、仇视,无疑宣告了启蒙者"救救孩子"理想的幻灭。爱情成为启蒙可行的必要前提和唯一有效的叙事场域,这就是"出走的娜拉"成为启蒙叙事最最重要的文化符码的原因。

鲁迅恰恰不热衷于营造这个特殊的叙事场域,虽然他也经常将女性人物设定为传统空间中蒙众的代表,但她们极少与启蒙者构成情爱关系,《伤逝》算是唯一例外,然而,子君、涓生的悲剧还是终结了启蒙在两性关系域中的有效性。且不说涓生所操持的那套启蒙话语自身的抽象与空疏,子君的勇敢与回应也不过是涓生一厢情愿的幻念。既然性爱关系域是启蒙唯一有效的叙事场域,那么,对启蒙在这一场域中有效性的终结无疑是非常致命的,这就是为什么鲁迅比他同时代人更能体味启蒙的虚空与绝望。

显然,"五四"启蒙叙事的惯例悄然规制了"外来者故事"的性别秩序。有着现代西方文明背景的"外来者",代表着新、现代(并启示着未来)、进步、文明,这个角色一定是由男性来承担,女性则作为蒙众的代表,她们生活在旧的、传统(时间指向上属于过去)、落后、愚昧的空间中,亟待启蒙、引导、救赎,同时也是启蒙唯一(抑或是最先)的回应者。正是娜拉的出走,即女性由内而外的空间位置变迁,见证着进化论历史时间的脚步,成就了启蒙与回应、导引与跟随、施救与被救的二元对立,进而建构出一个崭新现代主体(男性)身位。这种隐含深重的性别政治的时间化的空间逻辑正是"外来者故事"的基本叙事原则。

二、延续与变异

如果我们对文化原型的理解不局限于荣格所谓"自从远古时代就已存在的

一种普遍意象",而将原型看成一定历史时期某一社群的普遍性的心理经验模式,那么,"外来者故事"无疑就是凝聚着20世纪中国人普遍现代性经验的叙事结构原型,它作为潜在的无意识进入创作,执著地寻求表现,在"五四"以来中国文学不同历史时段中顽强绵延,绵延并非简单再现,而是随着社会文化语境的变迁而不断变异。

丁玲40年代的作品《在医院中》也表现了"外来者故事"叙事原型在革命语境中的变异。毕业于上海医科学校的陆萍,来到根据地延安偏僻、闭塞的乡村医院。她的现代医学知识、工作热情与这所医院的无知落后、冷漠狭隘产生激烈的冲突。这样的情节看起来似乎是"五四"语境中"外来者故事"的翻版,但"外来者"的性别身份却发生变化,这个变化并非无足轻重,而是意义重大,它导致叙事结构关键环节相应的变化。尽管和许多"外来者"一样,陆萍在格格不入的陌生环境中也很快找到一个异性知己——外科大夫郑鹏,但她并未成为郑鹏的启蒙者、引导者,他们只是平等的对话者、同路人。陆萍似乎并不胜任启蒙、引导这些"外来者"的功能,相反的,她自己最后反成为被启蒙、引导的对象。一个完全不计个人荣枯的异性长者对她的耐心教育,使她心悦诚服地主动放弃自己的立场,离开医院。这样的结局也与启蒙语境中萧涧秋、吕韦甫们无奈的"来而复去"完全不同。当然,这其中更有性别之外的原因。

《在医院中》中呈现的城市—乡村、外—内空间对峙完全符合"外来者故事"坚守的时间化的空间逻辑,这一逻辑在革命语境中依然有效。但革命却改写了特定空间地点的时间属性,城市—乡村、外—内空间对峙中原本承载的文明与愚昧、进步与落后、现代与传统、新与旧的对立不再成立,而是恰恰相反,城市/外面的世界是堕落、反动的,因而也是落后的,代表着中国的过去;乡村/内在的空间则是纯洁、革命的,因而是进步的,代表着中国的未来。这样一来,"外来者"陆萍行为的时间合法性就显得相当可疑,这必然要使这个"外来者故事"面临叙事危机,因为进化论的时间逻辑一直是"外来者故事"的内在叙事动力,让陆萍心悦诚服地放弃与环境的对立则可以使叙事重新回到进化论时间轨道上。但叙事者对叙事危机的苦心修复,依然无法避免人们对陆萍的指责。陆萍成了进步(时间合法性)的革命共同体中名副其实的"外来者"、异端、他者①,这也是知识分子在革命共同体中的位置。这样的位置恰恰与女性这个性别在父权文化中的处境相

---

① 这里需要特别说明的是,五四启蒙语境中的"外来者故事"是以"外来者"/启蒙者/知识分子视点为本位,代表着进化论时间进步逻辑的"外来者",并非他者而恰恰是"自我"。封闭传统空间中的落后、蒙昧生存才是这一叙事视点之他者。但在延安时期这一叙事逻辑产生了变化,"外来者"/知识分子成了他者/异端,而根据地土生土长的工农干部则是"自我",不论年龄大小都被尊称为老干部。

似,因此在对陆萍的批评中实际上隐含了对她"知识分子"、"女性"双重异质身份的指认,这使批评显得格外苛刻。

其实,《在医院中》还隐含了另一组更重要的空间对峙,那就是陆萍的出发之地——学校与她的到达之地——革命机关之间的对峙。这一组空间地点的对峙所承载的意识形态意味在"讲述话语的年代"是不言自明的,而类似的空间对峙10多年后再次出现在《组织部新来的年轻人》中。这篇小说的主人公和陆萍一样,也是从学校出发来到党的心脏机关——市委组织部,也与新的空间中的人、事不可避免地发生抵牾,叙事的合法性危机实际上早在小说空间位置的设定上就被宿命般预定了。如果说,"空间里弥漫着社会关系;它不仅被社会关系支持,也生产社会关系和被社会关系所生产"①,那么,《在医院中》、《组织部新来的年轻人》的叙事危机无疑意味着由于社会关系的变迁,诞生于启蒙语境的"外来者故事"模式对空间的形塑已经严重不适应新的社会关系中新空间生产原则,它必须进行一定的变更才能保证这一叙事模式在新的语境中的合法性。

五六十年代出现三部名噪一时的电影——《柳堡的故事》《白毛女》和《红色娘子军》,这三部电影实际上存在隐秘的关联,都在不同程度上隐含着"外来者故事"的结构因素,这三个作品中都有一个从外面世界来到闭塞、落后乡村的"外来者"——《白毛女》中的大春是回到自己故乡,《红色娘子军》中的洪常青和《柳堡的故事》中的李进都是因执行战斗任务来到吴琼花和陈二妹的村寨;"外来者们"也同样有着现代文明的背景,也同样对闭塞传统空间中女性人物喜儿、吴琼花和陈二妹进行启蒙、引导、拯救。但值得注意的是,这三个故事中"外来者"所来自的空间地点,不再是城市、学校这样的现代空间,而是另一类现代空间——革命军队,这就带来"外来者"社会身份的变化,不再是掌握现代科技文化知识的知识分子,而是红军指挥员、八路军战士,他们操持的是另一套现代文明的话语。而这又导致他们对女性人物启蒙、施救的方式、过程乃至结果都与"五四"语境中的"外来者"们大不相同。正是这些变化保证了"外来者故事"叙事模式在新的社会语境中的合法性。

当然,尽管发生这些变化,但维持这一叙事模式稳定性的基本成分却不变,这个不变的基本成分就是人物的功能。俄国形式主义者普罗普在考察民间故事的结构时说:"人物的功能在故事中起着稳定恒常的成分的作用,不管他们是由谁和怎样具体体现的。它们构成一个故事的基本成分。"②然而,普罗普似乎没

---

① [法]列菲伏尔:《空间:社会产物与使用价值》,包亚明:《现代性与空间生产》,上海教育出版社2003年版,第48页。

② [澳大利亚]罗伯特·休斯著,孙秋秋、高雁魁、王焱译:《文学结构主义》,三联书店1988年版,第98页。

有注意到人物功能的性别差异性,不同性别身份的人物显然有着不同的功能,而这种性别分工才是构成"外来者故事"中"最稳定恒常"的"基本成分"。这三个故事中的人物功能的性别分工与"五四"语境中的"外来者故事"保持严格的一致性,男人与女人分别扮演拯救者与被拯救者,启蒙者与被启蒙者,导引者与被导引者的角色。正是这一"最稳定恒常"的"基本成分"支持着这个叙事结构的完满运作和被广泛的认同。其实,五六十年代,包含"外来者故事"模式的革命/解放叙事比比皆是。"外来者"(革命者)来到一个反动/落后势力统治的空间,传播真理的火种,启蒙、引导民众起来革命,这是那个年代的红色叙事最常见的结构模式。但这些作品的社会反响都不如《白毛女》、《红色娘子军》和《柳堡的故事》这三部作品。

在"外来者故事"的绵延过程中,有些因素要随社会语境的变化而变化,比如关于城市、乡村、外、内等空间地点在线性时间坐标上的位置、"外来者"的社会政治身份;有些因素则不容变更,比如作为叙事模式的基本成分的人物功能的性别分工,它保证了这一叙事模式的完满运作并被广泛认同。《在医院中》、《组织部新来的年轻人》这两个"外来者故事"恰恰违背这个"变"与"不变"的原则,它们一方面继续维持"五四"语境对城市、乡村、外、内这些特定空间地点在线性时间坐标上的位置设定,另一方面却改变人物功能的性别分工这个最不容变更的基本成分,让女性知识分子和女性化的知识分子(在这两个文本的时代,"知识分子"表征女性化的暧昧、边缘、弱势的文化身位,两者常常被重叠编码)来担当具有时间进步性、道德优越性的"外来者"的角色,叙事的危机当然就在所难免。

70年代末80年代初的政治变动使知识分子由社会身份体系的边缘走向中心,这个群体终于摆脱长期以来的女性化的身位,再一次胜任启蒙、引导、拯救的"外来者"角色功能。新时期文学将"文明与愚昧冲突"设置为自己的基本主题,而再也没有比"外来者故事"更能完满地展现这一时代主题的叙事模式:现代文明的信息同样通过男性带到偏僻的乡土,他们是下乡知识青年或从外地接受现代文明熏陶后返乡的当地青年。《爬满青藤的木屋》(古华)中的李幸福、《小月前本》(贾平凹)中的门门、《鸡窝洼的人家》(贾平凹)中的禾禾、《远处的划木声》(蔡测海)中的水生、《西府山中》(朱小平)中的海成……而处身"铁屋子"内的乡土芸芸众数中最渴盼、也最先感受、回应"外来者"文明召唤的几乎全是单纯而富有幻想的农村青年女性——《爬满青藤的木屋》中的盘青青、《小月前本》中的小月、《鸡窝洼的人家》中的烟烽、《远处的伐木声》中的阳春、《西府山中》中的麻叶

---

① 关这一历史时期文本中知识分子与女性身份的互相指涉的论析可参见戴锦华:《〈青春之歌〉:历史视域中的重读》,唐小兵编:《再解读:大众文艺与意识形态》,牛津大学出版社1993年版,第151页。

儿……她们追随"外来者"走出愚昧的传统空间，奔向文明的现代世界。

从"五四"启蒙语境到革命语境再到新时期语境，"外来者故事"中男性人物的社会政治身份、文化处境不断变化——从"五四"时期的现代知识分子到革命时代的革命军人再到改革开放时代有文化有知识的青年；但女性人物的社会身份、文化处境却几乎没有变化——祥林嫂、文嫂、喜儿、吴琼花、陈二妹抑或盘青青、小月——事实上并没有质的差异，都是在"铁屋子"中亟待启蒙、解放、引导的客体，现代文明信息的回应者、接受者。性别政治作为我们文化中最普及、最古老、最不易觉察的政治形态，无疑是一种最深刻的意义原型，它渗透在"外来者故事"的结构原型中，支持着这个结构原型的完满运作、持久绵延。

三、女性"外来者"：时间叙事的颓圮

如果说，"五四"以来，无论是启蒙叙事（包括新启蒙叙事）还是革命叙事，事实上都是典型的现代性时间叙事，以延续不断不可逆转的线性时间为基本特征，那么，80年代中期寻根文学对仿佛亘古不变的民间生存方式、地域色彩、文化样态的关注，已然表明一种自足的空间逻辑的出场，从而使文学叙事持续良久的清晰进化论时间指向变得驳杂、模糊起来。随后出现的先锋、新写实、新历史、个人化写作等叙事倾向则进一步质疑、解构了线性时间观念，以对理性的颠覆，对经验的整体性、连续性的中断，对碎片化的历史场景、自在日常生活、私人经验、个体身体的迷恋，将空间从线性时间的侵蚀中剥离出来，回到自在的、循环往复的状态。"外来者故事"模式作为"五四"以来现代性时间叙事的最重要呈现方式必然面临挑战。这样的挑战率先指向"外来者"的性别身份，因为性别秩序一直是维持"外来者故事"模式稳定性的基本成分。

在寻根代表作《老井》中，携带现代文明信息的"外来者"不再是男性而是到外面世界、现代都市闯荡回乡的年轻姑娘巧英。而与《在医院中》不同的是，《老井》的叙事自始至终都不认同女性"外来者"巧英的视点。叙事所要认同的恰恰是以孙旺泉为代表的生生不息的民族传统生存方式：打井的成功靠的是孙旺泉们九死不悔的民族精神，现代化的打井技术只起辅助作用而已，这不难让人想起世纪初的"中学为体，西学为用"的现代性蓝图。在这样的现代性蓝图中，在"体""用"层面全面接受现代文明的巧英，成了老井村这个具有明确隐喻的空间的名副其实的"外来者/异类/他者"，巧英不仅是空间位置上外来者，也是文化内涵上的外来者。为了强调这一点，叙事刻意在巧英与异类狐狸精之间不断换喻，巧英最后的离去隐喻老井村族群秩序对异己、他者的放逐。《老井》的叙事逻辑已然表明，在现代中国的空间想像中，女性的空间位置是变动不拘的，既可以是"内"，亦可以是"外"；不变的是这一性别作为主流价值主体之他者的身份。这恰恰体

现了现代空间生产的结构性特征,无论是"内"还是"外",单个空间地点没有意义,只有在与另一个空间地点的相互关系中才能获得明确定义。重要的不是谁居"内"、谁居"外",而是"内"与"外"的关系,即来自西方的现代文明与本土文文明之间的主次、优劣关系,正是这个关系建构起"内""外"空间之间不断变动的等级秩序。性别等级秩序不随着空间等级秩序的变化而变化,性别等级秩序始终不变——女性无论是处于"内"还是"外",总是处于次一级的空间位置上。

如果说,《老井》的叙事以本土文化的价值优越性质疑西方—中国、城市—乡村等空间范畴与新—旧、进步—落后、文明—愚昧等进化论时间范畴之间的同构性,那么,也正是这样的质疑使《老井》的叙事将代表现代文明的"外来者"的性别身份指认为女性。既然叙事不再以"外来者"视点为本位,外来者不再是"自我"而是他者,那么,再也没有比女性更适合这个角色了。

被认为是新历史主义代表作的苏童《妻妾成群》其实是一个非常独特的"外来者故事"。受过现代大学教育的新女性颂莲被抬入一个旧式家庭——一个幽闭、阴森恐怖的传统空间中,成为陈府老爷的第四房姨太太。尽管颂莲是自愿嫁入陈家,但她还是很难融入这个与她成长背景迥异的空间,她孤独而绝望地守护着自己的内心,在这个陌生的空间中她也找到一个异性知己——同样有着现代文明背景的大少爷。叙事对颂莲与大少爷空间位置的处理是意味深长的,不断游走的姿态似乎使从小生长于陈府的大少爷看起来比陈府的外来者颂莲更像"外来者"。叙事在不经意之间调换两人的空间位置,外/内,男人/女人,施救/被救这一"外来者故事"的叙事成规一直是小说叙事的潜在可能性,大少爷的确有过带颂莲远走高飞的想法,但终究没能实现,私奔/弑父的情节到底没能发生。这不仅是因为父的淫威,还因为大少爷一直害怕女人——他有明显的同性恋倾向——这是陈家男人世代孽债的报应。这样的细节至少包含两层文化隐喻:其一,大少爷实际上根本无法摆脱陈家的罪孽而成为陈府空间的"外来者",这是他的宿命,颂莲才是陈府秩序真正的"外来者";其二,身体作为空间性的存在不再配合进化论的时间逻辑来成就启蒙叙事最经典的私奔、弑父的主题①,弑父成了杀子,进化论时间逻辑在此深受质疑。这样的质疑恰是这篇小说基本的叙事立场,因为,"五四"以来女性由内而外的空间位置的变迁(娜拉出走)见证了历史的

---

① 新时期小说中凭借现代文明引导女性出走的"外来者"总是被赋予强悍的性力,以保证私奔、出走的爱情主题的完满,身体逻辑显然被纳入强悍的进化论时间逻辑中。而1980年代后期到1990年代初的小说则弥漫着普遍性的男性身体焦虑(性无能),如《妻妾成群》、《伏羲伏羲》、《废都》、《苍河白日梦》,以此传达现代性的挫败感。这实际上表达的是一种专属男性的独特的现代性经验,却一直以中性面目出现。参见王宇:《性别表述与现代认同》,上海三联书店2006年版,第208,214~215页。

进步,新女性颂莲由外而内的空间走向隐含的意义就不言自明。

另一个新历史主义代表作——刘恒的《苍河白日梦》,则是又一个著名的"外来者故事"。故事发生在清末的南方小镇上,曹家二少爷曹光汉从法国巴黎带回造火柴的技术、设备,准备在家乡办火柴公社。但火柴总是造不出来,他改造炸药行刺满清官员,行动败露被绞死。二少爷与周围的一切格格不入,但拥有一个异性知己——上过洋学堂的二少奶奶。故事的每一个细节都有着不言自明的隐喻:小镇/曹府——铁屋子、闭塞落后的传统空间,二少爷——"外来者"——现代文明的播火者,巴黎——现代文明的发祥地,造火柴——照亮蒙众——盗火给造反的奴隶。这无疑是"五四"启蒙语境中标准的"外来者故事",但故事的发展却与我们的阅读经验大相径庭。启蒙与回应、导引与跟随、施救与被救的固定情节不仅未出现在二少爷与二少奶奶之间,二少爷的性无能还导致二少奶奶与二少爷从巴黎带回来的洋技师大路私通,生下一个蓝眼睛的男婴。作为曹府/小镇这个传统空间的"外来者",二少爷原本要极力超越这个空间中的一切俗世性存在(启蒙者一向只重视时间的维度),但他却无法超越自身"身体"这个俗世性的空间存在。身体的耻辱在他死后仍在继续,他的尸体漂浮在浑浊的苍河水面上,在烈日暴晒下丑陋变形,散发着恶浊的气味。这是对启蒙最残酷、最狡诈的解构,也是空间对时间最无情的狙击与颠覆。空间(身体)对时间的狙击还指向更深的层面,曹府是一个充斥着宿命般身体焦虑的空间——老爷为了强身健体终日吞食各种稀奇古怪的物件,大少爷长年累月绞尽脑汁生不出儿子……不管表面上二少爷与这个空间是多么的格格不入,多么热衷于自己的外来、异质的身份,尽力要把自己从这个空间秩序中剥离出来,但身体的困境却无情地昭示了他与这个空间的不可分割。乖张、阴郁而羸弱的二少爷被置于快乐、雄强的大路和朝气蓬勃的二少奶奶之间时,叙事实际上已经表明谁才是弥漫着死亡气息的曹府空间真正的"外来者"。叙事所表征的已不仅是"话语所讲述的年代"启蒙者身份的危机,还是"讲述话语的年代"第三世界男性知识分子性别与种族身份的双重危机。

其实,无论是"五四"启蒙语境还是后来的革命语境、新时期语境的"外来者故事"中,"外来者"的失败都在所难免,这无损于坚定的进化论时间逻辑。所有的失败、甚至作为新生事物自身的弱点、缺陷,都不影响"外来者"之于落后传统空间的"外来"身份,这一空间位置,意味着现代对传统、新对旧、进步对落后、文明对愚昧的时间优越性,最终指向道德和审美上的优越感。《苍河白日梦》却以身体的逻辑不经意间泄漏了秘密——"外来者"的"外来"身份不过是自欺欺人的幻象,一道一厢情愿的风景。

无论是《妻妾成群》还是《苍河白日梦》,都在不经意之间以"身体"这个曾经长久被忽略的空间动摇了"外来者"男性性别身份,反击进化论的时间逻辑,揭示了作为"外来者故事"结构最稳定恒常的基本成分的性别秩序的脆弱与可疑,这在 90 年代中期以后出现的"外来者故事"中似乎得到微妙的回应。

90 年代中期直到新世纪初年的文化语境中,反复出现叙述进城受到现代都市风习浸染的农村青年返乡遭际的小说①,这些小说在不同程度上包含"外来者故事"的结构元素。考察这新一茬的"外来者故事"发现,"外来者"绝大多数是年轻女性。例如,《九月还乡》(关仁山)中的九月、《小姐回家》(听风堂主)中的阿莲、《奔跑的火光》(方方)中的英姿、《歇马山庄的两个女人》(孙惠芬)中的李平、《小姐们》(艾伟)中的大姐和众小姐、《湖光山色》(周大新)中的暖暖。"外来者"性别身份的变更已然成为"外来者故事"在新的社会语境中的最重大的变异,这个变异又将带来什么?

无论从叙事结构看还是从叙事主题看,90 年代中期名噪一时的《九月还乡》都可以算是典型的"外来者故事"。主人公九月是个文化水平不低的乡村姑娘,却在城里从事"小姐"行当。"小姐"生涯不仅使她积攒下丰厚的存款,还积攒下现代观念、都市生活方式等无形的资本,这一切注定了她还乡后之于贫穷、闭塞的乡土的"外来者"身份。但也正是凭借这些从城里带回的有形无形的资本,九月才得以发挥对贫穷、闭塞乡土的启蒙、拯救功能。她在城里的见识每每生成家庭、村社事务的良策,她的存款用来开发土地,甚至她在城里训练有素的身体也可以为村里换回 800 亩被强征的土地。对乡土的拯救同时也是自我救赎,九月渐渐摆脱耻辱的过去,纯洁如初。叙事预示着历经都市历练而又纯洁如初的九月将成为一代新型的乡村主体,也预示着乡村将吸取都市的精华去其糟粕来成就自己的现代性。然而,对乡村现代化前景如此激情诗意的讲述却建立在脆弱的细节上,村支书为九月保守着在城里当"小姐"的秘密,村里人包括她的未婚夫在内无人知晓这秘密。一旦这秘密泄露(这完全可能的,村支书保守这个秘密的动机本来就相当暧昧),九月是否还能被乡土所接纳去共创乡村美好未来?尽管时间政治与性别政治再一次联手共谋,但叙事致命的漏洞却足以让叙事者苦心经营的时间政治一败涂地。

类似的故事在《歇马山庄的两个女人》(孙惠芬)中获得全然不同的讲述。主人公李平与九月有相似的经历,但她并不像九月那样成为乡土的启蒙者、引导者、拯救者,她始终是歇马山庄名副其实的"外来者"、他者。尽管她在这个格格不入的空间中找到一个知己——一个同性知己,但却与启蒙、引导等无关,只是一份姐妹情谊,以此来抵挡歇马山庄的入侵,盛放另一个空间——城里的秘密。

---

① 这类小说是大规模涌现的从乡村到城市的"外来者故事"(有学者将它概括为"乡下人进城叙事")的伴生物。从乡村到城市的"外来者故事"中所包含的丰富的文化意蕴,对于我们民族的心灵史、文化史研究都是非常有意义的,也正在吸引着越来越多的学术资源。但由于本文预设的论域以及篇幅的限制,这一类"外来者故事"将不在我们的讨论范围内,我们要讨论的是与我们论题更密切关联的进城务工乡村知识分子从城市返乡的"外来者故事"。

但歇马山庄古老的生活原则轻而易举地瓦解了这份姐妹情谊,城里的秘密被泄露出来,李平只好再次逃离乡土。原本是都市的拒绝与盘剥使她选择返乡,但返乡的李平再次被乡土所放逐。乡村可以接受女性用身体从都市交换来的种种资源,因为这是乡村的现代化转型所必需的,但乡村却拒绝接受这个身体本身,因为这个带着都市印记的身体标记着乡村的耻辱。对于乡村女性而言,现代化导致的都市与乡村、外与内之间的空间移动并不一定指涉历史进步的脚步,似乎更指涉着要承受来自都市与乡村的双重盘剥。她们可能既不属于都市也不属于乡村,既不属于现代也不属于传统,而处于二者之间晦暗不明的地带。这样的经验已然逸出城市与乡村、现代与传统、文明与愚昧、进步与落后等20世纪经典的二元对立范畴,一直为"外来者故事"提供叙事动力的进化论时间逻辑在这里变得不再有效。类似的情形一再出现在近年来的《小姐回家》、《奔跑的火光》、《小姐们》等女性"外来者故事"中。

性别秩序是维持"外来者故事"结构模式稳定性的基本成分,从80年代中期以来,"外来者故事"中的"外来者"性别身份的游移、变更,已然使这一绵延近百年的叙事模式渐渐偏离进化论的时间轨迹,其意义诉求正在走向驳杂、多元。

结　语

进化论的时间逻辑催生"外来者故事"模式,时间化的空间逻辑抑或空间化的时间逻辑已然是"外来者故事"最重要的叙事逻辑。这意味着将新与旧、现代与传统、进步与落后、文明与愚昧这些二元对立的现代性时间范畴嵌入中国与西方、外与内、都市与乡村等空间范畴的建构中,这样的嵌入还悄然指向另一对空间性范畴——男性与女性(性别身份也是一种空间性的存在)。在中国的现代性历程中,女性由内而外的空间位置变迁(娜拉的出走)一直在见证现代性的时间逻辑,而女性由内而外的空间位置变迁源自男性的启蒙与导引,于是,男人与女人之间的启蒙与回应、导引与跟随、施救与被救的性别分工构成"外来者故事"模式最稳定恒常的基本成分。这一成分产生变动,叙事的运作就会出现缝隙,现代性时间的逻辑也会变得可疑;反之亦然,一旦现代性时间逻辑遭遇质疑,"外来者故事"模式中的性别秩序同样面临危机。时间的政治无疑是现当代中国的宏大政治,这种宏大政治一直在寻求我们文化中最古老、最普及而又最不易觉察的"微观政治"——性别政治的支持,隐蔽地为它提供新的存在基础,两者结成牢靠的共谋。这么说并不意味着随着坚硬的进化论时间政治的式微,性别政治也会走向自己的黄昏,恰恰相反,如果说寻根文学以来中国传统时间修辞方式正在渐渐被修复,那么,一同被修复还有同样具有中国传统特色的性别政治。

(原发表于《学术月刊》2009年第3期)

李晓红,女,厦门大学人文学院中文系教授、博士生导师,厦门大学人文学院副院长。曾经出版《面对传统的张爱玲》、《女性的声音——民国时期上海知识女性与大众传媒》等专著,主持《台湾综艺节目发展史》、《2000年以来台湾知识女性与大众传媒》等课题。

《女子月刊》:社团、党派、性别之间的博弈

摘　要:《女子月刊》是30年代上海重要的女性期刊,该刊以做天下女子的"播音机"为己任,欲为女性同胞搭建发声平台。但短短四年时间里,编者频频异动、经费捉襟见肘、不同社团党派力量的渗透以及不同性别主编理念的不同,使《女子月刊》一路走来跌跌撞撞。《女子月刊》的发展史,见证着30年代,在党派、团体、性别以及商品社会的夹缝中,知识女性独立办刊的艰难。

关键词:性别　媒体　女性刊物　《女子月刊》

在中国历史上,女性是没有声音的。中国女性从漫长的喑哑时期到终于发出自己的声音,与近现代中国的大众传媒快速发展不无关系。由知识女性掌控的女性刊物的出现,对中国女性解放起着尤为重要的作用。《女子月刊》[①]即是30年代上海重要的女性期刊,该刊于1933年3月8日妇女节创刊,1937年抗战爆发后停刊。自创刊始,《女子月刊》即以做天下女子的"播音机"为己任,欲为女性同胞搭建发声平台。但短短四年里,编者频频异动,其发展历程见证了30年代,在党派、团体、性别以及商品社会的夹缝中,知识女性独立办刊的艰难。

一、始于战争,终于战争

《女子月刊》的发展历程,与30年代战争频仍的中国历史紧密相联。其创办缘起与当时著名的女性刊物《妇女杂志》毁于炮火被迫停刊有关。据创办者之一黄心勉回忆:"中华民国十八年十月三日,商务印书馆编辑姚名达先生感觉女子因为没有历史,所以对于本身不能认识;因为没有专用的图书馆,所以无法获得

---

①　《女子月刊》于1933年3月8日妇女节在上海创刊,由女子书店发行。女子书店及《女子月刊》社地址为上海霞飞路523号。1935年第三卷第9期时,社址迁至上海江湾车站西路123号洋房,1935第三卷第12期时,又迁至上海法租界萨坡赛路219号。《女子月刊》创刊时为32开本,50～200面(100～400页),平均10万字。1936年改版后扩大至16开本,64面(128页),平均15万字。

实用的知识;乃大发宏愿,要创办一个女子图书馆,著作一部妇女中国史。"①黄心勉的丈夫姚名达时为商务印书馆的编辑,姚名达因为正在编商务的"万有文库"无暇撰写中国妇女史,于是推荐妻子黄心勉撰写,然而战争的炮火不仅毁去夫妇俩的心血,也使《妇女杂志》被迫停刊:

> 二十一年一月十八日,日本帝国的皇军神威发动,一个炸弹把商务印书馆炸毁,一个炸弹把东方图书馆和妇女杂志社炸毁,一个炸弹把女子图书馆和妇女中国史等原稿史料——即姚黄之家——也炸毁了。姚黄毁家失业,东奔西逃之余,眼见得闸北成千上万的小脚妇人,携儿背物,三步两跌,啼声泪面,实在深动心弦……最后和他们的弟弟黄邦俊商定,要办一个女子月刊,从言论上唤醒同胞,从知识上开发同性。②

在战火纷飞中,姚黄夫妇眼中所见的一边是逃难的妇孺哀嚎,一边却还是租界中的灯红酒绿,为了唤醒同胞,特别是为了让女性姐妹们在《妇女杂志》被炮火炸毁停刊后还有合适的书刊可看,黄心勉夫妇决定要实施当初姚名达的"宏愿",开始他们的宏大计划。这个计划包括系列项目:开办女子书店,女子图书馆,创办《女子月刊》,开设女子义务教育学校,设立女子奖学金等。

1932年,女子书店创办,次年"三八节",《女子月刊》正式出版。《女子月刊》的发刊词表明了创刊者的态度:

> 我们都是纯洁而诚恳的女子,没有政治背景,没有宗教背景,亦没有经济背景。所以当然没有政治作用,没有宗教作用,更没有牟利的企图。
>
> 我们的目的,只是想替天下女子制造一座发表言论的播音机,建筑一所获得知识的材料库,开辟一个休息精神的大公园。我们希望这小小的月刊能无穷的,无量的,供给一切女性的需要,能够把最好的,最新的,最有趣味的思想、知识、文艺和图画贡献给读者。
>
> 历史教训我们,时势昭示我们,我们除了家庭以外尚有许多应做的事业,不应再在家中仰赖男子过活了。我们应该服务于社会,尽忠于国家,我们应该为自己的生活而努力,为人类文化而努力。我们应该唤醒同性,和针砭男性的责任,把纷扰的社会安定,把贫弱的国家富强,把斗争的世界平静。最少也应该把愚蠢的自己聪明,把痛苦的自己解放,把怯弱的自己健壮。③

《女子月刊》表明其不受各种党派、团体、宗教影响,做独立的、提供女性朋友"发表言论"的"播音机"的愿望。编者宣称该刊的信条是:"不愿以铜臭买作者的心血;不愿以空谈换读者的金钱。"

---

① ② 姚黄心勉:《一年来之女子书店》,《女子月刊》1933年第2期。
③ 本社同人:《发刊词》,《女子月刊》1933年第1期。

正是为了全面地服务于女性读者,"女子义务函授学校"依托《女子月刊》也创办起来,为那些"因为不识字而丧失了一生的幸福,因为无知识而受尽了无数的痛苦"①的、无法进学校学习的姐妹们提供免费的问答服务;设立"女子奖学金"——"女子书店每年提出盈余十二分之二,女子月刊社每年提出盈余三分之一作为女子奖学金之基金"②,"专为奖助无力升学之女子而设";他们还开办"女子图书馆",经费来自"女子书店每年分拨盈余十二分之二,《女子月刊》社每年分拨盈余三分之一"③。黄心勉等全方位地服务于女性姐妹们,表现出知识分子强烈的责任感和使命感。

1937年7月抗战爆发后,《女子月刊》被迫停刊。《女子月刊》的创办,缘于战争,而其历史,也终于战争。《女子月刊》短暂的生命历程,是命运多舛的现代中国的生动写照。

尽管存在于世的时间不长,但《女子月刊》与女子书店在中国女性发展史上是不应被忽略的,正如赵清阁所言:"二十年代,'五四'新思潮在北京点燃了新文化的火炬,其中包括了妇女文化的光辉灿烂!到了三十年代,上海复旦大学教授姚名达和他的夫人黄心勉,接过了新文化的火炬;为发扬妇女文化,创办了历史上唯一的一家女性中心的'女子书店';编辑、出版了有关妇女问题的书籍、刊物,在出版界独树一帜;一时间风靡海外,影响深远。"④可见《女子月刊》和女子书店在30年代中国的影响力。

二、做"天下女子"的"播音机"

《女子月刊》的主编,先后为黄心勉、陈爱(即白冰)、封禾子、高雪辉,姚名达作为最后一任主编在几位主编交接之时承担了实际的主编工作,该刊还有几任编辑委员会参与编辑。由于主编异动频繁,而且其身份不同,关注的问题也有所不同。

黄心勉主编时期,《女子月刊》具有浓郁的女性气息,相当关注女性,特别是底层女性的生存状态。这是因为《女子月刊》的创办不仅与时局有关,还与黄心勉自身的经历和处境相关。

黄心勉(1902—1935年),1914年毕业于江西兴国女子高等小学,后因父亲去世无力继续升学。在结婚并生了两个孩子后,受丈夫姚名达的鼓励和支持,黄

---

① 姚黄心勉:《女子义务函授学校缘起》,《女子月刊》1933年第2期。
②③ 《女子奖学金章程》,《女子月刊》1933年第1期。
④ 赵清阁:《女子书店与姚名达》,《文汇读书周报》1994年12月3日。

心勉考入江西省立第二女子师范学校,但"二次升学,都因产儿辍业"①。孩子也因黄心勉求学、照顾不周相继夭折,这对黄心勉打击非常之大,也令黄心勉深切地感受到身为女人的痛苦和两难的处境。姚名达受聘于商务印书馆后,将黄心勉接到上海。黄心勉一面自修,一面给上海的报刊投稿,其中给《妇女杂志》写的长文《中国妇女的过去和将来》,显示出她对女性问题的深切关注及独到的看法。这期间,她还为上海《国货日报》主编《女子与社会》周刊。由于整日在家做家庭妇女,黄心勉深切地体会到做女人的痛苦;又由于几次都是生女孩子,黄心勉更下决心要为女性做一些事情。在姚名达的帮助下,受教育不多的黄心勉办起女子书店和《女子月刊》。②

正是出于对广大和自己同样处境的中国女性命运的关注,黄心勉办刊伊始便鲜明地打出女性主义的旗帜:

> 我们是中华民国的公民,在《约法》的保护之下,有自由发表言论的权利。谁也不能禁止我们……我们不幸认识了几个字,知道了一点点的学术。我们又不幸生就了一具同情心,责任心,看不过那千千万万的同胞同性在那大千世界瞎摸瞎撞。我们更不幸生而为女子,受尽了"非人"的待遇。所以我们用汗血得来的金钱,出版这小小的《女子月刊》,对我同性作知识上的服务。使得我们同性有文章有地方发表,有怀疑有地方解决,想知道的学术有地方可以获得,想休息的时候有地方可以消遣……我们对于政治没有什么主张,对于宗教没有什么信仰。我们只是平常的,切实的,虚心的,诚恳的,想对于同性有点贡献而已。
>
> 这《女子月刊》并不是创办人私有的"同人杂志",乃是读者大家公有的杂志。我们没有主义,若有则除非是女权主义(Feminism)。③

拒绝任何党派、宗教团体的介入,是《女子月刊》的特点,也揭示出黄心勉不受任何干扰将《女子月刊》打造成女性专刊的决心。此后黄心勉在来稿作者中发展陈爱和赵清阁做编辑,陈爱和赵清阁基本上发扬黄心勉的风格,因此,她们三位所编的阶段可算作《女子月刊》的第一阶段。

前期的《女子月刊》最有特色的栏目是"妇女问题讲座",这个栏目也具备《妇女杂志》和《新女性》联系社会实际对女性问题深入表现、深入分析的特征,这个栏目的作者也主要是《妇女杂志》和《新女性》编辑和撰稿人,《女子月刊》积极网

---

① 姚名达:《黄心勉女士传》,《女子月刊》1935年第6期。
② 黄心勉的生平资料可见姚名达撰《黄心勉女士传》、《黄心勉女士年表》,《女子月刊》1935年第6期。
③ 编者:《我们的态度》,《女子月刊》1933年第2期。

173

罗这两种已经停刊的刊物编者和作者为《女子月刊》的特约编辑和撰稿人。"妇女问题讲座"的特约撰稿有章锡琛、潘公展、周建人、金仲华、张仕章、叶新华、曹云蛟、钟贵阳等,女性作者有吕云章、黄心勉、高晓兰、陈碧云、段英等,优良的作者群保证了文章的高质量。"现代妇女生活"和"政治社会常识"栏目常介绍国内外时事时局、妇女解放运动的新发展,提高女性关注社会现实的意识。这些栏目所关注的问题主要集中在:

1. 新时代的妇女运动应该朝什么方向发展,新时代女性的形象应该为何

《女子月刊》创办时,"五四"运动已经过了10年,妇女解放运动也开展了10余年,30年代上海经济飞速发展,女性生活随之发生巨大变化,"看吧:现在,政府的各机关,社会的各团体,什么银行、公司、商店,都有了女执政和女职员的足迹……这在在都表示了在政治上,职业上,妇女已和男子获得了同等的权利"①。越来越多的女性走出家庭,走向社会。但《女子月刊》的编者们并未被这种表象所迷惑,她们认为,随着"五四"运动而蓬勃兴起的妇女运动到此时不该告一段落,应该继续推进,因为中国女性的生活表面上是现代化了,实质上与男性之间还存在诸多不平等之处,原因在于"过去社会的维护,只是男子们的力量,半数的妇女,却做了社会上的寄生虫,因此,社会的力量,就薄弱,而文化的产生,也仅限于男子的部分"②。

《女子月刊》尤其不满于当时妇女运动的沉寂,故推出大量文章特别进行讨论,"妇女运动之所以消沉,是从事运动者错认了方向,与不彻底之故,过去只做了上层的活动,却没有下层的实力,只做了口号的呼喊,却没有切身妇女的痛苦者,一方面封建势力的残余,他方面因妇女缺乏自我的鞭策。只因循苟且消失我的威严,只知向男子乞怜,于是在少数人活动之下的妇女运动,就这样消沉下去了"③。妇女运动停滞不前,妇女运动的领袖们对此应该负部分责任,一些妇女运动的领导者已经不再有独立的女性立场,导致妇女团体成为党派的附属物,这也是妇女运动不能进一步推进的原因:"五四"以后,"颇为知名于一时的女斗士们,十有八九都销声敛迹地,安安闲闲的去做阔太太或阔官僚去了","一时如春笋怒发般的妇女运动的团体,也大半冰消瓦解了。在现在号称在党部指导之下的什么等等妇女团体,有些也不过和'花瓶'同一价值,为革命的政党作一点缀品而已"④。而在穷乡僻壤,女性的地位仍然十分低下,"女子的解放,并不是少数几个小资产阶级们的解放,它是整个女子们的解放……内地的农村,手工业的城

---

① 钱一苇:《中国知识妇女之急务》,《女子月刊》1934年第1期。
②④ 林灏:《中国妇女运动的回顾和展望》,《女子月刊》1933年第3期。
③ 之新:《中国妇女的出路》,《女子月刊》1934年第3期。

镇,都被国际资本主义者操纵得破产崩溃,那里是她们的安居家乡呢?我们为什么永久的做人家底泄欲工具及传种机器呢!我们要为整个女子求幸福……我们要抛弃傀儡般屈服依赖性的观念"①。这都是现时代必须继续开展妇女运动的理由。当时频发的女性自杀事件也说明妇女运动有继续开展的必要。社会的发展和进步,需要男性和女性共同参与,故《女子月刊》号召女性朋友们:"应该急急自振,起来发扬自己的能力与个性,与男子们共同做政治,文化,经济,各方面的努力。"②此外,《妇女运动应有的转变》(孙碧霞,二卷八期)、《中国二十三年来妇女运动的检讨》(钱一苇,二卷八期)、《妇女运动史话》(辜铁泮,三卷五期)、《妇女运动与女子教育》(汤徵祥,三卷四期)、《妇运的暗礁》(张少微,三卷五期)等,纷纷指出,当下国家危亡,广大女性姐妹们应该锻炼体魄,广求知识,追求完美的人格和经济上独立,此外还应有独立的精神和努力的目标,这样才能更好地服务于国家与社会,提出新的时代妇女运动新的努力方向,客观上对当时的妇女运动有所推动。

二卷一期的新年特辑,编者特地邀请各界人士对1934年的中国政治、社会、妇女运动、妇女生活进行展望,有《二十三年的中国妇女运动》(张文华)、《二十三年之中国妇女问题》(吴素因)、《二十三年知识妇女的急务》(曹杏雯)、《中国知识妇女之急务》(钱一苇)等文。许多论者对1934年中国女性生活的展望并不乐观。从文化事业来看,"不知是我们女子自己低能,还是整个的文化界出版界给男子独占去了,在目前中国,写文章的——特别是写论文的,总是男子居多,差不多可以说全是的。虽则也间或有一二女子厕身其间,但,那只是凤毛麟角的畸形现象,和女子在文化方面应有的平均发展相离仍远;这现象,是使我们既孤单而也寂寞的"③。女性在参政、劳动、职业、家庭和婚姻等方面也都问题多多,在家庭关系中,女性只有经济独立不依赖于男性,"男子即失其唯一可能挟制我们的武器了",然而"要图谋经济独立又和职业诸问题息息相关的"。但是从当时妇女就业的情况看,虽然"社会上一般的女子职业,似乎呈现了前所未有的好况",但呈现出一种"畸形的,病态的发展,并不是正常的,健全的发展",如商店中激增的女店员不过是被老板用来吸引顾客的手段而已。所以,女性的解放远远不够,妇女运动任重道远。她们呼吁大众,尤其是知识女性,担负起自己的责任:"知识的妇女们呀!我们的环境,是这样的优趣,前进是这样的可以乐观,只要我们自己放下工夫就是,那末,学识能力,两都胜任的我们,何不负起了责任,抛撤了我们

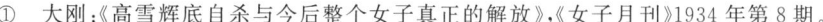

① 大刚:《高雪辉底自杀与今后整个女子真正的解放》,《女子月刊》1934年第8期。
② 之新:《中国妇女的出路》,《女子月刊》1934年第3期。
③ 吴素因:《二十三年之中国妇女问题》,《女子月刊》1934年第1期。

底享乐,打起了牺牲的精神,努力的干一下,为我们二万万姊妹谋解脱,为人类全体谋公共永久的幸福呢?!"①

为了给现时的妇女指出努力的方向,《女子月刊》特邀当时著名的妇女运动家吕云章著文《现代中国需要那种女子》。吕云章指出,"现代中国的妇女,大要可分为两大派(新式妇女与旧式妇女),六小派(学校妇女、职业妇女、革命妇女与少奶奶姨太太派、贤母良妻派、乡村妇女派)",无论新派还是旧派,都是时代需要的,"缘中国男子,所以能专心致志宣力社会者,皆因中国女子。代负家庭全责,以除掉男子内顾之忧。所以中国妇女虽不直接宣力社会,而间接造福于社会者甚多。男子在社会工作,有报酬,有劳绩。女子在家庭工作,无劳绩,无报酬,且时有倚赖寄生之讥。天地间的不平事,无有过于此者。平心而论,中国男子,不应轻视妇女在家庭工作之功。换言之,即不论新式妇女,旧式妇女,皆于国家,有所贡献"。但是要成为直接有用于国家的人,中国女性,特别是旧式女性,还需转变:"像今日中国旧式妇女的专营依赖寄生生活,不特男子看不起,即妇女自身亦非常痛心。又像今日中国新式妇女的不彻底的经济独立,不特男子们当笑话,即妇女自身,亦认为莫大耻辱。我们的目的,是振兴中国国家,繁荣中国社会。我们的前提,是改良中国社会组织,不以家庭为中心,而以个人为中心,因此我们要打破男子治社会,女子治家庭的不合理的分业法。我们的要求,是男子能在社会上作事,女子亦当同样的,能在社会作事。我们最终的理想,是男女俱活泼泼的,同为社会上的生产者,一洗从前依赖寄生的耻辱。所以不特新式妇女,已有职业者,希望更彻底,更自爱。即旧式妇女,亦当以间接生产为直接生产。"②

2. 女性如何避免成为商品,避免成为"摩登"社会的牺牲品

30年代初期的上海已经成为摩登世界,女性生活也急遽现代化,摩登的女性读物大量出现,这类刊物在当时的上海颇受欢迎。如几乎与《女子月刊》同时诞生的《妇人画报》,以现代、摩登、前卫、活泼的形象示人,让许多女性读者在不知不觉间受到影响,《妇人画报》打着妇女解放的旗号,但基本上还是男性对女性的生活指手画脚,指导她们如何穿衣打扮,其中不乏如何抓住丈夫的心,如何让自己舒服也让丈夫舒服地自由游走在丈夫与情人之间,少女如何成为男性理想的妻子等文章。由于女性作者的缺席和失语,该刊基本上成为按照男性理想建构现代摩登女郎形象的读物,导致"打扮摩登就是现代"这种思想的膨胀,这自然为《女子月刊》的黄心勉等知识女性所不耻。故《女子月刊》刊登大量文章提醒女

---

① 曹杏雯:《二十三年知识妇女的急务》,《女子月刊》1934年第1期。
② 吕云章:《现代中国需要那种女子》,《女子月刊》1933年第1期。

性同胞们在追求摩登现代生活、成为新女性的同时,警惕另一种陷阱,即女性本身沦为商品。

黄俊邦在《新式女子的陷阱》一文中指出:"近来中国的妇女运动很沉寂,据说是因为中国的妇女问题已经不成为问题了;所谓不成为问题,不是别的,是由于中国已经有了一批批的新式女子生产。"与旧时不出闺门的旧式女子相比,新式女子"已经打破了礼教之门,用了大批的金钱换得了外国语言文字的技能,外国装束的修饰以及外国交际舞和相见礼,她们决不是'三从''四德'所可笼罩,家长所能羁绊的,所以必须出入于交际场去表现自己。她们似乎是沉醉于自由之故乡了"。但所谓的自由,不过是成为现代大众传媒的玩物,"可不是?有几个印刷公司还靠着她们的尊荣发财呢!上海各种新闻报纸近来每星期日增加了一张画报附刊,刊载些袒臂露胸的'女性新型',销路也便通畅得多了。新式女子实在是非同小可的!所以学校里壁报对于女学生的论调大多都含有特殊的意味,带着惊奇爱慕羡妒一类的彩色……并且各机关各团体各银行各公司各商店也都雇用了女子为职工,尤其是社会事业的活动中——如将士慰劳和国货提倡以及时装展览等等——似乎更非有新式女子不可的"。现代大众传媒诱惑着女子成为现代社会的商品,因此,"在一方面固然表现了妇女得到解放的铁证——新式女子的出现;然而在他一方面却又成了新式女子的陷阱"。这种现象的出现,与现代资本主义成长密切相关,

> 是在瓦特发明蒸汽机以后,产业革命的结果,把女子的生活改变了:他在一方面把女子投入了社会经济的漩涡,他一方面又助长了她们经济独立的机会。可是在这种畸形的发展之下,倒把一切都成为商业资本化了!在这种商业资本社会,一切都是商品化的。女子之中便成功了二种不同的商品作用:一种是以卖力为条件的,可称为劳动妇女;一种是以卖肉为条件的,可称为卖肉妇女(即妓女)。
>
> 于是新游闲阶级便利用人类享乐心理,应着时势的转变开辟人肉交易所,她们更创造着货币资本奴隶的女子:舞女,电影明星,交际花以及一切以女学生为外形的游女——这当然和旧式社会的妇女有所不同:据说以前讲究的三寸金莲和弱不禁风的姿态是"病的美",现在风行的一步一寒的高跟鞋和压乳缚胸的装束是"曲线美"了!①

作者警醒现代女性不要为了成为所谓的新式女子而把自己变成商品。

谭蕙菁也表达同样的忧虑:"我们睁开眼睛看一看,在资本主义制度心爱的都市里,一般自命为时代急先锋的妇女们怎样呢?她们是大批地在开倒车——

---

① 黄俊邦:《新式女子的陷阱》,《女子月刊》1933年第2期。

向堕落的,不景气的路上跑!那些沉醉在充满着黄金色的纸醉金迷的浪漫生活中的,根本不足谈了!至于一般大学里的姊妹们,一经踏入都市,跨进大学之门,书本还没有摸过,首先披上一身什么式最摩登的架子,要能在服装上表示出她是一位大学生。她们是错认目标了,或是屈服在物质的诱惑下了;她们所奉守的,只是恋爱的享乐主义。"在都市里,"一般的女招待,女店员,女职员……的职业妇女们,名义上是有职业的,能自食其力的;但是,在这万恶社会制度下,刁险的人群里,她们是被一般消闲阶级的男子们视作为低级的消遣品啊。"身为家庭妇女,作者寄希望于现代女性,只有"真正站在为提高女权而奋斗的立场上,从实际上改革不良的社会制度,挽救这骄慢奢靡的风气,然后,我们女子才能达到真正的平等"①。

对于沪上摩登女子,《女子月刊》多持批评态度,有读者撰文指出:"现代的女性,因不甘为男子的玩物,所以有'妇女解放'的运动。但是摩登女性的装束,竞尚新奇,是为的自己看着镜子内美丽的影子自己欣赏呢,还是为的其他?穿高跟鞋,可算是变相的缠足。跑起路来,身体一摇一摆的,像迎风的杨柳,这样才显出窈窕婀娜。这种姿势,是不是给自己看的?有人说:'现代的新女性,还不能不为男子的玩物,因为她们各方面总想迎合男子的心理,希冀获得男子的爱。'这样子,未免把自己太看轻了。"②名为摩登现代,实际上仍为了取悦男子,这样的摩登女子并非真正的现代新女性。

一位女性读者用自己找不到合适的工作的亲身经历分析和批判社会追求摩登的心理:"现在明白了,用女子做事的地方,并不是因为提倡女权,解放妇女,而设的。都是利用女子,不是利用女子的工价贱,便是利用做活招牌,使她们不得不装得花枝招展。几十块的薪水,那里用得够呢?还是不做的好。所以我国的妇女,永远得不到平等,提倡女权,更不要去谈他。这都是她们太看轻女子,太不顾人道呀。他们利用女子的身体而发财,妇女所以堕落,都是他们所赐。"③此外,《我们应该怎样认清女子教育的目标》(郑森兰)、《怎样才摩登,摩登又怎样》(杞后先生)、《女学生的自觉》(丁毓珠)等文章都讨论了摩登世界中的女性避免成为商品的问题。

《女子月刊》对这种把女性当做消费品的现象非常警惕,当有读者来信指出现在沪上杂志图片丰富,而《女子月刊》美女图片太少时,编者严正答道:"小姐们的照片当然愿登,但野鸡式的舞女和电影明星我们是不愿领教,那是有不计其数

---

① 谭蕙菁:《在我结了婚以后》,《女子月刊》1933年第2期。
② 苦李:《我对于"摩登女性"的观察》,《女子月刊》1934年第3期。
③ 钱璎:《那里有我的职业》,《女子月刊》1933年第2期。

的画报、图书杂志、电影杂志在那里,她们不患没有出风头的地方,不劳我们费神的。而且女士啊!你要知道,那些画报刊登小姐们的玉照,用意是不可问的。"这样的回答表现出《女子月刊》做一份严肃女性刊物的决心。

3. 从女性立场批判当时流行的"妇女应该回家"的言论

30年代初期的中国,复古思潮开始流行,"复古运动以各种不同的脸相出现了,南北呼应地你来一个男女分校,我来一个男女分校,继之,读经、存文、节妇宴,奖励寡妇殉夫,鼓吹贤妻良母主义,把妇女再度撵到旧家庭去……总之,用尽一切方法把中国的妇女再度捆绑起来,使中国的妇女恢复以前一样成为男人的玩物,家庭的奴隶"①。"妇女应该回家",让女性做"新贤妻良母"的论调得到许多男性知识分子的赞同,甚至到1936年初,《申报》"妇女专刊"第六期刊登《幽默大师林语堂夫妇访问记》一文,林语堂还支持这一观点。《女子月刊》对此进行了持续的批判,"现在有人主张中国妇女也应和德国一样接受希特勒的意见:'回到家庭去',这简直是盲从,与其说叫妇女回到家庭去,还不如将时代轮盘再转回到十七世纪去"②;"在目前国家危急的关头,妇女们努力准备参与救国,尚有些来不及;竟还有人喊着叫'妇女回到家庭去',而且出自'幽默大师'林语堂先生之口,真觉得可气复可笑"③。早在1931年,黄心勉就在《妇女杂志》上撰文指出:中国妇女的痛苦是"由于智力,体力,经济力的丧失",她大力鼓吹"妇女们去取得这三大权利",她从自身经历上深切感受到"经济和知识的重要"④,她创办女子书店和《女子月刊》就是希冀在工作中找到自我价值,并在这一过程中体会成为职业女性的成就感。

"妇女是否应该回家"这个问题关系到几个方面的认知:女人到底是一个独立的"人"还是男人的附属物;女人是否只能依赖男人而生活,她有走向社会自谋生活的能力吗;已经走出家庭走向社会的职业女性究竟是"花瓶"还是对社会有价值的人?《女子月刊》的讨论也基本上围绕着上述问题展开。

赵清阁认为:"妇女之所以隶属于男人,即因经济不独立;经济之所以不独立,即妇女不能自谋生活;妇女之所以不能自谋生活,即因为职业权被剥夺。事实上,妇女并非没有劳动能力,海格以为:'女子在经营生活的必需上,及与男子有同样的肉体的忍耐。'这确是真的。欲求妇女解放,则必须先谋经济独立;欲经济独立,也只有从事家庭以外的职业。"⑤总之,从历史上来看,"'中国女子的依

---

① 旅冈:《期望于中国娜拉者》,无出处1936年第7期。
②⑤ 赵清阁:《现代妇女对于职业生活应有的认识》,《女子月刊》1936年第3期。
③ 清:《休矣!林语堂》,《女子月刊》1936年第3期。
④ 姚名达:《黄心勉女士传》,《女子月刊》1935年第6期。

赖性'之养成,是为了经济不独立,而经济所以不独立,则因女子的职业权被剥夺。那么,要求女子能具有'独立精神',则必须从家庭走到社会上去自谋生活"①。女人并非天生就具有依赖性,是几千年的父权制社会对女性的压迫造成的,女性要独立,就必须有到社会工作、自谋生活的权力。发表在三卷六期上的《男女平等与妇女回到家庭去》(荫萱)、《平等的取得》(个立)、《男女平等的前提》(谷涛)等文章站在男女平等的角度讨论女性的工作权利。《女子月刊》认为:到社会上工作,寻求职业,这是女人作为一个人应有的权利,因为"每个人都有要求'生活'的本能,妇女亦然。对于参政,教育,还是其次问题;'生活'不解决,什么都谈不到,解决生活的唯一办法,就只有职业工作,以劳动能力换取生活保障,这是比什么都可靠的",因此,"现代中国妇女的急务,莫过于屏除享乐主义,参加生产工作"②。

《女子月刊》的作者对把职业女性称为"花瓶"很不以为然,"因为花瓶是专供别人欣赏玩弄的一种东西,我们女子是人类,人类是万物中的最高动物,那里可以和无生命的东西来比拟呢"③。这是"侮辱女子的最恶劣的手段"⑤,称女性为"花瓶","根本是看轻女子的地位和人格,现代虽有许多有学问有职业的女子,可是仍不免被一部分人轻视!为的是因为一班顽固之徒都以为女子是无能的,只合管理家庭的琐事的"⑥。但不可否认,当时社会上所谓"摩登"女子"专会消费而不能生产,专会考究妆饰而不会干其他一切",只求外表的"摩登化",给一般轻视女性的人们以口舌,因此她们呼吁:"女同胞们,我们快点速醒!努力干事哟!休依赖别人,否则给人轻视,认为花瓶。我们在校求学时,也要奋斗用功,否则也给人认为未来的花瓶呢!"⑦大家必须"锻炼强健的躯体",要有"永久性的职业",要有"逆来顺受的精神",以健康、独立、自尊的形象示人,以自己的实际行动抛弃这一侮辱人的称号。

讨论女性具体可以从事的职业时,唐健萍的《厦门市妇女职业调查》一文细致分析了当时厦门职业女性从事的工作。调查显示,职业女性中,中学教员53人,小学教员198人,医院医生54人,看护82人,银行员2人,海关1人,记者3人,电话司机生78人,图书馆2人,摄影师1人,戏院4人,酒楼8人,店员5人,理发6人,此外还有一些从事家庭手工业的妇女。作者还指出,"厦门市的妇女职业,除了家庭手工业外,是始于教育事业,继之为慈善事业,交通事业;直至近

---

① 清:《休矣!林语堂》,《女子月刊》1936年第3期。
② 黄心勉:《现代中国妇女的急务》,《女子月刊》1935年第4期。
③⑤ 逸青:《我们果真是花瓶吗?》,《女子月刊》1934年第3期。
⑥⑦ 张菊卿:《女职员与花瓶》,《女子月刊》1935年第4期。

年,各机关,各娱乐场所,酒楼,理发室,也相继招致妇女充任职员;此外,舞女及咖啡店的招待,妓馆的神女,茶楼上的走唱,她们为了生活而出卖她们的色相,牺牲她们的肉体……"①厦门市女性就职,先是在教育、慈善、交通行业,这一两年来,扩展到娱乐场所,"在走上了资本主义阶段的国度里,娼妓的数目是一天天加增的,最大原因是——当财富集中到少数人手中时,使无数人走上饥饿和贫困的圈子中来,许多妇女只好拿做娼妓这行当来生存,许多没有法子干正当行当的人也只好靠妇女卖淫生活下去"②。女性新增就业主要在娱乐业,这表明女性就业的空间还很狭窄,很多女性不过是成为"摩登"时代的"商品"。周斯泳的《我国妇女畸形职业底解剖》③一文也指出,目前妇女所能从事的正当职业不过是教员、护士或工厂女工,但大量的女性从事的职业不是妓女、舞女、按摩女、船娘、歌女、向导女(名为向导,实则是变相的舞女)这样"供人玩弄"的,或者就是女职员、女招待这样成为"点缀"的。因此,女性就业的领域急需拓展。

有人把 1935 年称为中国的"娜拉年",因为易卜生的"娜拉"该年"在中国公演的次数特别多,同时,在中国发生的'娜拉'问题(妇女问题)也是格外严重,这种现象,在某种意义上说是极可喜的,因为在这儿,至少可以表现出中国的'娜拉'以怎样的姿态出现于'中国的舞台'上了"。尽管有论者认为:"'五四'运动到现在已经十多年,但是'五四'时代所赋予我们的任务却还不曾完成,中国的'娜拉'还没有获得真正的解放。而且,近年来,随着急遽的经济恐慌的影响,旧的社会制度已经发生动摇,于是,未死的封建势力又复苏生了,复古运动的声浪高唱入云霄,而第一个为封建势力所逆袭的,正就是在'五四'时代作为有力的进军底'中国娜拉'!"这也是 10 多年后"娜拉"问题再度引起关注的原因。但这时对"娜拉"问题的关注,与"五四"时期观念的启蒙有所不同,尽管"妇女回家"的声浪很高,但阻挡不住越来越多的女性走出家庭、走向社会,那已经成为职业女性的大趋势,社会也开始关注女性所能从事的具体职业,可见女性就业已经成为社会关注的中心问题。

对"妇女回家"这个问题的讨论基本上贯穿《女子月刊》的始终,在姚名达主编期间,还发表王叔铭的系列文章《妇女运动与妇女职业》(五卷二期)、《妇女职业与婚姻》(五卷三期)、《妇女职业与教养》(五卷四期)、《妇女职业与心理关系》(五卷五期)、《妇女职业应有之设施》(五卷五期),从各种角度探讨女性成为职业女性,女性自身和社会、家庭所应做的工作,相当全面而深入。由此可见,女性与

---

① 唐健萍:《厦门市妇女职业调查》,《女子月刊》1936 年第 7 期。
② 苏明:《娼妓问题》,《女子月刊》1936 年第 10 期。
③ 周斯泳:《我国妇女畸形职业底解剖》,《女子月刊》1937 年第 2 期。

职业、家庭之间的关系是30年代女性面临的重要问题,出走后的娜拉们是不是非得回到家庭中去,走上社会后又是不是有合适的职业让她们来做,这都是当时的女性,特别是知识女性,面临的困境,《女子月刊》的编辑多是女性,她们对此都有深切的体会,对这一问题的讨论自然不遗余力。

《女子月刊》直面女性生存最痛苦的一面,倾听女性的声音,关怀女性的心理,同情女性的不幸遭遇,并在同情、关怀中不忘启蒙。

前期的《女子月刊》身处中国从传统向现代急速转变的时期,女性遭遇的问题骤然增多:一方面,经过"五四"以来的启蒙运动,许多女性开始觉醒;另一方面,整个社会仍视男女天生就不平等,女性仍是弱势群体。在求助无门、走投无路的情形下,很多女性只好走上绝路,悲剧频频发生。创刊不久的《女子月刊》,由于殷切关注女性姐妹生活,以至众多处于苦闷当中的姐妹们纷纷来信寻求帮助与精神上的支撑。

1934年二卷八期的《女子月刊》刊登了两位女性读者自杀之前给编辑的来信,其一是王锦云,因无法继续学业,与家长交涉不成决定自杀,后被家人发现救活;另一位是高雪辉,曾经到日本学习过几年,她拒不接受包办婚姻,又身患肺病,自觉绝望的她自杀,被妹妹发现后及时救治逃过一死。两人自杀的原因很典型,无法继续学业和包办婚姻是当时女性普遍遭遇的问题。《女子月刊》十分同情她们的遭遇,用相当的篇幅来刊载她们的来信,呼唤全社会关注女性问题,予姐妹们以精神上的支持。

1935年,电影明星阮玲玉因"人言可畏"自杀,刘景桂杀死自己的情敌滕爽。赵清阁的文章《关于阮玲玉自杀与刘景桂之杀人》将她们的悲剧归罪于社会:"在现今这个金钱万能的男性中心社会里,做女人实在难,简直不被视为'人'地常常受着男性之玩弄,社会之压迫。这舆论并不能给予女人同情,它只是苛责女人为罪魁。"[①]圣柟的文章《阮玲玉自杀与滕爽被杀》也持同样的观点:"中国妇女运动虽已有二十年的历史,但到今日止,女人却仍是'女人',而不是'人'——与男子同样的'人'。阮玲玉滕爽刘景桂三位女士,就牺牲在这'女人不是人'的社会意识下。"[②]她们也启发女性姐妹们认清自己的反抗对象,"我当虔诚地忠告许多尚在压迫下,劣境中的诸女性,要知道我们的仇人,绝非你所认为是情敌立场的同样被欺骗着的弱女子;那正是这封建势力所酿成的数千年来以男性为中心的万恶社会!我们应该一致起来抗战这社会!一致起来为我们无限被杀死的弱者报

---

① 赵清阁:《关于阮玲玉自杀与刘景桂之杀人》,《女子月刊》1935年第5期。
② 圣柟:《阮玲玉自杀与滕爽被杀》,《女子月刊》1935年第5期。

复!共同努力来处置这个杀人不见血的凶手"①;"社会上两性道德的不平衡,以及女人不是与男子同样的'人',这是人为的,而不是天赋的,我们不应当埋葬在这不合理的道德观念下,我们要负起改造社会的责任,有知识的女人尤应该认识自己,认清自己"②。刘景桂是女子师范学校的毕业生,阮玲玉是著名的电影明星,在作者们看来,她们都是有知识的女性,却做出与蒙昧女子一般的事情,这是很值得注意的,因此,女性在反抗不平等的社会的同时更要认真地反省自身,《女子月刊》自感女性启蒙仍任重而道远。

1935年5月4日,《女子月刊》创办者兼主编黄心勉因肺病死去,除了肺病,"是四个孩子的母亲,是杂志的编辑人,是厨役,是娘姨,是媳妇,是妻子……"③长期的劳累,多次生育与流产,也是导致黄心勉死亡的主因。姚名达在悼念黄心勉的文章中痛心地写道:"这样衰弱的身体,怎么经受得六个孩子的吸髓吮血呢?所以去年会流产,今年怀第八胎时会引起肺结核的暴露,死时还带去了一个五个多月的胎儿。"④黄心勉怀孕在身,医生治疗时难免投鼠忌器,束手束脚,妨碍了治疗。《女子月刊》对此非常之痛心:"谁害死你?谁摧残你?是那万恶的病魔哟:肺痨,脑膜炎,书店,月刊,怀孕,唉!"⑤黄心勉的死,赵清阁联想起母亲20多岁时因"生育问题送的命"⑥,1934年春,著名女作家庐隐也"因产后流血过多"死去,女性与生育的关系自然成为《女子月刊》严重关切的问题。她们哀叹:"唉!天下有无数的妇女在受着这种的苦痛;生育是妇女终生的最残酷的刑罚啊!"⑦姚名达自陈:"夫妻的恩爱是那么浓挚,节育的方式是那么茫昧,隔一年一定要生一个孩子。"著名女性刊物的主编、大学教授太太黄心勉因缺乏节育知识遭受不断生育的苦难和死亡,当时女性因生育导致生活质量下降乃至于死亡的事件之多可想而知,《女子月刊》上就常刊登读者来信求教如何节育以解除生育和多子的痛苦。为了使黄心勉的悲剧不再在其他母亲们身上重演,为了使天下更多的孩子不再失去母亲,为了把女性从生育中解放出来,她们又重提"五四"时期"产儿制限"的话题,再次倡导节育:"要谋女子的解放和幸福,正当的节育,实在是一个确当的办法之一,而值得提倡。"⑧相关文章还有岚的《山额夫人与节育》(四卷三期)、唐渐琦的《快救救产妇》(四卷第七期)等。《女子月刊》在"女性与生

---

① 赵清阁:《关于阮玲玉自杀与刘景桂之杀人》,《女子月刊》1935年第5期。
② 圣柟:《阮玲玉自杀与滕爽被杀》,《女子月刊》1935年第5期。
③ 鲍祖宣:《纪念死去的心勉》,《女子月刊》1936年第5期。
④ 姚名达:《黄心勉女士传》,《女子月刊》1935年第6期。
⑤⑦ 白冰:《勉姊哟,归来!》,《女子月刊》1935年第6期。
⑥ 赵清阁:《吊心勉姊》,《女子月刊》1935年第6期。
⑧ 上官公仆:《悼黄心勉女士联想到节育》,《女子月刊》1935年第7期。

育"、"女性与健康"、"女性与科学养育"等栏目上大量宣导相关知识,尽量为女性朋友提供直接的帮助。

从1936年4月《女子月刊》第四卷第四期起,姚名达、封禾子、高雪辉等相继担任主编。在他们主编阶段,由于中国时局日益紧张,战争日益迫近,《女子月刊》更多地关注时政,《女子月刊》的内容发生变化,更多地讨论女性与国家、民族、战争的关系,如《妇女解放与民族解放》(上官公仆,四卷四期)、《由民族解放说到妇女解放》(雪如,四卷八期)等。尤其是封禾子,她对《女子月刊》的内容进行改革,特别加强这一部分的内容。她认为:"过去女月的内容,大半是范围在女子圈内,未免狭隘;诚然妇女问题是我们切身需要解决的问题,但妇女以外的人群社会,我们也应该去认识,去理解。在这个原则之下……有时是不妨把它们的内容扩大到整个的世界人群中去。"①她主编的四卷九期集中发表了大量女性与时局的文章,如《中国知识妇女的出路》(碧云)、《救亡运动中知识妇女的任务》(上官公仆)、《建立妇女们的国防战线》(征农)、《当前妇女对救亡应有的认识》(焦熙),号召女同胞们在国家危亡关头参加救亡运动。封禾子在《中国妇女反帝运动史述略》一文中指出有必要使现代读者了解历史上中国女性参与反帝运动的历史,使那些令人尊敬、被历史有意无意忽略的女性重新为大家认识,为现在女性参与反帝运动提供参考。该卷还辟有"赛金花特辑",不仅刊登夏衍的《赛金花余谈》,还刊登洪深的《表演赛金花的方法研究》、郑伯奇的《赛金花的再批评》、杨翰笙的《关于赛金花》、田汉的《庚子事变与赛金花》、张若英的《庚辛之际的赛金花》等名家的讨论文章,封禾子(凤子)在《关于赛金花的小说与戏曲》一文中指出:"在东北沦亡,华北又频告警讯的时候,夏衍《赛金花》的写出,是含有严重的时代意义的。固然史实告诉我们,赛金花并不能算作一个民族英雄,在当时,她不过是比较地聪明,见过世面的女人。唯其她只是一个女人,而且是出身于最卑贱的淫荡的妓女窟中的女人,我们更何能寄托更高的希望?以一个女人的肉体,来保全残破的山河,已经是士大夫阶级的耻辱,何况更要责她去做'戴红顶儿,什么钦差,什么天臣'份内的事。"作者站在女性立场,提高了赛金花在历史上的意义。封禾子组织的这场讨论,使人们不仅关注剧作本身,也促使人们重新衡量赛金花的价值。

总的来看,前期的《女子月刊》更有深度和广度,《女子月刊》内容丰富,具有严肃的"启蒙"姿态,基本上坚持"讨论妇女问题,研究妇女历史,发挥妇女能力,提倡妇女职业"的办刊理念,她始终为女性服务,为中国女性解放服务,在表达女性觉醒意识,争取女性自由与解放方面做了大量、务实的工作。妇女问题专家金

---

① 封禾子:《编者的话》,《女子月刊》1936年第9期。

仲华在《女子月刊》创刊时曾表达过这样的期待："《女子月刊》的编者似乎希望使这月刊成为一纯粹的妇女刊物,这是说,不仅给妇女和注意于妇女问题的人读,还要由多数的妇女来执笔……究竟,谁能比妇女本身更知道她的一性的需要呢?为了这缘故,我希望《女子月刊》能做到这地步。中国的妇女缺少一个在知识和思想上通消息的刊物,希望新诞生的《女子月刊》能成为这样的一个刊物。"①可以说,在黄心勉、白冰主编时期,《女子月刊》达到了这一目的,编辑主要以女性为主,每期作者半数以上都是女性,继承了《妇女杂志》(尤其是《新女性》)的启蒙姿态,指导当时的妇女运动和女性生活,表现出对现实强烈的批判态度,对女性问题的探讨也承续了《妇女杂志》和《新女性》的广度和深度,因此,《女子月刊》甫一出版后就受到读者的关注和欢迎。1933年第一卷第九期姚名达发表的启事中提到,"《女子月刊》至少有二万读者",可见当时的发行量是比较大的。作为严肃的、探讨妇女问题的社会性杂志,拥有这么多的读者,表明该刊在女性读者所拥有的影响力,基本上达了黄心勉让《女子月刊》成为女子"播音机"的心愿。

三、社团、党派、性别之间的博弈

《女子月刊》的编者几易其人,查看《女子月刊》的版权页可以发现,不仅编者异动频繁,发行方也多次变动。不过四五年,编辑、发行如此频繁变化,这在中国现代期刊史上极其少见,原因相当复杂,是30年代文化场中社团、党派、性别之间博弈的体现。

创刊时的《女子月刊》,编辑与发行相对单纯,主要由姚名达、黄心勉夫妇承担。由于姚名达身兼商务印书馆的编辑和暨南大学的教授等职,早期《女子月刊》的编辑和女子书店的工作主要由黄心勉承担,但繁重的工作和家务使黄心勉疾病缠身,独自支撑一年多之后,黄心勉从热心的来稿作者中挑选出陈爱来协助她的编辑工作。

陈爱②,即白冰,笔名椰子、沙岛等,在《女子月刊》上发表过剧本《贼》、《女性之群》和诗歌《姑娘哟》等多部作品,由女子书店出版过剧作集《晚饭之前》。二卷八期刊载白冰的剧本《贼》时,即附有编者预告白冰"日内即将来沪助编本刊"的"喜讯"③。白冰从厦门来上海,一方面是"为脱离黑暗家庭,写信向女子月刊求

---

① 金仲华:《三八节与女子月刊的诞生》,《女子月刊》1933年第1期。
② 陈爱(1918—1986年),即白冰,原名陈淑媛、陈媛,又名陈白冰,笔名椰子、沙岛等,后改名莫耶。福建安溪人。1934—1936年在上海任《女子月刊》主编。抗战爆发后到延安,著名歌曲《延安颂》的词作者。
③ 《女子月刊》1934年第8期。

援,姚黄来信要我去《女子月刊》当编辑"①,另一方面是被黄心勉夫妇倾尽一切办刊的大义所感动:"我深深地感激和敬佩姚名达先生和勉姐,他俩是我的良师益友,不,是我们一切读者的良师益友。他俩那种苦干的精神是值得我们模仿的;像名达先生,他忙着教课,还要来顾及书店和月刊,像心勉女士,她以孱弱的身体,除照顾几个小孩外,还要料理家务和店务,另外还要编辑《女子月刊》……"对白冰的到来,黄心勉夫妇非常感激与欣喜,黄心勉称之为"天才作家白冰妹妹"②,姚名达则在白冰开始主编的二卷九期上著文道:"直至最近,才获得以为最有希望的青年女作家——鼓浪屿陈嫒小姐——承她同情我们,牺牲她的学业,投身本社,编辑本刊。我们早就从她的文章里深深地认识了她的天才,所以虽然不曾见过一面,却已亲爱如好友了,现在竟然能够得到她来帮助我们,真是我们的幸运!"由于白冰到来,姚名达自己只列名"发行者",他特别强调:"亲爱的读者!《女子月刊》从此是纯粹由女性编辑的妇女刊物了!自己的园地,自己来灌溉吧!"③

白冰的确感受到黄心勉夫妇对她的喜爱,黄心勉甚至把她视为"自己的亲妹妹"④。但三卷一期起,编者栏中增加了金光楣,三卷三期起又特别注明"社长姚名达"和"副社长黄心勉",虽然仍是"总编辑陈爱",但增加了一个庞大的编者群,有妇女问题栏编辑孙昌树、妇女生活栏编辑金光楣、时代知识栏编辑朱鸿禧、百科研究栏编辑姚名达、应用科技栏编辑柏馨、文艺创作栏编辑陈白凌、读者园地栏编辑黄心勉,这个编辑群体实际上瓜分了白冰的权力。黄心勉死后,从三卷十二期起又增加"发行者:女子月刊社代表人赵清阁",自四卷一期起又成立"本刊编辑委员会",成员有"陈爱、梁雪清、梁白波、温志良、赵清阁、上官公仆、孙昌树、姚名达、鲍祖宣"等,四卷二期起"主编者"为姚名达,"发行者"为赵清阁,白冰不再担任主编,虽然白冰列名"本刊编辑委员会",但这个名单开始"以姓名笔画多简繁少为先后",人名顺序改变为"上官公仆、孙昌树、陈白冰、梁雪清、温志良、赵清阁、鲍祖宣",白冰不再列名第一。姚名达在该期写的"编后小记"中说:"白冰近来积劳成疾,要我代她主编,以便调养;编辑委员会同人都表赞成:我在极端悲恨的心境中,无端却遭遇着这意外的烦难的试验!"⑤后白冰在四卷五期上发表声明:"爱已于二十五年四月一日起辞谢女子月刊编辑职务,此后爱与女月仅有

---

① 《莫耶书信二封》,赵清阁编:《沧海往事——中国现代著名作家书信集锦》,上海文艺出版社2006年版,第196页。
② 心勉:《微笑的期待》,《女子月刊》1935年第1期。
③ 姚名达:《读后致辞》,《女子月刊》1934年第9期。
④ 白冰:《勉姊哟,归来!》,《女子月刊》1935年第6期。
⑤ 姚名达:《编后小记》,《女子月刊》1936年第2期。

社友关系;各作者如有关于女月的事,请概与姚名达先生接洽。"①白冰正式离开《女子月刊》。

白冰是否因病离开《女子月刊》,这曾经是一个谜。谭正璧于40年代撰文《忆白冰》,谈到白冰搬离《女子月刊》编辑部后住进一家妇孺医院。白冰主编期间曾托施蛰存邀请谭正璧为《女子月刊》写稿,于是就有了《女子月刊》的"女性文学讲座",发表了谭正璧的《中国女性文学之研究》(三卷九期)、《先秦时代的女性文学》(三卷十二期、四卷一期)等文。对当年白冰离开《女子月刊》的缘由,谭正璧这样写道:

> 她编了几期女子月刊之后,突然辞去了职务……原来主办这个刊物的人是著名作家姚名达君。既是著作家,她(应为"他"——笔者注)当然懂得文人生活的甘苦的。可是这位先生却属例外。我替女子月刊写了四五期的稿,白冰每期开了稿费单叫他发,他从来没有发出过。但是由他自己去拉来的稿,却分文不欠。这是我问了赵景深君而知道的。而且不但对我这样,反(应为"凡"——笔者注)是她请人写的稿,都不给稿费,在这样的情形下,叫她怎能安于职位呢?于是,只有一辞了之。②

以谭正璧的说法,白冰有主编之名,但实际上权力很受约束。谭正璧很为白冰抱不平:"关于这件事,我始终不明白姚名达君到底是抱着什么心理,凭着什么理由,叫白冰无故地捐这木梢? 幸而那时生活程度很低,像我又根本不是靠卖稿生活的,所以知道了实情后,不独不再叫白冰去催索稿费,反而写信去安慰她一番。"③谭正璧说白冰为人通脱,"一望而知是位性格非常中庸的善良小姐",毫无大编辑的架子,但白冰与姚名达共事并不愉快,难怪谭正璧对姚名达有微词。多年后白冰写信给赵清阁,谈及《女子月刊》时,她披露了自己当年离开《女子月刊》的缘由:

> 在1935年黄心勉死后,姚名达把我当主编,其实只是挂个名,我还是个文艺编辑,全盘稿件都是由姚搞的。姚把我挂上主编名义,有他的用意,因在黄心勉死时,当着姚的面,拉住我的手,要我代她照顾孩子们长成。后来姚就一再向我表示亲热,把我挂上主编,以此来拉住我。你知道我那时也才不到二十岁,我怎能接受他的殷勤,1936年我就走了。④

白冰在《女子月刊》做编辑时,不过十六七岁的年纪,姚名达把《女子月刊》交给她

---

① 陈白冰:《女子月刊》1936年第5期。
②③ 谭正璧:《忆白冰》,《天地》1943年第2期。
④ 《莫耶书信二封》,赵清阁编:《沧海往事——中国现代著名作家书信集锦》,上海文艺出版社2006年版,第196页。

主编,自是不可能放心,他请她做主编原来有私人目的。谭正璧当年并不知道个中隐情,难怪会对姚名达很不满。

白冰离开之后,姚名达主编了几期《女子月刊》,四卷八期(1936 年 8 月 1 日出版)起,主编为封禾子,姚名达则任"发行者"。对于封禾子的到来,姚名达同样寄予深切的希望:

> 现在,从八月号起,已聘请封禾子女士负责《女子月刊》编辑专责,封女士于今夏以优等成绩毕业于复旦大学中文系。长于文学,著作散见于报章杂志甚多,嗜学之余,兼好戏剧,复旦剧社历来公演之名剧,《委曲求全》,《雷雨》,均属女士主演。我们深信,以这样一位才学兼优的人来编本刊,将来的收获,自在意料中。①

封禾子,笔名凤子②,因其在戏剧上的杰出表现,因此她所主编的几期中,在戏剧上很有特色,组织众多名家为"赛金花专辑"撰文,令《女子月刊》为沪上瞩目,但"赛金花专辑"的作者夏衍、田汉、洪深、郑伯奇、杨翰笙均为左联或左翼剧作家联盟的成员,部分作者也都是左联或左联下属的中国诗歌会的成员,有戴平万、王任叔、穆木天、任钧、柳倩、蒲风、郭沫若、丽尼等。封禾子主编的三期,左翼作家的作品占据绝对的数量,这引起姚名达的不满,马上将主编换成曾因自杀求救于黄心勉的高雪辉。高雪辉主编的三期,不仅文章少,而且质量一般,于是从五卷二期起,姚名达自任主编直至终刊。

姚名达无奈接任主编后曾撰文自陈:

> 坦白地说:我个人的兴趣对于妇女运动没有对于史学研究来得深厚。所以在我的爱妻心勉生存的时候,我老是住在暨南大学教书著书;她不幸逝死了,我体贴她救世的苦心,继续维持她的事业,原是很不得已!所以,我总想有热心妇女运动的女子来担起这重大的担子,让我专心做我的史学研究。

---

① 女子月刊社:《给读者》,《女子月刊》1936 年第 8 期。
② 凤子(1912—1996 年),广西容县人,原名封季壬,其笔名禾子系将"季"拆开所得,艺名凤子。1936 年毕业于复旦大学中文系,曾在复旦剧社、上海剧社工作社等团体参加话剧演出,以擅演《雷雨》、《日出》以及电影《白云故乡》中的女主角闻名上海。30 年代任《女子月刊》编辑,出版长篇小说《无声的歌女》、短篇小说和散文合集《八年》以及杂记《舞台漫步》。她在复旦大学读书时的老师赵景深曾撰文介绍,"凤子毕业后,主编《女子月刊》,我曾替她写过好几篇稿子。又曾替她接洽《上海报》出《戏剧》周刊。我所主编的《青年界》也登她的游记和小说。她到日本去演过曹禺的《日出》。这些都是战前的事了","战后她在重庆、桂林、昆明一带,我在上海,曾听说她任过《中央日报》的副刊主编,又曾演过曹禺的《原野》和萨度的《祖国》,因演后者而获得盛大的声誉,我为她高兴、安慰"(赵景深:《四位女作家》,《我与文坛》,上海古籍出版社 1999 年版,第 283 页)。1945 年 9 月回到上海后,凤子主编过《和平日报》副刊《海天》,也主编复刊后的《人世间》。

过去所以更换了各式各样的人员,完全是为"女月"发展着想,并无丝毫情感作用掺杂在里面。当我专心研究史学时,对于"女月"是向不过问的,甚至自四卷九期至五卷一期(即封禾子和高雪辉主编期间——笔者注),我竟未看过一篇文章。

现在,为了事势的推移,又要我自己来主编了!记得去年也是二月一日(即白冰离开——笔者注)被逼做主编的!今年却又在另一局面下重作"冯妇"!我是一半儿愿意,一半儿又极端不愿意的!我有我逼着自己要做的事,时间委实不够支配,编么也编不好,写么又写不出?可是,万千读者还没有忘记我,常常在督促着我努力;我也是一个兼爱大众不善爱一个人的傻子!干这有益于社会的义务工作是怪有趣味的!①

从文中可见,姚名达本人对编《女子月刊》并无兴趣,他当初支持妻子黄心勉办《女子月刊》,对办刊的难度估计似乎不足。

姚名达曾任商务印书馆编辑,编过商务的"万有文库"。女子书店和《女子月刊》的运营模式,很大程度上模仿商务印书馆的做法,《女子月刊》的创办就与《妇女杂志》停刊有关,早期的《女子月刊》基本是邀请原《妇女杂志》的作者。他们的设想是,既要出《女子月刊》,就应该先办女子书店,出"女子文库",并做《女子月刊》的发行,赚钱之后还要办女子义务函授学院、女子图书馆、女子奖学金等公益活动。但姚名达毕竟一介书生,黄心勉师范都没有毕业,他们的能力与强大、老牌、发行渠道广阔的商务如何相比?他们直接照搬商务的做法当然很难成功,因此从第三期起,姚名达就不得不卷入《女子月刊》作发行工作。《女子月刊》的定价是大洋两角左右(创刊时为一角八分,曾涨到两角四分),与同时期的《妇人画报》定价相当,但《女子月刊》上常见姚名达撰文诉说经费困难。初时的踌躇满志、任劳任怨到后来的怨气满腹、勉为其难,几年的时间里不仅在金钱上,而且精力上都投入甚多,换来的却是人们的不理解。黄心勉曾撰文谈及早期夫妻二人办刊的艰辛:"我们又不愿意浪费许多朋友汗血换来的金钱,所以在最初的一周年中不曾雇用一个人。无论什么事,自审查文稿,发出排印,校对,发行,登报,收账,通信,会客,乃至包书,寄书,送书,任何琐事都是我们夫妻俩亲自做……家里又有二个三四岁的小孩子(后为四个——作者注),吵得要命。(姚名达)同时又兼暨南大学正始中学惠平中学乐华女子中学的课,每天有五六点钟不在家。在家时又要编大学里的讲义,著商务印书馆的新书。"②他们的朋友也钦佩地写道:

---

① 姚名达:《让我说》,《女子月刊》1937年第2期。
② 姚黄心勉:《一年来之女子书店》,《女子月刊》1933年第2期。

名达,为着关心妇女问题,而把他每月当大学教授所得到的薪水,大部分都花在这女子书店,与《女子月刊》里。他们家庭的生活费,只占去收入十分之一,是过着最低的生活。在几天前的晚上,我到他们家里去谈天,刚好他们在着吃饭,在桌子上是只见到一碗小白菜,他们却津津有味地吃下几碗的饭。这可见得,他们为了谋妇女的解放,而牺牲了个人的享乐;这种的精神是值得赞许的。他曾对我说过:"我如果不是为了女子书店《女子月刊》,那以我的收入,尽可过着小布尔乔亚的生活了。"这句话说得很对。

名达,他是更希望,能够办一个女子义务学校,女子流通图书馆,可是因着经费筹划的困难,到了现在还没有实现。这个妇女义务学校,是专门给予娘姨和女工们,这些下层的妇女读书的……名达之创办《女子月刊》,与还未实现的妇女义务学校,流通图书馆,这是看到了现在的妇女运动,是要从下层的基础着手,而这正是他前途成功所在。

我们更听到一个可惊的事情,就是名达用着"我愿先《女子月刊》而死,不愿它先死而我后死"这样的一个精神来为《女子月刊》而努力,这是怎样地值得我们而钦佩!①

多年后赵清阁也著文表达对姚名达的钦佩之情:

姚名达自任经理,终日奔走于江湾复旦大学、女子书店、编辑部、家庭之间;他执教、看稿,还要料理家务,照管孩子;劳动量的负荷相当沉重,但他表示宁可自己累死,也绝不把妻子拖回家庭;他是一个彻头彻尾的实践妇女解放论者,是一位言行一致,捍卫女权的好男儿;因此黄心勉非常敬爱他,也非常感激他,她常说:不是姚名达的开明,黄心勉只能围着锅灶转一辈子。可见他们夫妻相互理解,生活得多么幸福,恩爱。②

但是夫妻辛辛苦苦似乎并没有得到预想的结果,《女子月刊》的经费问题始终不能得到解决。办了两年多后,《女子月刊》开始与金光楣创办的妇女协进会合作,邀请金光楣担任妇女生活栏编辑,特别刊登启事:"本刊现仍由黄心勉姚名达维持,陈媛主编,新聘金光楣赵清阁为编辑委员。合组五人会,为本社主干。妇女协进会系由光楣发起,心勉亦已加入。双方合作,同为妇运努力。但本刊并未由该会接办请读者勿信谣言为荷。"③这与创刊伊始的声明"本社的经费由发起人即基本社员担任,不作股本,且绝对不受任何党团或任何机关的津贴"似乎

---

① 女子月刊社:《本刊的由来及其发展》,《女子月刊》1934 年第 1 期。
② 赵清阁:《女子书店与姚名达》,《文汇读书周报》1994 年 12 月 3 日。
③ 《女子月刊》1935 年第 1 期。

开始相背离。

1935年3月,《女子月刊》创办三周年之际,姚名达、黄心勉夫妇改做《女子月刊》的社长和副社长,将编辑权交给陈爱等组成的编辑组,他们对《女子月刊》的未来与读者进行坦诚的交流。他们继续希望通过征集永久会员(交一笔会费可享永久阅读)的办法来募集资金,此前已经向读者呼吁过,但效果很不理想。今次姚名达特地撰文《为什么征求永久社友》,向读者说明,"本社征求永久社友,已经一年,应者寥寥,迄今只有八九十人。这是因为读者不了解我们的诚心,甚或疑为设局骗钱的手段。其实我们的动机是很纯洁的,我们的计划是很周密的";"本社全恃读者的定费和我的垫款维持,天有不测风云,谁敢担保不致停刊。但我早已郑重宣誓,只要我生存一天,本刊决无停刊之虞。因为我们已把本社当做终身志业,宁可不做他事,此事非做不可。但个人力量总属有限,与其由三五人拼命苦干,成败莫卜;何如联合多数人的力量,巩固基础,稳健进行。因此,创立永久社友制度,集中爱读者的少数金钱,以作本社的基金,使本刊得以继续出版"①。在经费上,"本社是我和心勉创办的,过去的二周年曾经花费了四五千元,但并没有收受丝毫的酬报"②。黄心勉也说:"资本方面除了名达又加入二千元外并无一人肯投巨资,以致十分竭蹶,痛楚不堪。"③至于自己担任《女子月刊》的社长,姚名达认为自己一向对刊物担负着"经济上的责任","照理,女子的文化事业,应该完全由女子独立进行,用不着男子担心",但在这个世界上"除了我这么傻肯每月垫款数百元外,恐怕再找不着第二个傻子了",另外,姚名达认为自己是"有高等职业的人,并不靠本社谋生,因为生就一副能够思想的脑和能够工作的手,从来不曾闹过失业问题,而且侥幸能够从大学教授的职务拿到一个小家庭用不完的薪水,别人用来享乐,我却不忍独乐,所以拿来贡献给我所敬爱的整个中国的妇女们,纯尽义务,为她们做一点有益的事业。因为有了这种资格,所以才敢担任社长的职务"④,总之,姚名达认为自己担任社长的目的就是为广大妇女服务、为《女子月刊》提供资金上的保证。此外,《女子月刊》将发行交由新中国书局代办,因黄心勉意识到"我们都是编辑人才,对于营业经验不足"⑤。

然而三周年后的《女子月刊》更形困难,因为黄心勉的死,姚名达必须对女子书店和《女子月刊》投入更多的精力。但从上述《女子月刊》的经费来源情况来看,姚名达是有苦衷的,他之所以拖欠谭正璧等人的稿费,实在是不得已。

《女子月刊》还是党派团体争夺的重要刊物。

---

① 姚名达:《为什么征求永久社友》,《女子月刊》1935年第3期。
②④ 姚名达:《我为什么肯当社长》,《女子月刊》1935年第3期。
③⑤ 黄心勉:《女子书店的第三年》,《女子月刊》1935年第3期。

妇女协进会的金光楣曾经涉足《女子月刊》的编辑工作。之所以与妇女协进会合作，姚名达认为："本社虽非法定妇运团体，但为妇运最重要的喉舌，影响及于全国，关系非常重大，绝非一个地方妇女团体可比。"与妇女协进会的合作可以使妇女运动团体有一个发出自己声音的阵地，这对于妇女运动的开展将具有极大的推动作用。对妇女协进会的加入，读者似有非议，认为背离《女子月刊》"不党不群"的办刊宗旨，《女子月刊》曾经特别发表启事："本刊现仍由黄心勉姚名达维持，陈媛主编，新聘金光楣赵清阁为编辑委员。合组五人会，为本社主干。妇女协进会系由光楣发起，心勉亦已加入。双方合作，同为妇运努力。但本刊并未由该会接办请读者勿信谣言为荷。"①表明该刊一贯的独立立场。

左翼对于《女子月刊》这份受读者欢迎的刊物也非常重视。据《女子月刊》的编辑之一鲍祖宣回忆：

> 1935年黄心勉女士病故，由陈白冰（即莫耶）同志担任主编，1936年，《女子月刊》由24开本改为16开本，设立编委会，担任编委的，除白冰外，另外还有上官公仆（共产党员）、赵清阁、孙昌澍、梁雪清（画刊负责）、姚名达及我。实际具体负责的，是赵清阁和我两人，赵负责文艺方面的审稿，我则负责关于理论方面的。当时经常写稿的，有叶紫（用他的爱人名）、王了一、复旦教授储××（名字忘记了）以及编委上官公仆等。孙昌澍很少写作。这时的倾向，用现在话说，可说是中间较偏左……是年冬天，我因事离职回家，赵清阁去南京，《女子月刊》即由凤子主编，内容也有了更明显的进步性。②

即当时的《女子月刊》当中，不仅有左翼作家，而且还有共产党员。而主编换成封禾子后，《女子月刊》更是成为左翼宣传的阵地。对于复旦大学中文系的高才生封禾子的到来，姚名达曾经很是兴奋，因此还特别撰文向读者推介，但姚名达一定没有看到封禾子的左翼背景。凤子曾在《回忆阿英同志》一文中谈及她去主编《女子月刊》的背景：

> 一九三六年秋，我在复旦大学毕业，系主任谢六逸先生介绍我到上海女子书店接编《女子月刊》。女子书店经理是江西人姚铭（应为"名"——笔者注）达。《女子月刊》创办了多久，原来谁是主编，它的倾向性如何，我都一无所知，当时我只是为了找个职业，能在上海住下来，可以继续搞戏剧活动，这就是当时我的个人打算和计划。
>
> 离开学校投进社会，仿佛是个不会游泳的人跳进了大海一般，心情是有些茫然的。

---

① 《女子月刊》1935年第1期。
② 鲍祝宣：《〈女子月刊〉的情况》，《新文学史料》1980年第3期。

这时候复旦的老师赵景深先生介绍我认识了阿英同志。我只知道阿英是位作家,热心辅导青年文学爱好者。他从赵景深先生处早已了解我的情况:一个爱好文学艺术的青年,毫无社会经验。因此第一次见面,他似乎有意地向我提出如何计划办好一个妇女刊物的问题,当然我的答卷是不及格的。

阿英同志提出了一个方案,要组织各方面的人写文章,要把刊物办活。实际上是要把刊物办的为我所用,也就是办成为我们党的一个宣传阵地。这个中心目的我是很久以后才领悟到的。

女子书店经理姚铭达先生接受我的建议请一次客,要我提出名单,被请的客人都是各大学的文史系的教授,这些教授也是作家。回顾起来,这些教授作家们大多数的思想倾向是中间的,有的甚至是偏右的。这个名单原是阿英同志拟出给我,而阿英同志自己却没有出席。请客地点是青年会餐厅,客人很多,书店经理姚铭达先生非常高兴,他向客人说明了办刊物的目的和意义,介绍了我这个主编。谢六逸、赵景深两先生都讲了话,带头表态支持这个刊物。实际上全力支持并负责主编当时的《女子月刊》的是阿英同志。

以我的名义主编的《女子月刊》第一期主要几位撰稿人中就有周起应、华汉、田汉。当时我并不认识周扬同志,不知道周起应就是周扬。华汉就是阳翰笙我是很久以后才知道的……

当时正是党中央提出联蒋抗日的时候,也正是两个口号之争之后。阿英同志是执行当时在上海的党组织的指示,占领刊物这个阵地,展开文艺界的统一展现工作。他所以如此积极地为《女子月刊》擘划,协助我主编《女子月刊》,是从革命工作需要出发的。①

启用一位刚毕业毫无编辑经验的女学生来做主编,可见姚名达心无成见又信任朋友。而凤子在当时不过是一位影子主编,真正的主编是阿英。后凤子应留日学生会的邀请赴日参加演出话剧《日出》,她便向女子书店告假,"《女子月刊》在我离沪后还继续编辑出版了两期,是阿英同志负责的"②。所以也就有了鲍祖宣所说的《女子月刊》在凤子主编时"内容也有了更明显的进步性"。

把《女子月刊》变成左翼阵地,这对于一介书生的姚名达来说似也不可接受,因《女子月刊》创刊时所定下的宗旨是"不是任何党派的宣传机关","决不参与实际的政治运动"③。在没有多少经验的高雪辉主编了几期也不理想之后,姚名达

---

①② 凤子:《回忆阿英同志》,《新文学史料》第2期,人民文学出版社1979年版。
③ 女子月刊社:《女子月刊社简章》,《女子月刊》1933年第1期。

只好自己担任主编。他认为"过去所以更换了各式各样的人员,完全是为'女月'发展着想,并无丝毫情感作用掺杂在里面",并且特别强调"当我专心研究史学时,对于'女月'是向不过问的,甚至自四卷九期至五卷一期,我竟未看过一篇文章"①。他不希望读者因此前几期政治色彩明显就将《女子月刊》和党派政治联系起来。从四卷十期起,女子书店也退出,发行交由上海大光书局承办直至终刊。姚名达在《让我说》一文中向读者解释道:"'女月'的经费自四卷九期以前完全由我担任,照例是入不敷出,我个人曾经耗去八千余元。只因我个人力量有限,女子书店的区区股本——其实十九也是我的——早已耗在'女子文库'里,委实没有财力支持了。所以自四卷十期起改托大光书局发行。可是并不是出卖,我并没有得到什么好处!"②类似这样的诉苦与为经费征求"永久读者"的启事频频出现在《女子月刊》上,对于一介书生姚名达来说,一定是痛苦而尴尬。1937年7月抗战爆发,《女子月刊》终于结束了其艰难的办刊历史。后姚名达在江西死去。

<blockquote>
姚名达先生字显微,江西兴国人。1928年毕业于清华研究院,到上海专心写读。1932年日寇进攻上海,先生恨之入骨。1937年抗日战争开始,先生慷慨激昂,恨不能杀敌。1942年日寇侵入江西,先生方正在中正大学教书,奋身参加战地服务团,为杀敌战士服务。在新淦遇敌,死于石口村,年仅39岁。遗著有《目录学》、《中国目录学史》、《中国目录学年表》、《刘宗周年谱》、《邵念鲁年谱》、《朱筠年谱》、《章实斋年谱》七种;其他遗稿,详王咨臣《显微先生著述目略》中。③
</blockquote>

从这段姚名达当年的朋友充满尊敬之情的回忆中可见,姚名达④是一位对国家有着深切的感情、对学术研究有着极大热情的知识分子,他曾师从梁启超,又与妻子黄心勉一起创办女子书店、女子图书馆、女性义务函授学校和《女子月刊》,对于女性解放的确有着非同一般男性知识分子的热情。然而经验的不足、对困难考虑的不充分、强烈的书生气,都使得姚名达一边要辛苦地工作,一边要背负责难和不被理解,这实际上都与经费筹措的艰难有关。

从《女子月刊》编辑发行的情况来看,始终交织着社团、党派、性别之间的

---

①② 姚名达:《让我说》,《女子月刊》1937年第2期。
③ 见严佐之为姚名达之《中国目录学史》所作的前言,上海世纪出版集团2005年版,第21页。
④ 姚名达(1905—1942年),字达人,号显微,江西兴国人。1924年入清华研究院,师从梁启超研读史学。1928年毕业后,到上海专心写读。1930年任商务印书馆编辑兼特约撰述。又创办女子书店,创办《女子月刊》,目的致力于妇女平民教育。后执教于复旦大学、暨南大学,1940年任江西中正大学教授,1942年在江西率师生与日军斗争时牺牲。

博弈,背后则是经费的困扰。姚名达、黄心勉是一对思想单纯的知识分子,他们凭着为苦难中的妇女同胞们做一些事的理想投入实干,但办刊之难远远超出他们的想像,不仅遭遇经费困难,还因言论尺度把握不当而遭当局勒令停刊,幸有朋友从中斡旋①。尽管他们想把《女子月刊》办成"替天下女子制造一座发表言论的播音机,建筑一所获得知识的材料库,开辟一个休息精神的大公园"②,不参与任何政治运动,不做任何党派的宣传机构,但各种社团、党派的力量总是在不经意间渗透进来。可见当时上海党派、团体对大众传媒争夺的激烈程度。

从《女子月刊》更可见性别之间的博弈。从上述姚名达与白冰、封禾子之间的矛盾,这背后不仅有政治意见的不同,实际上还有不同性别之间对女性问题认识的不同。如在姚名达主编的第四卷第六期上发表的《节育问题平议》一文中,谩骂提倡"产儿制限"的珊格夫人,这样的文章很难出现在黄心勉等本身深受生育之苦的女性任主编期间。姚名达虽然一直想做单纯的学者,但是《女子月刊》的发行状况及黄心勉的辛苦都让他不得不参与到刊物的发行与编辑工作。从《女子月刊》编辑与发行复杂的异动可以看到,姚名达实际上一直参与《女子月刊》的编辑与发行,不仅白冰认为自己只是《女子月刊》"挂个名"的主编,赵清阁在女子书店也只是"继任总编辑的名义",实际是姚名达主持③,姚名达始终把持着《女子月刊》和女子书店的权力。姚名达似一直表示希望自己可以完全脱离《女子月刊》和女子书店的事务,但在黄心勉死后,他实在不放心将夫妻二人辛苦创办的刊物和书店完全交给他人,他又不能像黄心勉这些女性编者把《女子月刊》看成生命价值的体现,他的性别决定了他虽然是妇女的同情者,但很难完全体会女性的痛苦,"也许姚名达是教育家的缘故,对培育人才很热心。而黄心勉却偏重于女性,因为她创办女子书店的宗旨就是要名副其实地解放妇女,为妇女谋福利,提高妇女文化,提高妇女地位"④。体现在《女子月刊》中就是风格的不稳定,在不同性别主编的掌控下,刊物所关注的话题有很大的差异。

《女子月刊》一直试图逃离政治、逃离党派、逃离团体的控制,单纯地做女子发声的"播音机",但左冲右突之间往往从这个围城中逃脱又进入另一个围城。在30年代不同党派、不同团体、不同性别争夺话语场的纷乱中,《女子月刊》想突

---

① 见黄心勉《女子书店的第三年》:"三月二十日是女子书店的三周年纪念日。回想去年三月是我们最惶恐最担忧的时候,为的是《女子月刊》被查扣了。后来幸蒙中央谅解,解除禁令,本刊始得照常出版。我们对于陈立夫先生,方希孔先生,潘公展先生,是万分的感激,永久的爱戴。"载于《女子月刊》1935年第3期。

② 本社同人:《发刊辞》,《女子月刊》1933年第1期。

③④ 赵清阁:《女子书店与姚名达》,《文汇读书周报》1994年12月3日。

破重重包围,寻求建立单纯的女性园地自然困难重重。从白冰的遭际尤其可以看到知识女性的艰难:表面上看她们受助于男性知识分子,但看不见的"男性"之手一直控制着她们,使她们无法真正独立于世。

(原发表于《人文国际》2010年第2期)

黄鸣奋，男，厦门大学人文学院中文系教授、博士生导师，担任中外文艺理论学会、中国文艺理论学会、中国古代文学理论学会、中国苏轼学会等多种社团理事，中国作家协会、中国比较文学学会、中国通俗文学研究会、福建省作家协会等多种学术组织成员，福建省文学学会、厦门市通俗文艺研究会副会长。在数字媒体艺术理论领域发表论文近百篇，出版著作 7 部，获得全国高校人文社会科学优秀成果三等奖 2 项，省级人民政府社会科学优秀成果奖一等奖 1 项、二等奖 2 项，副省级社会科学优秀成果一等奖 3 项。另获省级人民政府优秀教学成果一等奖 1 项、二等奖 1 项。

赛伯女性主义：
数字化语境中的社会生态

摘　要：赛伯女性主义是后女性主义的重要组成部分，以信息科技和生物工程的进步为背景而产生和发展，同时受后结构主义和后现代主义的影响。赛伯女性主义标榜"电子人意识"，将它与被压迫群体反对霸权力量的斗争联系在一起，通过新媒体扩大自己的影响。赛伯女性主义关注技术的社会应用，宣扬妇女和现代机器之间的亲密关系，以此有别于排斥技术的传统女性主义。它注重在网络上建立适宜于妇女的虚拟环境，对与之相关的联结性、批判性、创造性等问题深入进行理论研究，鼓励妇女主动参与在线活动，通过新媒体艺术来表现自己的诉求。它是女性主义的新形态，值得重视与研究。

关键词：赛伯女性主义　信息科技　生物工程　新媒体艺术

20世纪80年代以来，西方传统女性主义向后女性主义转变。女性主义者广泛吸收后现代主义、后殖民主义、精神分析理论、生态主义、科技哲学等理念，建立和发展后现代女性主义、后殖民主义女性主义、精神分析女性主义、生态女性主义、赛伯女性主义（cyberfeminism）等流派。在这些流派中，赛伯女性主义因与当代信息科技、国际互联网以及新媒体艺术具备广泛联系而显得格外引人瞩目。赛伯女性主义是后女性主义的重要组成部分，以信息科技和生物工程的进步为背景而产生和发展，受后结构主义和后现代主义的影响。赛伯女性主义标榜"电子人意识"，将它与被压迫群体反对霸权力量的斗争联系在一起，通过新媒体扩大自己的影响。赛伯女性主义关注技术的社会应用，宣扬妇女和现代机器之间的亲密关系，以此有别于排斥技术的传统女性主义。它注重在网络上建立适宜于妇女的虚拟环境，对与之相关的联结性、批判性、创造性等问题深入进行理论研究，鼓励妇女主动参与在线活动，通过新媒体艺术来表现自己的诉求。它是女性主义的新形态，值得重视与研究。

一、赛伯女性主义的活动背景

1985年，海萝威发表具备里程碑意义的《电子人声明》，这被当成赛伯女性主义的观念前驱①。"赛伯女性主义"一词是由英国沃里克大学控制论文化研究中心主任普兰特(Sadie Plant)和 VNS Matrix 发明的。VNS Matrix 是由澳大利亚斯塔尔斯(Josephine Starrs)、德·里米尼(Francesca da Rimini)、皮尔斯(Julianne Pierce)及巴拉特(Virginia Barratt)建立的艺术群体。她们或是作家、摄影师、表演艺术家、电影制片人等,背景各不相同。VNS 读为 Venus,因此,这一群体的名称可以译为"维纳斯母体",其中的"母体"(Matrix)是来自科幻小说、与信息科技(特别是虚拟现实)关系密切的概念。上述命名彰显了赛伯女性主义的特色。

(一)赛伯女性主义的特色

在观念上,赛伯女性主义者标榜"电子人意识"(cyborg consciousness)。她们从控制论的应用及信息科技的发展中看到争取妇女主体地位的新曙光,因此将控制论的前缀"cyber"当成群体认同的取向,将电子人意识当成理论创新的支点。另一方面,她们作为社会活动家和当初从宇宙生态学角度提出"电子人"这一术语的航天专家在关注重点上毕竟是有区别的。美国加州大学圣巴巴拉分校的圣多瓦尔(Chela Sandoval)发表《新科学:电子人女性主义与被压迫者方法论》一文认为:与其说电子人意识是因为控制论与女性主义理论影响而兴起,还不如说它一直普遍存在,为被压迫的群体反对霸权力量的斗争策略所孕育。如果电子人意识并非对当今占统治地位的全球世界秩序的复制,那么,它必须从组成被压迫者的方法论的成套技术中发展起来。她说的"技术"主要不是指机械的、物质的技术,而是和理性思考及权力关系有关的技术,电子人意识就是这种体现对立意识的特定形式的技术的具体化。圣多瓦尔区分出五种专门的技术。第一是符号学,即文化符号的科学;第二是通过解构挑战占统治地位的意识形态标记的过程;第三是"元意识形态",将占统治地位的意识形态形式占为己有,但随后运用它们以便转变与调换意义结构;第四是"民主化"技术,将先前三个领域整合在一起,以产生社会平等主义的关系,在后现代话语中对于"爱"的观念进行新探索;第五是"分化运动",让其他技术得以多形态地运用。②

(二)赛伯女性主义的传播

在实践中,赛伯女性主义注意利用新媒体扩大自己的影响,号称第一个国际

---

① Haraway, J. Donna. A Cyborg Manifesto: Science, Technology, and Socialist—Feminism in the Late Twentieth Century. In: Donna J. Haraway. ed, Simians, *Cyborgs and Women: the Reinvention of Nature*. New York, NY: Routledge, 1991, pp. 149~181.

② Sandoval. Chela. New Sciences: Cyborg Feminism and the Methodology of the Oppressed. In: C. Grey. ed, *The Cyborg Handbook*. London: Routledge, 1995, pp. 407~421.

赛伯女性联盟的"老子网"(Old Boys Network,OBN)就是如此。这一组织1997年成立于柏林,发起者是索尔弗兰克(Cornelia Sollfrank)、诺内马切(Ellen Nonnenmacher)、德罗得杰维克(Vali Djordjevic)和皮尔斯。它致力于建构赛伯女性主义得以研究、实验、交流与行动的空间,包括相应的服务器、邮递目录、亲身聚会(即赛伯女性主义国际会议,Cyberfeminist Internationals)等,所有这些活动都是为了对赛伯女性主义进行各种艺术的、理论的与政治的表述。如今,它有几个项目组,每个组由三名以上成员组成,项目内容通过专门的邮递目录讨论。"老子网"的每个成员都被要求自称"妇女"(woman)。该群体认为:赛伯女性主义不是一种身份,而是一种活动。只要从事这方面的活动,就成为赛伯女性主义者。如果对老子网做出贡献,就成了一个"老子"。对赛伯女性主义话语感兴趣、自称"妇女"的人,都可以订阅邮递目录oldboys。老子网关注并支持其成员的职业活动。有地位的"老子"提携年轻的"老子",彼此交换信息,每个"老子"都从其他"老子"的成功中获益。

(三)赛伯女性主义的定位

赛伯女性主义是后女性主义的一支。后女性主义不是出现于女性主义之后的思潮,而是女性主义在后结构主义与后现代主义语境中的发展。这一派理论力求超越男女性别不可改变的二元思维,提倡没有性别疆界的女性主义,主张在技术上找到根据——社会上影响颇大的变性术。通过手术,人们已经可以进行外生殖器的精细再造,不但外观讲究,而且可以实现性功能。既然生理上的限制已经在一定程度上被突破,性别的意义便不过是某种社会身份的表演性建构。推而广之,性别以外的其他社会身份也没有确定性可言,主体或自我同样是飘移的,只能在穿行于复杂的社会网络或物理网络时加以把握。变性不仅是生理意义上的器官切除与再造,而且是心灵重新建模、感知与思维的重新定位。它是范围更广的弥补术(prostheses)的组成部分。借助于各种现代技术的支持,已经可以对两性的身体在激素的、基因的与分子的水平上重新编码。"男性身体就是女性身体:生物地决定的性与性别正在通过激素的弥补术被重新技术化。"[①]这种精神药理学的成就,与信息科技的进步一样是令人惊叹的。因此,凯姆(Sarah Kember)认为应当在新生物学与计算机的汇聚中对于赛伯女性主义进行彻底改造(2002)。[②]

---

① Bell, David, and Barbara M. Kennedy. *The Cybercultures Reader*. London and New York: Routledge, 2000, p. 284.

② Kember, Sarah. Reinventing Cyberfeminism: Cyberfeminism and the New Biology. *Economy and Society*, 2002, pp. 626~641.

二、赛伯女性主义的理论主张

1997年9月20—28日在德国卡塞尔市召开的第一次赛伯女性主义国际会议(The First Cyberfeminist International)达成共识,不对"赛伯女性主义"一词下定义,使之尽可能保持开放。作为定义的替代,这次会议采用了100个否定句来自我表白,如"赛伯女性主义不是香味"、"赛伯女性主义并非时髦观点"等。每个成员都同意以各自的科学论著或艺术作品回答什么是赛伯女性主义的问题。大家同意在国际水平上共享与支持旨在丰富这一术语的潜能的努力,而不必在其细节上争议不休。正是由于这个缘故,赛伯女性主义并没有非常明确的一致性主张。老子网的成员之一、瑞士理论家、批评家福尔卡特(Yvonne Volkart)认为它是一个神话。这样说并不是为了将它神秘化,而是要指出赛伯女性主义仅仅存在于复数中。赛伯女性主义在外延上是开放的,但始终将性别当成基本要素,它将女性主义当成自己的出发点,而将关注的焦点转移到当代技术上来,探索性别、身体、身份、文化和技术的互动。

(一)赛伯女性主义的社会倾向

普兰特也好,VNS Matrix也好,对于"赛伯女性主义"一词都未加以明晰解释。这留给其他人丰富的想象空间。因此,赛伯女性主义目前显得比较芜杂。要认清它的特点,必须把握它与传统女性主义、赛伯妇女主义(cyberwomanism)、赛伯女主义(cybergrrl-ism)等派别的区别与联系。

西方社会占主流地位的看法认为技术从本质上说是男性的,因为它们主要为男性所创造、为男性的需要服务、体现男性的特点、易于为男性所接受与应用。传统女性主义者因为技术被用于强化性别歧视而加以批判,表现出反技术的倾向。赛伯女性主义者则主张技术完全可以为不同性别服务,因为技术对有关性与性别的本质主义提出挑战,提供了超越与颠覆性别的可能性。美国赛伯女性主义艺术家怀尔丁(Faith Wilding)认为赛伯女性主义可以将女性主义的历史的、哲学的实践和高科技时代的国际社会环境联系起来。赛伯女性主义应当运用女性主义的理论视野与策略工具,将它们与赛伯技术相结合,同编码于网络软件和硬件的性别歧视、种族主义和军国主义作斗争。① 赛伯女性主义者虽然不同意传统女性主义者所持的反技术态度,但采用了传统女性主义的许多斗争策略,其中包括建立仅对女性开放的媒体(如邮递目录、聊天组)、由妇女来进行女性训练等。

赛伯女性主义者在德国卡塞尔召开第一次国际会议之后不久,另一群女性

---

① Wilding, Faith, 1997. Where is feminism in Cyberfeminism, http://www.obn.org/cfundef/faith_def.html, 2008年3月15日.

主义者在美国费城宣布成立"百万妇女进军"(Million Woman March,1997年10月24—25日)。前者主要是白人,后者主要是黑人。"百万妇女进军"所提出的主张被称为"赛伯妇女主义"。这两个群体都从事旨在挑战技术领域男权统治的活动,这些活动本身又有赖于技术(特别是计算机技术)。相比之下,赛伯女性主义者比较关心在网络上建立适宜于女性主义的虚拟环境,而赛伯妇女主义者更关心如何解决黑人妇女在现实生活中所遇到的问题。前者将赛伯空间当成审视的对象,后者则视之为一种有利于黑人妇女争取自身权益的途径。前者的国际化色彩比较鲜明,后者的眼界则集中在美国本身。①

赛伯女主义流行于网上。其成员通称为"赛伯女"(cybergrrls)、"网络女"(webgrrls)、"造反女"(riot grrls)、"游击女"(guerrilla grrls)或"坏女"(bad grrls)等。这些称谓都是自造的,既要表明自己的女子身份(因此利用了 grrl 和 girl 的相似性),又要突出自己并非传统女子(因此显示 grrl 与 girl 的差异性)。她们活跃于从任何女性都可以加入的邮递目录,一直到科幻小说、赛伯朋克等对成员有某些要求的专门网站。赛伯女主义通常有网络乌托邦主义倾向和反男权支配的色彩,但对于政治批判不感兴趣,而且持有反理论的态度。相比之下,赛伯女性主义则相当重视理论建构和政治活动。其理论兴趣集中表现在论文集《联结性、批判性与创造性》(1999)。② 书名既说明了所收入的19篇文章的内容分类,也显示了赛伯女性主义的三个要旨:通过在线联系开发技术作为政治工具的潜能,评析技术对于妇女的身体、心灵等方面的影响,探索如何运用技术增强妇女的创造性。在政治意识方面,赛伯女性主义显然比赛伯女主义要强。索尔弗兰克认为:"'赛伯女性主义'这一术语用于描述一群艺术家、激进主义者与理论家,在过去10余年以非同寻常的方式来对付赛伯空间中的男性统治。我们利用了'赛伯女性主义'这一术语源于其矛盾性与不确定性的潜能。这些矛盾并非源于'赛伯'与'女性主义'的熔合,而是这两个术语所固有的。这两个术语的熔合产生了额外的混乱。赛伯女性主义的重要策略是运用讽刺(反话,irony)。讽刺兼有幽默与严肃。只有通过讽刺才能加入矛盾观。所有这些不同的探索都是必要、重要的,创造一种能产性的紧张。这就是赛伯女性主义不只是修辞策略而且是政治方法的缘故。"③但是,这种政治性与传

---

① Everett, Anna. On Cyberfeminism and Cyberwomanism: High-tech Mediation of Feminism's Discontents. *Signs: Journal of Woman in Culture and Society*, 2004, pp. 1278~1286.

② Hawthorne, Susan and Renate Klein, eds. *Cyber Feminism: Connectivity, Critique and Creativity*, North Melbourne: Spinifex Press, 1999.

③ Sollfrank, Cornelia. FEMALE EXTENSION, http://www.calarts.edu/~bookchin/Fem.ext.html,2008年5月3日。

统女性主义的社会批判比起来仍然有差别。赛伯女性主义所受到的批评之一,就是因后现代主义影响而患政治冷淡症。英国布里斯特大学斯奈尔(Judith Sqires)发表《难以置信的女性未来和赛伯文化的引诱》(1996)一文,担心海萝威与普兰特所提倡的赛伯女性主义存在过度重视科技而不关心政治的危险。她认为赛伯文化也可能是特别男性化的对于心灵与机器连续体的探索。换言之,计算机与网络技术并不是专门为女性服务,以之为信息平台的文化发展甚至可能为强化男性统治服务。斯奈尔对赛伯女性主义艺术家的作品不以为然,认为它们缺乏政治批判与社会批判的成分。她悲观地得出结论:控制论和赛伯女性主义将无法改变权力关系,它们仅仅允许我们以新的形式和媒体重新描绘现存的权力关系。① 澳大利亚国立大学教授瓦吉曼(Judy Wajcman)《技术女性主义》(2004)一书批评海萝威与普兰特缺乏对于女性在赛伯革命中体验状况的清楚分析。我们既不能像早期女性主义者那样对技术持悲观态度,也不能像海萝威与普兰特那样乐观。她同时认为:目前技术女性主义的框架应当提供实践的解放政治学,而不是"唤起性的比喻表达法"。② 2007年3月,澳大利亚妇女艺术家联合会(Austrian Association of Women Artists)举办"赛伯女性主义虚拟真实"(cyber fems virtual real)展览(9—31日),展出各种女性主义的网络艺术、网站、招贴,并举行赛伯女性主义者聚会,专门讨论女性主义的去政治化(depoliticalization)如何出现的问题。

(二)赛伯女性主义的技术关怀

如果说后女性主义者普遍关心技术的话,赛伯女性主义者格外关心电子人本体。社会生态的关键因素之一是两性关系。两性在人口总数中所占的比例、在物种生产中所发挥的作用、在社会生活中所据有的地位等,都是社会生态的重要问题。海萝威所发布的声明,表明了女性主义者对信息科技发展所带来的社会生态变动的憧憬。霍洛克斯认为:海萝威的受控机体理论,强调有界限的身份及其政治潜能的缝合、破裂和失去的叙事。她对受控机体的突破性和煽动性的女性主义宣言,认为这个身份上的裂痕应该受到欢迎。遗传工程创立"转基因的混杂体"(transgenic hybrids),开启了一个赛伯式的、后女性自由主义的可能性。受控机体的后人类形象,瓦解了自然与人工、身体与机器之间的界限。海萝威宣称这会对指派为"自然的"或"人工的"性别身份,提供全新的变动的混杂性。③

---

① Squires, Judith. Fabulous Feminist Futures and the Lure of Cyberculture. In: J. Dovey. Ed. *Fractal Dreams: New Media in Social Context*. London: Lawrence and Wishart, 1996, pp. 194~216.

② Wajcman, Judy. *Technofeminism*, Cambridge, UK: Polity Press, 2004.

③ [英]霍洛克斯著,刘千立译:《麦克卢汉与虚拟实在》,北京大学出版社2005年版,第107~108页。

普兰特发表了《论母体：网络女性主义仿真》(1996)，认为网络打破了男人对女人的分隔，使女人得以联结起来。网络文化的要旨，正是非中心的、依赖于链接的母体。她将以非中心的、依赖于链接的母体作为网络文化的关键，认为网络生来就是女性的、女性化的。在回顾信息科技发展史时，她指出：在妇女和现代机器之间所存在的亲密关系是由来已久的。第一个话务员、第一个接线员、第一个执行计算者都是女性，第一部计算机的制造有女性的贡献，第一个程序员也是妇女。阿达为19世纪40年代的分析机写出了第一个软件，这部分析机的原型她在世时未能建造，但另一个女性——美国海军的霍珀(Grace Murray Hopper)在20世纪40年代实现夙愿。普兰特注意到英国著名计算机科学家图灵通过摄入雌激素施行弥补术的经历，以及这种经历对于其表现力、体验力的"女性化"影响——正是通过使自我女性化，图灵才能在计算数学领域取得惊人的成就。普兰特认为：时至20世纪末，赛伯女性主义不只是作为对于由电信革命所开创的潮流与可能性的调查或观察而涌现出来。复杂系统和虚拟世界之所以重要，不只是由于它们为现有妇女在已经存在的文化中打开了空间，而且是由于它们破坏了两千多年父权制的世界观及物质现实。①

普兰特的观点自然有受海萝威的影响之处。不过，她们之间仍存在某种区别。海萝威所着眼的是未来（虽然不是那么遥远）技术而非现存技术，因此，人们对其电子人意识的研究经常只能在虚构或想象的作品中寻找例证。相比之下，普兰特比较关注现存技术的作用，强调它对于性别与身份的意义。在强调当代信息科技对于妇女的价值的同时，她不知不觉地流露出某种将男性人类与女性电子人对立起来的倾向。比普兰特更为实际的赛伯女性主义者将研究重点放在女性网民的活动、信息产业及多媒体教育领域的女性遭遇等现实问题上，认为生活中存在无法变成电子人的女性。毕竟，要想当电子人，得付得起费用。② 英国拉夫堡大学古尔丁(Anne Goulding)、斯帕塞(Rachel Spacey)认为：虽然互联网被吹捧成一种解放性、民主化的力量，但它并不是性别中立的。这使人想到信息社会正日益分化为"有信息者"与"无信息者"，对于移民妇女、少数民族妇女、残疾妇女、贫困妇女与年迈妇女来说尤其如此。在互联网应用中性别的不平衡威胁到每人都拥有平等访问权、在其中人人平等民主空间的想象。尽管互联网上

---

① Plant, Sadie. On the Matrix: Cyberfeminist Simulations. In: R. Shields. ed. *Cultures of Internet: Virtual Spaces, Real Histories, Living Bodies*. London: Sage, 1996, pp. 170~183.

② Sato, Kumiko. How Information Technology Has (not) Changed Feminism and Japanism: Cyberpunk in the Japanase Context. *Comparative Literature Studies*, 2004(3), pp. 336~337.

确实存在对于妇女的某种否定性,但仍有许多理由让妇女去应用互联网。① 这样的看法是比较切合实际的。

(三)赛伯女性主义的心理特征

传统女性主义视女性为弱势群体、男权社会的受害者,在争取妇女解放的过程中更多地诉诸悲情。相比之下,赛伯女性主义对于妇女的才能、智慧及妇女运动的前景持乐观态度,更多地鼓励妇女在知识经济、网络社会中争取主动,显示才华。英国萨里大学数码世界研究中心韦克福德(Nina Wakeford)在《用信息与通信技术使妇女联网:万维网冲浪故事》(1997)一文中概括了互联网新技术如何让妇女获得嬉戏、创造、颠覆的机会,重新讨论主体性与身份问题。他认为赛伯空间变成一系列表演的领域、事件与人格的舞台。作者挑战有关女性技术恐惧症的假设,认为女性可以通过运用万维网创造明显是以女性为中心的网络,提高自己的社会地位。② 美国学者哈斯(Angela Haas)等人在2002年提出:过去妇女经常将技术定位于男性,与技术相关的教养经常是一种必须精通的产品,而非一种培育的过程。有鉴于此,我们必须在教室中培养一种新的批判意识和社会变革。如果我们在使用技术时不能朝信息访问方面更大的平等与更为性别中立的条件发展的话,妇女将冒着被甩在后面的危险。因此,我们必须将自己定位于导师而非主人的方向转变,真正做到循循善诱。③ 美国女性网民2000年已经在数量上和男性网民相等(次年进而超过),这种变化对于消除社会生活中的性别鸿沟是很有意义的。

由于海萝威等人影响,赛伯女性主义者重视电子人意识的探索。她们不仅关注澳大利亚赛伯艺术家斯特拉克等人将自己改造成为电子人的实践体会,而且关注流行文化中各种有关电子人的描绘,以及通过游戏与上网过程中的角色扮演等途径化身为电子人的可能性。她们认为人类心灵的性质已经通过边界的非稳定化而重新得以表现,放弃了灵肉的对立话语。正如美国罗得岛学院斯普林格所说,"以性反应的术语来讨论计算与推理,推论地擦除了笛卡儿的灵肉之分。"斯普林格认为赛伯话语对某些人来说意味着一种"机器心灵"模式,使之得

---

① Goulding, Anne, and Rachel Spacey. Woman and the Information Society: Barriers and Particpation, *Women's issues at IFLA*, 2003, pp. 231~42.

② Wakeford, Nina. Networking Women and Grrrls with Information/Communication Technology: Surfing Tales of the World Wide Web, In :J. Terry and M. Calvert. eds, *Processed Lives: Gender and Technology in Everyday Life*. London: Routledge, 1997, pp. 51~66.

③ Haas, Angela et al. Mentors versus Masters: Women's and Girls' Narratives of (Re)negotiation in Web-based Writing Spaces. *Computers and Composition*, 2002(3), pp. 231~249.

以取代弗洛伊德的意识分层理论。①

赛伯女性主义者对于电子人意识的探索,更多地着眼于技术的未来应用;对于受害者意识的扬弃,更多地着眼于技术当前的心理作用。二者都体现了这一流派将"赛伯"(cyber)作为标识的特点。这个词在古希腊语中意为"舵手"(steersman)或"管理者"(governor),美国科学家维纳据此造出"控制论"(cybernetics)一词,将它定义为在人与机器之间传输信息的科学,说明人们如何通过控制性手段(如领航机制)和机器互动。这种互动自然是在一定的社会历史条件下进行的。赛伯女性主义者所提倡的人机互动,从现实的角度包含了对于消极心态的调整,从未来的角度看则体现了对于人为进化的关注。

三、赛伯女性主义与新媒体艺术

赛伯女性主义者致力于在网络上创造妇女新形象(包括女性主义的化身、电子人、性别融合等),以打破包含性别歧视的社会刻板印象。她们将创造新媒体艺术当成表达自己的主张的重要途径。

(一)赛伯女性主义的艺术观念

VNS Matrix 成立之际,四位发起人痛饮几瓶红酒后发表《21世纪赛伯女性主义宣言》,宣称:"我们以自己的肉体看待艺术,我们以自己肉体制造艺术;我们信仰享乐、疯狂、神圣与诗歌;我们是新世界紊乱的病毒。"②这一宣言不仅在网上广为流传,而且见于报刊电视等媒体,并张贴在公共空间,被译成日语、意大利语、法语、西班牙语、德语、俄语、芬兰语等多种版本。在该群体成员看来,男性占支配地位的媒体由来已久,而且到今天仍然势力强大。这种状况是无法容忍的。作为技术艺术(technoart)群体,VNS Matrix 致力于建设自己可以高谈阔论身份及性别政治学等问题的数字化空间,自认其使命是从技术牛仔那儿夺取统治权,按照女性主义观念重新塑造赛伯文化,重新界定妇女在艺术与技术中的作用与形象。这群澳大利亚艺术家创造了不少装置艺术、事件艺术与公共艺术作品,并出席了世界性的奥地利林茨电子艺术节(Ars Electronica)。

在艺术观念上,赛伯女性主义与赛伯朋克有相通之处。她们看好这些作品中充满叛逆精神、与新技术关系密切的女性,以至于《神经浪游者》所描绘改造过

---

① Springer, Claudia. Digital Rage, In: David Bell and Barbara M. Kennedy. eds, *The Cybercultures Reader*. London and New York: Routledge, 2000, pp. 337~349.

② VNS Matrix. Cyberfeminist Manifesto for the 21st Century 1991. http://www.sterneck.net/cybertribe/kultur/vns-matrix/index.php, 2008年3月5日.

身体的女杀手莫莉被查特吉(Bela Bonika Chatterjee)当成赛伯女性主义的隐喻(2002)。① 赛伯女性主义以身体为中心的艺术是在网络上活跃起来的。相关作品利用数字媒体的便利条件表现女性身体的独特性,像 VNS Matrix 所谓"阴道艺术"(Cunt Art)就是如此。这类创作在精神上与 20 世纪 70 年代激进的女性主义艺术相通,表现出反审查、反压制、反规范化的倾向。某些赛伯女性主义作品甚至流为色情激进主义,引起非议。

(二)赛伯女性主义的社会意义

赛伯朋克的特点之一是虽然迷恋高科技却轻视以常规的方法使用高科技,这一点在索尔弗兰克等赛伯女性主义者所实施的"女性扩展"(Female Extension)项目中清楚地表现出来,它是对 1997 年在德国汉堡美术馆举办的名为"扩展"(Extension)的网络艺术竞赛的反应,始于批判该馆当代艺术室所提出的评价标准。索尔弗兰克主张要平等地对待网络艺术,认为那些在传统艺术中接受训练的专家需要理解新媒体并吸取实践经验。缺乏上述理解的话,网络艺术的特性会成为策展人的美学与经济考虑的牺牲品。当时技术—艺术家(technoartist)男女比例为 4:1,索尔弗兰克试图使人们关注这一不平衡。她和程序员合作,开发出万维网服务器脚本《网络艺术生成器》(Net. art Generators),根据马可尔夫链等算法对网站进行再取样,生成可在美学意义上被当成"网络艺术"的站点。这一程序使用相当方便,访客只要输入所拟用的作者名、项目名,再点击页面上的"创造"键就可以了。作者模拟了 288 个国际女性网络艺术家,将她们的名字分派给 7 个国家。每个人都有完整的地址,包括电话号码、电子地址等。索尔弗兰克为她们登记参赛,为每个人获得相应的密码,模拟虚构身份进入 288 个网站,将委托世界各地女性艺术家的作品分别上载于博物馆服务器,使女性在参赛者总数中所占的比例高达 2/3。这个艺术博物馆为有这么多的来稿而感到高兴,并在 1997 年 7 月 3 日发布第一份新闻稿,宣布接受了数百项申请,其中 2/3 是女性。不少印刷媒体发布了这一新闻,对有如此之多的女性艺术家参赛表示惊喜。由著名艺术史学家、艺术家与艺术编辑组成的评委会因明显无意义的数据洪流而惊讶,但没人看穿隐藏于其下的鬼主意。在评委会宣布获胜者的那天,索尔弗兰克发布了一份揭示投稿真相的新闻稿。直到那时,人们才发现她的意图所在。她将自己的欺骗行动命名为"女性扩展",拿电工插座的术语 Extension(原意是阴螺纹管接头)开玩笑。令这位赛伯女性主义者感到遗憾的是:虽然 2/3 的参赛者是女性,但 3 份奖金都颁发给男艺术家。索尔弗兰克由此深感

---

① Chatterjee, Bela Bonita. Razogirls and Cyberdykes: Tracing Cyberfeminism and Thoughts on Its Use in a Legal Context, *International Journal of Sexuality and Gender Studies*. 2002, No. 2/3.

女性"扩展"之不易。

总的来看,赛伯女性主义是传统女性主义"移民"到信息技术领域的产物,也是"第三次浪潮"女性主义旨在占领用于公共行动及造反的多样平台的努力的产物。它的主要社会意义在于:其一,以其论著和作品描述了妇女在技术领域中的地位,阐述了妇女对技术文化及其对工作、家庭生活、社会生活、闲暇活动的影响的体验,并就技术的女性化等问题发表自己的意见,其成果具备认识价值。其二,鼓励妇女熟悉新技术、掌握新技术,利用新技术以改变自身地位,这种积极态度是可取的。其三,通过新媒体所提供的信息平台对于赛伯女性主义自身涵义进行开放的探索,不断丰富其内容。至于其发展过程中所存在的激进化取向,则应结合所针对的具体问题加以评价。科学技术自然应当为造福和谐社会服务,而不是强化性别歧视、助长社会冲突。透过赛伯女性主义者的呼吁,我们既看到了当代高科技所能做出的贡献,又看到了对于科技进步加以引导的必要性。对于生活在发展中国家的妇女来说,赛伯女性主义对于电子人意识的探讨或许是很超前的,但对于信息时代妇女生存状况的关注却是非常现实的。

(三)赛伯女性主义的历史地位

女性主义已经有数百年的历史,17—18世纪时在欧洲曾因启蒙运动的激荡而形成第一个高潮,20世纪中叶又在美国乃至整个西方因为女权运动的蓬勃开展而形成第二个高潮。20世纪80年代由传统女性主义向后女性主义的演变,是女性主义适应后现代条件的发展。在这一背景下出现的赛伯女性主义顺应了当代信息科技、生物工程突飞猛进的趋势,力求通过拥抱技术、运用新媒体来实现女性解放的目标。如果说人类的性别之分始于物种生产领域的自然分工、进而为物质生产领域和精神生产领域的社会分工所强化的话,那么,当代信息科技和生物工程正在创造转变甚至消灭上述分工的前提。由于信息基础设施的建设,互联网成为标领风骚的新型媒体,匿名登录条件下的性别已经摆脱了现实环境中原有的种种制约而得以相对自由地设定。欧盟曾在 2000 年资助 Cyberfeminism.lab 项目,让欧洲女性艺术家、理论家与活动家得以探索女性主义者对于数码媒体的应用如何发展。近年来生殖医学领域单性繁殖实验所取得的一系列突破,又对人类性别分工的生理基础提出挑战。在这样的背景下,女性主义转变其形态和旨趣是很自然的事情。

当然,赛伯女性主义目前还算不上女性主义的主流,和各国占主导地位的意识形态更不合拍。尽管如此,它已经成为网络文化的分支,代表人们对于数字媒体、计算机与网络文化的态度,反映了女性在新世纪的呼声。它所包含的进取精神和乐观态度不乏可取之处,但激进化色彩及行动则应当进行具体分析。

(原发表于《吉首大学学报》2008 年第 5 期)

　　王诺,男,厦门大学人文学院中文系教授、博士生导师,厦门大学比较文学与世界文学研究所所长,厦门大学生态文学研究团队带头人,全国高校外国文学教学研究会副会长,国际权威刊物《文学与环境跨学科研究》(ISLE)编委(中国大陆、台、港、澳唯一编委),哈佛大学高级访问学者。发表国内第一篇生态批评研究论文《生态批评：发展与渊源》；出版国内第一部生态文学研究专著《欧美生态文学》；创建国内第一个生态文学研究团队"厦门大学生态文学研究团队"；主编国内第一套生态文学研究丛书"欧美生态文学研究丛书"；主持国家社科基金研究项目"生态批评的困惑与解惑"；主编国内第一本"十一五规划"国家级教材《欧美生态文学》；在《人民日报》、《文学评论》、《读书》等国家级刊物发表《生态整体主义辩》、《唯发展主义批判》、《生态危机的思想文化根源》、《生态文明论纲》、《儒家生态思想与西方生态整体主义》等论文数十篇。

"丑女人"现象
——美国当代小说的一种倾向

摘　要：美国当代小说里有不少丑女人形象，这种一反传统的丑女人小说之深刻用意在于：颠覆男权社会的女性美标准和女性美审美传统，昭示新女性不惜一切代价也要摆脱被艺术品化、被玩赏之屈辱地位的意志；表达她们拒绝凭借美貌去吸引男人、进而赢得社会赞许和社会地位的勇气；传达她们坚持依靠开发女性内在潜力而自立于社会、从而获得真正的男女平等的信念。

关键词：丑女人（ugly woman）女性美标准　女性美审美传统

20 世纪 70 年代以来，在女性主义的影响下，越来越多的美国小说家用"丑女人"作主人公，这是一个很有意思、值得关注的文学现象。

以美丽的女性作女主人公，是西方文学（可能也是整个世界文学）的一个传统。像《简爱》那样明确地指出女主人公不美、难看的文学名著，只是极个别的例外。美国学者夏洛特·赖特在她的新著《不美甚至丑陋的简爱们：丑女人在美国当代小说中兴起》里，简略考察了 20 世纪 70 年代之前美国文学的主要作品，进而惊讶地发现：那众多的女主人公，无论是好女人还是坏女人，无论是母亲、女儿还是情人，居然没有一个是不美丽的！① 赖特的判定可能有点绝对，但例外的确实不多。传统文学并非没有塑造过丑女人形象，有些丑女人甚至堪称著名文学形象，如巴尔扎克塑造的贝姨。但是，传统文学的丑女形象罕有作为主人公并被正面描写的，而且那些丑女对男权社会的女性美标准乃至整个女性观毫无冲击力。沃利塔斯基在她的专著《女人的画像：文学中的丑女传统——从童话和民间故事到 17 世纪戏剧》里概括得好："纵观文学发展，丑女形象作为个体，没有对男权社会构成任何威胁。她缺少美貌去诱惑男人堕落，仅此而已，她自己并没有争取和获得任何政治的或社会的权利。于是，她要么被作家用来表现对生活的一

---

① Charlotte M. Wright: *Plain and Ugly Janes: The Rise of the Ugly Woman in Contemporary American Fiction*, Garland, 2000, New York, p. 3.

种担心和恐惧,要么被当成那些有魅力的诱惑者、那些红颜祸水们的道德楷模。"①

当代美国出现的丑女人小说,与传统小说涉及丑女人不同,这不仅在于今日的丑女人许多都是女主角,而且还在于渲染她们的丑有着深刻的用意。

将丑陋与女人联系在一起并在文学作品中突出描写和表现丑女人,是对男性审美意识的颠覆,是对男权社会不公平、不合理的女性美标准和女性美审美传统的反叛。丑女人及其创造者就是要用无比之丑来向男性宣言:她们不接受"美丽就是女人的一切"、"女性美是男人眼里的美"、"女人的美是吸引男性注意力的美"、"美之于女人,就意味着肤浅"等观点;她们宁可丑陋,宁可让男人一看就想逃,也要反男性审美之道而行之。丑得让你们恶心了吧,嗨,要的就是这个效果!

吕贝卡·格尔德斯坦的小说《黑妹》的主人公海达几乎全无人们通常所说的性魅力——6英尺2英寸(约1.9米)的大个子,乳房却小得像刚刚发育、还无需戴胸罩的少女,而那张大脸庞,看上去下半部全是颚骨,上半部全是头盖骨。②

在莎拉·波德的四本很受欢迎的小说里,每本都有一个丑女人作中心人物。《男友学校》的主人公格蕾琴对自己的外貌是这样描述的:"我的肿眼泡被浓重的眼影和染眉包围。我面带菜色而且皱纹累累。我的头发并没有因为油腻而紧贴着头皮,反而可怕地犄角一般地兀立起来。我的衬衫前面的纽扣绷开了,因而不仅胸罩带子露在外面而且几乎整个胸罩都外露着。"我的鼻子"太尖",眉毛"像小猎兔犬的那样",我的皮肤"和豆芽菜一样灰白无血色",我的"屁股总在摇晃",而我的乳房竟"荒唐地变成香蕉那样的形状"③。《妈咪俱乐部》的女主人公特鲁迪则是这番模样:鼻子小得像"纽扣","以至于她不得不将厕所的卫生纸搓成一个小卷才能清理它","婴儿般稀疏的南瓜色的头发被风吹得东倒西歪"。与形象成鲜明对比的是,她的声音却极其尖锐高亢。和许多当代小说里的丑女人一样,特鲁迪也能够坦然正视自己的丑陋,她对其相貌的自我评价是:属于"人见人逃的那种"。④

看得出,这样的写法带有很明显的逆反特征,也就是说,她们无论如何也要走向与男性的审美观相对立的极端不可。这在一定程度上是一种非理性的选择,逆反心理和逆反行为本身就有非理性的因子。事实上,尽管传统的、带有男

---

① Margaret Gaffney Wolitarsky: *Portrait of Lady: A Study of the Ugly Woman Tradition in Literature from Fairy Tales and Folk Tales to Seventeenth Century Drama*, UMI, 1992, Ann Arbor, p. 8.
② Rebecca Goldstein: *The Dark Sister*, Viking, 1991, New York, pp. 7~14.
③ Sarah Bird: *The Boyfriend School*, Pocket Books, 1989, New York, pp. 50~51,194.
④ Sarah Bird: *The Mommy Club*, Laurel/Dell, 1991, New York, pp. 22~30.

权色彩的女性美审美观有其自身缺陷和不合理、不公正之处,但至少部分地反映了所有人(男人和女人)的审美天性和审美特征;因此,若将其完全否定和抛弃,那至少是部分地否定和抛弃了人的爱美天性和审美习性。

不过,对多数作家来说,这样一种矫枉过正的写法本身并不重要,重要的是这样写不仅可以对男性的审美传统和男人的美女标准进行归谬,突显其荒谬、霸道和性别歧视;还能借此昭示新女性的决心:不惜一切代价也要摆脱被艺术品化、被玩赏的屈辱地位。看看下面这些女性批评家的精辟分析,我们也许会对塑造丑女人的用意有更进一步的认识。

赖特指出:传统文学"对男性外貌的描写远不如对女性外貌的描写,这是因为人们认为决定男人成功与失败的是他的行为,对其行为好坏的判断比对其外貌美丑的判定更有意义。而对女人,我相信情况则正好相反,她的成功与其姣好的外貌有密切关系,一般说来,女人的美貌加上适应性和被动性造就了她的成功。事实上,我们经常看到,女人越是主动积极地确立她自己的生活和目标,她就越容易被视为丑陋的、讨厌的、不自爱自重的"[1]。北卡罗来纳州的两位心理学家尤德莱和埃克兰德的一项研究可视为赖特这段论述的佐证,该研究显示,迄今为止,女性进入上层社会、获得巨额收入的主要方式(指多数女人采用的方式)仍然是婚嫁,在这方面,外貌吸引力强的美女有着压倒性的绝对优势。这说明,即使在今日的美国,从整体上看,女性还是男性的附庸[2]。

芭芭拉·沃克尔在《干瘪皱皮的老太婆:上了年纪的女人、智慧的女人和有权利的女人》一书里说:大凡"敢于挑战男权统治的女人,通常要被称为丑陋的女人——意思是没有性吸引力的女人——纵使她们的外貌与此完全无关"。芭芭拉还极尽其言道,古往今来,人们大多这样认为:"如果一个男人年纪大、丑陋但有聪明才智,他就是个智者;如果一个女人年纪大、丑陋但有聪明才智,那她一定是个女巫。"[3]

娜奥米·沃尔夫在她声名显赫的《美貌神话:美貌怎样被用来对付女人》一书里指出:"男权文化使女人在不知不觉之中形成一种成见,即必须去适应这种美貌神话,把自己变得'美丽而无知'(beauty-without-intelligence)或者'博学而丑陋'(intelligence-without-beauty)。女人可以在思想和身体之间任选一个,但

---

[1] Charlotte M. Wright: *Plain and Ugly Janes: The Rise of the Ugly Woman in Contemporary American Fiction*, Garland, 2000, New York, pp. x~xi.

[2] J. Richard Udry & Bruce K. Eckland: *Being Ugly*, Omni(June 1985), p. 44.

[3] Barbara G. Walker: *The Crone: Woman of Age, Wisdom and Power*, Harper & Row, 1988, NewYork, p. 139, 122.

绝不能两者兼得……在这种美貌神话中,男权文化想像出并同时拥有两类女人,却又使任何一类女人有所得必有所失,永远不能全赢。由此,男权文化获得了最大的幸福。"①

在《文学中的女性形象》一书里,著名女性批评家弗格森依照男性审美观和男权女性观将女人分成7个等级:母亲、妻子、情妇/诱惑者、性对象(主要指职业妓女)、贵夫人、受过教育的女性和老处女。值得注意的是,她把受过教育的女性(the Educated Woman),也就是有知识、有思想的女性,排在倒数第二位!而且,弗格森还指出,在上述7类女人当中,只有3类女人可以不讲究外貌美——妻子、老处女和受过教育的女人。弗格森要突出强调是:受过教育的女性、知识渊博的女性、高学历的女性在男性心目中是何等的地位低下!②

由此看来,女性的美与丑早已远远超出美学范畴,它关乎社会公正,关乎人类平等,关乎女性解放和女性自立。正因为如此,当代美国小说里的不少丑女人特别反感男性把自己的审美标准强加于她们。洛莲·莫尔的小说《你也丑》的女主人公卓·汉德里克斯是个中年、单身、相貌平平的历史学教授,而且还是系主任。她很少与男人约会,因为约会总令她失望:那些男人老是企图证实她化装和穿戴独特是为了使她在他眼里"显得漂亮一点",老是顽强地用他们的女性美观念来理解女人。③ 也正因为如此,不少丑女人干脆拒绝美容和修饰化妆。在西比尔·詹姆斯的小说《斯托特妈妈历险记》里,女主人公"已经有好多年没有剃她腿上的体毛了",以至那两条毛绒绒的东西看上去完全不像女人的腿④。萨拉·波德的小说《罗迪奥的处女》对这一点表现得更清楚。当女主人公索尼亚的男友希望她将发型改成他认为更有吸引力的样式时,索尼亚立刻愤怒了:"你是让我把自己弄成一个花枝招展的诱惑男人的陷阱……我绝不会把猎获男人当作自己生活的中心大事。我还有更远大的理想……吸引男人注意的欲望,使无数女人变成了男人的奴隶。这种欲望比强加于我们的任何神话危害都要大。"⑤

---

① Naomi Wolf: *The Beauty Myth: How Images of Beauty Are Used Against Women*, William Morrow, 1991, New York, pp. 59~60.

② Mary Anne Ferguson: *Images of Women in Literature*, Houghton Mifflin, 1986, Boston, pp. 12~15.

③ Lorrie Moore: *You're Ugly, Too. Like Life*, Knopf, 1990, New York, pp. 67~91.

④ Sibyl James: *The Adventures of Stout Mama*, Papier—Mache Press, 1993, Watsonville, California, p. 6.

⑤ Sarah Bird: *Virgin of the Rodeo*, Doubleday, 1993, New York, p. 101.

索尼亚的愤愤之言让我们意识到塑造丑女人形象的另一层用意：不再把追求外貌美当作女人唯一的头等大事，不再靠美貌吸引男人、进而赢得社会赞许和社会地位；而依靠对女性内在潜力的开发自立于社会，自己掌握命运。

男权社会的美女标准以及男性对女性美的欣赏、推崇、奖励和占有，给女人造成巨大的精神压力，将许多女人诱导，甚至逼上为美貌而生存的异化之路。心理学家乔安娜·露斯在其调查报告里披露："即使对容貌姣好的女人来说，镜子也是焦虑的集中点，而不是令人满意的自我陶醉的汇聚点"。男权社会的女性美标准和对女性美的不公平的苛求，带给女人的主要是对不能更美丽的焦虑和对失去美丽的恐惧——她们清楚地知道男人看重的那种美很容易随着岁月的流逝而流失①。女性主义批评家娜奥米·沃尔夫也给出了一系列统计数字："十个男人中间只有一个对自己的身体强烈地不满意，而强烈不满于自己身体的女人却占了总数的三分之一。"另一个数字是，"参加减肥计划的百分之九十五是女性，其中不少人根本算不上肥胖"②。

美丽和追求美丽，对女人来说，是沉重的精神负担和生活负担。美女和想成为美女的女人需要不断地接受来自外部的肯定和欣赏，如果一段时间没有这类肯定和欣赏，她们就会失去自信，她们就会更加投入地美化自己。渐渐地，重新赢得他人的正面评价并保持住这种评价，就变成美女和追求美丽的女人生存的首要任务，她们不会再花很多时间去关注美丽之外的更有意义、更有内涵的生活，她们也没那么多精力去管那么多，"她们的生活和行为逐渐被限制在与保持美好形象有关的事情上，留住美丽成了她们生活下去的动力。她们一遍又一遍地看镜子，一遍又一遍地举起吹风机，一遍又一遍地抹唇膏、涂眼影、拔眉毛、刮腿毛，目的是让别人接受和称赞"③。与之相反，丑女因为彻底失去美的竞争资格，于是也就最彻底地摆脱了这种负担，于是也就有了条件和精力去开发自身内在的潜能，去实现自己的社会价值，去争取和捍卫女性应得的权利。正如女性主义批评家们所说的那样，"恰恰是失去了性的魅力，促使丑女人去开发自我潜力，去创造社会价值"④，丑女们更容易打破男权"文化对女性人体美所设定的限制，

---

① Joanna Russ: *How to Suppress Women's Writing*, University of Texas Press, 1983, Austin, p.111.

② Naomi Wolf: *The Beauty Myth: How Images of Beauty Are Used Against Women*, William Morrow, 1991, New York, p94.

③ Charlotte M. Wright: *Plain and Ugly Janes: The Rise of the Ugly Woman in Contemporary American Fiction*, Garland, 2000, New York, p.121.

④ Carolyn Heilbrun: *Writing a Woman's Life*, Ballantine, 1988, New York, p.52.

从而获得发展个性所需的社会的或象征的自由"①。

芭芭拉·莱克斯的小说《丑女孩》的主人公爱娃的人生经历就印证了这一点。爱娃从小就丑,小时候她最常听妈妈说的一句话就是"我从没见到她比今天早上更丑"。日复一日的"今天"过去了,爱娃丑貌依旧。然而,她并不退缩到羞耻的龟壳里,靠逃避现实逃避他人来保护自己。相反,她却较容易地摆脱了许多女孩深深陷入的"从求美的渴望到更美的追求再到害怕失去美的恐惧"这样一个怪圈,全神贯注于其他事情上,并且不做得最好绝不罢休。她着装前卫而大胆,她做了一个从未有人做过的发型,她是所有舞场中舞跳得最棒的女孩……只要她一出现,她所属的那个生活圈子里所有青年男女都会驻足侧目,她得到许多人的尊重,而绝不仅仅是男人不怀好意的关注。谈起人生境遇的这种变化,爱娃深有感触地说:"慢慢的,慢慢的,那个曾经困扰我的丑陋形象淡化了,我成为我想成为的我,带着点趾高气扬,但里面有着真正值得骄傲的东西。"②

在艾丽斯·沃克的名作《紫色》里,西莉亚的丈夫是这样看她的:"你有什么?你丑陋。你瘦得皮包骨一样。你是个女人吗?该死的,你什么也不是!"西莉亚的回答令人想起弱小、不美的简爱:"我就是黑,我也许就是丑陋,也许不堪入目……但是,这就是我!"凶狠无情的丈夫并未吓倒她,悲剧性的命运没有使她屈服,西莉亚要掌握自己的生活③。

不过,对女人来说,要真正做到不看重外貌美,绝非易事,数千年男权社会的潜移默化已经在女性潜意识里留下深深的印迹。所以女性批评家卡洛琳·黑尔布伦才感叹:"要让女人轻视她的容貌并跳出美容怪圈,需要极大的勇气。"④所以小说家凯瑟琳·邓恩才借人物的口,在《丑角的爱》里对所有女人发出这样的忠告:

你是否尝试了所有的方法,是不是……吃药,注射,催眠,节食,运动,所有方法。因为你要美丽……因为你觉得只要你美丽了你就会幸福……因为只要你美丽人家就会爱你?而且,如果人家爱你,你就会幸福?真的会幸福……或者如果人家不爱你,你就真的不幸福?别人不爱你,那不是你的错!可怜的姑娘,可怜,你这可怜的姑娘。

你不要去想节食!你想吃就吃!你不要去想苗条!你不要去想美丽!

---

① Linda Kraus Worley: *The Body, Beauty, and Women: The Ugly Heroine in Stories by Therese Huber and Gabriele Reuter*, *The German Quarterly* 64(Summer 1991), p. 337.
② Barbara Rex: *Ugly Girl*, W. W. Norton, 1982, New York, p. 86.
③ Alice Walker: *The Color Purple*, Pocket Books, 1985, New York, pp. 213~214.
④ Carolyn Heilbrun: *Writing a Woman's Life*, Ballantine, 1988, New York, p. 54.

你不要去想让别人爱上你！你要知道的只有一条：你是对的！那才会给你带来安宁……

就因为你看上去不像时髦的明星，你就要把你整个一生弄得苦难重重？你愿意？

电影，广告，商店里的时装，医生的告诫，以及你走在大街上眼睛所看到的一切全都对你说：你这儿不妥那儿不对，那样你会幸福吗？不，你不会。你绝对不会幸福。因为，你相信了他们，唯独没有相信自己！①

这些发自肺腑又震撼人心的告诫，值得所有女性深思。

在不少作家们的笔下，女人之丑往往意味着男性化(manlike)。丑女人常常具有男人的粗犷、肮脏、残酷甚至兽性，同时获得通常只有男人才具有的能力或权力。

在安·毕蒂哀的小说《海尔·哈迪和惊人的动物般的女人》里，格罗莉亚是一个大个子：头特别大、肩特别宽，一副标准的男性"倒三角"体形。作品写道"她要是男人的话，这种体形会让人感到舒服些。"②

艾丽斯·沃克的小说《她的甜蜜的杰洛米》不仅描写丑女人外在的"男性化"，而且侧重表现她在家庭地位方面的"男性化"——主人公华盛顿太太像极了传统小说里粗暴、嫉妒、占有欲强烈的大丈夫——她虽然丑，却很有钱，于是便很容易地"娶"了个年轻英俊但没多少钱的男人做丈夫——"她的甜蜜的杰洛米"，把他看成自己的又一笔财产。婚后，她开始担心丈夫有外遇，意识到有一个漂亮丈夫虽能满足虚荣心，但却很不安全。华盛顿太太自己也很清楚，她吸引这个漂亮男人的不是自己的身材外貌——"高大而不灵活的身体，突出的骨节以及橡胶一般厚实的皮肤"。她带着斧头、手枪和尖刀去寻找勾引自己丈夫的女人，要与其决斗，却一无所获，回到家里气得发疯。悠闲地坐在沙发上看书的杰洛米从他的书后面打量着这个可怜的妒火中烧的妻子，觉得她变得更加丑陋了："原本结实的大块头变得松弛了。她的眼睛充血，神情狂野。她的头发油腻腻的，沾满了绒毛和头屑。她的体味更加难闻，嘴里的，腋下的，其他地方的……"③小说尽情调侃了传统的大丈夫，流露出女性对彻底改变家庭地位和社会地位的渴望。

艾丽斯·沃克的另一本小说《日常生活的价值》，则侧重表现丑女人能像男

---

① Katherine Dunn：*Geek Love*，Knopf，1989，New York，pp.177～178.

② Ann Beatie：*Hale Hardy and the Amazing Animal Woman*，*Distortions*，Fawcett，1979，p.98.

③ Alice Walker：*Her Sweet Jerome*，in Mary Anne Ferguson（ed.）：*Images of Women in Literature*，2d ed.，Houghton Mifflin，1977，Boston，pp.204～210.

人一样应付生活中的所有困难。小说里的母亲是个长相很丑的、"骨节突出的大个子,有着一双干男人活的粗糙的大手",但她对自己的丑陋不仅不自卑而且还很自豪:"我能像男人一样毫不动情地杀死并清理干净一头猪。我身上的脂肪使我在零度的天气里不觉得冷。我可以在室外干一整天活,包括破冰取水。我把刚宰杀完还冒着热气的猪肉放在篝火上烤烤就吃。有一年冬天,我用大锤对准一头小公牛的两眼之间猛击过去,一下子就干掉了它,而且还在天黑之前把牛肉切成条挂好,让寒风把它们冻硬。"①

这样的描写让读者很难确认:这究竟是对男性的反讽,还是对女性独立自主的生活及其能力的赞扬。不过有一点倒是可以断定,那就是:丑女人宁愿丑陋难看也要像男人一样自立;宁愿像男人一样粗糙粗野,失去女性的温柔细腻,也要独立处理生活里的一切事物,特别是那些被认为是女人做不了的事情。一句话,丑女人还是争取男女平等的象征。这也许是丑女人形象创造者的又一层用意。

本文列举的作品多数是由女作家创作的。不过,20 世纪 70 年代以后,不少男作家也热衷于用丑女人作小说的主人公,如班克斯(Russell Banks)、汉纳(Barry Hannah)、毕格尔(Peter S. Beagle)、格兰纳特(Robert Granat)。他们一般都以男性人物为视点,考察貌丑的女主人公,焦点则集中在男性应当调整自己的女性期待,以适应这些新女性并准备接受她们。

值得一提的是,丑女人形象并非只在美国的当代小说里大量出现,其他西方国家的小说创作也有此倾向。英国小说自有《简爱》为其传统代表,如今又有皮姆(Barbara Pym)、布鲁克纳(Anita Brookner)、威尔登(Fay Weldon)等女小说家继承夏洛蒂·勃朗特的衣钵。威尔登的《一个女恶魔的生活与爱情》(*Life and Loves of a She-Devil*)堪称当代丑女小说的典范。加拿大当红女作家阿特伍德(Margaret Atwood)的《女预言家》(*Lady Oracle*)和德国作家弗特万格(Lion Feuchtwanger)的《丑陋的女公爵》(*The Ugly Duchess*)都是这类小说的代表作。

尽管女权运动和女性文学已经越来越壮大地走过了几十年的里程,尽管当今美国小说里出现了越来越多貌丑的女主人公,但应当看到,女性解放的征程依旧十分漫长。赖特近乎悲哀地指出,"放眼当今的大众文化,还不是和以前一样,美女云集,处处可见,被用来兜售一切东西——从摩托车到爱国主义。出售美

---

① Alice Walker: *Everyday Use*, in *Black-Eyed Susans/Midnight Birds: Stories By and About Black Women*, ed. Mary Helen Washington, Anchor, 1990, New York, p. 304.

丽，或借助美丽出售(selling beauty and selling with beauty)，二者相得益彰。"①现实生活说明了文学的女性探索和女性的文学探索尚需继续努力，也表明这些探索的价值和意义。

（原发表于《北方论丛》2007年第4期）

---

① Charlotte M. Wright：*Plain and Ugly Janes：The Rise of the Ugly Woman in Contemporary American Fiction*，Garland，2000，New York，p117.

  郑国庆,男,厦门大学人文学院中文系副教授,主要从事文学理论、中国现当代文学研究,参著《文学理论新读本》、《二十世纪中国文学批评 99 个词》、《现代性与符号角逐》、《启蒙的自我瓦解——1990 年以来中国思想文化界重大论争研究》等。另在《读书》、《天涯》等刊物发表论文 30 多篇。

王安忆：上海"京派"与社会主义记忆

摘 要：王安忆通常被目为"海派"传人。本文着眼于其美学理想、写作姿态与意识形态，认为她在创作内质的某些方面更接近于"京派"。从《富萍》到《桃之夭夭》，王安忆开创了一个特殊的将京派美学移植到社会主义背景的创作面向。其间，写实图景可能引爆的"批判"与浪漫怀思的"升华"之间的张力，构成王安忆近年小说中最特殊的景观。在好的时候，那种平民生活中蓄积的美与自然力相得益彰，呈现出救赎式的"灵韵"；在另一些时候，当涉及处理较为复杂的历史事件与图景时，她的京派/浪漫派的美学方式就显得失之简化。在近期创作的《启蒙时代》里，她的京派/浪漫派的美学处理框架暴露出形式与意识形态的局限。

关键词：王安忆 京派 浪漫派 社会主义

王安忆一向对于"写实主义"肯定有加，从《故事与讲故事》①到《心灵世界》②、《我读我看》③，王安忆的现实主义创作论以对现代主义感知结构的摒弃和对中国传统美学缺乏逻辑的批评为落脚点。她强调小说细节的真实、情节推动的逻辑。但王安忆对现实主义的理解其实有相当独特的一面，她并不看重传统现实主义所着意的小说人物性格与行动蕴含的社会历史性，而突出小说是一个封闭的心灵世界，它的目的在于以现实生活为材料，建立一个超越现实的神界④。在这个写实与浪漫交杂的小说图式中，"升华"才是王安忆强调的重心。虽然经常被目为"海派"（这是从她的写作取材着眼），然究其里，王安忆的创作姿态与美学理想其实更接近"京派"，从她对沈从文、汪曾祺"看看生活"论的推崇，

---

① 王安忆：《故事与讲故事》，浙江文艺出版社1991年版。
②④ 王安忆：《心灵世界》，复旦大学出版社1997年版。
③ 王安忆：《我读我看》，上海人民出版社2001年版。

到她对挖掘"生活"中"永动的力"的自我期许①,她其实渐渐远离她一再背书的"现实主义"而走上更为浪漫化与审美化的观照。

作为一名"共和国女儿"②,社会主义的历史记忆是王安忆近年来比重加大的写作素材。作为两个30年(1949—1978年,1978—2009年)之间的对比,王安忆的书写提供了一个不同于"拒绝"、"告别"前30年的姿态。作为写实派兼浪漫派的王安忆,"升华"的美学观使得她总有一个"从此岸到彼岸"的理想蓝图,她要化日常为神奇,化人间为神界,这才是王安忆创作的最大抱负;然而,这一理想又必须落实在现实的基础上,因此,写实派兼浪漫派王安忆的创作难题在于必须找到现实经验与艺术理想之间的结合点。当她要叙述、抒发现实中的理想,当下这个快速现代与催熟的时代能否提供她理想中的生命形态所需要的养料,王安忆对此显然充满怀疑与忧虑。她不得不回望,社会主义的乡愁于焉产生。在王安忆看来,相对于今天这个过度开发与消费,夸张、挥霍、格式化的时代,过去的那个年代虽然有着革命意识形态板正的面貌,但生活并未被彻底整编化与一体化,在物质与文化产量不是那么丰裕的状况下,人们的生活内容与生命样貌反而有更多漫游的、横逸斜出的生动。

且不论王安忆对前30年历史判断的"政治正确",从文学角度来说,王安忆的确开创了一个特殊的将京派抒情的美学风格移植到社会主义背景的创作面向,在一个相对不那么复杂的环境中塑造出沈从文、汪曾祺笔下和谐优良的生命状态。这一创作取向在《富萍》③中初露端倪,中经《上种红菱下种藕》④,在《桃之夭夭》⑤达到艺术上的自足圆融,而在近期创作的《启蒙时代》⑥中,王安忆试图挑战自己,处理"文化大革命"这样的大题材,但其京派/浪漫派的美学处理框架终于暴露出形式上的不适。

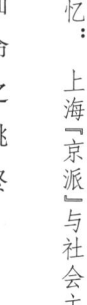

一

在《我看96—97上海作家小说》一文里,王安忆提及沈从文的"家常"与汪曾祺的"看看生活"论给她的启发:"家常"是从日复一日的生计中提炼出的审美的

---

① 王安忆:《我看96—97上海作家小说》,《我读我看》上海人民出版社2001年版,第335页。
② 陈婧裬:《理论与实践:文学如何呈现历史?——王安忆 vs 张旭东》,《文艺研究》2005年第2期。
③ 王安忆:《富萍》,《收获》2000年第4期。
④ 王安忆:《上种红菱下种藕》,《十月》2002年第1期。
⑤ 王安忆:《桃之夭夭》,《收获》2003年第5期。
⑥ 王安忆:《启蒙时代》,《收获》2007年第2期。

精华,"看看生活"则要透过布满雕饰与观念的表象看到生活的内蕴。证诸沈与汪的小说,王安忆要肯定的其实是京派诚实劳动与生计的庶民美学。这些庶民生存的底,构成历史恒常的背景,"在它们内里,潜伏着一种能量,以恒久不移的耐心积蓄起来,不是促成变,而是永动的力"①。挖掘这一"永动的力"便成了王安忆《富萍》以降的美学理想。

《富萍》写60年代上海的新移民,一位苏北农村女孩在上海萍落生根。富萍从落脚淮海路始,继而投靠闸北舅舅的船工区,再后自主选择进入梅家桥一户母子家庭,就此成为上海新移民。叙述场景从淮海路到闸北,再来到更为边缘的梅家桥,叙述的轴心始终围绕富萍怎么在上海生根——找到生计,自己决定自己的生活而不用回去那个她不想承担的与"孙子"的婚姻。富萍在小说中是个寡言少语但其实有着自己主见与心气的女孩,王安忆的叙述集中在她作为一位外来者是怎么"看"上海、怎么找到进入上海的通道的,在这个过程中,"劳动"、"劳动"的价值、劳动者的尊严与美,得到反复的刻画与讴歌。

富萍初到上海,每天穿行在"奶奶"帮佣家的淮海路,看的、吸引她注意的,不是十里洋场的绮旎繁华,而是摩登表面下的扎实的生计——小布店、裁缝铺、酱园店……这些劳动的人帮助富萍接近这条繁华的街道,消除隔膜。保姆吕凤仙帮富萍揽了个活,洗小孩尿布,她教富萍怎么打肥皂、浇热水、过清水、怎么晾,临走又叮嘱富萍:给人家做事要地道,赚的才是良心钱。这是富萍在上海做的第一份工,虽然工钱一个月才两元,但富萍明白了只要凭自己的双手,肯做,不怕找不到出路。富萍来到闸北舅舅家所在的船工区,叙述者着意强调了垃圾船与船工的清洁——"见过他们的船吗?那才叫纤尘不染。红漆的床、柜、地板、板壁墙,每天都刷洗一遍。后舱里是垃圾,用帆布遮住,边和角都拉严实了,系牢,不漏一丝缝。那气味,还是很重,苍蝇成群结团地随了船走。可是,前舱和甲板上,却干净极了。矮桌子,小板凳,直接在河里刷过的,手脚也是随时洗,不穿鞋,赤了脚,在舱里舱外走来走去。要是回家,那更是要大洗特洗,大晒特晒。岸上的人都嫌船上的人,说他们吃苍蝇下饭,其实船上的人最干净了,最容不得腌臜"。垃圾是肮脏的,但收垃圾的人可一点也不脏,相反,他们干净得很!和舅舅出船,劳动令人愉快,王安忆把出船写得饶富诗情:"她顶舅妈工,同舅舅一起出船。船走在苏州河,岸上的楼房像拉洋片似地拉过。又像换片子一样,换上另一番景色:遍地的油菜花,瓦蓝的天空。她和舅舅都是寡言的人,大半天也没几句话,各做各的。可富萍却觉得很自在。"最后,富萍来到船工区边上另一个更小更破的棚户

---

① 王安忆:《我看96—97上海作家小说》,《我读我看》,上海人民出版社2001年版,第335页。

区——梅家桥。这里的人的营生比起舅舅家的国营船工更低级,蒸糕的、磨面的、做炒货的、糊鞋靠子的、各种零碎的体力与小手艺活,然而叙述者再次凸显这些劳动者的干净与尊严:"这里的营生,因为杂和低下,难免会给人腌臜的印象。可是,当了解了,便会知道他们一点不腌臜。他们诚实地劳动,挣来衣食,没有一分钱不是用汗水换来的。所以,在这些杂芜琐碎的营生下面,掩着一股踏实、健康、自尊自足的劲头。它们从各种细节中流露出来。"富萍在这里认识了一户人家,寡母与一位腿有残疾的儿子。富萍帮她们糊纸盒,心里很安谧,她发现这两个人的境遇甚至连她都不如,可是也过得不坏。最终,富萍萍落于此,成了这家的女主人。

王安忆的书写为"不可见的当代"①勾勒出后革命"控诉、伤痕"的主流书写之外的别一番场景,将60年代普通劳动者的生活气氛表现得相当动人。但这一自尊互助向上的劳动者景象背后的社会历史原因许是王安忆并未深究的——前30年平等主义的文化观念与普通劳动者的关联,劳动者在这一文化中获得的自我肯定的主体性。② 在《桃之夭夭》中,王安忆继续发掘"永动的力",这回她拐向了多少有些神秘化的"天性"。

"桃之夭夭,灼灼其华。之子于归,宜其室家",桃花是那么繁盛,生命是那么美好,那个美丽的女子出嫁了。她,是如何长成,怎么"于归"的? 这是《桃之夭夭》的主题。《桃之夭夭》写一个上海女人郁晓秋的成长史,其间并无多少起伏跌宕,但王安忆娓娓有致的叙述使小说读来颇为顺畅,尤其是贯串小说的饱满的愉悦,使得读者也不由感染到她对郁晓秋那份由衷的喜爱之情。

那么,郁晓秋身上什么样的特质吸引了王安忆——是一种特别旺盛的生命力与良好的天性。这种旺盛的生命力流露到外表,使得郁晓秋的性别特征特别突出,因此也在她的成长过程中不断遭到猜忌、疏离与不明不白的侮辱,"猫眼"、"工场间西施"都是些加诸她、混合了男性的欲念与嫌恶的绰号。面对这些成长的磨难,别人也许早委顿了,郁晓秋却不然,王安忆赋予这个人物良好的"天性"。你可说她"混沌",但正是这个"混沌",使郁晓秋并不计较自己所受的委屈,相反,她一直保持着对生活对人的热忱,择善而行,不自觉地以她的生命力度己度人。小说的结尾写当了母亲的郁晓秋,"她这种健康丰满的体形,到这个年龄,又经过

---

① 语出戴锦华。她认为:50年代至70年代中国之"不可写"的文学/艺术事实,相当深刻地呈现了20世纪最后20年中国文化或曰中国知识界的思想、心理的结构性自相矛盾。见戴锦华:《疑窦丛生的"当代"》,《沙漏之痕》,山东友谊出版社2006年版。

② 社会主义的"名"与"实",平等的价值理念与实际存在的社会等级,是中国社会主义实践中有待深入探讨的问题,这里不拟展开,只想指出平等主义的文化政治在普通劳动者主体意识与人格结构上可能的正面影响。

妊娠,就变得壮硕。她看上去,就像是一个农妇,在自然的、室外的体力劳作和粗鲁的爱中长成、生活的。在她身上,再也找不着'猫眼'、'工场间西施'的样子,那都是一种特别活跃的生命力跃出体外,形成鲜明的特质。而如今,这种特质又潜进体内更深刻的部位。就像花,尽力绽开后,花瓣落下,结成果子。外部平息了灿烂的景象,流于平常,内部则在充满、充满、充满,再以一种另外的、肉眼不可见的形式,向外散布,惠及她的周围",这样的描写使小说通篇呈现诗化效果。精心选择的古诗标题及隐喻效果,叙述的完整、匀称,诗情的点染与深化,使得《桃之夭夭》在王安忆的长篇小说系列中堪称是一部相当优美的小说。

　　郁晓秋的故事收束在1985年。这是一个饶富症候的时间点。按照王安忆的"天性"观,这一自为的生命力是一种"永动的力",每一时代都可能诞生出郁晓秋这样的性格。但是王安忆为什么要把郁晓秋的成长背景设置在"前30年"?一个明显的解释是这30年正是王安忆本人的成长年代,对于秉持写实原则的王安忆,对这一年代经验的熟悉便于她安排小说的叙述。对郁晓秋成长环境的描写必然包含王安忆对此生活经验的理解,在王安忆眼中,那样一个前开发大潮的时代,有着类似于农人社会的样貌,保持着生活内在的肌理。即使像郁晓秋这样一个出生在近代工商业大城市——上海的孩子,仍然是在类似农村的节律中长大。小说里写郁晓秋从弄堂后门所看到的货店光景,皮鞋店的皮革味,席草店的草腥味,布店的浆水味,午饭的饭盒、茶缸,店员们允许她跟去小学校食堂热饭,赏她个白馒头,"她心生感激,长了这么多见识,还得了馈赠,满载而归"。母亲带她去剧团,在化妆间里演员、琴师互相开着玩笑,有一种家人的气氛,人们教她唱戏,她不怕生,教得会,因此,偶尔也让她扮演个小角色。郁晓秋与何民伟在冬天的凌晨两点半赶去陈水桥镇买知青改善伙食的大饼油条,天气湿冷,来回的路程要五个小时。尽管是在这样艰苦的境遇中,他们也得到大自然的慰藉:"他们闷头走一阵,决定掉了位置好换左右手,转身时看见了陈水桥镇。晨曦中,绰约立一座石桥,桥边有房屋,褐色的板壁,黑瓦棱,静静地立着,几盏灯黄黄地照。两人一时都呆立着,敞开的天地在瞬间仿佛收拢了,收拢在这一帧小画四周。"这些书写突出呈现前现代式,保持着缓慢、自然的时间流程与传统人际伦理的情境。正是在这样的环境中,身体、感情的蓄积与生长遵循着自然的法则,生命渐渐长成和谐丰满的状态。这个小说如果要继续,王安忆就会不可避免地碰到那个现代化的发展大业对于自然—伦理环境的巨大破坏,人心的焦躁与失衡。就像笔者曾经分析过的,在《富萍》与《桃之夭夭》之间创作的《上种红菱下种藕》就暴露出裂痕:王安忆一再精心描画、揄扬的"永动的力"同样挡不住时代的挤压与形塑。王安忆一方面深感痛心于大开发大发展败坏了小镇的和谐环境,另一方面又不时拿出"永动的力"作为安慰、盾牌与立足。叙事在两者间徘徊游离,使得小说呈现出结构上的裂隙①。在《桃之夭夭》中,王安忆把叙述时间前移,去掉那个干扰她呈现美好人性的现代化的噪音,整篇小说因此在艺术上更为自足圆融,但同时,也是一个更为封闭美学操作。

《富萍》与《桃之夭夭》写的都是出嫁的故事,在女主角找到归宿、怀孕或生子,故事就"完满"结束。这里包含的性别自然化的预设不言而喻——出嫁及生育是女性最重要的天职——与此相对的,"思想"是男性的专擅,比如下文将要讨论的《启蒙时代》。王安忆偏爱的女性形象基本上是少女型与地母型,无论少女或地母,王安忆很少逾越主流的性别本质论的前提。这么说不意味着王安忆以她的敏锐未提供对性别秩序的洞见,而是说,王安忆如果要想像或书写理想中的美好女性的生命,基本上只能是这两类"自然"化女人,而不太可能是一个自在的离父经叛夫道的女人。这一点,与京派对于女性的想像方式,比如沈从文理想的"女性美"——以女性为"自然"的精灵,女性应完成"自然派定那分义务"②,基本是一致的。

二

《启蒙时代》大概是王安忆迄今为止野心最大的小说,包容了王安忆创作中的两条基本线索:一是思想者精神之路的求索③,一是对普通市民生活的观照④。前者虽然生活在普通市民中,但他与普通市民的最大不同在于他有一个超越性的理想,这个超越性的理想召唤着他,使他时刻激励着自己不要堕入庸俗。如果说前者在某种程度上是王安忆"我"的投射、摸索、理想镜像,"共和国"女儿的崇高美学,后者则是作为民族志、都市人类学式的"他(她)们"。在定位"我"属于(或倾向)理想主义者英雄主义者浪漫主义者精神谱系的同时,王安忆对于"他们"——上海的"小市民"充满了观看的兴趣。她试图理解这些"庸常之辈",对笔下的"他们"亦不乏体贴与同情,但"我"基本上站在外头隔着距离观看。这样的态度也从她不同的叙述语调流露出来——写到前者,王安忆是激情的、身在其中的;而后者则是不动声色、有时略带谐谑的。随着近年来王安忆对于京派美学的体认加深,后一题材比重加大,主题与叙述态度也发生更加正面的变化,她开始着力于在普通市民的生活中发现"生活"恒常的力量,在他们庸常的生活表象下找到合情合理的内核。但是,作为"共和国女儿"的文化教养(它包含共和国的理

---

① 郑国庆:《"生活",看到的与没看到的》,《读书》2002年第11期。
② 赵园:《沈从文构筑的"湘西世界"》,《论小说十家》,浙江文艺出版社1987年版。
③ 《流水三十章》、《神圣祭坛》、《叔叔的故事》、《乌托邦诗篇》、《伤心太平洋》等。
④ 《流逝》、《逐鹿中街》、《"文革"轶事》、《长恨歌》、《飞向布宜诺斯艾利斯》等。

想主义英雄主义教育与19世纪欧俄文学养成的情感结构),王安忆原有的崇高美学的冲动并未消减,在《启蒙时代》里这两条创作线索汇拢在一起,统一在一种"自然"的向善的"光"与"真理"中。

经过长期的"看"市民生活,王安忆逐渐形成自己的看法。在小说的第五章经由陈卓然的口,王安忆和盘托出自己的观点:他们是现世的,是自给自足的,"他们求的是实际,现实的可见的衣食饱暖,也就是物质基础。所以,他们没有空想,你可以视作是没有思想,事实上呢,是不自觉,思想和生计在他们合而为一,是自给自足"。他们虽然浅薄,可是很有力量,"他们的力量在于,他们体现了生活的最正常状态,最人道状态。这状态就是一日一日过下去,如同数米一样",这或许就是王安忆所谓"永动的力"。在《启蒙时代》中,王安忆试图调和她对市民生活的理解与她在情感上"共和国女儿"的底子——英雄主义的高蹈。她让那些以天下为己任、胸怀壮阔的第一代红卫兵在落潮期进入普通市民的生活,她希望,他们在与小老大(小老大虽与他们同属革命后代,但是由老上海的外婆养大)、珠珠、嘉宝、阿明、顾老爷子、高医生的交往中,逐渐克服意识形态宣传与书本知识养成的"教条主义",以实践的感性提高理性的认识,使之臻于完善。在小说的结尾,南昌想起陈卓然关于"小市民"的观点:"他承认,这城市有着它的思想,不是深邃,而是隐匿。在假浪漫主义的壁饰、楼型、弯曲街道的微妙处理,在这些多少是轻浮的华丽的格调里面,流淌着正直的思索。他就要离开它了,他刚刚有些尊重它却要离开了。"与此同时,南昌看到前头有个奔跑的孩子,似乎是比他们年轻一些的舒拉(这个角色的年龄设置、家庭背景非常像作者化身),在全力奔跑,"舒拉这孩子,真是的!像她这样年龄的孩子,总是那么执著地奔跑,就像前途有什么确定的目标似的。南昌抹了一把脸,羞怯地笑了"。

王安忆让南昌们承担未来的重责,事实上,这个"前途的目标"并不清楚,既然"生活"是自给自足的、永动的,那前头还有什么样的目标需要思想者"执著地奔跑"?思想者的功能在哪,思想与"生活"与历史的关系是什么?一如她以往的小说中思想内容的模糊与思想者形象的诗化,这些年轻的思想者"生命"的意义在《启蒙时代》里得到诗化的描写、审美的提升,"文革"则为他们的青春提供了神话式的舞台。她书写这些年青人身体、感情、精神的生长,不无疼痛但最终是欢乐颂的前行。在这样一个审美时代的叙述基调中,"文化大革命"成了这些年轻思想者"阳光灿烂的日子"①。叙述者在纵聚合轴上反复"打光"——"阳光从枝条间投下,在他们脸上划了疏淡的影,光的部分则格外明澈";"不知觉中,一个夜晚在畅谈中过去,而他们没有一点倦意。推开窗户,清晨的光和气息扑面而来,

---

① 姜文的同名电影,与王安忆的《启蒙时代》在意识形态上有相通之处。

他们的脸一下子浸在了金汤里";"这里的空气都要多一些水分,变得滋润。所以,阳光就有一种沐洗的效果。他们的面目显得清朗洁净,在四面投来的目光下,不自觉地微笑着"……在光的衬托里,这些年轻思想者的肖像甚至散发圣洁的气息。然而,仔细考察这些思想者的所思所想会发现,思想在王安忆的笔下被修辞与智力化了,成为纯粹的智力推演与修辞。马克思译文汪洋雄辩的欧式长句,王校长"思维格式"的数学,高医生救死扶伤的医学,都接近"科学"式的"真理",而不是批判性的人文思考。这些思想者与"文革"历史的具体关联,他们对于"文革"可能的反思被掏空了。如果思想只在智力与审美的意义上起作用,王安忆肯定是抽象化了思想。

更且,当王安忆不满于当下生活的喧嚣浅薄,转而热情书写"文革"中这些青少年的"内心生活",他们对于知识与思想的追求与热爱,一个王安忆意识到但几乎不加批判的前提是——这些人的特权地位,特权保证了这些人在"文革"中的从容与余裕。这些曾经不可一世的第一代红卫兵,"血统论"的发明者,虽然他们的父辈遭到冲击,但正如小说所写,他们仍是"革命的力量"、城市的上层,与那些"革命的对象"——"文革"中战战兢兢、夹着尾巴做人的家庭与那些家庭中的子女,不可同日而语。他们那种无拘无束的自由游荡,可以随时闯入别人的家庭,那种天下为公、舍我其谁的豪气/霸气,他们所从出的父辈的官僚阶层,恰是第二波的红卫兵与群众在"文革"初期以"革命"的名义所反对的特权。小说从不描绘"文革"中复杂的极权与革命的绞缠,动机与后果的悖反,不同力量的组合。小说就像是一个密闭的实验场,人物依次上场,完成使命后退出,只为完成这些思想者的修炼。那些有幸或不幸在这个过程中作为修炼材料的人物,例如嘉宝,在思想者的辩证法中,从"受痛"者变成"施痛"者,成为南昌对伤痛的认识的素材、通达理性的中介。与南昌精神上的伤痛相比,嘉宝流产的创口显得多么形而下:"晒得滚烫的地面烙着他的身体,他身体深处也有一个创口,受着抚慰。天何其的蓝和高!"作为舒拉眼中钦羡的兄长,王安忆把"革命同志"的后代、第一代红卫兵的风姿写得如此浪漫,"共和国女儿"的政治无意识在此悄然现身。

结　语

写实图景所可能引爆的"批判"与浪漫怀思的"升华"之间的张力,构成王安忆近年小说中最特殊的景观。在好的时候,那种平民生活中蓄积的美与自然力相得益彰,呈现出救赎式的"灵韵";在另一些时候,面对较为复杂的历史事件与图景时,她的京派/浪漫派的美学方式就显得失之简化。更直接一点说,王安忆自律主义的升华式的美学观有时不免是一个自我封闭的美学空间,其中"生命"、"生活"、"天性"、"自然"上升为抽象原则,时代变成完成她美学塑造的布景,"常"

与"变"的辩证,最后经常变成"常"的永恒;时代的脉动、历史的转折都化为自然力最终的天数,人在"历史"中被转化为人在"自然"中,于焉,时代被审美化,被放逐出去的,是人与历史的多重关联。

说王安忆是"京派",不过是一个类比。王安忆身处的后社会主义与京派所身处的 20 世纪 30 年代在历史环境与条件上有相当大的差异,但在更长的时间轴线上看,在应对现代化发展潮流的忧思上,王安忆采取的美学姿态与意识形态确实与京派有很多相近之处。面对现代化挟科技工业、工具理性、"发展进步"的威力对世道人心的冲击,京派采取的基本上是回望的姿态,以对前现代的浪漫化与理想化来反抗现代。王安忆对于社会主义的书写也可作如是观。

确切地说,王安忆的社会主义怀旧,恐怕不是如某些论者所认为的,是对社会主义革命理想的加持①,王安忆怀的是审美意义上的旧,那个比较不那么现代,生命呈现更多生动面貌的社会主义。这个怀旧的性质比较接近"浪漫主义的反资本主义",是对前技术时代的招魂,而不是政治性的社会主义的反思与继承。王安忆对社会主义的书写,是基于"京派"/浪漫派对当下资本主义式机械化、原子式、商品化生活形态的不满,她对于政治意识有意无意地疏离,使得她往往侧重从人性、生命的角度来组织她的社会主义记忆,这一审美性文化性的角度既凸现出社会主义某种非资本主义市场化效率化主体的状态,又简化了社会主义面向的丰富与复杂,在艺术上也使得她的小说呈现出"抽象的具体":细节具体、翔实,充满各种细腻的历史印痕,但包裹、组织这些细节的,却是抽象的人性与历史观。于是,她的小说经常是"半部杰作":一方面是令人叹为观止的写实功力所携带的活生生、可引发众多联想与思考的生活与历史信息,汇感叹、抒情、分析、议论于一炉,时有体贴入微的人情世故的洞察的叙述者评论;另一面则是:叙述角度的单一、人物性格的扁平、叙述者凌驾一切的过度权威,以及,夹杂在她那些精彩华丽的叙述者评论中历史解释的唯心。

(原发表于《南开学报》2011 年第 2 期)

---

① 张旭东:《"启蒙"的精神现象学》,张旭东、王安忆:《对话启蒙时代》,三联书店出版社 2008 年版。

李城希，男，厦门大学人文学院中文系副教授，主要从事鲁迅、中国现代文学与传统文化研究。已发表《论"未完成的中国现代文学"》、《重新认识"中国现代文学史"》等论文，出版专著《鲁迅与中国传统文化 接受 偏离 回归》，合著《中国现代小说美学思想史论》。

性格、问题与命运：虎妞形象再认识

摘 要： 对虎妞这一形象的认识一直存在扭曲与忽略、负面评价、表面化、"重男轻女"等问题，因此，有必要对这一形象展开全面深入的研究，特别是：北方、都市与京城——虎妞性格的多重文化构成；晚婚与失身——虎妞的问题；悲剧结局与命运——虎妞之死。这三个密切相关的问题的结论共同构成虎妞这一形象的全体，全面深入地认识这三个问题才能较好地理解虎妞这一形象。

关键词： 虎妞 形象 再认识

早在 20 世纪 40 年代就有人指出，《骆驼祥子》①中的人物"写得最成功的，还该算到虎妞"②，现在更是有人认为虎妞"是中国现代文学史上最有光彩的女性形象"③，不仅如此，虎妞还是中国现代文学中为数不多的重要市民女性形象。

但是，自"五四"以来启蒙与文化批判——后来演变成阶级与道德批判并延续至今——这一重要却越来越单一的视角直接阻止人们对这一形象的全面认识，主要表现在四个方面：

一，扭曲与忽略。当阶级斗争占据历史舞台与人们的心灵时，虎妞这一复杂、生动、丰富的"人"的形象被扭曲为"阶级"与"道德"符号，认为"剥削者的意识已经渗透于她的灵魂之中"④，阶级批判取代理性认识，而当阶级斗争退出历史舞台时，人们对这一形象的认识不是忽略就是无所适从⑤。

二，负面评价。时至今日，人们即便意识到虎妞这一形象的重要性与丰富

---

① 本文以复旦大学出版社 2004 年 9 月版《骆驼祥子》为讨论依据。引文不再注释。
② 许杰：《论〈骆驼祥子〉》，吴怀斌、曾广灿编：《老舍研究资料》（下），十月文艺出版社 1985 年版，第 670 页。
③ 陈思和：《中国现当代文学名篇十五讲》，北京大学出版社 2003 年版，第 308，311 页。
④ 钱理群等著：《中国现代文学三十年》，上海文艺出版社 1987 年版，第 270 页。
⑤ 杨义的《中国现代小说史》未论及这一形象，钱理群等的《中国现代文学三十年》修订版则删掉初版关于虎妞形象的论述，这些都是忽略与无所适从的表现。

性,对其的评价仍然是负面的,"虎妞是个有缺点的女人"①,关注甚至歧视其先天的生理缺陷,"丑女"成为"共识"。

三,表面化。对虎妞形象的认识长期以来止于其性格的表层即言语和行为的直率与豪爽,未能触及深层与整体。

四,"重男轻女"。受思维方式局限特别是男性中心意识等因素影响,《骆驼祥子》中的人物研究长期存在重祥子而轻虎妞这一现象,这不仅指关注的程度,更指长期存在同情祥子的命运而轻视虎妞的人生悲剧这一情感倾向。所有这些现象实质上正是此前研究主体所处时代、思维能力与思维方式局限性的重要表现,对这一形象的认识也因此存在明显局限。

由此,有必要对虎妞这一形象展开全面深入的认识,特别是以下三个、北方、都市与京城——虎妞性格的多重文化构成;晚婚、失身及是否乱伦——虎妞的问题;悲剧结局与命运——虎妞之死。这三个密切相关的问题的答案共同构成虎妞这一形象的全体,只有全面深入认识这三个问题才能较好地理解虎妞这一重要形象。

一、北方、都市与京城:虎妞性格的多重文化构成

虎妞的性格是这一形象的重要表现与重要构成因素,也是认识和理解这一形象的重要起点,但此前的认识不仅有失全面,更未触及深层与核心问题。虎妞的性格不仅仅是我们此前所注意到的言语与行为的直率与豪爽,而是在多重文化影响下的多重构成。作为女性,虎妞是:北方、都市与京城文化环境中的女性;商人家庭与商业文化环境中的女性;传统文化环境中的女性。正是这三个重要层面共同构成虎妞性格的多样性与丰富性,对这三个方面的认识才是对虎妞的性格因而也是对这一形象的基础性认识。

(一)北方、都市与京城文化环境中的女性

虎妞性格的形成与她所处生活环境,首先与她所处的北方、都市与京城这三个不同性质与层次的生活与文化环境密切相关,这三者共同构成虎妞性格多方面表现,其中最突出的是她性格的"男性化",具体表现在这样几个重要方面:

首先是言语与行为的直率、豪爽、粗犷与偏犟。虎妞性格男性化的最明显表现是她言语与行为的直率、豪爽、粗犷、执著与偏犟。"她对谁都是那么直爽",无论是面对她的父亲、祥子还是车夫,都快人快语,不藏不掖;同时,她的言语与行为还具有男性的粗犷,"她什么都和男人一样,连骂人也有男人的爽快,有时候更多一些花样","一向野调无腔惯了";再就是,她的性格中有着明显执著甚至偏犟

---

① 陈思和:《中国现当代文学名篇十五讲》,北京大学出版社2003年版,第308,311页。

的一面,这特别表现在她对祥子的态度上,她"喜欢这个傻大个儿",一旦选择就不再放弃,直至与父亲刘四发生冲突甚至决裂。

虎妞这一性格的形成与她所处北方这个大环境密切相关,是北方文化奠定了虎妞性格的基调。受制于地理环境及人文等多重因素影响,中国的南方与北方,无论是自然还是人文都存在明显差异,"吾国疆域辽阔……好分为南北两派之言"①,这样的差异今天依然存在,对人的性格与行为构成直接影响。总体而言,无论男女,北方较为率直、豪爽、执著、倔犟,而南方则较为细腻、含蓄、柔和、委婉、变通。因此,虎妞性格的男性化倾向在北方具有普遍性,只是她身上表现更为集中突出。

其次是不加掩饰的优越感。如果说北方文化形成虎妞性格的直率与豪爽,那么,都市特别是京城与乡下的差异以及自身所处家庭相对优越的生活条件则形成虎妞特有的优越感,性格的男性化使她不加掩饰地予以表现。

虎妞之所以不假思索地把祥子当作自己人并打定主意与祥子结合,除了因为她直率的北方性格外,更重要是因为她在祥子面前有优越感。她明确意识到祥子与自己在意识、观念与行为之间存在的无法跨越的距离,在她看来,祥子是"地道窝窝头脑袋……乡下脑颏",当祥子执意要去拉车时,她脱口而出,"告诉你吧,就是不许你拉车!我就不许你浑身臭汗,臭烘烘的上我的炕",她后来在自己租住的大杂院更是有意识地表现优越感,"这样的杂院里,虎妞觉得很得意。她是唯一的有吃有穿,不用着急,而且可以走走逛逛的人。她高扬着脸,出来进去,既觉出自己的优越,并且怕别人沾惹她,她不理那群苦人"。

由于优越感具有极强的相对性,人们会谨慎对待。虎妞处在都市的底层,其优越感极不稳定,不假思索地表现成为她性格的又一显著特征。

再次是"居高临下"的气势。虎妞的性格男性化还表现在她的行为带有明显"居高临下"的气势,阳刚有余而阴柔不足,这主要表现在她与祥子之间关系的发展过程中。如果说她接触并喜欢祥子是她的权利,那么,她在祥子面前情感与行为的主动就有些居高临下了。她一再对祥子表达并要求祥子接受自己的感情——"不屈心,我真疼你",同时"警告"祥子——"跟我犯牛脖子,没你的好儿,告诉你",再到后来明白告诉祥子,"我就挑上了你,咱们是先斩后奏"。虎妞居高临下的气势还表现在对祥子行为的善意支配上,"我给你出个好主意"不是偶然的行为指导,而是虎妞面对祥子时一开始就具有的居高临下的心态与气势,在她看来,祥子集乡下人、进城者、车夫于一身,对他的支配也就自然而然。

之所以如此,与北方文化环境下养成的直率性格有关,更与身居都市,面对

---

① 柳诒徵:《中国文化史》(上卷),东方文化出版中心1988年版,第367~372页。

乡下进城者无条件的主人意识,特别是京城的唯一性所习染的俯视天下的心态有直接关系,同时还与她长期与处于社会底层的车夫打交道养成的支配行为密切相关。

(二)商人家庭与商业文化环境中的女性

如果说虎妞性格的男性化是她由所处北方、都市与京城生活环境与文化铸就,带有北方人性格的普遍性,那么,她性格中明显存在的精明干练、利益优先、经营意识、善抓机遇、行为决断、深通世故等特点则与她出身商人家庭与商业文化环境有直接关系,正是这些因素极大丰富了虎妞的性格并成为这一形象特殊性的重要表现。

日常生活中的虎妞精明干练,她"帮助父亲办事是把好手……刘四爷打外,虎妞打内,父女把人和车厂治理得铁筒一般","打外"是建立人际关系,"打内"则是切实的经营管理,精明也就是把管理的各个细小环节都纳入视野并进行有效的协调管理,这是管理的首要条件。为自己操办婚姻的过程中,从租房、装修到自己出嫁全程一人操办,"事情果然办得很快",显出她能够用最简洁的手段或方式达到目的极为干练的一面。

虎妞有明确的商业意识,深知经营的意义。当祥子执意要有自己的车时,她想的则是"也能弄上两三辆车,一天进个块儿八毛的",结婚之后直接对祥子提出经营的要求:"咱们买两辆车赁出去,你在家里吃车份儿行不行?行不行?"从她多少有些焦虑的语气中可以看出,她已感觉到经营对这个新家的重要与迫切。

虎妞还有精打细算甚至重利的习惯,这首先表现在与父亲共同经营车厂这一方面,虎妞帮父亲"打内",如果没有她对经营过程与细节特别是钱物的严格管理,就不可能有车厂的兴盛。结婚之际的租房以及求人办事,结婚后的日常生活同样表现出虎妞的精打细算。虽然有吃"零嘴"的习惯,但她与祥子的日常生活未见铺张。她的重利则从她与小福子的关系中可见一斑,"每次小福子用房间,虎妞提出个条件,须给她两毛钱。朋友是朋友,事情是事情",她能把朋友与利益关系轻松联系又区别开来。

虎妞深知人情世故,对世俗生活中人与人之间的关系及心态有自己的认识和理解,这特别表现在她通过婚姻问题认识父亲的本质。她深知父亲存在等级观念,在自己与祥子的婚姻问题上,"不肯往下走亲戚";她还深知父亲对财产的担心,"谁给我说媒也不行,一去提亲,老头子就当是算计着他那几十辆车呢";她还深知血缘关系非同一般,当因婚姻问题与父亲不愉快过后,她说,"爸爸到底是爸爸……咱们服个软,给他赔个'不是',大概也没有过不去的事",这是对人情世故的明确认识与理解,由此也可以看出虎妞极其成熟的重要一面。

虎妞还有善抓机遇、行为决断的重要一面,这充分表现在她与祥子的关系

第二辑·性格、问题与命运:虎妞形象再认识

上。对于已近四十的虎妞来说,祥子的到来无疑是一次难得的机遇,年龄与自然条件决定了她几乎与婚姻无缘,而祥子除了乡下人的身份之外,无论是身体还是内在品质都能满足她的需要。因此,她一开始就抓住祥子不放,这不是一时的冲动,而是认真思考的结果,"他是理想的人:老实,勤俭,壮实;以她的模样年纪说,实在不易再得个这样的宝贝"。不仅如此,祥子一心要有自己的车,在虎妞看来,这正是他的优点,"他并不是个蠢驴",虎妞因此才未简单行事,"她颇得用点心思……她得松一把,紧一把,教他老逃不出她的手心儿去",这是虎妞在认识到现实之后对自己行为的自觉把握,由此也可以看出她对生活的美好希望与期待。

虎妞还有行为决断的重要一面,这在帮父亲打理车厂的过程中有无数表现,特别表现在她与祥子的婚姻问题上。当父亲因观念问题成为自己婚姻的直接障碍且一时没有转机,她选择离开,与祥子独立生活。虎妞的善抓机遇和行为的决断是商人家庭与商业环境影响的结果,商业行为需要善于抓住机遇和善于决断,虎妞把它运用到自己的生活上。

因此,在商人家庭与商业文化环境中形成的性格特征是虎妞形象特殊性的重要表现,舍弃这一层面,虎妞就不成其为虎妞。

(三)传统文化环境中的女性

虎妞性格的男性化倾向掩盖了她性格中最基础和最本质的构成因素及其表现,这就是作为传统女性表现出的意识、观念与行为,此前的研究对此毫无察觉。

从生活经历看,虎妞当是一个跨世纪、跨时代、跨文化的人物,这对她的性格与命运有重要影响。她死时已四十出头,当是 19 世纪末出生,跨越了 19、20 两个世纪;从时代看,她跨越了晚清与民国两个不同时代,晚清时期的生活时间当占据她人生的大半;从文化看,她正处于传统与现代两种文化交替的重要时期,其意识、观念与行为都在发生变化。但这并不意味着进入民国,传统文化对女性的要求就立即发生本质性改变,妇女解放只是一个小小的开始,虎妞在相当大的程度上仍然是一个传统女性,面对两性关系(特别是婚姻关系)时表现出的意识、观念与行为无一不在传统文化规定的范围之内,这主要表现在:

1. 强烈的婚姻与家庭观念

对婚姻与家庭的强烈渴望与追求是虎妞作为传统女性的首要表现。"男大当娶,女大当聘"的传统婚姻观念在虎妞的意识中早已存在,虎妞与祥子相遇时已人近中年,当婚姻与家庭显示可能时,她立即表现出对婚姻与家庭的强烈渴望并及时抓住机遇。当婚姻障碍来自于父亲时,她不惜牺牲父女关系以及由此而来的家庭与社会关系。虎妞结婚是在与父亲决裂之后,"没有和父亲说过一句话,没有弟兄的护送,没有亲友的祝贺",更没有母亲的关爱,喜庆中透着凄凉,由

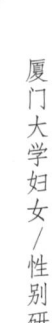

此可以看出虎妞对婚姻与家庭生活的向往与执著,实质上是把婚姻看作人生的归宿。

结婚后的虎妞表现出强烈的家庭观念,这首先表现在她对作为丈夫的祥子处处表现出的传统女性特有的爱与关怀。在与祥子相处的过程中,虎妞不是追求现代的平等相爱,而是无私奉献自己近乎母爱式的情感与关怀,她不止一次地对祥子说:"我惦念着你,疼你,护着你。"结婚时她操办一切事务,婚后她"变法儿给他买些作些新鲜的东西吃"。这些都是虎妞作为传统女性的重要表现。

虎妞的传统家庭观念还表现在她自觉的两性传统分工意识,婚后的虎妞自觉"主内",操持家务,有限的条件下不断丰富家庭生活,让祥子感受到家的温馨与快乐,"她做饭,收拾屋子;屋子里那点香味,暖气,都是他所未曾经验过的。不管她怎样,他觉得自己是有了家",乡下进城的祥子因为虎妞才有了归宿。在祥子看来,婚后的虎妞"不像个新妇。她的一举一动都像个多年的媳妇,麻利、老到,还带着点自得的劲儿"。虎妞还有不少生活常识,如祥子在外面淋雨感冒,"虎妞给他冲了碗姜糖水"。虎妞长期生活在单亲家庭之中,却一开始就扮演"贤妻"角色,这正是虎妞传统家庭意识与观念的突出表现。

2. 男性中心意识

作为传统女性,虎妞身上还有非常突出的男性中心意识与观念,"男女平等"与她无关,更不要说女性意识的觉醒。虎妞的男性中心意识主要表现在自觉维护男性在生活中的中心地位。虎妞有非常独立的生活能力,与祥子结婚时,一切事务基本上由她一手操办,但在婚姻生活中对祥子却表现出特有的依恋与依附性,如要祥子带她"出去玩玩",这正是男性中心意识作用的结果,"在娘家,她不缺吃,不缺穿,不缺零钱;只是没有个知心的男子,现在,她要捞回来这点缺欠,要大摇大摆地在街上,在庙会上,同着祥子去玩",这正是传统女性对男性依附性的重要心理与行为表现。她还深受"三从四德"思想影响,这是虎妞男性中心意识最重要表现。当得知父亲以悄悄离开的方式表示对自己婚姻的反对时,虎妞对自己的选择有过动摇,"她几乎后悔嫁了祥子",但她很快放弃了这一想法,她"舍不得祥子。凭他去拉车,他去要饭,也得永远跟着他","嫁鸡随鸡,什么也甭说了",虎妞恪守传统婚姻观念,婚姻快乐的根本原因在于她找到生活与精神的依托,尽管祥子并不是她的真正依托。

3. 对传统婚姻形式的严格遵循

作为传统女性,虎妞严格遵循传统婚姻形式。传统婚姻形式实质上是传统文化对女性行为与价值的规定与显现方式,对传统婚姻形式的严格遵循实质上就是对传统文化关于女性价值与行为方式规定的自觉认同。虎妞对传统婚姻形

式的遵从主要表现在两个重要方面：首先，她严格遵循"父母之命，媒妁之言"的传统婚姻模式。城乡差异是虎妞与祥子婚姻的重要条件也是难以克服的障碍，虎妞清醒地意识到这一点，她对祥子说过，"你看，你要是托个媒人去说，老头子一定不答应。他是拴车的，你是拉车的，他不肯往下走亲戚"，于是，她在父亲面前一有机会就替祥子说好话——"还是祥子，别人都差点劲儿"，同时提醒祥子在父亲面前要好好表现——"精神着点！讨老头子的喜欢！咱们的事有盼望"。她这样做，是深深意识到自己的婚姻要经过父亲的同意才行，"父母之命，媒妁之言"的婚姻传统已深深置入虎妞的意识之中。她最后的与父亲"决裂"并未突破这一传统的限制，而是她所说的"咱们是先斩后奏"而已。其次，虎妞"出嫁"时完全尊从传统仪式。虎妞与父亲"决裂"之后，独自处理婚姻大事。在这一过程中，她完全遵从传统的要求：首先是追求婚姻过程的吉祥与喜庆。租到房子后"马上找裱糊匠糊得四白落地；求冯先生给写了几个喜字，贴在屋中"；同时，她特别重视传统结婚的程式，"屋子糊好，她去讲轿子：一乘满天星的轿子，十六个响器，不要金灯，不要执事。一切讲好，她自己赶了身红绸子的上轿衣"；再次，她还特别注意民俗的种种规定，如吉日的选择，"喜日定的是大年初六，既是好日子，又不用忌门"，做嫁衣时她"在年前赶得，省得不过破五就动针"，由此可以看出，不仅直接的婚姻观念在她的意识中稳定存在，已经民俗化了的婚姻形式她也早已了然于心，婚姻生活完全在传统规定之下。

二、晚婚与失身：虎妞的问题

虎妞这一形象的复杂性不仅表现在她的性格上，更重要的是她身上还存在这样几个与中国文化传统甚至人类道德直接相关的重要问题：一是晚婚；二是失身，还有学者断言她还有乱伦问题，只有对这几个直接关系虎妞作为女性价值与命运的重要问题作出明确回答，才能深切理解虎妞作为女性受到的精神压迫。

虎妞的晚婚是个问题，要理解虎妞就必须回答这一问题。不要说虎妞所处的时代，即使是在时代与传统发生重大变异的今天，"男大当娶，女大当嫁"依然是人们普遍遵循的生活原则，晚婚，尤其是女性晚婚，会受到人们特殊的关注并自觉或不自觉地探究其原因，结论往往是负面的，这反过来给当事人带成无形的心理压力。虎妞的晚婚已到了几乎与婚姻无缘的境地，理所当然地受到人们的注意。从主观上看，虎妞不存在晚婚这一要求，"男大当娶，女大当聘"的观念在她的意识中早已存在，不仅如此，从后来她对祥子的态度可以看出她长期背负的精神压力并急于通过祥子予以解决，因此，她的晚婚当另有原因。历来关于虎妞晚婚原因的解释主要有这样两点：

一是虎妞自然形体的丑及性格男性化。虎妞"长得虎头虎脑,因此吓住了男人……没人敢娶她做太太",这显然难以成立。自然形体与性格确实会对女性的婚姻构成影响,但充其量只会导致理想与现实之间产生距离,不会给婚姻带来根本性影响。因为在中国文化传统特别是宗法观念影响下,女子结婚的首要任务是满足生殖即所谓传宗接代的需要而不是爱情,因此,女性的外表与性格不是婚姻的决定因素。二是强子的女人从外形上看比虎妞更丑,"二强嫂是全院里最矮丑的妇人……看着令人恶心",可她不仅成家而且生了几个孩子,其原因正在于此。虎妞的外表不妨碍她与外界的交往,倒是对交往有帮助,她的性格虽有男性化倾向,但未对她的行为构成任何负面影响,相反,从她婚前帮父亲打理车厂,婚后与祥子独立生活的情况看,这样的性格倒对她的生活有很大帮助,她从未悲观过。因此,自然条件的不足及性格的男性化不是虎妞晚婚的原因。

二是父亲刘四的耽误,这更不是理由。此前的研究者们把虎妞的晚婚乃至人生悲剧归结为父亲刘四对她的"剥削",这显然是阶级斗争观念直接作用的结果与表现。首先,刘四年轻时虽然有些行为不端,但他不仅未放弃家庭,在重男轻女的社会,他更未放弃女儿,更重要的是,从前到后未看到刘四对女儿有任何虐待行为;其次,进入民国后,与女儿一道经营车厂,目的是为了家,为了生活。他不会靠女儿来生存,他有很强的生活能力,这从他广泛的人际关系可以看出;再次,晚年时,他家的意识表现得更为强烈,对虎妞的未来更关心。在为自己祝寿的时候,触景生情,一是想到自己的处境,"忽然感到自家的孤独,没有老伴儿,只有个女儿……自己什么也不缺,只缺个儿子……不管自己怎样改了良,没人继续自己的事业,一切还不是白饶",这实质上是对圆满家庭的强烈向往。想到虎妞的归宿,在刘四看来,祥子显然不是女婿的合适人选,"祥子的确不错,但是提到儿婿两当,还差得多呢;一个臭拉车的",从这里可以看出刘四对虎妞婚姻的理想,受等级观念影响,希望虎妞能有一位合适的人选,然后能继承自己的财产。因此,虎妞的晚婚与父亲刘四无关,刘四作为父亲并未阻止虎妞的婚姻,而是未找到他心中理想的婚姻。

虎妞之所以晚婚,主要有以下四个重要原因:

首先是等级观念的影响。虎妞晚婚最重要原因的是等级观念的影响。刘四作为一个"有六十多辆车,至坏的也是七八成新"的车厂厂主,在京城至少也算是中等社会生活,他因此看不起处在底层社会的车夫。年轻时的人生经历及人生修养历决定了他不可能与上流社会打交道,等级观念让他处在中间状态,不上不下,虎妞的婚姻在相当大的程度上因此延误。虎妞本人也是如此,相对优越的生活条件使得她与车夫之间有不可逾越的障碍,而外在形象和男性化性格决定了她无法引起上层社会男性的注意,婚姻由此延误。

第二辑·性格、问题与命运:虎妞形象再认识

其次,直接生活环境的影响。虎妞一直生活在自家的车厂这个相对狭小的生活环境里,一直和车夫这个社会底层的人群打道,很难在这个群体中找到合适的对象。作为女性,她所处的时代还不允许她走出家门与男性独立交往。同时,父亲刘四虽然是个厂主,但他的"土混混出身"背景之下的个人社会关系无法给虎妞的婚姻带来便利,虽然为自己祝寿的时候来的人不少,但涉及婚姻就是另外一回事。

再次,单亲家庭的影响。从刘四爷"过惯了独身的生活"这一情况来看,虎妞在单亲家庭生活了相当长的时间,母爱温暖与关怀的缺失毫无疑问影响了她的性格、心理与行为,对她的生活,特别是她的婚姻,产生直接影响。儿女婚姻大事通常由母亲来张罗,最后谁来决断是另一回事。由于失去母亲的关心,父亲又有诸多不便,因此,年轻时的虎妞不一定能意识到婚姻的重要与急迫,当她意识到的时候为时已晚。即便意识到,女性在婚姻中表现主动总不是件好事,她也一定有所顾忌。与祥子相处的过程中表现出的主动则是在最后的机遇面前"奋不顾身",由此更显她对"男大当娶,女大当聘"婚姻传统的遵从。

最后,也许最重要的原因是虎妞的"失身",即贞洁问题的影响。虎妞在和祥子同居之后才暴露出隐藏多年的秘密,"她已早不是'处女',祥子在几点钟前才知道",乡下进城的祥子尚且在意这一问题,就不必说城里特别是京城中人了。中国传统文化对女性的贞洁有严格要求,"程朱理学的出现和传播,把女子的贞洁问题推到至高无上的程度,对两性关系的束缚进一步严格"①,贞洁不仅是对女性婚姻对象与权利的限制,要求从一而终,而且是对女性婚前性行为的严格限制,要求婚前保持纯洁。尽管虎妞所处时代与社会已有所不同,但传统对女性贞洁的要求并未改变。不管出于什么原因,虎妞曾经的行为显然越过女性应遵从的道德与行为规范,她自己一定清楚,这也许是虎妞晚婚最隐秘、最重要的原因,也是她最后突破等级观念,突破父亲的限制,下嫁祥子的根本原因。

虎妞的晚婚、失身本不是问题,更不是过错,但由于中国传统文化对女性诸多特殊要求在虎妞所处时代仍未改变,这些问题直接决定虎妞作为女性的人生意义与价值。

此外,有学者以十分肯定的口气断定虎妞存在乱伦行为②,这对谁都是一个不可小视的问题。如果这样,她的人生就完全失去意义,她的死亡与悲剧命运就很难获得人们的同情。因此,必须对这个关系虎妞人生价值的问题作出认真合理的解释,不可轻率作出结论,如果以此哗众那就更是问题。

---

① 刘达临:《中国古代性文化》,宁夏人民出版社1993年版,第632页。
② 王润华:《老舍小说新论》,学林出版社1995年版,第150~155页。

三、悲剧结局与命运：虎妞之死

长期以来，关于《骆驼祥子》中的人物形象的研究一直存在"重男轻女"的现象，在对待祥子与虎妞的命运这一问题上，这表现得最明显。人们对祥子的命运给予极大关注与同情，对虎妞的死（她作为女性的命运）则漠然置之，这不是认识能力问题而是潜在的性别歧视在文学研究中的直接表现。然而，不对虎妞之死及其原因进行分析，不对虎妞作为女性的命运加以深层认识，对这一形象的认识就不可能完成。

虎妞短暂的一生几乎集中女性的所有不幸——形体的丑，性格的男性化，生活在单亲家庭，失身，晚婚，在刚刚有了家，特别是即将有了孩子，要成为母亲的时候，"在夜里十二点，带着个孩子，断了气"。虎妞的一生，特别是她的死显然是不折不扣的人生悲剧，是女性的悲剧，也是社会悲剧。她的难产而死与她的身体素质无关，与个人生活习惯也无本质关系，而是深层的社会与传统问题。

如果说虎妞生存时的悲剧被她的男性性格与相对优越的生活状态所掩盖，虎妞之死就是无法用言语表达的人间悲剧。她没有也不可能想到她的生命与人生会在她对家庭，对即将来到人世间的新生命满怀喜悦与希望的时候悲剧性地结束。虎妞临产之前经历了：长时间的折磨——从"灯节左右……一直闹到月底……她已经不像人样了"；难产的恐惧——"收生婆又来到，给祥子一点暗示，恐怕要难产"；临产时不堪忍受的痛苦——"祥子，小福子，收生婆，连着守了她三天三夜"，到最后，"虎妞只剩下了大口地咽气，已经不会出声"；绝望——"她把一切的神佛都喊到了，并且许下多少誓愿，都没有用。最后，她嗓子已哑，只低唤着'妈哟！妈哟！'"；最后的死亡挣扎——"虎妞拿出最后的七八块钱来：'好祥子，快快去吧！花钱不要紧！等我好了，我乖乖地跟你过日子！快去吧！'"她是在这样一个不堪忍受的痛苦过程中带着另一个生命离开人间。虎妞的痛苦看得见，而在母腹中的幼小生命跟着母亲一道经历了何种痛苦就永远无法想像，这样的痛苦与死亡无论如何都值得深深的同情，迫使人们追问其死亡的原因与意义。

虎妞的死显然是人间悲剧，有多重意义：作为妻子，她的死是对刚刚开始的家庭生活的无情中止。她是带着对丈夫的无限牵挂，对生活的无限美好愿望离开人间。她的死意味着人到中年时好不容易建立起来的家的破碎，家背后的生活愿望永远不可能实现。同时，从乡下进城的祥子因虎妞的死重新回到进城时的生活状态，从此不再有人接纳，而此时他已步入中年，有限的生存能力使得他后来的"堕落"成为必然；作为准母亲，她的死是对母爱的痛苦中止——虎妞带着

她寄予无限喜悦与希望的幼小生命离开人间,她满怀的母爱还没有来得及施与给孩子,她的死没有换来另一个生命的新生,这样的遗憾与痛苦只有做母亲的才知道,常人无法想像;作为女性,她的死是历史与女性命运的重演。虎妞死后,"没有人送殡,除了祥子,就是小福子的两个弟弟",活得简单,死得凄凉。虎妞之死不仅是女性悲剧性生命过程本身的重演,即女性到做母亲这个特殊人生阶段就面临死亡威胁,"在这杂院里,小孩的生与母亲的死已被大家习惯的并为一谈",更重要的是女性悲剧命运的重演,中国传统文化中的女性没有社会地位,没有独立的人生价值,生存不被关怀,死亡难得重视,这样的生存状态在虎妞身上再一次重演。

虎妞之死的原因作品有一句简短的交代,"愚蠢与残忍是这里的一些现象;所以愚蠢,所以残忍,却另有原因",作品把她的死亡原因归结为怀孕期间的生活与行为方式导致的难产,这一结论值得讨论。虎妞在怀孕期间确有一些不"科学"的生活与行为方式,难产时试图通过民间流传的迷信手段解决问题,但未发展到"愚蠢"的程度。当最后问题不能解决的时候,她从这样的状态中走了出来,就是"收生婆"也告诉祥子"想法子到医院去",其意识最终都指向科学。

虎妞难产致死有多种看得见的原因,其中有些曾被看作虎妞的性格缺陷:首先是大龄,而且是"头胎"。虎妞怀孕的时候已是四十五岁左右,这无论在什么时代都存在很大的危险,第一次生育对女性来说本身就存在风险,这不是虎妞个人的问题。其次是缺乏生活常识。如缺少运动,虎妞自从怀孕之后,"大家都得早早的起来操作,只有她可以安闲自在的爱躺到什么时候就躺到什么时候",这对她的难产会构成影响,但不是决定性影响;还有饮食不当,这被看作虎妞的性格缺陷,"饭菜而外,她还得吃零食……她一吃便是两三大碗,她撑得慌",虎妞的形象因此进一步丑化。实际上,虎妞在此期间的吃喝并不是为满足个人的欲望,而是对腹中生命的关爱。再次,缺乏科学意识。怀孕期间,虎妞"一向没经过医生检查过,胎的部位并没有矫正过",之所以这样,一方面是她确实缺乏这一方面的意识,另一方面则与她所处家庭、时代和社会缺乏关心有直接关系。

然而,这些原因导致虎妞难产却并不一定导致虎妞的死亡,虎妞最后走向死亡的直接或表面原因是陷入贫困。难产之际请"陈二奶"的时候,"虎妞拿出最后的七八块钱来",而到医院去的花费远远超出她的能力,"医生来一趟是十块钱,只是看看,并不管接生。接生是二十块。要是难产的话,得到医院去,那就得几十块了"在现实面前,她已毫无能力,从乡下进城的祥子除自然力之外一无所有,当虎妞向他哀求的时候,他不是无动于衷而是无能为力,"没有办法,只好等着该死的就死"。

虎妞之死的直接原因是最后陷入贫困,但陷入贫困与虎妞的个人能力无关,相反,虎妞有很强的生存能力,只是那个时代和社会没有给女性生存的空间。因此,虎妞死亡的深层或根本原因是时代与传统对女性现实与精神压迫的结果,这主要表现在:

首先,男性中心社会对女性的多方面歧视性要求。这不仅首先表现为对女性自然形体与性格的多方面要求,更重要的是对女性的道德如贞操的要求,这两个现实要求不仅直接妨碍虎妞的生活,更对她的精神构成沉重压迫。虎妞的外表不符合男性的审美要求,仅此就几乎被拒绝于生活的大门之外,她的男性化性格同样难以被男性轻易接受,这给她带来的精神痛苦不言而喻。不是处女不符合男性对女性"从一而终"的要求,对她构成沉重而隐秘的精神压迫。这两个看得见的原因首先决定了虎妞作为女性命运的悲剧性。

其次,经济与社会地位不平等。就经济与社会地位而言,女性不管有多大能力都不能与男性一道平等参与社会生活,由此经济不独立,对男性具有极强的依附性,虎妞最后陷入贫困是对男性依附性的重要表现。虎妞具有很强的生活能力与经营意识,但女性在那个时候还未登上社会舞台。她先是依附于父亲,当她离开父亲时便失去个人能力表现的空间。婚后想依附祥子,但从乡下进城的祥子除自然力外一无所有,虎妞彻底失去施展个人能力的空间,陷入贫困成为必然。

再次,社会对底层特别是对女性的生活与命运漠不关心。虎妞长期以来与父亲相依为命,他们的性格与生活状态掩盖了父女俩生活的悲剧性。单身本身就很是问题,让他们各自陷入不同的生活与精神困苦之中,他们的性格让人们忽视了这一点。除了生活相对宽裕之外,他们同样处在社会底层,一切都要靠自己,自生自灭,虽是民国,但整个生活过程看不见政府或社会组织的影子,底层社会千百年来的生活状态在虎妞父女俩这里重现。作为女性更是如此,生与死都与社会无关。虎妞临产之际,除了处在社会最底层的小福子之外,没有任何人,更没有任何政府组织对虎妞的生活表现过关心。虎妞临近死亡的关头,小福子到医院,得到的不是对生命的关怀而是"报价",本是生命关怀的地方却把生命与金钱紧紧联系在一起,这直接反映了社会对底层特别是对女性的生活与命运的态度。

因此,虎妞死亡的直接原因是她陷入生活的贫困,根本原因则是千百年来女性命运在她身上的重演,虎妞的死是对社会底层,特别是女性,悲剧命运的又一次诉说。

虎妞不仅是一个在多重文化背景下具有多重文化构成的复杂性格的女性形象,更是一个作为中国女性命运象征的重要形象,对这一形象的理解深层地是对中国文化中女性命运的理解。仅仅止于她的性格甚至是性格的表层,不可能理

解这一形象,更不可能触及这一形象所具有的深层意义。只有当我们从虎妞自身,虎妞所处的直接生活环境,特别是她所处的时代与文化传统,来理解她时,才有可能进入她的生活与精神世界,从而较为全面深刻地理解虎妞并理解虎妞所在的底层女性的性格与命运。

(原发表于《文学评论》2009 年第 6 期)

钱建状,男,厦门大学人文学院中文系副教授。从事古典文学研究,曾在《文学遗产》、《文献》等刊物上发表论文十几篇,数篇文章为《人大复印资料》、《高等学校文科学报学术文摘》、《中国社会科学文摘》复印或摘录。代表性论文有《南渡词人地理分布与南宋文学发展新态势》、《南宋进士分科考试的背景与社会原因》等,出版专著《南宋初期的文化重组与文学新变》等。

围绕赵明诚"诸子"与李清照生平创作的几个问题

摘 要：本文认为，通过对《八闽通志》所载一条关于赵明诚诸子珍贵史料的考辨，赵明诚当确曾纳妾，其时间当在赵明诚守莱州期间。明诚因无子而纳妾，因纳妾而生有"诸子"，这一家庭事件，对学界理解其妻子——著名词人李清照的部分作品的编年、校勘、释文乃至思想感情，具有重要的参考价值。

关键词：赵明诚 诸子 李清照

赵、李无嗣，似为词学研究界所共识。倡为此说者，乃南宋洪适、翟耆年诸人。洪适在《〈金石录〉跋》中说："右赵氏《金石录》三卷……赵君之书，证据甚谓精博，然……亦时有误者。绍兴中，其妻易安居士李清照表上之。赵君无嗣，李又更嫁。其书行于世，而碑亡矣！"（《隶释》卷二十六）翟耆年也说："明诚……读书赡博，藏书万卷……建炎南渡，悉为盗夺，所存者九牛之一毛。又无子能保其遗余，每为之叹息也。"（《籀史》卷上）由于赵、李二人生平史料的匮乏，洪适诸人之说，从南宋迄于今，并未有人提出疑议。近年来，陈祖美先生在其《李清照新论》中提出："赵李无嗣，即没有儿子，而不能断定连女儿也没有。"理由是，"只有女儿没有儿子的人，在我国古代也同样被认为无嗣者"。此说可算是对"赵、李无嗣"说的补充。

那么，赵明诚果真"无嗣"吗，无嗣与"无子"是不是完全等同①？曩昔翻阅吴松弟先生所著之《中国移民史》（第四卷），见其"靖康乱后南迁的北方移民实例"（福建部分），赫者有"赵明诚儿子"五字在，则疑窦不能不开矣！今按图索骥，将有关材料详引如下，并以此为基点，对李清照的生平及创作中的有关问

---

① 刘宰《柳宫巡墓志铭》（《全宋文》卷六八五一）：柳谊有二子一女，"道宁、道徽。宁以疾废，徽甫冠而夭，命（柳）炳以嗣，实（柳）谟之子"。同书卷六八五六《故监行在北酒库张宣教墓志铭》：张氏有一子一女，子张松，"先君三日卒，松卒而君之命嗣未定，聚族而谋，无有昭穆相当者，谓情亲而义正无如刘氏，众曰然。即以用之从侄更名曰烨为松继"。有子而早夭，或因疾废，子卒而无孙皆为无嗣也。

题重加审视。

一

据明弘治本《八闽通志》卷六十八《人物》"流寓"：

> 赵思诚，字道夫。其先高密人。父挺之，崇宁宰相。兄存诚与思诚相继登进士，弟明诚亦富于学。三人皆博雅有远识。建炎南渡，存诚以徽猷阁帅东广，与思诚俱行。秩满，谋所向，以泉南俗淳，乃自五羊抵泉，家焉。后思诚历中书舍人，以宝文阁待制守泉。明诚以集英殿修撰帅金陵，卒于官，诸子亦徙居于泉。从弟浚、涣，俱第进士，涣任御史，以亲党皆在泉，亦终居焉。

上引这则材料，其中有两个问题必须加以说明。

其一，"诸子"是谁，"诸子"是不是赵明诚之子？

今案，此引文虽短，其中心是介绍赵氏族人南渡后迁居泉州的情况，文意清楚地分为四层。第一层总括介绍赵氏兄弟三人；第二层介绍赵存诚、赵思诚移居泉州的情况；第三层介绍赵明诚"诸子"从外地"徙居于泉"；第四层介绍赵氏其他族人定居泉州。因此，揆之文意，"诸子"当指赵明诚之子。若以"诸子"为赵思诚之子，则正常行文当为：

> 后思诚历中书舍人，以宝文阁待制守泉，诸子亦徙居于泉。明诚以集英殿修撰帅金陵，卒于官。

以此之故，乾隆朝修《福建通志》者，全文皆袭弘治本，唯删去"诸子亦徙居于泉"一语，盖以为明诚"无子"，此乃衍文也。道光本《福建通志》又将此语恢复，殆以前者之删为非也。

此外，以"诸子"为赵思诚之子，亦有违背情理之处。所谓"诸子亦徙居于泉"，意谓"诸子"先卜居他乡，后因父赵思诚迁居泉州，遂归宗于泉。赵存诚帅广东的时间，据《南宋制抚年表》考证，建炎元年十二月任。其继任者为陈邦光，建炎二年八月甲午迁任。建炎三年、建炎四年在任。《广州通志》卷二十六载，赵存诚建炎二年任，陈邦光建炎三年任。

又《建炎以来系年要录》卷四十五有"广东帅臣赵存诚"之语，洪迈《夷坚支癸》卷三有"赵中甫待待制思诚，绍兴初知广州。次年……终于府治"。据王仲闻先生，赵思诚当为赵存诚之误。据此，赵存诚绍兴元年知广州，次年卒于官。

又据《宋会要辑稿》崇儒四："绍兴二年十一月二十三日，秘书少监洪炎言：'福建故相余深家、泉州故相赵挺之家，藏国史实录善本……望下逐州谕令来上，优加恩赉'。从之。"

从上述材料可知，赵存诚秩满迁泉之时间，当在建炎二年。绍兴间帅广之事，或为再任。赵思诚随其兄迁居泉州早在建炎二年，故绍兴七年中书舍人李弥

逊草《赵思诚知泉州》制说他"久寓他邦,习知东南之习",王仲闻先生据此认为赵思诚乃寓居泉州时起知泉州的。因此,若赵思诚"诸子"后于其父迁居泉州,则至迟在建炎元年他们已仕宦他乡。宋代士人,若未满二十,即或登进士第,亦不能出官。门荫出官,则一般要迟至二十五岁。建炎之初,赵思诚子女之年龄大致可以推定。

据弘治本《八闽通志》六十七《人物》:"赵悰,字彦忠。待制思诚之子。晋江人。与朱文公善。为福建运管,宽盐法之病民者。知惠州,惠前称丰郡,后复艰窭,悰曰:'必吏欺也。'……治以最闻。就提举常平,卒于官。子谊,好学能文,聚书万卷,终知富阳县,守地恩州。"同卷《傅自得传》云:"父忠肃公察。宣和中以吏部员外郎使金,死之。母赵氏,忭之女,携三子避地抵泉,因居焉。"又据建炎三年晁公休所作《宋故朝散郎尚书吏部员外郎赠徽猷阁待制傅公行状》,傅察之长女许嫁承事郎赵悰。据此,赵思诚有一子名赵悰,与朱熹善,建炎三年时已定婚,为不带职"承事郎"。其妻家建炎南渡后寓居泉州。

同书卷六十八《人物》又载,"李邴……以资政殿学士奉祠,寓居泉州几二十年"。李邴绍兴十六年卒于泉州。则建炎初已寓居泉州。朱熹《朝请大夫李公墓碣铭》,其友李缜系李邴之嗣子,娶"赵氏宝文阁待制思诚之女",缜卒于隆兴二年,年五十六。据此,则赵明诚女婿乃李邴长子,生于大观三年(1109年)。因此,赵思诚之女之生年当在大观三年或稍后。建炎元年,19岁或更小,其夫家南渡久居泉州。

据洪迈《夷坚乙志》卷九《拦街虎》,赵挺之有一孙赵恬,与洪迈有交游。《夷坚支癸》卷八《赵十七总干》有"东武赵恬季和之子十七总干","予与季和为朋旧,识诸子于丱角时,未闻梦异,亦不记其姓名也"。据此,则洪迈与赵恬相识甚早。

又陆游开禧年间有《计鱼赋跋》:"某恭闻徽祖宣和末将下罪己诏……遂召肃愍公(宇文虚中之谥号)……某尝见公遗像于友人赵恬家,英气如生。"(《渭南文集》卷三十)此处之赵恬,亦见于《宋会要》、《建炎以来系年要录》。《宋会要辑稿》《食货》六一之四八"绍兴十年十二月十七日"条:"国信使资政殿大学士宇文虚中女言:'父枢密于建炎间奉使金国,蒙朝廷赐福州旧都监廨宇充宅……夫人黎氏乞将已赐田权充钱……今欲将钱还朝廷,其元赐田宅乞尽数给与夫赵恬。'从之。"《建炎以来系年要录》卷一百四十六"绍兴十二年八月"条:"右宣义郎福建提点刑狱司干办公事赵恬特勒停。"原因是,金人索宇文虚中家属,"上遣内侍计公彦往闽中迎之","恬,虚中子婿子。与其徒谋欲留师瑗(虚中子)一子为嗣。守臣程迈持不可。师瑗乃使恬以海舟夜载其属之温陵(按,即泉州)"。据此,则赵恬乃宇文虚中之婿,与陆游亦为友人。

洪迈出生于宣和三年(1123年),绍兴十五年(1145年)中博学宏词科。赵恬为其友朋,且相识较早。因此,赵恬当与洪迈年辈相右而稍长也。绍兴十二年(1142年),洪迈二十岁,而赵恬已由门荫而出官,其年当在二十五岁左右。建炎初年,十二三岁左右。即或赵恬长洪迈十岁,建炎初亦不及二十。未至出官年龄。

由上可知,建炎之初,赵明诚之诸子,其长者尚未娶妻,亦未出官,其幼者十二三岁。若不随父迁居泉州而卜居他乡,则与情理不符矣!《通志》所谓"后……明诚以集英殿修撰帅金陵,卒于官,诸子亦徙居于泉",言因赵明诚之卒,"诸子"未能及时归宗,故后"徙居于泉",则颇合情理。

此处之"诸子",亦非异姓或同姓"养子"。在宋代,"养异姓男者,徒一年"(《宋刑统》卷十二),因为"异姓之男,本非族类,违法收养,故徒一年"(同上)。"无子者,听养同宗昭穆相当者"(同上),因此,若赵明诚无嗣,其养子最有可能是赵存诚或赵思诚之子。从同宗过继"一子"为嗣,于情于法,皆为合理,过继"多子"则有悖人情,因此,"诸子"当为赵明诚亲生之子。

赵明诚之"诸子",在现存《李清照集》中尚可找到两处内证。其一,李清照在《打马图序》有"予独爱依经马,因取其赏罚互度,每事作数语,随事附见,使儿辈图之"数语。其中的"儿辈"一词,过去一直把它作为"泛指",即指代非清照己出的赵挺之孙如赵恬、赵谊等,而非赵姓如李擢等之子女亦谓清照所称之"儿辈"。但是,弘治本《福建通志》六十七《人物》载:"赵惊,字彦忠。待制思诚之子。晋江人。子谊,好学能文,聚书万卷,终知富阳县,守地恩州。"赵谊乃李清照孙辈。赵惊建炎二年时已订婚,赵恬绍兴四年时已十五六岁,似不宜游戏闺阁也。因此,若赵明诚纳妾生子于知莱州之时(详见下文考证),至绍兴四年李清照写《打马图序》时,其庶出之"诸子"长者约在十一二岁之间。作为嫡母,李清照所称"儿辈",首先当是指明诚"诸子"。其二,王仲闻先生《李清照事迹编年》"绍兴二年"条云:按是时赵思诚守起居郎,必在临安。清照与张汝舟离异不久,或亦在临安,赵存诚殆已卒。所云"泉州故相家,不知何人。惟绍兴五年,赵明诚家曾缴进《哲宗皇帝实录》,则此赵挺之家,或即赵明诚家,清照或曾赴闽也"。李清照《临江仙》"庭院深深深几许"一词,王仲闻先生认为作于闽北"建安",其中《花草粹编》本、《历代诗余》本有"灯花空结蕊,离别共伤情"一联。此联与"后诸子亦徙居于泉"有呼应之处。清照南渡后并未归宗泉州,却又有入闽迹象,与"离别共伤情"之语暗合。

其二,材料是否可靠?由于弘治本《福建通志》并未详注此段引文出处,这给我们今天判断其材料可靠性增加了困难。但是,若从以下几个方面来考虑,则所谓赵明诚"诸子"必须引起我们的重视。

一、明弘治本《福建通志》是现存古代第一部福建省通志,它较乾隆朝和道光

朝所修《福建通志》，时代早了许多。因此，从常识来看，其修撰者福建莆田人黄仲昭等所搜罗的材料较之后者更为广博。例如，就赵挺之的材料而言，王仲闻等学者经过多方搜罗，才得以考订出其孙辈三人，二孙赵恬、赵谊。一孙女系赵思诚之女。此书卷六十八记赵挺之另有一女，嫁王辟章。从同书六十七《人物》还可知，赵明诚有一子名赵惊，明诚孙名赵谊。此条材料不仅补前人之足，且能订正其误也。

二、《四库全书总目》曾评说此书曰："福建自宋梁克家三山志以后，记舆地者不下数十家，唯明黄仲昭《八闽通志》颇称善本。"也就是说，明弘治本《福建通志》的学术水平很高。黄氏在《八闽通志序》中说："至于人物一类，志或有未载及载而未尽者，必旁搜博考，尤致意焉……泉、漳、汀三郡志，则皆近日郡人所纂辑者，今所采人物皆因之。又虑局于见闻之偏，而于公论有未协也，复质于膳部主事莆田宋端仪，重考论而去取焉。先儒广汉张子尝论修志不可不载人物，岂不以人物乃典型所系而可以有补于世教乎！仲昭纂辑斯志，而尤慎重于是者，盖亦广汉张子之遗意也。"从黄氏之自序可见，他修《八闽通志》，对人物志相当重视，具体到泉州人物志的纂辑，既有因袭，又与有识者重加考论。态度是很认真的。

三、李清照的十二卷本《李易安集》，到清初尚存。黄仲昭等可以借此看到今人无法窥见的有关赵明诚的珍贵材料。

四、以今存的材料来比对，弘治本《福建通志》所述赵氏兄弟及其族人的行状，与相关史料并无多少出入。如所言赵存诚"帅东广"之事，见于李心传《建炎以来系年要录》卷四十五及吴廷燮《南宋制抚年表》卷下；言赵明诚从弟赵涣"第进士"、"任御史"也确有所据。据《建炎以来系年要录》卷九十二"绍兴五年八壬寅"条，"左迪功郎处州州学教授赵涣以荐对，特改左承事郎"。宋代官制，若士人登进士第，即为有出身人，则其阶官上带有"左"字。如赵思诚曾署"左朝散郎充徽猷阁待制提举江州太平观"，"盖赵曾登第，故官朝散郎上带有'左字'"（王仲闻《李清照集校注》附录《李清照事迹编年》）。由此，则赵涣曾登进士第无疑。赵涣曾"任御史"，据《建炎以来系年要录》卷一百二、卷一百四、卷一百六、卷一百九、卷一百十一、卷一百十六，凡六见。其初守监察御史为绍兴六年五月，绍兴七年十月罢。

二

"赵、李无嗣"而明诚有子，这无疑是另一把解开李清照心灵世界的钥匙。清照无子，则明诚"诸子"必自庶出。也就是说，赵明诚必曾纳妾。那么，赵明诚纳妾的大致时限是否可以考出呢？

从法律的角度看，宋代士民纳妾，必须排除一个特定时间段，即丁内外忧期。

《宋刑统》规定:"居父母丧,身自嫁娶,皆谓首从得罪……其男夫居丧娶妾,舍免所居之一官"。也就是说,在居丧的 27 个月内,在法律上,士人是禁止纳妾的。赵明诚父赵挺之卒于大观元年(1107 年)三月,其母卒于建炎元年(1127 年)三月前。因此,建炎以后,赵明诚没有纳妾的可能,而大观元年三月迄大观三年六月,此一时期,赵明诚也没有纳妾的可能性。

从社会伦理看,宋代士民,若壮年后仍无子,其纳妾行为往往受到社会的肯定;反之,多受到指责。《郑氏规范》说:"子孙有妻子者,不得更置侧室,以乱上下之分,违者责之。若年四十无子,许置一人。"(《治家杂训》)倪思在《买妾家训》中反对纳妾,认为士人中年以后纳妾,其害有二十,但他认为"无子者不得已而置之"并不算过分。因此,从伦理角度来推测,赵明诚中年(四十岁)之前,或未纳妾。也就是说,在赵明诚在屏居青州时期,当未纳妾。

从经济的角度看,宋人纳妾之士民者,当有相当之经济实力,姬妾的主要来源是购买。徐规先生在《宋代妇女的地位》(《仰素集》第 379 页,杭州大学出版社 1999 年版)一文中曾考证,宋代姬妾身价较高者,一般为三十万、四十万、五十万,也有高至近百万者。如王安石夫人曾买得一妾,价九十万文(《邵氏闻见录》卷十一)。正因为此,两宋之际,唯有豪富如张俊之孙张镃者,才能有姬侍"百数十人"(《齐东野语》卷二十),而寒士"欲买声伎"则多在"骤至显荣"之时(倪思《经鉏堂杂志》卷七"买妾家训")。李清照在《〈金石录〉后序》曾提及赵、李二人因经济原因而被迫割爱的情景:"尝记崇宁间,有人持徐熙牡丹图,求钱二十万,当时虽贵家子弟,求二十万,岂易得耶!""求二十万,岂易得耶!"此语移给赵明诚,则为:"求一美姬,贫岂易得耶!"因此,赵、李屏居青州时期,从经济的角度看,并不是赵明诚最恰当的纳妾时期。

综上所述,赵明诚守莱州之时,既不是在居丧期间,又正为四十岁左右的壮年前后,且多年无子。再度出仕后,作为一州之最高长官,赵明诚所得俸禄当也不薄。因此,不少学者推测,赵明诚纳妾时期,当为守莱州时期(参王汝弼《论李清照》,诸葛忆兵《寒窗败几无书史,公路可怜合至此——试论莱州重逢之际李清照与赵明诚的一段感情纠葛》)。从宋代士人纳妾条件看,我认为是有道理的。

三

若赵明诚因无子而纳妾,因纳妾而生有"诸子",确为事实。则李清照的部分作品的编年、校勘、释文乃至思想感情的理解,就与以往的研究结果有所不同。兹举几例,以窥一斑。

(一)关于释文

《金石录后序》写赵明诚临终之时,"取笔作诗,绝笔而终,殊无分香卖履之

意",有人认为"殊无分香卖履之意"就是没有留下遗嘱,安排后事。理由是:"就家庭情况而言,无妾无子,所有的财产和责任都是李清照一人承担,自然无需分香卖履。"(姚玉光《也论李清照词愁情的内涵——与陈祖美等先生商榷》,《文学遗产》2001年第2期)但实际上,赵明诚此时可能妻、妾、子俱全。作为妻妾之夫与诸子之父,他不仅应当关心身后财产继承与保护的问题,立庶为长的问题,也当有所交代。《宋刑统》卷十四规定:"妻年五十以上无子,听立庶以长。"是年,清照无子但未满五十,故是否立庶为长就是一个问题。

(二)关于编年

李清照有《临江仙》(庭院深深深几许)一词,其中,"春归秣陵树,人客建安城"一联,《四印斋所刻词》本〈漱玉词〉作"春归秣陵树,人客建康城",赵万里辑本作"春归秣陵树,人老建康城"。王仲闻先生认为作"建安为是",清照似曾至闽。理由是词中情境与居建康时之意兴甚豪不合,但仍有不少学者认为此词当作于从赵明诚居建康时。现联系"明诚以集英殿修撰帅金陵,卒于官,诸子亦徙居于泉"这一史实,则李清照以主母身份,携"诸子"归宗于泉而途经闽北之建安,是极有可能的。

(三)作品中的思想感情

李清照部分诗词中常杂有一些欲说还休的感情而令后世研究者众说纷纭。以《感怀》诗为例,或认为此诗表现李清照高雅的生活情趣但流露出几分落寞孤独,似有对丈夫忙于俗务应酬从而冷落自己感到不悦;或认为此诗表现作者厌弃世欲、安贫乐道的精神境界;或认为其中表现出男性的幽默;或认为此诗是李清照同情赵明诚居住的公廨简陋,没有文化氛围,她更愿意在清静中与文学为友,自得其乐。陈祖美先生等则提出新说,认为系李清照到莱州后受到赵明诚的冷遇,被打入冷宫,故以袁术自况。孰是孰非,让读者莫衷一是。

关于这首诗。我是基本赞成陈祖美先生的意见,但我认为,陈先生对造成赵、李感情裂痕的原因说得不特别具体,引起李清照感怀的原因是可以坐实的。联系赵明诚有"诸子"的事实,则《诗女史》和《彤管遗编》所收此诗前的小序就不容忽视。小序云:"宣和辛丑八月十日到莱,独坐一室,平生所见,皆不在目前。几上有《礼韵》,因信手开之,约以所开为韵作诗。偶得'子'字,因以为韵,作感怀诗云。"赵明诚既是因无子而欲纳妾,因纳妾而对李清照暂时有所冷落,则"子"字对于李清照,就决不仅是韵书中的一个字,而是其自怜、自怨的根源所在。相较而言,"平生所见,皆不在目前"只是表象。"寒士糟糠之妻,少同苦辛,今以进妾之故,糟糠之妻反成冷落,怨詈恚怒,遂为仇敌,妒忌之情,人所不免"(倪思《买妾家训》),倪思所总结的买妾之害,未必不适合赵、李二人。小序是解开这首诗秘密的一把钥匙。理解乎此,则诗中含义,当如庖丁解牛,迎刃自解。

"寒窗败几无书史,公路可怜合至此",唐宋诗词中,"合"字有"本该"、"该当"的意思,如"人人尽说江南好,游人只合江南老"(韦庄《菩萨蛮》),可证。首联乃清照因无子而自怜、自怨,"青州从事孔方兄,终日纷纷喜生事",何谓"生事",夫妻间之龃龉是也,为何"生事",纳妾是也。为何纳妾,"孔方兄"使之然耳!作为弱女子,李清照不可能超越那个时代,从制度上来认识纳妾的不合理。她无力与之对抗,只能把对纳妾制度的仇恨转嫁到直接与之相关的"金钱"身上。"作诗谢绝聊闭门,燕寝凝香有佳思","聊","姑且"之意。姑且忘记不快,身处偏室亦有静中之乐。此乃清照寻求自解之语,未必出自真心也。"静中我乃得至交,乌有先生子虚子",虽欲忘记不快,可"平生所见,皆不在目前",只能与"子虚乌有"相伴。孑然一身,独处空室,诗人的内心实难平静,因此,"乌有先生子虚子"乃自嘲之语,实寓独处之悲慨。

怜己、怨物、欲求自解却又无法排遣。这就是李清照在这首诗中展示出的心灵轨迹。

赵明诚是否纳妾,一直是词学界争论的话题,既纳妾而为何无子,则系反驳者的疑问。今将赵明诚"诸子"问题以材料的形式提出,望能有助于此一问题的澄清。因是孤证,未敢必是。希望同行专家指正。

(原发表于《庆贺吴熊和教授从教 50 周年论文集》,浙江大学出版社 2008 年版)

　　王烨，男，厦门大学人文学院中文系教授，博士生导师，主要从事20世纪革命文学研究，为中国现代文学研究会会员、中韩语言文化研究会理事、福建省现当代文学学会理事、福建省妇女研究会理事。已出版《二十年代革命小说的叙事形式》等两部学术专著，在《新华文摘》、《中国现代文学研究丛刊》等学术刊物上发表60余篇学术论文，主持教育部社科规划项目"国民革命时期国民党的革命文艺运动研究"。

莎菲作为"Modern Girl"形象的特征与价值

摘　要：自丁玲的《莎菲女士的日记》问世以来，人们对"莎菲"形象的认识就有分歧。新中国成立后，莎菲被现代文学研究者以及80年代以来的女性文学研究者视为具"叛逆"精神与追求"灵肉一致"爱情的现代女性典型，她身上的现代"Modern Girl"气息及其隐喻的社会姿态、文化性质却被遮掩与忽视。作为成功的现代女性文学形象，莎菲的典型意义不是她对封建意识与传统的叛逆，也不是她对"灵肉一致"爱情的追求，而是她身上焕发出的现代"Modern Girl"气息象征现代启蒙文化向都市颓废文明的历史衍变。

关键词：莎菲　Modern Girl　文学价值

　　因为"越轨"的笔致与人物形象的"Modern Girl"姿态，丁玲的《莎菲女士的日记》成为经久不衰的作品。在小说问世之初的30年代，人们对莎菲形象的理解与认识产生过分歧。新中国成立以后，莎菲被现代文学研究者与80年代以来的女性文学研究者视为现代女性"叛逆"精神与追求"灵肉一致"爱情的典型，她身上的现代"Modern Girl"气息及其隐喻的社会姿态、文化性质却被遮掩与忽视，"在相当长时间中几乎没人做进一步的阐述"①。将莎菲视为现代女性追求爱情与现代解放的思想视野与阐释方式，无法揭示丁玲这篇小说"炸弹般"震惊文坛的根源，无法呈现丁玲一举成名的现代文学史意义与价值②。事实上，《莎

---

①　[日]江上幸子：《现代中国的"新妇女"话语与作为"摩登女郎"代言人的丁玲》，《中国现代文学研究丛刊》2006年第2期。

②　笔者在2004年10月丁玲百年诞辰国际学术讨论会上宣读并提交会议论文《莎菲作为"Modern Girl"形象的意义》，但这篇论文仅引起少数学者的注意与兴趣，未获得会议的广泛关注与重视。近来，《中国现代文学研究丛刊》2006年2期发表江上幸子的论文《现代中国的"新妇女"话语与作为"摩登女郎"代言人的丁玲》，该文把丁玲早期小说创造视为"专注于'摩登女郎'苦闷的表现"。这说明，丁玲早期小说中女性形象身上的"Modern Girl"气息已逐渐引起现代文学研究界的注意与重视。

菲女士的日记》对新文坛与现代文学史的独特贡献,可能是它揭示出"这样一个隐蔽的事实"——"'摩登女郎'乃是'现代'所产生出来而又叛逆'现代'的,也就是叛逆于民族国家及其主流男性所需要的'现代小家庭'性别规范的女性"①。本文在现代文学"Modern Girl"形象塑造的历史背景上,分析"莎菲"这个人物形象的独特意义与文学价值,以揭示丁玲这篇"轰动文坛"的小说独有的艺术价值。

一、30年代批评者对莎菲形象的认识

30年代的文学批评者,认为"莎菲"这个文学形象的出现具有划时代的意义,标志现代女作家的创作进入新的历史阶段。"女作家的笔下,在冰心女士同绿漪女士的时代,是母爱或夫妻的爱;在沅君女士的时代,是母亲的爱与情人的爱互相冲突的时代。到了丁玲女士的时代,则纯粹是'爱'了。爱被讲到丁玲的时代,非但是家常便饭似的大讲特讲,而且已经更进了一层,要求较为深刻的纯粹的爱情了"②。与此同时,批评者非常赞赏丁玲对莎菲心理的大胆、越轨描写。与少数人视"莎菲"为现代女性"在性爱上的矛盾心理的代表者"③的认识不同,人们多认为莎菲象征着现代"Modern Girl"的鲜明姿态④。

那么,何谓"Modern Girl"呢?她的姿态是怎样性质的社会姿态?50年代以来现代文学研究界并未就此展开系统与深入的探讨,而是在"五四"启蒙主义或无产阶级解放的话语系统中,将莎菲视为现代女性追求解放的叛逆精神的象征,或将其视为资产阶级享乐主义与道德颓废的化身。

30年代的文学批评者不仅敏锐地将"莎菲"与现代都市中的"摩登女郎"联系起来,而且指出这类女子是近代都市资本主义的产物,"是用烫发、口红、香粉、高跟鞋、电影院、对方不明确的怀孕、玩弄男性等等象征性名词来描述的对象"⑤。钱谦吾认为,"Modern Girl"是典型的资产阶级"近代女子",在各大都市正不断出现与壮大。祝秀侠说,"Modern Girl"是现代都市文明的"时髦女子"与"享乐者",她们只"找寻着物质的享乐,找寻着官能上的满足",发狂般迷沉在"奢侈放纵的生活中"⑥。方英指出,"Modern Girl"是"资本主义化的",她们生活在富丽的服装、宴会与舞场的时髦娱乐中,生活在汽车、电话、钻石、化妆品以及香

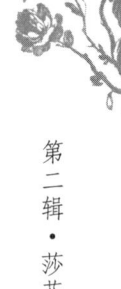

---

① ⑤ 〔日〕江上幸子:《现代中国的"新妇女"话语与作为"摩登女郎"代言人的丁玲》,《中国现代文学研究丛刊》2006年第2期。

② 毅真:《丁玲女士》,《妇女杂志》1930年第7期。

③ ⑥ 茅盾:《女作家丁玲》,《文艺月报》1933年第2期。

④ 钱谦吾:《丁玲》,《现代中国女作家》,北新书局1931年版,方英:《丁玲论》,《文艺新闻》1931年第22号,何丹仁:《关于新小说的诞生》,《北斗》1932年第1期。

槟酒的奢侈消费中。30年代文学批评者历史性地发现,日渐发达与繁荣的都市工商文明孕育出新的人类"族类"——摩登女子,她们在社会行为、性别心理与精神气质上与传统女性、现代新女性不同,她们无法进入建设型的职业生涯而无奈沦为资本主义消费性的社会存在,又以独立与自主的意识彻底背叛与颠覆男权的道德伦理规范与文化秩序,却因缺少挑战社会传统的力量与无法找到有效的解放途径而蜕变为精神的"苦闷"与"病态"、颓废。总之,莎菲象征与寓言的都市"时髦女子"社会姿态,就是"已经没有丝毫的封建意识存在"①。

不仅如此,30年代的文学批评者还指出"Modern Girl"的行为与精神特征。祝秀侠在他的一篇小说评论中指出,"Modern Girl"在美国原指"职业妇女",她们由于经济的充裕与生活的安适,由于男女社交的自由与娱乐场所的发达,逐渐养成寻找物质的享乐、官能的满足的生活风尚,奢侈放纵的生活造成这类"Modern Girl"鲜明的精神"特质",主要表现为五个方面:有不受任何束缚的性情、积极的享乐物质与娱乐、过着病态的精神生活、寻求官能上的纵欲与满足、不规则的玩弄人生的态度。美国职业女子的这种"Modern Girl"倾向后来波及日本发达的城市,"东京横滨等地方,已满布着这种新的都市社会的景象了"②。钱谦吾认为,在这类女子的诸多倾向中,"专门寻欢求乐的倾向"要"算是第一了",它带着浓郁的"'世纪末'的病态"。他这样描绘"Modern Girl"的情绪特征:

> 从"世纪末"的颓废所生的变质者,第一个特征,肉体上已有和常人不同的特征,自我观念很强,容易为一时的冲动所动摇。第二个特征,容易动情绪,对于毫不相干的事,笑着哭着。第三个特征,依其人的周围状况,或为厌世悲观,或对宇宙人生的种种恐怖心,常常像困惫、倦怠、烦闷。第四个特征,活动上表现很忧郁的状态。第五个特征,作无止境的梦想,不能注意于一事,来判断追求统一思想的脑力,因此专耽于漠然、暧昧、无顺序、断片的妄想。第六是怀疑的倾向,对于种种问题,怀抱疑惑,诠索其根底而不得解决烦闷者。最后一个特征是神秘狂,即 Mystical Delirium 的状态。③

可见,30年代的文学批评者发现"Modern Girl"作为社会现象已经大量出现,发现她们的"姿态"具有浓厚的现代"享乐"意识与世纪末颓废倾向,感受到她们的社会姿态对道德伦理与文化秩序的潜在颠覆力量。"Modern Girl"从"'有闲阶级'波及'中产阶级',引起'娼妓的蔓延',产生了'什么舞女呀,按摩女呀,女招待呀,女店员呀'等变形娼妓",这带来的社会后果与历史影响也根本不是现代

---

① ③ 钱谦吾:《丁玲》,《现代中国女作家》,北新书局1931年版。
② 茅盾:《女作家丁玲》,《文艺月报》1933年第2期。

女性的解放,而是现代女子道德与社会地位的"益趋堕落"①。都市文明催生的这种史无前例的"Modern Girl"让批评者惊讶,让他们意识到人类文明已发展到新的阶段,或者说,让他们看到人类文化与历史的坍塌与末日。这样,"Modern Girl"就不仅是现代都市发达、繁荣的一道亮丽风景线,而且像一篇深刻的历史启示录,既激动人心又让人惶恐不安。因此,"Modern Girl"女子在30年代中国的城市刚萌生就受到革命文化界的严厉批判②。

在这种意义上,30年代的文学批评者指出丁玲具有描写现代"Modern Girl"的天才,由此确立她在现代文坛上的独特地位,她"就是描写这一种姿态的作家"③,表现了"五四"女性作家所不曾有过的新的姿态。这是丁玲早期小说震惊当时文坛的真正原因,是《莎菲女士的日记》获得文学史意义与价值的历史因由,也是丁玲不满意她早期创作并诚恳接受左翼理论家批评的根本所在④。冯雪峰多次批评丁玲早期创作,认为早期的丁玲是有着"坏的倾向的作家"⑤,她的莎菲们所追求的实质是恋爱至上主义,"而她们所意想的恋爱至上主义却已经是带着颓废和空虚性质的东西,这是她们从当时跟没落期的资本主义输入进来的资产阶级颓废期的文化上接受来的。"⑥然而,80年代以来,人们多认为莎菲是叛逆封建旧礼教、追求爱情的女性形象,这遮蔽了这个形象真实的文学意义,削弱了它在现代文学史上"不可或缺、不能取代的典型意义"⑦。

二、莎菲作为"Modern Girl"女子的形象特征

丁玲的创作一开始就显示出新潮、时髦的现代都市生活倾向。在处女作《梦珂》中,学校美术课堂上的"女模特"与操场上"打网球"的体育活动,家庭生活中青年男女社交与看戏、看电影等等娱乐活动,女主人公电影公司求职并迅速成为电影明星的经历等,构成一幅十分摩登的现代都市生活氛围与小说背景。更具有摩登意味的是,"电影是梦珂从家乡进到上海后所品尝到的都市奇异的香味之

---

① ② [日]江上幸子:《现代中国的"新妇女"话语与作为"摩登女郎"代言人的丁玲》,《中国现代文学研究丛刊》2006年第2期。

③ 钱谦吾:《丁玲》,《现代中国女作家》,北新书局1931年版。

④ 在《在黑暗中·跋》中,丁玲说她不愿让读者觉得自己只能写一些只有浅薄感伤主义者易于了解的感慨。在《我的创作经验》中,她说她过去的小说描写的是自己并不同情的"女人的弱点"。

⑤ 冯雪峰:《雪峰文集(2)》,人民文学出版社1983年版,第336页。

⑥ 冯雪峰:《雪峰文集(2)》,人民文学出版社1983年版,第207页。

⑦ 袁良骏:《褒贬毁誉之间——谈谈〈莎菲女士的日记〉》,《十月》1980年第1期。

一"①,当她朦胧的纯真初恋被都市色情生活玷污后,她就委曲求全地走进电影圈并成为任人吹捧的女明星。人们已认识到,在 20 年代中国最繁华的城市上海,电影、电影院是最时髦、流行的风尚②,而女子加入这一新兴的文化产业——做电影明星,并非仅出于谋生和争取社会地位的迫使,它还被女子理解为"女性解放"的一种现代形式。但是,与这种城市摩登的小说背景不协调的是,主人公梦珂这个单纯而稚气的乡村少女,在都市世界的心灵感受有些"守旧"或"传统",她与被资本主义熏染的都市"色相市场"格格不入,始终以不断逃亡的方式反抗都市将自己的爱欲色情化③。丁玲的这篇处女作,呈现了一个由乡村进入城市并带有心理与文化冲突的叙事者视角。

《莎菲女士的日记》的小说背景仍然具有"modern"的都市情调,男女自由而浪漫的大学生活,女主人公高雅的"肺病"与精致的护理,不仅象征都市逸乐的资产阶级日常生活,而且隐喻都市"Modern Girl"的社会存在状况——她们无法进入社会又不愿成为家庭男权的奴仆,只能苦闷地生存在社会边缘并病态地放纵自我的情欲。与《梦珂》不同的是,莎菲与其所处的都市生活的文化心理冲突减退了,她被刻画成一个具有都市"Modern Girl"气质的年轻女子。莎菲对都市里男女爱情的游戏与技巧再无梦珂淳朴似的反感与憎恶,反而为都市泛滥的"色欲"所迷惑,那颗希冀获得理解的心扉无法被不懂爱的技巧的老实男子所感动,而被高贵的美型里安置着一个卑劣灵魂的骑士般男子的风度所煽动,造成"我是给我自己糟蹋了"④的堕落与反悔,最后决意离开使她疯狂与堕落的北京而南下。在这个意义上,完全被色欲操纵的莎菲已染有"Modern Girl"的气质,尽管在叙事结束时她已战胜自己而选择离开,但"我的生命只是我自己的玩品"的生命意识与人生观念并未使她将这次堕落视为"一个重大的事件"。⑤

作为"Modern Girl",莎菲的感受非常强烈。她不仅对人事敏感,对环境、天气等也都烦躁,缺乏应有的意志与理性。这份不健全或病态的性情,叙事者和主人公认为是肺病与孤独造成的,日记开篇就写道:"医生说顶好能多睡,多吃,莫想事,偏这就不能,夜晚总得到两三点才能睡着,天不亮又醒了。像这样刮风天,真不能不令人想到许多使人焦躁的事。"⑥敏感给她带来心灵痛楚,也带来心理苦闷,她不能理解、认识自己,"有时为一朵被风吹散了的白云,会感到一种渺茫

---

① 熊鹰:《都市、电影和女性》,丁玲研究会:《二十世纪中国社会变革的多彩画卷》,湖南文艺出版社 2006 年版,第 348 页。
② 李欧梵:《上海摩登——一种新都市文化在中国》,北京大学出版社 2001 年版。
③ 孟悦、戴锦华:《浮出历史地表》,河南人民出版社 1989 年版。
④⑤ 张炯:《丁玲全集(3 卷)》,河北人民出版社 2003 年版,第 78 页。
⑥ 张炯:《丁玲全集(3 卷)》,河北人民出版社 2003 年版,第 41 页。

的,不可捉摸的难过;但看到一个二十多岁的男子把眼泪一颗一颗掉到我手背时,却像野人一样在得意地笑了"①。作者和研究者指出,它是现代女性必须克服的"女人的弱点"②,但它实质上是"Modern Girl"独具的气质,也是现代人"颓废意识"的精神象征。19世纪以降,现代人对启蒙主义的理性、进步、科学等观念丧失信仰,产生对感性、艺术等审美现代性的历史追求,现代颓废主义成为城市文明中的幽灵而四处弥散。因此,莎菲浓厚的感性气质不仅是生理意义的性别特征,而且是现代都市日渐滋生的"颓废意识"的文化符码,可以说,莎菲身上表现出来的敏感与伤感,跟郁达夫小说主人公的精神气质十分相近,都是现代人走向"沉沦"的心理表现。所以,莎菲作为"Modern Girl"形象,跟"五四"文学中的"子君"们截然有别,子君们对自由爱情与独立人格的追求及对封建传统的无畏背叛,呈现对理性的信仰与意志自我的自信,象征建设性的生命意识。陷入生命苦闷并只能在病院里怨天尤人的莎菲,她的敏感与孤独使她成为浪费生命的颓废者,隐喻消费性的生命意识,即渴望将生命从文化秩序与情欲的束缚中解放出来以成为"自己的玩品"。

莎菲拥有的另一个"Modern Girl"特征是自我主义,她不仅"尽自己的残酷天性去折磨"③真挚爱她的苇弟,主动诱发或操纵凌吉士的色欲想像与激情而最后又拒绝、逃离,对好友、同学也缺乏同情、信赖与良善:"剑如既为我病,我倒快活,我不会拒绝听别人为我而病的消息"④。自我主义使莎菲陷入渴望被理解的孤独深渊中,使她成为"狷傲"或"怪癖"的女子,也使她意识并反省自己的本质,"我了解我自己,不过是一个女性十足的女人,女人只把心思放到她要征服的男人们身上。我要占有他,我要他无条件的献上他的心,跪着求我赐给他的吻呢"⑤。然而,莎菲无法走出自我主义的迷途,她反感人们指责她却不清楚她心底的真相与委屈,结果让她跟人们更加疏远了,"我真愿意这种时候会有人懂得我,便骂我,我也可以快乐而骄傲了"⑥。莎菲的这些任性表面看来是个人的性情和道德的缺陷所致,50年代末,因政治原因这些受到不应该的批判⑦,但这种自我中心的人格意识却有明显的"现代"特征。进入现代社会后,发达的物质文明与民主意识培育了现代人的个人观念,也造就了现代人强烈的自我主义意识。莎菲的撒谎与捉弄男性是现代文明的一种隐喻形式,是我们在传统文学世界里

---

①③④　张炯:《丁玲全集(3卷)》,河北人民出版社2003年版,第45页。
②　丁玲:《我的创作经验》,《中华日报》1932年第2期。
⑤　张炯:《丁玲全集(3卷)》,河北人民出版社2003年版,第51页。
⑥　张炯:《丁玲全集(3卷)》,河北人民出版社2003年版,第43页。
⑦　50年代末,受政治运动的影响,莎菲被视为玩弄男性、以别人痛苦为乐的个人主义者。参见周扬《文艺战线上的一场大辩论》、张天翼《关于莎菲女士》等文。

很少遇见的一个现代"尤物"。如果说,在传统社会与文学中,女性多成为男权的依附者和维护者,那么,莎菲的"Modern"意义就在于自我意识与自我欲望的增强,她不仅摆脱男权的压迫而且成为操纵男性的跃跃欲试者,成为征服与玩弄男性的智慧与行为主体,正像她教训苇弟说的那样,"不要以为姊姊像别的女人一样脆弱得受不起一颗眼泪"①。莎菲的自我主义还蕴涵另一方面的意味——现代消费主义与道德虚无主义的崛起,她把生命视为"自己的玩品"和快乐的源泉而"糟蹋",无视生命伦理与人生道义的自然规定性。因此,莎菲作为首次出现的自我主义的现代女子形象,鲜明夺目得让社会与文坛惊讶,她既背叛封建传统又超越"五四"启蒙主义,成为现代都市"颓废文明"的文化象征。

作为"Modern Girl",莎菲最鲜明的特征是拥有难以驱驾的情欲,这是小说"最初产生影响的原因"②。让人们惊讶的是,莎菲对异性的渴慕不是指向高尚或精神的爱情,而是指向男性外在的色貌与风度,凌吉士"颀长的身躯,白嫩的面庞,薄薄的小嘴唇,柔软的头发"煽动并点燃她的情欲,"无论他的思想怎样坏,他使我如此癫狂的动情,是曾有过而无疑"③。即使在认识道凌吉士的卑丑灵魂,她还是难以抑制、泯灭这种渴求,"可是我又倾慕他,思念他,甚至于没有他,我就失掉一切生活意义了;并且我常常想,假使有那么一日,我和他的嘴唇合拢来,密密的,那我的身体就从这心的狂笑中瓦解去,也愿意。其实,单单能获得骑士般的那人儿的温柔的一抚摩,随便他的手尖触到我身上的任何部分,因此就牺牲一切,我也肯"④。对男性色欲无法控制的冲动与癫狂,成为这篇小说叙事与莎菲心灵苦闷的真实动因,也成为情节冲突与叙事结束的决定因素,当莎菲希望凌吉士"只限于肉感"、"用他的色"来摧残她的心的时候,她才意识到自己无法像别的女人那样承受而决定离开。在这个意义上,莎菲不同于"五四"时期的"叛逆之女",后者追求爱欲的权利与爱欲的高尚、纯洁⑤,前者却把情欲投向生理意义的男性"色貌",人生经验使她明白"爱"隐藏的生理欲望,使她怀疑和不敢接受人间的爱情。因此,莎菲无法抗拒"色欲"而招致的人格堕落,仿佛不是对都市色欲世界的谴责,而是对生命强烈色欲的经验与认同,昭示新的现代女性主体意识的诞

---

① 张炯:《丁玲全集(3卷)》,河北人民出版社2003年版,第45页。
② 袁良骏:《丁玲研究资料》,天津人民出版社1982年版,第566页。
③ 张炯:《丁玲全集(3卷)》,河北人民出版社2003年版,第71页。
④ 张炯:《丁玲全集(3卷)》,河北人民出版社2003年版,第76页。
⑤ "五四"女性文学中女性渴望的爱情,是超越自然性欲的精神同盟,是对性欲的拒绝与否定。80年代以来,人们认为它呈现女性解放观念的封建意识与历史局限性。这种批评实质是80年代启蒙话语的"当下意识",忽略了"五四"女性文学的历史与社会语境,"五四"女性的这种爱情观念其实是对封建时代男性纵欲(蓄妾、嫖娼)的历史批判与否定。

生——在女性解放和都市文明的历史合力中滋生的"颓"加"荡"的气息。

总之,作为成功的现代女性文学形象,莎菲的典型性意义不是她对封建意识与传统的叛逆,也不是她对"灵肉一致"爱情的追求,而是她身上焕发出的前所未有的"Modern Girl"气息:感性、自我主义与色欲的感受,隐喻"因资本主义的发达而产生的'世纪末'的病态"①。而这些,在 20 年代的新文学中,除郁达夫的小说有过表现之外,其他作家少有或完全不涉及。因此,丁玲的这篇小说成为"中国新文坛上极可骄傲的成绩"②。

三、莎菲作为"Modern Girl"形象的独特意义

1928 年以后,中国现代文学史上出现许多"Modern Girl",慧女士(《幻灭》)、孙舞阳(《动摇》)、黑牡丹(《黑穆旦》)、信子(《MODERN GIRL》)、徐曼丽(《子夜》)等构成中国现代文学形象画廊中的一个系列。这类女性不同于追求现代性的"子君",不同已成为现代性主体的"采茗",更不同于生活在传统男权社会里的"祥林嫂",她们是现代都市物质文明培育起来的"消费性"人物与颓废主义者,对"物"与"性"的享受与追逐是她们的生命表征,道德虚无主义与享乐主义是其精神本质。她们是都市发达的物质文明培育出的新女性,是都市颓废文明中最亮丽的风景线。

在"Modern Girl"的历史谱系上,"莎菲"呈现审美独特性,她象征"Modern Girl"形象塑造时代的到来,隐喻现代启蒙意识形态向都市颓废文明转型带来的历史冲突与精神痛楚。

首先,莎菲是现代文学史上最早出现的"Modern Girl",率先表现都市生活中的新现象。20 世纪 20 年代,随着上海走向繁荣,新的城市时尚、风气逐渐引起现代作家的注意,茅盾、新感觉派作家、革命文学作家等纷纷描写上海的都市生活现象,丁玲开始创作时也选择上海新鲜的时尚生活为题材。作为"Modern Girl",莎菲的行为特征都接近新感觉派小说家笔下的都市女子,为情欲所激动的莎菲近似刘呐鸥小说中自由、大胆、无拘束的都市时髦女子,持有传统经验与记忆的男子在她们面前成为胆怯、守旧的"傻帽"并沦为被操纵与玩弄的对象;为孤独所苦的莎菲也似穆时英小说中的都市感伤者,那些流落都市的水手、舞女既无法承受孤独的重压也怀念美好的往昔,茫然寻觅一个温暖的心灵归宿却总是事与愿违。

可以说,丁玲塑造的莎菲形象不仅标志"五四"女作家的创作进入新阶段,而

---

① 袁良骏:《丁玲研究资料》,天津人民出版社 1982 年版,第 227 页。
② 袁良骏:《丁玲研究资料》,天津人民出版社 1982 年版,第 225 页。

且标志新文学进入表现都市生活的新阶段,即由创造社作家对都市青年"经济苦闷"与"性苦闷"的表现转向对都市女子放浪行为的表现。莎菲的"Modern Girl"姿态,使新文坛初次发现都市时髦女性社会行为与心理意识的特征,感受到新文学反映都市现实生活的新鲜气息。在这个意义上,《莎菲女士的日记》与莎菲女士,让新文坛无比震惊与激动,让人们发现丁玲作为现代女作家的天才与价值。

其次,莎菲与"孙舞阳"、"黑牡丹"等"Modern Girl"女子一样,身上有现代都市颓废文明的特征。享乐主义与道德虚无主义共同造成她们的生命意识,使她们成为"胃的奴隶"与"色的奴隶",成为放纵自我欲望的生命颓废者与都市文明的热情追逐者。慧女士、孙舞阳等以女性魅力涣散男性的理智而获得心灵的愉快,黑牡丹、信子等以美丽的色貌换取金钱来维持奢侈的生存,莎菲则小心翼翼放纵自我的感性及情欲。莎菲与她们的差别在于,她的渴望与幻想发生在孤独的房间里,不像孙舞阳们的行为发生在大街、办公室等公共场所。因此,丁玲虽然"深触在'Modern Girl'的典型生活里面"并"抓住了这一种生活的核心",但她描绘的莎菲"还不是完全资本主义化的","在她的创作里面,是找不到最富丽的新装,看不见不断变幻着光色的跳舞场,也看不见纸醉金迷的大宴会;同时,也没有家备的 Mtoer car,自动的电话机,金刚钻,画眉笔,以及香槟酒"①。不仅如此,她为情欲而发狂的同时,还鄙视凌吉士丑陋的灵魂与谴责自我的堕落。莎菲心理与行为的这种矛盾与混杂,使她及这篇小说饱历褒贬毁誉之争,这实质上表明莎菲既拥有现代启蒙理性的精神气质又含有现代颓废文明的气息。这两种混杂的文明特征,使莎菲既渴望、追求情欲的满足又厌恶这种颓废,既心甘情愿地沉沦又谴责自己的堕落。总之,莎菲的"苦闷"并非仅是生命灵与肉、文明与自然的心理冲突,还隐喻启蒙主义与颓废主义的文明冲突,或者说,莎菲象征着启蒙主义遭到颓废文明侵袭与挑战的历史冲突与精神痛苦。因此,莎菲作为"Modern Girl"的文学审美意义,不是反抗封建传统的"五四"性质的现代女性形象,也不是新感觉派作家笔下完全摩登化的都市女子形象,而是一个启蒙文明向颓废文明衍变中的"历史中间物",既时髦又守旧的文化心理造就了她的"混杂"特征。

[原发表于《南开学报》(哲社版)2007 年第 6 期]

---

① 袁良骏:《丁玲研究资料》,天津人民出版社 1982 年版,第 238 页。

杨慧,男,厦门大学人文中文系助理教授,主要从事中国现代文学与文论研究。发表的论文主要有《"现实"的诞生——再论瞿秋白对马克思主义文学理论的译介》、《论瞿秋白对左拉及其自然主义的批判》、《亲情的政治——韩国电影中的"兄弟"隐喻》等。

灾荒中的艰难"向左转"
——再论丁玲的《水》

摘 要：《水》是丁玲"向左转"的标志性作品，它的成就与局限都为当时的左翼批评界所热议。本文以两个长期被学界忽视的问题，即丁玲为何写作《水》和《水》的所谓局限因何而产生为研究对象，以丁玲"向左转"的深层思想构造为研究问题。通过文本细读和大量相关史料的发掘，本文考辨了丁玲的写作动机及其所蕴藏的公共意识与革命愿景的伦理冲突，认为丁玲"向左转"的革命选择之中蕴藏着强烈的理性精神与主体意识。

关键词：丁玲 《水》 灾荒 写作 向左转

作为丁玲"向左转"程途上的突破性作品，《水》的重要作用及意义已为众多研究所论及。然而，具体到这一突破的张力结构问题，则始终未见学界之深入研讨。这一研究空白在根源上可能与学界长期以来对一个重要细节的忽视有关，那就是作为《水》之题材的跻身于"中国近代十大灾荒"①的1931年大水灾。研究者要么将这一水灾题材作为创作背景一笔带过，要么将其看作不证自明的研究前提，以此论证丁玲积极的革命热忱抑或革命热忱之下的文化矛盾潜流。事实上，倘若我们挣脱一般社会历史研究的视野，给予这一水灾题材以文化社会学观照，对这一重大社会事件的文本化过程进行知识考古，也许会发现《水》和丁玲的"向左转"之间有着更为深刻和复杂的纠结。

一、"大众"的诞生：灾荒中的"革命"突破

1931年9—11月，丁玲的短篇小说《水》在《北斗》第1至3期连载。"这是以一九三一年中国十六省的水灾作为背景的，遭灾的农民群众是故事里的主人

---

① 李文海：《中国近代十大灾荒》，上海人民出版社1994年版，第202页。

公。"①这部"左翼文艺运动一九三一年的最优秀的成果"②标志着"新的小说"的诞生,并因此成为由"半新"进步知识分子作家转向成为"我们所需要的新的作家"(即党的革命作家)的生动案例③。

  作为"脱胎换骨的自我改造的过程中的一个最大的收获"④,《水》不仅被视为丁玲"向左转"的文学界碑,也被认定为整个左翼文学的分水岭。这种在冯雪峰看来不无夸张的激赏笔调其实主要缘于对《水》克服普罗文学积弊的惊喜。事实上,在写《水》以前,左翼作家丁玲也一直苦闷于创作的瓶颈,并将其归咎为限制自己思想的"作风"⑤。在这种限制性的"作风"之下,丁玲已创作出《韦护》、《一九三〇年春的上海》、《田家冲》等小说。具言之,《韦护》和《一九三〇年春的上海》明显带有"革命加恋爱"色彩,而在《田家冲》的"土地革命"主题之下,仍不脱智识阶级的启蒙叙事。而此时,共产党文学战线的文学理念正在以颠覆大众的被启蒙者姿态,把革命改写为大众的自我解放,将党领导下的大众换位为革命的主体。如此看来,丁玲正面临着智识阶级"向左转"过程中遭遇的普遍难题,亟须检视自己的革命观与历史观,探寻书写革命的新方法。

  《水》问世之初,冯雪峰就指出其具有三大优点:重大题材、正确的阶级分析、描写集体群像以及表现集体发展⑥,这些优点正体现出《水》在书写革命议题时的突破。检视文本,《水》描写了灾民们的自救、受难、觉醒和反抗。在小说结尾,这群"饥饿的人群"在识破了政府赈济的虚伪后,"比水还凶猛的,朝镇上扑过去",决心以反抗斗争去拿回"自己的东西"。民国期间,灾荒连年,以往的文学中虽多有灾荒中民不聊生、揭竿而起的叙述,但灾民为温饱而行的抗争仅在人道的意义上具有合法性,他们从未如《水》中的灾民那样安心地从地主那里拿回"自己的东西"。所谓揭竿而起,也往往是天灾人祸给灾民留下的"恶"的伤害,是一条不归的盗匪之路⑦。然而在《水》中,灾民的抗争具有充分的革命合法性,他们褪去了奄奄一息的可怜虫、抱头鼠窜的流民和为祸乡里的匪盗等"刻板印象",翻身成为革命主体。这正是左翼文学期待的革命叙事,其最高价值正在于"最先着眼

---

 ① 茅盾:《女作家丁玲》,《丁玲选集》,上海天马书店1933年版,第288页。
 ② 钱杏邨:《一九三一年中国文坛的回顾》,《北斗》1932年第2期。
 ③⑥ 丹仁(冯雪峰):《关于新的小说的诞生——评丁玲的〈水〉》,《北斗》1932年第1期。
 ④ 篷子:《编完之后》,《丁玲选集》,上海天马书店1933年版,第318页。
 ⑤ 丁玲:《我的创作生活》,《丁玲选集》,上海天马书1933年版。
 ⑦ 对比"乡土文学"代表人物台静农的《蚯蚓们》(1926)及"革命文学"代表人物华汉(阳翰生)的《奴隶》(1929)可见《水》不仅首次深入展现灾荒全程,而且赋予灾民反抗充分的主体精神和革命意识,这在灾荒题材文学史上实属突破。

到大众自己的力量"以及"相信大众是会转变"①。

二、政策与选择:多重合力中的《水》的写作

1931年初,胡也频被国民党杀害。悲愤中的丁玲把不满周岁的儿子送回常德老家,毅然投身革命,向党组织提出到苏区工作。但根据中央宣传部的指示,丁玲受命主编"左联"机关刊物《北斗》。

《水》正是丁玲为完成主编《北斗》任务而赶工完成的急就章②,此时的丁玲已不再是"左联"阵营外的"同路人",而是"阵营内战斗的一员"③。对于左翼文学的写作规范,丁玲也更自觉地遵守。在30年代初的左翼文坛,文学应当跟进描写当下重大事件的观念不仅流行而且已有系统的理论总结④。1931年的这场国土被灾3/4,"江淮两流域,则大地陆沉达数月之久",受灾人口"2520万人,相当于美国全国农民之数"⑤的特大洪水,显然是当时的重大事件,因此对它的急切书写也就不足为奇。事实上,此前一年,丁玲已经紧跟革命斗争节奏创作了《一九三○年春的上海》(一、二)。不过,《水》的"生活事实"显示,这篇小说的写作似乎过于急切。作为小说题材的这场水灾最早起始于湖南的7月18日,最迟为江苏北部的8月3日,平均日期为7月20日⑥,灾象全面显现于8月末,大水最终退去在9月末,一系列救灾措施的落实和灾况的缓解则在年末。《水》首发于1931年9月20日《北斗》创刊号,如此算来,丁玲构思和写作《水》的时间不超过两个月。

既然在水灾走向尚不明朗之际就急切成篇,《水》的写作意旨可能就不在于对这场水灾进行社会学意义上的精确分析。据文本而言,《水》并未展开对这场水灾的整体描写,未引用任何资料数据,文中的人名、地名、灾况也多非实写。应该说,这部小说的1931年水灾背景较为含混,读者可以将其指认为民国时期的任何一次南方水灾。相比之下,《水》之主调则是揭批国民党当局的贪腐,鼓动灾民反抗斗争。

---

① 丹仁(冯雪峰):《关于新的小说的诞生——评丁玲的〈水〉》,《北斗》1932年第1期。
② 丁玲:《我的创作生活》,《丁玲选集》,上海天马书1933年版,第276页。
③ 茅盾:《女作家丁玲》,《丁玲选集》,上海天马书店1933年版,第297页。
④ 对此观念最细致的理论总结就是报告文学理论。袁殊:《报告文学论》,《文艺新闻》1931年第18期。
⑤ 金陵大学农学院农业经济系:《中华民国二十年水灾区域之经济调查》,南京金陵大学农学院出版社1932年版,第9页。
⑥ 金陵大学农学院农业经济系:《中华民国二十年水灾区域之经济调查》,南京金陵大学农学院出版社1932年版,第7页。

作为"文总"（左翼文化总同盟）最重要的单位，"左联"接受党的有力领导。作为"左联"机关刊物《北斗》的主编，丁玲在一定程度上成了政策执行者，她要在党的领导下掌控编辑方针，完成"左联"交代的任务。在灾况最为严重的1931年9月初，中国共产党中央委员会机关报《红旗周报》刊发通讯《可怕的水灾》，细致介绍了水灾的严重情况，以激烈的言辞全盘否定国民党当局以发动民间赈济为主的一系列救灾行动，号召广大灾民向"安徽抢米的举动"学习，以武装反抗政府①。中共中央宣传部长张闻天代表中央在随后一期的《红旗周报》上撰文指认帝国主义和国民党是灾荒制造者，其赈灾活动亦不过是对灾民的欺骗，认为"只有推翻帝国主义国民党的统治，建立苏维埃政权，这一灾荒问题才能得到根本的解决"。张闻天具体提出"不纳租"、"不纳税"、"吃大户去"等十六条领导灾民斗争的口号，明确指出斗争策略："组织各地灾民自救团，抗租抗税团，分粮或抢粮团，吃大户团等，使这些组织，变成农民委员会，或游击队的组织，一直引导他们到革命。对于已经有的各种自发的灾民的与农民的组织，党必须加入，取得斗争的领导权。党必须要有步骤的，要依据灾民等斗争的经验，提高他们的斗争。"②最后，中共中央以张闻天的意见为核心形成《关于全国灾荒与我们的策略的决议》③。《水》的情节不仅与中共《决议》的精神基本符合，而且还描写国民党当局枪杀灾民等细节，再加上前述的特有的对灾民反抗的正面描写，这些高度神似《决议》之处难以巧合释之。事实上，1931年的这场大水，被左翼批评界视为"最值得作家们抓住的主要的题材"④。当年秋冬，"左联"常务委员田汉也以此为题材创作了话剧《洪水》。来年1月，第2卷第1期的《北斗》杂志又推出匡庐表现这场洪水的短篇小说《水灾》。

除了党的政策，家乡的灾情也牵动着丁玲的心。1931年的大水扫荡16个省，湖南也是重灾之区。是年6月，丁玲的家乡常德县暴雨成灾，"全县溃垸120个，死亡2936人"⑤。灾情激烈之际，丁玲的母亲和幼子尚在常德，无论从何渠道，丁玲都理应保持着对故乡灾情的最高关注。水灾是常德的常客，丁玲"对水灾后的惨相，从小印象极深"⑥。面对举国的大水，念及身在灾区的母子，丁玲把故乡和童年记忆写进《水》中，也是顺理成章的事情。细读文本，我们也不难发现

---

① 伯虎：《可怕的水灾》，《红旗周报》1931年第15期，第21～27页。
② 洛甫（张闻天）：《最近事变的总评》，《红旗周报》1931年第16期，第17～19页。
③ 中共中央：《关于全国灾荒与我们的策略的决议》，《红旗周报》1931年第17期，第26～27页。
④ 钱杏邨：《一九三一年中国文坛的回顾》，《北斗》1932年第2期。
⑤ www.zyk.cdcity.gov.cn/wzgg/cddsb/cddsb-2007-ni2006-2724.htm.
⑥ 丁玲：《谈自己的创作》，《丁玲论创作》，上海文艺出版社1985年版，第103页。

《水》浓郁的"常德特色"。首先,文中的地名多据故乡常德村镇实录或改写①。其次,文中人物以"老板"和"堂客"分别作为夫妻之背称,这也可能为常德方言所独有②。

因而,准确地讲,《水》是以作为1931年大水灾之一部的常德水灾为背景,写作虽经由党的灾荒决议和左联的文学规范所激发,但更多的确是丁玲对自己故乡记忆的书写。水灾题材所提供的重大事件、人物群像以及党对这一事件的具体策略,无疑给潜心于实现写作转型的丁玲提供了前所未有的突破契机。丁玲在回忆中也曾承认,"《水》是个突破……自己有意识地要到群众中,去描写群众,要写革命者,要写工农"③,但这种对文学规范的自觉追随也给其写作带来全新的难题和意外的困惑。

三、"局限"的剖面:生命欲求与革命困境

不过,就灾荒的革命叙事而言,《水》只是贴近而非契合党的革命话语。冯雪峰曾深入指出其三大缺点:一,篇幅短小,未能全面展现此一重大事件;二,没能写出土地革命的影响,也未能成功刻画出灾民组织者和领导者的形象;三,写出已有觉悟的灾民,但却缺乏更具革命意义的发展④。冯论虽自文学问题切入,但其主旨却是对中共中央《关于全国灾荒与我们的策略的决议》的重述。丁玲本人

---

① 《水》中提到的牛毛滩、汤家阙、三富庄等地名均为杜撰,长岭岗则是常德鼎城区下属市镇,乌鸦山在汉寿县。"牛毛滩"可能改用自"牛鼻滩",该镇也归属常德市鼎城区。另承蒙丁玲研究专家涂绍钧先生指点,在常德境内,有很多围湖造田形成的"垸",故多有"某家垸"之类地名,在常德,个别地方的方言多将"垸"读为"yue(日)"。丁玲不生长在垸乡,可能误将"垸"写成"阙"。

② 从《水》中一段自牛毛滩逃难而来的妯娌与当地人的对话中可见,"老板"是牛毛滩人口中对丈夫的背称(《北斗》第1卷第1期,第33~34页)。从本地人抗洪抢险时的对话中可见,"堂客"是对妻子的背称(《北斗》第1卷第2期,第33,36页)。另据叙事人交代,牛毛滩是距故事发生的本地"五六十里远的地方",两地同处一个大方言区。在吴方言区中,"老板"用来指称"户主"(闵家骥、晁继周、刘介明编:《汉语方言常用语词典》,浙江教育出版社1991年版,第310页)。旧时,吴人用"堂客"称呼长期被人包占的妓女,上海郊区等地的人也在贬义上也称呼妇女,绝不能用来背称"妻子"(闵家骥等编:《简明吴方言词典》,上海辞书出版社1986年版,第75页)。丁玲故乡的常德方言与鄂西方言接近,也称妻子为"堂客"(满大启、罗祚韩编写:《常德地方志:民俗、方言志》,中国文史出版社1994年版,第58页)。另承涂绍钧先生指点,常德县城或集镇常有背称丈夫为"老板"之说。因此,"老板"和"堂客"分别作为夫妻的背称,可谓常德方言特色。

③ 冬晓:《走访丁玲——答〈开卷〉杂志记者问》,《丁玲写作生涯》,百花文艺出版社1984年版,第309页。

④ 丹仁(冯雪峰):《关于新的小说的诞生——评丁玲的〈水〉》,《北斗》1932年第1期。

也对《水》表示不满,认为这是"一个潦草的完结"①。

细读文本,《水》的写作延续了丁玲一贯的细腻笔法,通过老外婆这一历尽灾荒的人物对悲剧命运的讲述,儿童视角下黑色幽默式的灾情呈现,逃难的外地灾民的铺垫以及一波三折的水患,小说出色地设置"等待水灾爆发"的悬念,营造了忐忑压抑的情绪。尽管静态的心理分析大幅减少,但通过事件的发展,小说细腻地刻画了人们在大灾面前衡量他人与个人利益时的微妙心理。更为可贵的是,小说出色描画了灾难来临时乡亲、家人之间的同舟共济、不离不弃的人性光芒和勇于抗争、坚韧不屈的生命意识。正如左翼批评家钱杏邨所论,《水》出色地表现灾民们"都要活,都要逃去死"的强烈生命欲求及其所带动的自我力量的发现和革命要求的迸发②。然而,因为以灾民的"生命欲求"作为革命的叙述动力,《水》却成了一个缺乏外来者的封闭叙事。这种封闭虽成功拒绝了"三小姐"(《田家冲》)式的启蒙者的进入,突出了大众觉醒的主体性,却也阻隔了党的革命思想,这使得《水》成了缺乏党的组织领导的大众自发革命叙事。党的领导的缺位使得灾民的革命觉悟缺乏深入发展,自然也难以展开有组织的革命斗争。小说结尾写灾民们向镇上扑去,却并未言及扑去以后的战斗过程和战斗成果,缺乏对灾民有组织革命斗争过程的表现。

束手于党和底层大众相隔绝的叙述难题,这其实是知识分子作家尚游离于党的革命话语的表现。这种痼疾式的疏离,一直是包括丁玲在内的左翼作家努力克服的。努力克服但却难以克服,丁玲这次到底遇到怎样的难关?丁玲自述其"写农民与自然灾害作斗争还比较顺手,但写到农民与封建统治者作斗争,就比较抽象,只能是自己想像的东西了"③,的确,丁玲之所以没有能力表现灾民革命,一个重要的原因是没有范本可循。党的关于灾民斗争的决议中有一系列具体指令,但却缺乏对这一事件的整体描绘。深入到现实层面,丁玲也难见灾民革命斗争的成功范例。事实上,中共中央用决议鼓励灾民"抢米"的行动在历史上屡见不鲜。根据夏明方的研究,仅在民国建立前的十年间,平均每年抢米风潮即发生1.5次。抢米活动首先针对地主豪绅,其次针对城镇米店粮行和米船米车,严重破坏社会秩序。更关键的是,这些冲突虽以群体形式出现,甚至不乏严密组织,但不改农民斗争的分散性,大多不堪一击,持续的时间多在一周以内,看不出任何历史进步性④。如果说上述灾民斗争的落后是因为缺乏党的有效领导,那

① 丁玲:《我的创作生活》,《丁玲选集》,上海天马书 1933 年版,第 276 页。
② 钱杏邨:《一九三一年中国文坛的回顾》,《北斗》1932 年第 2 期。
③ 丁玲:《谈自己的创作》,《丁玲论创作》,上海文艺出版社 1985 年版,第 103 页。
④ 夏明方:《民国时期自然灾害与乡村社会》,中华书局 2000 年版,第 263~268 页。

么在一份湘鄂西省委的工作报告中我们却发现苏区遭遇的灾民"斗争"难题:"灾民群众在各地发生不分阶级的乱闹,损及基本群众利益,阻碍革命的发展,打骂捆送政府负责人,包围政府,与红军游击队冲突,到白区与当地群众对立仇视互相厮杀。"①

如此说来,对党领导灾民斗争的文学表现是个前无古人,甚至后无来者的艰巨任务。显而易见,所谓《水》之"局限"就是指其没能写出党领导灾民斗争的宏伟画卷,而这一"画卷"就如同一道无解之迷题,让丁玲无从下笔。

四、革命与灾荒的双重伦理:"水"的文本化

如果我们细读《水》的文本,还是隐约能够发现一些1931年大水的蛛丝马迹。《水》中那曾经让无数灾民们翘首以待的募捐(救济)搞得不同凡响,募捐本是平常事,但此次募捐却有着1931年大水灾赈济的特有印记。在《水》的语境中,此次向外国好人"化缘"是和向县长、京官募捐并行的国家行为。这种广泛深入、规模宏大的官民结合的赈济活动正是始于1931年大水灾。

由于自身救灾能力的严重不足和民间"义赈"传统的相对发达,国民政府把政府主导、积极吸收民间力量参与的国家赈济作为国家救灾的主要方式。1931年8月,因灾情危急,且为克服资金物资由各省募集、发放带来的贪腐问题,在原有的国家赈务机关"赈灾委员会"之外,国民党当局特设中央直辖的国民政府救济水灾委员会(简称"国水委"),统筹救济工作。②

充分吸取民间义赈资源和经验的"国水委"大张旗鼓地展开赈济工作。争取国际捐助就是其主要工作之一。此前的灾荒赈济中,不乏赈灾机关"迭向国内外呼吁"③,争取外国捐助的情况,但此次"国水委"的国际募捐却是国民政府的首次国家行为。委员长宋子文亲自通过英文广播向国际社会介绍灾情,争取援助④,还电商国联聘请富于办赈经验的英人辛普生爵士来华充任顾问⑤。这就是《水》中向外国好人"化缘"事件的历史背景。

国民党当局以"国水委"为核心的赈济工作在当时产生巨大影响,水灾伊始,同为"民国四大报"的《大公报》和《申报》就连篇累牍地报道国民政府的赈济情

---

① 湘鄂西省委:《湘鄂西省苏维埃的工作》,《红旗周报》1932年第40期,第62页。
② 王龙章:《中国历代灾况与赈济政策》,南京独立出版社1942年版,第60~61页。
③ 王龙章:《中国历代灾况与赈济政策》,南京独立出版社1942年版,第67页。
④ 中国第二历史档案馆藏:《国民政府救济水灾委员会及所属各组办事细则草案》,全宗号—579,案卷号—1。转引自[韩]朴敬石:《南京国民政府救济水灾委员会的活动与民间义赈》,《江苏社会科学》2004年第5期。
⑤ 王龙章:《中国历代灾况与赈济政策》,南京独立出版社1942年版,第72页。

况,刊登各地灾民的"呼救之电",发起赈灾募捐活动。随着灾害日益严重,《申报》和《大公报》都牺牲作为经济命脉的广告收入,连日拿出一或两版的整版篇幅刊登政府赈灾公告和报社的赈灾广告及鸣谢文章。两报的赈济活动得到社会各界的广泛响应,全国出现如"人力车夫慷捐血汗,商铺学徒倾囊助赈"①的诸多感人之举。在举国动员、人人踊跃的捐助浪潮下,才出现《水》中描绘的那些深入灾区的募捐组织活动。

按照《水》的描写,在重兵戒备之下,仅极少数先到的灾民有幸在粥厂领"一碗薄粥",只有1％的灾民得到异地安置。这些细节在1931年的大水灾中都可对号入座②。但总体来看,国民政府的赈济措施绝非"虚伪"所能定义。据灾后统计,"国水委"募集中外人士捐款750余万元,经用款项及赈品总计7 000万元③,仅急赈一项即达1 700余万元,受赈区域即达269余县,受赈人口500万④。

不可否认,"国水委"这一优异的募捐成绩得益于使用借鉴民间义赈传统的新型工作方式,更主要的原因则是这场空前惨烈的水灾给国人带来巨大震动。

1931年,命运多舛的中国再次被灾难笼罩,先是1929年世界经济大萧条蔓延至中国东南乃至东北,经济衰颓;刚刚统一国家的国民党内部亦发生孙科等人导演的桂粤派系分裂,内争不断;然后是军阀石友三叛乱,兵祸再起;日本帝国主义先后制造"万宝山惨案"以及朝鲜排华案,步步紧逼。1931年大水肆虐之际,国家元气本已消耗殆尽。此次水患,不仅灾况惨烈,且被灾各地,多为东南产米之区、赋税主源。经此巨浸扫荡,颗粒无收,国家民食财政均陷于危机。因此,无论是国家政权还是社会精英,均将此浩劫视为"国家之巨变,民族之奇灾",惊呼中华民族"实已濒九死一生之绝地"⑤。

面对威胁千万灾民生命的空前巨灾,监察院长于右任在国府纪念周报告中所强调的"人溺己溺、救人救己"的人道精神和"天下兴亡、匹夫有责"的公共意识⑥成为舆论主调。1931年8月25日,《大公报》发表"社评",警示国人此次灾害"事属创见,责异寻常",不可过分寄望于政府与友邦,自轻其责,"自应激发天

---

① 《扩大同情心 拯救饥溺人》,《大公报》1931年8月28日。
② 武汉是1931年水灾的重灾区,在武汉水灾赈济中,出现与《水》之描述类似的细节。谢蒪茂编著:《一九三一年汉口大水记》,江汉印书馆1931年版,第142～155页。
③ 宋子文:《国民政府救济水灾委员会报告书·序言》,《国民政府救济水灾委员会报》,1933年,第3页。
④ 王龙章:《中国历代灾况与赈济政策》,南京独立出版社1942年版,第72～76页。
⑤ 《中宣部为赈济水灾昨发表告全国同胞书》,《大公报》1931年08月26日。
⑥ 于右任:《以禹稷的伟大责任心救济全国水灾》,《大公报》1931年8月13日。

良,各尽微责"①。

在《水》中,镇上来的安抚者把水灾解释为几百年不遇,非人力可抗的天灾。据当时中央气象站研究所报告,长江下游旋风带来暴雨,仅7月间即达7次之多,其中降水超过2尺者4处,超过20寸者2处,降水总量相当于全年雨量之半数。因此,金陵大学农学院的灾情调查报告认为"此种反常之雨量,实为此广大区域所以成灾之主因"②。不过此报告亦承认,水利防御措施的缺乏是灾况被放大的重要原因③。历史地看,对于水利建设水平之低下,奉行"不计其他"之内战决策的国民党当局难辞其咎。1930年中原大战时,"国民政府财政部将湖北1 000多万积存金挪作攻打冯玉祥、阎锡山的军费。这笔水利经费的挪用,是酿成武汉大水灾的重要原因"④。《中华民国二十年水灾区域之经济调查》谈及日后水利建设时认为,"只要凡农人所纳之水利捐税能涓滴归公用于水利事业,而不似今日之移作他用,斯可矣"⑤。这和《水》中的灾民抢险时对县里修堤的抱怨——"年年的捐,左捐右捐,到他们鸟那儿去了"恰成同调。

如此看来,如中共中央《决议》所示,《水》把国民党当局指认为灾祸的实际制造者,并不缺乏事实的依据。不过正如舆论所评,作为现代政治之普遍原则,中国政府理当负起"浚河治水之责",然而,"浩劫已至,空言责任,亦复奚益?"当时的舆论重心不在于考诘政府的责任,而在于督促"政府对于救灾工作奋勉尽责,务求减少灾民之死亡",呼吁全国各界"各自本其能力所及,慷慨解囊",全力拯救全国待毙之灾民⑥。客观地讲,面对饿殍遍野的惨况,募集衣食的"急赈"正与死神赛跑。在国家多难,无力积极预防灾荒之际,"有灾即赈,乃为积极"⑦。

"夫立国于20世纪,而犹年年闹水灾,此在世界各国,本属罕见,吾国犹以文明国自居者,不可不有以雪此耻也。"⑧在急赈的同时,知识精英也开始对灾难的深入反思。他们敏锐意识到,面对巨灾,人们需要拯救的不仅是灾难,更是人心。今日弥天浩劫,"实属人人之责任,各各应忏悔"⑨。痛定思痛,灾荒的最终挽救,

---

① 《更进一步敬告读者》,《大公报》1931年8月25日。
② 金陵大学农学院农业经济系:《中华民国二十年水灾区域之经济调查》,南京金陵大学农学院出版社1932年版,第7页。
③⑤ 金陵大学农学院农业经济系:《中华民国二十年水灾区域之经济调查》,南京金陵大学农学院出版社1932年版,第121页。
④ 周庆、胡诚:《鲜明的对比——著名灾荒史专家李文海教授访谈录》,《人民日报》1998年8月21日。
⑥ 《从三种利害说到救灾问题》,《大公报》1931年8月24日。
⑦ 《总动员与普遍救济》,《申报》1931年8月4日。
⑧ 沈怡:《水灾与今后中国之水利问题》,《申报》1931年9月13日。
⑨ 《救人自救 救灾救心》,《大公报》1931年8月21日。

首先在于"大家心理革命"①，国人应有卧薪尝胆之志，洗尽陋习，将此捐款赈灾视为学做现代公民之契机。所谓救人自救，助人自助，身为社会之一员，人人应该有义务维护社会基本秩序，反之，"抑凡无同情心义务心之人，根本上将不堪在现代生存者也"②。

"目前惨祸，为收近世以来种种恶政恶俗之总结"③是，当此国家危亡之际，知识精英不仅以人溺己溺之心，同舟共济之志共赴国难，而且以灾难为契机，全面反思检讨中国积弊，把赈济活动作为检验和培养国人公共人格的过程，也将中国的希望寄托于未来真正公民社会的形成。随着"九一八"突发，内忧外患重压之下的国人绝境奋发，整个社会呈现出空前凝聚力。打打谈谈，渐成痼疾的桂粤分裂，正是在此社会氛围中不治而愈。天助自助，多难兴邦，团结一心，共御外侮的声音正成为舆论主调。

作为"阵营内战斗的一员"，丁玲在革命语境中创作出《水》，党的决议和左联的规范提供了叙述的伦理保证。但与此同时，作家丁玲正被包裹于上述舆论中。此时的水灾，不仅是一个党领导灾民斗争的革命事件，更是一个国家面临危亡的公共事件。所谓"社会兴亡，公民有责"，若在公民的层面叙述这场水灾，显然需要别样的灾荒伦理。进言之，作为当时唯一具有全国执行力的合法政府，国民政府的救灾主体地位不能不被承认。神州陆沉，拯救为第一要务，此时鼓吹灾民有组织的暴动不啻落井下石，显然是对社会主流伦理的挑战。在《水》中，丁玲有限度地描写了灾民们的反抗，用了近一半的小说篇幅论证这种反抗的人道依据，使得其叙述见容于主流舆论。作为具有强烈公共意识的作家，丁玲不能在深度反思自己的理性和人格的写作行为中蒙蔽自己，进而彻底抛开灾荒伦理，完成灾民暴动的革命叙事。

翻腾在公共意识与革命愿景激荡起的伦理旋涡中，《水》的唯一结果只能是仓促收笔。这既是作为"阵营内战斗的一员"的丁玲的"局限"，也是作为具有公共意识的作家丁玲的"界限"。在此崭新的灾荒书写中，丁玲对"局限"的积极克服和对"界限"的深沉坚守，乃至两者所塑型的张力结构，都生动体现了其"向左转"过程的深刻与复杂。事实上，对于丁玲这样的受过新文化洗礼的成熟作家而言，革命绝非简单的盲从，而是一个积极而痛苦的理性抉择。回到这一抉择本身，也许会给我们展现一个更有价值的问题域。

（原发表于《吉林大学社会科学学报》2011年第3期）

---

① 《本社救灾日之辞》，《大公报》1931年9月1日。
② 《平津各界与救灾》，《大公报》1931年8月22日。
③ 《为大水告全国学生》，《大公报》1931年8月30日。

  陈嬿如，女，厦门大学新闻传播学院教授、博士生导师，留学美国、新加坡，在国外获得大众传播学学士、硕士、博士学位。主持并完成多项国家级和省部级社会科学研究课题。在美国、欧洲、澳洲和亚洲出版的英文国际学术刊物（包括 SSCI 期刊）上发表论文 10 多篇。出版传播学专著 5 部（其中一部在美国出版）。专著《中国市场经济时代的传播战役与民族凝聚力》获得福建省第五届社会科学优秀成果一等奖。在国内学术刊物上发表论文数十篇。2004 年获得"福建省第三届优秀青年社会科学工作者"称号。2004 年入选教育部首批"新世纪优秀人才支持计划"。

当代中国影视中的女性形象之嬗变*

摘　要：当代中国影视剧中的女性形象经历了半个多世纪的嬗变，从最初符合时代政治要求的"理想女性"逐渐转变为女性主体意识觉醒后的"女性理想"的追求者，在社会发展、电视等传播技术普及之后，又逐渐"退化"为符合男性审美期待和心理期望的新一类"理想女性"。这种与社会进步同时出现的女性形象的"反动"值得进一步研究。即便是专门由女性编导、为女性观众创作的女性题材电视剧和电影，也在一定程度上与社会主流男权话语中的女性形象妥协。本文提出，塑造健康而富有时代感的女性形象，必须认识到健全的男性和女性形象都应该兼备"双性"的性格特征。

关键词：中国　当代　影视　女性形象

　　现代大众传播媒介的内容，尤其是娱乐类别的内容，既在一定程度上反映社会现实，又在一定程度上成为引导或误导现实中某些潮流和倾向的"助推器"[1]。从20世纪70年代开始，电视、电影中的女性形象以及这些形象对社会的主导女性观和女性性别角色观的影响引起包括女性主义学者在内的西方社会科学研究者的广泛关注[2]。90年代以来，这种学术关注越来越多地被引入中国，从女性主义的视角审视这类女性形象的学术研究成果也渐渐增多[3]。那么，中国影视中的女性形象究竟有哪些主要类型（假如类型化现象存在），她们反映了什么样的女性观？

---

* 本文研究获教育部新世纪优秀人才支持计划资助。

① Chen Yanru & Hao Xiaoming. Conflict Resolution in Love Triangles: Perspectives Offered by Chinese TV Dramas, *Intercultural Communication Studies*, 1997, 1.

② ［美］劳伦·拉比诺维茨著：《肥皂剧新娘梦》，王政、杜芳琴编译：《社会性别研究选译》，三联书店1998年版，第326页。

③ 韩贺南、张健：《女性学导论》，北京教育科学出版社2005年版，第164页。

从时代的理想女性到女性理想的追求者

有学者认为,新中国成立之后"十七年"的电影作品中的女性形象呈"被动"态势,是有待于强有力的男性"拯救"的受压迫的女性,他们由此得出结论:现实中,虽然中国共产党领导的革命解放了妇女,但主流意识形态指导下的媒介话语仍然歧视女性[1]。

上述观点难以令人苟同。建国后头17年间拍摄的经典故事影片有许多反映的是革命成功以前的中国社会现实,旧时代的女性确实难免"被侮辱与被损害"的命运,如果没有强有力的革命者的引导和带领,还真无法"解放"自己。具体一点说,比如《红色娘子军》中的吴琼花,确实需要洪常青的"拯救"才能从敌人的牢笼中脱身,也需要"党代表"的帮助才能从一个一心想报私仇的丫环转变为一个有阶级觉悟的革命战士——正像影片主题歌中所唱的,"战士的责任重,妇女的怨仇深"。当时的形势使然。我们不能以今天的眼光和标准去要求那个时代的人。

另一个典型的女性成长故事是《青春之歌》。影片中,林道静从一开始就濒临绝境而被男性拯救,而现在通过历史学习我们都知道,她的经历,是那个无权无势的女性容易沦为商品的时代的缩影。这部影片现在已经成为公认的"红色经典",其特点之一就在于女主人公成长过程中接受过不只一位男性"导师"(或称引路人)的领导、帮助和"拯救",但值得注意的是,林道静参加革命初期得到过另外一位女性革命者(林红)的帮助。林红并非全然没有女人味的"铁人",只是残酷的斗争环境使她克服了林道静式的软弱、狂热和浪漫。女性参加革命的道路比男性的曲折,面临的困难和危险更多,需要更多地割舍和牺牲传统性别角色赋予她们的情感,《党的女儿》中三个女主角的故事就体现了这一点。她们的阶级意识和革命觉悟部分地来源于她们那当红军的丈夫对她们的教育和启蒙。红军长征离开苏区后,她们在绝境中探索着继续对敌斗争。影片中有这样一个场景,主角李玉梅若有所失地说:"我们女的到底是办法少,要是有个男同志跟我们在一起该多好啊!"这时,她想起丈夫临别时的话:"你别难过。要记住:一个党员,不管遇到多大的困难,都要坚持革命斗争。"接下来出现影片中最感人的一幕:三个入党不久的农村妇女,与党组织失去联系,在为暂避敌人追击而藏身的山洞里组成一个党小组,商定按照党的章程领导乡亲们进行革命斗争。在这里,男性不仅是女性走上革命道路的启蒙者和领导者,还是她们精神力量的来源。

---

[1] Phyllis Andors. *Unfinished Liberation of Chinese Women*:1949—1980,Bloomingtong:Indiana University Press,1983,pp.173~174.

在影片描写的残酷的革命斗争中,女性的阶级意识一旦觉醒,政治觉悟一旦提高,她们就成为与男同志并肩战斗的时代英雄,男女之间的感情和角色的差别都可以忽略不计。

除了摆脱被压迫被出卖的阶级命运(不仅是弱势女性的命运),这一时期还有许多知名影片中的女性是革命者的妻子或母亲,如《烈火中永生》中的江姐、《铁道游击队》中的芳林嫂、《平原游击队》中李向阳的母亲、《永不消逝的电波》中的何兰芬,不一而足,影片均把她们塑造成男同志的好帮手,随时准备为革命牺牲自己的"理想女性"。《党的女儿》中的李玉梅为掩护游击队派来的交通员牺牲自己,临行前她一语双关地对被吓哭的女儿说:"要听妈妈的话!"实际上,她在提醒交通员要听党的话;对于她那即将成为孤女的女儿来说,党也就是她的"妈妈"。西方女性主义学者或许会批评这种牺牲"不人道",但那是因为他们不曾认识到最高意义上的"理想女性"和"理想男性"都是为了使命愿意牺牲生命的人,为了信仰愿意牺牲亲情、友情、爱情、乡情的人。

说到"理想女性",按照当时的标准看,就是自觉地将个人命运的改善融入革命斗争的大局,和男性同志分担同样的工作责任,不寻求女性社会性别特征的表现,也就是不因为自己是女性而要求"照顾"和"特殊"的人。与其说银幕上的这些理想女性在为女性的理想而奋斗,不如说她们在为整个阶级的命运而抗争。难道因为这一点,今天的我们就应该苛责她们"缺乏女性意识"?事实上,从建国到"文革"的优秀国产故事片中的女性正面人物几乎都是时代认可的理想的载体。个体与个体之间的区别在于有的是一上场就符合时代理想,有的则是经过"锻炼"和"改造"才符合这种理想。

当时反映新社会变革的影片还塑造了另一类型的理想女性,如《我们村里的年轻人》中的孔淑贞。她们无一例外地有美丽的外表、高度的政治觉悟、积极的工作热情,甚至泼辣的性格。但与男主角相比,她们总在某一方面欠点"火候",经过男主角的帮助,她们进步、成长为可与男性比肩的符合时代要求的"理想女性"。如果我们考虑到中国妇女解放的艰难历程,当时的影片对新社会的女性形象作如此处理无可厚非。"时代不同了,男女都一样",这是毛泽东的教导,也给当时在很大程度上作为意识形态领域强有力宣传工具的电影定了调:男同志能做到的事情,女同志也能做到。考究用词,我们可以说,当时影片中的新时代新女性应该全部称为"妇女",也就是毛泽东时代国家政治话语中的性别概念,是一种包含权力分配意义的政治化的概念。"男女一样"并不一定意味着"男女平等",而是妇女向男性世界的标准靠拢看齐,在社会角色定位方面遵从原本由男性界定的规则,满足原本仅仅适用于男性的社会角色期望。其实,即便是描写旧时代女性如何走向新生活、投身革命的影片,也绝少让主人公使用"女人"这个词。西方的汉学家曾经说过,"女人"让人想起英文中"women with a small w",是"小写"的,而"妇女"恰好相反,它是伴随着共产主义运动的发展而逐渐得到广泛使用的称呼,指代"翻身的女人"①——这一类理想女性同时追求自身的理想。

也许,这一时期有一类电影的女性形象比较独特,是"别一类"的"理想女性",那就是音乐+少数民族地域风光+爱情的故事片,如《阿诗玛》、《五朵金花》、《刘三姐》、《芦笙恋歌》。影片中的男主人公无一不是勤劳勇敢、朴实憨厚,承载着本民族的男性品德理想,女主人公则美丽善良、温柔智慧、能歌善舞,仿佛天生就是为男主人公而存在。换言之,男性女性都"理想"得让人感到遥不可及,而这种美丽的距离恰好助长了性别理想的神秘感和号召力。从后来散见于报章的老影迷们的回忆录看,这类影片使当时"受教育,找榜样"的电影观众眼前一亮,无形中强化了他们心中那顽固的、数千年来挥之不去的社会性别角色分配观念。

"文革"期间拍摄的寥寥几部至今仍然经得起推敲的故事片中的女性几乎都是革命的女英雄,如《海霞》中的海霞,《闪闪的红星》中的冬子妈,还有《侦察兵》中的女干部。她们仍然作为政治理想的载体出现在银幕上,代表不同时代的英雄女性的道德和精神标准。除了《海霞》较为突出女性的性格特征以外,其他的正面女性形象几乎都换个人名,换个演员就是男性。回忆起来,耐人寻味的是《海霞》中的一个细节:女民兵在比武中胜过男民兵,也就是妻子胜过丈夫,而丈夫也服输,老老实实地回家做饭慰劳妻子。这是否可以被视为对毛泽东思想的一种图解?

假如21世纪的我们非要对改革开放之前银幕上的女性形象进行一番"批判",那么,比较保守然而比较公允的结论是:电影作为电视普及之前宣传教育群众的有力工具,通过如此塑造女性形象,在某种意义上强化了现实社会中人们"无性别"的性别观念,虽然会引起当今女性主义学者的批评,但却与当时的政治现实高度契合。

"文革"结束后不久,改革开放正式启动之前,影片《大河奔流》讲述了一个旧时代的无助的"女人"在共产党领导下翻身成为"妇女"的故事。女主人公李麦原本是目不识丁的贫农,在八路军女战士的帮助下牢记"斗争"二字,将其铭刻于心,从此走上一条新路。影片对她的成长道路及其所反映的时代变革当然持肯定态度,用现在的眼光看,有人或许会问:如果李麦是男性,故事是否定然完全不

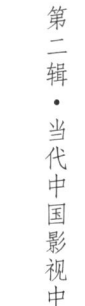

---

① Tani E. Barlow. Politics and Protocols of Funu: Making National Woman, In Christina K. Glimartin, et al., eds. *Engendering China: Women, Culture, and the State*, Cambridge, Mass: Harvard University Press, 1994, pp. 339~359.

同?作为对这个问题的间接回答,我们可以反过来说,作者和其他主创人员可能认为,为了最大限度地彰显中国共产党及其主张的感召力,用一个无依无靠的女性作为体现这种力量的载体,更有说服力。李麦这一形象只有作为母亲才显出其女性特征,无言地承受,默默地奉献,但同时她的最高忠诚对象是党的事业而不是家庭。

改革开放初期一批根据"伤痕文学"和"反思文学"作品改编的电影如《天云山传奇》等,塑造了一批不同以往的女性形象。爱情故事再次堂而皇之地进入电影,但其中的女性多挣扎在政治抉择与爱情选择之间,成为男性占主导地位的政治游戏的牺牲品。与其说编导的主要兴趣在于塑造女性形象,不如说他们更加关注政治浩劫和社会动荡过程中各色人等的命运,女性只不过因为被视为"弱者"而用以体现时代的沧桑。

新时期较早的反映知识女性生活中家庭与事业冲突,二者难以兼顾的生存窘境的电影是《人到中年》。同样,作者的初衷并非出于对女性特别的关注,而意在揭示当时知识分子政策贯彻落实中依然存在的漏洞和问题,原著也被称为"问题小说"。影片的女主人公眼科大夫陆文婷是多年来银幕上少见的贴近生活的女性形象,作为新中国第一代知识分子,她既有女性的细致柔和,又有行动中的刚性和坚韧,其献身祖国医疗事业的精神境界决不稍逊于男性。就是这样一个具有"双性"人格、在事业上堪称完美的女性,却因为坚持追求事业理想而无暇照顾家庭,进而产生心理上的负罪感。在她两头奔波之时,双重重压终于把她累垮了。只有在病中,她才有闲暇惦记丈夫和儿女,痛悔自己太过专注于工作而忽略了他们——颇像现在典型的"欠债"说。值得一提的是,陆文婷的丈夫并非大男子主义者,他愿意为妻子的事业牺牲自己的事业。问题的症结在于当时中年知识分子的恶劣的生活待遇和工作条件,这是影片的着力点,但我们作为观察者意外地收获了一个带有悲剧色彩的女性形象。这个形象的故事令人哀而不伤,总体上还是催人奋进的,具有时代精神。

同样是暴露社会问题的作品,农村题材的《被爱情遗忘的角落》表现了当时农村中普遍存在的贫穷和愚昧给女性造成的命运悲剧。曾经面临买卖婚姻而抗拒不从、追求自由恋爱的母亲,过了20多年,又要因为家庭贫穷而"卖"女儿了。这时,男性"拯救者"出现,女儿有希望逃脱命运的悲剧。在很大程度上,动乱年代的女性的命运悲剧并不是孤立的个案,悲剧的主人公也并非一味地"认命",而努力生存,试图改变命运。《牧马人》中的李秀芝为了"有饭吃"而嫁给比她年长15岁的落魄知识分子,但她不满足于"有饭吃"。她有很强的劳动能力和巨大的创造力,正像她的小姐妹们说的,"养什么,成什么",她竭力以此自勉。

从女性理想的追求者到男性心目中的"理想女性"

随着市场经济的发展及其所引起的社会观念的变革,从20世纪80年代中后期开始,电影中的女性形象逐步地由负载理想的主动转向带有宿命色彩的"反动"。《人生》中的农村姑娘刘巧珍和《井》中的知识女性徐丽莎代表不同类型的女性,她们用自己的方式与命运抗争,但都失败了,前者被进了城的恋人抛弃,最后违心地嫁给农民,后者因为婚姻不幸而从事业中寻求满足,但最后倒在市井小人的流言蜚语中。社会上的习惯势力和文化传统中的糟粕交织成巨大的网,威胁着要把追求自身理想的女性一网打尽。细究起来,类似的女性形象依然未摆脱女性的性格弱点:总想把生命和心灵的锚抛在男性身上,把自己对幸福的希冀寄托在恋人或丈夫身上。农村女性和城市女性的区别仅在于后者还可以在工作中寻找精神寄托,但她们却无法承受成功之后必须面对的世俗压力和干扰。相形之下,倒是描写旧时代"小女婿"故事的《良家妇女》的结局给人一线光明:女主人公追随自己钟情的人,投奔自己的幸福去了。但是,如果我们对这个故事再做考虑,不禁要问:假如那个能带她远走高飞的男人不曾出现呢?

随着电视机的普及和本土电视剧创作的兴起,电视剧逐渐取代电影,成了以艺术方式向最广大的受众展示女性形象的主要渠道。许多观众可能对1990年的"暖冬"至今仍然记忆犹新。电视剧《渴望》塑造了一个集中华民族传统美德于一身,然而同时又汇聚了一个女人命运中的种种不幸的刘慧芳。在当时特定的大环境下,该剧好评如潮,大多数观众对刘慧芳这一形象对传统女德的回归持肯定的褒扬的态度。但其后不久,社会主义市场经济大潮兴起,由此而来的一系列社会价值观念的变革,令我们反观刘慧芳的形象,认为这是社会变革时期电视女性形象中的一次"逆流而动"。与其说刘慧芳满足了受众对转型期女性社会角色的新期待,不如说她是那个社会观念动荡不安的年头主流意识形态借助传媒对大众实施的心理抚慰。

笔者曾经长期系统地跟踪观察1992年以来在中央电视台一套节目和部分地方卫视黄金时间播出的电视剧,重点考察其中的女性形象和感情纠葛。不完全统计表明,自从市场经济政策在全国范围内推广以来,上百部反映当代中国现实生活的电视剧有约4/5涉及男女之间的感情纠葛,或者一女多男,或者一男多女。1992—1997年,大多数主旋律题材的电视剧中的"三角恋爱"还显得"情有可原",但此后播出的同类电视剧中的感情纠葛戏普遍地有严重的"人造"痕迹,纯属为了追求卖点和看点而生造。《光荣之旅》原本意在反映解放军后勤体制改革,但该剧一开始就是一对夫妻间(丈夫是军队干部)突如其来的感情冲突,三两句争执之后,女方即认为"缘分已尽",提出分手。为了不惊扰年迈的父母,他们又决定暂时向他们隐瞒冲突的事实,于是该情节就为随后年轻漂亮的"第三者"——一名女科技工作者的出场埋下伏笔。或许对电视剧中此类生编硬造的感情纠葛戏最有讽刺意味的话出自该剧中主人公夫妻的孩子之口:"你说我们这个年龄的主题是学习,那你们这个年龄的主题就是离婚吗?"虽然社会学家的调查统计显示,中国城市中的离婚率几乎是年年上升,但远不像电视剧中反映的那么高。大量雷同的剧情给人的总体印象非常突出:中国之大,竟难得找到一对患难与共的好夫妻,难得找到一个和睦相处的好家庭。

那么,感情纠葛戏中的女性以何种形象出现呢?较多的时候,作为感情纠葛受害者的女性显得无助、迷茫,甚至为感情破裂而绝望过(比如《牵手》中的夏小雪)。妻子的形象仿佛都为了反衬女性"第三者"的温柔可人和善解人意,而这种处理令我们很容易分辨出编导的用心:丈夫的越轨行为是"可以理解"的,"第三者"是值得同情的,他们/她们每见到一个吸引人的异性就"怦然心动"(剧名),不管不顾地"让爱做主"(剧名),而当他们/她们想结束一段感情的时候,便打出"超越情感"(剧名)的旗号。剧中被抛弃的女性大都人到中年或人近中年,在日复一日、年复一年地为工作和家务劳碌中失去女性的魅力,"注定"要被那些莺莺燕燕的小"美眉"所替代。对剧情的这种处理方式引起不少知名女性的批评。一些女政协委员指出,中年女性和中年男性是共同构成社会和家庭的中坚力量,中年女性的内蕴力十足,具有她们独特的美丽和魅力,她们的内心世界特别值得创作人员开掘,换言之,她们并不像时下流行的电视剧中所描绘的,净是些了无趣味、令人生厌的"黄脸婆"①。

出于吸引观众注意力的考虑,电视剧中较少出现老年女性和未成年的女孩,即使出现,也是剧中的配角。如果用1999年红极一时的电视剧《牵手》中的一个男性角色诠释爱情的话来解释这一现象,便又返回到性诉求的问题上来:爱情是年轻人之间的一种带有性欲冲动的情感,如果双方都老得没有性别了,还谈得上什么爱情?他的这一论调,乍闻之可谓惊世骇俗,细究之有助于我们理解为什么电视剧中占据主导地位的女性都年轻貌美且风情万种。她们是男性观众观赏和意淫的对象,是女性观众羡慕和模仿的对象。总之,是"被看"的对象。在观看的过程中,女性观众学习怎样把自己塑造成像剧中女主角那样能为男性认可的人,男性观众则重温并重塑他们心目中的"理想女性"形象。遥想当年,《青春之歌》中美丽而孤傲的林道静最讨厌余永泽把她作为观赏的对象占为己有,最后为了独立的人格和革命的追求而出走,而现在的影视剧中的年轻女性却争相希望成为有权势地位的男性"看得上"的对象,哪怕成为对方的玩物也在所不惜,一

---

① http://www.china-woman.com/gb/2003/03/10/zgfnb/zhxw/8.htm。

派痴情,"爱"得昏天黑地,死去活来。今昔对比,哪种女性形象值得赞赏,哪种女性形象应该批判,不是一目了然吗?中国影视剧发展的历史是否跟我们开了一个玩笑:女性形象好不容易挣脱作为意识形态载体的种种桎梏而开始有了自己作为主体的理想,却又如此迅速地落入男性审美期待的网罗?今天的中国女性,比以往任何时代的女性都更强有力地拥有经济上的独立,但影视表现她们在精神上和情感上如此地依附于男性,岂不是新时代应有的女性理想再次失落?

2001年在中央电视台一套节目黄金时间热播并得到热评的《大宅门》引起学界的关注。电视剧男一号角色白景琦是抗日战争之前在京城吆三喝四的大老板,整天拥香偎玉,从大家闺秀到小家碧玉到丫环到妓女,都是他的玩物,招之即来挥之即去,全凭他高兴与否,一个也不在话下。问题的关键还不在于情节本身,而在于电视剧编者对这一人物的臧否。作者显然认同白景琦这一角色的所作所为,把他塑造为顶天立地的男子汉,连他玩弄众多女性这一情节也成为他有本事的证明。从该剧播出到现在,已经过去几年,仍然时常有学者和剧评界人士从女性主义的立场抨击该剧对女性形象的处理,普遍认为这种倾向复辟了腐朽的封建主义男权思想,不仅像许多当代题材电视剧那样按照男性对女性的性别角色期待来塑造女性,而且走得更远,严重贬损了女性形象。当然,每发表一种观点都要考虑两面。《大宅门》所反映的时代背景下的女性或许只能有剧中人那样的命运,但请问为什么在新时代改革开放春风吹遍中华大地的时候,偏偏要为白景琦这样一个角色歌功颂德,并且让《大宅门》这样一部电视剧在中央电视台的黄金时间播出?从一个侧面来看,此举反映了中国主流媒体从业人员缺乏正确的性别意识。如果他们并不欠缺这种意识,那么就是收视率至上的观念在作怪。也就是说,某些媒体工作者认为,宣扬把女性作为商品"出卖"的电视剧在观众中最容易找到"市场"。这是对传媒社会角色与功能的错误定位。媒体对受众有启蒙、激励、教育、娱乐等功能,其中少不了思想和理念的传递,即使是娱乐内容,也承载着娱乐理念。所以,主流媒体应该从受众精神需求出发,而又力争高于受众,对广大受众进行正面引导而非误导。

学者戴锦华认为,伴随改革开放及商业化进程的加快,男权与性别歧视也在不断地强化。在急剧的现代化与商业化的过程中,女性的社会与文化地位正经历着悲剧式的坠落,中国的历史进步将在女性地位的倒退过程中完成。以此推论,影视剧中的女性形象只不过反映了这种倒退。笔者的观点是,现实社会中的女性地位未必倒退得那么快,倒是影视中的许多不健康、不与时代发展事实合

---

① 戴锦华:《"可见与不可见的女性"——当代中国电影中的女性与女性的电影》,http://www.culstudies.com/rendanews/displaynews.asp?id=1997。

拍的女性形象在引导着现实中的女性从心理上和精神上向后退,退回家庭、后院,退到男性的身后,失去自己独立的身份认同(Identity),忘却自己独立的精神力量(Strength),丢弃本不逊色于男性的时代使命(Mission)。Identity-Strength-Mission 的首字母拼写刚好是 ISM,即"主义"或"意识形态",这或许就是当代中国女性应有的"新"女性主义立场之要义。

有人把近年来影视中的女性形象类别作了一个概括,大致有以下几种类型:

一曰"拖后腿型":锐意进取的丈夫或男友身边总有一个不理解他的妻子或女友,此类形象为善解人意的情人"开道";二曰"醋坛子型";三曰"第三者型",此类形象已经普遍被塑造成为令人同情乃至仰慕的对象;四曰"童养媳型",一些职业女性好像童养媳一般,被丈夫招之即来挥之即去,还要随时准备奉上景仰的一脸天真和激动的满眼泪水;五曰"祥林嫂型",如影片《漂亮妈妈》中的孙丽英;六曰"花瓶儿型",大多是警匪剧中点缀男性世界的角色,被怜惜的对象;七曰"战利品型"①,如反映军事医学科学进步历程的《追日》中的乔喜珍,反映部队生活的《激情燃烧的岁月》中的褚琴,都是她们的丈夫与"情敌"争斗获胜而得来的足以证明自己身份和力量的"战利品"。《追日》中的首长干脆告诉他的部下:"找到对象,就像打了一个大胜仗!"

"女性电视剧"中的女性形象——无奈的妥协

如果说,我们发现主流影视创作在很大程度上还从男性期待的角度来塑造女性形象,那么,完全"为女性"的电视剧和电影又怎么样呢?

1995年,联合国第四次世界妇女大会在北京召开前夕,全国不少地方电视台播出由女作家创作、女性主演、描写当代女性生活为主的电视系列剧《太阳女人》。系列由9部电视剧组成,除了最后一部以外,其他八部都如期播出。冲突是戏剧的灵魂,这些电视剧都反映了女性生活中的哪些矛盾冲突呢:家庭与事业的冲突;离婚女性的私人空间与社会观念的冲突;继母与继女之间的冲突;公共意义上的"好人"角色与家庭意义上的"好女人"角色的冲突;传统女德与现代成功手段之间的冲突;城市家庭文化与农村家庭文化的冲突;女作家的文化认同与个人感情归宿之间的冲突;男性性格与女性对男性的期望之间的冲突。

综观上述冲突,覆盖面可谓广泛,而且剧中的女主角都是有职业的,虽然在多部剧作中她们还同时是女儿、妻子、母亲。该系列剧的女性视角主要并不通过剧情来展现,而主要通过女主人公的独白和有关爱情与家庭的对白来表现。《女人不可靠》是较长的一部连续剧,有7集,集中写了4个40岁的女人的遭遇。她

---

① 《花瓶·醋坛·出轨——影视女性形象集体堕落》,http://www.99tg.cn/info/207.htm。

们当中不乏成功的职业女性,有的还曾经既拥有成功的事业,又享受幸福的家庭,但在编导的"处理"下,这样的人好景不长,只顾及事业而忽略家庭生活,最后婚姻受挫。当她们聚在一起反思人生的况味,有的愤愤不平地埋怨"谁知道我们为了取得一点儿成就,独自吞下了多少眼泪!"她们中最平凡的一个普通工人陈素珍,用朴实无华的语言对其他几个曾经风光过的女性说,"我只是一个工人,对于女人什么的,我不懂那么多。我的希望都寄托在两个儿子身上。自打他们一出生,做母亲的就不再是自己了。我把自己的一切都给了他们。我的儿子就是我的生命。女人不能光顾事业和爱情,还得做好母亲。"对其他三个女主角有讽刺意味的结局是,她的儿子考上了大学,她对家庭的"经营"是成功的,其他人都落败了。她的朋友张永红无论是相貌还是学识,都胜过她,但却无奈地说:"哪怕在这里能找到一点点爱,我也不会远走莫斯科。"

张永红的话仿佛在这部系列剧的各部分中都得到回响。被女友戏谑地称为"对男性抱有幻想"的苏小梦(《雨中的花园》)曾对她认为可靠的朋友说:"我希望有一个人愿意听我说心里话;不管我说什么,他都不会嘲笑我,也不嫉妒;他应该永远怀着一种深深的善意。"她的期望自然是在男性身上落空了。友美曾经在感情生活上受过严重的挫折,因此便劝小梦:"即使是最无能的男人也会装得像国王似的,让你围着他转。我要打破你对男性的梦想,让你成熟。成熟的女人知道怎么对付男人。"小梦沮丧地说,"那世界上就没有真正的爱情了","如果你坚持说有,那就有。爱情分为两种。一种是飞蛾扑火自焚式的,知道会燃烧,还是往前冲,最后两个人都被烧死。从古到今,人们颂扬的爱情大多属于这一类。另一种是自我牺牲式的,也就是说,如果你爱上一个人,你就一心为他付出,不求回报。这顶多是单相思。两种爱情都没有好结果"。即使你没有看过这部电视剧,你也能想像出苏小梦听了这番话之后的失望。我们是否可以认为,这些话在一定程度上代表女性编导自身对感情和男女关系的认识?

也许,系列剧之所以冠名《太阳女人》,是用了一个隐喻,暗示着当代女性不需要借助男人来发光。这在很大程度上是为了契合联合国第四次妇女大会的主题,塑造当代中国女性自立自强的新形象。但是,事实上,剧中的众多女主人公都不断地寻找着心灵的港湾,精神的家园,而结果是在爱情和婚姻中都未能觅得此目标。也许,这部电视剧应该更名为《男人不可靠》?至少,女性作者从自己的视角塑造了一群"寻寻觅觅"的女性,告诉观众,她们总是在寻找自己的心灵空间。值得注意的是,她们无一例外地为此番寻找付出感情上的代价。假如现实生活中的女性也像剧中的女主角那样,非要在与男性的情感交往中碰了壁,彻底失望,乃至绝望,而后才能觉醒,意识到"爱情是女人生命的全部,但只是男人事业金山上的一粒金砂",从而决心"让男人也成为我们金山上的一粒金砂",这条

充满泥泞沼泽的感情之路也走得太长了吧①?

至于活跃于当今中国影坛的为数不多的女导演,她们以具备驾驭男性渴望驾驭的题材的能力为荣,比如胡玫和杨阳,并不刻意地以描述女性的社会性别角色和性别心理为自己的艺术追求②。对此,我们就没有什么好说的了。

中国影视中的女性形象向何处去?

西方学者有关媒体的理论认为,形象与现实的关系是不断变化和转化着的,先是媒体中的形象反映现实,进而是形象扭曲现实,然后是形象改变现实,最后是形象创造现实③。这绝非耸人听闻。当代消费社会的人习惯这样的说法:"那个发型、那件衣服怎么和电视里的不一样!"如果对上文中分析的各种现象听之任之,总有一天,人们对于自己身边"和电视里不一样"的女性都要皱眉了。

把问题上升到哲学思辨的高度,便回到一些基本的概念。影视中的女性是手段还是目的,她们是否把自己的生命价值当作目的,还是仅仅把自己作为供男性利用的手段,满足男性的期望?西方社会科学家历来喜欢把男性和女性按照"工具性为主"和"情感性为主"的特征来划分,但所谓的"工具性"指男性善于解决问题,"情感性"指女性擅长感情沟通。如此划分实在太机械了,无论男性还是女性,都不是自足的性别,都需要从异性身上汲取性格养分,努力做到"雌雄同体",具有双性的人格特征,才能使自身的人格逐步趋于完善。"男人要聪明,女人要漂亮"的说法是浅薄的、偏颇的,因为从人格塑造的意义上说,男性和女性都可能既聪明又有魅力。让我们回顾红色经典中那些令人刻骨铭心的男性和女性形象,以《青春之歌》中的卢嘉川和林道静为例:作为成熟的革命者,卢嘉川既有男子汉的气魄,又有丝毫不逊色于女性的体贴和细致;林道静原来是一个特别"女人"的姑娘,结识了"卢兄"和他的同志们之后,从他们身上学到智慧、坚强、忍耐,在影片结束的时候远比影片开始的时候有更多可贵的品质,成为一个真正丰满的"女性"。类似的例子还有很多,应该可以继续给今天的人们以启示。

(原发表于《南开学报》2007 年第 4 期)

---

① Chen Yanru. In Search of the Essential Woman in National Development: China's First TV Drama Series on Women, by Women, for Women. The Journal of Development Communication, 1998, 2.

② 吴小丽、徐甡民:《九十年代中国电影论》,北京文化艺术出版社 2005 年版,第 198~227 页。

③ Jean Baudrillard. The Evil Demon of Images. Sydney: Power Institute, 1987, pp. 10-12.

苏琼,女,厦门大学人文学院中文系副教授、硕士生导师。专著《图说中国戏剧艺术》为2009年法兰克福国际书展参展书目,《打出幽灵塔——五四女性文学研究》(合著)获江苏省哲学社会科学优秀成果三等奖;论文《白日梦与智慧:中国现代女性喜剧》获福建省第五届社会科学优秀成果佳作奖。主持福建省社科青年项目"八十年代后女性戏剧理论与实践"、福建省教育厅一般项目"跨语境中的女性戏剧研究"等课题。

性别的间离过程：十七年女性戏剧研究

摘　要：本文具体分析十七年文学中有代表性的女剧作者及其剧本，指出此期女性戏剧中的女主人公否定"家父"皈依"政父"，"翻身"的劳动妇女得到的是以男性为标准的平等，女性角色始终未逃离男权社会的陷阱。全文分两部分："回家"的隐喻；"翻身"的寓言。

关键词：女性戏剧　十七年文学　性别间离

20世纪下半叶的中国，无产阶级政党获取国家领导权后，某种程度上兑现了其允诺的妇女解放。继"五四"之后，更多扮演单一家庭角色的妇女走上社会。妇女社会角色成分逐渐加重，她们名副其实地成为社会劳动者，社会的性别结构由此发生极大变化，"家庭主妇"成为"国家主人"，角色身份的变化使妇女参与社会工作的热情空前高涨。然而，80年代后女性主义者反思这段历史时，认为当初新政府之所以鼓励妇女走上社会，除掉解放妇女这层含义外，更主要的目的还在于利用妇女劳动力。

其实，这在当初就不是什么秘密。孙维世编剧的《初升的太阳》（1965）中，代表党说话的罗书记就引用毛主席的话教育下属，"毛主席告诉我们：'中国的妇女是一种伟大的人力资源，必须发掘这种资源'"——家庭妇女作为"人力资源"被利用，她们参加集体劳动，就是"消费者变成生产者"。

把妇女视为潜在劳动力，肯定不如解放妇女动听，但它仍然给妇女提供了参与社会创造的可能性。50年代出生的学者李小江一再肯定社会主义革命、马克思主义于中国妇女解放的伟大贡献，她认为那时"父亲在家里并不是那么有权威的""性别关系完全颠倒过来了——父权制家庭基础就是这样在'不经意'中被干掉了"，而女人"并没有去搞什么专门的女权运动，也没有去反对父亲的家长制"，"根本不要去努力"就"被解放了"，"作为女人怎么能不感恩戴德……怎么能不自豪？"①这种靠赐予得来的解放固然令人欣喜，但轻而易举地从父权制家庭走出的妇女，在"感恩戴德"的心理作祟之下，又不免轻而易举且心甘情愿地投靠代表父权制权威的国家体系，成为国家意志的组成部分。

引文中提到的"自豪"感，不仅属于妇女，更属于男性，"他"很乐意扮演拯救者、保护者的角色。阅读根据地、解放区、1949年后十七年的剧本，发现男作家比女作家更钟情妇女解放题材。十七年里以妇女解放为主题，却忽视女性生理、心理的独特性，塑造出"高大全"女性形象的剧本大多出自男剧作家之手，这在60年代的准样板戏和后来的样板戏中表现得特别突出。男剧作者高度赞扬女主人公忠诚于革命的一面，将之树为"样板"，这毫无疑问符合男权新秩序的利益。新政权要求包括妇女、儿童在内的人民成为"国家的人"，成为集体的一份子，它以国家、阶级的名义不留痕迹地离间了女性和她的性别属性。这时期的所谓性别平等，实际上是去性别化后的性别。

从十七年女剧作家创作的剧本中可以看出："她"与"父"的决裂往往停留在表面，她们确实离开父亲的家，但最终又寻回另一种形式的"父"。从血缘父亲的女儿到党的女儿，女性在假想的性别平等中向新崛起的男性权威靠拢，丢失性别属性，在崇高的口号指引下，始终未逃离男权社会的陷阱。以至于80年代后知识女性重新反思、审度这段历史时，往往产生被蒙蔽、被利用、上当了的感觉。

"回家"的隐喻

否定了父权制家庭和"家"父之后，女剧作者——特别是那些从解放区走出来的较早参加"革命"的剧作者，她们对家、父的认同普遍上升到带比喻义的权力层面。例如，14岁参加八路军宣传队的小八路罗英、17岁参加抗敌演剧队第三队的蓝光，她们十七八岁加入中国共产党，经历过抗日战争、解放战争，对共产党怀有深厚的感情，对新政权的来之不易有深刻的体会。她们的剧作很自然地出现"榔头"和"镰刀"意象，写红色儿童、革命的母亲，把党看作精神上的归宿——既是政父，也是"家"的所在。

蓝光(生于1921年，原名张惠兰，湖北省光化县人)的三幕剧《最后一幕》脱稿于1958年，反映抗日战争结束后，一个表面隶属国民党国防部实际归共产党领导的演剧队与国民党当局进行的舞台斗争。抗敌演剧队1938年8月成立，隶属于周恩来领导的第三厅，1941年改名为"戏剧艺术宣传队"，简称剧宣队。剧宣队战后更名"演剧队"，其任务由"抗敌"、"宣传"变为抵制演出反共宣传的"戡乱"戏，全国解放前由周恩来批准"回家"。《最后一幕》描写的正是在白区工作的

---

① ［日］上野千鹤子、李小江：《"主义"与性别》，《读书》2004年第8期。

演剧队抵制排演反共"戡乱"戏,同国民党当局进行的最后一场斗争。

大幕一拉开就是戏中戏,白灵和男朋友苏力正在排练即将上演的抗战戏《一家子》。《一家子》正式演出时,由于国民党政治部官员胡主任、政治部派来的新队长向世仁的干扰,最后一幕没能上演。演剧队中,导演兼队副应放,演员白灵、白静娴、老马等都是"一家人",苏力则如白静娴所说"对从事艺术工作的目的还和我们不一致"(第一幕)。向世仁要求演剧队演出反共"戡乱"戏,应放等极力周旋,强调艺术至上主义的苏力嫌这种戏"没有艺术性"也不愿意排演,向世仁由此视苏力为共产党。面对强大的政治压力,已完成任务的演剧队决定全体"回家"。中秋之夜,他们"一家子"演出了"最后一幕",安全撤离白区,完美谢幕。

显而易见,该剧从剧名"最后一幕"到戏中戏"一家子"及至演剧队员们说的"回家",都具有双重含义。本剧与戏中戏水乳交融相得益彰,处处见出剧作者的精心构思。

在演剧队与代表国民党当局利益的向世仁(疑为"像是人"的谐音)的冲突过程中,贯穿着苏力与白灵、与应放之间的矛盾。两个男人——苏力、应放——都看到女演员白灵的艺术才华:

苏力:她本来是个纯洁的女孩子,在艺术上很有天才,我是想尽力帮助她成功。

应放:我也想帮助她成为一个真正的人民艺术家。

——第三幕

苏力的艺术才能吸引着白灵,同时,应放描绘的美好前景——到那时候,有"我们的剧场"、"我们的观众","我们演员"将有自由的演出环境,而"观众和我们完全打成一片",白灵会"变成一个真正的人民演员"(第三幕)——也让从小在演剧队长大的白灵有强烈的认同感。演剧队做出最后决定之时,也是白灵面对选择之际。中秋月圆之夜,白灵是跟苏力离开演剧队,回他的家"一块赏月"呢?还是离开苏力,跟应放为首的演剧队队员一起"回家"?何去何从,白灵没有太多犹豫,唯一使她难过的是苏力不肯随演剧队一起走。

两男一女,很容易落入三角恋爱的俗套。值得庆幸的是,剧作者并未让白灵在看清苏力的"落后"面貌后从感情上割舍他。在第一幕,剧作者就舍弃了三角恋爱的情节模式,在白灵看来,苏力、应放两人的主要分歧在于他们对艺术工作的目的、对戏剧艺术的功能的看法不同,苏力注重戏剧的艺术性,应放主张"艺术就是宣传"。深究下去,更本质的动因就是隐藏在艺术背后的政治倾向性,苏力反对政治介入戏剧,他讽刺应放"是个政治导演"(第一幕)。至此,可以说剧中"家"的意象意味深长,"回家"则是个隐喻。白灵跟谁走,回哪个家,有深刻含义。

从"家"人的角度看,他们(白静娴、应放等)希望白灵能跟他们一起走,而苏力跟白灵走,所有演剧队成员都能团结一心成"一家子"。如果她"实在离不开苏力",那么她也可以跟苏力一道去,应放说:"反正,以后这些地方也会变成我们的,那时我们又会在一起。"(第三幕)关键时刻,剧作者给了女主人公一个选择的机会,让她自主抉择。尽管应放说,"也许不要一年,我们就要回来",她仍然坚决地站在"他们"一边,作为"我们"中的一分子"回家"。因为,就白灵而言,跟随应放意味着成就事业、实现理想。结合本文作者针对40年代知识女性、职业女性告别爱情的分析①,可知白灵顺应了历史的大潮流。

依苏力的意思,为了艺术,白灵应该永远和他在一起,一块演戏,一块生活,直到一起死,然而白灵已经不满足于为艺术而艺术了。最后,应放救了苏力,使他免于因"共产党"的罪名被国民党宪兵抓走。苏力终于知道他该往哪儿走:

苏力　我跟你和应放一起走。

白灵　好苏力,你想通了?

苏力　想通了,这些家伙们太卑鄙。我应该和你在一起!

白灵　是永远和大家在一起,苏力,我太幸福了!

——第三幕

苏力反正要和演剧队一起离开,跟谁走——白灵、应放,还是"大家"——不都一样吗?为什么白灵要纠正他呢?这句台词是不是多余?到底谁跟谁走,来看看问题的实质。

剧终时,苏力跟白灵走,而白灵,我们知道,她跟随应放,即:苏力→白灵→应放。这是一个很有象征意味的链条。假如没有链条的后半部分,说它带有几分女性主义色彩也挺有说服力,但后半部分恰恰反映出实质。如下所示,三人之间的关系可以由两个三角来呈现:

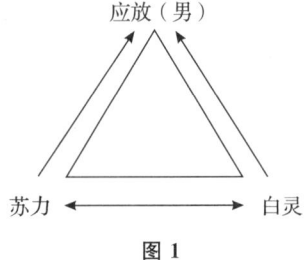

图1

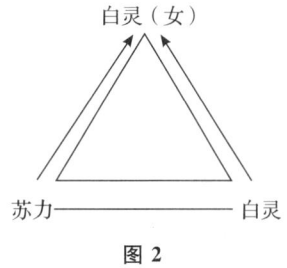

图2

图2展示了典型的三角恋爱模式,由上文的分析可知,这不符合剧本实际。应放和白灵之间从未有过暧昧的情感方面的交流,白静娴这样看待苏力与应放

---

① 苏琼:《多向度或者失语:40年代女性戏剧研究》,《弦歌一堂论戏剧》,南京大学出版社2005年版。

的矛盾:

> 我们内部要团结,思想上要完全一致。应放虽然是代理队长,可是一切工作都是我们队务会决定的;要不满意他,就不是不满意他一个人的问题。
>
> ——第一幕

白灵与应放不在同一个高度上,在剧本中,她起沟通作用。苏力跟谁走,不只关系两个人。三者之间的真正关系如图 1 所示:应放高高在上,作为演剧队的领导者,应放是党的权威、权力在演剧队的体现,是"我们"的代表,是"一家子"的核心。这个"家",显然富有政治内含,剧本因而有了隐喻之意。

苏力在最后关头决定和白灵一起走,他清楚地意识到,他选择的不只是爱情,白灵是"大家"的一个代表,苏力只有放弃跟"大家"相异的艺术观,才能真正成为"大家"中的一分子,进入同一个意识形态的轨道。属于个人的行动乃至情感,受到来自集体、政治倾向方面的压力,小家从属于"大家"已成不争之实。艺术与政治的关系、爱情与政治的关系,在此紧密地联系在一起,爱情、艺术目标最终都变成政治目标①。

罗英(1926 年生,河北安平县人)和赵鸿儒合作,将陶承的革命回忆录《我的一家》改编成八场话剧《革命的一家》(《剧本》1959 年 10 月号),其中的"家"同样含有隐喻。

回忆录《我的一家》涉及的时间跨度长达 48 年,它反映从大革命直到全国解放作者整个家庭的历史,描写陶承从少女成长为坚强的无产阶级战士的历程。从回忆录到话剧,文本发生一些变化。话剧《革命的一家》以倒叙的方式,截取革命低潮时期(1927 年 5 月—1931 年 2 月)的历史片段,讲述以父亲杨辛为首的一家——父亲杨辛、母亲、长子志雄、次子志伟和女儿玉华——的革命史。杨辛一家的战斗生活为全剧的情节贯穿线索,从父亲出走,志雄做工,到父亲牺牲,母亲找党,再到志雄入党,组织罢工,直到志雄入狱,英勇牺牲。剧本的主旨在表现英雄儿女对党的无限忠诚,"爸爸倒下了,可是孩子们却站起来了"(第四场)。剧名"革命的一家"比"我的一家"含义更深广,主要描述少年英雄的事迹,而非少女的成长,母亲处在无名状态。

"家"的隐喻在《最后一幕》中尚显隐晦,但在《革命的一家》中异常清晰,剧作者急切地想把"家"的真正含义告诉观众——母亲宣称"只要和组织在一起,我就有了力量"(第二场)。父亲被敌人杀害后,母亲、玉华与志雄志伟两兄弟失散,但第五场一开始,与儿子失散的母亲嘴里念叨的是:"亲爱的党啊!你在哪里?"失

---

① 对《最后一幕》思想性、艺术特色的分析,参见张炯主编《新中国话剧文学概观》,中国戏剧出版社 1990 年版,第 72~75 页。

散一年多的母亲和儿子终于见面时,母亲马上对儿子提出:"孩子,快领我去找……找咱们的家。"儿子激动地回答:"妈妈,找到了,找到了!"

母亲:怎么?(警觉地看看四周,压低声音)你已经入党了!

剧作者明确地表示——党即是家。"五四"时期激烈的父与子的冲突不见了,取而代之的是子一辈对新型父亲亦步亦趋的追随模仿。

封建家长遭到唾弃,但革命的父亲凭借激进的政治活动,成为子辈崇拜的对象。作为隐喻的政父,政治化了的血缘父亲所代表的政党成为子辈效忠的对象。父亲的权威被赋予新的内涵,重新确立。随着标明革命的新政权的建立,权力在不同性质的"父"手上交接完毕,封建家庭专制社会的贰臣逆子需要他们的后代成为新政权忠贞不贰的孝子。《革命的一家》中,父亲杨辛教育儿子"听党的话,永远跟着党走!"(第三场)大幕将落时分,临刑的少年志士志雄庄严宣告:"永别了,同志们! 永别了亲爱的妈妈。我最亲爱的党,我永远是您最忠实的儿子。"子一辈的叛逆精神转换成对党和英雄父亲的无限忠诚与崇敬,当然,这中间也包含子辈对大权在握的未来的憧憬。

罗英等人是五六十年代受全球冷战思维影响,在党的培养下成长起来的儿童剧工作者,把革命的父辈当成孩子们的典范,有意识为党和社会主义事业培养"接班人",以防止江山"变色"。她们或者以"红色儿童"的英勇故事教育后来者;或者以"红领巾"作为榜样,树立正在成长的新一代少年儿童的主人翁责任感。过早地接触社会与政治,孩子成人化倾向十分鲜明,他们接受新思想最快,觉悟最高,也最缺乏应有的天真烂漫的童年生活。

儿童剧作家风眠(1922年生)的一幕两场儿童剧《红领巾小组》(1952)里的孩子,因无意中把红领巾弄脏了而紧张得不知所措,这些孩子的理想是成为像父亲一样的人——"我们都和爸爸一样,都是英雄模范"。冷岩、籍华的《两个红领巾》(1958)中,没有父亲的姐弟俩因告发偷卖粮食的母亲而受到表扬——"红领巾个个是小英雄","共产党教育了好儿童"。在重视意识形态领域的思想正确甚于人的时候,含辛茹苦的母亲的感情被撇在一边。剧作者试图说服观众与读者,好孩子是共产党而非父母教育出来的,尽管他们身上含有一个普通母亲对孩子的期望和要求。

十七年间的女剧作者大多没有亲历"五四"新文化运动,却赶上救亡压倒启蒙。她们与"娜拉"型女剧作者不同,缺乏明显的个性解放思想、自我意识及批判精神,她们的剧作大多表现出对政治权威的自觉依附和屈从。70年代的革命现代舞剧《红色娘子军》中有一则"常青指路"极具象征色彩:"党代表洪常青扶起吴清华,询问她的家在哪里,她回答'我没有家……'","面对这苦大仇深的贫农女儿,洪常青充满了深厚的无产阶级感情,他手指前方……","遍体鳞伤的吴清华

无比振奋",她从此有了"家"。常青指路,不只给贫农女儿指了的出路,它实质上还道出了"五四"之后众多知识女性之路——回"家"。

"翻身"的寓言

陈东原写过一部《中国妇女生活史》,全书最后一节《理想中的社会主义下之妇女》描绘了妇女的解放及生活,充满了美好的想像,认为社会主义会成为妇女的天堂①。但社会主义果真来到之后,除了到社会上参加工作之外,陈东原预想的其他种种好处却是纸上谈兵。妇女确实进入公共生产领域,但私人空间越来越匮乏。"五四"时期城市中的女性知识分子追求个性解放,追求心灵自由,其作品中体现出很高的精神境界。此期女性知识分子形象极为少见,女工、农村妇女成为剧本的主体形象。

对下层劳动妇女来说,解决温饱问题之前,性的奴役与压迫远不在她们考虑的范围之内。她们迫切需要解决的压迫来自社会、阶级而非性,因此,她们更易于接受无产阶级革命理论带给她们的社会解放,而非资产阶级妇女领导的追求更高层次解放的女权主义运动。生活在底层的妇女素来需求不高,不为怎样生存下去犯愁,再奢侈些能够自主婚姻,对她们来说即意味着翻身得解放。新中国十七年文学中,反复书写的就是普通劳动妇女。戏剧表现生活的标题下,似乎只有劳动群众的生活才是生活,包括女性知识分子在内的知识分子的内心体验与感受不再是生活的应有之义。

舒慧(杨舒慧,原名杨淑慧,1929 年生于辽宁省法库县)创作的独幕话剧《黄花岭》(1955)、《山沟里的接生员》(1956)和《三代人》(1958)均以生活在北方农村的妇女为中心,写寡妇入社,写女劳动模范,写婆媳问题。舒慧在辽宁省北镇县李屯村体验生活时创作了《黄花岭》,说她最初想写一个女模范,无论工作还是休息,她紧随女模范,花了一个月的时间记下一大本子。然后,她把辛辛苦苦收集到的点滴材料杜撰成一个剧本,却惨遭失败。这无异当头一棒,舒慧因此下决心"沉到生活里去"。她参加生产社的具体工作,帮助妇女组织副业生产,想法解决男女同工同酬。

再提笔时,舒慧选择了最熟悉的人物——宋二嫂,"因为像宋二嫂这样的人,我见过不止一个,通过合作化运动我亲眼见到她由软弱中成长起来了。她入社以后从内心里高兴,在劳动上非常起劲,妇女劳动手册上的工分她数头一名。这只有在我们这样的崭新的社会制度下,宋二嫂才会变得坚强和幸福……宋二嫂是胜利者。我写到这里的时候,我是想为宋二嫂鸣不平,同时也想对我们的新社

---

① 陈东原:《中国妇女生活史》,商务印书馆 1937 年版,第 424 页。

会新制度以歌颂"①。舒慧关心处于弱势地位的女性,她为宋二嫂们鸣不平,反映无依无靠的贫农寡妇的命运,因而,舒慧并不像通常这类写入社与不入社斗争的剧作(基本上都是男作家创作的)那样组织情节,并不把正面人物农业生产合作社主任李洪奎放在主导地位,而将他置于从属地位,减少他的活动余地。当时舒慧曾自我检讨:《黄花岭》对正面力量(李洪奎)认识上有缺憾。然而正是这种缺憾,让沿袭同类题材创作模式的《黄花岭》部分地脱离俗套。

宋二嫂愁苦安分老实巴交,话不多心里明白,她以加入合作社的方式成功保住了对黄花岭的所有权。像剧作者说的,"宋二嫂是胜利者",但胜利者不等于强者,舒慧更强调宋二嫂的软弱,剧作中的宋二嫂觉悟不高,入社完全为生活所迫。年轻寡妇的走投无路,而非农村中的阶级斗争,成为主题,恰恰反映了生活中的真实。

《三代人》涉及敏感且普遍存在的婆媳问题,出场人物均为女性。剧作给反面人物赵妻最多的笔墨,完美、全能的郝素芳却充当配角。避开时代的大叙事,舒慧因把细节性的描写集中在那些最容易受忽视的普通农村妇女身上,细腻甚至琐碎地展现"小小人物"的日常生活,显得可贵。舒慧描绘的宋二嫂、赵大奶的生活窘境,《山沟里的接生员》透露的山村妇幼保健站的简陋——"要啥没啥,除了红药水就是二百二",让人们看到"翻身"后摆在下层妇女面前的"形势"并非"一片大好"。

业余剧作者陈桂珍的独幕讽刺剧《家务事》中反映的家庭问题,也说明了这一点。写《家务事》时,28岁的陈桂珍已经是5个孩子的母亲,她在工人俱乐部图书室工作,同时担任党支部宣委、地区的女工委员。长期从事家属工作,她发现有的职工工作挺好但不管家庭事务,有的家属则眼界狭窄不求上进。当她听到"要职工加强对家属的教育工作"的建议时,便想写一个剧本,"目的是向男职工敲一下警钟:别只在外边教育别人,回家时要注意教育你身边的人;也警告家属:你要努力学习,别落在男人后边"②。怀抱此种目的,陈桂珍如实地写下寻常夫妻间普遍存在的矛盾。

陈桂珍清楚地意识到,家庭妇女不该为自己的"落后"负全部责任,但也不能毫不负责。她没有忽略剧中人——家庭妇女吴玉珍的许多缺点——撒泼、说谎、多疑、不孝顺老人、无原则地袒护孩子,尽管"细数"吴玉珍的种种缺点,但从总体上看,《家务事》讽刺的主要对象是工会主席孙玉林。他把管家务看孩子看作妻子一人的责任,在家里只知"躲清静",不关心家庭和妻子,还理直气壮地批评吴

---

① 舒慧:《习作〈黄花岭〉的一点体会》,《剧本》1956年第4期。
② 方励:《刻苦学习、认真创作——家务事作者陈桂珍介绍》,《文学月刊》1956年第3期。

玉珍"家庭妇女"、"落后"。工会组织晚会,他故意不让妻子参加,自己去跳舞;俱乐部放电影,他也"不记得"告诉妻子。剧作将日常生活的琐事细致地展示在人们面前,足以让人看清家庭妇女"落后"的实质。陈桂珍写道:

> 为什么我要写这个剧本呢?因为我做妇女工作已经七年了,在这七年中,我亲眼见到,不但是工会干部,就是行政干部、党的干部,都存在不关心家务的思想,他们对革命工作热情,一心想把建设事业搞好,但回到家里,就不耐心处理家庭问题,闹的打呀、吵呀,在群众中造成不良影响。①

她发现各地普遍存在这种现象,她想通过这个剧本告诉工人,不但要把工作做好,还要把家庭搞好,干部们也该这样。

由于《家务事》讽刺的对象不止家庭妇女,还有她的丈夫工会主席,当剧本送中共一面坡铁路总支审查时,得到的意见是最好不要演出。在由各分党支部书记、工会主席组成的选拔参加分局文艺检阅大会节目的会议上,多数人(特别是工会干部)认为剧本歪曲了工会主席这个人物形象,不同意它参加文艺检阅大会,也不准再在当地演出。但群众非常欢迎,纷纷要求再演,他们说这个剧反映了生活中存在的问题,提醒人们重视私生活。

现实生活中有关《家务事》能否上演的争论,其根源不在剧中反映的工作与家庭、夫与妻之间的矛盾,而在于代表新型政父的领导干部,能否接受来自普通妇女工作者的善意批评与讽刺。他们视表现家庭妇女的"落后"为理所应当,一旦剧本触及自身的不尽如人意之处,便鲜有宽容。

无独有偶,男作者鲁彦周因为在独幕剧《归来》中把党的干部(百货公司的副经理王彪)塑造成负心汉而受到批判。《归来》讲述的仍是"痴心女子负心汉"的古老故事,为显示新政权替弱势的妇女撑腰,剧作结局让合作社社长声称要进城向童蕙云的丈夫——王彪——的领导告状,如果这样,王彪"什么都完了":副经理的职位、城里那个年轻漂亮的新媳妇。以往这种情节中的"负心汉"都是知识分子,鲁彦周将他变成党的干部,于是,问题来了。这出戏本来是全国话剧汇演的得奖剧目,到了"反右"时,因为揭露了人物心灵深处的阴暗,批判了忘恩负义的卑劣行径,便被打成诬蔑新社会、丑化党的干部的"反党毒草"。鲁彦周刚拿到奖状,便被强拉到批判会上接受政治上的判决②。这样的结局无法不让人揣测,剧本里尚未实现的对"负心汉"的惩罚,也只能止于戏中。

十七年的剧本,无论出自男剧作者还是女剧作者,都强调妇女受新社会新政府保护,一再申明,这个时代的劳动妇女能不畏惧丈夫,不再怕被丈夫赶出家门。

---

① 陈桂珍:《谈谈我是怎样创作讽刺剧"家务事"的》,《剧本》1956 年第 5 期。
② 曲六乙:《十七年话剧战线的"左"倾顽症》,《戏剧论丛》1981 年第 3 期。

李月娥能说:"以前,我是个女讨饭的,逃荒到你们村,你待我好,留下我,我离了你没有去处,而今有了农业社,我也会劳动,我也能上地,能喂猪,我就不信养不活这几口人。"(蓝光《汾水长流》)然而政治的、道德的双重标准,使获得政治地位的劳动女性,只有跟普通的工农群众对决时才能取胜,一遇到工会主席、百货公司副经理这类男性角色,便得败北。这个剧本集中体现了代表男性利益的政治霸权思想。

不同于讽刺剧《家务事》,孙维世编剧、大庆工人家属队演出的《初升的太阳》(1966),以大庆职工家属的创业为对象,一本正经地塑造了两个正面人物——"五把铁锹闹革命"、绰号"过得硬"的郭德英,人称"心里红"的辛玉红。这两个重视阶级姐妹情谊的女人,跟哈萨克人草原上的第一位女队长奥依古丽(欧琳《奥依古丽》,1964)一样,属于一心一意讲奉献的铁姑娘。在成为队长前,奥依古丽曾不顾劝阻和大家一起跳到山洪里抢救羊群,致使肚子里的孩子流产,为此她得到公开赞扬。这个细节很典型,它再现了60年代部分普通劳动妇女曾经有过的"豪迈"。往回看奥依古丽的牺牲精神,更能产生一种悲凉感。

铁姑娘的出现并不可怕,甚至塑造一个冷血女人都没关系,生活原本允许女性以多种面目存在。正因如此,女性主义者才反对男作家塑造女性的两个极端:要么天使/圣母,要么恶魔/妖女。文学是生活的镜像,它应该反映女性的真实,不只描绘具备"女人气"的女人,还有那些与众不同的女性形象——由于特别而更富于戏剧性。问题在于,十七年剧本中的主人公习惯于以群体的身份说话,他们常常不是个人不是自己不是"我",她/他往往代表"他们"/"我们"。一个人要为集体服务就不得不对个人无情吗?

当原本属于特例的女性形象,以涌现的方式出现在不同的剧作者笔下时,原来个别的变成普遍,不免让看的人生疑。这些剧作充分体现了50年代后,男女平等理论曾经走到的极端:女性盲目追求以男性为标准的平等,否定了女性与男性之间客观存在的差异,她们力图改变的只是男人对女人的看法,而非谋求自身的最大发展。或主动或被动,她们将自身变成男人的另一个版本。作为个人的她,似乎不在场,只以一个空洞的符号出席。

(原发表于《戏剧艺术》2006年第3期)

杨惠玲,女,厦门大学人文学院中文系副教授,主要从事中国古代戏曲研究,已出版专著《戏曲班社研究:明清家班研究》,在《戏剧》、《厦门大学学报》(哲社版)、《戏曲研究》和《红楼梦学刊》等刊物发表论文30余篇。

和亲剧的性别文化解读

摘　要：本文从性别的角度解读元代以来的和亲剧，力图加深对汉民族父权文化的认识。从元代到 20 世纪，和亲剧中的女主人公经历了从人到神、从逆女到圣女的转化，这些转化取决于父权文化的意志和策略，揭示了父权文化软弱无力与虚伪冷酷的一面。本世纪，部分和亲剧以爱的哲学为基础构想两性及其关系，体现了性别观念的进步，但并不意味着性别文化已出现实现质的飞跃。

关键词：和亲剧　昭君戏　性别文化

所谓和亲，指的是两个民族、国家或政权的首领之间基于和平目的的联姻。以和亲故事为题材的剧作，笔者称为和亲剧。自古迄今，和亲故事一直都是中国戏剧创作的热门题材。据笔者掌握的资料，中国以和亲为题材的剧作约 50 部①。过去人们往往从政治和民族的视角审视这些剧作，对其中蕴含的性别文化多有忽略。从某种意义来说，性别是一个非常重要的文化符号，在很大程度上决定了社会文化系统的运作和意义。在不同的文化语境中，和亲剧对性别符号的设置和表述，往往非常复杂，一些足以成为本质的内容反而极易被遮蔽、被遗漏，但却是反思、建设民族文化不能缺少的。本文将从性别的角度重新解读和亲剧，以便更全面、深入地把握民族文化的历史和现状。

从人到神与父权文化的意志

元明清三代，和亲剧共 18 种，现存 7 种。除了藏戏《甲莎白莎》演唐朝文成

---

① 笔者所见有限，实际上存在的和亲剧肯定不止这个数目。这些作品有剧本存世的共 37 部，鉴于篇幅，不能逐一介绍。另外，元杂剧《隔江斗智》、明传奇《锦囊记》和京剧《龙凤呈祥》等演刘备招亲事，孙权嫁妹原为美人计，并不出于和平之目的。汪廷讷的传奇《种玉记》第十七出《妃絮》穿插昭君和亲事，清代石琰的传奇《二度梅》和龚啸岚等整理的同名汉剧等亦有和亲情节，但剧作并不围绕和亲事件展开，故上述剧作皆不列入和亲剧范畴。

公主和亲事,其他 6 种都是昭君戏①,这些作品在汉民族封建父权文化的语境中塑造了一个女神形象,昭君由人到神的转化潜涵着深刻而丰富的性别意蕴。

在剧中,昭君的女神形象主要是通过四个环节树立起来的:

一,转世。《汉宫秋》中,昭君降生时,母亲梦见月光入怀。《和戎记》中,汉帝征选正宫,安国侯夜观天象,发现太阴星落在昭君生长的越州。太阴乃月亮的别称,是后妃的象征物,说明昭君是月神转世,生来是要做皇后的。

二,幽闭。昭君品貌双全,才艺兼擅,是后妃的不二人选,汉帝却误信毛延寿,将她罚入冷宫。《汉宫秋》和《吊琵琶》中,昭君虽然孤闷,并无怨尤。《和戎记》中,昭君痛恨奸佞,日日怒骂毛延寿。可见,昭君身受冤屈,却不纠缠于个人的得失,显示出不同凡俗的品格。正如伟人要经受苦难的磨砺和考验一样,幽闭冷宫是昭君成长历程中不可缺少的一环。

三,出塞。对待出塞,6 部戏中昭君的态度各有不同,《汉宫秋》中,被发现后的昭君集三千宠爱于一身,尽心服侍汉帝。单于兵临城下,昭君主动请行,并在汉胡交界投江,实现"既蒙陛下厚恩,当效一死,以报陛下"的誓言。《和戎记》中,冒名昭君的宫女萧善音被毛延寿点破身份,单于再次发难。为"保全万载之邦,救万民之难",昭君上表自请出塞。在塞外,昭君提出三项条件,单于一一答应,写降书,交出玉印,斩杀毛延寿。完成使命的昭君托土地神幻化的白雁传书汉帝,跳江殉夫。《吊琵琶》中,昭君怨汉帝"不能庇一妇人",但还是以身赴难,跳水自尽,表明绝对的忠贞。《昭君出塞》、《昭君梦》和《琵琶语》中,昭君未浴皇恩,即奉旨出塞,并不情愿,但又无力改变,心中既怨且悲,怨的是奸臣,悲的是红颜薄命。不管是无怨无悔,还是心存怨尤,昭君都心系汉帝,为他奉献自己,并无本质的分别。

四,归汉。出塞后,昭君痴情依旧,生死不渝。《汉宫秋》中,昭君在汉帝的梦里逃回汉宫,表达了深深的依恋;《和戎记》中,昭君魂游旧地,请求汉帝迎娶妹妹,让妹妹完成她未竟的事业——服侍汉帝。《吊琵琶》中,昭君一灵不散,跋山涉水,只为与汉帝相见。《昭君梦》中,昭君得神魔帮助,梦回汉宫,向汉帝倾诉衷情。《琵琶语》中,王母令青鸟和东方朔设计救助,昭君全身而退,羽化成仙。《昭君出塞》只写到入关,但还是预言了昭君的梦归。形式不同的回归把女性的痴心和忠贞表现得十分极致。

---

① 文中对古代昭君戏的介绍和引用所据版本分别为:元马致远《汉宫秋》,臧懋循《元曲选》本;明无名氏《和戎记》,《古本戏曲丛刊》(第二集)本;陈与郊《昭君出塞》,沈泰《盛明杂剧》本;清尤侗《吊琵琶》与薛旦《昭君梦》,邹式金《杂剧三集》三十四卷本;周乐清《琵琶语》,载《补天石传奇》,南京图书馆藏清道光刻本。

由上可知,剧中神化昭君的方式有三种:

一,赋予昭君神性品格。昭君集美貌、品德与才艺于一身,温顺、忠贞,以充分满足汉帝的愿望、保全汉帝的利益为己任,生前保家卫国,死后仍痴心不改,境界之高大大超越芸芸众生。必须指出的是,昭君融合了男女两性的特质。一方面,她拥有女性的身体和才情,绝色倾城,柔情脉脉,又精于丝竹和女红;另一方面,在国家危难之际,她以柔弱的双肩挑起家国的重任。她上表请命的方式、倾力为君分忧的品格、以死效忠报恩的刚烈、留名青史的观念等都带有浓厚的士大夫色彩。显然,昭君被塑造成阴阳同体的双性人。

二,神化昭君的出生与结局,让她成神登仙。

三,穿插灵异情节。既有神性品格,又占仙籍,昭君超凡入圣,光彩四射。明清以来,昭君戏盛演不衰,多数剧种的昭君戏都出自《和戎记》,《和戎记》恰恰是神化昭君最为用力的作品。从某种意义上说,昭君戏的创作和演出,实际上是父权时代一场历时久、规模大的造神运动。清代小说《二度梅》和同名剧作中,陈杏元在和番路上入昭君庙哭诉,跳崖自尽,昭君显灵相救。可见,昭君真的成为人们心中的一尊神。

昭君为何兼具男女双性的特质?在剧中,昭君是月神转世,月与日相配,日属阳,月属阴。按照传统的阴阳观念,阳主阴从,阳强阴弱。阳为天、为君、为父;阴为地、为臣、为母。出生伊始,昭君就被纳入宰制与受制的两性权力结构。汉帝、单于和毛延寿对昭君具有生、杀、予、夺的力量,总是主宰、改变着她的命运。汉帝和昭君是夫妇,又是君臣,纠结着男女情爱与君臣之义,主要体现为与生俱来,生死不变的恩义关系。她温柔多情的一面能极大地满足汉帝对情爱的需要,而刚烈果敢的一面又为他支撑了将倾的大厦。无条件地为汉帝奉献、牺牲,是昭君存在的主要方式,也是她立身为人的价值所在。很显然,父权和皇权联手实施性别统治,昭君成为服务汉帝的机器。要充分发挥工具作用,就必须兼具男女两性的德行和才能,这就是昭君双性同体的实质。《和戎记》中多次提及汉帝封后,夫妻二人"同掌山河",不过是一句空话而已。

昭君为何登上神坛?神化昭君,是父权文化给予的奖励和补偿,昭君也因此拥有榜样的力量,因而能教化众生,无形中强化男性的主体地位。同时,也不必为昭君的悲剧命运负责,巧妙地推脱了责任。可见,把昭君推上神坛是封建父权的需要,与神化关羽、岳飞本质上并无二致。

昭君之外,剧中的男性也值得探究。对昭君,汉帝随意地剥夺、索取和给予;对毛延寿,他却无力控制,先是被其谎言牵着鼻子转,继而又被他逃脱,酿成更大的灾祸。面对单于的威胁,他手足无措,先巴望着文臣武将献计出力,继而恐慌、担忧、叹息,接着责骂满朝文武,最后献出自己的女人。再看看大臣们,《汉宫秋》

中,尚书令五鹿充宗和常侍石显除了劝说汉帝拱手让出昭君,无所作为。《和戎记》中,安国侯夜观天象之才只用于选美;平王刘宣带兵迎敌,大败而归;东平王的安国之计是另选美女冒名昭君出塞;《吊琵琶》中,文臣们无退敌之策,却大写应制诗送昭君和番。还有昭君之父,每次当女儿遇到困难,陷入危机,他无力,也不试图救助。可见,无能、平庸、自私、软弱、缺乏责任心、不敢担当是剧中男性群体的共同特征。更重要的是,除了《吊琵琶》,多数作品对这些男性流露出同情、怜惜,甚至肯定的态度。这说明了什么?作为男性的代表和父权制的主宰,这些人物是以男性为主体的作者、艺人和观众集体想像、创造出来的,寄寓着人们的认识、评判和愿望。他们对汉帝君臣的态度不仅取决于对皇权的崇拜,也投射了弱者的自恋心理。一方面,封建宗法制催生并长期强化男性的优越感,使他们自尊自大;另一方面,宗法统治在赋予男性对女性绝对支配权的同时,又使他们从属于家族和朝廷。面对无法逾越的族权和皇权,男性常常发现自己的渺小。而且,北宋以来,契丹、女真、蒙古、瓦喇等民族先后攻打、统治中原,使他们感受到自身的弱小。自尊与自卑的矛盾导致病态的自恋心理,这种心理自然融入作品。在剧中,男性遭受来自同性的威胁时,往往毫无自信,束手无策,既不能保全自己,也无力庇护亲人。然而,他们不必付出,也无须承担责任,还能心安理得地享受昭君的奉献和牺牲。汉帝始终掌控着昭君的精神世界,甚至是死后的魂魄。他总是把自己装扮成受害者,摆出一副无辜受屈的样子,习惯于把责任推给别人。昭君却将男女两性的社会责任一肩承担,不遗余力,无怨无悔。如此种种都潜含着创作者对自我的怜爱、对自我力量的幻想、不敢担当的怯弱、缺乏责任心的自私。无须讳言,病态的自恋、自卑曾经是汉民族男性文化人格中的一部分。作为社会生活的主导者,男性的无力、无能不可避免地导致父权文化的孱弱。

由上可知,昭君从人到神的转化不仅揭示父权文化消解女性自我意志、强化性别统治的策略,也暴露男性病态的文化人格和父权文化软弱无力的一面。作为女性的典范,昭君的形象浓缩了汉民族封建父权时代人们对女性性别内涵的体认,这一体认有两个关键词:顺从和奉献。发人深省的是,女性的顺从和奉献并未成就男性的健全与强大。

从逆女到圣女与性别政治的策略

据笔者搜集的资料,上个世纪公开发表或演出过的和亲剧共 24 种,郭沫若的话剧《王昭君》和顾青海的话剧《昭君》是较早的两种,其他作品都问世于建国后,田汉的话剧《文成公主》和曹禺的话剧《王昭君》影响最大,许宝驹、江蛰君、张步虹和郑怀兴等人的剧作或以田剧和曹剧为母本,或在古代昭君戏的基础上吸收民间传说改写而成,鲜有突破①。郭、顾二人把昭君改写成叛逆,田汉等人则把民族团结的重担放到女性柔弱的肩上。从反叛王权和父权的逆女,到回归主流秩序的和平使者,这一转变的实质是什么,导致转变的原因又是什么?笔者将予以分析。

郭剧写于1923年,在"五四"语境中描写了一场两性之战,6个人物按性别分成两大阵营。昭君抗拒所有企图控制她的男性,怒责汉帝:"你今天不喜欢我,你可以把我拿去投荒;你明天喜欢我了,你又可以把我拿来供你的淫乐,把不足供你淫乐的女子又拿去投荒。"②汉帝留恋昭君美色,欲令人顶替,但她决不从命。由此,她成了一个"彻底反抗王权"的"女叛徒","'出嫁不必从夫'的标本"③。与郭剧相比,顾剧中的两性关系较为复杂。昭君在大漠与可汗相爱,六年后可汗意外早逝,昭君也抑郁而终。匈奴意欲南侵,昭君魂归汉宫报信。病体怏怏的汉帝调戏昭君,昭君悲愤难遏,与汉帝正面交锋,控诉他的罪恶,思想意蕴与郭剧一脉相承。

两剧中的性别之战结局如何?毫无疑问,男性失败了。郭剧中,汉帝从皇宫出走,感叹"我们在女人面前,彼此都是赤条条的"④。顾剧中,奄奄一息的汉帝在昭君的痛骂声中挣扎着死去,毫无尊严。男性的失败是否昭示女性的胜利?郭剧中,昭君无视从父、从夫的性别制度,宰制与受制的两性权力结构豁然断裂。但解构之后,昭君未能完成主体地位的确立。她表达的主要是受压迫者的觉醒与愤怒,主体意识处于混沌之中。郭沫若曾提出衡量女性解放的两个标尺,一是"男女的彻底的对等",一是"一切的妇女都和男子一样得以发挥她们的才能"⑤。显然,女性仅向胜利迈出第一步。顾剧中,昭君离开故国后一直悲伤流泪,担心"从大汉宫里做奴隶,又搬到可汗手里做奴隶"⑥。然而,威严的可汗却变成温柔的情人,脱下外衣替昭君裹上,要教她骑马,又好言劝慰,决心好好保护她,还断然拒绝汉帝换回昭君的要求。可汗打动了她,两人你怜我爱,度过六年幸福时光。很明显,昭君具有比较鲜明的女性意识,得到爱怜和尊重,与可汗的关系趋于平等。与郭剧相比,顾剧中的女性在通往胜

---

① 许宝驹:《文成公主》(昆剧),北京出版社1964年版;江蛰君:《王昭君》(扬剧),《江苏戏剧丛刊》1983年版;张步虹:《文成公主》(越剧),《巾帼集》,中国戏剧出版社1995年版;郑怀兴:《王昭君》(汉剧),《剧本》1999年11月。

②④ 郭沫若:《王昭君》,《郭沫若全集》(文学编第六卷),北京人民文学出版社1986年版,第87~88、89页。

③⑤ 郭沫若:《写在三个叛逆的女性之后》,《郭沫若全集》(文学编第六卷),北京人民文学出版社1986年版,第141,134~135,134~136页。

⑥ 顾青海:《昭君、西施及其他》,商务印书馆1936年版,第114页。

利的道路上走得更远些。

为什么郭剧中觉醒的女性不能取得胜利？郭沫若曾指出创作该剧是为了主张女性的权利，呼吁女性的觉醒。在他看来，女性的解放斗争包括"性的斗争"和"阶级的斗争"两个阶段，女性"经过了性的斗争之后，还要来和无产的男性们同上阶级斗争的战线"，因此，"女权主义为社会主义的别动队"①。这些女权论说是"五四"启蒙思想的一部分，主要来自西方启蒙时代的天赋人权理念和19世纪自由主义的女权思想，前者以男性作为全体人类的代表，女性被排除在权力主体之外，后者则根本漠视性别的差异。先天不足导致了以男性为标准的女性解放理念，女性的性别内涵成了盲点。而且，启蒙者倡导女性解放，希望联合女性的力量反对封建父权制，建立强大的国族，故而多从国族的视角思考女性的解放，缺乏女性立场的生命关怀。因此，郭沫若刻意表现女性的呐喊与反抗，却未思考出走后的女性会怎样？这不仅是某一个人或某一部作品的不足，也是"五四"启蒙话语的不足。

顾剧创作于1934年，"五四"的热潮已退。顾显然思考了郭沫若疏忽的问题，能站在女性的立场上设想昭君的命运，因此，他笔下的昭君具有女性自身的生命意识，获得做人的尊严和幸福。遗憾的是，面对内忧外患交困的现实，女性立场的生命关怀未免有些不合时宜，他很快回到国族的立场上，没能进一步思考实现女性的主体地位。女性的立场使该剧在一定程度上弥补了郭剧的不足，但立场的转移又使得剧作最终没能完成对郭剧的超越。

建国后的20多部和亲剧中，反叛的女性收敛锋芒，变成道德完美的圣女。曹剧中，达成父亲的遗愿是昭君自请出塞的重要原因。父亲死于边关，生前托人带信说："塞外的人想和好，塞内的人也想和好。可是长久和好，并不容易，要有人做。"②郑怀兴的汉剧《王昭君》中，和亲路上的老卒和秀女张小芳的父亲对和平的期待不仅强化了昭君的使命感，也令人深深感受到昭君责任的重大。田剧中，唐太宗为了"利乐那儿的百姓，巩固唐蕃亲好，屏藩大唐的西陲"③，将女儿远嫁绝域。公主深深理解父亲，欣然从命。可见，父亲的意愿代表国家和百姓的意愿，不容违逆。初到塞外，昭君和公主面临共同的困境，因为大臣的蓄意阻挠和破坏，君王对她们半信半疑。她们捧出赤诚的心，以德报怨，沉着应对，终于挫败阴谋，大功告成。可见，女性的付出必须得到男性的接纳和确认，才能最终实现

---

① 郭沫若：《写在三个叛逆的女性之后》，《郭沫若全集》（文学编第六卷），北京人民文学出版社1986年版，第141，134～135，134～136页。

② 曹禺：《王昭君》，四川人民出版社1979年版，第20页。

③ 郭沫若：《王昭君》，《郭沫若全集》（文学编第六卷），北京人民文学出版社1986年版，第87～88，89页。

其价值。整个和亲事件始于父亲的决定或嘱托,成于丈夫的认可,和亲的成功使女性回到社会的主流秩序中。

女性的回归恢复了宰制与受制的两性权力结构,这一结构包括两组权力关系,一是父亲和女儿,一是丈夫和妻子,女儿和妻子不仅要服从父亲和丈夫,还要为他们赴汤蹈火,在所不惜。男性对女性的宰制,女性对男性的顺从都有崇高的理由,那就是为了国家和百姓。以国族的名义打破的两性权力结构又在国族的框架内得到重建,男性的主体地位越来越稳固。

叛逆的女性为什么要回归?一方面,1949年以后,父权制以新的形式延续,"五四"话语中的女性解放理念失去存在价值;另一方面,为了充分利用劳动力资源,促进国族的建设,妇女必须走出家庭。新政权以法律的形式承诺给予女性解放,女性不必抗争就能获得平等的权利。然而,这一承诺是有条件的,那就是女性应该向男性无限靠近,获得他们的认同,曾在现实生活和各类作品中大量出现的"铁姑娘"就是女性向男性趋同的产物。与此不同的是,和亲剧并不简单地取消女性的身体特征,而赋予女性诸多美好的德行,让她们通过道德的自我约束和完善得到父亲和丈夫的认同。她们志存高远,深明大义,有强烈的责任感和使命感,远嫁异域是她们自愿的选择。面对困难,她们果敢坚毅、百折不挠;对待夫君,她们多情而温顺,全心全意;对待百姓,她们宅心仁厚,处处播撒爱的种子。通过无条件地奉献自己,她们成为圣女。

可知,这些剧作是文艺对性别政治策略的回应和诠释,父权文化的冷酷与虚伪昭然若揭。有人会问,谋求和平既符合历史规律,也维护了人民(包括女性)的利益,何过之有?其实,问题不在和亲本身,也不在和亲是否出于自愿的选择。还是先读读刘细君的《悲愁诗》吧:"吾家嫁我兮天一方,远托异国兮乌孙王。穹庐为室兮旃为墙,以肉为食兮酪为浆。居常土思兮心内伤,愿为黄鹄兮归故乡!"①汉武帝时,江都王之女刘细君远嫁乌孙,为汉朝联合乌孙牵制匈奴做出贡献。然而,这并不妨碍细君拥有丰富的生命体验和情感世界。诗中满含着主人公不能主宰自我命运的悲怨,远离亲人的忧伤,重回故园的渴盼,还有迥然相异的自然环境和生活习惯,这些差异带来的困扰,这才是女性内心的真实。然而,在剧中,以上种种都被遮蔽了。一方面,父权制,无论旧或新,关注的往往是权力、秩序和国家意志,试图建立大一统的民族国家,以巩固其统治。另一方面,父权制又要披上温情脉脉的面纱,树立其美好的形象。因此,这些剧作不仅对女性的伤痛视而不见,反而把她们的牺牲当作光荣,将花环套在女性的伤口上,然后

---

① 田汉:《文成公主》,《田汉全集》(话剧第六卷),四川人民出版社1979年版,第351页。

载歌载舞。在集体的狂欢中,性别政治的真相被湮没,女性再次消解为"零",成为空洞的能指。

由上可知,20世纪和亲剧中的女性,不管是逆女,还是圣女,都被抽空自我,成了一具空壳。与元明清三代的和亲剧相比,剧中的两性权力结构并无质的改变,圣女和女神在本质上是一样的,都在父权的宰制下丧失主体性,自愿服从并服务于男性的需要与利益。总之,自元代到20世纪,和亲剧的性别文化没有取得突破性的进展。

从爱的哲学到双重主体与情感的力量

随着新世纪的到来,和亲剧的创作出现显著的变化。已问世的9部剧中,多数是老调重弹,但林少鹏的歌仔戏《两国皇后》①、张平的歌剧《昭君》②和彭长虹、吴霜合写的歌剧《文成公主》③却以爱的哲学为基础设想两性及其关系,建构了双重主体的两性权力结构。这一新变是否标志着和亲剧的创作突破前人的局限,实现性别文化的飞跃,这是笔者思考的问题。

这三部剧作有两大共同特点:

一,促成和亲大业的因素是共同的。《两国皇后》演狼牙斯坦国王妃冒名公主和亲的故事。为给战死的父兄报仇,保住丈夫的江山,赵玉兰毅然远嫁,欲行刺敌国国王孟飞皇,但却被飞皇打动,不仅放弃报仇,还和他成了恩爱夫妻。16年后,她和飞皇生下的公主去狼牙斯坦催收贡品,在不明真相的情况下同同母异父的哥哥双龙相爱。玉兰立即和飞皇赶回祖国,解决家庭危机。最后,玉兰、飞皇和双龙母子、父子相认,两个敌对的国家也尽弃前嫌,和平共处。《文成公主》中,公主和松赞干布在宫殿盛宴上一见钟情,愿意远嫁高原。松赞和公主息息相通,是公主精神上强有力的支撑,本教大臣父子的破坏、珠玛的爱恋都不能令他动摇。李将军一直深爱公主,为保护公主奉献了生命。珠玛是本教大臣之女,她听从父亲的安排,准备毒死公主,但关键时刻幡然醒悟。对苍生的大爱战胜狭隘和阴谋,拯救了有罪的灵魂和这个世界。《昭君》中,昭君自请出塞,主要是出于对单于的爱情。单于来长安议和,和昭君在掖庭邂逅,因相互吸引而相爱。汉帝因昭君身份低贱,不欲应允,单于却称心如意,促成了婚事。昭君辞行时,汉帝意欲挽留,单于和昭君都以守信为由坚决拒绝。两人策马并行,同赴大漠。单于之

---

① 林少鹏是闽南地区为民营剧团写戏的青年女作者,《两国皇后》创作于2000年前后,盛演于闽南地区,由厦门卫视录制并播出。笔者收有该作的打印稿,戏剧研究网地方戏研究专栏亦收有此剧。
② 张平:《昭君》,《当代戏剧》2004年第1期。
③ 彭长虹、吴霜:《文成公主》,解放军出版社2006年版。

弟呼图不听昭君劝说，发动叛乱，战败后仍誓不悔改。单于欲杀呼图，昭君及时赶到，凭一腔热诚感化呼图，兄弟俩握手言和。很显然，在三部剧作中，促成和亲大业的不是朝廷的命令，也不是父亲的意愿，而是深挚的感情产生的强大力量，战胜一切困难。

二，剧中的两性关系具有共同性。《两国皇后》中，飞皇原本野心勃勃，爱上玉兰后几乎脱胎换骨，无条件地包容、成全、支持她。尽管玉兰和亲是出于无奈，但最终接受飞皇，和他相守一生，却是自愿的决定。他们有各自的权利和责任，谁也不试图支配谁。从家庭危机的解决到两国仇恨的冰释，他们始终同声共气，最终使自己和亲人都获得幸福。《文成公主》中，四个年轻人都有权自己选择和决断，松赞和公主彼此信赖，李将军全力相助，珠玛最终醒悟，挫败了父亲的阴谋。为完成和亲大业，他们都勇于付出，即使是生命也在所不惜。《昭君》中，从和亲到平叛再到和平的最终实现，昭君一直和单于并肩携手，凭借情的力量创造奇迹。可见，该剧通过弘扬情的力量，体现合作互补、平等双赢的两性关系。两性之间相互依存、补充，不再是宰制与受制的关系，两性权力结构发生显著变化。

与以往的和亲剧相比，这三部剧作有三大不同：不是通过女性奉献自己来换取和平，主要靠情的力量解决各种矛盾，完成和亲大业；女性不再是附属于男性的工具，而是独立的存在，女性有表达和决定的权利，能体现自身的价值和尊严，具备相当强的主体性；面对问题和困难，两性合力应对，很难区分谁发挥的作用更大，因为他们已融合成不可分割的共同体。

可以说，该作建构了新型的两性权力结构，男女双方都是主体，没有主从之分。很显然，本世纪和亲剧的性别观念进步了，女性的权益、价值和主体性得到尊重。然而，这三部剧作在性别文化的层面并无根本变化，问题出在过分夸大情的作用。在剧中，情不仅能战胜恐惧、贪欲、阴谋和仇恨，还高蹈于社会律法之上，超越民族、国家、阶级和性别，简直是无所不能。从某种意义来说，能解决任何问题，实际取消了问题。剧中双重主体的两性权力结构是在这样的前提下构建的，具有太浓厚的理想色彩，缺乏足够的力量，可视为对两性未来的憧憬，但对解决两性问题，真正实现性别的平等没有实质性的帮助。

书写者视情为解决各种问题的灵丹妙药，这是由书写者爱的哲学决定的。作为这三部剧作的思想基础，爱的哲学是书写者对情的体认和把握。书写者体认的情包括爱情、亲情和悲悯之情等，更有小爱、大爱之分。他们的理解主要有以下两点：一，情具有神奇的超越性，能产生巨大的能量，净化人心，陶冶人性，塑造至真、至善、至美的人格，从而改变整个社会。二，重情就是惜福，只有惜福，才能获得幸福。可以说，这就是爱的哲学。

爱的哲学并不是林少鹏等人的首创，而是对传统情文化的继承，也受西方博爱观念的影响。传统情文化源远流长,晚明时期,个性解放思潮强化了重情、尊情的观念,汤显祖的"至情论"和冯梦龙的"情教论"影响最大。他们从情本思想出发,张扬情超越生死和教诲众生的作用,并在一定程度上承认女性追求情爱、张扬个性的权利。到了清朝,情的超越性和女性的价值得到进一步肯定。蒲松龄通过《连城》、《宦娘》和《瑞云》等作品弘扬为两性共享的能超越美丑和生死的知己之爱、精神之爱,曹雪芹则在《红楼梦》中表现以尊重和关爱女性为核心的平等精神。可见,传统情文化肯定生命个体的尊严和价值,已粗具性别平等的意识,对后世人文主义的发展起到积极的作用。然而,它的局限也不可忽视。情文化往往强调情的超越性,忽视人的社会性。人是情的主体,情通过人来改变社会。人兼具自然和社会双重属性,是种族、等级、阶级、性别等多种社会因素综合作用的产物。除了情,观念、制度与规则等对人的影响也非常巨大,这就决定了情绝不是万能的。毫无疑问,情对人的影响力被夸大了。

通过《牡丹亭》、《情史》、《聊斋志异》和《红楼梦》等作品的传递,传统情文化影响一代代中国人。当书写者为各种社会问题寻求解决之道时,传统情文化提供了大量思想资源,包括它的精华和不足。以此为基础,书写者形成自己的情爱观。一方面,爱的哲学肯定女性的权利和主体性,弘扬女性的生命价值,推动性别观念的进步;另一方面,又夸大情的力量,造成和亲剧性别文化的局限。

综上所述,从性别文化来看,和亲剧的成就是有限的,探究原因,归根结底是性别立场的问题。以往的和亲剧大多把和亲写成简单的交换,女性没有自身的生命意识,主要是因为长期以来父权文化语境中缺乏女性立场。时至新时期,随着相关法律政策的制定和文化的多元化,性别观念进步了,性别理论也不断花样翻新,但对性别意识和立场的关注仍远远不够。如何树立女性立场,怎样从女性的立场出发实现女性的权利、价值和主体性?这些问题实际上都处于混沌状态,导致本世纪和亲剧的创作未取得突破性的进展。上述问题都是根本性问题,如果不弄清,女性的权益、性别的平等都将成为空谈,和亲剧的创作也不能取得真正的突破。

(原发表于《厦门大学学报》2010年第4期)

李晓林,女,厦门大学人文学院中文系副教授。主要从事西方美学与文论研究,发表学术论文 30 多篇,出版专著《审美主义:从尼采到福柯》。

耶利内克《死亡与少女》中的反讽

摘　要：2004年诺贝尔文学奖得主耶利内克是争议颇多的奥地利女作家，其剧本《死亡与少女》以童话中的白雪公主、睡美人和现实中的普拉斯、戴安娜等作为主人公，以大段独白颠覆她们美丽、善良、智慧的形象，透露她们内心的困惑、虚荣、挣扎。耶利内克的反讽意识使她超越了女权主义，也不同于存在主义，更不是色情作家。

关键词：耶利内克　《死亡与少女》　反讽

在诺贝尔文学奖颁奖词中，瑞典文学院常务秘书赫拉斯·恩格道尔引用黑格尔的话来暗示耶利内克的人生和写作姿态："用黑格尔的话来说，女人是社会的反讽(irony)。你既不与社会妥协，也不与你的时代妥协，同时，你也不媚悦读者。如果说，文学就其定义而言是一种不屈服于任何事物的力量，那么，在我们的时代，你就是它的最真诚的代表之一。"本文中，笔者力图探讨反讽在文论史上的不同含义、耶利内克的反讽意识及其剧本《死亡与少女》中体现出的反讽。

一、何谓反讽

反讽(irony)这一文学理论术语有悠久的发展历史：从古希腊文论到德国浪漫主义文论，再到英美新批评和后现代主义文论，它"不仅有各种不同的表现形式，而且在概念上还不断地在发展"①，因此反讽成为文论史上最令人头痛的概念之一②。

反讽源于古希腊喜剧的角色类型，即"佯装无知"，说出的却是真理。这是一种修辞术。运用这种修辞技巧的主要代表是苏格拉底（自贬式佯装）。比如柏拉

---

① 赵毅衡：《新批评——一种独特的形式主义文论》，中国社会科学出版社1986年版，第178页。
② [英]米克著，周发祥译：《论反讽》，昆仑出版社1992年版，第28,53页。

图《大希庇阿斯》篇中,苏格拉底故作无知地向希庇阿斯请教"什么是美"并把希庇阿斯自以为是的答案一一驳倒。

反讽在文学理论和美学界得到重视,得益于德国浪漫派施莱格尔兄弟的阐发。F.施莱格尔认识到,反讽是"对于世界在本质上即为矛盾,唯有爱恨交织的态度方可把握其矛盾整体的事实的认可"。因此,具有反讽意识的艺术家不会完全倾向任何一个主人公,就像太阳不会偏袒或敌视任何一个人一样。经过德国浪漫派的独特阐发,反讽这一概念越出修辞,成为一种世界观和立足于此世界观基础上的文学批评原则。因此,艺术家对于笔下的主人公往往持一种超然或客观的态度,正如米克所言:"观察者在反讽情境面前所产生的典型感觉,可用三个词语来概括:居高临下、超脱感和愉悦感。"①

此后的英美新批评将反讽扩大为诗歌语言最基本的的结构原则,甚至认为无诗不反讽,反讽被宽泛地理解为与悖论、张力相关的概念。

可以说,从苏格拉底到德国浪漫派,反讽概念有内在的一致性,即不仅是一种修辞技巧、一种创作手法,还是一种世界观和人生观,克尔凯郭尔就犀利地从"生存"切入苏格拉底的反讽。笔者在本文中采用作为世界观和人生观的反讽概念,进而分析耶利内克的反讽意识、反讽意识在其文本中的体现。

二、耶利内克的反讽意识

耶利内克的行文或枯燥冗长或轻快跳跃,却是一针见血的犀利。反讽意识使得耶利内克具有超然、客观、轻松,甚至游戏的姿态。她的作品无不揭示着人性弱点与其悲剧命运之间的隐秘联系,颠覆了好人—坏人、荡妇—天使的二元对立。由于反讽意识,使得耶利内克成为既非严格意义上的女权主义者、色情作家,也非主张人生荒诞、进而提倡个体自由的存在主义者。

首先,她不是女权主义者。评论界往往将耶利内克的创作视为女权主义,即揭露男性的专制和暴力。她的作品的确揭示了女性被塑造、被看、被伤害、被诱惑、被需要的方面,却也毫不留情地揭示了女性的人性弱点。

西方女权主义分为三个阶段。第一阶段的女权主义(19世纪下半叶至20世纪初),最初的诉求是妇女在教育、立法、经济上与男性平等。第二阶段是现代女权主义(20世纪初至60年代),这个时期的女权主义分流为"激进主义女权主义"和"自由主义女权主义"等,要么要求经济方面与男性平等,要么在"性"方面诉求女性的"解放"。第三阶段的后现代女权主义(20世纪60年代至今),斗争方式是用女性的话语创建女性文化,争取和掌握女性的话语权。后现代女权主

---

① [英]米克著,周发祥译:《论反讽》,昆仑出版社1992年版,第28,53页。

义者如法国埃莱娜·西苏和美国的朱迪斯·巴特勒吸收了后结构主义话语——权力理论,丰富和发展了传统女权主义。

耶利内克不属于上述任何女权主义。她没有主张女性的政治、经济、教育权利,她没有塑造无辜的、善良的、完美而受难的女性(文学传统中的天使、圣母)。文学是人学,她的作品揭示了女性与男性一样的复杂人性。因此,她对作品中的女人们不只是赞美、同情,而经常是冷漠的、调侃的,她的作品也超越了悲剧—喜剧二分,而是悲喜混杂的。

其次,耶利内克不是色情作家。她的作品中的确有大量性描写,如《情欲》中无数的性爱场面,《钢琴教师》中的施虐—受虐,但是她既非津津乐道,又非严加批判,她声称自己是"反色情文学"的。从创作姿态讲,她不认同于任何一个主人公,而是保持距离,冷眼旁观、揶揄。从作品看,展现情欲不是目的,揭示人性中本能的驱动力才是目的。《情欲》中有无数貌似热烈的性爱场面,耶利内克却以机械运动术语来表达。小说里也有对女性的同情,但是重要的不在这里。由于反讽意识,耶利内克与笔下人物的关系是疏离的。在貌似热烈的情欲描写中,透露出的是悲剧人生中的喜剧因素,是叔本华一般的感慨:"命运好像是在我们一生的痛苦之上还要加以嘲笑我们似的;我们的生命已必然含有悲剧的一切创痛,可是我们同时还不能以悲剧人物的尊严自许,而不得不在生活的广泛细节中不可避免地成为一些委琐的喜剧角色。"①

再次,由于反讽意识,耶利内克不是存在主义者。存在主义是以人为中心、主张人的个性和自由的哲学。存在主义最著名的口号是萨特的格言"存在先于本质",是积极入世的"我行动,故我在"。萨特的"存在先于本质"是存在主义的首要命题,其内涵是,人首先生活于这个世界,面临不同的境遇,然后自我选择以确立自己的本质。对萨特而言,英雄之所以成为英雄完全依靠自己,懦夫之所以成为懦夫也完全是自己选择的结果,因此萨特自称为是人类主体性的倡导者。

存在主义认为人生是荒诞的,却不认为人性是荒诞的,因此主张确立人的主体性。在耶利内克眼中,人性本身是复杂的,是这个荒诞世界的一部分,而非如加缪所言,荒诞在于"人与世界的对立"。因此,耶利内克作品的主人公不是西西弗斯,西西弗斯是高贵的、反抗的、悲剧的,耶利内克作品的主人公则是高贵与卑贱共存的,可怜与可笑共生的。甚至,在容貌美丽、身份高贵、才华横溢的女性身上,人性的复杂也不例外。因此,耶利内克作品的风格是悲喜混杂的。

---

① [德]叔本华著,石冲白译:《作为意志和表象的世界》,商务印书馆1997年版,第442页。

三、耶利内克《死亡与少女》中的反讽

耶利内克的剧本《死亡与少女》由5篇独立的文本组成,是关于女性生存状况和思想感情的剧本。她选取了童话中的白雪公主和睡美人、德国女剧作家笔下的罗莎蒙德公主、肯尼迪遗孀杰奎琳、美国自白派女诗人普拉斯和奥地利女作家英格、英国戴安娜王妃作为5篇文本的主人公。作者没有采用传统的戏剧手法,没有扣人心弦的矛盾冲突,没有个性鲜明的人物对话,没有生动曲折的故事,而是运用大段独白来表现主人公内心生活,谈论生与死。剧本的独白手法,使得读者走进人物的内心世界,了解几位女性的困惑、痛苦、嫉妒、空虚乃至怯懦。

白雪公主篇里,白雪公主不是不谙世事的孩子,而是深谙女性魅力的女人:"我花容月貌,所以总是成功"。隐喻死神的猎人并不怜香惜玉,他冷酷无情地开枪打死了白雪公主。在死神面前,自诩的花容月貌是没有意义的;在死亡面前,白雪公主完全是被动的,所有的筹划都是徒劳。熟悉海德格尔著作的读者不难看出,该篇不仅戏仿格林童话,更戏仿海德格尔的经典句子。白雪公主林中寻找真理,却误入歧途;那里并无真理的澄明,只有手电筒的亮光晃花了眼睛;无法向死而在,死亡的来临太过突兀。

睡美人篇的开头是睡美人的大段质疑:我是谁,面前的又是谁,名叫王子还是真的王子,女人通过男人而复活,男人的爱情给了女性第二次生命?接下来是王子的话,他的确自诩为上帝,他拥有对睡美人的无上权力,甚至自诩为她的创造者。上述对话,让我们误以为耶利内克是个以女性话语重新书写的女权主义者。可是,戏剧性的一幕出现在篇末:睡美人与王子穿着性特征突出的毛绒服装疯狂做爱,宣称自己活着。男人的专制与纵欲,女人的怨恨与唠叨,都消融于狂欢。哪里有女性的尊严,哪里有女性的独立?耶利内克冷眼旁观,她终结了所谓的女性解放。

罗莎蒙德是《塞浦路斯公主罗莎蒙德》的女主人公,该剧原为德国女剧作家海尔敏·冯·谢济所作的四幕话剧,讲述罗莎蒙德公主的不幸遭遇和最后完满成婚的故事。1823年,该剧在维也纳歌剧院上演时,舒伯特应邀为之配乐。耶利内克的剧本中,罗莎蒙德思考作为女权主义作家的命运,思考与男性关系中的爱恨情仇。

普拉斯和英格篇。美国自白派女诗人普拉斯与桂冠诗人休斯曾经有幸福的婚姻,育有一对儿女。休斯的移情别恋和长久的精神焦虑让普拉斯选择自杀。

---

① [奥地利]耶利内克著,魏育青、王滨滨译:《死亡与少女》,上海译文出版社2005年版,第11,62,122页。

英格获得哲学博士学位,撰写过关于维特根斯坦、穆齐尔、普鲁斯特、海德格尔等人的论文,与罗马尼亚流亡诗人策兰、音乐家恒茨,瑞士作家弗里希先后产生恋情,后因精神分裂症住院、服安眠药,直到去世。此篇有墙的意象,一堵隐形的墙,一堵透明的墙,墙当然是隐喻。如果意识不到墙的存在,就会安于生活。一旦意识到墙的存在,就会试图翻越它,结果是一次次摔下来。写作,是翻越障碍的方式,女性作家生存的方式。她们有了智慧,看清自己,却无法逾越,一次次被撞回。在文末,耶利内克书写了古希腊神话中神的谱系:地母该亚鼓动孩子们反叛"卑鄙的父亲",最后儿子克罗诺斯用母亲铸的刀阉割了父亲。

杰奎琳是现实世界里的王后,万人敬仰的女人,剧本中的她却充满普通女性的苦恼。她苦心经营,她经受总统丈夫拈花惹草的嫉妒和痛苦、丈夫遇刺带给她的精神创伤、屡次流产的惨痛经历。此篇似乎有后现代女权主义的味道,即行使女性的话语权,对历史事件、个人遭遇进行话语重述。但耶利内克不作翻案文章,接着我们看到杰奎琳的另一面——对普拉斯清贫生活的讽刺。耶利内克毫不客气、毫不留情、毫无怜恤地让杰奎琳说出下面的话:"作诗的时间当然得有,但最好你的衣裙就是诗……要依靠肉体。"① 可以说,耶利内克写出了事情的两面性。

戴安娜王妃的故事家喻户晓。格林童话中的灰姑娘历经磨难,终于幸福地与王子生活在一起,童话就此结束。戴安娜是现实世界版的灰姑娘,她从平民而幸运地成为王妃,婚姻意味着故事刚刚开始。耶利内克开篇就描写戴安娜的葬礼,庄严肃穆的葬礼成为作秀,王妃的外遇令王宫尴尬,王宫出于贵族的礼貌而非真情降旗,连旗帜也感染了暧昧的气氛,"……白金汉宫上的旗帜,有史以来第一次不失时机地降了下来,轻飘飘地落下就像一个脱衣舞女演员的衣服"②。耶利内克并未严厉批判王宫的虚伪,同情王妃的悲剧,反讽意识使耶利内克不可能做出非此即彼的选择。她对王宫和王妃都是超然的,她不会祝愿王妃永生,永生不外乎自欺欺人;她指出众生企图保留王妃照片的虚妄,王妃不会活在她的物品中,王妃已然长眠地下;她不失时机地调侃一下海德格尔——大地是自身锁闭而不可穿透的。

由于反讽意识,《死亡与少女》打破了少女永生的神话,将6位女性永远打入冰冷的地下。其反讽意识使得永生不可能,使得女权主义不可能。不是基于对女性被塑造事实的洞察,而是基于对复杂人性的洞察。她对女性的态度是多重的,有赞美,有悲悯,也有揶揄。由于反讽意识,耶利内克深知自己也是芸芸众生

---

①② [奥地利]耶利内克著,姚育青、王滨滨译:《死亡与少女》,上海译文出版社2005年版,第11,62,122页。

之一员,所以她不会做他人的道德法官,不会高高在上俯视众生,不可能真正超脱于人世,她自身的生存方式就是反讽的。她的反讽意识最值得称许之处就是:她是真诚地、毫不留情地颠覆自欺欺人的神话,揭破一切的伪善、造作、虚荣、虚弱……如此,人的真正自由才有可能。

(原发表于《名作欣赏》2011 年 12 期)

第二辑·耶利内克《死亡与少女》中的反讽

作者简介

杨玲,女,厦门大学人文学院中文系助理教授。主要从事文化研究、性别研究、媒介研究,主编《粉丝文化读本》,发表《西方消费视野中的粉丝文化研究》、《阿伦特与女性主义:一场未完成的对话》等论文、译文30余篇。

越境的寓言:《情人》和《上海宝贝》中的异国恋解读

摘　要:本文对杜拉斯的《情人》和卫慧的《上海宝贝》进行比较性阅读,在笔者看来,这两个文本都是描述异国恋的女性自传体叙述,都是关于边境和越境的寓言。但《情人》里的白种女孩和黄种男人的恋情被杜拉斯描绘为殖民者朝"下"的僭越,《上海宝贝》里的倪可和德国情人的性爱纠葛则被卫慧再现为被殖民者朝"上"的僭越。两位女主人公的种族身份差异不仅导致文本中不同的权力关系组合,还带来截然不同的阅读效果。揭示这些迥异的文本风景和读者反应,有助于我们深入地省察父权制度在建构和控制女性生活边境方面的操作手段,省察当今第三世界女性面临的深刻困境。

关键词:异国恋　越境　第三世界女性

生长在美国、墨西哥边境的女性主义作家格洛丽亚·安藻杜说:"美－墨边境是一个暴露的伤口,是第三世界刮擦第一世界而流血的地方……边境的建立是为了界定安全和不安全地带,区分我们和他们。"①不仅国与国之间是边境,"在两个或更多的文化相遇的地方,在不同种族的人占据着同样领土的地方,在底层、下层、中层和上层阶级接触的地方,在两个个体之间的距离因亲密而缩短

---

①　Gloria Anzaldua: *Borderlands/La Frontera: The New Mestiza*, San Francisco: Aunt Lute Books, 1987, pp. 2~3. 该段的汉语翻译是:"一千九百里长暴露的伤口/分割了一个村落,一个文化,/划过我的全身,/栅栏钉进我的血肉,/撕裂了我,撕裂了我/切开了我,切开了我/这是我的家,以暴露、尖细的棱角。"诗中的斜体部分为西班牙语。在书写生活在边境的感受时,安藻杜将她的文本也变成了一个边境地带,其中英语和西班牙语混杂,诗歌和散文交织,白种文化和印第安文化习俗甚至巫术也杂混一炉。有关"在边境"、"越境"等女性书写母题,还可参阅莉迪亚·库尔提的《书写妇女,书写身体——批评理论中妇女的声音》一文(刘兰芝译《文化研究》第二辑,天津社会科学院出版社 2001 年版,第 107~117 页)。该文不仅提到 Anzaldua,还列举了世界各地与 Anzaldua 有类似经历的女性作家。

的地方"①都是边境。本文探讨的《情人》和《上海宝贝》就是两个有关生活在边境的女性寓言,其女主人公都可以算作打破常规和禁忌的越境者。她们被跨国情爱带入其或向往或恐惧的边境那头,并因此受到本族文化不同程度的惩戒和拒斥。尽管最终她们都返回边境这头,却依然在矛盾、困惑的边城徘徊不定。

将已故法国女作家杜拉斯的经典作品和大陆当代女作家卫慧极具争议性的文本放在一起进行比较性阅读,这本身也是穿越时空、地域和种族界限的越境行动。虽然两个文本都是描述异国恋的女性自传体叙述,但一个是回忆殖民地时代生活的第一世界女性文本,另一个则是深受前者影响的后殖民地时期的第三世界女性书写。尽管第一世界女性和第三世界女性有着共同的受压迫经验,都是各自文化中的第二性,但殖民主义的历史经验、种族的差异却使她们在跨种族交往中呈现出异质的"第二性"特征。《情人》里的白种女孩爱上黄种男人的恋情被杜拉斯描绘为殖民者朝"下"的僭越,《上海宝贝》里的倪可和德国情人的性爱纠葛则被卫慧再现为被殖民者朝"上"的僭越,这两种相反方向的僭越恰好揭示了种族因素在女性越界行动中的杠杆作用。女主人公种族身份的差别不仅导致文本中不同的权力关系组合,还带来大相径庭的阅读效果。揭示这些迥异的文本风景和读者反应,有助于我们深入地省察父权制度在建构和控制女性生活边境方面的操作手段,省察当今第三世界女性面临的深刻困境。

一、"中国之音":《情人》的结尾和《上海宝贝》的开始

杜拉斯的《情人》是一部对中国当代文学创作,尤其是女性书写,有深刻影响的西方文学"母本"。这个薄薄的中篇里所描述的刻骨铭心的记忆、爱恨交织的家史、狂热而被禁止的欲望、对死亡的渴求和恐惧无疑都是足以跨越种族、文化差异的"永恒的人性"主题。它独特的第一人称和第三人称视点切换,现实与回忆交错的写作手法,跳跃、留白、回旋杂沓的叙事节奏,也为文本营造出"此情可待成追忆,只是当时已惘然"的古典氛围。当然,更重要的是,它以最直接的方式展示了女性表达本真个体经验、欲望和身体隐秘的叙事可能②。

在小说的结尾,杜拉斯文本中的"我"再次变成一个拉开时空、心理距离的第三人称的"她"。白种女孩开始将她的想像固着在她的中国情人和他的中国妻子身上:想像那个中国情人如何面对那个白种女孩横陈在床的魅影,如何在他的

---

① Gloria Anzaldua: *Borderlands/La Frontera: The New Mestiza*, San Francisco: Aunt Lute Books, 1987, p. 3.

② 宋学智、许钧:《〈情人〉的中国情结:杜拉斯与中国当代女作家》,《外语研究》2005年第2期。

"欲望的女皇"(白种女孩)的统治下反抗挣扎,如何通过"谎言"(对白种女孩的无法遏制的欲望)进入另一个中国女孩的身体,完成传宗接代的家族使命。白种女孩甚至还在猜测那个20世纪30年代里的传统中国女孩是否知道她的丈夫和白种女孩的恋情,是否理解丈夫的痛楚,是否在洞房之夜为丈夫的哭泣而悲哀,是否通过眼泪和他达成和解。尽管杜拉斯笔下分裂的主人公("我"/"她")承认自己对中国情人和他妻子之间的情感关系其实一无所知,但却不愿放弃自己在这个三角关系中的顶角位置。白种女人在其幻想空间中铺展开的殖民主义式的认知和控制欲望,最终通过中国情人多年之后的电话表白获得证实。在电话中,"他的声音突然颤抖。随着这颤抖,猛然地,她重又听到中国之音……接着他告诉她。告诉她像从前那样,他依然还爱着她,他永远不能停止爱她,他将爱她至死"①。

但那个中国男人的颤抖声音果真代表"中国之音"的全部?那个中国女人的声音哪里去了?为什么她只能是一个沉默的、逆来顺受的、以丈夫的悲哀为悲哀的幻影?那个中国女人有爱情吗?她爱的是谁?她的爱和不爱为什么相对于白种女孩的爱欲显得那么微不足道?为什么她只能是白种女孩和她的中国情人的生死恋情中被操纵的障碍和木偶?尽管卫慧的《上海宝贝》被随意地误读为后殖民时期"古老民族的悲哀寓言",但好像还从未有人尝试把《情人》里的中国男人对白种女孩的疯狂迷恋和畏惧读作殖民时期的民族寓言。那个"在巴黎购买到一切,他的女人、他的朋友、他的思想"的中国男人,那个把爱上一个白种女孩当做平生最大的英勇来炫耀的纨绔子弟,那个在更贫困的越南人面前是高贵的殖民者,在更高贵的法国殖民者面前却是卑贱的被殖民者的双面人,难道不也是一个东方古老帝国没落时期的尴尬写照?在以下的篇幅里,我将把《上海宝贝》读作对《情人》的一个应答,一个中国女人对白种女人的故事的改写,一个中国女人

---

① Marguerite Duras, *The Lover*, trans. Barbara Bray, New York: HarperPerennial, 1992, pp. 116~117. 本文所引用的杜拉斯原文均由笔者从《情人》的英译本译出。此处引用的小说结尾,英译为:"His voice suddenly trembled. And with the trembling, suddenly, she heard again the voice of China. He knew she'd begun writing books, he'd heard about it through her mother whom he'd met again in Saigon. And about her younger brother, and he'd been grieved for her. Then he didn't know what to say. And then he told her, Told her that it was as before, that he still loved her, he could never stop loving her, that he'd love her until death."王道乾的中译本为:他的声音突然颤动起来,而这一颤动,使她突然发现他那中国的口音……他说他知道她已经写过好多书,他是从她妈妈那里知道的,他曾经在西贡看见过她的妈妈。然后他对她说出心里话,他说他和从前一样,仍然爱着她,说他永远无法扯断对她的爱,他将爱她至死。"(《情人》译文出版社 2005 年版,第 139 页)"voice of China"和"中国的口音"之间的显著差异耐人寻味。

对白种女人的书写主体地位的篡夺,其目的是要发出中国女性的声音,另一种"中国之音"。

《上海宝贝》里的倪可不再是《情人》里那个只会陪丈夫哭泣的中国女孩,她要做那个在写作中解放记忆、身体和自我的白种女孩。《上海宝贝》中每一章的西方"名人名言"题记可说是该理想的一个明白无误的表露——这是一个有多重功效的修辞手段。首先,它是卫慧为读者设计的一个阅读参照系,希望引导读者在现当代西方文学/文化/文明的框架下阅读她的离经叛道的中国文本。但正是这种把"西方"当做防备文本误读的"疫苗"的心态,揭示出中国女性主义写作的潜在风险。更糟糕的是,由于大部分中国读者无法对那些西方名字的中文译名进行有效的辨认,导致疫苗的效力大为减弱,甚至引发读者民族主义的过敏。其次,被卫慧引用的不仅有中国读者熟知的"西方先锋派"艺术家,还包括一些著名的女性主义作家和女性主义活动家,如艾瑞卡·琼(Eric Jong)、海伦·劳伦森(Helen Lawrenson)、罗宾·摩根(Robin Morgan),尽管她们在中国知识界的名气远远赶不上她引用的另外两名女性主义作家——普拉斯和杜拉斯。卫慧对于这些女性主义作家的征引显然要表达她对西方女性主义写作传统的自觉认同和效仿。

颇具反讽意味的是,卫慧真诚的模仿的效果却更像滑稽的戏拟。这一点从中国读者对《情人》和《上海宝贝》两个文本的截然不同的反响中就可窥见一斑。虽然同是叙述跨种族性爱的自传性文本,前者被广泛赞誉为当代西方的爱情经典,后者却被指责为投靠全球资本、趣味低下的媚俗之作,亟待连根铲除的文化"毒草"①。这让人不得不问究竟是怎样的历史文化境况使一个来自第一世界的爱情悲剧脚本在移植进第三世界的语境之后,竟然变成一个遭人鄙夷的悲喜剧?难道文学也和马克思所说的历史一样,必须经过悲剧和闹剧的两次轮回?为什么第一世界的女性作者能在主体"我"和客体"她"的分裂性叙事中辗转自如,安然无恙,而第三世界的女性作者却在第一人称"我"的连续复述中精神分裂、自我崩溃(《上海宝贝》在"我是谁?"的反复拷问中结束)?第三世界评论者应该如何分析、梳理第一世界和第三世界文本之间巨大的效果反差?

二、《情人》:一个殖民地文本的"差异"话语

《情人》的故事背景是20世纪30年代的印度支那,法属殖民地,历史上也曾

---

① 《上海宝贝》一问世,就遭到激烈批判,其中影响较大的有朱大可的《上海:情欲在尖叫》和陆兴华的《〈上海宝贝〉到西方及其它》,这两篇文章曾被多家网站转载,在网络上广为流传。

是中华帝国的附属国、殖民地。主人公是一个家境贫寒的白种女孩,法国殖民者的女儿。和她发生关系的则是一个富有的中国男子,中国殖民者的独子。白种女孩的种族优势被其资本劣势(本文化中的中下层阶级)所制约,而后者的资本优势(本文化中的上层阶级)则恰可以弥补他的种族劣势。白种女孩和她的中国情人的越境行为证明殖民时期的种族、阶级、性别的边界不是一堵绝对的柏林墙,而是一排漏洞不少的土篱笆。阶级的劣势迫使白种女孩(殖民者)进入被殖民者的生活空间,成为土人汽车(native bus)上唯一的白种人。反之,阶级的特权却使得中国男人能留居巴黎,操一口造作的巴黎腔法语,挥金如土地混迹于法国人中间。当然,一个白种女孩像妓女一般委身于中国男人,接受他的馈赠,并且替家人敲他的竹杠,不会遭到同族人的耻笑。但中国男人的金钱却足以部分填平种族的鸿沟,他送给白种女孩的昂贵钻戒,不仅让女孩的母亲为自己廉价的单粒宝石婚戒(solitaire)自嘲,而且令女孩学校的老师不再敢说三道四。归根结底,在父权社会中,一个女人的价值只能用男人购买她的金钱来衡量。既然中国男人能比白种男人出更大的价钱购买白种女孩,赋予她更高的价值,女孩的家人除了无可奈何的恼怒和嫉妒,并不能有效地阻止这笔"交易"。

尽管白种女孩在经济上依附于中国男人,沿袭着传统的男主女从的性别模式,但在性爱关系中,却表现出明显的性别角色倒置。白种女孩自始至终如男人一般主宰着中国情人的欲望和情感,她那顶从不离身的男士呢帽是她被男性化的重要象征,她孩子气的身体和那顶男士呢帽的反差形成白种女孩身上"关键性的暧昧"①。中国情人的形象则被明显地女性化,他瘦弱的身体毫无男子气概,他在白种女孩面前经常紧张、恐惧和哭泣。中国情人的主要功能是像母亲一样提供缺失的母爱,因为白种女孩的母亲把全部的爱和生命给了头生子,并对其百依百顺,溺爱有加,对后面的两个孩子则不太关心。中国情人和白种女孩的"母子情深"直接反映在他和她身体上的近似,他欣然地发现他和她之间有"血缘关系"(kinship),证据是白种女孩的身体。多年的殖民地生活已经把白种女孩从身体(这个最基本的物质层面上)上变成一个印度支那女孩。她的皮肤不再像法国女人那样粗糙,而有了印度支那女孩经过雨水的洗浴、低脂肪食物的摄入和棉绸织物的包裹后形成的柔和。他为她沉醉狂喜,他把她当做"自己的孩子",像疼爱自己的孩子那样疼爱嬉戏她的身体,"每晚他在她身上获取的愉悦已经吸走了

---

① Anne-Marie (Cattan) Medcalf, *Blurring the Boundaries? The Sense of Time and Place in Marguerita Duras' L'Amant*, *Span*(36), 1993. http://wwwmcc.murdoch.edu.au/ReadingRoom/litserv/SPAN/36/Medcalf.html.

他所有的时间,所有的生命"①。

中国情人和白种女孩之间象征性的"母子"关系可谓是对种族、阶级、性别边界的彻底跨越。还有什么人类关系能比血缘的纽带更牢固?那么,为什么白种女孩和她的中国情人最终还是分手了呢?表面上看是因为中国情人的父亲的强力阻挠,他对白种人的厌恶和女孩家人对黄种人的歧视不相上下,但更隐秘的原因还是白种女孩自身无法跨越中西文化的隔阂。在堤岸,中国情人的住所,白种女孩这样描述华人生活空间的拥挤和嘈杂:"城里的喧闹声很重,记得那就像一部声音开得过大的电影,震耳欲聋……房间被城市持续不断的噪声包围着……木拖鞋的敲击声令人头大,人声尖锐刺耳,中国话是用叫喊的方式说的,我总是想像沙漠语言才是那样使用的,这是一种难以置信地陌生的语言。"②不仅华人世界的声音和语言令她眩晕不适,华人世界的人群同样让她厌恶反感:街上的华人人群"像野狗那样肮脏,像乞丐那样盲目"③。在人群中,华人如同一个空洞的符号——没有欢乐,没有悲哀,没有好奇,只是无目的的随着人流行进。

显然,这里刻画的华人社群并不是中国社会的经验性事实,只是白种女孩自身焦虑和恐惧的投射。她意识到华人社群是一个她无法了解和掌控的世界,一个能潜在地摧毁她的种族优势和文化权威的世界。一旦进入这个世界,她只可能是一个"既孤单,又处于人群中,即便一个人也永远不孤单,即便在人群中也永远孤单"的自相矛盾的边缘人④。白种女孩对中国语言和社会结构的误解与她的高等殖民者身份,她所处的"权力的妄想狂位置"(the paranoid position of power)不无关系。巴巴认为,"在殖民地话语中,他者的空间总是被一个固念所占据:暴君,异教徒,野蛮人,混沌,暴力"⑤,这些象征暧昧地重复突出殖民者权威的深刻危机。在跨越种族边界时,沉浸于东方主义话语炮制出来的意象中的殖民者只能如麦德考夫所说的——"既挑战又参与东方主义话语"⑥。尽管白种女孩因其家人对中国情人的精神虐待而感到愤怒、耻辱,但她却无法反抗。在大

---

① Marguerite Duras, *The Lover*, trans. Barbara Bray, New York: HarperPerennial, 1992, pp. 98~99.

② Ibid., pp. 40~41.

③ Ibid., pp. 46~47.

④ Ibid., p. 41.

⑤ Homi K. Bhabha, *The Location of Culture*, London & New York: Routledge, 1994, p. 101.

⑥ Anne-Marie (Cattan) Medcalf, *Blurring the Boundaries? The Sense of Time and Place in Marguerite Duras' L'Amant*, Span(36), 1993. http://wwwmcc.murdoch.edu.au/ReadingRoom/litserv/SPAN/36/Medcalf.html.

哥面前,中国情人不再是情人①,不再是任何东西,她的欲望"服从"大哥,"拒斥"情人,最终她还是要求他把她"还给白人,她的兄弟们"②。

三、《上海宝贝》:后殖民时代的种族奇幻

如果说《情人》里的白种女孩和中国情人还保持着"互补性"的差异,维持着动态的平衡,《上海宝贝》里倪可与德国情人马克之间的经济、性别、文化差异则被绝对化、正典化,呈现许多评论者指出的"西风压倒东风"的失衡景象。倪可面对的种族边界已不再是一排稀松的土篱笆,也不是那面最终倒塌的柏林墙,而是那道被国家意识形态机器当做民族象征物而精心修复、广泛宣扬的万里长城。

为了认清种族的"长城"是如何修建的,我们不妨先来了解一下"种族"概念的来历。"种族",即将人类根据肤色、毛发等身体特征的不同划分为不同的群体,并从中引申出其他"本质"特征(如智力、品行)的区别。"种族"概念其实是西方晚至 19 世纪的发明。无论在古代西方还是东方,这种对人群的划分方式都不存在。《旧约》中虽然提到很多不同的族群名字,但他们和希伯来人的本质不同不是他们的体貌特征或性格,而是他们和耶和华的关系③。反观中国古代文化,《礼记·王制第五》里虽提到"中国戎夷五方之民,皆有性也,不可推移",但这里的"性"并不是形而上的"人性",而是人类学意义上的生活习性,包括生产方式、生活工具、语言、食物、服饰。《礼记》还相当宽容地提出,对待不同的族群,执政者应该"修其教,不易其俗;齐其政,不易其宜"④。种族概念虽然本是西方殖民者将殖民统治合法化的意识形态工具,但在近代中国,却被本土民族主义思想吸纳,演变为激发民族认同的重要喻说。直至今天,它还是构建我们民族认同的主要手段。比如,80 年代初侯德建的《龙的传人》就曾对"弘扬民族精神"发挥不小的作用⑤。

正是按照种族主义的逻辑,体貌的差异成了中国通过西方镜像辨认自我的原生点。"黑眼睛,黑头发,黄皮肤"的"龙的传人"不仅是民族自我指认,也是吸

---

① Marguerite Duras, *The Lover*, trans. Barbara Bray, New York: HarperPerennial, 1992, p.52.

② Ibid., p.98.

③ Kwame Anthony Appiah, "Race," *Critical Terms for Literary Study*, eds. Frank Lentricchia and Thomas McLaughlin, Chicago: University of Chicago Press, 1995, pp.274~287.

④ 钱玄等注译:《礼记·上》,岳麓书社 2001 年版,第 178 页。

⑤ 陶东风,《曾经流行歌曲中的种族主义:从〈蜗牛〉等歌曲入选爱国主义歌曲说起》,《散文百家》2005 年第 10 期。

引西方白种人目光的主要手段,倪可就曾辛辣地嘲讽过上海酒吧里"露着小蛮腰以一头东方瑰宝似的黑发作为招揽卖点的中国女人"①。当然这些女人也包括倪可自己。因为在马克的心目中,她就是"长了一头垂至腰际的黑发和一双多愁善感眼睛的小才女"②,马克看中的就是她的"东方人的身体,光滑,没洋女人那么多的毛,黄金般的颜色,油柞绸般的神秘"③。

实际上,在和马克的跨国恋情中,倪可始终不放弃种族意识,她被中国的民族主义者大肆讨伐实有些冤枉④。她其实也是民族主义战壕里的战友,和民族主义者分享着同一种意识形态资源。两者都把种族当做确凿无疑的现实存在,而不是欲望制造的臆想和神话。《上海宝贝》的种族叙述里最突出的例证是对马克夫妇体貌的描绘。他们的身体被双双加工为中国人关于白种人刻板定型的范本。马克拥有白种男人典型的蓝眼睛,金黄的头发和体毛,狐臭,翘起的臀部和大得吓人的性器。伊娃除了美丽丰满外,还有白得耀眼的皮肤,"那种白色在阳光下有蜜汁的芬芳,使人有做梦般的感觉"。倪可还紧跟着比较了白种女人和黄种女人的美:"白种女人的美可以沉掉千艘战帆(如特洛伊的海伦),黄种女人的美则是紧眉俏眼的,总是像从以往香艳时代的月份牌上走下来的(如林忆莲或巩俐)。"⑤或许古代中国(前殖民地时期)那些和海伦一样"肤如凝脂"的美女们已经逐渐淡出国人的记忆。目前,许多华人地区影视消费品对殖民地时期女性形

---

① 卫慧:《卫慧精品集》,时代文艺出版社2004年版,第52页。
② 卫慧:《卫慧精品集》,时代文艺出版社2004年版,第157页。
③ 卫慧:《卫慧精品集》,时代文艺出版社2004年版,第96页。
④ 陈龙和曾一果的《仪式抵抗:青年亚文化与"新人类文学"品格》一文将卫慧和棉棉归入"新人类作家",抨击她们"变成了单纯的对于西方崇拜狂,从而失去了自己'文化身份'——作为东方人的特征,所以她们的反叛声音变成了'他者的声音'和'他者的经验'——那些异域之声,她们都如卫慧一样希望失身于白种长毛的手中"(《文化研究》第四辑,中央编译出版社2004年版,第115页)。从这段不是特别通畅的中文里,不难看出民族主义身份政治走向极端之后的恶毒和荒谬。当这些男性评论者不遗余力地从西方搬运各种理论资源,用于自身文化资本的原始积累时,他们难道就不担心自己的声音变成"异域之声",不害怕"失神"(如果不是"失身")于那些令人恐惧的"白种长毛"?他们"东方人"的文化身份难道就那么坚不可摧,抗变耐腐?为什么只有他们拥有周蕾所说的"暧昧的特权"?其实,西方和东方都是特定历史情境下的意识形态建构,它们的概念内涵随着历史的变迁不断改变。西方从来就不是只有一个白种男性的声音(尽管这个声音曾经是主旋律),东方也绝不是、绝不应只有黄种男性的声音。我们需要的不是指责中国女性背叛她们的文化、种族身份,而是剖析这种身份有着怎样的规范性内容,怎样被建立起来的,是为了谁的利益,它对女性造成怎样的影响。
⑤ 卫慧:《卫慧精品集》,时代文艺出版社2004年版,第99页。

象的盲目复制也越发使我们丧失另类的想象能力①。

我的问题不是白种人到底是否具备上述的身体特征,而是为什么这样的身体特征汇聚在白种人身上时能对中国人产生如此奇特的梦幻效果?为什么马克风中飘扬的金发代表着倪可的"异国情梦"?为什么面对伊娃的蜜汁般芬芳的白肤,倪可又有"做梦般的感觉"?这个奇特的通感是被怎样的心理传记(psycho-biography)生产出来的?本是黄色的"蜜汁"是如何被"漂白"的?在这里,我想插叙一个叫萨拉·巴特曼(Sarah Baartman),绰号"霍腾图族的维纳斯"(The Hottentot Venus)的非洲女子的故事。因为在某种意义上她代表了19世纪白种人的黑暗"情梦"。1809年,巴特曼被绑架到欧洲。在随后长达5年的时间里,她被当做怪物在欧洲巡回展览,向大批欧洲公众展示她的"大得吓人"(请允许我重复倪可的用词)的臀部和阴道。在她死后,她的阴道和脑子被切下来,存放在巴黎的人类博物馆,继续供人观看,直到1974年才被撤下。② 为什么巴特曼曾经因为肥大的臀部而被当做劣等种族和黑人女性丑陋性欲的象征?为什么德国人马克现在又因为肥大的阳具而成为高等种族和白种男性超强性欲的象征?为什么前者在19世纪初的欧洲遭遇到非人的凌辱,后者却在20世纪末的中国受到异乎寻常的膜拜?这其间所彰显的种族主义、性别主义的幽灵难道不值得我们深思?

倘若一个黑种男人拥有和马克一样的性器官,这个男人是否还会让倪可歆羡不已?恐怕不会,因为一个有关黑人男子的文化定型,从著名的奥赛罗开始,就是——性器发达,头脑简单。黑人男子是只知道性的野蛮人,和动物没有多大区别。但白种男人马克则不同,他既是一架精良的工作机器,又是一架完美的性欲机器,是"这个主流社会里堪称中流砥柱的男人",这里的主流社会显然就是"资本主义社会"的代名词。马克不仅和他代理的西方资本一样野心勃勃,富有进攻性,而且也和在全球市场、无往不胜的西方资本一样在与女人的性关系中"如鱼得水",他甚至被神话为海克里斯(Hercules)那般建立丰功伟业的资本英雄——"他身上的能力似乎是由宙斯赐予的"③。显然,白种英雄/男神才是好莱坞梦幻工厂向第三世界输出的最成功的品牌,远比玛丽莲·梦露之流的性感女

---

① 这里想起一段不无关联的趣闻。电视连续剧《汉武大帝》中汉朝贵族女性白脸、蚕眉、朱唇的造型被部分观众指责抄袭日本艺妓的装扮。制片人反击道:"日本的艺妓才是抄袭俺汉唐的装扮。"需要提醒注意的是,"美丽"对女性始终是一种社会规范和制约。从当代美丽标准的变迁中,我们或许可以揣测出背后的意识形态因素。

② limkin,'Hottentot Venus' Laid to Rest 200 Years After Her Abduction,2002,http://www.kuro5hin.org/story/2002/7/26/103354/088.

③ 卫慧:《卫慧精品集》,时代文艺出版社2004年版,第132页。

神更加激动人心。马克的言行能对倪可产生巨大的影响也就不足为奇。和这个男神在一起,倪可也跟着进入半人半神的超凡境界。譬如,当倪可来到浦东美国学校观看马克的足球比赛时,她就感到"这一所专向外籍子弟开放的贵族学校仿佛建立在云端,与凡俗生活的浮尘隔离"①。

四、越境的代价

《上海宝贝》再现的白种神话有着极其复杂的历史文化根源,这里我不想对这个神话的成因进行探讨,只想借用华裔美国学者周蕾的理论思考来对比《情人》里的白种女孩和《上海宝贝》里的倪可在跨越种族、阶级和性别的多重边境时付出的不同代价。女性的越境行动总是充满危险,由于它直接威胁到父权制度的稳定,又总是遭到严厉的惩罚。对兼具压迫者和被压迫者双重身份的女性殖民者是如此,对处于全球资本金字塔底层的第三世界有色人种女性则尤甚。因为后者不仅遭遇来自族群外部的种族歧视和性别歧视,还要忍受族群内部的性别剥削。周蕾在批判法农(Fanon)对殖民地女性所作的精神分析时认为,黑人男性被法农同情地描绘为众多力量的受害者:殖民主义,他自身对历史的痛苦情感回应,甚至包括"他"女人的不忠和"白种性"。有色人种女性则遭到法农的严厉诋毁。在法农眼里,每一个黑种女人都欲望着白种情人,期盼借着性关系从白人世界中捞到好处。黑种女人要么是黑人叛徒(选择高等的白种男人,做着向上爬的梦想),要么就是"白种女人"(选择低等的黑种男人,怀抱和白种女人一样渴望被强奸的性幻想)。周蕾提出,黑人男性一直享有"暧昧的特权"(privilege of ambivalence),即他们不必在白色和黑色之间做出选择,可以在族群和精神上都处于摇摆不定的临界状态,自由地出入社群和白种女人交欢,而不会有人质疑他们的族群身份。黑种女人则被要求严格地呆在种族的边界之内,任何跨越族裔的行为都会遭到排斥、惩罚,甚至被逐出黑人社群。②

《情人》里的白种女孩和《上海宝贝》里的倪可貌似相同、实则完全不同的跨种族经验恰好证明周蕾的分析。表面上白种女孩和倪可都是各自族群的叛逆者,同样被视作妓女(白种女孩被中国情人的父亲斥为"白种小娼妇"),同样依靠异族男人获取物质和精神的支持,但杜拉斯的白种女孩却颇有黑种男人"暧昧的特权"。即便她爱上一个黄种男人,她也不必在白种人和黄种人中进行选择。尽管她被视作"白种小娼妇",但她首先还是"白种"的。尽管她的身体和有色人种

① 卫慧:《卫慧精品集》,时代文艺出版社2004年版,第99页。
② Rey Chow, *Ethics After Idealism: Theory, Culture, Ethnicity, Reading*, Bloomington: Indiana University Press, 1998, pp.55~73.

女孩的身体几乎没有差别,但她的精神、她的语言、她的教养依然是彻底白种的。她可以安全地出入有色人种的生活空间而不必担心她的白种身份遭到质疑。母亲对她歇斯底里的打骂其实是一个强烈的"你是我们的一员"的信号,是在加固,而非动摇,她的白种身份。更重要的是,她对中国情人和他的种族背景的兴趣从来不超越殖民者对被殖民者居高临下的好奇和偏见。她轻易地看穿他的一切,他的优雅、感性、懦弱、放荡和浅薄(他其实是和她大哥一样的败家子,只不过没有后者那么凶残邪恶)。他对她却毫不了解,她"知道他不理解她,永远不会理解她,他缺乏理解如此异常的力量"①。相对于他的"不知道",她的"知道"显然深化了她的白种身份的关键内涵——主宰的权力。

  对于后殖民地时期的第三世界女人倪可来说,法农为殖民地时期的黑人女性所预备的两种选择——黑人叛徒和"白种女人"都不是出路。她坚定的西方个人主义信念使她不能选择天天和"伪基督徒"那样依赖谎言和传统性别霸权的中国男人。但她的第三世界女性身份也令她高攀不了马可那样的"主流"白种男人,因为他们早已经有了白种妻子,不会为第三世界女人放弃自己安逸熟悉的家庭生活。此外,异性恋模式下的白种女人也会对黄种女人严加防范:"外国女人看自己同胞带来的中国情妇的眼光总是很微妙,有点像看一个入侵者……她们一般不喜欢中国男人,可无数中国女人又跟她们争洋男人。"②结果,倪可只能以不安全、不合法的情人身份,徘徊在中国男人和西方男人之间。一方面和天天保持纯情的精神恋爱,一方面又和马克维持性爱的游戏,以这种虚假的精神和肉体的二元对立掩盖更深刻的种族和性别的困境。倪可对马克的两次蓄意打劫(一次偷了他钱包里的钱,在马克飞离上海前夕又偷走他的铂金婚戒)正是她对造成其身份困境的全球资本主义和父权制度的潜意识反抗和报复。倪可虽然是马克的情人,却只能靠偷窃,获得一枚《情人》里的白种女孩拥有的昂贵戒指(马克走时,只留给她一堆"爱的垃圾");她虽然不是妓女,却被西方情人当做满足性幻想的免费物件,被不负责任地滥用;她虽然不是为了出国不择手段"钓洋龟"的"贱"女人,但却和那些女人一样因为受到白种男人的青睐而自命不凡。

  倪可既做不了白种女人,也做不了黄种叛徒,她只能是一个不彻底的"香蕉人",在文字中时不时地爆发出惊人尖锐的,夹杂着自豪、羞耻、自在、不安等混杂情感的种族意识。即便是她视作拯救的写作,也不能带给她自信和尊重。"教父"等本土书商包含性引诱的恭维并不能打动她,马克引荐的德国记者的采访也

---

  ① Marguerite Duras, *The Lover*, trans. Barbara Bray, New York, HarperPerennial, 1992, p.37.

  ② 卫慧:《卫慧精品集》,时代文艺出版社 2004 年版,第 152 页。

依然令她怀疑是作秀。她努力通过写作打破沉默，打破隐形状态，证明自身的存在，她每天都在幻想"有朝一日如绚烂的烟花噼里啪啦升起在城市上空"①。为了快速达到那个显眼的位置，她就必须把自己呈现为供西方他者凝视的东方主义客体。如同兴国宾馆前的那个草地派对，如果倪可不想被美菱银行总裁的太太当做吵闹的入侵者赶走，就必须有一个同样住在那所豪宅里的西方男人愿意"一直盯着"她看。

《上海宝贝》对《情人》的改写不可能圆满，因为第三世界女性永远不可能获得第一世界女性的主体位置，当代中国女性注定要生活在边界，生活在传统和现代的夹缝之中，狂乱地往返于"父权制度和帝国主义，主体构成和客体形成之间"，承受着资本主义全球化为第三世界带来的巨大变革和混乱②。在灰色暧昧的边境地带，她们茫然不安，无所适从，忍受着自我被撕裂的焦灼和伤痛。但她们开始自觉或不自觉地跨越边境，从越境行动中学习到新的语言、新的视角和新的自我表达方式。从杜拉斯的《情人》到卫慧的《上海宝贝》，不难看出，中国女性的声音还很微弱，很含糊，但至少她们不再沉默。

（原发表于《浙江学刊》2008 年第 1 期）

---

① 卫慧：《卫慧精品集》，时代文艺出版社 2004 年版，第 1 页。
② Gayatri C. Spivak, *Can the Subaltern Speak? Speculations on Widow-Sacrificing*, *Wedge*(7/8), 1985, p.368.

第三辑 性别与法学

蒋月，女，厦门大学法学院教授、博士生导师，兼任中国法学会婚姻法学研究会第六届、第七届副会长，中国法学会社会法学研究会第一届常务理事。主要学术兴趣领域为婚姻家庭法、继承法、劳动法、社会保障法，关注法律中的妇女与性别问题。先后主持完成国家社科基金项目"农民工劳动权利保护研究"（2004—2005）、"中国婚姻家庭法的传统与现代化"（2009—2011）等省部级以上课题6项，出版《婚姻家庭法前沿导论》等著作。

新中国六十年婚姻立法改革述评：
基于性别平等的观察与前瞻*

厦门大学妇女/性别研究学术文选

摘　要：1950—2010 年，我国完成三次主要婚姻立法活动，先后颁布实施三个婚姻法案，基本建构起以男女平等为基本价值取向的婚姻法规范体系。然而，从性别平等视角观察，三个婚姻法文本中的性别平等并不彻底，既有法定婚龄男大女小等歧视女性的条款，更有以"抽象人"为规范对象而忽视不同性别人在经济社会环境中差异性的所谓"中性条款"，其适用结果不利于女性。未来婚姻立法，应当增强性别敏感度，充分尊重女性群体在经济、社会、财产等各方面仍弱于男性的事实，采取差别待遇政策，从追求形式平等转向实质平等，应当从细化防治家庭暴力条款等八方面完善婚姻法。

关键词：婚姻法　立法改革　性别平等　形式平等　结果平等　改进对策

　　由于传统与现代观念之间的差异、社会历史原因和现实条件制约，婚姻和家庭的问题实际上也是男女两性的问题。从 1950—2010 年的 60 年间，为满足社会发展需要，在中国大陆地区，婚姻法经历三次主要修法，不断废弃两性不平等条款，基本建构起男女平等的婚姻法规范体系，改进社会性别平等状况，为促进社会发展和进步做出贡献。不过，从社会性别视角观察，现行婚姻法中，性别平等并不彻底，虽然主要方面坚持男女平等，却也存在歧视女性或不利女性的规定。一方面，法律以抽象人概念为基础，似无性别之分，其适用结果客观上却对妇女不利；另一方面，女性群体的经济收入明显低于男性，"男主外女主内"的传统性别意识依然存在。因此，追求事实上性别平等是婚姻法的重要目标。有必要将婚姻法中的"人"还原为有性别差异之人，破除男女不平等的法律障碍。进一步革除不合理的社会现象可经由多种途径，将法治提高到法律与制度的层面修正或立法，是全面解决问题的基本途径。本文通过对最近 60 年来三个《婚姻

---

* 本文原国家社科基金项目"中国婚姻家庭法的传统与现代化研究"的阶段性研究成果，项目批准号"09BFX039"。

法》文本的性别分析,探讨婚姻法上性别平等改革的功绩和不足,提出若干进一步促进性别平等的立法建议,以期对完善婚姻法有所裨益。

一、性别平等与1950年《婚姻法》

1950年4月13日,中央人民政府委员会第七次会议通过《中华人民共和国婚姻法》(以下简称1950年《婚姻法》)。作为新中国第一部《婚姻法》,该法的任务是破旧立新,即"废除包办强迫、男尊女卑、漠视子女利益"的封建主义婚姻家庭制度;建立"男女婚姻自由、一夫一妻、男女权利平等、保护妇女和子女合法权益"的新民主主义婚姻家庭制度。

(一)立法重点

1950年《婚姻法》制定时,婚姻自由、一夫一妻、男女权利平等、保护妇女和子女合法利益被确认为"新民主主义婚姻制度四个有机组成部分",欲将其全部实行①。该部婚姻立法的重点有下列四方面:(1)实行婚姻自由。男女婚姻自由被认为是"新婚姻制度的第一个特点",而结婚自由与离婚自由是婚姻自由的两个对立又统一部分②。为此,有违婚姻自由的行为,是"新婚姻制度的障碍,一律加以禁止"③。(2)实行一夫一妻制。强调新社会应当运用国家法律的权力扫除一夫多妻制、通奸、卖淫等,禁止重婚、纳妾。(3)坚持男女平权。这是"为保护几千年来受尽剥削压迫……而刚取得某些与男子平等权利的妇女"④。(4)保护妇女和子女合法利益。在男女平权的同时,强调对妇女利益的保护。子女作为平等的家庭成员和社会主人,要特别保护其权利。

(二)立法功绩

该法将男女权利平等作为基本原则之一,具体制度规定大多坚持男女平权。

1. 保障结婚自由

1950年《婚姻法》明文规定"结婚须男女双方本人完全自愿"(第3条);"禁止童养媳。禁止干涉寡妇婚姻自由。禁止任何人借婚姻关系问题索取财物"(第2条)。为此,实行结婚登记制,申请结婚的男女双方,应亲自到所在地人民政府登记;凡符合婚姻法规定的,应立即发给结婚证。这是"中国几千年来有进步思想的男女关于婚姻自由之理想的实现"⑤。

2. 建立平等夫妻关系

该法第7条至第12条规定,夫妻为共同生活的伴侣,在家庭中的地位平等。

---

①②③④⑤ 陈绍禹:《关于〈中华人民共和国婚姻法〉起草经过和起草理由的报告》,1950年4月14日。

夫妻有各用本人姓名的权利;均有选择职业、参加工作和参加社会活动的自由;双方对家庭财产有平等的所有权与处理权;夫妻有义务互相扶养,有互相继承遗产的权利。

3. 父母子女关系不因性别不同而有别

父母有抚养教育子女的义务;子女对于父母有赡养扶助的义务;父母子女有互相继承遗产的权利。非婚生子女享受与婚生子女同等权利,生父应负担未成年非婚生子女必需的生活费和教育费全部或一部;经生母同意,生父可将子女领回抚养。继父母不得虐待或歧视继子女。

4. 保障男女离婚自由,实行登记离婚和诉讼离婚双轨制

实行无过错主义离婚,在任何离婚程序中,男女均享有平等的离婚自由权。第17条规定,男女双方自愿离婚的,准予离婚,由区人民政府发给离婚证。男女一方坚决要求离婚的,由区人民政府进行调解;经区人民政府和司法机关调解无效时,亦准予离婚。立法当时已注意到离婚的性别差异,提出离婚者,"无论城乡都是女性占多数",其原因是部分妇女"备受虐待",故该法"不能不把保障男女离婚自由当作一项重要任务"①。

5. 离婚后子女的抚养和教育

离婚后,子女仍是父母双方的子女,离婚父母对所生的子女均有抚养和教育的责任。离婚后,哺乳期内的子女,以随哺乳的母亲共同生活为原则。哺乳期后的子女,由父母双方协商解决,协商不成的,由人民法院根据子女利益判决。离婚后,母亲抚养的子女,父亲应负担必需的生活费和教育费全部或一部,负担费用金额及期限由双方协议;协议不成时,由人民法院判决。

6. 对妇女的若干特殊照顾

(1)保护孕妇和胎儿的特殊利益。女方怀孕期间或女方分娩后一年内,男方不得提出离婚;但女方提出离婚的,不在此限(第18条)。(2)离婚时财产分割中照顾妇女。离婚时,女方的婚前财产归女方所有;其他家庭财产由双方协商处理,协商不成的,由人民法院根据家庭财产具体情况、照顾女方和子女利益、有利发展生产的原则判决(第23条)。(3)离婚后对生活困难一方提供帮助。夫妻离婚后,一方有义务在一定时期内帮助尚未再婚而生活困难的对方(第25条)。"一般的情况是女方如未再行结婚而生活困难者多"②,故这条是照顾妇女的措施。(4)离婚妇女清偿债务责任小于男方。鉴于妇女经济地位弱于男性,"离婚时,原为夫妻共同生活所负债务,以共同生活时所得财产偿还";如无共同财产或

---

①② 陈绍禹《关于〈中华人民共和国婚姻法〉起草经过和起草理由的报告》,1950年4月14日。

共同财产不足清偿的,由男方清偿……"(第24条)。

(三)基于性别平等的反思

1. 法定婚龄男高女低,不利于男女平等

该法第4条规定,"男二十岁,女十八岁,始得结婚",法定婚龄上男大女小。一般认为,男子成婚年龄略高于女子,是大多数国家的通例。"男女采用相同法定婚龄,拟有平等之义,然男女身体之发达有迟早之别,乃出于生理之自然,无取乎以人力强制之平"①。不过,在当代中国,法定婚龄高于成年年龄,所谓妇女在生理上早熟于男性的理由,不足以解释。法定婚龄上男高女低,更多是源于男强女弱的传统婚配观。这直接导致男女在结婚对象人口分布不平等,刚达到结婚年龄的妇女,只能在年长其两岁以上的男性中寻找结婚对象;相反,达到法定结婚年龄的男性,则可以比其本人年长或年少的妇女中寻找婚配对象,择偶范围大于女性,故而不利于妇女。

2. 限制军人配偶的离婚自由

为了特别照顾军人利益,第19条规定现役革命军人的配偶提出离婚,须得革命军人的同意。如革命军人与家庭两年无通讯关系,其配偶要求离婚,得准予离婚。鉴于大多数军人为男性,该条款主要限制了妇女的离婚自由。

3. 离婚妇女抚养子女的经济负担重

第23条第2款规定,离婚时,"如女方及子女分得的财产足以维持子女的生活费和教育费时,则男方可不再负担子女的生活费和教育费"。一方面,该规定混淆了离婚妇女个人财产权与子女抚养责任的关系,使得离婚男子有借口推卸本应承担的经济责任;另一方面,在解放初期,就业妇女人数有限,大多数妇女的经济能力明显弱于男性,离婚妇女不得不用自己的财产独立抚育孩子。

二、性别平等与1980年《婚姻法》

1978年,中国共产党第十一届三中全会后,当时社会各方面情况已与20世纪50年代初大为不同,尽管封建思想和旧习俗还有影响,但是,"自由恋爱和经别人介绍、本人同意的自主婚姻已经占主导地位"②,1950年《婚姻法》"已不能完全适应"社会现实需求。③ 故在1950年《婚姻法》基础上,根据30年的实践经验

---

① 潘维和:《中国近代民法史》,台湾汉林出版社1982年版,第111页。
② 中共中央宣传部、中华全国妇女联合会:《〈中华人民共和国婚姻法〉宣传要点》,1980年10月。
③ 《婚姻家庭生活的准则》,《人民日报》1980年9月16日。

和新情况、新问题,制定新法①,任务紧迫。1980年9月10日,第五届全国人民代表大会第三次会议通过新《中华人民共和国婚姻法》(以下简称1980年《婚姻法》),自1981年1月1日起施行。此后二十年间,该法是调整婚姻家庭关系的基本准则。

(一)修法重点

为反映社会变革给婚姻家庭领域带来的变化,化解价值观念冲突,1980年《婚姻法》修改重点有下列七个方面:(1)增补计划生育、保护老人合法权益两项基本原则。(2)禁止家庭成员间的虐待和遗弃,加大人身安全保护。(3)提高法定婚龄,扩大禁婚亲范围。(4)修改离婚程序,调解成为裁判离婚的前置程序。一方要求的离婚,可由有关部门调解或者直接起诉离婚,调解为法定程序。(5)修改法定离婚理由,确立夫妻感情破裂原则。(6)加强对家庭关系的调整,鼓励夫到妻家落户。(7)针对婚姻家庭违法行为,增设行政处罚和强制执行②。这些修改完善了婚姻法,使之满足中国改革开放后的社会需要。

(二)坚持男女平等的改革功绩

1980年《婚姻法》继续坚持"男女平等"为基本原则之一。

1. 夫妻关系更趋平等

为了达到控制人口增长的目的,第2条规定"夫妻双方都有实行计划生育的义务"。法律上明确有计划生育子女是夫妻双方共同责任,否定了将生育责任单方面推给妇女的传统观念。"登记结婚后,根据男女双方约定,女方可以成为男方家庭的成员,男方也可以成为女方家庭的成员"(第8条)。其立法本意是鼓励男方婚后成为女方家家庭成员,这有利于"破除以男性为中心的宗法观念,推行计划生育,解决有女无儿户的实际困难"③。夫妻对共同财产享有平等的占有、使用、收益和处分的权利,夫妻财产关系更平等。

2. 父母对子女的权利与义务平等

父母都有平等的抚养教育的权利和义务,享有平等的监护权;子女可以从父姓,也可以从母姓。

3. 离婚更自由

针对此前"有些社会舆论对提出离婚的一方往往不表同情","多年来,法院

---

① 武新宇:《关于〈中华人民共和国婚姻法(修改草案)〉的说明》,1980年9月2日。
② 本书编写组:《婚姻法教程》,北京法律出版社1982年版,第95—97页。
③ 中共中央宣传部、中华全国妇女联合会:《〈中华人民共和国婚姻法〉宣传要点》,1980年10月。

在处理离婚案件时掌握偏严"①,判决离婚原则修改为"如感情确已破裂,调解无效,应准予离婚"(第25条),其理由是"婚姻关系以夫妻双方的感情为基础,如果双方感情确已破裂,无法共同生活,勉强维持下去,会使当事人长期痛苦,甚至使矛盾激化"②;感情破裂原则"既坚持了婚姻自由,又给了法院一定的灵活性",比较符合我国实际情况③。立法引导国人重视婚姻质量,预示着婚姻传统重大变迁。

4. 对妇女的特殊照顾

(1)限制丈夫的离婚请求权。第27条规定,"女方在怀孕期间和分娩后一年内,男方不得提出离婚。女方提出离婚的,或人民法院认为确有必要受理男方离婚请求的,不在此限"。(2)夫妻财产分割应照顾妇女利益。离婚时,夫妻对共同财产的处理协商不成时,由人民法院根据财产的具体情况,照顾女方和子女权益的原则判决(第31条)。(3)生活困难帮助。"离婚时,如一方生活困难,另一方应给予适当的经济帮助"(第33条)。该规定平等地保护男女双方,但其立法侧重点在于照顾经济弱势的妇女的需求。

(四)基于男女平等的反思

从价值判断上看,该法中有多个条款中仍反映出男主女从、男强女弱的传统思想和意识。

1. 法定结婚年龄仍男大女小

该法将法定婚龄提高到男22周岁、女20周岁,仍然是女小男两岁。如此年龄差距,值得关注。

2. 关于婚姻居所条款

住所约定条款虽有利于保障婚姻自由,然而,其中一个"也"字,泄露了性别不平等"秘密",反映出法律价值观上不应有的主从意识,即女方成为男方家庭成员是主要形态,男方成为女方家庭成员是次要形态。

3. 离婚时分割共同财产规则的适用结果对男女不平等

夫妻婚前财产归各自所有,但是,在男娶女嫁习俗之下,男方通常负责准备婚房及大件生活用品(硬件),妇女准备的多是日常生活易消耗品。离婚时,妇女的嫁妆往往已消耗殆尽,而男方的婚前财产常未减值,甚至有所升值。此情形下,纵然公平分割共同财产,仍不足以保障妇女享有与男子平等的财产利益。

---

①③ 武新宇:《关于〈中华人民共和国婚姻法(修改草案)〉的说明》,1980年9月2日。

② 中共中央宣传部、中华全国妇女联合会:《〈中华人民共和国婚姻法〉宣传要点》,1980年10月。

4. 对军人配偶离婚请求权的限制,主要限制了妇女离婚

第26条规定,"现役军人的配偶要求离婚,须得军人同意"。按通常解释,该规定是为了维护军人的特殊利益,稳定军队,巩固国防。鉴于已婚现役军人的绝大多数是男性,从性别分析看,该规定主要是对妇女离婚胜诉权的限制。

5. 在规范父母子女关系存在一定性别偏差

一方面,子女以从父姓为主,从母姓为辅。第16条规定,"子女可以随父姓,也可以随母姓"。虽然1980年《婚姻法》增设子女可以随母姓的规定,不过,一个"也"字仍显示法律对倡导子女从母姓的某种无奈。另一方面,关于父母双方对非婚生子女的责任,其适用结果对男女两性不等同。非婚生子女因出生时父母亲相互间不存在婚姻关系,其与生父关系的确认,除非生父自愿认领,否则须通过强制认领程序才能获得确认。在请求司法确认亲子关系过程中,申请人负有全部举证责任。如果举证不能,无法确立亲子关系,则母亲只能独立承担抚养子女责任,而生父则逍遥法外。

三、性别平等与2001年《婚姻法修正案》

20世纪90年代开始,我国婚姻家庭领域出现许多新情况,遇到许多新问题。1995年底,全国人大常委会作出修改婚姻法的决定。2001年1月,第九届全国人大常委会委员长会议决定全文公布婚姻法修正草案,向全社会征集对修改草案的意见①。社会各界赞同修改婚姻法。截至2001年2月28日,全国人大常委会法制工作委员会共收到对婚姻法修改意见的来信、来函、来电等3829件②。同年4月28日,第九届全国人大常委会第21次会议通过《关于修改〈中华人民共和国婚姻法〉的决定》(以下简称《婚姻法修正案》),并于当日公布施行。

(一)修法重点

《婚姻法修正案》更多地关注对婚姻家庭成员个人权利的保护,对1980年《婚姻法》作了重大修正。此次修订,针对"社会上反映强烈的主要问题先作修改和补充"③,尽量吸收行之有效的有关行政法规和司法解释,注重可操作性④。修

---

① 此举开创了立法民意征集新机制,是中国立法的重大进步。从此,向全社会征集修法建议,成为国家和地方立法经常采用的途径。

② 《婚姻法(修正草案)向社会公布征求意见的情况》,《人民日报》2001年(1)。

③ 结合民法典立法,婚姻法的完善计划两步到位。巫昌祯:《我与婚姻法》,北京法律出版社2001年版,第12页。

④ 全国人大常委会法制工作委员会民法室编:《〈中华人民共和国婚姻法〉修改立法资料选》,北京法律出版社2001年版,第5页。

法重点有九个方面：(1)为维护一夫一妻制，禁止有配偶者与他人同居；要求夫妻相互忠实。(2)禁止家庭暴力，更有效地保护妇女、儿童和老人的合法权益。(3)删除麻风病人禁婚规定，增设婚姻无效制。(4)增设个人特有财产制，完善约定财产制，关注交易安全。(5)坚持夫妻感情破裂原则，实行无过错离婚；法定离婚事由具体化，七类情形可确认夫妻感情破裂。(6)设立探望权，促进离婚父母与子女之间的联络和交往。(7)增设离婚损害赔偿、离婚时经济补偿请求权，扩大生活困难帮助范围。(8)保障老年人的受赡养权和婚姻自由权。(9)设法律责任专章，①为弱势一方提供多种救济，初步构建成婚姻家庭纠纷多元化解决机制。本次修正使婚姻法更好地适应婚姻家庭的发展。

(二)男女平等之坚持

《婚姻法修正案》以建立和维护"平等、和睦、文明的婚姻家庭关系"为己任，将公平概念导入家庭成员个体之间的利益分配，采取新措施促进家庭关系的公平性，男女平等从追求形式平等开始转向寻求结果平等，其现代化向前迈进了一步。

1. 禁止家庭暴力，对受害者提供保护和救助

在大陆地区的部分家庭中，家庭暴力问题比较突出，"因家庭暴力导致离婚和人身伤害案件增多"②，《婚姻法修正案》明确规定"禁止家庭暴力"。这是我国国家立法突破传统观念，第一次明文干预家庭暴力，尊重私人生活领域中妇女等弱势群体的人权。每个家庭成员都是独立人，应当平等地相互对待。由于家庭暴力的直接受害者主要是妇女、儿童和老人，这项改革是保护妇女、儿童和老人权益的有力措施。

2. 增设性忠实义务，"禁止有配偶者与他人同居"

针对改革开放以来，婚外性行为不断增多，"一些地方重婚现象呈增多趋势"，严重破坏一夫一妻制③，增设"夫妻应当互相忠实，互相尊重"，强调夫妻在性生活上保持专一，不为婚外性行为；禁止已婚者与配偶以外之人同居生活，以维护一夫一妻制度。虽然已婚者发生婚外情的，有男性，有女性，但是，男性占多数，受害人主要是妇女。该规定有利于保护妇女。

3. 增设特有财产制，完善夫妻约定财产制

夫妻一方的婚前财产、身体受伤害获得的医疗费、残疾人生活补助费等费用、遗嘱或赠与合同中确定只归夫妻一方的财产、一方专用生活用品等，属于特有财产，归个人所有。夫妻可以约定将全部财产归属双方共有，或者各自财产分别归各自所有，或者部分财产归双方共有。夫妻双方对于共同财产享有平等权

---

①②③ 胡康生：《关于〈中华人民共和国婚姻法修正案(草案)〉的说明》，2000年10月。

利,对共同债务承担平等的义务。

4. 法定离婚事由具体化,离婚更自由

第32条吸取人民法院审理离婚案件的司法经验①,规定人民法院审理离婚案件时,确认有下列情形之一,调解无效的,应准予离婚:(1)重婚或有配偶者与他人同居的;(2)实施家庭暴力或虐待、遗弃家庭成员的;(3)有赌博、吸毒等恶习屡教不改的;(4)因感情不和分居满二年的;(5)其他导致夫妻感情破裂的情形。一方被宣告失踪,另一方提出离婚诉讼的,应准予离婚。立法明确分居期限和对过错方离婚诉权无任何限制,意味着进一步放宽离婚自由度。

5. 引入离婚时经济补偿请求权,保护离婚妇女利益

约定实行分别财产制的夫妻,一方因抚育子女、照料老人、协助另一方工作等付出超过法定义务要求的,离婚时可以向另一方请求补偿(第40条),这是大陆地区的婚姻法第一次明文承认家事劳动的社会价值。实际上,妇女是家事劳动的主要承担者,故请求权制度较好地体现了对妇女付出的尊重。

6. 增设离婚损害赔偿制度

根据第46条规定,因夫妻一方重婚,与他人同居,实施家庭暴力,虐待、遗弃家庭成员导致离婚的,无过错一方可以请求离婚损害赔偿,维护无过错配偶的公平利益。

(三)基于性别平等的反思

《婚姻法修正案》中若干制度中原有的针对妇女的不利规定并未得到彻底修正,又遇到新的问题与矛盾。

1. 结婚制度上存在五个方面的男女不平等问题

(1)有关法定婚龄的条款明显男女不平等。"男大女小"的法定婚龄要求,实质上是"对女性的一种歧视"②。如果说在20世纪50年代,反对对妇女的一切形式的歧视尚未达成共识,那么到21世纪初,平等保护妇女权利已成为普世价值观。1979年联合国大会通过《消除对妇女一切形式歧视公约》,中国政府于1980年7月17日签署该公约,该公约于同年12月4日在中国生效。本次婚姻法修正案仍对男女设定不同法定婚龄,不妥。

(2)未规范婚约问题,其结果对妇女明显不利。法律不调整婚约,形式上看对男女双方待遇相同。不过,由于传统两性观念影响,一旦终止婚约,男性在社

---

① 最高人民法院《关于人民法院审理离婚案件如何认定夫妻感情确已破裂的若干具体意见》,法(民)发[1989]38号。

② 陈苇、冉启玉:《公共政策中的社会性别——〈婚姻法〉的社会性别分析及其立法完善》,《甘肃政法学院学报》2005年第1期。

会结构中的强势就显现出来,妇女经常处于不利境地。

(3)不承认事实婚姻,使得妇女的人身权、财产权得不到充分保护。当以夫妻名义同居生活的男女双方解除同居关系时,因婚姻法不承认事实婚姻,当事人之间的财产关系,属于一般共有,财产由谁获得的,归谁所有。在共同生活中承担主要照料责任的妇女,其直接获得的财产性收入相对较少,却不能分割对方财产,其为共同生活所做贡献得不到补偿。这种规则对妇女不公平。

(4)对无效婚姻涉及的财产之规制不利于妇女。根据《婚姻法修正案》第12条规定,婚姻无效或被撤销的,当事人同居期间所得财产,"由当事人协议处理;协议不成时,由人民法院根据照顾无过错方的原则判决"。这看似中性条款,妇女可能因为不能证明本人无过错而得不到照顾。在社会生活中,由于传统性别观念影响,婚姻被撤销或被宣布无效的妇女,其未来在婚姻市场上的择偶范围被迫大大缩小,妇女承担了更多不利后果。

(5)对男娶女嫁习俗影响重视不够,使已婚妇女的居住权和迁徙自由未受到充分保护。婚姻住所是婚姻当事人共同生活的基本条件,是婚姻立法应当关注的对象。但是,新中国婚姻立法长期回避对婚姻住所的规制,使得深受男娶女嫁、从夫居习俗影响的妇女,其居住权保障遇到极大阻碍。《婚姻法修正案》虽允许男女约定成为对方家的家庭成员,但并未明文允许当事人作其他约定,其有关婚姻住所的规定不全面,坚持男女平等也不彻底。

2. 夫妻财产制适用结果对男女不平等

(1)因未建立个人财产消耗补偿制,使得个人特有财产制等"中性条款",的适用结果对男女并不平等。在普遍盛行男娶女嫁习俗的环境中,妇女的嫁妆大多为被褥、服装、房屋装修等易消耗的日常生活用品,而男方准备的结婚物品多为房屋、床、桌椅等耐消费品。长期共同生活中,已婚妇女的个人特有财产常常被消耗而所剩无几,丈夫的个人财产却可能增值。

(2)离婚时夫妻共同财产分割请求权不足以保护经济弱势配偶一方的财产利益。婚后所得共同财产制下,夫妻对于共同财产的平等分割请求权,唯离婚时才能行使。这可能遭遇下列四种困境:其一,如果配偶另一方不主动履行扶养义务,无收入的配偶一方将无任何财产可自由支配,生活无尊严,甚至陷入困境。其二,夫妻一方未经对方同意而擅自对共同财产作重大处分或者明显不恰当处分时,另一方无法阻止,平等处分权无法实现。其三,夫妻一方因单方处分或有重大过错致使夫妻共同财产遭受重大损失时,配偶另一方无法获得救济。其四,因我国现行税收监管不完善等原因,离婚时,强势配偶一方图谋多占财产份额的,经济弱势另一方通常难以完成举证责任,其应得财产利益难以得到有效保护。

(3)农村妇女的土地承包经营权易受侵犯。农村实行家庭联产承包责任制后,土地承包到户,一包三十年不变。然而,妇女因受制于男娶女嫁习俗,结婚、分居、离婚通常导致其常住地变更和户籍迁移,土地却无法"随身带走"。虽然2003年《农村土地承包经营法》第30条和《婚姻法修正案》第39条规定保护妇女在家庭土地承包经营中的权益,但无有效的具体保护措施,当夫家村庄已无地可分配,或者娘家村庄村民代表大会决定要求外嫁妇女婚后迁出户籍时,已婚或离婚妇女的土地承包经营权遭遇极大困难。即使妇女能将其应得承包地份额从家庭承包地中分离出来,也难以发挥其应有作用。

3. 离婚法若干条款也存在性别不平等

(1)特别保护军人婚姻,对已婚妇女不利。军婚仍享有特殊法律待遇,"现役军人的配偶要求离婚,须得军人同意,但军人一方有重大过错的除外"(第33条)。现实中,鉴于现役军人多数是男性,其配偶为非现役军人的主要是妇女,这条规定主要成了对已婚妇女离婚自由权的限制。

(2)离婚时经济补偿请求权,因适用条件苛刻,已婚妇女的家务劳动贡献未获得充分合理评价。在男女平等原则下,夫妻双方对婚姻、家庭的权利和义务是平等的。不过,事实上,已婚妇女仍是家务劳动的主要承担者,部分人甚至放弃职业做全职家庭主妇。婚姻破裂时,不实行分别财产制的夫妻,妇女对家庭的贡献无法获得合理承认。

(3)离婚时财产分割不关注家庭对人力资源的投入,妇女财产权利未获得充分的平等保护。虽然根据离婚时,人民法院判决分割夫妻共同财产时适用"照顾子女和女方权益的原则",但是,立法仅注重既得财产及财产权利,忽视了对学位文凭、职业资格等赚钱能力或未来收入的考虑,特别是在分割共同财产时,财产分割结果仍不公平。特别是当夫妻共同财产不多或者因悉数用于支持配偶另一方而所剩无多时,对妇女予以"照顾"实无可能。

4. 立法规范父母子女关系不够具体,父母双方平等的适用受到一定限制

(1)子女从母姓条款适用难。子女从父姓的传统至今十分强大,父母通常认为子女从父姓理所当然。自从20世纪80年代中期实行计划生育政策以来,大多数家庭特别是城市家庭几乎只有一个孩子。独生子女一代在本世纪进入生育年龄,当夫妻双方或至少一方是独生子女,已婚妇女经济独立、赚钱养家,在近亲属"421"结构下,孩子从谁姓问题引起各家庭重视,但大多数孩子仍从父姓,尽管也有父母通过创设复姓、协议约定甚至抓阄等方式确定孩子姓氏。

(2)缺乏有效监督离婚父母履行对未成年子女的责任之机制,加重了离婚妇女的经济负担。父母离婚后,未成年子女随母共同生活的,其有赡养家庭的父亲拒不及时履行给付子女抚养费一部分或者全部之义务,甚至经法院强制执行,仍

拒不足额支付。这加重了作为直接抚养人的母亲一方的经济负担。

四、未来展望:形式平等 VS. 结果平等

从性别视角观察,《婚姻法修正案》以男女平等为原则,但多个貌似两性平等的"中立条款"、"公平条款",事实上主要是男性思维的结果,其适用结果明显对妇女不利。要破除男女不平等的法律障碍,消除一切形式对妇女的歧视或不利,未来婚姻法应当改进立法价值观,更加注重事实上性别平等。

(一)无歧视之平等 VS. 无利差之平等

性别平等应当包括无歧视之平等和无利差之平等两方面。歧视是一种公开的、形式上的不平等,容易为人们所认识。无歧视之平等,是指立法上无歧视某个性别的条款,由于历史原因,主要是废除歧视妇女的条款。实现无歧视之平等的价值观已为社会普遍接受。无利差之平等,是指男女两性在利益上无差异,完全等同,是实质平等。无利差之平等,往往被形式平等所掩盖,不易为人认识。

三个婚姻法案均将"人"视为抽象人,规范时实行无性别差异。然而,这种不承认事实上性别差异的"男女平等",本身就是不平等,女性明显受委屈。男女两性不仅生理上天然不同,各自在经济地位、社会地位上也存在巨大差异,两性在婚姻上的投入与产出、付出与获益明显不同步。法律应当设法补充女性的能力不足①,使事实上达成男女平等。但是,现行法律将男女置于完全等同的位置,使其负担同等义务。这必导致结果上的男女不平等。

在现阶段,婚姻法应当分别情形采取有利于弱势者的积极差别待遇,对形式平等进行适当修正和补足,以达到实质平等的效果。否则,机械地或绝对地理解并适用平等,将带来消极后果。换言之,既要注重形式平等,更要重视实质平等。

(二)形式平等 VS. 结果平等

在立法上消除性别歧视,需要立法者增强性别敏感度。立法充分考虑男女两性特有的社会经历和实际社会地位,充分关注妇女权利保障,在某些方面实行差别立法,以弥补以往性别歧视对女性造成的不平等结果,才能实现两性平等共存,和谐发展。

两性平等的追求在于实现结果平等。婚姻立法当然应当关注形式平等,但形式平等本身不是目的,或者说,形式平等若不能换来结果平等,则该形式平等

---

① 王琪:《从"无歧视平等"到"无利差平等"——以性别视角考察我国婚姻法男女平等、婚姻自由原则》,《法制与经济》2010年第1期。

就需要改进。某些差别待遇立法,从形式上看,好像是一种新男女不平等立法,但在男女事实上尚未平等的社会环境下,唯如此,才能在结果上实现男女平等,在实质上达成两性平等。

五、完善婚姻立法的八大建议

修订婚姻法,是改变两性不平等状况与促进男女共同进步的卓有成效的途径,甚至能够产生"立竿见影"的效果。未来修订婚姻法,应当注重在防治家庭暴力、夫妻财产归属、未成年子女权利保护等方面进一步消除男女不平等障碍,采取性别平等的切实措施。

(一)细化防治家庭暴力条款

制定针对性强的法律并切实执行,是防治家庭暴力的最有效途径。《婚姻法修正案》对家庭暴力的规制过于简单,欠缺防范措施,救济不力,成效不明显。有必要借鉴英国、美国、新加坡等国的经验,加大公权力对家庭暴力的干预,增设民事保护令等制度,直接阻止施暴者继续施暴或者施暴可能,使受害人能安居家中,让家庭重新成为个人的安全避风港。

(二)增设婚姻住所规定

1. 明定夫妻双方对婚姻住所享有平等商定权

基于男女平等原则及尊重当事人意愿,婚姻法有必要赋予夫妻双方平等协商确定婚姻住所权;协议不成的,有权申请人民法院根据家庭和房屋的具体情况判定。

2. 离婚时对婚姻住所之房屋进行专门调整

在工商业社会中,住房,特别是城市房屋,价格昂贵,婚姻住所更具有特殊价值和意义。多数夫妻仅有一处婚姻住所,基于传统观念,男方婚前购买或借款购买房屋的情形较常见,妇女婚后与夫共同偿还购房借款,放弃独自购房机会或者丧失了独立购房能力。即使是男方婚前全资购买的房屋,婚姻共同生活期间,妻照顾家庭,对该房屋同样有所贡献。离婚时,对于房屋的增值,非所有权人应当享有公平分享利益的权利。

(三)明文规范家务劳动负担与补偿

1. 应当明确规定夫妻双方共同承担家务劳动

凡家庭生活,总有家事劳动。立法应当增设"夫妻双方应当平等承担家事劳动"之规定,以改变是否承担家事劳动由婚姻当事人任意取舍的状况,保障家事劳动承担者的付出得到应有待遇。

2. 扩大经济补偿制适用范围或增设离婚状补偿制度

离婚时分割夫妻共同财产,是对"过去"利益分配,而非对未来利益的分配。

如果夫妻一方长期超出法定义务地为婚姻家庭付出,其可能失去较多社会发展机会或丧失较多提高社会发展能力的可能,导致将来谋生能力、赚钱能力均不如另一方。凡夫妻一方贡献超过其应尽义务的,均应赋予其离婚时向他方请求经济补偿的权利①,或者引入离婚扶养费概念,离婚时,一方有权请求经济较好的配偶另一方给予定期补偿性给付。这使离婚后果可以预估,免除婚姻当事人全身心投入家庭生活的后顾之忧。对于全职从事家事劳动的配偶方,离婚时仅分割夫妻共同财产不足以实现公平。

(四)增设家庭生活费用负担条款

家庭要维持正常运行,必然产生开支。婚姻立法应当明文规定夫妻二人共同负担家庭开支②,既保护处于经济弱势的家庭成员的利益,又保护债权人。现行法律下,只要夫妻不离婚,法律对家庭经济就不干预。这对强势一方有利,不利于弱势一方。家庭生活费用,应由夫妻双方依各自经济能力、家事劳动或其他事情共同分担。因前项所生债务,由夫妻负连带责任。

(五)进一步完善夫妻财产制

1. 明确规定夫妻对共同财产的各项具体权利和义务

《婚姻法修正案》未明确共同财产积累、管理、使用和处分过程中夫妻各自的权利和义务,实务中,常常发生"老实人吃亏"现象,损害配偶一方应得共同财产的利益。

(1)夫妻就其所得财产互负报告义务。为了保障夫或妻对于共同财产的平等分割请求权,应当明定配偶互负所得报告义务。若配偶一方拒绝向他方报告其财产状况,配偶他方有权请求法院裁定其适用分别财产制,或者请求法院查明财产状况并告知配偶他方。

(2)补充规定夫或妻以共同财产清偿个人债务的,共同财产关系终止时,共同财产减少部分应计入该配偶方应得夫妻共同财产份额,或从该方配偶应得夫妻共同财产份额中扣减。这能有效防范夫或妻以婚后所得清偿个人债务而侵害他方配偶未来共同财产分割利益。

(3)在夫妻共同财产关系存续期间,配偶一方为减少他方对共同财产应得份额而故意低价处分共同财产的,应追加计算该财产,视为现存之共同财产。但为履行道德义务而实施的适当赠与,不在此限。

---

① 陈苇:《完善我国夫妻财产制的立法构想》,《中国法学》2000 年第 1 期。

② 例如,美国许多州制定有《家庭费用法》(Family Expense Act),规定夫妻有相互支持的义务,夫妻二人都必须支付家庭所需开销。纪欣:《美国家事法》,台湾五南图书出版有限公司 2009 年版,第 87 页。

2. 增设婚姻关系存续期间共同财产分割请求权及宣告分别财产制

婚姻关系存续期间,夫妻双方协商一致的,可以分割共同财产;夫妻协商不成的,应当有权请求法院裁判分割夫妻共同财产。夫妻一方有正当理由的,有权请求人民法院宣告改用分别财产制。人民法院确认具有下列事实之一的,有权依据当事人另一方的请求,宣告夫妻适用分别财产制:夫妻一方依法应给付家庭生活费用而不给付的;夫或妻的财产不足清偿其债务,或夫妻总财产不足以清偿总债务时;夫妻一方为财产处分时依法应得他方同意,而他方无正当理由拒绝同意的;夫妻一方对于共同财产的管理显有不当,经他方请求改善而不改善的;夫妻难以维持其共同生活,分居已达6个月以上的;有其他重大事由。①

3. 增设夫妻共同财产分割请求权的除斥期间

夫妻之间因婚姻财产关系所生的请求权,自婚姻关系消灭之日起三年内不行使而消灭。此规定,既为复杂夫妻财产关系的当事人先行解决离婚争议提供救济,又使得夫妻在婚姻关系终止后能尽早确定彼此之间的财产关系。

4. 对夫妻一方个人财产增设适当负担

夫妻一方对其个人特有财产的处置,通常事关婚姻家庭共同生活。例如,配偶一方将其个人财产全部赠与他人,或者以其个人财产为他人债务担保,都将危及婚姻生活。婚姻法有必要适当限制夫妻一方个人财产权利,以公平保护配偶另一方的正当利益。

(1) 限制夫妻一方对个人财产的处分权。为了防止夫或妻随意处分个人财产,损害婚姻共同生活,或者不合理地增加配偶另一方的财产负担,有必要对配偶处分其个人财产进行适当限制。婚姻法可以借鉴定《德国民法典》第1365条至第1369条规定②,增补规定夫妻一方须经另一方同意,始得就其个人全部财产,处分负担义务。夫妻一方未经他方同意而负担此义务的,须经另一方同意,始得履行其义务。配偶一方终止房屋租赁、让与住所或者对作为婚姻住所的房屋设置负担时,须征得配偶另一方同意,以免婚姻共同生活受侵害。配偶另一方无正当理由拒绝同意或者因病或因故无法获知其意思时,配偶一方有权申请人民法院裁定,以取代他方配偶同意。

(2) 赋予夫妻一方对于他方个人所有的居所和家庭生活用品享有使用权。为了维持婚姻共同生活,保障家庭和睦,婚姻法应当增设规定:婚姻关系存续期间,夫妻一方有权无偿使用他方个人所有的住所、家庭生活用品;他方不得拒绝。

---

① 此处理由设定,主要借鉴我国台湾地区《民法》第1010条。
② 《德国民法典》第1365条至第1369条依次规定了对处分全部财产的限制、事前的批准、单方面的法律行为、婚姻另一方起诉第三人。

(六)增设阻却离婚事由,以救济不同意离婚权

不同意离婚的夫妻一方确有正当理由拒绝离婚时,法律是否应当予以适当救济?在离婚自由之下,想离婚一方获得充分救济,不同意离婚的当事人另一方被迫接受离婚,无任何救济。不同意离婚的当事人,若是无过错一方,强制其离婚,无异于对其实施离婚惩罚。这是否公平,颇存疑虑,因为另一方当事人有权不同意离婚。

立法有必要增设阻却离婚事由,明文赋予法院必要时拒绝准许离婚的权力。生活远比法律文本复杂。法律抽象出生活中的主要情形,适用于一切已婚者的生活,对绝大多数人虽然公平,但也有特殊情况使得司法失去其应有弹性和公平。为此,德国、法国、英国、日本立法都设置缓和条款或阻却离婚事由,以克服无过错离婚法之专断。《德国民法典》第1568条设立离婚苛刻条款,"为婚生未成年子女的利益,如果且只要由于特殊原因而例外地有必要维持婚姻,或者如果且只要离婚由于非正常的情况而对拒绝离婚的被申请人会意味着较为严峻的苛刻,以至在考虑到申请人的利益的情形下,也明显得例外地有必要维持婚姻的,即使婚姻已经破裂,也不应该离婚"①。《法国民法典》第238条第2款和第240条所设缓和条款内容与前述德国法"苛刻条款"基本相同。英国《1973年婚姻诉讼法》第5条设置"基于离婚将给被告造成严重困难而拒绝依分居五年作出离婚判决"的两类情形②。《日本民法》第770条第2款规定,虽有法定离婚事由,但法院考虑有关情事,认为继续婚姻为适当时,可以驳回离婚请求。阻碍离婚条款实现了双方利益平衡,缓和了破裂主义离婚模式可能造成的离婚自由过度而对被告的损害。这些外国法经验,值得我国婚姻法借鉴。

(七)改革离婚法律后果安排,更公平分配当事人双方利益

1. 扩大离婚损害赔偿的适用范围

男女两性对婚姻的付出不尽相同,从婚姻中获益的阶段性存在明显差异,一旦婚姻解除,对男女两性未来生活的影响大不相同,妇女在婚姻市场的价值,随着年龄增长、婚姻经历、生育子女等情形呈下降趋势,男性则不然,婚姻机会成本对男女大不同。夫妻单方请求离婚时,即使原告无法定过错,只要被告不同意离婚且无过错,法院判决准许离婚,也应赋予被告请求离婚损害赔偿的权利。

2. 健全经济帮助制度

应当扩大帮助的适用范围;增设法院判决时应当参考的事项或因素;提高经

---

① 陈卫佐译注:《德国民法典》,北京法律出版社2004年版,第414页。
② 蒋月等译:《英国婚姻家庭制定法选集》,北京法律出版社2008年版,第58页。

济帮助的标准。

(八)尊重儿童作为权利主体,妥善处理儿童利益与父母利益之间的冲突

1. 改善父母照护权和监护权

婚姻法应当明确父母根据哪些因素就子女事务作出决定,不同监护权形态下监护权如何行使,以利于被监护人。父母就未成年子女事务作决定时,应当共同协商,找出兼顾理想与现实的解决方案;协商不成的,任何一方均有权请求法院裁决。

(1)增设父母就处理未成年子女事务意见不一致的,有权请求法院酌情裁决。在父母就未成年子女抚养教育意见不一致,甚至发生严重冲突的现象较常见。大多数情况下,父母双方妥协或者亲属调解可以化解矛盾,但不排除少数争议无法"私了"。婚姻法应当为此提供救济途径。例如,有关儿童就学、就医等,均非小事。从保护儿童利益出发,唯有委之司法裁判。法院应综合男女平等原则、儿童利益保护、正常家庭生活秩序维持,作出合理裁决。

(2)明确子女最佳利益为决定监护权的主要考虑。未成年人应当由谁直接抚养或监护权,主要应考察是否最有利于子女健康成长。婚姻法应当明确法官决定直接抚养权归属时应着重考虑下列五个因素:父母或监护人的意愿;孩子的意愿;孩子与父母亲、兄弟姐妹之间相互关系;孩子对家庭、学校及小区的适应程度;所有相关人的精神及健康状况。在决定幼童的监护权人时,应当考虑幼童依赖"心理上的家长"或"主要照顾者",这对幼童心理稳定、安全感及信任,都有很大帮助。应当尊重儿童本人的选择权。考虑儿童本人意见时,必须考虑儿童的年龄、成熟度以及对所处状况的了解程度等。

(3)增设监护形态。新中国以来,只要父母双方健在,不论父母分居或离婚与否,也不论未成年子女随父母何方共同生活,均实行父母双方共同监护。然而,《婚姻法修正案》引入探望权后,未与子女共同生活父母一方的监护权受到极大限制。

应当明确是单方监护还是双方共同监护。根据现行法律,只要父母双方健在的,即使父母离婚后,父母一方担任"直接抚养人",另一方为"探望权人",但父母双方仍是共同监护人。然而,未与子女共同生活的父母一方,其履行监护责任受到客观条件限制。建议未来立法采用单方监护和共同监护双轨制,适合单方监护者,设立单方监护;适合共同监护者,采用共同监护。

必要时,宜增设非双亲监护。有的夫妻离婚后,长期将孩子留给祖父母、外祖父母、叔叔、姑姑等亲属照顾。这些亲属在儿童心理上替代了"父亲"、"母亲"。

然而,在法律上,只要父母双方健在且拒绝同意,实际监护人无法取得监护人资格①。为了充分保护未成年人利益,必要时可以将监护权赋予父母以外的某人。

(4)明确剥夺监护权的程序。婚姻法应增补规定,监护人怠于履行职责,给被监护人造成损害,或者严重威胁未成年人利益的,应当剥夺其监护权,另设监护人。现行婚姻法无此作规定,致使监护人行为不当时,无法启动相应程序;特别是当未成年人无其他近亲属时,社会公力介入存在程序法障碍。

2. 增设扶养费给付垫付制

扶养权人的受养不可能等待,当义务人应当履行给付扶养费义务而未及时给付时,如他人愿意代为垫付的,应当鼓励,赋予垫付人向扶养义务人请求偿还的权利。父母一方独立承担全部抚养责任后,以父母另一方有抚养子女的义务为由,向对方追索抚养费的,应给予支持。

增设"扶养费支付令"制度。对有支付能力而恶意不支付子女抚养费的,扶养权人有权向人民法院申请扶养费支付令,强迫义务人履行扶养费给付义务。对违反扶养费支付令的,人民法院可以采取强制措施。

3. 保护非婚生儿童的权益

应取消非婚生子女称谓。传统亲子法将子女区分为婚生子女与非婚生子女,"非婚生子女",虽是对相互无婚姻关系的男女所生子女出身事实的承认,但有一定歧视性,不利于儿童保护。凡涉及儿童的事务处理,均应以儿童最大利益为首要考虑,优先保护儿童利益,没有必要区分婚生子女与非婚生子女。对有一定证据证明亲子关系存在的亲子关系争议,建议推定不利于被告的结果,或者赋权法官酌情裁定强制提取被告的生物材料,以鉴定亲子关系,澄清是非,避免被告"一推了之",拒不承担父亲责任。

无论男女,都期待生活在健康和谐的社会。两性实质上不平等,是长久历史积累所致,不可能在半个世纪左右通过几部婚姻法的修订就完全扭转。然而,全社会实现事实上两性平等,是由每个领域和方面的男女平等构成的。只有婚姻法上真正实现男女平等,婚姻家庭领域的两性平等与和谐才能实现。

(原发表于《海峡法学》2011年第2期)

---

① 《中华人民共和国民法通则》第16条第2款规定,"未成年人的父母已经死亡或者没有监护能力的,由下列人员中有监护能力的人担任监护人:(一)祖父母、外祖父母;(二)兄、姐;(三)关系密切的其他亲属、朋友愿意承担监护责任,经未成年人的父、母的所在单位或者未成年人住所地的居民委员会、村民委员会同意的"。亲友欲取得对儿童的监护权,需事先取得儿童之父母的同意。

刘连泰,男,厦门大学法学院教授,博士生导师。中国法学会宪法学研究会理事,宪法学教学专业委员会委员,福建省法学会行政法学专业委员会委员,兼任贵州师范大学、西藏民族学院客座教授。在各类法学杂志上发表论文60余篇,出版专著1本。

平等与偏爱
——对女性退休年龄规定的合宪性分析

摘　要：平等权不排斥分类，也不排斥对不同类别的群体配置有差别的权利。从私法公法化、法律家长主义以及公共政策的角度看，女性55岁退休的规定是法律对女性的特殊保护措施，是合宪的。女性不能放弃法律对自己的特殊保护。

关键词：平等　女性退休　劳动权　特殊保护　合宪性

2005年11月河南发生的周香华女士诉中国建设银行河南平顶山中心支行一案触发了女性55岁退休是否合宪的讨论。[①] 也许是过去宪法离芸芸众生太远，我们今日总是以迫不及待的心情去迎接这一久违的荒漠甘泉——于是，"包装"的宪法案件和真正的宪法案件泥沙俱下。只要有一点"违宪"的影踪，舆论都会一边倒支持"违宪论"者。

其实，在忧虑宪法离我们太远的同时，也要防止伤心过度——对宪法的运用也要遵守中庸的原则。过分阳春白雪式的宪法固然与宗教无异，但如果将宪法打扮成出奇的下里巴人，同样是亵渎宪法。支撑宪法实现的不单是热情，还需要更理性。

周香华女士诉中国建设银行河南平顶山中心支行本身不是一个宪法案件，而是一个劳动法上的争议。但与那些包装出来的宪法案件相比，这个案件本身涉及更多的宪法问题。认为女性55岁退休的学者和公众基本都从平等权的角度切入这个问题。为避免表面上讨论得很热闹、实际上都在自说自话式的学术讨论，笔者同样将平等保护作为本文的切入点。

一、平等保护及其允许的差别

《中华人民共和国宪法》（以下简称《宪法》）第33条规定，"中华人民共和国

[①] 2005年11月11日河南省平顶山市湛河区人民法院受理了该案。

公民在法律面前一律平等"。平等是一项原则还是一项权利,存在争议,不回到规范,这个争论不可能有任何结果,国内学者关于这个问题的争论多停留在"应该是一项权利还是应该是一项原则"这一个层次上,究竟什么是应该,学者坚持的标准悬殊。回到规范的层面,这个问题不难以回答——《宪法》中的平等是一项原则,需要与其他的原则叠加适用才有意义。

具体到本案,平等原则与什么权利叠加适用呢,显然是劳动权。简言之,如果说女性55岁退休侵犯女性的宪法权利,那应该是侵犯了女性的平等劳动权。

平等保护并不排斥分类,也不排斥对不同类别的群体配置有差别的权利。只有那些不合理的归类才违反"法律平等保护"原则。借用美国联邦高等法院1920年的话来说,就是:"归类必须合理而非任意,且必须基于和立法目标具有正当和实质关系的某种差别,从而使所有处境类似的人都获得类似处置。"①

归类是否正当,必须满足两项要求。首先,法律必须具备合宪目的,或者说,立法归类是为了合法授予公共利益或消除公共危害;其次,法律必须是取得合宪目标的合理手段②。第二项要求可以表述为手段与目的的相关性,也就是说,不论采取什么样的标准,标准和目的之间必须有一定的联系,法律分类是达到目的的手段,没有这种联系的分类是专横、任性的分类,使用的是我们通常意义上说的"歧视性"标准。

当然,不相关标准并非一律构成歧视。如果不相关标准有益于处境不利的人,并不构成歧视,因为给不利处境的人以更好的待遇是为了避免在结果上造成公民之间处境的过分悬殊③。忽视差异反而可能构成对平等的破坏,构成真正意义上的歧视。

平等可以分为同一平等和差异平等。同一平等指不顾人与人的差别,一律给予同样的机会,强调机会的平等;差异平等指考虑个体与个体的差别,赋予处境较不利者更好的条件。从差异平等的角度观察,客观上存在的差异必须通过法律调节,才可能达致真正的平等。"有时平等意味着同样待人人,尽管他们存在差异;有时候它意味着通过调节差异来平等对待他们。以前认为平等只意味着同样,平等待人意指同样对待他们。现在认识到,同样对待可能违反平等观

---

① F. S. Royster Guano Co. V. Virginia,253 U. S. 412.
② 张千帆:《西方宪政体系》(上册),中国政法大学出版社2000年版,第284页。
③ 如美国历史上,部分高校规定一些有利于黑人的措施(如录取分数线比白人低),这并不构成歧视。因为历史上的种族歧视制度使黑人无法受到良好的教育。

念,忽视差异可能意味着忽视合法性要求……忽视差异和拒绝调节它们是对平等获得和平等机会的拒绝。那就是歧视"①。

我们首先承认,从人的尊严角度看,男女平等②。我国从《宪法》开始的一系列法律,都反复强调这一准则。但男女平等并不排斥给妇女以特别的保护,《宪法》规定男女平等之后在第48条专门规定对妇女的保护,《中华人民共和国妇女权益保障法》也专门保护妇女的权益。

一个人是否退休,年龄是一个相关的标准。一般而言,老人比年轻人的劳动能力要弱。正是在这个意义上,没有人说让老人退休而不让年轻人退休构成对老人的歧视。问题是,我们在年龄标准之外建立了一个性别标准,性别标准与人的劳动能力有无关系?这就涉及男女平等问题。

男女在劳动权方面的平等并不意味着男女享有同样的权利和义务。《中华人民共和国劳动法》(以下简称《劳动法》)就规定了妇女在履行劳动义务方面与男性的差别,但这样说仍然显得有些笼统。尽管从总量上说,我国法律规定女性承担的劳动义务要少于男性,享受的劳动权利要多于男性,但具体到某一项制度,男女的地位仍然可以是一样的,如《宪法》规定男女同工同酬。

男女性别之间的差异与退休是否有关?也就是说,一个55岁的男性和一个55岁的女性相比较而言,是否55岁男性的劳动能力一定强于55岁的女性?如果不区分劳动种类,这个问题不可能有唯一正确的答案。男女之间绝大多数差异来自统计学上的归纳,男女之间精确的统计学差异在下列各项不适用于个人情况:体重、身高、寿命、数学潜能、进取心(aggression)、抚养子女的能力和体力。

不考虑特定的职业而是从一般意义上说,男女之间的性别差异并不必然与劳动能力有关。我们在决定退休条件时,在年龄标准之外采用的性别标准就是一个不相关标准。正如在前面已经讨论过的,不相关标准是否构成歧视,就要看采用这个标准的目的是不是为了保护处境不利者的利益。具体到本文的话题,让女性55岁退休是不是为了保护女性的利益。

男女之间还有统计学归纳之外的差异,那就是生理和解剖学上的差异,这种差异使女人具有繁殖后代的能力,而男人没有。男女之间的这种差别使女性在

---

① 朱应平:《论平等权的宪法保护》,北京大学出版社2004年版,第153页。
② 其实我国立法中反复强调男女平等可能暗示着这样一个现实:男女在获得机会和财富方面是不平等的。正因为此事实上不平等,所以我们要反复强调男女应该平等。立法的目的是矫正事实上存在的男女不平等。

抚育子女方面付出更多的精力①。其结果是，我们这个社会的私域体现出女性化的特征，而公域则日益男性化。法律一般而言只调整公域，无法将触角更多地伸进私域。这就迫使我们在公域里采用一些"差别待遇"，以矫正在私域里实际上存在的女性比男性更多承担义务的情形。这种"差别待遇"就是给予女性以更多特殊的保护②。相反，如果让女性和男性在劳动领域里享受完全相同的权利和义务，则女性的地位难免如"烛烧两头"，比男性的地位更加艰辛。

具体到我国关于女性 55 岁退休的规定，如果理解为对女性劳动者的特殊保护，则是合宪的，但问题并不就此完结。因为我们说 55 岁退休是对女性的特殊保护，女性未必都领情——给女性的特殊保护是法律赋予女性的权利，女性可不可以放弃这种权利？如果可以放弃，则法律就应该变为：女性可以自主决定在 55 岁至 60 岁之间退休。因此，接下来笔者要论述的是：女性 55 岁退休是对女性的保护制度，女性不能放弃这种劳动保护。

二、退休的性质：无法放弃的权利

在物质资料足够的丰富以前，劳动仍然是我们谋生的手段，只有到了共产主义社会，劳动才是我们的第一需要。在《宪法》中，劳动是获取财富的手段。《宪法》第 6 条规定："中华人民共和国的社会主义经济制度的基础是生产资料的社会主义公有制，即全民所有制和劳动群众集体所有制。社会主义公有制消灭人剥削人的制度，实行各尽所能、按劳分配的原则。国家在社会主义初级阶段，坚持公有制为主体、多种所有制经济共同发展的基本经济制度，坚持按劳分配为主

---

① 当然，这种说法并不排除特殊情况，比如有的家庭就没有孩子，被称为"丁克家庭"；在有的家庭，男性可能花大部分时间抚育孩子。但这些特殊情形的存在并没有将文中的命题证伪。在美国 1976 年的"警官退休年龄案"中，马萨诸州规定超过 50 岁的警官一律退休。虽然根据具体情形，有些警察可能未到 50 岁即不能胜任，而有些警察则超过 50 岁却仍然称职，但联邦最高法院的大多数法官维持了州的规定。(See Massachussets Board of Retirement v. Murgia, 427 U. sS. 336.)原因在于："在经济和社会福利领域，一州并不因为法律归类有欠完美而侵犯'平等保护'条款。如果归类具有某种'合理基础'，那么它并不因为归类'不具备数学精确度或在实际上导致某些不平等'而违宪。"(Dandridge V. Williams, 397 U. S. 471.)

② 德国 1957 年针对妇女在家庭承担了更多义务的情形，制定了《第一平等保护法》，以促进女性地位的提升。该法制定后，《德国民法典》的亲属编被修正，在第 1360 条中加上家庭主妇自由处分金(可以处理另一方的退休金、养老金等)的规定，肯定家务劳动的价值。1994 年德国制定《第二平等保护法》又规定了一系列促进妇女就业以及妇女工作时间可以少于男性的内容。用"同工同酬"促进男女平等固然重要，但比这更重要的是"同值同酬"。因为在私域中，由于女性承担更多的劳动，使她们在公域中的劳动数量无法与男性相比，这就要求我们在考虑公域的劳动报酬时，要将妇女在私域中的付出一并考虑进去。

体、多种分配方式并存的分配制度"。正是在这个意义上,劳动既是一项权利,又是一项义务。《宪法》第42条第1款就规定:"中华人民共和国公民有劳动的权利和义务"。公民有获得财产的权利,而劳动是分配财产的基本方式,因此,劳动是一项权利;但同时,《宪法》是一部社会主义主义的宪法,公民劳动是建设社会主义的一种方式,因此,劳动是一项义务。

退休制度实质上是对劳动义务的豁免,是一项不以现在的劳动作为对价就可以获得报酬的制度①。因此,就其实质而言,是一项对劳动者的保护制度。

事实上,今天规范女性退休问题的两部法律——《国务院关于安置老弱病残干部的暂行办法》(以下简称《安置干部办法》)和《国务院关于工人退休、退职的暂行办法》(以下简称《退休办法》),也是将退休作为一项对女性的安置、保护措施来规定的。例如,《安置干部办法》序言规定:"妥善安置这些干部,使他们各得其所,是党对他们的关怀和爱护,是我党干部政策的一个重要方面,也是我国社会主义制度优越性的具体体现。人总是要老的,这是自然规律。由于年龄和身体的关系而退休、担任顾问或荣誉职务,是正常的,也是光荣。对离休、退休的干部,要在政治上、生活上关心他们,及时解决他们的各种实际困难"。《退休办法》序言也规定:"老年工人和因工、因病丧失劳动能力的工人,对社会主义革命和建设做出了应有的贡献。妥善安置他们的生活,使他们愉快地度过晚年,这是社会主义制度优越性的具体体现"。《宪法》也专门规定保护妇女儿童的合法权益。从这个意义上看,我国法律关于女性55岁退休的规定恰恰与《宪法》的这一规定存在着价值上暗合,并无违宪之虞。

退休作为劳动保护的性质,也许容易达成共识。但接下来的问题是,如果劳动是国家对于劳动者,尤其是对女性劳动者的保护,就应该理解为是女性的一种权利,而权利是可以放弃的。如果退休权利可以放弃,那么女性到了55岁后,就可以自愿选择退休还是不退休。现行的制度为什么强行让女性退休?如果说女性55岁退休的规定仅牵涉到平等权问题,那么不让女性放弃55岁退休的权利则牵涉到女性自由权的问题。很多学者正是从这个角度进一步论证女性55岁退休的规定构成对妇女的歧视②。

---

① 关于退休金的性质,一般认为是工资的延长,也有学者认为是雇主照顾劳工退休后生活的义务,还有的学者认为是雇主对劳工的赠与。(参见郭玲惠:《两性工作平等——法理与判例研究》,台湾五南图书出版公司2005年版,第171页。)在我国,之所以有人认为女性55岁退休构成对女性的歧视,很大程度上是因为退休后的待遇比在职时要低很多。但无论如何,按照《宪法》规定的按劳分配制度,在职时取得的报酬是以支付的劳动作为对价的,退休金是不以现在的劳动作为对价的,两者不具有可比性。

要炀:《女性55岁退休:是保护还是歧视》,《检察日报》2005年9月14日。

权利可以放弃的说法显然深受私法观念的影响①,而私法公法化是自《魏玛宪法》以来的现象。劳动法本质上是私法,用人单位和劳动者之间可以自由地签定劳动协议,但自进入垄断资本主义以来,劳动法的公法特色日益明显。劳动法是私法公法化的一个鲜明的例证。

私法的公法化有两种情形:一是国家限制契约自由,如利率不得超过同期银行利率的 4 倍,公法只是规定此类契约无效,并不追究契约双方公法上的责任;二是国家明文规定契约自由的限制,而且追究过错方公法上的责任②。在《劳动法》中,以上两种情形都存在。但以第二种情形为主。

第一种情形主要存在于《劳动法》第 91 条。根据第 91 条的规定,劳动者的工资不能低于最低工资标准,由此产生的劳动者权利是享有在最低工资标准之上取得劳动报酬的权利。如果劳动者与用人单位签定一份劳动合同,劳动者在知道国家最低工资制度前提下,自愿只要求用人单位支付低于国家最低工资的工资,劳动者与用人单位之间的劳动合同仍然是无效的。

第二种情形大量存在,比如违反劳动卫生制度、劳动安全制度、劳动保护制度等,对于女性职工的劳动保护属于这种情形。比如,《劳动法》第 95 条规定:"用人单位违反本法对女职工和未成年工的保护规定,侵害其合法权益的,由劳动行政部门责令改正,处以罚款;对女职工或者未成年工造成损害的,应当承担赔偿责任。"第 60 条规定:"不得安排女职工在经期从事高处、低温、冷水作业和国家规定的第三级体力劳动强度的劳动。"

《劳动法》本身并未规定女性退休的年龄问题,但一如前文所述,女性 55 岁退休是对女性的劳动保护制度。不管这一制度属于私法公法化的第一种情形还是属于私法公法化的第二种情形,都是一种无法放弃的权利,是无法拒绝的"国家的爱"。

女性到底能不能拒绝"国家的爱"?除了私法公法化这一解释进路外,我们还可以通过另一条进路解释女性为什么不能放弃法律对女性的特殊保护——这就是法律家长主义的解释。

法律家长主义认为,法律在有的时候必须像家长一样干预个人的自由。比如,美国法律出于对母亲健康生育能力的公共利益的考虑,规定雇主不能安排妇女从事某些特定的工作,不能

---

① 公法上的很多权利是 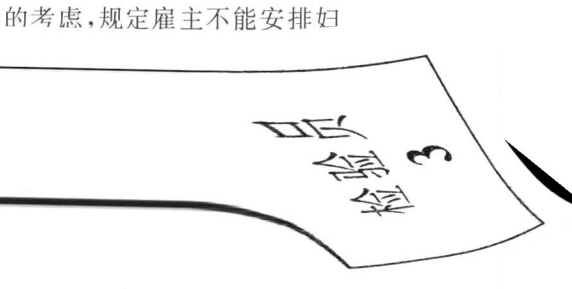 为都是无效的。

② [日]美浓部达吉著,黄 234 页。

以及在生育完之后的劳动。① 法律家长主义的正当性,受到这样或者那样的追问,但法律家长主义在我们生活的经验世界里大量存在,这一点应该不存质疑。我国立法中,法律家长主义的痕迹也随处可觅,如强行戒毒、骑摩托车必须戴头盔等。戒毒、戴头盔是法律关爱的体现,但接受者不能拒绝,不能放弃戒毒、戴头盔。同理,女性55岁退休也是法律家长主义的体现,女性不能放弃这种特殊保护。

三、公共政策的考量

在论述女性55岁退休不正义的学者中,有的从公共政策的角度切入。这种论证路径并非与宪法完全无涉,宪法权利的配置有时也不得不考虑公共政策。因为权利需要成本,实施权利在某种意义上讲就是分配资源②。

一个有代表性的说法是:女性55岁退休会出现人才流失,因此应该延迟女性退休年龄③。但我们如果以岗位既定来讨论问题,急迫需要就业的年轻人中也会有人才。这些人无法就业,我们也可以理解为人才进入不了劳动力市场。事实上,今天的退休制度并未导致人才流失,退休而发挥余热的人才处处都是④。退休制度并不能使人才退出劳动力市场。在人才缺乏的今天,如果劳动力市场是自由的,人才总能寻找到岗位⑤。

另一个有代表性的说法是:推迟退休可以消解"白色浪潮"的冲击⑥。我国老龄化现象日益严重,整个社会的养老负担日益沉重,延迟女性的退休年龄可以减轻社会的养老负担。任何公共政策的实施都会有两面的效果。我国面临老龄化现象的同时,还面临着巨大的就业压力。延迟退休年龄虽然可以减轻整个社会的养老负担,但却增加了整个社会的就业压力,年轻人可能不得不延迟就业时间。如此公共政策带来的结果可能是:养老的负担减轻了,而"养小"的负担可能加重了。

其实规定多少岁退休,并不一定是考虑到了这个年龄的人就一定丧失劳动能力,而很可能是基于公共政策的考虑。男人60岁也可能没有丧失劳动能力,

---

① 孙笑侠、郭春镇:《美国法律家长主义的理论与实践》,《法律科学》2005年第6期。
② [美]史蒂芬·霍尔姆斯、凯斯·R.桑斯坦:《权利的成本》,北京大学出版社2004年版,第113页。
③ 高昱:《推迟退休对谁有利》,《商务周刊》2004年6月20日。
④ 就笔者观察到的情形来看,大体上有两种情形:一种是原单位返聘,在退休工资之外另计算报酬;另一种是退休后去新的单位工作,或兼职或全职。
⑤ 《劳动法》规定了雇佣劳动者的最低年龄界限,但没有规定最高年龄界限。
⑥ 《女性55岁退休是保护还是歧视》,《中国新闻周刊》2005年11月10日。

但60岁仍然需要退休。

就媒体提的报道来看,对女性55岁退休的质疑之声日益高涨。是否这一制度获得的认同越来越低?法律是理性的,同时还是经验的。如果真是这样,我们仍然需要修改法律——一项制度不管从理论的角度论证多么正当,但如果无法获得认同,仍然不得不面对修改的命运。也就是说,法律必须从利益攸关者的认同中而不是从逻辑的自洽中获得正当性。女性55岁退休是否真的那样遭到众多女性的反对,实际情况并不如此严重。从经验角度来看,反对女性55岁退休的大多是白领女性,而蓝领女性的话语权行使并不如白领女性充分,一个国有企业从事体力劳动的女性可能并不希望延迟退休。那么,我们能不能根据职业规定退休年龄?比如说白领职业女性60岁退休,蓝领职业女性55岁退休?不要说划分蓝领白领的难度,即便我们可以划分清楚,可能又会带来一个新的平等权争论——让蓝领55岁退休是否构成对蓝领女性的歧视?

女性比男性提前退休并不是我国独有的制度。在世界范围内,男女退休年龄相同的国家(地区)有98个,占59.4%;男女退休年龄不同的国家(地区)有67个,占40.6%。① 我想这不单是歧视就可以解释清楚的。与之相应,越来越多的学者从家务劳动的价值,而不是单从公域中的劳动,入手探讨新的男女平等路径,提出"同值同酬"概念,以取代传统的"同工同酬"。② 但在法律调整私域还颇为艰难的今天,我们还不得不在公域中给女性更多的保护,以矫正在私域中事实上存在的不平等。

(原发表于《法商研究》2006年第5期)

---

① 《女性55岁退休是保护还是歧视》,《中国新闻周刊》2005年11月10日。
② 郭玲惠:《两性工作平等——法理与判决之研究》,台湾五南图书出版公司2005年版,第187页。

何丽新,女,现为厦门大学法学院教授,民商法专业硕士生导师,中国海商法协会理事,中国法学会婚姻家庭法研究会理事,先后专著或合著《无单放货法律问题研究》、《我国非婚同居立法规制研究》等15本著作和50多篇学术论文,主持和参与国家社科基金、教育部、司法部等多项省部级课题,科研成果获得"福建省社科优秀成果"、"福建省法学优秀成果"等各项奖励计9项。

走出同居女性权利缺失的法律困境

摘　要: 近年来,我国非婚同居率不断攀升,成为无法回避的客观现实,同居女性权利缺失问题不容忽视。非婚同居是当事人选择家庭生活的方式和两性关系多元化的体现,同居女性权益的特殊性应受到法律的重视和调整,明确同居生活费用负担义务,赋予同居者对同居所得财产的继承权,完善遗产酌情给付制度,承认家事劳动的社会价值,扩充两性平等的适用范围,合理建构同居女性权利保障机制。

关键词: 同居女性　权利　保障

近年来,随着社会的发展,人口流动加速,思想观念转变,婚姻安全感降低,婚姻不再是通向家庭和性生活的唯一合法桥梁,两性关系的处理更加多元化,非婚同居①因其具有较大的自由和选择权,成为当事人选择家庭生活的一种方式,呈现与日俱增的态势,法律愿意涉足与否,都无法回避这一现实。非婚同居现象的增加已带来一系列社会问题,其中同居女性权利缺失问题不容忽视。法律的变革源自事实的变化,应提供足够的法律资源以调控非婚同居,以平衡双方当事人之间的权益,彻底解决同居女性权利缺失的法律困境。

一、正视同居女性权利缺失现状

(一)扶养请求无着落

社会化的人无法脱离人与人之间的扶养而独立存在,非亲属之间的扶养基于道义或情谊或合同约定,家庭成员之间的扶养扶助则是法律必须规范的行为。扶养关系的发生具有鲜明的身份性,亲属身份是扶养的前提,也是发生扶养的法

---

①　本文研究的"非婚同居"指双方均无配偶的长期固定的同居,不问是否以夫妻名义对外生活。

律事实,亲属身份之外的人之间不产生法律赋予的扶养权利和义务①。扶养是家庭的根本职能和功能,是家庭关系的实质内容。家庭是事实上的利益结合体,家庭法的价值在于确认配偶之间的权利义务及国家对配偶给予的权利②,夫妻间的扶养基于夫妻的婚姻效力而产生。扶养责任的承担,是婚姻关系得以维持和存续的前提,也是夫妻共同生活的保障③。非婚同居不产生婚姻的效力,同居者不发生配偶之间人身关系和财产关系,因此,法律不赋予同居者彼此之间的扶养义务。但同居者要维系共同生活,当一方没有能力维持生活,不能靠自己的财产维持日常生活时,另一方必然要支付生活费用。尤其同居女性经济资源较为有限,在同居关系存续期间发生日常生活困难时,若无法请求同居另一方予以必要的物质上的扶助和精神上的慰藉,在当今社会保障体系薄弱情况下,生活将被迫陷入窘迫境地。

(二)暴力伤害无救济

家庭暴力是近年来我国婚姻家庭领域中的突出问题,我国2001年《婚姻法》修正案明确规定反对家庭暴力,家庭暴力构成离婚的法定事由,因家庭暴力导致离婚的,无过错方有权请求离婚损害赔偿,规定了家庭暴力受害人的救助措施和施暴者的其他法律责任。但家庭暴力界定发生在家庭成员之间,非婚同居者虽存在类似家庭成员之间的共同生活,发生着类似夫妻的亲密关系,但因非隶属家庭成员而导致的暴力问题无法在婚姻家庭法体系下处理。在非婚同居中,暴力的比例更高,当事人关系的非规范性和非稳定性成为相互冲突的根源,女性生理上的先天弱势,男尊女卑等传统落后意识,在以男性为中心的两性关系下,同居女性是常见的暴力对象。但由于婚姻家庭法未提供同居女性暴力救济措施,只能依据一般侵权行为法。同居期间发生的暴力,诸如家庭暴力一样,具有隐蔽性、连续性、多样性等特点,主要适用于陌生人之间的侵权行为法严格要求的举证责任,在亲密关系的同居者之间适用显然存在各种障碍。因无法举证满足侵权责任的构成要件,同居女性暴力伤害不能得到有效的救济。

(三)家事劳动不平等

非婚同居是一种新类型的家庭,同居生活依然保持家庭基本形态和内核,实现着家庭的基本功能。传统的夫妻角色在家务的分配和履行上不同,女性从事家务的时间更多。婚姻配偶要面对的问题在同居中同样存在,同居并未消除性

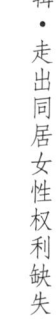

---

① 高留志:《扶养制度研究》,法律出版社2006年版,第13页。
② 孙建江等:《自然人法律制度研究》,厦门大学出版社2007年版,第237页。
③ 王歌雅:《扶养与监护纠纷的法律救济》,法律出版社2001年版,第7页。

别上的不平等,和婚姻中相似的性别分工在同居中同样存在①。特别是老年人非婚同居,即无配偶男女老人通过同居彼此提供生活资源来相互保障养老而形成的"搭伴养老"。"搭伴养老"为男女老人之间提供彼此的共同生活开支、日常生活照料和精神慰藉。我国历史上形成并仍然残存于现代社会的社会性别规范使得男性老人在生命周期最后阶段积累的经济资源较为丰富,但生活自理能力较弱,多数女性老人较缺乏充分的养老经济资源保障,通过照料伴侣生活来获得日常生活的依靠。因此,从社会性别的角度分析,"搭伴养老"中男女老人拥有的资源存在差异,男性老人拥有较多的经济资源,其通过"搭伴养老"主要获得日常生活的照料,女性老人经济收入较少,"搭伴养老"意味着提供照料服务来"交换"或"分享"老年生活所需的经济资源。这样,"搭伴养老"实际上更多地表现为男性老人的经济养老资源与女性老人的生活照料资源的共享与交换②。"搭伴养老"容易理解为交易关系,造成双方当事人地位不平等,关系不稳定,同时缺乏法律保障和支持,容易产生无法化解的矛盾和纠纷。

(四)同居状况不稳定

不少非婚同居者将同居作为检验双方般配性婚姻的试验机会,同居伴侣若不合适就面临淘汰。同居关系的生活形式虽类似婚姻,但同居当事人重视其自主独立和个人利益,较之婚姻,同居关系更松散——低承诺、高自主。据调查资料,只有10%的同居伴侣保持5年以上的同居关系③。另有资料显示,同居者的离异率是正式婚姻离异率的1~2倍④。关系解体是同居关系的最终路径,同居者或以结婚来结束同居关系,或两者关系破裂而分离,但促使同居双方选择结婚的主要原因是生育⑤。同时,婚姻在身体健康、性生活满意率、生活规律、死亡率、工作成绩、收入状况等方面对当事人双方的影响比其他两性关系的影响好⑥。同居者的满足感比婚姻配偶的更低,同居者之间没有行为监督,性关系的专一度低于婚姻配偶,对其发展前景缺乏确定感。更值得重视的是,同居男女同

---

① 陈功:《家庭革命》,中国社会科学出版社2000年版,第338页。

② 谭琳等:《"搭伴养老":我国城市老年同居现象的社会性别分析》,《学海》2004年第1期。

③ 陈一筠:《同居关系会替代婚姻吗——美国的最新研究报告》,《国外社会科学》1999年第4期。

④ 孙明良:《北欧同居现象的是是非非》,《社会》2000年第11期。

⑤ Ilona Ostner. Cohabitation in Germany－Rules, Reality and Public Discourses, *International Journal of Law Policy and the Family*, 2001, 1.

⑥ [英]安东尼·W.丹尼斯、罗伯特·罗森著,王世贤译:《结婚与离婚的法经济学分析》,法律出版社2005年版,第178页。

居的动机不一,对女性而言,结婚是同居的最重要动机;对男性而言,同居的最大理由是性的满足,因此,女性在同居关系上的风险更大①。

(五)财产归属不明确

同居财产的归属包括同居前的财产归属、在同居期间共同取得财产的处置以及同居关系结束时财产的分割。同居前的财产归属各自所有,不生疑义。但同居期间共同取得的财产应采用何种财产制度加以处理却是长期遭受困扰的法律问题。我国目前缺乏专门规制非婚同居财产关系的法律规定,有关事实婚姻的司法解释,如1989年最高人民法院颁布的《关于人民法院审理未办理登记而以夫妻名义同居生活案件的若干意见》,以一般共有理论解决双方在终止同居关系时的财产关系,但"一般共有"内涵不明确,无法纳入我国民法理论上共有的分类(按份共有和共同共有)。我国民法理论中共有只有共同共有和按份共有两种形式,没有一般共有概念。按份共有是基于法定或约定产生,按照份额行使权利和承担义务,共有人在对第三人承担义务时,各共有人按其应有份额对第三人承担义务,第三人只能请求各共有人依其份额承担义务。非婚同居并没有一般的财产关系那样存在明确的份额,同时由于共同生活的密切性,司法实践中难以认定具体的份额,因此,将"一般共有"理解为"按份共有"无法操作。共同共有在我国也只有夫妻共有财产和家庭共有财产这两种基本形式,非婚同居不是因婚姻而产生的夫妻关系,显然不可能形成夫妻共有财产。共同共有的基础应存在法律依据,将同居者的"一般共有"理解为共同共有缺乏法律依据。同居期间产生的财产涉及动产和不动产,甚至涉及知识产权,对其进行分割,在方式、方法上会遭遇复杂的技术问题,仅以"共同共有"原则处理同居财产关系,在司法实践中存在困难。有学者建议,非婚同居财产关系依当事人的协议加以解决,没有协议的情况下推定存在合伙关系,采用合伙原理处理②。但非婚同居的财产关系与普通财产的合伙关系区别较大:同居的目的在于共同经营同居而产生的家庭关系,而合伙目的在于以营利为目的而共同经营事业;非婚同居的义务是同居义务及家庭生活费用支出的义务,以其经济能力、家事劳动或其他来负担;合伙人的义务是按照约定出资,以金钱、劳务或利益、或财产权等进行出资。因此,同居期间共同取得的财产归属不能得到妥善的处理,这无疑危及同居关系的存续和同居女性的日常生活保障。

---

① [日]野野山久也著,杜大宁等译:《美国的离婚、再婚和同居》,新华出版社1989年版,第236页。

② 张学军:《事实婚姻的效力》,《法学研究》2002年第1期。

(六)遗产继承不保障

享有继承权,是参与私有财产再分配的形式。各国继承法均以一定范围内的亲属作为遗产继承权发生的主要根据,继承人与被继承人之间存在合法有效的婚姻关系是配偶继承权的基础,也是婚姻效力的具体表现。同居者间不存在法律承认和保护的婚姻关系,缺乏继承权产生的根据,通常认为彼此没有继承权。最高人民法院颁布的1989年《关于人民法院审理未办理登记而以夫妻名义同居生活案件的若干意见》和2001年《关于适用〈婚姻法〉若干问题的解释(一)》都规定:在事实婚姻认定的情况下,当事人彼此存在配偶的法定继承权;以同居关系认定的情况下,当事人彼此不存在配偶的法定继承权。但是,基于同居者相互扶助关系,可适用遗产酌情取得制度。该制度是针对继承人以外的对被继承人扶养较多的人或者依靠被继承人扶养的缺乏劳动能力又没有生活来源的人所享有的酌情分得遗产的权利。遗产酌情取得权利虽然是继承法规定的独立的实体权利,但只有同居者符合法定条件的人才能依法行使该权利。同时,我国目前法律对同居者以遗嘱的形式处分同居期间所得财产或个人财产的效力的认定等问题没有明确规定,司法实践中,其效力的认定一直成为颇有争议的焦点问题。

(七)司法途径不畅通

1989年最高人民法院《关于人民法院审理未办理结婚登记而以夫妻名义同居生活案件的若干意见》规定:依法查明确属非法同居关系的,应一律判决予以解除。因此,人民法院在审理同居关系纠纷案件中,只要经审查查明确属同居关系,就一律判决予以解除,对同居关系本身不进行任何形式的调解,也不准许当事人撤诉[①]。但不允许当事人撤诉干预了当事人的自由选择权,同居生活状态是当事人在自己意愿支配下的行为选择,非法院判决所能强行控制,若当事人撤诉而选择重新共同生活,法院即使判决其解除同居关系,当事人不履行判决内容而仍然共同生活,则判决书的权威性受到严重损害。2003年最高人民法院《关于适用〈中华人民共和国婚姻法〉若干问题的解释(二)》把同居分为同居和有配偶者与他人同居两类,法院只受理解除有配偶者与他人同居纠纷,而不受理其他同居纠纷,单纯起诉同居关系的案件不属于人民法院受案范围。从"一律解除"到"不予受理"在不同程度上反映了司法解释对同居关系纠纷的简单化处理。同时,有配偶者与他人同居和双方均无配偶的同居是并列关系,法院只受理解除有配偶者与他人同居纠纷,而不受理其他同居纠

---

① 黄松有主编:《婚姻家庭司法解释实例释解》,人民法院出版社2006年版,第5页。

纷,显然在逻辑上难以成立。

二、检讨同居女性权利缺失的法律困境

(一)人为割裂事实婚姻与非婚同居

从法律婚姻方面看,事实婚姻是一种不成立为法律婚姻的非婚同居。但在我国司法实践中,符合结婚实质要件但未办理结婚登记的两性关系一旦被认定为事实婚姻,在法律效力上与法律婚姻无异议,未获得事实婚姻评价的未登记状态的两性关系称为"同居",就此,事实婚姻与非婚同居实现概念上的分离和权利义务关系的不一。虽然我国对非婚同居的司法解释总是伴随着事实婚姻,但在调整模式上却实行二元制:即法院认定符合结婚实质要件的且具备时间条件的为事实婚姻关系,以婚姻效力论,从而适用婚姻法的有关规定;法院认定不符合结婚实质要件或不符合时间条件的为同居关系,从而做出有关的特别规定。

由于对事实婚姻和非婚同居实行"二元制",导致依法确认事实婚姻的,承认其溯及力而推定产生婚姻效力,而非婚同居则不产生婚姻效力,两者因此发生法律适用上区分,主要体现在相关的司法解释上:

(1)关系解除的处理。事实婚姻关系的解除适用有关离婚的规定,其财产关系和亲子关系都适用婚姻法相关规定,程序上亦进行调解程序,可调解和好或离婚,调解无效的,适用判决进行。单纯的非婚同居人身关系解除案件,人民法院不予受理。因此产生财产和子女等其他纠纷的,法院虽受理但对其关系的解除也不适用婚姻法有关离婚的规定,一律判决解除。

(2)财产关系的处理。事实婚姻的财产关系,除非当事人之间存在特别的约定,否则按照婚后所得共同财产制,当事人在同居期间所取得的财产,无论是劳动收入还是继承或受赠①取得的财产都属共同共有财产。非婚同居所得的共同劳动所取得的财产为一般共有财产,在同居期间各自继承或受赠的财产,归各自所有。

(3)继承关系的处理。事实婚姻当事人之间相互享有配偶继承权。非婚同居当事人不具有配偶继承权,只能依法取得遗产酌情取得请求权。

(4)子女关系的处理。事实婚姻关系出生的子女为婚生子女,非婚同居关系所生子女为非婚生子女。

(二)回避两性关系多元化的客观现实

婚姻不是两性关系唯一的结合方式,两性关系呈现多元化。从婚姻的产生

---

① 我国《婚姻法》第18条规定,"遗嘱或赠与合同中确定只归夫或妻一方的财产"为个人财产。

历史分析,婚姻是人类发展到一定阶段的选择,人类从无婚姻时代进入有婚姻时代,经历了漫长的阶段,婚姻家庭制度历史类型的依次更替取决于生产力的提高和生产关系的变更。婚姻制度的发展遵循其婚姻内在的自然属性,两性关系的结合除了异性互相吸引外,人类自身再生产需要两性的结合。但人类的繁衍不唯一依赖于婚姻形态的两性关系,两性关系从人类产生至今就存在多种方式,婚姻不是通向家庭和性生活的唯一合法桥梁。随着时代生产力的急剧发展,两性关系更加多元化,非婚同居是当事人选择家庭生活的一种方式,是对传统婚姻的矫正和背叛,应受到法律的重视和调整。

同时,两性关系的多元化很大程度上也是婚姻在处理两性关系的弊端导致。从社会发展分析,婚姻建立在男性统治女性的基础上,女性以婚姻作为其谋生的手段,男女不平等无法彻底地通过婚姻形式加以解决。同时,婚姻是高成本的行为,结婚和离婚均以向国家寻求救济,当事人自主空间很狭窄。另者,婚姻生活双方依赖程度太高,给当事人造成约束。非婚同居则是以较少的相互依赖关系获得伴侣生活①。婚姻的巨大功能在于经济相互支持,非婚同居意味着经济的更高的发展阶段和社会保障的福利化。非婚同居满足人们对于共同生活方式的不同层次的要求。既然婚姻和非婚同居均是人们选择生活方式的手段,是两性关系发展的自然规律的一种体现,每个人就有权平等地接受法律赋予的权利,法律应禁止任何歧视并保证所有人得到平等的和有效的保护。

(三)两性平等在婚姻家庭中的局限

《婚姻法》长期坚持男女平等的基本原则,明确规定男女两性的法律地位平等,有各自独立的人格,平等地享有权利和承担义务,禁止任何形式的针对女性的歧视、虐待和压迫,在结婚、夫妻关系、亲子关系、离婚等具体制度中对女性做出特别的法律保护。但男女差异是在"社会文化中形成的",是"社会体制习俗"把人组织到规范好的"男性""女性"的活动中产生的结果,因此,应站在社会性别平等的角度,在立法上完善两性的平等②,仅在婚姻家庭中规定男女两性平等并不能使女性真正获得与男性完全平等的法律保护。非婚同居的法律规制缺失,导致直接受损害者大多数都是女性。同居生活中男方对女方实施暴力、虐待等违法行为而解除同居关系时,女方不能依有关离婚损害赔偿的规定请求对方予以损害赔偿;由于传统观念的影响,女方在家庭中操持家务较多,在同居关系解除时,在同居期间照顾子女、赡养老人或协助另一方付出较多义务的一方也不能

---

① 高留志:《论非婚同居的立法规制》,《广西政法管理干部学院学报》2003年第6期。
② 陈苇、冉启玉:《公共政策中的社会性别——〈婚姻法〉的社会性别分析及其立法完善》,《甘肃政法学院学报》2005年第1期。

适用有关离婚经济补偿的规定请求要求对方予以家事补偿;同时,在生育子女的同居关系中,同居关系解除后,大多数由女方直接抚养未成年子女①。而生活困难的女方也无权请求经济帮助。因此,赋予非婚同居当事人一定的法律保护,有利于保护女性的合法权益,才能更全面地实现男女两性的平等②。

三、构建同居女性权利的保障机制

(一)肯定同居关系的适法性

法律的基本意图是体现和规制现实生活,作为广泛普适性的法律有必要理性地对非婚同居进行定性定位,形成有效的法律规范。非婚同居问题不可避免,法律愿意涉足与否都不能忽视现实。同时,非婚同居现象的增加已导致一系列社会问题,如同居者共同生活的维系、同居者逃避债务、随意解除同居关系而导致弱势一方无法得以合理的补偿、同居者相互遗赠的效力,当事人无法化解这些问题。法律的变革源自事实的变化,法律应调控非婚同居,以平衡双方当事人之间的权益,彻底解决非婚同居期间产生的人身关系和财产关系及应承担的社会责任。与此同时,随着男女的形式平等走向实质平等,性和生育的分离,性控制的减弱,性关系变得更加独立,性关系不必限制在婚姻关系中。人们的两性价值观念发生改变,对个人生活方式更加宽容,选择非婚同居方式是人的个性和生活方式的自由选择。民事法律的理性在于肯定人的权利和尊严及符合人性的生活,法律与事实不能相对立,法律对该事实的存在应提供足够的法律资源进行调整,引导人们正确认识和对待非婚同居现象。

诚然,两性关系具有私人性,满足男女两性的生理需求和共同生活愿望,是双方当事人合意行为的结果。但两性关系的处理波及双方的亲属以及人口再生产,影响社会的安全、稳定和秩序。两性关系由此产生社会性和社会功能,家庭法赋予两性关系的社会性达到使两性关系的社会形式得到社会的承认和保护。家庭法的目的价值是以家庭的养老育幼职能及权利义务的对等来确定法律规范,在公益和私益之间寻找平衡点,以有效地调控现实生活。尽管各国政治、经济和社会制度不尽相同,但从遏制非婚同居到承认再到保护是各国法律的一致选择。北欧的非婚同居率是世界上最高的,其立法赋予同居者享有近似婚姻配偶的权利和义务。瑞典1987年通过的《共同家庭法》是调整非婚同居法律关系

---

① 调查资料表明,在哈尔滨市,同居关系解除后,子女随母亲生活的比例高达100%。详见巫昌祯主编:《婚姻法执行状况调查》,中央文献出版社2004年版,第17~18页。

② 陈苇、冉启玉:《公共政策中的社会性别——〈婚姻法〉的社会性别分析及其立法完善》,《甘肃政法学院学报》2005年第1期。

主要的法律规范,该法赋予同居伴侣在税收、社会保险、儿童照料、社会援助、住房补贴等方面与已婚配偶相同的待遇①。瑞典2003年7月1日起生效实施《事实婚姻关系法》,全面调整不结婚的同居关系。1972年以前,英国人认为非婚同居是不道德的,违反公共政策,不利于稳定婚姻关系。但1972年的一个判例改变这一立场,允许同居者占有对方的房子,允许同居者在一方死后请求扶养费②。2002年,英国公布《民事伴侣法草案》,掀起保护同居伴侣关系的社会大讨论。美国从1976年李马文案开始承认同居契约的效力,多数州执行"同居伴侣关系法令",这些法令将福利平等地给予所有有"配偶"关系的人,同居者应共同到政府机构办理登记,解除同居关系时,也必须到有关部门备案③。如今,有些州的法律规定,同居者可以享受类似婚姻的权利。其他国家的法律也有相似的规定,如菲律宾《1987年婚姻家庭法》第34条,《埃塞俄比亚民法典》"人法编"设有一章(第708—721条),《日本民法典》也涉及非婚同居。法国1999年的《公民互助条约》规定"任何一对成年伴侣都可以签订'公民互助条约'结合在一起,组成家庭",2000年1月,法国还颁布《家庭伴侣法》,规定同居伴侣可以登记为新型的家庭伴侣关系,允许同居伴侣享受异性夫妻拥有的重要权益和责任。加拿大的《魁北克民法典》规定,婚姻、事实结合、民事结合的当事人均可称为配偶④。加拿大的《家庭改革法》也承认同居关系,《安大略继承法》让未婚同居男女相互享有继承权。可见,对非婚同居进行法律调整是符合世界立法趋势的,我们应该如借鉴无效婚姻一样吸纳国外法律对非婚同居的规制。

同时,我国现有法律和司法解释并未禁止无害于他人的非婚同居行为,非婚同居存在一定的法律基础。我国目前的法律和司法解释主要针对以夫妻名义的同居特别是构成事实婚姻的情况,有关的司法解释先后使用"事实婚姻"、"非法同居"、"同居关系"这三个概念,以解决善后问题为重心,不注重同居关系存续期间发生的财产关系和人身关系。我国法律对非婚同居并未做出禁止性的规定,对同居的立法态度从"非法"转为"中立"。法无明文规定不违法,非婚同居在我国目前法律框架下并不构成违法行为。

法律规制的前提是适法性与否的判断。非婚同居是否违背婚姻自由原则和结婚登记制度而应受到否定性的评价?首先,适婚当事人有权按照法律的规定,自主自愿地决定婚姻问题,不受任何人的强制和非法干涉,婚姻自由是婚姻法的

---

① Bjrnberg Ulla. Cohabitation and Marriage in Sweden—Does Family From Matter. *International Journal of Law*, *Policy and the Family*, 2001,15.
② 李志敏:《比较家庭法》,北京大学出版社1988年版,第95页。
③ 夏吟兰:《美国现代婚姻家庭制度》,中国政法大学出版社1999年版,第31页。
④ 孙建江等:《魁北克民法典》,中国人民大学出版社2005年版,第66页。

首项原则,其实质是国家赋予婚姻自主权。婚姻自主权是国家赋予其公民的一项基本人权,任何人均有权在法律规定的范围内按照自己的意愿处理两性关系,决定缔结或不缔结或解除婚姻关系,这是婚姻自由原则的实质内涵。从主体的角度看,婚姻自主权是一项个人权利,是法律对每一个社会成员处理两性关系的尊重,其核心在于婚姻主体能否自主地表达自己的意愿。非婚同居无损于法律,无损于社会公益,作为家庭的非主流形态而客观存在,就某种意义而言,是婚姻自由原则的衍生。其次,非婚同居不是对现行婚姻制度的冲击,而是对现行繁琐、复杂的婚姻制度尤其是结婚登记制度的一种改良行为①。从历史形态分析,婚姻类型一直呈现多元化,社会公示的方式亦有宗教婚姻、习惯婚姻和登记婚姻等,现代社会将登记婚姻为代表的法律婚姻作为法定婚姻的主流,强调结婚登记,强调国家以此作为向婚姻行为和婚姻关系进行监管的手段。但功能和目的只有与个体利益的结合才是婚姻制度生命所在,现实生活中存在的非婚同居是客观存在的两性关系状态,其公示效力如事实婚姻一样弱于登记婚姻,与登记婚姻产生的公信效力不同,能否对抗第三人也不同,但从社会现实考量,非婚同居存在客观合理性,是一种事实状态,它不是对现行法律的反动,国家在通过登记婚姻保证对两性关系进行有效监管的同时,不应剥夺非婚同居者的空间,不应持回避和含糊甚至谴责的态度,而应立法明确调整其间产生的人身关系和财产关系。

(二)明确同居生活费用负担义务

共同生活费用的负担因共同生活产生,是同居生活的效力,为同居者之间的扶养义务所吸收。非婚同居一方无力提供生活费用时,另一方伴随着扶养义务的承担。从某种意义上说,非婚同居的共同生活与产生婚姻效力的夫妻生活没有实质上的差别,否认彼此存在共同生活费用的支付义务并对此进行有效的法律保护,非婚同居的共同生活就难以维系和保障。因此,共同生活费用作为维系同居生活是不可或缺的,法律应确认其彼此之间存在共同生活费用的支付义务,但非婚同居者和已婚者在同居关系和婚姻关系解除后承担的责任应不同。婚姻关系解除后,补偿性扶养和救助性扶养被认为婚姻效力的延伸,是配偶之间经济依存关系在"婚外的延长"。补偿性的扶养费请求权是基于一方对婚姻的投入而合理期待得到的补偿,救助的扶养费请求权则被视为夫妻关系延续到离婚后的援助义务。非婚同居者之间的扶养义务是自我扶养的补充,非婚同居的法律规制不能给同居者带来比合法有效的婚姻关系解除更多的利益。同居生活强调期间性,对同居期间产生的共同生活所必须的共同生活费用支付义务予以法律承

---

① 杨立新:《论准婚姻关系》,《中州学刊》2005年第6期。

认和保护,但同居关系解除后,彼此之间的权利义务终止,法律不应赋予同居者在解除关系后仍存在同居效力的延伸。

(三)赋予对同居所得财产继承权,完善遗产酌情请求权制度

在继承法中,基本权利是继承权,基本义务是扶养义务,继承法是扶养义务与继承权融和统一的私法,这种统一充分反映在法定继承中。法律规范以权利、义务为其基本内容,有权利,必然有义务;承担义务,理应享有权利,权利义务是相互的,没有无义务的权利,没有无权利的义务。我国继承法以一定范围内的亲属作为遗产继承权发生的主要根据,非婚同居者间不存在法律承认和保护的婚姻关系,缺乏继承权产生的根据,通常认为彼此没有继承权。但非婚同居者基于共同生活,相互照顾,彼此之间产生相互扶养义务,使其产生对遗产的合理期待权,成为该遗产的潜在继承人,应根据权利和义务相一致,赋予当事人之间对同居期间所得财产法定的继承权。加拿大、美国、澳大利亚等国先后通过立法均不同程度地承认同居者的继承权,认为婚姻已不再被视为互负权利义务的稳定家庭单元的唯一形式,同居关系持续特定期间,就可能产生足够的相互依赖、贡献和预期,因此有正当理由赋予同居者享有扶养、财产分割和继承的权利。① 赋予同居者彼此继承权,符合继承立法旨意。但对该继承权涉及的遗产应界定在同居期间所得财产分割后归属同居者一方的遗产,同居前的财产仍归属个人所有,非婚同居另一方不存在对此付出义务或承担责任,从继承权发生的依据分析,无法赋予非婚同居一方当事人对另一方当事人同居前所得财产的继承权。

同时,遗产酌给请求权是在现行《继承法》下较为切实可行的保护非婚同居者的权利,该权利实际上将同居者视为继承人以外的人,基于共同生活而产生的扶养关系酌情给付遗产的一定份额,也是权利义务相一致的原则的贯彻实施。遗产酌给请求权是继承法规定的独立的实体权利,符合法定条件的请求权人可以依法行使该权利。酌给遗产的数额一般根据请求权人依靠被继承人的扶养程度或对被继承人的扶养程度和遗产的多少而确定。遗产酌给请求权人在继承开始后,应向继承人或遗产管理人主张遗产酌给请求权,受到侵犯时,依法请求法院予以保护。

(四)扩大反家庭暴力法的适用范围

"家庭"的界定直接影响到反家庭暴力法的保护范围和保护程度。不同的国家和地区就家庭暴力主体之间的界定存在不同的规定。家庭暴力通常界定发生在家庭成员之间。传统意义上的家庭是以婚姻或血缘关系为基础的一定范围内

---

① 陈苇:《外国婚姻家庭法比较研究》,群众出版社2006年版,第610~616页。

亲属的生活共同体,家庭成员以强调亲属关系为条件。但是,随着社会发展,家庭形态发生变化,出现非婚同居、同性婚姻等差异化和多元化的家庭形式,传统的家庭概念已不符合家庭形式的客观现实。这些同居关系强调的是共同生活的行为,不以是否公开为要件,也不以是否具备结婚的实质要件为前提,只要共同居住如夫妻般共同生活,就产生同居关系。以同居关系组成的家庭以共同生活为必要条件,并非以亲属关系为必备条件,但同样发生因共同生活而带来的紧密关系,因此,许多国家立法将同居关系作为家庭暴力防治法的调整对象,正视受暴者和施暴者之间的复杂关系。新西兰《1996家庭暴力法案》规定,在主体方面不仅包括异性夫妻而且还包括"伴侣"和"任何按照婚姻的本质关系共同生活的人"(无论是同性还是异性,无论现在或过去能否合法地缔结关系)。法国《1996年家庭法案》都对同居者和前同居者之间的家庭暴力提供法律救济。美国许多州不仅保护无婚姻关系或血缘关系的同居者,连同性恋者也在保护之列。实质上,非婚同居是人们选择家庭生活的一种方式,同居者如家庭成员一样,存在感情关系、经济关系等紧密关系,发生家庭暴力的情形相似,具有隐秘性、控制性、反复性及连续性等特点[①],因此,防治家庭暴力的方式和手段也应一致。防治家庭暴力的法律应着眼于被害人的人权,平等和非歧视是人权保护的基本价值,不以婚姻的合法有效与否做出判断。反家庭暴力的适用范围也不能以合法婚还是非法婚、同性婚还是异性婚、法律婚还是事实婚、婚姻还是非婚同居作为判定的标尺。因此,非婚同居关系者也应受反家庭暴力法所规定的各种制度的保护。

(五)承认家事劳动的价值化

非婚同居生活不是简单的等价交换,不是一种交易关系。我国历史上形成并仍然残存于现代社会的社会性别规范使得女性从事较多的家事劳动。家事劳动的不平等,容易造成双方当事人地位不平等,同居关系不稳定,女性付出的家事劳动因缺乏法律保障和支持,又容易产生无法化解的矛盾和纠纷。法律应对非婚同居中较为普遍的性别差异现象进行规制,承认家事劳动的价值化,明确共同生活内容包括在经济上给付扶养费、生活上扶助和精神上尊重与慰藉,消除男女两性在生活资源上性别差异,肯定生活照料等家事劳动所产生的价值。

(原发表于《妇女研究论丛》2009年增刊)

---

① 荣维毅、黄列主编:《家庭暴力对策研究与干预——国际视角与实证研究》,中国社会科学出版社2003年版,第149~150页。

第四辑 性别与政治学

陈喜乐，女，厦门大学人文学院哲学系教授、博士生导师，担任中国自然辩证法研究会理事，福建省科协委员，福建省自然辩证法研究会副理事长，福建省哲学研究会理事，厦门市自然辩证法研究会理事长。研究方向为科技哲学、科学社会学、科技政策与管理。主持国家软科学"闽台科技资源整合战略研究"、福建省政府科技计划重点项目"自主创新导向下的科技资源整合使用机制与政策研究"。参与国家自然科学基金、国家社会科学基金以及省级课题近20项，出版《科技资源整合与组织管理创新》等专著6部，发表学术论文80多篇。

马克思主义妇女观及其在当代中国的发展

摘 要：马克思主义妇女观从上个世纪传入中国，至今已有上百年的历史，它在中国的运用和发展，使中国妇女获得巨大的解放和进步。中国共产党坚持以马克思主义妇女观为指导，将马克思主义妇女观与中国革命的实践有机结合，创建了中国特色妇女观的道路并在实践中得到丰富发展。

关键词：马克思主义妇女观　丰富发展　新契机

马克思主义妇女观是马克思主义理论体系的重要组成部分，虽然马克思和恩格斯没有专门论述其妇女观的著作，但在《家庭、私有制和国家的起源》、《英国工人阶级状况》、《共产党宣言》、《1844年经济学哲学手稿》、《法兰西内战》、《摩尔根〈古代社会〉一书摘要》、《德意志意识形态》、《给路德维希·库格曼的信》等著作和书信中，马克思和恩格斯大量涉及妇女、妇女解放、妇女人才等问题，在马克思主义者的不断继承和发展中，逐渐形成马克思理论体系的分支——马克思主义妇女观。马克思主义妇女观没有也不可能详尽无遗地指出一切国家和民族妇女问题的具体特点，也不可能从这些特点出发为其规定出一套关于妇女获得解放的具体方案。因此，各国无产阶级在运用马克思主义妇女观的基本原理的时候，必须根据各个国家和民族政治、经济、文化、历史传统等方面的特殊性，把普遍性原理具体化，形成妇女解放的具体路线、方针、政策和措施。

在中国共产党的带领下，马克思主义妇女观在中国的运用和发展，使中国妇女获得巨大的解放和进步。中国共产党坚持以马克思主义妇女观为指导，将马克思主义妇女观与中国革命的实践有机地结合在一起，走上创建中国特色妇女观的道路，马克思主义妇女观在实践中得到丰富发展，马克思主义妇女观在中国迎来新的发展契机。

1990年，江泽民在庆祝"三八"妇女节80周年纪念大会上的讲话中把马克思主义妇女理论概括为五个方面的内容：妇女被压迫是人类历史发展的一定阶段的产物，随着私有制的废除和公有制的建立，男女不平等的问题就会逐步解决;妇女解放的程度是衡量普遍解放的天然尺度,妇女解放必须伴随全体被剥削被压迫人民的社会解放而得到实现;参加社会劳动是妇女解放的一个重要先决条件;妇女解放是一个长期的历史过程,男女平等的实现要受社会经济、政治、文化等发展程度的制约;妇女在创造人类文明、推动社会发展中具有伟大的作用,尊重妇女,保护妇女,是文明社会应有的法律规范和道德风尚①。

胡锦涛在同全国妇联新一届领导班子成员和中国妇女十大部分代表座谈时明确指出:"各级党委和政府要牢固树立马克思主义妇女观,充分认识广大妇女的重要作用和做好新形势下妇女工作的重大意义,坚决贯彻男女平等的基本国策,尊重广大妇女首创精神,积极为妇女贡献才智、成就事业搭建舞台,为保障妇女合法权益、促进妇女共享改革发展成果创造条件"②。这一重要思想充分体现了党和国家对妇女地位的尊重和对妇女工作的重视,是新时期对马克思主义妇女理论的丰富和发展,对推动我国妇女事业的发展、促进男女平等协调发展、全面建设小康社会、构建社会主义和谐社会具有重要的现实意义和深远的历史意义。

一、妇女解放是实现全人类解放的基础

马克思主义历来把妇女解放运动当作无产阶级革命事业的一部分,一贯热情地支持妇女的解放斗争。马克思、恩格斯指出,无产阶级只有解放全人类,才能最后解放无产阶级自己。列宁也指出,"无产阶级如果不争得妇女的完全自由,就不能得到完全的自由"③,"从一切解放运动的经验来看,革命的成败取决于妇女参加解放运动的程度"④。

在旧中国,妇女处于社会的最底层,不仅受着社会的剥削和压迫,而且承受繁重的家庭劳动负担。在这两重压力下,妇女的自身发展受到极大的抑制和束缚。如果占人类总数1/2的妇女得不到解放,那就谈不上人类解放,因为每个人的解放发展是全部人的解放发展的必要前提和先决条件。妇女解放是实现全人类解放的基础。毛泽东在为延安《中国妇女》杂志题词中写到"妇女解放,突起异军,两万万众,奋发为雄,男女并驾,如日方东",只有妇女解放,男女携手,才可以更好地建设国家。

---

① 江泽民:《全党全社会都要树立马克思主义妇女观》,《人民日报》1990年3月8日。

② 胡锦涛:《胡锦涛在同全国妇联新一届领导班子成员和中国妇女十大部分代表座谈时的讲话》,《人民日报》2003年8月28日。

③ 中共中央马克思恩格斯列宁斯大林著作编译局:《列宁全集(第38卷)》,人民出版社1977年版,第171页。

④ 中共中央马克思恩格斯列宁斯大林著作编译局:《列宁全集(第35卷)》,人民出版社1977年版,第181页。

是社会主义解放了妇女,社会主义消灭了生产资料的私有制和人剥削人的制度,从而消除了使妇女处于不平等地位的根本条件,使妇女有机会广泛地参加国家管理工作以及经济、文化等各项建设事业,将她们从繁重的、琐碎的家庭劳动中解放出来,使她们在生产劳动和社会主义建设中充分发挥自己的聪明才智。新中国成立以来,我国女性以半边天的作用,投身新中国的建设大潮,自然科学研究和教学领域中涌现出不少女性。20世纪90年代中期,我国已拥有不同领域、不同层次的女科技工作者809万人,占科技队伍总数的35%。这充分说明,社会主义建设事业为妇女搭起广阔的平台,使女性特有的细心敏捷、坚忍不拔、执著热情的潜能得以发挥,使女科技工作者能与男性一道获得科学发明、学术成就和技术成果,为科技进步和社会发展做出卓越贡献。

在新的历史时期,中国妇女的发展成就已为世界所瞩目。但是,由于我国尚处于社会主义初级阶段,在城乡发展、区域发展、经济社会发展、人与自然和谐发展中还存在一些不协调现象,其中也包含男女发展的不协调、不均衡,这都成为妇女发展的障碍。为切实解决这些问题,中央和国务院从20世纪90年代开始,在加快经济发展步伐的同时,也高度重视社会发展包括妇女发展问题。1990年国务院设立妇女儿童工作委员会,同年"三八"节,江泽民发表关于马克思主义妇女观的讲话;1992年10月全国人大常委会颁布实施新中国第一部《妇女权益保障法》;1995年国务院颁布《中国妇女发展纲要》,同年我国承办联合国第四次世界妇女大会,江泽民代表中国政府提出,"妇女的命运是同全人类的命运联系在一起的。妇女的解放,是同民族的独立和人民的解放联系在一起的。妇女地位的提高,是同整个社会的发展和时代的进步联系在一起的","实现男女平等是衡量社会文明的重要尺度。新中国成立后,我国广大妇女已成为国家和社会的主人,我们十分重视妇女的发展与进步,把男女平等作为促进我国社会发展的一项基本国策"①。

进入21世纪,胡锦涛针对国情提出的"坚持以人为本,树立全面、协调、可持续的发展观,促进经济社会和人的全面发展"的科学发展观,这是按照"统筹城乡发展、统筹区域发展、统筹经济社会发展、统筹人与自然和谐发展、统筹国内发展和对外开放"的要求推进各项事业改革和发展的方法论,也是中国共产党的重大战略思想。在科学发展观中,坚持以人为本是科学发展观的核心内容,以人为本是对人在社会历史发展中的主体作用与地位的肯定,强调人在社会历史发展中的主体作用与目的地位;它是一种价值取向,强调尊重人、解放人、依靠人和为了

---

① 江泽民:《在联合国第四次世界妇女大会欢迎仪式上的讲话》,《人民日报》1995年9月4日。

人,并把人民的利益作为一切工作的出发点和落脚点,把人民群众作为推动历史前进的主体。以人为本,自然也包括了广大的妇女同胞。胡锦涛强调指出,"要牢固树立马克思主义妇女观,坚决贯彻男女平等的基本国策,通过扎实有力的工作,促进妇女事业的发展"①,"妇女是创造人类文明的一支伟大力量。促进男女平等,保障妇女权益,关系妇女的切身利益,关系人类的创造能力的全面发挥、社会生产力的充分解放"②。

二、妇女人才是推动社会进步的强大力量

马克思主义历来把妇女看成一支巨大的社会力量,无产阶级要取得革命和建设的胜利,离不开这一巨大的社会力量。马克思说:"每个了解一点历史的人也都知道,没有妇女的酵素就不可能有伟大的社会变革。"③列宁也说:"没有广大劳动妇女的积极参加,社会主义革命是不可能的。"④女性与男性同样都是人类历史前进的推动者,都是人类文明、社会物质文明和精神文明的创造者。

纵观中国历史,无论是在大革命的汹涌洪流里,还是土地革命的风暴中;无论是抗日战争的烽火历练,还是解放战争的号角沸腾,其中都闪现着中国妇女的飒爽英姿。作为中国革命的伟大领袖,毛泽东为中国妇女解放事业倾注了大量心血,给予了热情支持与关怀。他较早认识到妇女的伟大力量,反复强调"妇女是决定革命胜败的一个力量"、"妇女能顶半边天"⑤。1939年,毛泽东在《反投降提纲》中指出:"没有一批能干而专职的妇女工作干部,要展开妇女运动是不可能的。"⑥1945年,毛泽东在《论联合政府》中明确提出:"要求保护青年、妇女、儿童的利益,实现婚姻自由,男女平等。"1956年,毛泽东在《中国农村的社会主义高潮》一书按语中说:"中国妇女是一种伟大的人力资源,必须发掘这种资源,为了建设一个伟大的社会主义国家而奋斗。"⑦正是由于广大妇女的权益得到有力保障,广大妇女翻身做了主人,她们积极投身于如火如荼的革命战争和新中国的建设。

---

① 胡锦涛:《在同全国妇联新一届领导班子成员和中国妇女十大部分代表座谈时的讲话》,《人民日报》2003年8月28日。
② 胡锦涛:《在纪念世界妇女大会10周年会议上的讲话》,《人民日报》2005年8月30日。
③ 中共中央马克思恩格斯列宁斯大林著作编译局:《马克思恩格斯选集(第四卷)》,人民出版社1995年版,第586页。
④ 中共中央马克思恩格斯列宁斯大林著作编译局:《列宁全集(第28卷)》,人民出版社1977年版,第160页。
⑤ 毛泽东:《毛泽东文集(第1卷)》,人民出版社1993年版,第334页。
⑥ 毛泽东:《毛泽东文集(第2卷)》,人民出版社1993年版,第225页。
⑦ 毛泽东:《毛泽东选集(第5卷)》,人民出版社1977年版,第252～253页。

改革开放以来,邓小平继承和发展了马克思主义、毛泽东思想关于发展女党员培养女干部的理论,明确强调:"党还应特别加强妇女群众的工作,注意吸收妇女群众中的先进分子入党。"①邓小平在中共"八大"所作的《关于修改党的章程的报告》中专门就培养女干部问题着重指出:"党必须用很大的决心培养和提拔妇女干部,帮助和鼓励她们不断前进,因为她们是党的干部的最大来源之一。"②在改革开放和现代化建设的伟大实践中,我国妇女在各条战线上正在发挥着越来越重要的作用,特别是大批优秀妇女专门人才脱颖而出,各行各业的女科技工作者、女专家学者,面向经济建设主战场,取得丰硕的科研成果。

小康社会的建设离不开妇女的参与。江泽民同志曾经指出,"妇女在创造人类文明、推动社会发展中具有伟大的作用。妇女和男子同是历史前进的推动者,同是物质文明和精神文明的创造者";"实现现代化,把我国建成富强民主文明的社会主义国家,需要全国各族人民包括各族妇女的共同奋斗。没有广大妇女的积极参与,我们的一切事业都不可能取得胜利"③。要实现全面建设小康社会的宏伟目标,必须紧紧依靠我国广大妇女。全社会尊重妇女、关心妇女、支持妇女参与发展的良好氛围正在形成。《中国妇女发展纲要》、《中华人民共和国妇女权益保障法》的颁布和实施,标志着妇女事业纳入国家法制轨道和总体规划。党的第三代中央领导集体深刻把握当代世界和平与发展主题,立足中国国情,确立男女平等的基本国策,坚持以经济建设为中心,始终把维护妇女群众的利益当作头等大事。他们不仅强调在社会主义市场经济建设中,妇女要全面参与经济和社会发展,要充分发挥社会主义制度优越性,保障和维护妇女的合法权益,努力为广大妇女儿童的发展创造良好的社会环境;还特别强调要正确把握妇女利益与社会总体利益的辩证关系。针对有人主张以牺牲妇女利益换取经济发展的错误思潮,胡锦涛明确指出:"必须在维护全国人民总体利益的同时切实维护妇女的具体利益。把广大妇女群众的利益实现好、维护好、发展好,是党全心全意为人民服务的宗旨在妇女工作中的集中体现,也是妇女工作的宗旨在妇女工作中的集中体现,也是妇女工作的根本出发点和归宿。"④胡锦涛在全国人才工作会议上发表重要讲话时强调,"各级各类高技能人才和农村实用人才、青年人才、妇女人才和少数民族人才等,在党和国家事业中有着不可替代的重要作用,必须纳入总体规划,认真抓好队伍建设";"占我国人口半数的妇女群众是推动社会历史发

---

① 邓小平:《邓小平文选》(第一卷),人民出版社1994年版,第247页。
② 邓小平:《邓小平文选》(第一卷),人民出版社1994年版,第251页。
③ 江泽民:《全党全社会都要树立马克思主义妇女观》,《人民日报》1990年3月8日。
④ 胡锦涛:《沿着党指引的妇女运动的正确道路前进》,《中国妇女报》1999年3月7日。

展的一支伟大力量"①。

妇女是人类社会发展的重要的、伟大的力量,在科学技术日新月异、知识更新迅捷的今天,女性在推动社会进步中的作用更为重要和显著。我国妇女的就业领域已远远超出传统的狭隘的范围,在科学、文化、教育和思想道德建设方面,以及在社会生活的各个领域都做出重要贡献和成就。比如在工业、商业、服务业、文教卫生、科学研究、交通运输业、建筑业等行业中都不乏看到女性的身影。在创建中国特色的马克思主义妇女观的道路中,新中国也培养了许多女教育家、女科学家、女工程师、女管理人员、女农艺师、女文学家、女艺术家和领导人员。作为半边天的妇女随着自身地位和素质的提高,在各个领域发挥着越来越重要的作用,在那些不同领域中做出巨大贡献。她们的成就充分证明,社会主义不仅使广大妇女得到真正的解放,而且为广大妇女成才提供了扎实的社会经济基础。

从利益关系上看,两性拥有平等的就业权利,对于国家来说,也是有意义和利益的。因为在实际的工作中,在不同的分工中,我们既需要男性的坚毅、果断、豁达和勇敢,同时也需要女性的细腻、耐心、坚忍不拔、处事缜密、作风严谨、善于协调、气质平和。只有结合男女的特性,使其互补,才可以更好地实现现代化建设。因此,全社会都应该来关心妇女、爱护妇女,为妇女成才创造各种有利条件,充分开发女性人才资源。毕竟妇女人才是推动社会进步的强大力量!

三、参加社会劳动是妇女解放的关键

"男女平等"是马克思主义妇女解放理论的核心,是妇女解放运动的基本内容和目标。恩格斯曾经指出,"妇女解放的第一个先决条件就是一切女性重新回到公共的劳动中去"②,"妇女只有参加社会生产劳动,妇女的解放、妇女同男子的平等才是可能的","只要妇女仍然被排除于社会的生产劳动之外而只限于从事家庭的私人劳动,那么妇女的解放,妇女同男子的平等,现在和将来都是不可能"③。列宁也说,"要彻底解放妇女,要使她与男子真正平等,就必须有公共经

---

① 胡锦涛:《胡锦涛在全国人才工作会议上发表重要讲话》,《人民日报》2003年12月20日。
② 中共中央马克思恩格斯列宁斯大林著作编译局:《马克思恩格斯选集(第四卷)》,人民出版社1995年版,第70页。
③ 中共中央马克思恩格斯列宁斯大林著作编译局:《马克思恩格斯选集(第四卷)》,人民出版社1995年版,第158页。

济,必须让妇女参加共同的生产劳动"①,"尽管颁布了种种解放妇女的法律,但妇女仍然是家庭奴隶,因为琐碎的家庭事务压迫她们,窒息她们,使她们愚钝卑贱,把她们缠在做饭管小孩的事情上,极端非生产性的、琐碎的、劳神的、使人愚钝的、折磨人的工作消耗着她们的精力"②。列宁认为,"伟大的革命斗争造就伟大的人物"③,因而妇女应在实践中发展自己,提高自身的地位。妇女中间能干的、卓越的人才很多,但她们并不是天生的,而是在革命的实践活动中锻炼出来的。

毛泽东在合作化期间两次写下"要发动妇女参加劳动,必须实行男女同工同酬的原则,使全部妇女劳动力,在同工同酬原则下,一律参加到劳动战线上去"④。邓小平冲破旧的传统文化的束缚,相信在社会主义制度下可以通过帮助和鼓励的方法提高广大妇女的政治觉悟、文化素质和工作能力,使之与社会主义现代化建设的要求相适应,培养成担当历史重任的各级领导干部,提出了妇女要获得真正的进步和发展,就必须积极参与解放和发展社会生产力,在社会的进步发展中获得自身发展必要的物质和精神基础。邓小平根据马克思主义的辩证唯物主义,提出了发展经济是解决妇女问题的基础的重要思想:"妇女问题主要还要从经济角度来解决,发展才是硬道理"⑤。参加社会生产劳动,是妇女解放的根本出路。这是因为人的一切从属都源于经济从属,人格的独立也首先从经济独立开始。而要经济独立,参加社会劳动是首要的途径。尽管使妇女参与社会生产活动不一定带来妇女的全面发展,但妇女的社会地位、家庭地位与其自身的发展密切相关,这是毋庸置疑的。因此要使妇女获得真正的解放,使妇女参加社会生产活动是十分关键的。

在马克思主义妇女观的指导下,我国规定了关于保障妇女就业权的相关条例,其中包括妇女享有与男子平等就业的权利、妇女生活福利待遇与男子相等、男女同工同酬的原则和妇女与男子有均等的晋升机会等保障妇女的平等就业权。据统计,1949 年全国女职工数为 60 万,占全国职工总数的 7.5%;而到 2009 年,全国有女职工 8 168.7 万人,占职工总数的 36.3%。可见,女性就业比例大大增加。然而,一度有人提出,妇女家务负担重,应该回到家庭里去,从事家

---

① 中共中央马克思恩格斯列宁斯大林著作编译局:《列宁选集(第四卷)》,人民出版社 1995 年版,第 47 页。
② 中共中央马克思恩格斯列宁斯大林著作编译局:《列宁选集(第四卷)》,人民出版社 1995 年版,第 18 页。
③ 中共中央马克思恩格斯列宁斯大林著作编译局:《列宁全集(第 36 卷)》,人民出版社 1985 年版,第 72 页。
④ 毛泽东:《毛泽东选集(第五卷)》,人民出版社 1977 年版,第 246~247 页。
⑤ 邓小平:《邓小平文选(第二卷)》,人民出版社 1994 年版,第 195 页。

务劳动,并且认为,妇女照顾丈夫,教育孩子,这也是社会改革之一。此外,"干得好不如嫁得好"的说法也很盛行。比如,在热播的电视剧《蜗居》中,除了反映房价不断高涨使普通百姓无法承受的现实问题外,其中另一条线索同样尖锐,引人思索:剧中主人公的姐姐海萍以其自己的努力,一步一步地在大上海立足,期间所走的每一步,都是充满未知、艰辛和汗水的。而妹妹海藻,则成为了某一高官的小三,花不完的钱,甚至一些私权,让她如鱼得水,不用努力奋斗,却可以收获到别人奋斗一生所梦寐以求的,直到该高官因贪污被抓。热播的电视剧,说明收视率、关注率高,它代表了一定的社会现实,有一定的映射和思考。姐妹的强烈对比,让人不禁思考,在当今社会,是否真的干得好不如嫁得好。

今天,社会主义制度的优越性为广大劳动妇女成才提供了良好的基础,新时代的中国女性更应该充分发挥自己的主观能动性,在实践中锻炼成才。这就要求新的女性要真正确立女性的主体意识,要自尊、自重、自信、自强,积极参与社会活动,参与领导,要不断提高自己的知识和修养,做一个名副其实的新女性!

四、妇女解放是一个长期的历史过程

江泽民曾经指出,妇女解放是一个长期的历史过程,妇女解放是人类最漫长的革命,因为"它不仅为生产关系所制约,也为生产力所制约,不仅受物质生产水平的影响,也受精神文明程度的影响"①。

尽管妇女在社会中发挥着越来越大的作用,社会和女性自身都为男女平等做出了很大努力,但事实上的男女不平等依然存在。不同地区、不同阶层中妇女发展的不平衡现象比较明显,历史文化中残存的男女不平等的陈规陋习尚未完全消除,侵犯妇女权益的现象在一些地区仍然不同程度的存在,重男轻女的现象依旧残留。这固然有客观方面的原因,如我国是一个封建历史很长的国家,重男轻女的封建残余在一部分人的头脑中仍有比较深的影响。同时也有主观的因素,女性的主体意识在实践中也呈现出十分复杂、矛盾的情况,她们既渴望自己的才能得到充分的发挥,实现自己的理想和抱负,但在心理上却往往依然存在着较深的传统意识,表现出依赖和怯懦的心理。多数女性当她们面临家庭与事业的冲突时,家庭依旧是她们中大多数人的选择。另外,由于妇女担负着人类再生产和民族繁衍的重担,大多数女性,除了从事自身的工作外,还要承担繁重的家务劳动,还要生育并抚养孩子,这就决定了女性在实现自身价值的道路上要承受比男性更大的压力、付出更多的心血与汗水。

"男女平等"的不平等。男女平等历来是妇女解放的中心问题,也是广大妇女自始至终为之奋斗一个目标。除了由于传统观念而导致的旧的不平等的存

---

① 江泽民:《全党全社会都要树立马克思主义妇女观》,《人民日报》1990年3月8日。

在,一些新的不平等又不断出现。例如,由于长期以来"男女平等"被简单地理解为男人能干的活,女人也能干,结果导致妇女为了获得与其男性同事同等的竞争能力而变得越来越男性化了。她们在获得同工同酬、同等竞争机会的同时,却牺牲了自己的价值观念。这就造成了男女更加不平等。实际上,真正的男女平等,并不是要妇女按照男性价值观念来行为,而是要给予妇女与男性同样的实现其价值观念的自由权利。因而,在争取两性平等的同时,我们也应承认两性间某些方面的差异,反对把女性男性化,应该看到女性的价值观念,并努力去实现自身的价值,这将有助于消除性别歧视,实现真正的男女平等。

性别差异是客观存在,理应尊重,但不应成为发挥女性智慧才能的限制和障碍。传统的观念认为女性只能在家相夫教子,她们的能力毕竟不如男性,把她们局限于家庭的小天地或者是只适合女性做的工作,这使得女性被排斥于领导或者科学领域的门外,更糟糕的是使女性们对自己的能力缺乏信心。这不利于充分发挥女性这一资源。1977年获得诺贝尔生理学或医学奖的罗莎琳·苏斯曼·雅洛在瑞典斯德哥尔摩对当地大学生发表演说:"在大学生中妇女的人数,按人口比例也不算少了。然而,在世界的科学家、学者和领袖人物中,妇女是凤毛麟角。至今没有任何客观测试表明这种悬殊是由于智力的本质区别……妇女不能进入领导层,多半是由于对妇女存在着社会的和职业的歧视。过去,很少有妇女去争做一番事业的,而在事业上成功的就更是寥若晨星了。我们现在仍然生活在这样一个世界上,有相当多的人,包括妇女本身,总认为妇女的活动范围只限于家庭小天地,而且相信妇女也是只想在家庭小天地活动。"中国经历了两千多年的封建社会,旧社会的男尊女卑、重男轻女的思想尤为严重。这种旧思想不仅至今还遗留在一般群众的头脑之中,也或多或少地遗留在一些高层人士的思想观念之中,越是在落后地区,这种旧思想的残余越严重。特别是由于妇女生育、哺乳、家务事多,这更助长了一部分人的大男子主义,使他们把妇女看成累赘。因此在任用人才时,往往用男不用女,"宁要十个武大郎,不要一个穆桂英",致使许多优秀的女性人才被埋没。

只有当法律上男女平等和事实上的男女平等相一致时,真正的妇女解放才能到来。实现男女完全平等的任务虽然十分艰巨和长远,但是大家都在为此做不懈的努力。我们应结合我国妇女生存和发展的实际状况,继续采取一系列有效措施,积极完善保障妇女权利的法律体系,争取早日实现男女在事实上的平等。同时,新时代的中国女性更应该自尊、自信、自强,积极参与社会活动,参与领导,充分发挥自己的主观能动性,不断提高自己的知识和修养,在实践中锻炼成才!

(原发表于《平等·和谐·创新·发展——职业女性理论研究论文集》,福建教育出版社2006年版)

徐雅芬，女，厦门大学马克思主义学院教授、硕士生导师，中国伦理学会理事，福建省伦理学会副会长，福建省高校思想政治理论课教学研究会理事，思想道德修养与法律基础教学研究分会副会长。长期从事马克思主义理论与思想政治教育、中国法律史的教学和研究工作。主持或参与国家社科、省社科、省教育厅、宣传部等多项课题研究，在《高校理论战线》、《国外社会科学》、《教学与研究》、《思想理论教育导刊》等国内学术刊物发表论文50余篇。

马克思主义妇女观与男女平等基本国策

摘 要:马克思主义妇女观是马克思主义理论体系的重要组成部分,是指导世界妇女解放运动的重要理论武器。马克思主义妇女观与男女平等基本国策有密切的关系:马克思主义妇女观是男女平等基本国策的理论基础;男女平等基本国策是马克思主义妇女观在当代中国的成功实践;男女平等基本国策丰富和发展了马克思主义妇女观。

关键词:马克思主义妇女观 男女平等 基本国策

马克思主义妇女观是马克思主义理论体系的重要组成部分,男女平等基本国策则是中国共产党人在新的历史条件下,以马克思主义妇女观为指导,根据妇女发展的时代要求,着眼于当代中国现实的妇女问题,批判地吸收西方女权主义的性别意识而提出来的,这两者之间有着密切的关系。本文拟结合马克思主义妇女观的形成及其主要内容,男女平等基本国策的提出及内涵,对两者之间的关系进行剖析。

一、马克思主义妇女观的形成及其主要内容

19世纪40年代,在创立马克思主义学说的过程中,伴随着对无产阶级解放规律的探索,马克思、恩格斯探讨了妇女受压迫的原因、妇女解放的途径和条件、妇女解放的标志以及妇女在人类历史中的重要作用,形成马克思主义关于妇女解放的基本理论。这一理论集中体现在马克思、恩格斯合著的《德意志意识形态》、《共产党宣言》,马克思的《法兰西内战》、《摩尔根〈古代社会〉一书摘要》、《给路德维希·库格曼的信》,以及恩格斯的《英国工人阶级状况》、《家庭、私有制和国家的起源》等著作中。《家庭、私有制和国家的起源》一书,是恩格斯在马克思《摩尔根〈古代社会〉一书摘要》一书思想的基础上,运用辩证唯物主义和历史唯物主义的世界观和方法论,系统阐述马克思主义关于妇女解放基本理论的一部代表作,它标志马克思主义妇女观的形成。此后,这一理论成为指导世界妇女解

放运动的重要理论武器,随着妇女解放运动的发展而丰富和发展。

1990年,江泽民同志在纪念"三八"国际劳动妇女节80周年大会上发表重要讲话《全党全社会都要树立马克思主义妇女观》。在这篇讲话中,江泽民同志把马克思主义关于妇女解放的基本理论精辟地概括为"马克思主义妇女观",对其概念和内涵进行科学的诠释。他指出:"中国共产党用以指导妇女运动的理论,是马克思主义妇女观。马克思主义的妇女观,是运用辩证唯物主义和历史唯物主义的世界观、方法论,对妇女社会地位的演变、妇女的社会作用、妇女的社会权利和妇女争取解放的途径等基本问题做出的科学分析和概括。"具体地说,这种妇女观主要包括以下内容:

(一)妇女受压迫是一个历史的范畴

马克思主义妇女观认为,妇女被压迫不是从来就有的,而是人类历史发展到一定阶段才出现的社会现象。在远古时代,人类两性是平等的,只是当人类社会产生了私有制和阶级对立,妇女被剥夺了财产所有权,排斥于社会劳动之外,才沦为家庭的奴隶和男子的附属物。

在科学社会主义创立之前,许多资产阶级的学者都片面地强调妇女的生理特点决定了妇女被压迫的地位。马克思主义指出,人不是单纯的生物学上的人,而是生活在一定的社会关系中的社会的人。男女两性间的性别差异,只是构成妇女被压迫的自然基础。男女两性间的社会差异,才是导致妇女被压迫的真正原因。为此,恩格斯强调,对妇女问题的研究,必须研究它赖以产生的社会历史条件及它在历史发展中的地位与作用,才能得出科学的结论。马克思、恩格斯运用历史唯物主义的方法,从人类社会发展史的角度,具体、科学地考察了妇女地位的演变,揭示了妇女被压迫的根源。

1. 私有制

马克思主义认为,原始社会生产力十分低下,人们过着原始共产制的生活,当时妇女在生产劳动中的主要作用和在婚姻家庭中的重要地位,决定了男女两性是平等的,甚至"在一切蒙昧人中,在一切处于野蛮时代低级阶段、中级阶段、部分地也处于高级阶段的野蛮人中,妇女不仅居于自由的地位,而且居于受到高度尊敬的地位"①。到了原始社会末期,随着生产力的发展,剩余产品的出现,私有制的产生和阶级的形成,母权制过渡到父权制,妇女被压迫的现象随之产生。恩格斯分析说:"母权制的被推翻,乃是女性的具有世界历史意义的失败。丈夫在家中也掌握了权柄,而妻子则被贬低,被奴役,变成丈夫淫欲的奴隶,变成单纯

---

① 中共中央马克思恩格斯列宁斯大林著作编译局译:《马克思恩格斯选集》第4卷,人民出版社1972年版,第69~70页。

的生孩子的工具了"①。

2. 一夫一妻制家庭

恩格斯指出,历史上由对偶婚发展而来的个体婚制(一夫一妻制),是对妇女而言的,而不是对男子而言的。一夫一妻制家庭的确立,使女子处于从属的地位。为了确保男权的统治地位及其子女的财产继承权,妇女在婚姻家庭关系上处于被压迫的地位,成为男人的私有财产和附属品。恩格斯说:"个体婚制……是作为女性被男性奴役,作为整个史前时代所未有的两性冲突的宣告而出现的"②。

更重要的是,这种性别的压迫是与阶级的压迫同步的,这种同步性也使得性别压迫同时具有阶级压迫的性质。恩格斯说:"历史上出现的最初的阶级对立,是同个体婚制下的夫妻间的对抗的发展同时发生的,而最初的阶级压迫是同男性对女性的奴役同时发生的。个体婚制是一个伟大的历史的进步,但同时它同奴隶制和私有财富一起,却开辟了一个一直继续到今天的时代,在这个时代中,任何进步同时也是相对的退步,一些人的幸福和发展是通过另一些人的痛苦和受压抑而实现的。"③

通过对妇女地位的演变和妇女被压迫根源的分析,恩格斯得出结论,私有制是导致妇女被压迫的决定性因素,私有制是妇女受压迫的根源。

(二)妇女解放的道路与无产阶级解放的道路是一致的

基于对妇女被压迫根源的科学认识,马克思、恩格斯进一步探讨了妇女解放的道路。在阐述人类解放和实现共产主义的历史必然性时,马克思、恩格斯指出,在过去的各个历史时代,我们几乎到处都可以看到社会完全划分为不同的等级,但是在资产阶级时代,阶级的对立变得简单化,"资产阶级不仅锻造了置自身于死地的武器;它还产生了将要运用这种武器的人——现代的工人,即无产者"④。无产者是现代工业发展的要求,"现代工业愈发达,男工也就愈受到女工的排挤。对于工人阶级来说,性别和年龄的差别再没有什么社会意义了。他们都只是劳动工具"⑤。可见,现代化大工业生产迫使妇女加入无产阶级的行列,

---

① 中共中央马克思恩格斯列宁斯大林著作编译局译:《马克思恩格斯选集》第4卷,人民出版社1972年版,第52页。

②③ 中共中央马克思恩格斯列宁斯大林著作编译局译:《马克思恩格斯选集》第4卷,人民出版社1972年版,第61页。

④ 中共中央马克思恩格斯列宁斯大林著作编译局译:《马克思恩格斯选集》第4卷,人民出版社1972年版,第257页。

⑤ 中共中央马克思恩格斯列宁斯大林著作编译局译:《马克思恩格斯选集》第4卷,人民出版社1972年版,第258页。

因而,妇女的解放也就越来越体现出作为整个被压迫阶级——无产阶级解放的要求。换言之,妇女解放是无产阶级解放的组成部分,没有妇女的解放,就谈不上无产阶级的解放。正是在这个意义上,恩格斯充分肯定并高度评价空想社会主义者傅立叶关于"妇女解放的程度是衡量普遍解放的天然尺度"的思想。

私有制是产生人压迫人的根源,妇女受压迫是从私有制的出现开始的,妇女解放的根本途径就是消灭私有制。恩格斯指出,生产资料转归社会所有,将使"男子的地位无论如何要发生很大的变化。而妇女的地位,一切妇女的地位也要发生很大的转变"①。妇女解放必然随着消灭私有制而共同发展。在以私有制为基础的社会里,妇女被压迫是阶级压迫的特殊表现形式。无产阶级是先进生产力的代表,它的理想是消灭私有制,消灭阶级,实现共产主义,它的目的是实现整个人类的解放,包括妇女的解放。

因此,妇女解放只有在消灭私有制和阶级的社会里才能得以实现,妇女的解放与整个无产阶级的胜利分不开,妇女解放只能走无产阶级解放的道路。

(三)妇女解放的先决条件是参加社会生产劳动

历史唯物主义认为,人们在社会和家庭中的地位,归根到底由人们在社会生产中的地位决定。随着私有制的出现和一夫一妻制家庭的确立,妇女被排除在社会生产之外,只限于从事家庭的私人劳动,这种家务劳动"失去了自己的公共的性质。它不再涉及社会了。它变成了一种私人的事务;妻子成为主要的家庭女仆,被排斥在社会生产之外"②。由于家务劳动性质的改变,妇女在社会生产中的地位也随之下降。

基于此,马克思主义妇女观认为,妇女的解放,其先决条件就是妇女重新回到社会生产劳动中,参加社会生产劳动。其原因在于,参加社会生产劳动是人们经济独立的途径,经济独立又是人们生存与发展的物质基础。妇女的经济独立,可以使得妇女不仅成为生产资料和生产过程的主人,还成为生产产品的主人。因此,恩格斯明确指出:"妇女解放的第一个先决条件就是一切女性重新回到公共的劳动中去;而要达到这一点,又要求个体家庭不再成为社会的经济单位。"③他进而强调,只要妇女仍然被排除在社会生产劳动之外,只限于从事家庭的私人劳动,那么妇女的解放,妇女同男子的平等,无论现在或将来都是不可能的。

那么,妇女如何才能重新回到社会生产劳动中来,参加社会生产劳动呢?对

---

①③ 中共中央马克思恩格斯列宁斯大林著作编译局译:《马克思恩格斯选集》第4卷,人民出版社1972年版,第72页。

② 中共中央马克思恩格斯列宁斯大林著作编译局译:《马克思恩格斯选集》第4卷,人民出版社1972年版,第69~70页。

此,恩格斯认为,妇女参加社会生产劳动的前提是家务劳动的社会化。他说:"妇女的解放,只有在妇女可以大量地、社会规模地参加生产,而家务劳动只占她们极少的功夫的时候,才有可能。"①他还十分肯定地说:"我深信,只有在废除了资本对男女双方的剥削并把私人的家务劳动变成一种公共的行业以后,男女的真正平等才能实现。"②这里所讲的妇女参加的社会劳动,从内容上说,既包括生产性劳动,又包括非生产性劳动;既包括经济,也包括政治、文化、科技等社会生活的方方面面。从时间上说,必须是一个连续的过程。因此,妇女只有持续地参与社会劳动,才能真正实现经济和政治上的独立。从这个意义上说,妇女解放是一个长期而艰巨的历史过程。

(四)妇女解放的标志是男女平等

马克思主义妇女观认为,男女平等不是抽象的、绝对的平等,而是在承认性别差异基础上的男女两性的平等。恩格斯在批判杜林不顾社会历史前提的抽象的平等观时指出,两个人甚至就其本身而言,也可能在性别上是不平等的。所谓"性别上的不平等",即指男女两性存在着生理差异。恩格斯通过追溯"平等"观念的历史发展过程,揭示资产阶级的平等只是形式上的自由与平等,实质上的不自由和不平等,进而阐述无产阶级平等观的基本要求。他指出:"无产阶级平等要求的实际内容都是消灭阶级的要求。任何超出这个范围的平等要求,都必然要流于荒谬。"③换言之,在阶级社会中,只有消灭剥削阶级,人类的平等,包括男女两性的平等才有可能。

马克思也指出,在共产主义社会的初级阶段,平等权利主要表现在按同一尺度、以同一标准竞争,个人天赋的差异决定不可能有绝对的平等,"权利永远不能超出社会的经济结构以及由经济结构所制约的社会的文化发展"④,因此,在社会主义社会,男女平等重在使用相同的尺度,也就是男女权利和地位的平等,即男女在政治、经济、文化教育以及社会和家庭中,享有同等的地位和权利。但即使这样,在马克思看来,这种"平等"依然带有资产阶级法权的特征,它不可能成为无产阶级解放包括妇女解放的终极目标。马克思认为,只有到了共产主义社

---

① 中共中央马克思恩格斯列宁斯大林著作编译局译:《马克思恩格斯选集》第 4 卷,人民出版社 1972 年版,第 158 页。
② 中共中央马克思恩格斯列宁斯大林著作编译局译:《马克思恩格斯选集》第 4 卷,人民出版社 1972 年版,第 452~453 页。
③ 中共中央马克思恩格斯列宁斯大林著作编译局译:《马克思恩格斯选集》第 4 卷,人民出版社 1972 年版,第 146 页。
④ 中共中央马克思恩格斯列宁斯大林著作编译局译:《马克思恩格斯选集》第 4 卷,人民出版社 1972 年版,第 12 页。

会的高级阶段,生产力高度发展,物质财富充分涌流,分工不复存在,脑力劳动与体力劳动的差别消失,劳动成为人们生活的第一需要,社会实行"各尽所能、按需分配"的条件下,平等才能完全超出资产阶级法权的界限,成为彻底的、真正的平等。到那时,妇女和男子一样,成为自由而全面发展的共产主义新人,妇女解放的最终目标才能真正得到实现。

(五)妇女在创造人类文明、推动社会发展中具有重要的作用

马克思、恩格斯在关注资本主义私有制条件下的社会不平等时,不仅同情无产阶级妇女的状况,指出妇女解放的道路,而且高度重视妇女在创造人类文明、推动社会发展中的重要作用。

马克思、恩格斯认为,人类社会的历史是人民群众创造的,人类社会的生产包括两个方面,即生产(物质)资料的生产与人类自身的生产——种的繁衍,这两种生产具有不可分割的联系,其中物质资料的生产起着决定作用。在人类的这两种生产中,妇女不仅对物质资料的生产有巨大作用,对人类自身的生产也有着特殊贡献。简言之,她们是推动社会进步的伟大力量。基于此,马克思主义者给予妇女高度的评价,"每个了解一点历史的人也都知道,没有妇女的酵素就不可能有伟大的社会变革"①;"任何一次重大的解放运动都不能没有妇女直接参加"②。

马克思、恩格斯关于妇女在社会发展中的伟大作用的观点,在我国得到发展。毛泽东认为,中国妇女是伟大的人力资源,必须发掘这种资源,为建设伟大的社会主义国家而奋斗。他提出了"全国妇女起来之日,就是中国革命胜利之时"的著名论断。江泽民同志也指出:"妇女在创造人类文明、推动社会发展中具有伟大的作用。妇女和男子同是人类历史前进的推动者,同是物质文明和精神文明的创造者。因此,妇女与男子应该具有同等的人格和尊严,同等的权利和地位。在人类自身生产中,妇女作出了特殊的贡献。尊重妇女,保护妇女,是社会进步的一个重要标志,是文明社会应有的法律规范和道德风尚。"③

二、男女平等基本国策的提出及其内涵

20世纪70年代以来,妇女发展的问题日益受到国际社会的重视。联合国通过调查研究,认识到社会的发展不会自然带来妇女的发展和妇女地位的提高,

---

① 中共中央马克思恩格斯列宁斯大林著作编译局译:《马克思恩格斯全集》第32卷,人民出版社1975年版,第571页。
② 斯大林:《斯大林全集》第5卷,人民出版社1957年版,第48页。
③ 江泽民:《全党全社会都要树立马克思主义妇女观》,《人民日报》1990年3月8日。

由此提出,应将妇女的发展纳入整个社会发展规划。随后,妇女发展问题被纳入联合国的议程。1975—1995年,连续四届世界妇女大会都明确提出"把性别意识纳入决策主流"。此外,世界银行、世界卫生组织和联合国人口基金会等国际性组织,均把男女两性在健康、教育、就业等各个领域差距的大小作为评价一个国家和地区发展程度的重要指标。在国际社会中,男女平等已不再被简单地看作女权问题,而是人权问题、发展问题,妇女的发展状况也随之成为衡量一个国家的人权和综合发展状况的重要指标。

90年代以来,我国改革开放进入新时期,中国特色社会主义的建设需要全体社会成员包括妇女的参与,为此,我国将妇女的发展问题提高到整个国家社会经济发展的高度来规划,以充分发挥妇女建设中国特色社会主义的积极性和创造性。这一时期,一方面,我国社会主义市场经济体制的确立强化了男女平等意识,为实现男女平等提供了可能和空间;另一方面,在建立社会主义市场经济体制的过程中,我国妇女的发展面临许多新情况和新问题,例如,妇女劳动就业保障弱化,下岗女工包括女大学生就业难,女性较多集中在低职位、低收入岗位,难以进入高新技术、高层管理等领域,妇女参政面临新的挑战,婚姻家庭领域妇女的权益日益受侵害等等。这些问题表明,社会主义市场经济的发展不可能自然而然地导致妇女的发展,解决男女平等发展问题,需要来自制度和政策的保障。

同时,我国根据联合国《21世纪议程》中关于国际合作要走人类可持续发展道路的要求,在《中国21世纪议程》中制定了可持续发展的战略。江泽民同志在党的十四届五中全会的讲话中要求,在现代化建设中,必须把可持续发展作为重大战略。可持续发展强调社会各要素的协调发展,包括男女两性的协调发展。从可持续发展的战略视角来思考人类社会发展,男女两性发展的公平问题、协调问题不只是男女两性性别之间的问题,而是整个社会发展的公平问题、协调问题。从这个意义上说,男女平等是我国实施可持续发展战略的内在要求。

正是在这样的背景下,江泽民同志在第四次世界妇女大会开幕式上,代表中国政府向全世界庄严承诺:"把男女平等作为促进我国社会发展的一项基本国策。"至此,男女平等的基本国策在我国正式确立。

男女平等基本国策涵盖"男女平等"和"基本国策"两个概念,但不是这两个概念的简单叠加,而是对"男女平等"概念的丰富和发展。"男女平等"强调男女两性都有平等的机会参与国家的政治、经济、社会和文化的发展,平等地享受其成果。对妇女来说,"平等"意味着获得那些由于文化、体制和行为等方面的歧视而被剥夺的权利,因此,"男女平等"指男女两性在社会生活的各个领域享有平等的权利和地位。值得注意的是,"平等"不是"等同"和"完全相同",它是就人的价值、人的作用的高度而言的,是在承认个体差异前提下的相对平等。具体来说,它包含两层意思：其一是法律上的平等，即男女两性在法律上拥有同等程度的权利和地位；其二是实际生活中的平等，即男女两性在实际生活中拥有与法律规定相吻合的同等程度的权利和地位。男女平等的实质是缩小男女两性间的距离，促进妇女的发展。它是妇女解放的重要目标，是社会进步的一项指标，也是整个社会平等的重要组成部分。"基本国策"是国家为解决带有普遍性、全局性、长远性的问题而确定的根本性的政策，它在国家的整个政策体系中居于最高层次，对其他政策起导向和制约的作用。基本国策的适用范围大，稳定程度强，能够长时期起指导作用。男女平等的基本国策主要包括以下内容：

第一，突出妇女的发展权。作为基本国策的男女平等，首先强调妇女的平等发展权，它要求：其一，妇女在得到应有的生存权、人身权的同时，享有与男性同等的发展权，包括发展机会和发展资源等，如果妇女得不到这种发展机会和发展资源，就不是真正意义上的男女平等；其二，应当从妇女发展与社会协调发展的高度来认识妇女的发展权，把妇女的发展与人口、资源、环境等人类社会生存发展的基本问题放在同等重要的位置，提高到基本国策的高度予以重视。

第二，重视男女的性别差异。实施这一基本国策的前提是尊重女性生理和心理特征，在人的全面发展的目标上实现男女平等。这种在承认性别差异基础上的男女平等，既体现对女性的尊重，避免在男女平等问题上"左"的倾向和绝对的平均主义，又体现在男女平等问题上的唯物主义态度。

第三，关爱和帮助女性。男女平等体现的是相对的性别公平和公正，而不是绝对的男女等同。由于历史和现实因素的消极影响，目前我国妇女整体素质普遍低于男性，性别歧视依然存在，男女两性占有的资源仍不平衡，男女两性的社会地位差异依然存在。因此，国家和社会有责任关爱和帮助女性，给予必要的性别倾斜。

第四，强调男女历史作用的同等。男女平等基本国策不是简单地将女性看作需要援助的弱势群体，而是强调并重视女性在整个社会历史发展中的作用，把妇女作为重要的人力资源，作为创造和推动历史的重要力量，进而将男女平等的含义由权利、地位的平等提高至男女两性历史作用的同等。

综上所述，男女平等基本国策的提出，既基于探讨导致男女两性不平等的社会原因，又提出男女两性平等发展的目标，使之居于我国政策体系的最高位置，因而它具有权威性、普遍性和长期性。在实践中，我们应该充分认识到：第一，男女平等是国家各项法律、法规以及政策的制定和实施的基本原则，国家和地方制定的法律、法规和政策不得与男女平等基本国策相抵触；第二，男女平等基本国策在我国政策体系中居于最高层次，它不仅规范和引导所有政策法规，而且适用于我国社会生活的各个领域；第三，男女平等基本国策是我国长期实行的根本性政策。从人类社会发展的历史和我国社会主义初级阶段的国情来看,我国的妇女解放将是长期的历史任务,男女平等基本国策也将在较长的历史时期内存在并发挥作用。

三、马克思主义妇女观与男女平等基本国策的关系

马克思主义妇女观与男女平等基本国策有着密切的关系,马克思主义妇女观是男女平等基本国策的理论基础;男女平等基本国策是马克思主义妇女观在当代中国的成功实践;男女平等基本国策丰富和发展了马克思主义妇女观。

(一)马克思主义妇女观是男女平等基本国策的理论基础

马克思主义妇女观是中国共产党用来指导妇女运动的科学理论。马克思主义妇女观是科学的理论观点,因为它抛开了资产阶级妇女观的简单的男女对立,运用辩证唯物主义和历史唯物主义的世界观和方法论,把妇女置于整个社会历史进程中,置于生产力和生产关系的矛盾运动中去考察,具体分析了妇女地位与两种生产的关系,妇女与社会经济、政治以及历史发展进程的关系等等,从而揭示出妇女被压迫的历史根源,寻找到妇女解放的现实途径。将这一理论运用于指导中国妇女运动,有利于引导中国妇女把妇女解放与阶级解放、社会发展结合起来,使广大妇女在争取民族解放和参与社会发展中,赢得自身的解放和发展。

当前,我国仍处在社会主义初级阶段,受经济、社会发展水平的制约和封建思想观念的影响,现实中还存在着男女两性发展不平衡等许多问题。改革开放以来,建设社会主义市场经济,从体制上为妇女的发展提供了与男性平等发展的机遇,但市场经济并不能自然而然地带来社会公正,带来男女两性的平等发展。因此,在市场经济条件下,如何促进妇女与社会的协调发展,成为一个新的课题。

男女平等基本国策的提出,正是中国共产党人在新的历史条件下,以马克思主义妇女观为理论基础,结合当代妇女问题的新情况和新理念,为妇女运动发展提供了新内容和新视角。它将新时期妇女发展的问题纳入社会发展的整体规划,不仅提升了妇女在国家民族发展中的地位,而且对国家的其他政策起着导向和制约作用,这正是马克思主义妇女观的基本要求。

(二)男女平等基本国策是马克思主义妇女观在我国的成功实践

马克思主义妇女观主张,私有制是妇女受压迫的根源,只有消灭私有制及以私有制为基础的阶级压迫,妇女的解放才有可能。而要实现这一目标,对广大妇女来说,先决条件就是要参加社会生产劳动,由此实现妇女经济和政治上的独立,进而追求与男性之间在权利和地位上的平等。

将男女平等作为基本国策,正是遵循马克思主义妇女观的要求,把寻求男女

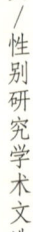

平等立足于妇女自身的发展,把妇女作为发展主体,突出了妇女解放的主体性,使广大妇女从被动解放转为主动进取,激活了中国妇女发展的内在动力,也极大地提高了妇女在社会中的地位。男女平等基本国策的提出,在坚持妇女发展依靠妇女自身努力的同时,突出强调了社会对妇女发展的责任,强调了国家政府宏观调控机制的作用,指出了在社会主义市场经济条件下妇女发展的有效途径。

将男女平等作为一项基本国策,充分利用和发挥社会主义制度优越性,运用国家和政府的力量,以基本国策的方式推动妇女解放,将性别意识纳入决策主流,不断完善维护妇女权益的法律体系,制定并实施妇女发展纲要,建立健全促进性别平等和妇女发展的国家机制,加大资金投入,加强社会动员,努力促进妇女与社会的全面、协调、可持续的发展,大力推进社会性别意识主流化的进程,为妇女发展创造更加有利的社会环境,这无疑将促进男女两性的真正平等发展。

以上事实都说明,男女平等的基本国策,是马克思主义妇女观在社会主义初级阶段的具体运用和成功实践。它充分体现了党和国家对妇女地位的尊重和对妇女的重视,对进一步推动我国妇女解放事业,乃至世界妇女运动的发展,都将产生深远的影响。

(三)男女平等基本国策丰富和发展了马克思主义妇女观

马克思主义妇女观作为马克思主义理论体系的一个组成部分,是一个不断发展的理论。恩格斯明确指出,我们的理论是发展着的理论,而不是必须背得烂熟并机械地加以重复的教条。马克思主义妇女观应随着实践的发展而发展。当前的妇女问题与一百多年前马克思主义产生时的妇女问题,有了很大的变化,比如当前我国就存在着女性就业率降低、农村女性受教育水平与男性差距较大、女性参与国家和社会事务的比例偏低等问题。这些问题在马克思主义妇女观中找不到现成的答案,需要我们以马克思主义妇女观为指导,来加以分析和解决。关于这一点,恩格斯说得很清楚:"马克思的整个世界观不是教义,而是方法。它提供的不是现成的教条,而是进一步研究的出发点和供这种研究使用的方法。"①

男女平等基本国策是对马克思主义妇女观的丰富和发展,具体体现在:

第一,它运用马克思主义妇女观的立场、观点与方法,在科学地分析当前我国妇女问题的基础上,探索实现男女平等的途径,从妇女与社会协调发展的高度,来认识妇女的发展权,即把妇女的发展与人口、资源、环境等人类社会生存发展的基本问题,放在同等重要位置,提升到基本国策的高度予以重视。这样,不只是把妇女作为解放的对象,赋予她们应有的地位和权利,而且是从促进社会协

---

① 中共中央马克思、恩格斯、列宁、斯大林著作编译局译:《马克思恩格斯全集》第39卷,人民出版社1995年版,第406页。

调发展,实现中华民族伟大复兴的高度,将男女平等作为社会发展的战略来实施,从而赋予男女平等以更加丰富的内涵和深刻的意义。从这个意义上说,男女平等的基本国策也是党和国家对妇女发展认识上的一次飞跃。

第二,马克思主义妇女观主要以阶级分析的方法和视角,来思考和解决男女两性的平等问题。男女平等基本国策在继承这一方法和视角的基础上,批判地吸收了西方女权主义(女性主义)的性别意识,借鉴性别意识来分析和解决男女平等问题。所谓性别意识,是指从性别的视角观察社会、政治、经济、文化和环境状况,并对其进行性别分析和规划,以防止和克服不利于男女两性平等发展的因素。它包含三层含义:其一是平等意识,即承认女性具有与男性平等的权利与尊严。其二是差异意识,即从性别的角度审视男女两性在社会现实中的特点和定位。其三是协调意识,即强调男女两性的协调发展。将性别意识纳入男女平等基本国策,为马克思主义妇女观注入了新的内涵,开拓了新的研究视角。

总之,妇女的解放,男女平等的真正实现,是一个长期的历史过程。在这个过程中,我们应该始终坚持马克思主义妇女观,积极贯彻、落实男女平等基本国策,促进男女两性的和谐发展,在实践中不断丰富和发展马克思主义妇女观。

("马克思主义妇女观与当代性别理论发展"研讨会主题发言论文,厦门大学2010年。)

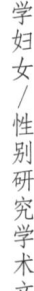

胡荣，男，厦门大学公共事务学院副院长，厦门大学社会学系教授，博士生导师，福建省社会学会会长和中国社会学会常务理事，教育部社会学学科教学指导组委员，厦门大学"闽江学者"特聘教授，2009—2010年美国富布赖特访问学者。先后主持完成国家社科基金项目"村民自治与农村社区的社会资本重建"、"农村基层政权退化与对策研究"以及"农民工精神健康的社会学研究"。2004年被评为福建省第三届十大优秀青年社会科学工作者，2005年入选教育部"新世纪优秀人才支持计划"。现担任国家社科基金重大项目"农村社会全面进步中的社区建设研究"首席专家。主要著作有《社会学导论》、《理性选择与制度实施》和《社会资本与地方治理》，译著有《宗教社会学》和《心灵、自我与社会》等。

影响妇女在村级选举中参与的诸因素分析

摘 要：本文根据2001年的调查数据,分析影响妇女参与村级选举的诸因素。通过比较平均数和多元回归分析,在控制年龄、文化程度、政治面貌及是否村干部等因素之后,发现男女之间在选举中的政治参与有相当大的差异。作者认为,现阶段男女选民在农村选举中参与的差异是由农村居民整体文化素质较低造成的。要提高农村妇女的政治参与水平,除了进一步推进村民自治之外,还有待于从整体上提高农村居民的文化素质,从根本上改变妇女处于从属地位的传统性别角色。

关键词：妇女 政治参与 村级选举

一、文献回顾和问题的提出

20世纪80年代中期开始在农村实行的村民自治在很大程度上激发了农村居民的政治参与热情。村级选举不再流于形式,村民可以用选票表达自己的意愿,是一种有选择的选举[①],因此村民在选举中的参与被认为是自主式的参与[②]。村委会直选,为农村妇女参与政治创造了机会。随着选举制度的不断完善,女性选民参与村民选举的程度也在逐步加深。例如,在未完全实行"海选"前,吉林省梨树县村民委员会的主任和副主任职位上没有女性,第三届"海选"普遍推广以后,有两位妇女当选为村委会主任,第四届有4名女性当选为正副主任,第五届有6名女性当选为正副主任。第五届选举的妇女参选率达98.1%,全县86.3%

---

① 胡荣:《理性选择与制度实施:中国农村村民委员会选举的个案研究》,远东出版社2001年版。

② 胡荣:《村民委员会选举中村民的自主式参与》,徐勇、吴毅主编:《乡土中国的民主选举》,华中师范大学出版社2001年版。

的村委会里有女委员①。但研究发现,中国农村妇女参与政治的状况不容乐观:农村妇女政治参与的民主意识淡漠,选举信任感低下,参与行为被动②。在浙江的调查发现,村委会中,女性是绝对少数,这一比率高的地方可达22.7%(余姚市),低的地方只有6.66%(嵊州市);农村妇女政治参与的热情不高,妇女实际参政水平相当低,普遍存在"三多三少"现象——基层领导多、高层次领导少,副职多、正职少,虚职的多、实职的少③。还有的研究者指出,中国农村妇女政治参与的广度不够,妇女参与政治的广度明显低于男性,妇女主动参与政治的差距比较大④。

为什么农村妇女的参政水平不随着政治民主化的深入而自发地提高呢,现有的研究中从社会和文化的环境因素、农村妇女自身的主体因素、农村政治参与制度方面的客体因素三个方面来分析:"男主内女主外"的性别分工模式、从夫居的婚姻模式及以男性为本位并在男性审视之下的文化给妇女参政造成许多无形障碍⑤;在政治参与的主体方面,妇女集家务劳动、生育和社区管理三重角色于一身,参与选举力不从心⑥,妇联组织在村落权力结构中的边缘地位也打击了农村妇女参与政治的积极性⑦;村民自治政策和制度的实施也影响农村妇女参与政治的热情,选举的形式化、选举机构不健全和选举活动的不规范挫伤了农村妇女选举的积极性,采取"村聘乡管"的补救措施及指派和荐举的方式,给妇女参加竞选设置人为的障碍⑧。除以上制约因素外,宗族对选举的控制也侵犯了妇女的权力空间⑨;较之从前,农村妇女参与政治处于低谷,根本原因在于中国农村、农民的劣势境况⑩。

---

① 白艳、张桂华、郭峰:《从农村基层民主选举看妇女参政——对吉林省梨树县村委会直选的思考》,《长白学刊》2004年第3期。

②⑧ 张勇:《农村村委会参与村委会选举的现状及其影响因素》,《社会实证》2004年第4期。

③ 何包钢、郎友兴:《妇女与村民选举:浙江个案研究》,《中国农村观察》2001年第1期。

④ 董善浦:《中国妇女政治参与存在的问题与改善》,《改革与发展》2004年第2期。

⑤ 杨翠萍:《性别与民主:村委会选举中的妇女参与——以河南曹村为例》,《华中师范大学学报(人文社会科学版)》2002年第6期。

⑥ 李慧英、田晓红:《制约农村妇女政治参与相关因素的分析——村委会直选与妇女参政研究》,《中华女子学院学报》2003年第2期。

⑦ 向常春:《民主与自主:农村妇女民主参与制的因素分析》,《社会主义研究》2003年第4期。

⑨ 刘中一:《对一次民主选举的考察——农村政治民主化进程中妇女参政的难点及制约因素分析》,《妇女研究论丛》2001年增刊。

⑩ 何包钢、郎友兴:《妇女与村民选举:浙江个案研究》,《中国农村观察》2001年第1期。

从简略的回顾中可以看出,现有的研究有助于我们了解农村妇女参与村级选举的现状,但这些研究还很不够,有些研究只考察个案选举就得出结论,有些研究虽然开展定量调查,但只取得频数和百分比,结论停留在简单的描述阶段。为了深入地探讨影响妇女参与村级选举的各种因素,本文根据1999年在福建省寿宁和厦门的调查数据进行分析。

本项研究于2001年9—10月进行。样本按多段抽样法抽取,分别在福建省寿宁县和厦门市各抽取5个乡镇,每个乡镇各抽4个行政村,共抽取40个行政村。按随机原则从每个行政村抽取25位18岁以上的村民,共成功访问村民913人。在这913人中,男性占56.3%,女性占43.7%。从年龄结构看,30岁以下村民占24.4%,31~40岁占28.1%,41~50岁占23.6%,51~60岁12.9%,61岁以上11%。

二、影响女性政治参与的诸因素分析

尼·诺曼和西德尼·伏巴把政治参与界定为"平民或多或少以影响政府人员的选择及(或)他们采取的行动为直接目的而进行的合法活动"[①]。本项研究的问卷用16个方面的问题测量村民参与选举的情况,这些问题包括是否参与候选人的提名、是否参与投票。从表1中可以看出,男女村民在这16个项目中的参与比例均存在很大差异。我们根据主成分法对这16个项目进行因子分析,经过最大方差法(varimax)旋转,共抽取4个因子。根据因子负载,将这些因子分别命名为"预选因子"、"竞选因子"、"提名因子"和"罢选因子"。"预选因子"包括以下项目:"参加预选会"、"参加候选人情况介绍会"、"在候选人的竞选演说会上向候选人提问"、"参加候选人的竞选演说会"以及"在候选人的竞选演说会上发表看法"。"竞选因子"包括以下项目:"动员别人投票支持自己拥护的候选人"、"劝说别人不投自己反对的候选人的票"、"帮助自己拥护的候选人竞选"以及"参加投票"。"提名因子"包括以下项目:"单独提名候选人"、"动员别人提名候选人"、"与其他村民一起提名候选人"以及"毛遂自荐当候选人"。"罢选因子"只有两个项目:"因为对选举不满意而拒绝参加投票"和"因对选举安排不满意而动员别人不投票"。为了综合用一个变量来表示村民参与村级选举的程度,我们把4个因子的值分别乘以其方差而后相加,即:村民在选举中的参与=预选因子值×0.21 197+竞选因子值×0.13 498+提名因子值×0.10 638+罢选因子值×0.09 167。转换后村民在选举中参与的平均值为6.61,其中男性村民的参与值

---

① [美]尼·诺曼、西德尼·伏巴:《政治参与》,格林斯坦、波尔比编:《政治学手册》(下册),商务印书馆1996年版,第290页。

为 8.57，妇女只有 3.97，二者存在显著差异。

表 1 村民在村委会选举中的参与

项　目	男性		妇女	
	人数	比例	人数	比例
1. 单独提名候选人	37	7.5%	19	5.2%
2. 动员别人提名候选人	16	3.2%	5	1.4%
3. 与其他人一起提名候选人	50	9.9%	18	4.9%
4. 毛遂自荐当候选人	11	2.2%	5	1.4%
5. 参加预选会	82	16.3%	29	7.9%
6. 动员别人投票支持自己拥护的候选人	35	7%	13	3.5%
7. 劝说别人不投自己反对的候选人的票	29	5.8%	15	4.1%
8. 参加投票	425	83.5%	299	79.7%
9. 帮助自己拥护的候选人竞选	37	7.4%	18	4.9%
10. 对于不恰当的选举安排提出批评和建议	33	6.5%	11	3%
11. 参加候选人情况介绍会	50	10%	19	5.2%
12. 在候选人的竞选演说会上向候选人提问	28	5.6%	2	0.5%
13. 参加候选人的竞选演说会	45	9%	14	3.8%
14. 在候选人的竞选演说会上发表看法	25	5%	4	1.1%
15. 因为对选举安排不满意，拒绝参加投票	14	2.8%	3	0.8%
16. 因为对选举不满意，动员别人不参加投票	3	0.6%	1	0.3%

表 2 村民在选举中的参与的因子分析

项目	预选因子	竞选因子	提名因子	罢选因子	共量
单独提名候选	0.297	0.079	0.398	−0.063	0.257
动员别人提名候选人	0.189	0.382	0.531	0.106	0.474
与其他村民一起提名候选人	0.110	0.007	0.651	0.036	0.437
毛遂自荐当候选人	−0.039	0.249	0.622	−0.047	0.453
参加预选会	0.566	−0.113	0.435	0.066	0.527
动员别人投票支持自己拥护的候选人	0.101	0.743	0.111	0.153	0.598
劝说别人不投自己反对的候选人的票	−0.010	0.713	0.137	0.181	0.560
参加投票	0.059	−0.351	0.333	0.187	0.273

续表

项目	预选因子	竞选因子	提名因子	罢选因子	共量
帮助自己拥护的候选人竞选	0.339	0.681	0.168	−0.012	0.606
对于不恰当的选举安排提出批评和建议	0.462	0.359	0.118	0.261	0.424
参加候选人情况介绍会	0.788	0.016	0.215	0.026	0.668
在候选人的竞选演说会上向候选人提问	0.821	0.256	0.033	−0.095	0.750
参加候选人的竞选演说会	0.818	−0.047	0.136	0.042	0.692
在候选人的竞选演说会上发表看法	0.790	0.230	−0.039	0.086	0.686
因为对选举安排不满意，拒绝参加投票	0.017	0.055	0.082	0.780	0.618
因为对选举安排不满意，动员别人不参加投票	0.052	0.179	−0.065	0.811	0.696
特征值	3.392	2.158	1.702	1.467	8.719
平均方差	21.197%	13.489%	10.638%	9.167%	54.491%

为什么男女参与村级选举的情况有如此大的差异，是妇女文化程度低导致的，还是其他因素导致的？本研究使用比较平均数，分别加入受教育程度、年龄和政治面目因素，比较男女参与村级选举的情况。

首先，控制受教育程度。在中国农村，男女的受教育程度存在较大差异。本项研究发现，男性受访者的平均受教育年限为 6.5 年，女性的平均受教育年限为 4.59 年，二者的差异具有统计显著性。但在控制受教育程度之后，男女之间的政治参与程度依然存在很大差异。从图 1 可以看出，未上过学的男性的参与为 7.77 分，比女性的 2.54 分高 5.23 分；随着受教育程度的提高，男女的政治参与差异进一步扩大，对于上学 1~3 年者差异达 7.1 分；虽然受教育程度为 4~6 年和 7~9 年这两组男女政治参与差异程度有所缩小，但对于受教育程度为 10~12 年的受访者来说，二者的差异更高达 9.43。不过，在受教育年限达 13 年以上者中，女性的政治参与程度却大大高于男性。为什么会出现这一情况呢？在农村地区，接受过 13 年以上教育者通常具有大专或本科学历，他们大多离开农村到城市工作，因此有大专以上学历者而又留在农村者非常少。在本次调查中，具有 13 年以上受教育程度者只有 12 人，占全部受访者的 1.3%。通常，具有大专以上文化程度的男性受访者虽然待在农村，也只是暂时性的，他们还是计划到城市发展，因此对村级选举远不如一般村民那样关心和投入。留在农村又有大专文化的女性受访者人数虽少，但可能作为妇女干部而得到培养，她们的参与程度自然比较高。

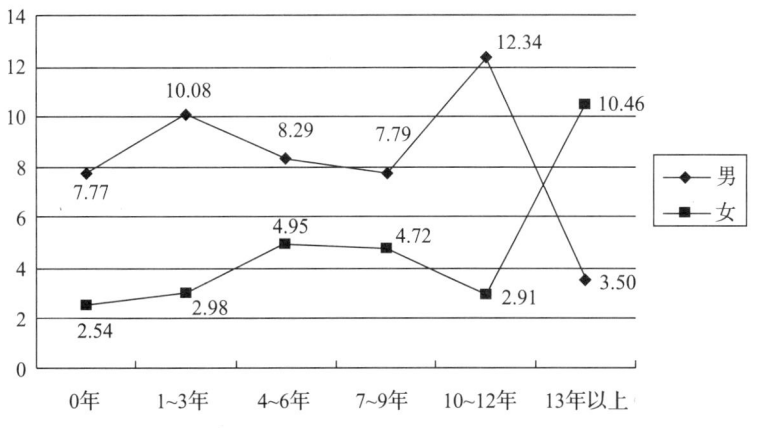

图1 不同受教育程度的男女村民在村级选举中的参与情况

其次,控制年龄因素。不同年龄男女之间的政治参与呈现出很大差异从图2中可以看出,男性的政治参与呈明显的倒U型曲线,即年轻的男性村民政治参与程度普遍较低,但随着年龄的增长,参与程度不断提高,41~50岁达到最高峰,而后随着年龄的增长而减弱。但女性身上这一变化并不明显,在不同的年龄段,女性的政治参与始终维持在很低的水平上。

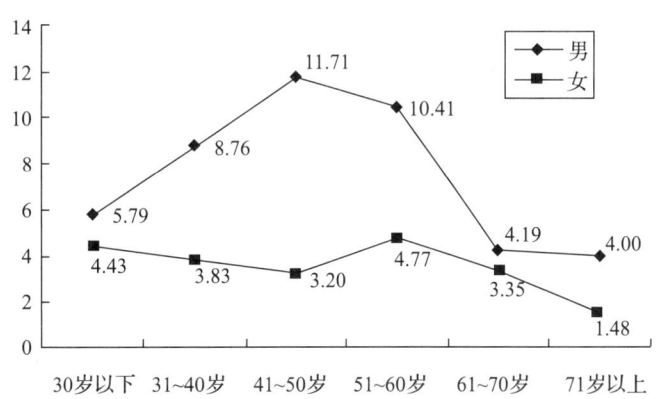

图2 不同年龄段男女村民在村级选举中的参与情况

最后,控制政治面目因素。图3分别比较了不同政治面目的男女受访者参与村级选举的差异。可以看出,控制了政治面目这一因素之后,男女之间的政治参与仍然存在巨大差异:同样是共产党员者,男性的参与程度比女性高9.42;同是共青团员者,男性比女性高2.92,同是曾入过团者,男性比女性高6.89;一般群众,男性也比女性高2.55。因此,政治面目的不同并不能解释男女在村级选举中参与的差异。

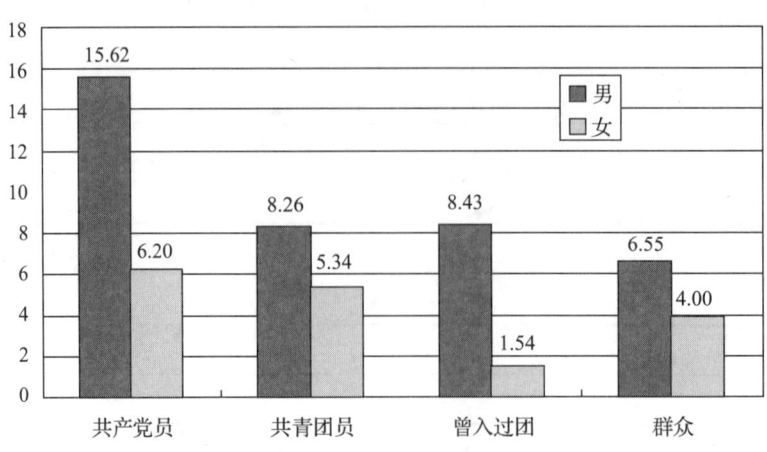

图3 不同政治面目的男女村民在村级选举中的参与情况

三、多元回归分析

以上分别在控制了受教育程度、年龄和政治面目等因素之后,分析比较男女在政治参与中的差异。为了更深入地分析不同因素对男女村民在村级选举中参与的影响,我们打算建立一个多元回归方程。在回归方程中,除加入受访者个人特征的一些变量,如年龄、文化程度、是否党员、是否当过村组干部等进行预测外,我们还加入村庄离县城距离以及测量选举竞争程度和选举规范实施程度的变量作为控制变量。为了测量选举竞争的激烈程度,我们在问卷中设置了这样的问题:"您村最近一次村委会选举中,有没有候选人用下列方法争取选票?"在问题之后我们分别列了9种竞选拉票的方法。根据受访者对这九个项目回答的情况,我们进行因子分析,发现可以抽取两个因子。第一因子我们称之为"竞选承诺因子",因为它包括"答应当选后为村民办实事"、"答应当选后少收甚至不收提留"、"答应当选后调查前任干部的腐败问题"、"答应当选后带领大家致富"以及"答应当选后用自己的钱为大家谋福利"这几个项目,这些手段主要表现为候选人通过承诺当选做一些事来争取选票。另一个因子叫做"关系拉票因子",包括"走家串户争取支持"、"请村民吃饭以联络感情"、"请族长帮忙争取选票"及"动员亲戚朋友帮忙争取选票",这些手段主要是通过感情联系和关系来争取选票。

我们再来看一看测量村委会选举的指标。以往的研究表明,选举是否规范与村民的参与程度有很大关系[1]。我们认为选举是否符合选举规范应该是一个

---

[1] 胡荣:《理性选择与制度实施:中国农村村民委员会选举的个案研究》,远东出版社2001年版。

综合的指标,这里包括候选人如何提名,正式候选人如何产生,选举投票的程序等。为此,我们用表5所列的15个项目来测量选举的规范性。关于候选人如何提名的问题包括:(1)村民直接提名候选人(包括单独提名和联合提名);(2)党支部提名候选人;(3)乡镇提名候选人;(4)上届村委提名候选人;(5)村民代表提名候选人;(6)村民自荐成为候选人。在这六个问题中,第1、5和6个问题都是正面问题,越多被访者肯定回答这些问题,表明选举提名的基础越广泛,不是由上面在小圈子划定候选人。第2、3、4三个问题则是负面问题,越多被访问者肯定回答这些问题,表明提名的程序越不民主,是由少数上级领导圈定候选人。问题7至10是关于正式候选人如何产生的:(7)正式候选人是否由村民投票产生;(8)正式候选人是否由党支部决定(9)正式候选人是否由乡镇决定(10)正式候选人是否由村代表投票决定。最后5个问题是关于投票选举方式的:(11)是否差额选举;(12)是否开选举大会由全体选民投票;(13)是否使用流动票箱;(14)是否设立固定投票站;(15)是否设立秘密划票间。因此,除了把是否差额选举、是否开选举大会由全体选民投票作为选举是否规范的指标外,我们还把是否设立流动票箱、是否设立固定投票站以及是否设立秘密划票间作为选举是否规范的指标。每个村庄在这17个项目上的得分加在一起就是该村在选举规范性方面的总得分。

从回归分析的结果可以看出以下几点:

(1)在加入其他控制变量后,男女两性在村级选举中的差异仍然很大。在模型I(表3)中,只有选举竞争程度的两个因子、选举实施程度和村庄离县城距离这几个控制变量,从回归系数可知男性比女性的参与程度高4.66分;在模型II(表3)中进一步加入了是否党员、是否当过村组干部、是否参军、年龄、上学年限等因素之后,男女两性在村级选举中的差异仍然很大,男性比女性的参与程度高4.26分,只比模型I降低了0.4分。这说明用男女村民在村级选举中参与的差异很大程度上是由性别差异本身造成的,而不是由于男女村民在政治面目、是否当过村组干部、有没有参军的经历以及文化程度等方面的差异造成的。

(2)是否党员和是否当过村组干部对村民的政治参与有很大影响。在控制其他相关变量的情况下,党员比非党员的政治参与程度高6分,当过村组干部者比一般村民高6.759分。不过,参军的经历对村民在村级选举中的参与并没有影响。

(3)年龄对选举参与的影响呈倒U型,教育程度对选举参与的影响不具有统计显著性。就像前面比较平均数分析所表明的,年龄对选举参与的影响呈倒U型,即随着年龄的增长参与程度也逐渐提升,但到一定程度后又随着年龄的增长而下降。不过,在控制其他变量的情况下,受教育年限对选举参与的影响并不具有统计显著性。实际上，由于村级选举只是在行政村的小范围内进行，参与村级公共事务并不一定要具备一定的文化程度。

（4）选举规范实施程度和选举竞争激烈程度都对村民的参与程度有很大影响。在两个模型中，选举规范实施程度这一变量对因变量的影响不仅具有统计显著性，而且标准回归系数分别高达 0.153 和 0.139。虽然两个反映选举竞争激烈程度的因子对因变量的影响都具有统计显著性，但它们影响的程度和方向是不一样的：竞选承诺因子对选民的参与程度不仅影响程度大，而且是正向的，即候选人越是较多地用积极承诺的方式争取选票，选民参与的程度也越高；关系拉票因子对选民的参与程度有一定影响，但不是太大，而且是负向的。

表3　影响男性在村级选举中参与的诸因素的回归分析

预测变量	模型 I	模型 II
性别	4.667(0.153)****	4.246(0.139)****
选举是否符合规范	0.818(0.145)****	0.859(0.152)****
选举竞争程度		
选举拉票因子	3.058(0.204)****	2.617(0.175)****
选举承诺因子	−1.384(−0.092)**	−1.150(−0.076)**
村庄离县城距离	−0.179(−0.152)****	−0.217(−0.183)****
是否党员		6.040(0.141)****
是否当过村组干部		6.759(0.161)****
是否参军		2.264(0.038)
年龄		0.343(0.314)
年龄的平方		−4.279E−03(−0.371)*
上学年限		5.014E−02(0.012)
常数	4.944****	−2.622
N	710	694
Adjusted R Square	11.9%	18.3%
F	20.098	15.090

小　结

从以上分析可以看出，男女两性在农村选举中的政治参与情况差异甚大。从总体上看，男性村民的参与值为8.57，妇女只有3.97，不到男性的一半。在分别加入文化程度、政治面目、年龄、是否村组干部等因素后,男女之间的政治参与情况仍然存在很大差异。这表明,农村妇女在村级选举中参与程度低并不能简单地从妇女文化程度低或妇女干部少这些方面加以解释。一些跨国比较表明,在发达国家,男女的政治参与差异不大,而发展中国家的差异较大[1],一个国家内部的比较研究也表明,发达地区男女在政治参与方面的差异小于落后地区。史天健在北京城市社区的研究表明,男女市民的投票参与虽然都受年龄的较大影响,但二者的参与率相去不大[2]。北京是中国的政治和文化中心,那里的居民素质较高,女性就业的比例也相当高,因此男女的政治参与差别不大。但中国农村多为落后地区,居民文化素质较低,男女性别分工存在很大差异,在男主外女主内的性别模式下,通常女性很少参与村中的公共事务,而把更多的精力放在家务和子女教育方面,因此二者在政治参与方面才会存在如此巨大的差距。因此,在现阶段要从总体上提高妇女的政治参与水平,不仅有赖于进一步推进和完善村民自治,还应该从整体上提高农村居民的文化素质,从根本上改变妇女处于从属地位的传统性别角色分工。

(原发表于《华东师范大学学报》2006年第5期)

---

[1] Nie, H. Norman, Sidney Verba & Jae-on Kim, "Political Participation and Life Cycle." *Comparative Politics* 1974:6(3).

[2] Shi, Tianjian, *Political Participation in Beijing*. Cambridge: Harvard University Press. 1997:170.

廖泉文,女,厦门大学管理学院企业管理系教授,博士生导师,厦门大学人力资源研究所所长,1993年起享受国务院特殊津贴。先后承担省部级课题10项,横向课题11项,在《经济管理》、《中国人力资源开发》等刊物发表学术论文60余篇,出版《人力资源管理》等专著教材20余部,曾获2005年度国家精品课程及福建省社会科学优秀成果一等奖、二等奖各一项。

女企业家成长的环境研究

摘 要: 在中国市场经济改革逐步走向深入的过程中,一支高素质的企业家队伍的形成至关重要。然而,我们不应该忽略其中一个重要的组成部分——女企业家。本文对女企业家成长的有利和不利环境进行了深入而细致的分析,尖锐地指出,正是中国传统的文化和观念意识束缚了女性自我成材的意识,成为她们发展为杰出企业家的障碍。最后,本文还有针对性地提出了造就女企业家成长的对策,呼吁广大的女性勇于面对挑战,在职业道路的选择上,主动策划,选择更有均等条件、更具市场机制的企业家市场切入,使一批优秀杰出的女企业家迅速成长起来。

关键词: 女企业家 成长环境

随着中国经济改革的深入,一支充满生机的企业家队伍已逐步形成,这支队伍虽然还小,但已走出两个低谷:等级制低谷和农民企业家低谷。等级制低谷指把企业变等级制机构,厂长或经理成了终身制的行政长官,他们不是以企业作为自己终生奋斗的舞台,而是以企业作为自己晋阶升官的跳板,这个低谷持续了20余年。农民企业家低谷指改革开放初期,一批毫无包袱的农民,凭着勇敢无畏和无所牵挂,闯出一条办企业的路子。虽然他们有的腰缠万贯,但因知识水平低,缺乏必要的文化教养和工商管理知识,在激烈的市场竞争中缺乏后劲,在国际市场上难以打开局面。他们中虽然有落有涨,有成功有失败,但人们仍因他们的素质、战略、经营水平而统称其为"农民企业家"。这个低谷也持续10年之久。近十年来,一批既有很高的学历和素质,又有胆魄和战略的企业家悄然兴起,这支队伍目前虽然还不大,但却生机勃勃,充满朝气,是中国有史以来企业界最杰出的人物。他们对自己、对社会、对未来都充满信心,新的价值观将使他们踏上一个崭新的台阶,形成中国职业企业家的阶层。

在这支生机勃勃的队伍中,有支不为人们特别注意的小队伍更是充满活力,这支小队伍就是女企业家队伍。

促使我对这一课题进行研究的原因是一个小故事:我参加某市召开招聘企业家的专家面试小组工作,其间要求有一位较成功的企业家来当考官,再三遴选的结果,推出一位女企业家参加这个小组,由此引发我研究女企业家成长的环境要素。

一、女企业家成长的不利环境分析

美国 90 年代初的一项调查表明,新成长的中小企业的经营者中有 40% 是女性。而 80 年代初,美国的企业家中只有 5% 为女性。我国的女企业家占企业家的比例远低于美国 80 年代的比例。我在最近几年参加的企业家招聘中,过五关斩六将到达诊断性面试的女性一个也没有,女企业家的成长面临不少困难,这是所有关注妇女成长和妇女解放的人们都已经注意到的问题。

(一)历史的沉重包袱

在中国历史上,女性虽然一直处于从属地位,在相当严格的男尊女卑的道德约束下,仍然出现一些杰出的优秀的女性军事家、文学家和政治家,如武则天、穆桂英、佘太君、李清照、秋瑾,她们的才干获得人们的尊敬,口颂文传至今。"五四"文化运动以来,提倡男女平等,更涌现出一批优秀的女政治家和文学家,但仍然很少听说有女企业家。在即将跨世纪的今天,活跃在企业家舞台上十分杰出的优秀人物,仍然缺少占全国 49.5% 的女性代表人物。首先,"轻商"是中国文化中的有代表性的价值观。从中国的历史看,轻商思想严重,"士农工商",商摆在四种职业之末,"商人重利"、"商人唯利是图"等成为深入我国基层普通百姓的道德观念和行为准则,成为人们衡量事物的标准。这种"轻商"思想,至今在文化古城北京、西安等地,仍十分严重。

其次,"女性经商不可取"更是中国文化中轻视妇女的重要价值取向。"男主外,女主内",女人不可参政、议政,更不能经商,女人一进入"孔方兄"中,就满身铜臭,失去女性的温柔和纯洁。

近代以来,在性别平等的思想萌芽的启示下,女性进行一系列的争取女权的斗争。争取"受教育的权利"、"参政议政的权力"、"职业道路选择权力"是女权斗争的焦点和重点。但这场斗争始终未有涉及女性进入经济核心——企业管理者之类的问题。

在争取自由、平等的斗争中,在中国封建文化"轻商"思想的影响下,女性本身自身也不愿意参与带"铜臭味"的工作。"商人重利轻别离",女性本身在思想深处对自身角色的认识促使她们远离企业家这一角色,认为这不够崇高,不够圣洁,不够有身份。女作家、女诗人、女政治家似乎更能唤醒内在的觉悟,更适合女性理想角色的认定,这历史沉重的认知错误影响几代人对女企业家这一角色的追求。在改革开放初期,"女企业家"这一角色在中国几乎是缺位的,女企业家这一名词也很少在中国的书报上出现。

(二)社会的多角色要求

企业家这一职业明显包含三个特征:终身的拼搏精神、风险性和创新性。因此企业家要有很高的心理素质,能经受"高潮"和"低谷"的压力,能经受褒贬不一的评论,能承受瞬息万变的信息的冲击;企业家还要拥有充沛的精力和终身在企业这一舞台上的拼搏奋斗的信念;企业家要有创新性、适应性、竞争性和斗争性,所有这些,界定了企业家这一职业的对素质和品质的特别要求。

社会对女性的多角色要求抑制了女性缺乏应有的拼搏精神,社会要求女性先做好女儿、媳妇、妻子、母亲的四个角色,然后才认可女性的职业角色。男性通常只要在职业角色上做得出色就能得到社会的认可,儿子、女婿、丈夫、父亲的角色即使做得不好,没有到位,也容易得到社会、家庭和旁人的原谅。同时,新闻和报刊也会赞扬他们只顾事业,不顾家庭的行为。一个受鼓励的行为容易得到正向强调,一个受鼓励的行为容易得到理解、支持和信任,一个受鼓励的行为容易获得成功。相反,社会对女性的要求很苛刻,即使她个人的职业角色十分出色,表现了杰出的才华,也容易因为家庭角色没有到位或到位不够而备受责难,不能受到鼓励的行为缺少动力,不能受到支持的行为容易半途而废,多重角色的到位必然使女性失去拼搏所需的时间、精力、勇气、斗志和激励,这是女企业家难以在多重色中脱颖而出的原因之一。

对女性多重角色的要求削弱了女性承担风险的能力,而企业家是风险大的职业,许多重大决策都要求有承担风险的勇气和胆略。成功和失败有待取决于一瞬的决策或市场环境的偶然变化,风险意味着可能成功也可能失败。如前所说,社会对男性角色的要求比较单一,这种单一促使男性在风险决策的瞬间可排除来自企业之外的多方位的干扰,女性多重角色的要求,使其胆略和气魄受到制约,"牺牲个人的职业追求"常是多重角色对女性个体的强迫性选择。因此,在风险决策面前,女性的腰杆子不硬,考虑的因素很多,孩子的上学、丈夫的衣食、婆婆的侍候等均在其考虑之中。因此,女性常裹足不敢前,坐失许多良机。

社会对女性的多重角色的要求使女性缺乏创新心,囿于多重角色,甚至有时是相互矛盾的角色,使女性的思想创新受到压抑,保守思维不适应企业家的职业需要。

社会对女性多重角色的要求使女性失去企业家职业最重要的三个素质:拼搏精神、承担风险的勇气和创新的思维。

(三)缺少均等就业机会和均等提拔机会

尽管历史、文化、习俗约束了女企业家的自我觉悟,社会多种角色的负担制约了女企业家的自身素质的培养和锻造。当前改革开放的社会环境中,仍然缺少女企业家发芽、破土、成长的土壤。

当前的社会环境中,女企业家首先缺少均等的就业机会。企业家的成长是一个学习、积累、实践、渐进的过程,女性克服各种困难,获得与男性相同的受教育机会,但并未获得与男性均等的就业机会,"女大学生就业难"、"女硕士生就业难"、"女博士生就业难"的状况并未随着改革开放的推进而略加改善。相反,在我国供大于求的劳动力市场上,女性获得的就业机会更少。有些学者在研究我国劳动力市场理论时,认为供大于求的劳动力市场现状,只有减少劳动参与率的人数、成分和比例,方能解决目前日益增多的社会冗员问题。为减少劳动参与率,许多学者公开提出减少女性的劳动参与率,这些较有权威的学者的理论为那些满天飞的无视女性就业具有均等的基本权利而出的招聘广告提供了依据。这些招聘广告可以毫无理由地在男女均可就业的岗位上公开标明"不要女性",甚至高等学府、研究机构、政府机关也公开拒绝女性就业,不均等的就业机会使一些有志于企业家这一职业的女性未能获得相应的基层或中层岗位,未能获得积累、学习、提高的机会,她们的成长没有土壤。

缺少均等的就业机会使一些女性失去生命中最具亮点的朝气蓬勃的青年职业起点。即使她们进入渴望获得的企业管理者的基层位置,紧接着又因为缺乏均等提拔机会而浪费了她们身上独见的企业经营才华,企业提拔其基层干部和中层干部时,很少考虑女性。女性企业家难以获得均等提拔的原因很多,除了长达几千年的男尊女卑思想根深蒂固,社会文化习俗的重负之外,还因为企业家这一职业的特殊性,这一职业就好比宇航员、飞行员一样,常有性别的垄断性,女性未获得均等就业机会就如幼芽未获得阳光水分一样,只能枯死于萌芽状态中。

美国著名女企业家玫凯琳曾在几个企业中工作至50岁,备尝不均等待遇的痛苦,她满怀经营管理之才,被埋没在企业经营秘书的岗位上,到她50岁退休时,她才开始踏上自己当一个企业家的艰苦历程,历时20年。在她70岁时,她成功了,她在她70岁生日上骄傲地说:妇女也能当企业家。

是的,缺少均等的就业和均等的提拔机会,使许多女性失去成长的土壤和阳光雨露的滋养,她们的才华未能获得尊重和发展。

(四)报酬中的不公正现象

女性报酬上的受歧视较之就业受歧视更甚,这几乎是一个全球性现象。美国职业妇女曾经多次对报酬不公提出起诉,美国著名的女企业家玫凯琳在她50岁退休前的职业生涯中最终的体会之一是你无法知道自己为什么比相同工作的其他男性报酬低,甚至能力、水平比自己差得多的男性也比自己的报酬高。因此,她在50岁退休时才决定把自己领悟到的管理的黄金法则用于实践中,这一

黄金法则表述为:"你希望别人怎样待你,你就必须怎样待人。"后来她获得巨大的成功。女性报酬不公现象在中国也存在,目前存在最多的是在三资企业、民营企业和报酬等级较为模糊的职业中,三资企业、民营企业男女同工同酬几乎不必给予解释,因为中国关于同工同酬的相关法律很不完备,可以给这些企业主予很多的机会。此外,一些报酬等级较为模糊的工作,如小学教师、某些管理公司、某些顾问公司、某些特别的岗位等,其报酬不公的重要根源是晋升的不公。报酬不公又带来社会地位的不平等,图1表达这些因素间的相互关系。

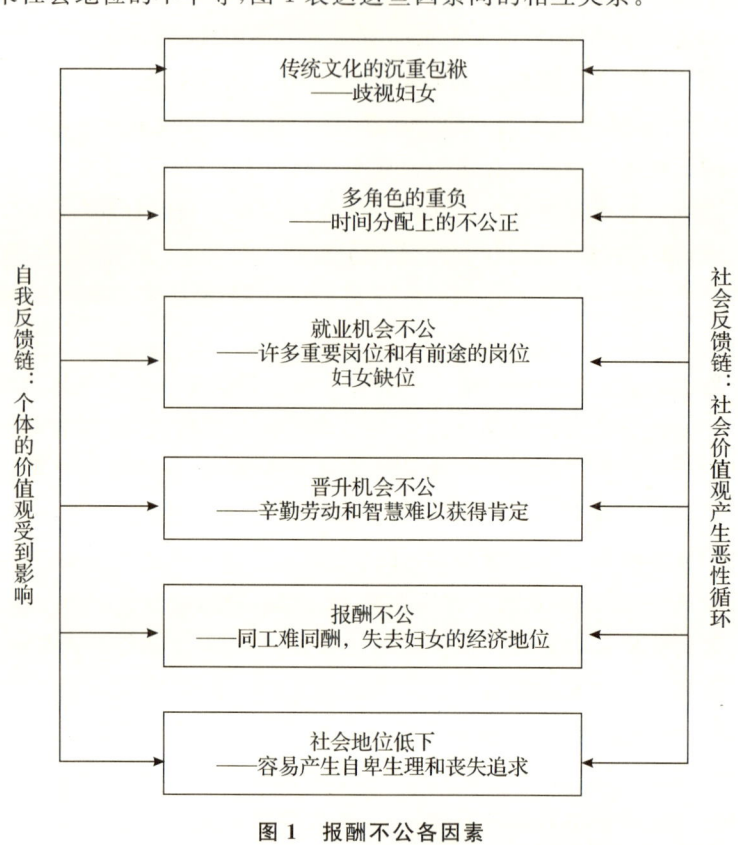

图1 报酬不公各因素

二、女企业家成长的有利环境分析

前文分析了女企业家成长的不利环境。但是,随着新中国成立后与改革开放后的社会变革,女企业家的成长获得有利的环境,这些环境不仅催生女企业家,也帮助她们成功。

(一)晚婚节育的国策决定了新一代男女平等趋于可能

晚婚使妇女获得完全教育、获得高等教育成为可能。传统的五代同堂、早生贵子使妇女过早地进入婚姻，踏入家庭，担负管家生子的重负，她们经常为了早婚而过早放弃接受教育。小学教育、中学教育、大学教育、硕士教育、博士教育，共需 22 年（6＋6＋4＋3＋3＝22 年），即使 6 岁上小学，每考必中，每期必升，当她完成一个人的博士教育时也已 28 岁，完成硕士教育也已 25 岁，何况我国的高层教育门槛高，竞争十分激烈，每考必中并非易事。那么，一个有志于追求最高学位的人在获得最高学位时通常都已 30 挂零。对一个男性学生而言，在他求学生涯中，结婚与不结婚的影响并不很大，他的亲人不仅会给以全部的支持，妻子也会以他为荣，含辛茹苦地承担她的义务、责任和牺牲。但对一个女性学生而言，结婚与不结婚就完全可能中止她的求学，在传统价值观中，已婚女子的责任是相夫教子、孝敬公婆，是奉献青春、美丽、辛劳的开始，她必须中止求学，进入厅房、厨房，肩担家庭琐事。50 年前的中国不用说了，那时女生寥寥无几，就是 20 年前、30 年前的中国，接受高等教育的女性也是凤毛麟角，多数女性都接受命运的安排，过早地结婚生子。

晚婚给了女性学生追求高学历的可能，晚婚给了女性学生与男性学生在考场一较高低的可能，晚婚给优秀女性以开发潜能、发挥才华的可能。晚婚是女性获得男女平等的重要机会。

节育是她们获得的第二个重要机会。"多子多福"、"养儿防老"的传统使中国妇女成为生育的工具。解放初期，由于部分政策的误导，还出现生育多而被冠以"英雄母亲"的称号，长达数千年的"多子多福"的文化使踏入家庭的妇女除了生育、抚育孩子和繁忙的家务外，难以有别的追求。"阶梯式"的只间隔二三岁的子女群使她们不仅失去青春、美丽、智慧，而且失去对美好生活的追求和事业的追求。在一群嗷嗷待哺的孩子中，燃烧所有的梦，所有的美好。在她们获得解放的时候，即孩子长大、娶妻生子之后，她们又跌入另一个深渊——抚育第三代子孙，她们走到人生的尽头却无法真正地了解自我的价值。节育，一对夫妇只生一个孩子，使许多妇女在结婚生子之后可以继续事业追求，她们可以理直气壮地设计自己的职业生涯，可以参与与男性的竞争，因为只生一个孩子，而迅速获得解放，节育是他们的第二个重要的争取男女平等的机会。

除了晚婚节育使女性获得真正男女平等的可能外，观念的更新、人生的多种选择被认可，使单身贵族成为可能。女性独身，或离婚后不择偶均受到尊重。她们的选择可能有个体原因。这种选择在过去会受到群体的攻击，从而失去生活的信心和向上奋斗的勇气。虽然有少数杰出女性冲破社会偏见而获得成功。但这些成功的女性多数属于留洋归国的专家、教授，扎根于我国封建土壤的中国文化，基本上不认可独身女子。"寡妇门前是非多"、"人言可畏"、"人言似刀"使许多女性蒙受不白之冤，或过早地结束自己的美梦和生命。因此，观念的更新、价值观的改变,非此即彼选择的破灭,使女性获得了更高的发展空间。

(二)女性受教育的数量和层次显著提高

随着改革开放的深入,我国教育水平获得大幅度提高。女性受教育的数量显著增多,受教育的层次显著提高。硕士教育、博士教育中女性的比例逐年提高。十年间,上升了 20 多个百分点,我在《论妇女职业道路与大学教育》[①]一文中有专门的论述,有不少专门的资料,本文从略。女性受教育的数量和层次的提高,显然增长了她们的才干,提高了她们的竞争能力,同时使他们追求的层次和追求的目标更大更高了。

(三)女性的自我觉醒和创业意义加强

随着女性受教育的数量和层次的显著提高,必然带来女性的价值观的改变。改革开放给每个人以更多的机会开发自己,同样也给女性以更多的机会去施展才华。

1. 女性认识到竞争的社会必须先自强

竞争给了不同性别、不同年龄、不同出身和背景的人以更趋于平等的机会。均等受教育的权利使女性提高素质,拓宽了视野。同时意识到竞争的机制要求参与者的水平和能力要大大加强,她们勤奋学习,攻克了生活和学习上的难关。要竞争必先自强,只有具备了高素质才能获得竞争的成功。

2. 女性认识到竞争的社会不能再依赖他人

自古以来,男主外女主内,女性在漫长的历史中总是依赖男人主持一切。女性尽管辛苦,但对社会的责任小。近代社会,"依靠男人宽阔的肩膀的保护"更是成了"小鸟依人"的女孩永恒的爱的理想。"白马王子"都必须有保护能力,"窈窕淑女"都必须林黛玉般的娇柔无力。但是,竞争的社会把女性和男性推到同一竞争场所。面对无情的竞争机制,任何依赖他人的梦想都成泡影。在职业竞争中,性别的意识被淡化了,在优胜劣汰的环境中,女性的依赖性不复存在。为了发展自己,女性不再依赖他人,她们将从"小鸟依人"的弱者变成"雄鹰展翅"的强者。

3. 女性意识到竞争的社会必须确定坚定的奋斗目标

没有自己奋斗的目标,最多也只是换一种方式的依赖,竞争的社会必须确定自己的目标,并且朝着目标去努力,这种目标从朦胧逐步走向成熟,从摇摆不定逐步走向坚定不移。

4. 女性意识到竞争的社会必须学会创业

几千年的文明,实际上书写的是男人创业史。只有极少数杰出的女性被描

---

① 《东南学术》1998 年 3 期。

上几笔。社会虽然发生了重大的变迁,女性受教育程度、个体的素质、能力、工作的水平,得到了极大的提高。但是,"家大业大"都是男人创造的,如何确定自己的目标,如何获得自己发展的空间,最主要的方法是自己创业,创业的意识是女性各种觉醒中的最重要觉醒,是真正解放自己,自觉进入竞争状态的起点。

(四)女性可供选择的机会激增

随着全球经济一体化,对于妇女而言,非此即彼的二元选择已经过时。妇女们正探索与传统女性作用不同的多种选择机会,那些在专业上颇有建树的女性,已经开始进军政界领袖和企业家队伍了。美国在1986年的统计表明,妻子们挣的钱占家庭总收入的40%,"双职业生涯"使夫妻双方均可为自己的事业成功去拼搏,而不需要其中一方用牺牲换取另一方的成功。女性已不再是妇、幼、医、护、服务等五个行业的主力军,而是更高、更广的领域中去作选择、去努力、并去参与竞争,接受挑战了。

(五)市场经济的大环境打破了性别歧视的枷锁

我看过一本书《成功的女性上班族》。这本书提到职业女性的苦恼,其大意是如果你是一位职业女性,从高科技到高金融,从制造业到医学,从航空到汽车工程,任何行业中,你很可能发现自己处于某种使人难堪和气恼的境况中。例如你比自己的男同事效率更高、更成功,但突然你发现自己时刻要向他汇报工作;你的有价值的意见在重要的会议上得不到认可,可是当一位男同事提出相同意见时却得到了表扬;你的男同事在会上对你发出猛烈攻击,但在走出会场时,他会握着你的手说:"请别对我的话太在意了"。所有这些,都是职业女性在工作中时时面临的困惑。但市场经济的大环境迅速打破了这种性别的歧视,市场经济要求每个企业遴选最有价值的人才担任重要的岗位。如果女性比她的男同事工作效率更高、更成功,企业就会排除性别的偏见而提升更适宜这个岗位的女性。此外,市场经济的大环境也会使受到攻击的女性勇敢地反击她的男同事,然后同样对他说,"请别对我的话太在意了"。因为,市场经济不再会有太多的性别偏爱,而会有更多的成功偏爱。女性将在这个大环境中自己解脱性别歧视的枷锁。

三、造就女企业家成长的对策分析

美国的一位女企业家曾经说过:"上帝赐给女人特殊的天赋,使得她们经商更具优势。"自古以来,商场都是男人的天地。但随着"金字塔"式的结构被打破,随着市场经济的大潮冲击了计划经济的大礁石,女性的特殊天赋被表现出来了,那就是希望人人公平,希望大家能释放感情和信任,善于在艰苦的谈判中表现耐性,能够在谈判中应付分歧,善于均衡各方力量使矛盾各方趋于平和。所有这

些,都是现代企业领导者必须的,也是企业领导者必须具备的天赋,女性经商的优势就在这里。但是,为了支持更多具备企业家优点的女性能够脱颖而出,我们必须研究一些行之有效的对策,文中提出这个对策分析。

(一)完善反对性别歧视的法律

我国宪法、劳动法均明确规定了妇女的平等权利,但关于人力资源的相关法律仍然很不完善。美国1982年的"皮莱斯——瓦特亨斯诉霍普金斯"一案引发了全国高级法院于1989~1991年重新修订了"公平雇佣机会"的法案,更加重视雇佣中、晋升中对女性的公平对待,该案的背景是这样的:1982年,波兰提舒夫女士,被推荐为皮莱斯——瓦特亨斯会计公司的合伙人。那时,公司有662名合伙人,其中7名为妇女。1982年,88名候选人只有波兰堤舒夫是妇女,她在上一年曾为公司赚了2500万美元。然而她仍未被挑选上,仅被留作下一年的备选。为此,她提出辞职并以第七款为依据提出上诉。这一上诉案经过几审长达7年之久后,终于在1989年胜诉。目前,在我们国家办的报纸上,铺天盖地的招聘广告上不需说明任何理由地将某些不具备性别差异的职位应聘条件限定为"男性",这种非均等就业机会为什么比比皆是?因为我们的法律对此未有十分明确的规定。又如,在晋升过程中,对女性退休年龄的限制比男性提前5年,但一些专业领域较狭窄和一些高层次的岗位女性的身体条件并不比男性的身体条件更难胜任,女性的平均寿命不仅高于男性,而且50岁之后的女性身体也不比50岁之后的男性差。由于均等就业机会和均等晋升机会的相关法律不完全,就使得许多女性既无法公开争取自己平等的权利,有关的领导也未受到相关法律的约束,而任意凭自己的喜好进行不着痕迹的"性别歧视"。

我本人在高校多次地听到某些领导毫无理由地大声宣称:"留校教师不要女的"。他们均受过高等教育,受过很好的教养,但他们仍然轻视妇女。尽管当年应届的女研究生才华显著优于男生,仍未能获得均等待遇,而这些领导也不可能因此受到任何的批评或起诉。

进一步完善人力资源的相关法律,是使女性人才健康成长的必要条件。

(二)进一步开发解放女性家务负担的社会家务系统工程

由于传统的、文化的、家庭的各种制约,在家务劳动分摊上是难以获得公平的。许多女性在多种角色中最无法摆脱的是妻子、母亲的角色,这两个角色要求她们尽量地操持家务,以使家人能获得热饭热菜,享受家庭的温暖。但优秀杰出的女性在事业的竞争中,繁忙和劳累是必然的,如何使她们能腾出时间发挥她们的才华?其中政府的职能就是进一步开发家务劳动系统工程。目前已开发的食品超市,解决了女性部分的家务劳动。在这一方面,社会的潜力仍然很大,政府

可以进一步强化这种开发,包括鼓励和开发家庭钟点工服务;鼓励为若干个小家庭服务的对口味的连锁饭店;支持更大的住宅而使得某些家庭可以雇佣农村保姆进城;进一步开发家庭电器服务系统使家务劳动趋于量少。总之,家务劳动社会系统工程需要政府的干预和努力,也需要市场机制来完善,这种能量的释放,是女性快速成长的重要保证。

(三)政府的主动策划——推动企业家市场的形成

一个伟大国家的创立,其中重要的基础之一是这个国家的综合国力,一流的企业需要一流的企业家。因此人们预言,下一个世纪世界竞争的重点不仅是高新技术人才的竞争,更重要的是一流企业家的竞争。如何造就一流的企业家,是所有关心社会进步、国家繁荣的人们共同关注的课题。

中国千百年的文明史,造就了中国悠久隽永的中国文化,中国文明社会的不断演进,造就了世界一流的政治家、军事家。但是,一个世纪以来中国所走过的坎坷曲折的发展之路,制约了中国企业发展的速度,制约了中国企业家成长的环境。因此,造就雄踞世界一流的企业和企业家,对于今日的中国,仍然是一个重要的课题。尽管众说纷纭,各家均有各家的说法,如激励机制、约束机制的形成,宽松的环境等,其实最重要的是培育和完善企业家市场,企业家市场的运作会使企业家迅速成长,一批职业企业家进入市场,市场机制会催生企业家。但市场的运作需要启动力,这个启动力就是政府的主动策划——推动企业家市场的形成。目前已有若干个省市正在建立企业经营管理者的评价中心,福建省于1999年4月已开始启动这个市场,几十家企业提出要"买"企业家。几百位"企业家"要"卖"出自己的经营才华。这种"选聘"和"应聘"的启动,最终会推进企业家市场的良性循环。

企业家市场的运作,使女企业家能够获得均等的进入市场竞争的条件。一批受过高等教育的女性,她们在实践工作中已积累了相当的经验,她们有大志,有才华,过去缺少机会,现在机会来到面前,她们将进入市场,接受市场的挑选。

(四)女性职业道路的主动出击——选择更具市场规律的企业家市场切入

在女性职业道路的选择中,从政、从学、从商三者之中,女性的经商才能似乎较之前三个领域更具优势,特别是从政缺少市场机制,人为因素更多。几千年封建文化的影响仍未能从人们心目中排除,武则天、西太后等女政治家的负面影响相当深刻地左右了人们的选择。"从政"的天地里只为女性留下了极小的空间,即使有一点席位,人们的印象中也不过是"点缀"和"花瓶"而已,只是一定的比例的需要。"从学"虽然较"从政"的人为因素少,但"从学"的文化底蕴要厚实,女性由于几千年的传统影响,家庭的教育、学校的教育底子更薄些,在许多空白的领域中难以速成。"从商",目前已更具市场机制,给予女性的天地和空间也大一些,无论是个体创业,用自己的智慧和才华去开辟一片天地,还是参与市场竞争,进入企业家运行机制,女性都将获得更多均等的机会,"上帝赐给女人特殊的天赋,使得她们经商更具优势"。女性在职业道路的选择上,必须主动策划,选择更有均等条件、更具市场机制的企业家市场切入,使一批优秀杰出的女企业家迅速成长起来。

结　语

古老的文化告诉我们,女人必须学会服从;近代的文化告诉我们,女人必须学会忍耐;现代的文化告诉我们,女人必须学会奋斗。只有学习、努力、奋斗,女人才会去展出智慧、展出才华、展出志气、展出勇气,女人才会获得发展的空间。中国的职业企业家还在萌芽状态中,经验告诉我们,这就是女性的机会,希望所有敢于面对挑战的女性,去参加这一划时代的竞争吧,去迎接这一划时代的挑战吧,争取成就一批女企业家,为祖国、为社会做出我们应有的贡献。

这篇文章基本上是我在京—厦往返的飞机上完成的,中国的女性在新中国半个世纪的历程中,有许多值得珍惜的脚步。我随着这个成长走到了"知天命"的年纪,我感触颇深,我似乎感悟到自己的许多责任,我开始关注我们女性共有的某些事业。这篇文章算是我对许许多多职业妇女的努力奋斗的一点献礼吧。

今年春节过后,我特别繁忙。但我忙得充实,厦门大学人力资源研究所在厦门大学78周年校庆那天成立,我作为首任所长想到了我国人力资源开发许多急需开垦的处女地。我想做的第一件事是帮助企业家市场的启动和运作,第二件事就是女性人力资源的开发。我曾用奔流不息、穿山破石的小河来比喻企业的发展力,那源源不断的流水,来自水的积累;那奔流不息向前的力,来自地势产生的高度。女性的发展也如那小河,一方面女性对自己的知识和素质应有量和质的积累;另一方面,女性必须借改革开放的东风,借企业家市场的启动所带来的优势。女性的发展会给社会带来什么?仍以小河作比喻,那奔流不息的小河,最终会汇入大海,增强国家的国力,那奔流不息的小河会灌溉两岸的土地,滋润万物,给社会带来勃勃生机,给民族带来兴旺发达。

(原发表于《世界经济文汇》1999年第1期)

司卓亚，女，1973年参加工作，1980年厦门大学化学系毕业留校任助教。1985年起任厦大新闻传播学系办公室副主任、主任，1993年任新闻传播学系党总支副书记，1996年任党总支书记，1997年评聘高校管理副研究员。1999年任厦大生命科学学院党委书记，2008年退休。

培养适应知识经济时代的女新闻工作者

摘 要：应对信息技术发展导致的新闻传播的媒体、传播方式的改变,为了避免在就业中一直处于劣势地位,女新闻工作者应在政治修养、知识修养和业务修养等多个方面提高能力。

关键词：女新闻工作者 素质教育

自90年代初联合国研究机构提出"知识经济"这一概念以来,该概念得到世界各国的广泛认同。知识经济相对于传统物质产品经济而言,指的是以知识为基础的经济。信息化是知识经济时代最突出的特点,由于信息技术的发展,新闻传播的媒体、传播的方式都发生改变,这向学生的新闻素质培养方面提出新的要求。

新闻素质教育历来强调三个大的方面：政治修养、知识修养和业务修养,信息化浪潮促使我们正视培养学生适应电子传播时代的新的业务素质。在信息化的大潮中,我们必须格外关注电脑以及国际互联网给新闻传播工作带来的形式上的改变,在培养学生的业务修养方面做出全新的努力。

对于全国的高校毕业生来说,近年来的就业形势都不乐观,女生尤其受到冲击。我系由于女生比例大,相对来说成绩好的学生也以女生居多,但用人单位宁愿招聘成绩相对差些的男生,而把女生当成次选,造成有些女生虽然热爱新闻工作,但不能学以致用,找不到专业对口的工作。联合国教科文组织的资料表明,大多数国家中新闻学专业的学生中2/3是女生,然而进入就业市场后,女性就业人口至多只占传媒领域的20%～25%,我国的情况相对好一些,但也只在30%左右。

从新闻工作者必备的专业素质来看,女生在几个方面都存在不利因素。从政治修养来说,大多数女生擅长感性思维,对理论学习以及国际、国内时事政治不像男生那样有兴趣。在实际的新闻工作中,理论传播决定舆论导向,只有具备较高的理论水平,才能正确认识和分析现实,正确地宣传和贯彻党的方针政策,才能真正做好新闻传播工作。

统计资料表明,在我国新闻媒介的高级决策层中,男性占91.5%,女性只占8.5%;在中级决策层中,男性占82.4%,女性占17.6%,女新闻工作者比较喜欢业务工作,而不愿意承担领导工作。因此,提高女生的理论修养,是提高女性在媒体工作地位的重要方面。

从知识修养方面看,女生相对来说知识面比较窄,尤其是中学就是文科的学生,自然科学方面的知识比较少。随着知识经济的发展,有关科技的报道越来越多,新闻工作者经常担负向普通受众解释科学新发现、新发明的角色,这客观上要求新闻工作者必须有较好的自然科学素养,才不会犯报道"水变油"之类的错误。

另外,不同的媒体有不同的报道重点,如财经、法律等专业性比较强的新闻内容,需要新闻工作者部分了解,甚至比较专业地了解。因此,应该鼓励女生积极拓宽知识面,尤其是保持对自然科学知识的兴趣。

在业务修养上,由于女生一般学习都比较认真,因此在社会活动能力、调查研究能力和新闻敏感到文字表达能力方面,一般都不比男生逊色,即单纯以成绩而言,女生基本上都好过男生。但需要动手的方面,大多数女生总是不如男生主动、大胆。例如,女生对于最新的网络的兴趣和使用程度明显低于男生。

现在随着时代的发展,新闻工作越来越朝着要求新闻工作者采、编、播集为一体的方向发展,因而很多情况下女生难以像男生那样能在工作中独当一面。我们知道,新华社的外派记者中女性很少,因为无论女记者自身还是通讯社领导,都对女记者独自应付需自己驾驶汽车、自己使用沉重的摄、录像设备等的能力感到怀疑,甚至在某些情况下,如战争地区,大家总是更多地考虑女性的人身安全问题。广播电视新闻单位在择业选择中,有时宁愿用成绩差点的男生,也是基于同样的考虑。

虽然社会原则上承认男女平等,但在就业机会上女性处于劣势是一个不争的事实。教育工作者一方面应从课程设置、教学方法等科学地训练学生的职业素质,另一方面应注意针对女生的特点在心理上加强培养,使女生能够正视自身的弱点,树立自立、自强的信心。

(原发表于《传媒天地》2000年第3期)

唐美玲，女，现为厦门大学社会学与社会工作系副教授，主要研究方向为女性社会学，青年社会学。主持教育部青年课题"就业质量对青年农民工社会认同的影响研究"，"十一五"教育科学规划青年专项课题"高校毕业生就业质量的跟踪研究"等。主要成果有论文《青年白领的家庭角色与工作价值取向关系分析》、《女性公民的科学素养——对湖北省541位女性公民科学素养状况的调查分析》，专著有《青年白领女性的工作家庭冲突研究》等。

青年白领的职业获得与职业流动：
男性与女性的比较分析

摘　要：本文以青岛白领青年为研究对象，对青年白领的职业获得和职业流动情况进行性别差异分析。结果发现，从职业获得看，青年白领大多自主求职获得工作，男女求职困难程度差异不大。青年白领对职业的期望，随其家庭角色的变化而变化，职业流动过程中，青年白领女性比男性更多地流动到个体私营和三资企业等"体制外"的工作单位。

关键词：青年白领　职业获得　职业流动

一、引言

第五次人口普查的结果显示，我国 16～35 岁的青年人口有 44 000 万，是世界青年人口大国。实行计划生育政策 30 年以来，全国累计少生 3 亿多人，但庞大的育龄人口基数决定了，到 2020 年，每年新增劳动人口仍保持在 1 500 万～2 200 万，新成长劳动力就业需求十分旺盛①。据统计，我国 1 400 万待业的城市人口中，35 岁以下的青年人占 30％左右②；每年新增城镇劳动力 1 000 万，绝大多数是青年；农村有 1.5 亿～2 亿富余劳动力需要向非农产业转移，大多数也是青年；80 年代出生的接受高等教育的青年以每年 400 万～500 万的规模进入就业市场，90 年代出生的人口也将陆续达到就业年龄。改革开放后成长起来的新一代知识青年，他们受过高等教育，经受思想文化洗礼，从事较高知识含量和科技含量的职业，使他们成为新白领的主体，他们已经或正在成为我国各条战线上的骨干和生力军，特别是在那些新兴的知识密集、科技含量高的行业和部门，高

---

① 曾湘泉：《青年就业：我国就业战略研究关注的重点领域》，《中国劳动》2005 年第 10 期。
② 《"十五"期间中国青年发展状况与"十一五"期间中国青年发展趋势研究报告》，http://www.jfdaily.com。

学历的年轻人已经挑起大梁。在青年就业问题凸显时期,调查分析青年白领的职业发展情况,有助于加深对现阶段青年就业的了解,对促进青年就业和发展具有一定的指导意义。就业过程中的性别差异得到广泛关注,女性就业,特别是女大学生就业过程中的性别不平等现象屡见不鲜。现阶段青年白领的职业获得和职业流动是怎样的,男性和女性有什么不同?本文在对山东青岛青年白领问卷调查的基础上,分析青年白领的职业获得和流动状况,从社会性别的视角进行比较分析。

二、研究设计

1. 核心概念

本研究涉及的核心概念主要有两个:

(1)青年白领。本研究中的"青年白领"指改革开放和市场经济发展中成长起来的,具有较高学历和较好收入,以办公室为主要工作场所,年龄在35岁以下的城市在职青年。

(2)职业流动。随着职业在个体社会流动中重要性的增强,职业流动是劳动力流动和社会地位获得的重要的表现形式。本研究中的职业流动指青年白领在就业期间不同类型的工作组织之间的流动,在不同职业和行业之间的流动。这里的职业流动不涉及父辈与子辈之间的"代际"流动。

2. 抽样与样本基本情况

白领的产生与改革开放有密切的关系,白领职业多集中在经济繁荣的大城市、经济特区和沿海开放城市中。根据城市发展的特点和调查研究的可行性,本研究在山东青岛进行。2005年12月—2006年6月,从青岛市Q大学抽取了2000年毕业的文科、理科和工科各一个班级,对这三个班级在青岛工作的人所在单位的35岁以下的青年男女进行问卷调查。共发放问卷450份,收回380份,其中有效问卷为374份,问卷有效率为83.11%。调查样本中青年白领女性占57.2%,男性占42.8%;25岁以下的占30.7%,26~30岁的占55.9%,31岁以上的有13.4%;其中,未婚者占54.8%,已婚者为44.9%;从文化程度来看,大专以下的为10.2%,大专学历者占23.0%,本科为57.0%,硕士及以上占9.9%;从单位分布来看,国家机关事业单位占18.4%,国有集体企业为18.5%,个体私营企业为34.5%,中国合作/合资和外资企业为28.6%。

三、主要结果与分析

(一)青年白领的职业获得

对青年白领职业获得的分析,主要涉及以下几个方面:

1. 初始职业获得的难易

我们调查的对象,最早参加工作的在1985年,最晚参加工作的在2005年,这段时间正好是我国就业制度和高等院校毕业生就业制度改革逐步发展和完善的20年。调查发现,青年白领在找第一份工作时,46.8%的人觉得找第一份自己比较满意的工作非常困难或比较困难。进一步分析青年白领找工作的难易,发现找到一份理想的工作与其参加工作的时间有关($r=-.247**$①),就业时间越晚的青年白领,工作时觉得困难的人越多(表1)。

表1 不同就业时间的白领青年第一次就业时的情况

(%)

		参加工作时间				合计
		1992年之前	1993—1997年	1998—2002年	2003年之后	
困难程度	非常困难	.0	3.6	7.5	11.1	7.5
	比较困难	31.6	25.5	40.8	43.4	38.8
	不太困难	31.6	41.8	37.3	41.4	38.8
	不困难	36.8	29.1	14.4	4.0	15.0
合计		100.0(19)	100.0(55)	100.0(201)	100.0(99)	100.0(374)
		$X^2=29.792, df=9, P=0.000$				

随着2003年后学校扩招的毕业生逐步走上工作岗位,青年白领找工作困难的比例显著提高,1993—2003年找工作的毕业生,觉得找一份满意的工作非常困难的比例由3.6%上升到11.1%,表示不困难的比例则由29.1%降到4.0%,这可能与高校扩招有直接关系。相关统计显示,2002年全国普通高校毕业生数为145万,2003年为212万,比2002年增加67万,增幅达46.2%;2004年达到280万,比2003年又净增68万,增幅32%;2005年达到338万,比2004年净增58万,增幅达20.71%②。

比较青年白领女性和男性发现,青年白领女性在找第一份工作时的困难程度与青年白领男性相比并不存在显著性差异($X^2=1.644, p>0.05$)。而在不同时期,青年白领女性和男性找工作困难程度略有不同,从表2可以看出,1993—2003年,青年白领男性找工作时,找到一份满意工作的困难程度明显变化,觉得非常困难的比例由3.8%上升到17.4%,认为找到理想工作不困难的比例则由

---

① ** 表示 $p<0.01$,* 表示 $p<0.05$,下同。
② http://www.blog.edu.cn/user2/amberwen/archives/2005/1016856.shtml.

34.6%下降到 0。青年白领女性也面临这样的情况,找到满意工作非常困难和比较困难的比例由 1997 年之前的 29.2%上升到 2003 年参加工作时的 52.9%,不困难的比例由 29.2%降为 7.5%。青年白领女性找工作感觉难易程度的变化小于男性。

表 2 不同就业时间的白领青年第一次找工作时的情况

(%)

		参加工作时间			合计
		1997 年之前	1998—2002 年	2003 年以后	
男性	非常困难	3.8	6.8	17.4	9.4
	比较困难	26.9	39.8	39.1	37.5
	不太困难	34.6	35.2	43.5	37.5
	不困难	34.6	18.2	.0	15.6
	合计	100.0(26)	100.0(88)	100.0(46)	100.0(160)
		$X^2=19.718, df=6, P=0.003$			
女性	非常困难	2.1	8.0	5.7	6.1
	比较困难	27.1	41.6	47.2	39.7
	不太困难	41.7	48.9	49.6	39.7
	不困难	29.2	11.5	7.5	14.5
	合计	100.0(48)	100.0(113)	100.0(53)	100.0(214)
		$X^2=14.368, df=6, P=0.026$			

2. 工作选择时看重的因素

这里主要考察青年白领在找工作时看重职业的方面。人们都希望找到一份好工作,获得较高的薪酬以及较好的职业发展前景,并具有较高的职业地位和声望,但个人的愿望并不总是能够实现,理想与现实往往存在较大的差距,在激烈的竞争面前,青年白领在选择职业时最关注什么?

调查中我们测量了与工作相关的 12 个因素,就业初期,青年白领非常看重"个人发展前景"、"学习的机会"和"能发挥个人才干"等因素,占 80%强,平均取值都在 4 分以上;"工作的稳定性"、"工作的地理位置和环境"以及"是否有时间和精力照顾家庭"等因素在其选择职业的过程中则不那么重要,认为重要的比例分别为 60.2%,40.8%,42.0%,青年白领在初始就业时最不看重的因素,如表 3 所示。比较青年白领女性和男性选择工作时看重的因素,女性和男性并无显著差异。

表 3 初始就业时工作因素重要性得分(Mean)

	总体	男性	女性
经济收入和福利待遇	3.90	3.88	3.91
工作稳定性	3.64	3.54	3.72
单位声誉	3.78	3.74	3.80
工作单位的地理位置和环境	3.38	3.34	3.40
单位的规模和所有制性质	3.13	3.77	3.82
是否有时间和精力照顾家庭	3.19	3.26	3.15
单位中的人际关系	3.76	3.67	3.82
个人的发展前景	4.34	4.40	4.29
是否符合个人的兴趣爱好	3.86	3.86	3.85
工作自由,能发挥主动性	3.80	3.77	3.82
能发挥个人才干	4.08	4.10	4.07
工作中的学习机会	4.21	4.22	4.20

3. 职业获得方式分析

我国统包统配、限制流动的就业制度的改革和国家政策指导下的市场就业制度的建立,改变了过去那种单纯依靠国家分配的形式,逐渐向自主择业、多渠道、多形式的就业方式转变。分析青年白领职业获得方式可知,通过各种人才市场应聘是青年白领获得职业最主要的形式,网络快捷便利,也为求职提供了方便,各种招聘活动是青年白领获得职业信息的主要途径,自主求职成为其获得职业的主要形式。由表 4 的统计结果可以看出,在初始职业的获得方式上,青年白领女性和男性不存在显著差异。

表 4 青年白领的初职获得方式

(%)

获得方式	男性	女性	合计
人才市场应聘	67.4	54.4	59.7
网上投递简历应聘	10.4	12.1	11.4
家人或亲朋帮助	17.8	23.7	21.3
公务员考试	1.5	3.7	2.8
其他	2.9	6.5	4.9
合计	100.0(135)	100.0(190)	100.0(325)
		$X^2=8.765, df=4, P=0.318$	

但随着就业制度的市场化,不同时期就业的青年白领的职业获得方式却有较大差异,表现出较强的时代特征(表5)。1993年大中专毕业生就业市场化体制建立之前,曾进行过很长时间的就业双向选择试点,实际上是拥有关系和社会资源的人不想服从分配而自己联系工作,这些人之外的大中专毕业生还是实行国家分配。因此1992年之前主要是国家分配和社会关系网络帮助实现就业,随着市场化就业体制逐渐完善,青年白领职业获得逐渐市场化,1998年之后青年白领通过市场应聘获得职业的占60%以上。随着现代科技的发展,网络为就业提供了便利,网上应聘获得职业的比例越来越高。

表5 不同时间就业青年白领的职业获得方式

(%)

	参工时间				
	1992年之前	1993—1997年	1998—2002年	2003年之后	
人才市场应聘	15.4	24.4	56.7	49.4	36.8
网上应聘	7.7	2.2	6.7	26.4	11.4
父母亲朋帮助	30.8	37.8	18.3	17.2	21.3
国家学校安排	30.8	28.9	9.4	2.3	11.1
其他	15.4	6.7	8.9	4.5	7.7
合计	100.0 (13)	100.0 (45)	100.0(180)	100.0 (87)	100.0 (325)
	$X^2=130.601, df=12, P=0.000$				

4. 青年白领初始就业的单位类型

计划经济向市场经济转轨的过程中,就业渠道单一、狭窄的状况得到逐步改善,特别是非国有经济的发展,为就业提供了更多的选择机会。从总体看,青年白领初始就业时各种类型单位就业的比例相差不大,但青年白领初次就业时的单位类型与就业时间有较大的关系(表6)。1992年之前,青年白领主要在国有单位就业,1992年之前青年初始就业在机关事业单位和国有集体企业的比例达84.6%,1993年之后青年白领在国有经济单位就业的比例由58.7%逐渐降低到41.0%。就业单位的差异主要表现在企业类型上,机关事业单位因为工作的要求和性质而对人员的吸纳能力有限,因此不同时期就业的青年白领在机关事业单位就业比例差别不大。随着在国有集体企业就业比例的下降,在个体私营企业就业的青年白领的比例大幅度提高,由1992年之前的0上升到2003年之后的38.6%,这与个体私营经济的发展密不可分。随着经济体制的转变和非国有制经济的发展,非国有制经济成为我国社会经济发展的重要力量,非国有制经济企业成为青年就业的主要场所。

表6 不同就业时间青年白领的单位选择比较

	就业时间				
	1992年之前	1993—1997年	1998—2002年	2003年之后	
机关事业单位	15.4	26.1	21.8	20.5	21.8
国有集体企业	69.2	32.6	34.6	20.5	31.9
个体私营企业	.0	6.5	26.3	38.6	25.8
三资企业	15.4	28.3	16.8	20.5	19.3
其他	.0	6.5	.6	.0	1.2
合计	100.(13)	100.0(46)	100.0(179)	100.0(88)	100.0(326)
		$X^2=41.135$, df=12,P<0.01			

(二)青年白领的职业流动

市场经济提出挑战,也提供了机会,随着改革的深化和市场经济的发展,人们选择职业时的自由也增加了,80年代之前的那种整体上稳定,"一职定终身"的局面已不存在。具有较多文化知识,在改革开放中长大的一代人没有计划经济体制下就业的观念和体验,只是为了满足自身发展的需要,寻找更满意、更适合自己的工作。

跳槽,对青年白领(尤其是在企业工作的白领)来说司空见惯。调查发现,未跳槽过的青年白领占调查总数的42.8%,换过工作的为57.2%,有跳槽经历的青年白领,平均工作时间10.75年,换过2.86份工作。在每个工作单位最长的平均工作时间为3.50年,最短的为7.39个月。其中在单位工作5年以上才换工作的只有11.0%,工作不到半年就换工作的占20.8%。调查时是第二份工作的占47.6%,第三份工作的占30.3%,第四份及以上占22.1%。

1. 谁在不停换工作

在人们的一般观念中,男性长期以来担负着养家的责任,是社会生活的主导,因此在职业方面可能比女性更有"野心",跳槽的可能性也越大。现实情况是否如此,青年白领跳槽与哪些因素有关?如表7所示,青年白领是否跳槽可能与其文化程度、工作年数、初始职业类型和对工作外在价值的要求有关。从统计结果可以看出,文化程度越高的青年白领,跳槽的越少(r=-.152);工作时间越长的青年白领跳槽的可能性越大(r=.237);初始职业在个体私营、三资企业等"体制外"单位就业的青年白领越可能跳槽(r=.190);而从对工作的要求来看,越看重工作的福利待遇、稳定性等外在特征的青年白领越不可能跳槽。

表7 与"跳槽"有关因素的相关分析

	跳槽	性别	文化程度	婚姻状况	工作年数	初职获得方式	初职类型	外在价值	内在价值
跳槽	1								
性别	.017	1							
文化程度	−.152**	−.073	1						
婚姻状况	.081	.168**	−.057	1					
工作年数	.237**	.130*	−.331**	.575**	1				
初职获得	−.097	.011	−.196**	.029	−.104	1			
初职类型	.190**	.003	−.206**	−.086	.044	−.119	1		
外在价值	−.163**	.064	−.097	.003	−.028	.183**	−.164**	1	
内在价值	.022	−.029	.063	.022	−.011	.000	.014	.389**	1

对于未来几年的跳槽意愿,分析发现,有24.7%的青年白领表示在未来两年中非常可能跳槽,表示不太可能跳槽的有27.9%,有近五成的人持观望态度,青年白领女性和男性不存在显著差异。有跳槽意愿的青年白领的行为与现在工作的性质和职业满意度有关。现在职业满意度越高的人,越不可能跳槽(r=0.469**);对工作外在价值要求越高的青年白领,越不可能跳槽(r=0.182**);越是在个体私营和外资企业工作的白领,越可能跳槽(r=0.237**),可见,无论对就业者个人还是对单位来说,"体制内"就业单位仍是青年白领就业比较稳定的领域。

2. 工作单位的变化:"体制内"→"体制外"

虽然不同时期进入工作岗位的青年白领在选择职业时进入的工作单位类型不同,但从总体来看,还是有一半以上的青年白领初次就业时选择"体制内"的就业单位,如到机关事业单位和国有集体企业就业的比例占53.7%。2003年进入工作领域的青年白领的就业单位状况有所改变,这与改革发展到不同时期各类企业的发展有密切的关系。从国家近几年相关的统计数据我们可以看出,国有和集体企业的就业人数逐渐减少,在其他企业类型,如个体、私营和三资企业,就业的人数逐渐增多,在非国有集体单位的就业人数多于国有和集体单位的就业人数。以青岛为例,2002年青岛市城镇在岗职工数为1 042 424人,其中国有单位为426 219人,占40.89%,集体单位为67 792人,占6.50%,其他单位类型人数为 548 413 人,占 52.61%①,不同单位类型就业比例的变化在青年白领身上表现得尤为明显,如表 8 所示。虽然青年白领女性和男性在初始就业和调查时的职业都发生变化,初始就业时一半以上的青年白领女性和男性都选择"体制内"的机关事业单位和国有集体企业,职业变动的趋势是向"体制外"单位转变,到调查时近六成的青年白领男性和六成以上的青年白领女性都在个体、私营或三资企业工作。开始就业时,青年白领女性和男性在单位类型的选择上不存在显著差异,但调查时青年白领女性和男性的单位选择则表现出差异,青年白领女性在个体私营和三资企业就业的比例高于青年白领男性,青年白领女性较青年白领男性更多地就职于"体制外"单位。这可能是因为在"体制内"就业岗位有限的情况下,"体制外"的企业,特别是三资企业的发展为女性提供了就业机会,由于各种原因,一部分人离开初次就业时的"体制内"单位,向"体制外"单位发展。

表 8 青年白领男性和女性不同时期就业单位的比较

(%)

单位类型	初次就业		调查时	
	男性	女性	男性	女性
机关事业单位	20.7	22.5	17.5	19.2
国有、集体企业	33.3	30.9	23.1	15.0
个体、私营企业	26.7	25.1	38.8	31.3
三资企业	17.8	20.4	20.6	34.6
其他	1.5	1.0	0	0
合计	100.0(135)	100.0(191)	100.0(160)	100.0(214)
	$X^2=0.742, df=4, p=0.946$		$X^2=11.151, df=3, p<0.05$	

从表 8 可以看出,无论是青年白领女性或是男性,在"体制内"就业的比例都逐渐减少,逐渐流向"体制外"的个体私营和三资企业。流动往往是双向的,不可能只是从一种类型流动到另一种类型,那么青年白领职业的内在流动情况为何?

按照与"体制内"关系的密切程度,将从"党政群机关"到"外资企业"分别定义为 1—8 个等级,比较现在工作单位的类型与初次就业时的类型,结果是"负值",表示青年白领工作单位的变化倾向于"体制内","零值"表示在相同类型的

---

① 山东省统计局:《山东统计年鉴》,中国统计出版社 2003 年版,第 59 页。

单位或企业之间流动,"正值"表示青年白领就业时更多地向"体制外"的单位转移。分析发现,17.7%的青年白领女性只是在不同单位之间变动,而无单位类型的根本变化,12.9%的人逐渐向"体制内"单位方向流动,69.4%的人逐渐向"体制外"单位流动;青年白领男性的变化比例则分别为16.9%、19.1%和64.0%,在青年白领女性和男性之间,这种变动的差异显著。青年白领女性比男性更多从"体制内"的就业单位流动到"体制外"的就业单位,从"体制外"流动到"体制内"单位或企业的比例则低于青年白领男性,青年白领女性初次就业时在机关和事业单位工作的,16.3%向国有、集体企业和个体、私营企业流动,初次就业时在国有、集体企业的30.5%的人流动到个体、私营企业,25.4%的人到三资企业,到机关事业单位的只有1.7%;初次就业时在个体、私营企业的41.7%流动到三资企业,流动到机关事业单位和国有集体企业的分别只有4.2%;初次就业在三资企业的只有2.6%的人流动到机关、事业单位,到国有、集体企业的也只有2.6%。分析青年白领男性的流动情况,可以看出,青年白领男性向体制外,特别是三资企业,流动的比例低于青年白领女性,而从个体、私营或三资企业向"体制内"单位或企业流动的比例则高于青年白领女性,从三资企业流向机关、事业单位和国有、集体企业的达到20.8%,青年白领女性只有5.2%(表9)。

表9 青年白领工作单位流动情况

(%)

初次就业时的单位类型	现单位类型			
	机关事业单位	国有集体	个体私营企业	三资企业
男性				
机关事业单位(29)	75.0	10.7	14.3	0
国有集体企业(45)	0	53.3	24.4	22.2
个体私营企业(35)	2.8	5.6	83.3	8.3
三资企业(24)	8.3	12.5	16.7	62.3
女性				
机关事业单位(37)	83.7	7.0	9.3	0
国有集体企业(58)	1.7	42.4	30.5	25.4
个体私营企业(47)	4.2	4.2	50.0	41.7
三资企业(37)	2.6	2.6	15.4	79.5

3. 工作职位的升迁

职业流动除了就业单位的变化之外,另外就是工作岗位的变化和职位的升迁。传统的中国职业分类体系已不能涵盖现有的行业或职业类型,市场经济的发展催生新的行业和工作岗位,如货运代理行业的"操作员"①,软件开发行业的软件工程师、程序员。青年白领的工作职能更加明确与细化,同样是货运代理公司的操作员,也因接触的领域不同而分为海运操作、空运操作等;公司普通职员,也因为从事的岗位不同,分为招聘专员、人力专员、销售顾问、业务员、广告设计人员、软件开发人员等。青年白领的工作岗位因与其学术专长有较大关系而具有相对稳定性,职位的升迁就成为个人职业流动的重要方面。

在一些人看来,高级管理职位是个人价值的体现,既能满足他们对较高收入、较高权力的追求,又能带来社会声望和精神上的满足,因此"高管"是很多白领追求的目标。青年白领较高职位的获得与其工作时间有关($r=0.167^{**}$),工作时间越长的人越可能获得较高的职位。按调查时青年白领是单位的普通员工还是管理人员②进行划分,结果发现,青年白领在调查时是普通职员的比例为88.0%,管理人员的比例为12.0%,其中工作年数在3年以内成为管理人员的比例为2.9%,工作3~5年成为管理人员的比例为15.7%,5~10年的为20.7%,10年以上的为14.3%,因工作时间不同在较高职位的获得上青年白领表现出较大的差异。

那么青年白领女性与男性是否存在差异？青年白领男性成为管理人员的比例为14%,女性为10.5%,青年白领男性和女性在工作职位的流动上并未表现出显著性差异($X^2=1.030,p>0.05$),但从不同工作时间青年白领女性和男性职位升迁的情况来看,青年白领女性和男性在某些时段存在差异(表10)。刚开始就业的3年之内,青年白领女性和男性在职位的升迁上没有显著性差异,而在工作的3~5年,青年白领男性成为管理人员的比例远远高于青年白领女性,两者呈现出显著差异,随着工作时间的进一步增加,青年白领在职位上的差异并不显著。青年白领的职位升迁之所以出现这样的状况,原因可能是刚参加工作的青年白领女性和男性对工作内在价值都有较高的要求,把主要的精力放在工作中,工作3~5年的青年白领女性到了生育年龄,生育孩子占用一定时间,从而影响其职位的升迁。生育之后,或者有他人帮助照顾孩子,或者孩子已经能够独立,因而在职位的升迁上与男性的差异逐渐减小。

---

① 人们普遍认为,"操作员"是操作机器或设备等的工作人员,而在货运代理行业,操作员的工作主要是接受进出口货物收货人、发货人的委托,为委托人办理国际货运及相关业务并收取服务报酬。

② 这里的管理者指工作单位的部门经理、副经理、处长、科长等拥有管理权限的人。

表 10 不同工作时间青年白领女性和男性职位升迁比较

工作年数	岗位职责	性别		合计
		男	女	
3 年以内	普通职员	98.5	95.8	97.1
	管理人员	1.5	4.2	2.9
	合计	100.0(66)	100.0(72)	100.0(138)
		$X^2=0.860$ df$=1$,p$>$0.05		
3—5 年	普通职员	75.0	90.6	84.3
	管理人员	25.0	9.4	15.7
	合计	100.0(44)	100.0(58)	100.0(108)
		$X^2=4.800$,df$=1$,p$<$0.05		
5 年以上	普通职员	81.0	78.0	79.3
	管理人员	19.0	22.0	20.7
	合计	100.0(47)	100.0(73)	100.0(120)
		$X^2=0.222$ df$=1$,p$>$0.05		

四、结论与讨论

社会结构的转型、市场经济的发展迫使人们将物质目标作为生活规划和指导的中心,工作在青年白领女性和男性的生活中占有重要地位。对工作、事业的追求在青年白领女性和男性之间未表现出明显差异,在职业获得和职业流动方面的差异则主要表现为以下四个方面。

第一,从初始职业的获得来看,我们调查的绝大多数青年白领都通过人才市场的双向选择,通过自主求职而获得工作岗位。在初始职业的获得过程中,性别不平等可能在个体的求职经历中存在,但从调查的对象看,青年白领女性在找工作时不比男性困难,即使是高校扩招之后参加工作的青年白领女性找工作的困难情境,在男性经历中也一样存在,青年白领男性找到理想工作越来越困难,青年白领女性在就业时找到理想工作的难易程度十几年来差距不大。

第二,从对职业的期望来看,青年白领女性对自身的发展有较高的期望,注重工作中个人的学习机会、发挥才干的机会和工作中的自主性。在工作初期,青年白领对工作内在价值的要求高于对工作外在价值的要求,随着青年白领家庭角色的承担,其对工作内在价值的要求逐渐降低而对工作外在价值的要求逐渐增高,这种对工作价值要求的变化,青年白领女性和男性之间没有显著差异。

第三,从职业流动看,青年白领女性和男性在跳槽以及跳槽的次数上并无显著差异,跳槽与否与青年白领的工作时间、对工作外在价值的要求、工作单位的性质有关、国家垄断大部分资源和机会的总体性社会体制的转变,使社会成为与国家相并列的提供资源和机会的源泉,私营企业和三资企业的发展为青年白领(特别是女性)的发展提供了机会。在职业流动的过程中,青年白领女性比男性更多地流动到个体私营和三资企业等"体制外"的工作单位。

第四、从青年白领的工作职位来看,青年白领的工作职责更加细化,分工更为明确,出现新的工作岗位。从职位的升迁看,青年白领女性和男性职位的升迁没有显著差异,但在工作3~5年的青年白领中,青年白领男性比女性获得管理职位的比例高,这可能与这一时期的青年白领女性处于生育年龄有关。

按照贝克尔的理论,雇主在雇佣女性时往往可能会考虑女性的自然附着成本,但从调查的结果来看,无论是青年白领女性职业的获得,还是对工作的价值要求以及职业流动情况,青年白领女性与男性并未表现出显著差异,随着青年白领在各类个体私营企业和三资企业就业比例的增加,青年白领职业流动性的增加和女性生育年龄的提高,因为女性生育而产生的成本落在雇佣青年女性的第一个单位身上的可能性较小。因此,我们应客观看待女性就业,客观分析女性就业的优势和劣势,制定相关的法律,保障劳动者的平等就业权。

(原发表于《青年研究》2007年第12期)

  武毅英，女，厦门大学高等教育发展研究中心教授、博士生导师，厦门大学教育研究院教育经济与管理研究所所长，中国教育经济学会理事，中国教育经济学研究会理事，福建省妇女研究会理事，厦门市家教学会副会长。主要从事高等教育与经济、大学生就业问题、台湾高等教育、教育统计与测量、家庭教育、社会性别等方面的教学与科研工作。曾主持并参与过20多项省部级以上科研课题的研究，获10多项省市级科研成果二、三等奖。已出版专著3部、合著18部，发表学术论文百余篇，其中有多篇论文被《教育研究》、《高等教育研究》、《教育与经济》、《比较教育研究》、《新华文摘》、《高等学校文科学报文摘》等重要刊物刊载或转载。

透过就业竞争力看女大学生的实际就业状况*

摘 要：就业形势日益严峻，就业竞争力越来越成为择业的制胜法宝。本文以女大学生的就业竞争力为主要研究对象，通过分析女生就业竞争力的优势和劣势来了解女大学生的真实就业状况。研究表明，就业竞争力是就业成功的必要条件，但不一定是充分条件；女大学生的竞争优势主要体现在考场上而不是职场上，竞争劣势主要不在智力方面而在非智力方面，其就业竞争力即便优于男生也仍然受到性别歧视；针对女大学生择业中的性别歧视与竞争力不足问题，政府应适时干预，高校要密切配合，女生则需增强自身的综合素质。

关键词：女大学生　就业竞争力　综合素质

一、问题的提出

近年来，我国社会转型和产业结构调整加快，经济增长方式逐渐由主要依靠资金和物质要素投入带动向主要依靠科技进步和人力资本带动转变②，转型过程中，新增就业岗位相对减少，富余的劳动力却不断被释放出来，高校毕业生的就业空间明显受到挤压；始于1999年的高校规模扩张持续了近10年，除了最大限度地满足经济社会发展对人才的需求外，还增加了高校毕业生自身的就业难度和待业人数；2008年年底爆发的世界金融危机，既重创了许多国家的金融业和外贸业，也冲击了许多国家的就业市场，我国的就业市场也不能幸免，高校毕业生面临前所未有的就业压力与挑战。

据教育部统计资料显示，2005年全国大学毕业生338万人，初次就业率为

---

* 本文系教育部人文社会科学重点研究基地重大课题"高校毕业生就业流向对人力资源配置的作用与影响"的阶段性成果，项目批准号为"06JJD880020"。

② 国家教育发展研究中心：《2007年中国教育绿皮书——中国教育政策年度分析报告》，教育科学出版社2007年版，第66页。

72.6%;2006年高校毕业生为413万人,初次就业率为71.8%;2007年全国高校毕业生为495万人,初次就业率为71.0%;2008年高校毕业生为559万人,初次就业率为70.0%;2009年高校毕业生为610万人,初次就业率降至68.0%[①]。高校毕业生的规模与就业率增长之间成反比,高校毕业生人数不断增加,待业人数在相应地增加,增加的幅度更大,大学毕业生的整体就业形势日益严峻。

在此大背景下,女大学生的就业状况又是如何?麦可思(Mycos)人力资源信息管理咨询公司2008年的调查显示:2007届中国大学毕业生半年后的就业率,男生为89.1%,女生为89.0%,女生的就业率跟男生基本一样,没有明显差异[②]。光从就业率看,似乎女大学生的就业状况与男生没有太大的不同,它既可以理解为女生的就业歧视减少了,也可以解读为女生的就业竞争力提高了。事实果真如此吗?为了正确解读数据背后的真实情况,本文以就业竞争力为主要研究对象,透过就业竞争力来揭开女大学生就业的真实情况。

二、女大学生的就业竞争力现状分析

(一)就业竞争力的概念界定

在就业形势严峻的背景下,择业成功面临职场竞争的大考验。有人参与有人逃避;有人成功有人失败。换言之,竞争必须有优势,一个人若没有专长则很难竞争成功,但光有专长还不够,还必须有其他相关条件的配合。简言之,把一个人的专长和各种有利条件加在一起,才构成应聘者的"就业竞争力"。什么是"就业竞争力",不同的个人、群体和机构有不同的理解与定位。

从不同的个人或群体来看:校长认为,就业竞争力指毕业生具备的专业基础知识、实践技能以及进取精神[③];有学者认为,就业竞争力指毕业生的综合素质,包括专业知识、能力结构以及择业心态[④];有雇主认为,良好的工作态度、工作稳定性和抗压性,比具备单纯的专业知识和技能更重要[⑤]。

从不同类型和层次的高校来看:研究型、综合性或多科性大学比较看重学生的专业知识、创新能力、科研能力、实践能力、择业心态和团队精神[⑥];教学型、单

---

①④ 冯峰:《对大学生"待就业"现象的理性思考》,《中国大学生就业》2009年第16期。
② 麦可:《2008年度中国大学生就业报告》,www.mycos.com.cn。
③ 葛世荣:《完善机制 创新举措 促进毕业生充分就业》,《中国大学生就业》2009年第10期。
⑤ 赵彩瑞:《台湾大学如何提升毕业生的就业力》,《中国大学生就业》2009年第4期。
⑥ 张大泉:《因势利导 积极应对 全力推进毕业生就业工作》,《中国大学生就业》2009年第10期。

科性院校比较看重学生的专业技能、应用能力和综合素质①;高职高专院校比较看重学生的职业素质、职业技能和职业态度②。

笔者认为,"就业竞争力"有广义和狭义之分。

广义的就业竞争力指大学生择业具备的各种"硬条件"和"软条件"。

"硬条件"包括:(1)学校类型、学历层次、学科及专业;(2)专业知识、专业技能、语言能力以及计算机水平;(3)各种专业证照,如法律、会计、医疗、教育、金融、信息、房地产和旅游等行业的专业证照。

"软条件"包括:(1)团队合作与敬业精神、面对困难的勇气、组织和管理能力;(2)生理状况、心理素质、性格特质和形象管理;(3)家庭背景、社会资源与人脉;(4)个人历练与实践经验等。

狭义的就业竞争力指毕业生就业的核心竞争力,主要包括专业基础知识、实践能力、职业素质及各种非智力因素。

本文探讨的就业竞争力主要是狭义的。

拥有核心就业竞争力和竞争优势在职场中获胜是一种常态,但择业成功的大学生却不一定都凭借优势竞争力取胜,同样的,就业失败的大学生也不全因为就业竞争力相对薄弱。竞争力是择业成功的必要条件,但不一定是充分条件。比如,为避开就业竞争或迫于就业压力而选择考研以获取体制认可的"准就业",这种情况,一方面表明毕业生有很强的专业知识技能,但另一方面又显示毕业生在面对就业竞争时的勇气不足。又比如,一些毕业生通过放低身价或挤占低学历者的岗位而成功就业,但这并不表明其成功就业是基于同等条件下的竞争优势,而是不平等的竞争。透过这些现象,既显示就业竞争力有优势与劣势之分,又显示就业竞争力因人、因条件的不同而异。

(二)女生就业竞争力的现状分析

1. 竞争优势与就业歧视

女生的就业竞争优势主要体现在专业基础知识扎实,语言表达能力较强,形象思维出色,考虑问题周全细致,性格温和善解人意,礼仪形象管理得当,忍耐力相对较强等方面。就忍耐力而言,女生更胜一筹,该优势使得女生可以在较长的时间内不停地学习,在各种单调乏味的工作中孜孜不倦,更能承受生活和工作上的压力。目前,女大学生在各种目标考试、选拔性考试或标准化考试中常常拔得头筹,笔者所在单位的研究生招考近年来也大多是女生成绩更显优秀,女生在专业基础知识与相关技能方面与男生不相上下甚至还有明显的竞争优势。然而,

---

① 王乘:《实施"五大工程"促进大学生就业工作》,《中国大学生就业》2009年第10期。
② 周大农:《人才质量——就业的"定海神针"》,《中国大学生就业》2009年第10期。

这一光鲜成绩掩盖了女生对于就业歧视的无奈。

2006年,笔者曾对某重点综合大学的应届毕业生做过一项抽样调查。此次调查的样本数为470人,其中男生270人,女生200人,调查的结果显示,男生的初次就业率仅为74%,女生却高达84%。深入调查后才知道,女大学生就业率中有"虚高"成分,主要是考研的"升学率"部分取代了"就业率"的缘故;多数女生选择考研并非都是出于自觉自愿,而是因为同等条件下的就业竞争依然存在着根深蒂固的性别歧视现象,只有选择考研避开目前的就业难状况并增加未来就业竞争的筹码。显然,透过女大学生的就业竞争力,我们看到不一样的就业景象并感受到女生就业中的无奈。

2. 竞争劣势与就业歧视

相对于男生而言,女生就业的期望往往不高,在面对就业竞争或遇到没把握的事情时,往往选择逃避或退缩,不少女大学生在临近毕业时会通过考研或其他途径来避开直接的就业竞争,显示其抗压能力较低,竞争意识薄弱;一些女大学生只愿意找安稳、轻松、待遇好的工作,对条件差、层次低、难度高、挑战性强的工作不屑一顾或敬而远之,显示其精英就业情结仍较严重,就业观念和价值取向偏于传统;男生则不同,多数人认为自己有足够的勇气和信心直面职场竞争。从中不难看出,女生竞争劣势的形成既有主观原因也有客观原因,但无论是哪一方而都可能强化就业中的性别歧视。

导致女生在择业中处于竞争劣势的客观因素,有历史的、社会的和自身的生理弱势,这些原因多半是世界性难题,多年来都没能很好地解决,因此,我们只能透过一些数据来反映女大学生在择业中的艰难处境。2007年的一项调查显示,有58.8%的女生表示在求职中因性别原因被用人单位拒绝过;被调查的20家企业中,有12家企业表示在能力和薪水要求相同的情况下,更愿意招收男生①。江苏省妇女研究所2007年的一项调查显示,有78.1%的女生和68.9%的男生认为求职过程中存在用人单位歧视女生的现象。另据2009年的一项相关调查显示,全国高校有80%的女大学生表示自己曾在求职过程中遭遇性别歧视,在同等条件下,男生签约率高出女生约8个百分点②。这些数据显示,用人单位对女生的就业歧视,客观上有越来越严重的迹象。

导致女生在择业中处于竞争劣势的主观原因,一是依赖,二是胆怯,三是求

---

① 《就业性别歧视突出　各方积极探讨谋求解决办法》,www.chinaedu.edu.cn/,2007年11月2日。

② 高燕、那佳:《提升女大学生心理资本与应对就业形势》,《中国大学生就业》2009年第13期。

稳,四是被动。一项相关调查显示:61.2%的女大学生需要依靠他人帮助联系工作单位,35.1%的女生惧怕失败,34.7%的女生不喜欢竞争环境,只有17.0%的女生认为自己不比男生差①。山东人才网2007年曾对7311名女大学生进行过网上调查,其中有72.2%的女生赞同"干得好不如嫁得好",多数女生没有自信心、依赖感较强且屈服于现实的心态。全国妇联2007年的一份调查也显示,约有60.5%的女大学生选择大城市,有35.5%选择中小城市,只有4%选择乡镇;有55.5%选择党政机关和事业单位,14.8%选择国有企业,只有14.3%选择民营企业,另有3.8%选择外资企业。表明多数女大学生在行业和区域选择上,主观上仍倾向于"就高不就低"的状况。

3. 平等竞争与性别歧视

经济学家沈立人曾经说过:"社会上的部分人,由于先天或后天的条件制约,缺乏较强的竞争力,不能或只能很少地占有社会资源,因此只能获得甚至不能获得较好的社会职业"②。女大学生因先天和后天的条件所限,就业竞争力不如男生,薪资水平明显低于男生,这似乎是合乎逻辑的解释。但事实上,女生工作能力与男生相同时也普遍存在薪资水平明显偏低的情况,同等能力竞争中的性别歧视,往往由于"女不如男"的思维定势而被忽略或被表象所掩盖。以下是麦可思2008年所做的一项关于两性竞争力与薪资水平差异的调查。

表1 2007年中国应届高校毕业生两性就业竞争力与薪资水平比较

	女 生		男 生	
	本科生	高职高专生	本科生	高职高专生
就业半年后的平均月薪(元)	2 300	1 570	2 616	1 856
就业竞争力(%)	50%	47%	52%	50%

数据来源:麦可思2008年度中国大学生就业报告[R].P166～168. www.mycos.com.cn.

表中数据显示:(1)2007届本科女大学毕业生就业半年后的月薪平均低于男生13.7%,约316元,离校时具备的就业竞争力低于男生4.0%,薪资低的幅度远大于能力低的幅度,显示在同样就业竞争力水平下本科女大学毕业生的薪资水平明显低于男生;(2)2007届高职高专女大学毕业生就业半年后的月薪平均低于男生18.2%,约286元,离校时具备的就业竞争力低于男生6.4%,薪资

---

① 高燕、那佳:《提升女大学生心理资本与应对就业形势》,《中国大学生就业》2009年第13期。
② 沈立人:《中国弱势群体》,民主与建设出版社2005年版,第18页。

低的幅度明显大于能力低的幅度,显示在同样就业竞争力水平下高职高专女大学毕业生的薪资水平明显低于男生;(3)本科女大学毕业生与高职高专女大学毕业生均存在薪资低的幅度远大于能力低的幅度,表明性别歧视问题不是个别现象,而是普遍现象;(4)总体上,女生就业竞争力相对较低是导致其收入水平偏低的客观原因之一,但相同就业竞争力情况下的女生收入偏少则是性别歧视所致的主观原因。两种因素互相混淆,易使人误以为两性收入上的差异完全是因为女生就业竞争能力明显不足的缘故。

三、结论与对策

（一）主要结论

以上分析表明,竞争力对于择业成功是必要条件,但却不一定是充分条件;女大学生就业率"虚高",用较高的"升学率"部分取代"就业率";女大学生的优势竞争力主要体现在考场上而不是职场上;女生竞争劣势的形成主要是由各种主客观原因造成的;女生就业竞争力不如男生是其薪资明显偏低的主要原因,但女生与男生就业竞争力相同时其平均收入仍不如男生,则是性别歧视所致;当女生就业条件优于男生却选择考研时,实际上也是就业竞争力相对不足的表现。总之,女大学生的就业竞争弱势,主要不在智力因素方面,而在非智力因素方面。除了性别歧视对女大学生的就业有明显影响外,女生自身的依赖、胆怯、被动和不自信也是阻碍其参与就业竞争的主观藩篱。

（二）应对策略

透过表象看本质,区分能力差异与性别歧视的不同,是寻找应对策略的关键,本文的宗旨就在于挖掘女大学生的心理潜能,以提高其就业竞争力。

1. 针对择业中的性别歧视,政府应适时干预

按照科学发展观和建设和谐社会的要求,各级政府应在高度重视高校毕业生就业的前提下,关注女大学生的就业状况,使两性的就业更加平等与和谐。据统计,近年来女大学生的人数增长很快,毕业人数占总数的比例已从 2003 年的 44.28% 升至 2006 年的 45.80% 和 2007 年的 47.92%,已快接近总数的一半①。关心女大学生的就业,可以极大地促进两性的就业和谐。为此,政府应采取措施及时干预就业中的性别歧视:第一,通过完善原有的法律法规和政策,维护女大

---

① 教育部发展规划司:《2003 年中国教育统计年鉴》,人民教育出版社 2004 年版,第 197 页;教育部发展规划司:《2006 年中国教育事业发展统计简况》,人民教育出版社 2007 年版,第 22 页;教育部中国教育年鉴:《2007 年全国教育事业发展统计公报》,人民教育出版社 2008 年版,第 129 页。

学生平等就业的权益,为女大学生平等就业提供法律上的援助。第二,通过分担企业录用女职工时所需的"自然附着成本",完善和支持女性就业的生育保障制度,保障女大学生平等就业的基本权利①。第三,支持正确的舆论导向,通过各大媒体和社会团体的宣传和监督,倡导男女平等的性别文化,为女大学生就业创造良好的舆论环境。第四,各级妇联可以通过开展女企业家与创业女大学生的联谊活动,组织女生参加创业项目洽谈会,开展就业心理咨询,举办创业技巧培训,为女大学生自主创业提供指导性服务。

2. 针对女生就业竞争力不足,高校应紧密配合

女大学生从学校走上社会,在校期间的职业生涯规划和心理素质训练也必不可少。学校可以结合女生的身心特点,构建科学的培养方案:

(1)在专业学习中重视学生的科研和技能训练,要通过夯实专业基础和参与科研活动等途径,来提高女生的科研能力、动手能力和创新能力;

(2)通过多种形式的创业教育、生涯规划和实际演练,增强女生的职业素养和创业技能;

(3)鼓励女生参与各种社会实践和社团活动,培养职业情感、增强职业体验、提高团队协作和敬业精神,以使学做结合、知行统一;

(4)在日常生活中加强学生的思想品德素质教育,扭转女生人生观、价值观和思维定势上的偏差,增强其主人翁意识和社会责任感,使其逐渐克服自卑、依赖、消极、被动的负面心理;

(5)通过个性化的就业指导,帮助女大学生认清就业形势,适时调整个人的职业定位,提高择业技巧、增强求职意愿和信心;

(6)学校还应针对不同年级、不同专业、不同性别开设各具特色的职业规划和职业实践课程,同时邀请有关专家与女大学生现场对话,针对女生存在的心理障碍提出具有建设性的指导意见和建议。

3. 针对择业中的身心弱势,女生应提高综合素质

女生因生理上的原因,在择业中有着天然的竞争弱势,但这不应成为女生就业困难和性别歧视的正当理由,女大学生是全体女性中的佼佼者,在全体女性中具有楷模和典范的作用,如果女大学生不能把握天时、地利与人和,就会使得全体女性在社会中的地位和作用进一步被削弱。因此,女大学生要想在男性主导的社会中取得主动(包括在就业竞争中取胜),就必须付出加倍的努力,不断提高综合素质,克服身心方面的弱点并提高就业的竞争力。

提高综合素质可以尝试以下做法:

---

① 李倩:《公共政策视阈下的女大学生就业困境探讨》,《妇女研究论丛》2009年第2期。

(1)夯实专业基础,提高专业素质,多涉猎本专业领域中的前沿知识、拓宽知识视野;

(2)提高自身实践能力和创新能力,多参加科研活动、社会实践和社团组织,以增强团队协作和组织管理等方面的能力,提高解决实际问题的能力;

(3)树立正确的择业观,改变功利性就业价值取向,化解固有的精英就业情结,合理定位目标,发挥自身优势,先就业再择业;

(4)敢于面对择业中的挑战、竞争与失败,克服自卑胆怯的心理,学会从失败中磨炼意志,增强抗压性;

(5)通过实习、培训、讲座等多种渠道获得更多的软技能,包括历练、人脉和信息。

(原发表于《第三届社会性别公共管理论坛论文集》,天津大学出版社2010年版)

徐延辉，女，厦门大学公共事务学院教授、博士生导师，社会学与社会工作系主任，研究方向为社会政策与经济社会学。2005年入选厦门大学青年骨干教师重点培养计划，2006年入选"福建省新世纪优秀人才支持计划"，2007年入选"教育部新世纪优秀人才支持计划"。2002年，论文《西方社会福利及其可持续发展路径探析》获沈阳市第八届"五个一工程"奖；2003年被评为沈阳市"优秀青年知识分子"；《关于养老保险和失业保险问题调查研究》结题报告获2003年沈阳市社会科学成果二等奖；论文《福利国家的风险及其产生的根源》(2005)获福建省优秀社会科学成果三等奖。

社会保障与女性成才

摘　要：女性人才的数量与质量可以用来衡量一个国家的社会发展水平。从人口性别比例看,女性人才占据人才总量一半左右才是理想状态,但实际上,女性人才所占比例很小,女性在社会生活中的地位与其数量极不对称。本文拟分析女性在经济、政治、科学研究等社会生活主要层面的参与程度,研究女性参与程度来探寻两性平等的社会文化根源和社会制度根源,着重分析社会保障为女性成才可能提供的制度保证。

关键词:女性　参与程度　社会保障

一、在科学研究领域女性的参与程度

不论在自然科学领域还是在社会科学领域,女性在科研领域的总体参与程度远远低于男性。可以说,女性在科学研究领域走过的艰苦历程就是女性主义两次运动浪潮的客观反映:19世纪中叶至20世纪20年代,女性主义运动掀起第一次浪潮,当时的目标在于为女性争取选举权、就业权和教育权,由于女性没有教育权,所以在科学研究领域中女性屈指可数;20世纪六七十年代,女性主义运动掀起第二次浪潮,这时女性就业已非常普遍,女性主义运动的目标随之转变为男女同工同酬和消除教育的性别差别。女性主义第二次浪潮取得重大成果,促使美国修订教育法,女性可以与男性平等地进入自然科学领域进行研究,这形成科学界的第一次女性运动。

（一）自然科学领域女性的参与程度

根据美国国家科学基金会统计,1972年以前,女性在物理学各专业中所占比例低于10%,在数学专业中所占比例低于20%,1973年,获得博士学位的自然科学家和工程师中只有8.7%是女性。女性主义第二次浪潮极大地改变了这一情况,在1973—1983年10年里,获得自然科学和工程学学士的女性人数增加一倍以上。1973—1994年,科学和工程学各个学科中的女博士比例从18%增加到37.4%,在生命科学领域,女学士和女硕士的比例从29.6%增加到51.2%。虽然自从20世纪70年代以后女性科学工作者有了较大幅度的增加,但女性远无法与男性分庭抗礼。1996年,占美国人口总数51%、劳动力总数46%的美国女性,只占自然科学家和工程师的22%①。此外,在1901—2004年的100多年里,自然科学领域的诺贝尔获奖得者共有494人,其中女性只有11人。

(二)经济学和社会学领域女性的参与程度

1. 经济学界女性的参与程度

经济学因其历史悠久、体系严密、学科成熟而被称为社会科学的皇后。在这个号称为皇后的学科研究群体当中,女性研究者却十分稀少,在世界各国经济学类高等院校和科研机构当中,与男性相比,女性研究者的数量在每一个研究层次上都呈现相对短缺的状态。研究的层次越高,女性的占比就越低,比如,在美国大学经济学系当中,女性教授约占全日制教授的6%,女性助理教授(相当于英国高级讲师)占助理教授的28%②。在经济学专业硕士生导师当中,尚有部分女性比较活跃,但在经济学专业博士生导师当中,女性绝对是凤毛麟角。杰出的女性经济学家很少,这在英国、美国和世界上许多国家都是普遍现象③。

2. 社会学界女性的参与程度

长期以来,由于研究群体中女性研究者的缺位和主流研究者对于女性作为研究对象的双重缺失,在传统社会学当中,关于女性问题的研究一直处于边缘地位。作为女性主义第二次浪潮在学术界取得的主要成果,女性研究者和女性主义研究方法进入各个学科是20世纪六七十年代西方世界不可忽视的学术现象。同其他学科相似,女性主义在社会学界也取得一定成绩,其主要标志是女性社会学家数量显著增长。以美国为例,1970年,美国社会学界只有18%的博士学位授予女性,1988年达到53%。与此同时,女性获得终身教职的教师人数也有所增加,到1991年,女性占社会学终身教授的比例为20%、副教授30%、助理教授46%,在美国社会学学会的理论部也有28%的成员是女性④。

虽然女性在学术界取得一席之地,但从总体上看,女性仍然属于学术群体中

---

① [美]P. M. 雷曼等著,黄育馥译:《在科学界内取得成功——女性的坎坷历程》,《国外社会科学》2001年第2期。

② Blank, Rebecca M.: The state of British Economics. *The Economic Journal*, 2000 June.

③ Freeman, Richard B.: The Changing state of Economics in the United Kingdom and United States. *The Economic Journal*, 2000 June.

④ 吴小英:《"他者"的经验和价值——西方女性主义社会学的尝试》,《中国社会科学》2002年第6期。

的弱势群体,对学术界主流的研究范式和价值取向均未构成重大影响。

二、女性在社会管理方面的参与程度

(一)女性在政治管理方面的参与程度

女性在政治生活中的参与程度可以用女性参政议政比例来表示。据统计,在历届全国人民代表大会的代表人数当中,女性代表的比例一直远远低于男性,其中第一届和第二届为12%左右,第三届以后上升幅度较大,到第四届创造历史上的最高峰(22.6%),此后连续20余年,这一比例一直保持在21%左右[①]。

衡量女性参政议政水平的另一个指标是女性在政府部门中担任高级职务的比例。用在政府部门当中担任部长级职务的女性比例来衡量,那么与其他国家相比,中国这一比例远远低于按照人类发展指数排序排在我们后面的许多国家。比如,2000年,在政府中担任部长级职务的女性比例最高的是瑞典,为55%,其次是哥伦比亚、丹麦、芬兰,女部长比例均超过42%。在175个国家和地区当中,中国女部长的比例仅为5.1%,这一比例比排名最后的塞拉利昂还低3个百分点[②]。除此之外,中国妇联干部人数从1990年开始一直呈现下降趋势:1990—2003年,减少54%[③]。专司女性事务的干部数量减少,无疑是保护女性利益和培养女性人才的政治机制恶化的结果,对女性而言,这产生负的外部性影响。

(二)女性在经济生活中的参与程度

女性在经济生活中的参与程度可以用三个指标来衡量:女性就业比例、职业构成和职务构成比例。其中,女性就业比例表示女性在经济生活中的总体参与程度,职业构成和职务构成比例则表示女性的参与水平,第一个指标表示女性参与的数量,第二个和第三个指标表示女性参与的质量。

第五次全国人口普查资料显示,在2000年全国就业人口当中,女性就业人口占总就业人口的45.3%,这一数字似乎表明女性的经济参与水平并不算低,但这个数字不能反映女性的社会地位,女性的社会地位还必须结合职业构成和职业构成来分析。据统计,女性在职业结构分布中处于十分不利地位,按照行业划分,女性从业人员超过或接近男性的行业分别是体育、卫生和社会福利业(女

---

① 中华人民共和国国家统计局编:《中国统计年鉴2004》,中国统计出版社2004年版,第873页。

② 中华人民共和国国家统计局编:《中国人口年鉴2003》,中国统计出版社2004年版,第392～394页。

③ 根据《中国统计年鉴2004》第874页数据计算得出。

性多于男性);商业服务业和农林牧渔水利业,男女从业人员比例接近。在具有较高社会地位的行业中,女性从业人员均少于男性。比如,在国家机关、党政机关和社会团体就业者中,女性仅占27.8%;在科研机构中,女性占37.2%;在综合技术服务业,女性占35.6%;在公共服务业,女性占27.95%①。从女性就业分布格局看,在行业分类之下,越能显示出社会地位的行业,男女从业者的比例差距就越大。不仅如此,即使在同一个行业中,男女职业分布也有巨大差异。比如在教育行业中,人们普遍认为女性适合从事教育工作,认为女性专职教师多于男性,但实际上,这种认识是不全面的。女性教师只有在幼儿园和小学教师当中占有优势(分别为98.4%和52.9%),在中学和大学教师当中,女性只占40%多一点。进一步观察大学教师的性别构成,就会发现,教师结构就像金字塔,离塔尖越近,女性数量就越少,例如2002年,普通高校专任教师性别比例如下:在没有职称教师中,女性占52.5%,在初级职称中女性占50.3%,在中级中女性占44.5%,副高级中女性占35.3%,在正高级教师中,女性只占16.6%②。

女性在社会事务管理方面的参与程度可以用职务分布来显示。女性的职务大多为容易操作、技术含量较低且不需要拥有广泛人际关系的工作。在同一个行业中,各个单位负责人大多数是男性,男性扮演管理者、女性扮演被管理者;即使同为管理者,男性的职务一般要高于女性;男性从事的一般是附加价值高的复杂工作,女性从事的一般是附加价值低的简单工作。即使在技术含量较低的批发零售业当中,男女分工亦有所不同:男性大多从事需要有较强人际交往能力的批发业,女性则较多集中在只需按部就班、不需要创新能力的零售业当中。

三、女性人才短缺的社会学分析

女性人才短缺和女性地位相对较低密切相关。女性的社会地位由女性的政治地位、经济地位、家庭地位以及社会文化地位等多种因素共同决定。

(一)女性人才短缺的政治学分析

从政治学角度来看,中国女性从1949年就获得选举权和被选举权,但半个多世纪以来,中国妇女参与政治生活的热情和能力并未随经济社会的发展而提高,中国妇女参政议政现状可以概括为"三多三少":在职务结构中,副职多,正职少;在决策机制中,虚职多,实职少;在工作部门中,党务部门多,经济部门少。

---

① 根据《中国2000年人口普查资料》第881~934、1569页数据计算得出。
② 根据《中国教育年鉴2003》第86、90页数据计算得出。
③ 杨根乔:《论当前我国妇女参政的现状、问题及对策》,《当代世界与社会主义》2004年第2期。

根据联合国有关研究,任何一个群体,只有其代表在决策层达到30%以上才可能对决策产生实际影响力,中国女性在权力结构中的比例不到10%,其中正职的比例不到1%①。由于女性在权力结构中数量太少并且多为副职,女性领导不能成为中国妇女的利益代言人,从而影响女性社会地位的提高。

(二)女性人才短缺的经济学分析

虽然从政治角度来看,我国劳动法明确规定妇女与男人享有平等的就业权力,且规定用人单位不得以性别为由拒绝录用妇女,但在实际生活中,用人单位经常采取各种名目拒绝女性或者提高女性的录用标准。因此,现实生活中男女平等出现"形式平等"与"实际平等"之间的不一致。从经济学角度看,随着经济体制从计划经济向市场经济转轨,生产要素配置主要以效率准则为主,在劳动力市场上,用人单位主要根据劳动力的人力资本存量决定录用与否。人力资本存量可以用劳动力受教育程度来表示,而中国女性接受教育的程度在每一个年龄段上都少于男性。女学生占学生总数的比例变化趋势是:年龄越低从而学历越低,男女比例差距越小,年龄越大从而学历越高差距则越大。比如在小学和中学阶段,男女比例大致持平,而到大学和研究生阶段,男女比例逐渐拉大,到了博士阶段,女博士数量尚不到全部博士总数的1/3。比如在2002年,女博士在校学生数只占博士总数的28.1%,女硕士占39.9%;在职女博士和在职女硕士的比例更低,在各自的总量中分别只占26.6%和28%②。

接受教育程度较低会降低一个人在劳动力市场上的竞争能力,使其遭受就业歧视。我们可以把就业歧视按照就业过程分为就业前、就业中和就业后歧视。就业前歧视指用人单位在招聘雇员过程中专门为具有某些特征的人而设置的进入壁垒;就业中歧视指对付出同样劳动的雇员给予不同的待遇;就业后歧视指对退出劳动力市场之后的同样雇员给予不同待遇。纵观女性就业可以发现,女性在整个就业过程中都会不同程度地遭遇这三种歧视。比如在就业前,假如一个城市企事业单位需要招聘大学毕业生,那么该单位的录用原则通常是:首先考虑本市男大学生,其次考虑外地男大学生;再次考虑本市女大学生,最后考虑外地女大学生。所以外地女大学生戏称自己是"四等公民"。女性在就业过程中遭受的歧视主要表现为同工不同酬及在解雇和晋升方面遭受不平等待遇。在就业之后女性遭受的歧视主要表现为女性退休年龄较小、工资替代率较低。女性的平均寿命高于男性,较早退出劳动力市场、领取较低的退休金生活的女性,在疾病

---

① 李慧英主编:《社会性别与公共政策》,当代中国出版社2002年版,第268~269页。
② 中国教育年鉴编辑部编:《中国教育年鉴2003》,人民教育出版社2003年版,第86~88页。

发病率较高的晚年容易陷入贫困。目前,贫困女性化是世界范围内的普遍现象,老年人,尤其是80岁以上的高龄女性老年人陷入贫困的比率就更高。

受教育程度较低不仅会降低女性在一般劳动力市场上的竞争力,而且直接影响女性在高级人才市场上的数量。我们以经济学家为例。一个人要想成为经济学家,前期的专业训练——经济学本科、硕士、博士——这个学历阶梯必不可少、不可断裂,女学生读到硕士阶段,就到恋爱、结婚和生育的最佳年龄;如果她错过人生这三部曲,她就要承受来自社会传统的巨大压力。攻读学位与婚恋生育三部曲同步进行,又非普通女性力所能及,已有研究证明,已婚女性在家务劳动中扮演主要角色,无论在发展中国家还是在发达国家,女性花费在培育孩子和洗衣做饭等家务劳动上的时间都远远大于男性。据统计,男女一天的时间分配比例为:女性每天用在市场活动,发达国家女性大约为37%,发展中国家女性大约为40%,用于非市场活动时间大约占60%~70%。这就意味着,2/3以上的女性劳动无法用货币价值来体现。男性用于市场活动和非市场活动的时间与女性正相反:发达国家男性用于市场活动的时间为69%,发展中国家的男性为79%,他们用于非市场活动即不以货币价值来体现的时间分别只占其31%和21%①。此外研究还表明,已婚女性承担家务劳动与学历高低无关,即使在夫妻两人同为受过高等教育的家庭当中,养育孩子和家务劳动也主要由女性承担②。这些结论合理解释了在职女硕士和女博士的比例如此之低的现象:社会分工限制女性为成为合格的经济学家所必需的人力资本积累过程,使女性与男性进行事业竞争时处于先天不足的不利地位。

(三)女性人才短缺的社会学分析

在本项研究中,我们按照女性社会地位的凸显程度,采取由表及里的分析方法,首先分析女性政治地位较低的原因。从表面上看,女性政治地位较低是其经济地位较低造成,经济地位较低是其人力资本存量较低造成,那么,女性人力资本存量较低又是什么原因造成的呢?这就需要采用社会学的分析方法,从社会性别角度入手,分析女性在教育资源分配过程中被家庭歧视的社会原因。

虽然中国女性早已获得与男性相同的就学权和就业权,虽然国家规定的义务教育是面向所有学龄儿童开放,但是,在小学尚未毕业阶段,男女接受教育的差距即已显示出来。据统计,在小学阶段,不论在城市还是在乡村,女生的肄业、

---

① 中华人民共和国国家统计局编:《国际统计年鉴2003》,中国统计出版社2003年版,第405页。
② 徐延辉:《女性经济学家严重短缺:现状、原因及后果》,《国外社会科学》2002年第3期。

辍学数量都高于男生,所以虽然在小学阶段,女孩入学的数量略微高于男孩,但到小学毕业时,男女生比例大致持平。在余下的就学阶段——初中、高中、中专、大专、大学和研究生所有阶段,在校女生都少于男生,且学历越高男女差距就越大①。从社会学角度看,女性在教育资源的攫取和利用方面所处的不利地位是由父权制文化造成的。父权制文化由两个核心制度构成:一是男权家庭制度,即以父系为中心的家庭权力结构,表现为父亲、儿子在经济资源和教育资源分配中拥有优先权;二是性别分工制度,这种制度将社会分为公共领域和私人领域两部分,其中公共部分——涉及对外交往、公共决策等事关国计民生的"大事"部分,主要由男性来主管,私人领域——主要包含内务管理和执行决策等"小事"部分则由女性来承担。性别分工是一个国家、一个民族在相当长时期内,由文化传承、经由世世代代的社会变迁不断演化而形成的,它具有相对稳定性和与社会快速变化相对而言的滞后性。这种社会文化一旦形成就会通过儿童社会化而渗透进每个社会成员的意识。

  以性别分工为主要表现形态的社会性别意识是造成男女两性社会地位差距的主要根源。性别分工通过家庭和社会双重机制强化社会对男性的偏好,使男性在就学、就业和公共管理等各个领域比较容易地获取各种稀缺资源。在就学方面,大学以下的就学决策基本上由家庭做出,在中国城市家庭中,因为计划生育国策的影响,一个家庭一般只有一个孩子,所以城市家庭的孩子,无论男女,只要愿意学习,父母都会提供资金支持。而在农村家庭中,形势就截然不同。农村家庭一般都有两个或两个以上孩子,在经济发展水平比较落后、人均收入水平较低的地区,家庭进行投资决策和教育资源分配时,社会性别意识就会发生决定性作用:在家庭资源有限的条件下,绝大多数家庭都会将有限的资源向男孩倾斜。大学以上的人力资本投资决策基本上由已经成年的学生自己做出的。由于女性担心学历太高变成"三高"女性——高学历、高收入、高地位女性,从而在婚姻和求职市场上面临双重挑战,所以很多有进一步深造潜力的女性,在人力资本积累的关键时期却选择放弃。正因为如此,本文才一再强调,性别意识是一种社会建构,一旦社会对女性"能做什么"、"应该做什么"和"适合做什么"达成默契,这种默契就会通过女性与社会的长期互动而内化为女性的行为准则,使女性自觉地做出符合社会规范的决策。

  性别分工对女性就业的影响主要表现为就业隔离,所谓就业隔离指由于性别分工而造成的男女从事不同行业,主要表现为行业隔离和职业隔离两个方面。

---

  ① 国务院人口普查办公室等编:《中国 2000 年人口普查资料》,中国统计出版社 2002 年版,第 838～839 页。

行业隔离主要表现为男女从事不同行业,比如男性主要从事重工业、采掘业、运输业等行业,女性主要从事轻工业和服务业等行业;职业隔离主要表现为在同一个行业中,男女从事的职业和职务不同,比如,即使都在轻工业,男性主要从事服装设计和裁剪等技术工作,女性则主要负责缝纫、熨烫等技术性不强的工作,男性多从事附加价值高的工作,女性多从事附加价值低的简单劳动,社会分工造成两性始终保持本不合理但男女双方却都认同的差距。如果一个家庭的收入结构不是男高女低,而是男女相等甚至是女高男低,这个家庭很容易失去平衡。

四、社会保障:女性成才的一种制度支持

本文的研究表明,女性成才率较低是因为女性社会地位较低,女性的社会地位较低又是由女性群体在社会的政治资源、经济资源和文化资源的分配过程中所处的不利地位决定的。那么如何改善女性的社会地位、提高女性的成才率呢?女性的问题既然是社会问题,它的治理无疑需要社会综合治理。本文把社会保障作为社会政策的主要手段,从社会保障角度出发,寻求提高女性成才率的制度保障。

本文的分析表明,女性在社会管理和劳动就业等方面所处的不利地位主要是由于与男性相比,女性在成长过程中更缺乏政治资本、经济资本、社会资本和文化资本等社会力量的支持。从经济社会学角度看,这些资源广泛地嵌入社会结构中,而女性由于性别分工限制,缺少透过社会结构来获取这些稀缺资源的能力。在这些资源当中,教育资源的缺乏对女性成才的打击是最致命的。在越来越开放的社会中,个人的先赋资本对其成长的作用将越来越小,接受教育和拥有体面工作而获得的后致性资本的作用将越来越大。从经济学角度看,大量的素质较低的女性进入劳动力市场,对女性整体而言,这是一种负的外部性。因为根据信息甄别理论,在劳动力市场上,在雇主和雇员双方的信息处于不对称的情况下,学历文凭就成为简单通行的能力甄别器,雇主一般假设学历越低,能力也越低,并据此推断整个女性劳动力的生产率并由此确定工资报酬率。大量低学历的女性进入劳动力市场,使得其他具有较高学历的女性作为雇员面对潜在的雇主时同样处于不利地位,因为雇主根据女性的平均素质确定劳动力报酬。这使得高学历女性与具有同等学力的男性相比,要么是同样的劳动得到较低的报酬,要么是为了同样的报酬而付出更多的劳动。

本文认为,社会保障作为以政府为主体的、体现主流社会对弱势群体的制度化的社会责任,可以通过以下几条途径来改善女性群体的社会地位,提高女性的成才率。

(一)政府提供经济和政治资源,缓解女性群体的经济贫困状态

在本文分析中,我们对女性的社会定位总是与男性相比,把男性当作参照物,比较女性的社会地位并得出女性地位低于男性的结论,这是异性相比的结果。另一方面,我们必须看到,在女性群体内部,女性的发展也极不平衡,女性的受教育程度和女性就业机会的分布在城乡之间、在不同的阶层之间都存在巨大差异。本文认为,按照社会地位,中国女性可以分为三个层次:位于最上层的是由具有较高学历的知识女性、商业精英和政治精英构成的少数女性,她们是女性中的佼佼者;位于中间层次的是由拥有一份非正规工作的城市女性以及富裕地区的农村妇女构成;位于最底层的是城市无职业妇女和贫困地区的农村妇女。社会保障对三个层次的女性都可以提供政策保护,但是针对不同层次的女性,提供的政策重点应该有所不同。

对于第一层次的女性,社会保障主要提供政治资源,保护女性免受就业歧视。在当今社会,各国的劳动力市场都由正规的劳动力市场和非正规的劳动力市场构成,由于多数女性通常具有的生育需求而导致女性阶段性就业,使得大多数女性就业集中在非正规劳动力市场上。在中国,社会保障重点覆盖的是正规劳动力市场上的就业者。虽然第一层次女性属于拥有一份正规工作即全日制工作、其中少数属于事业有成的精英群体,但这并不意味着这些女性就不会遭受就业歧视。在单位改制或重组过程中,与男性相比,拥有正规职业的女性遭受辞退或劝退的可能性更大,女性非常容易从正规就业滑向非正规就业。

第二层次的女性属于生活不稳定群体。非正规就业多数属于弹性就业,在该领域,社会保障覆盖的范围极其有限,保障水平较低,女性职工极易遭受失业威胁。制定社会保障政策时,专门针对女性劳动者制定的社会保障政策应有可操作性。

为第三层次的女性提供制度支持是社会保障目前工作的重点。对这部分底层群体给予经济支持和政治支持并不是为了提高现有的女性成才率,而是为了满足其当前的生存需求、缓解其当前的生活困境,防止贫困向下一代传递。在转型期中国,由于工业化、城市化和市场化等对个人生活具有较大影响的社会变迁同时进行,农村地区人口和低学历无技术城市人口最容易成为社会淘汰的脆弱群体,而低学历、40岁以上的贫困地区的农村妇女和城市失业妇女成为社会最底层群体。对于这一层次女性,社会保障是社会政策最主要、最直接的干预贫困人口社会生活的行政手段,必须充分发挥它的显性功能,为贫困人口提供各种有形资源和无形资源,前者包括现金实物等,后者包括法律援助和就业机会等。

(二)政府提供教育资源,改善女性的知识贫困状态

本文的分析表明,女性的经济地位和政治地位较低由女性的教育资源短缺

造成,与此相对应,女性的贫困可以分为两种类型:收入贫困和知识贫困。收入贫困指收入水平极其低下,不能满足基本需求。知识贫困指人们获取、吸收和交流知识能力的匮乏或途径的缺乏,知识贫困包括获取知识能力的贫困、吸收知识能力的贫困和交流知识能力的贫困。胡鞍钢等人的研究表明,中国的知识贫困存在严重的地区差异、城乡差异和性别差异,中国女性处于更为严重的知识贫困之中①。

女性收入贫困源于女性知识贫困,女性经济和政治地位较低源于女性教育资源的匮乏,男女两性收入上的差距主要源于两性在获取知识、吸收知识和交流知识能力方面存在的差距,如果女性在占有知识方面不能获得真正平等,不仅两性之间的收入差距会继续扩大,同性(女性)之间的收入差距也会呈现继续扩大——目前最显著的群体差距出现在中国西北部和西南部地区的农村女性与中国东部沿海城市的职业女性之间,由于先赋性资本和后致性资本在东西部地区不同女性之间的不均衡分布,两者之间的收入差距必将维持并将继续扩大下去。在此,社会保障作为公共政策应该发挥它的隐性功能,即通过向女性群体提供教育资源而提高女性占有知识的能力。虽然与短期即能显示功效的、以提供资金和实物为主要形式的社会保障政策相比,向女性提供义务教育和免费培训的社会保障政策要较长时间才会显出功效,但笔者认为,社会保障的显性功能和隐性功能分别对应社会保障的政策目标——治标还是治本这一根本问题。毫无疑问,要想彻底改变女性的弱势群体地位,消除女性的知识贫困,提高女性在各个领域里的成才率,社会保障制度应该通过立法形式,将女性受教育权落实到实处。

为女性提供教育资源,还会获得社会性效益。因为无论在城市还是在乡村,无论在高学历知识女性家庭还是在文盲半文盲家庭,养育孩子的责任都主要由女性承担,所以为女性提供教育资源同时也就开启了下一代的智慧之门。婴幼儿时期所受的启蒙教育决定了儿童的可教育性和可塑性,影响了一个人的终身成长。从这个意义上说,只有女性发展了,社会才能实现可持续发展。

五、小结

本文运用经济学和社会学相结合的跨学科研究方法,分析女性人才短缺及女性地位较低的经济社会原因,从社会保障角度提出解决这一社会问题的政策措施。从长期发展的角度看,社会保障不仅要为女性提供经济独立的物质基础,更要为女性提供经济独立的精神基础——最主要的是提供两性平等的社会性别

---

① 胡鞍钢、李春波:《新世纪的新贫困:知识贫困》,《中国社会科学》2001年第3期。

价值观念。本文的结论是:社会由男人和女人构成,社会福利由男人的福利和女人的福利共同构成,女性福利的提高首先会提高家庭的福利水平,最后提高整个社会的福利水平。

(原发表于《经济社会体制比较》2005年第6期)

张友琴，女，厦门大学公共事务学院社会学与社会工作系教授、博士生导师，主要研究领域为社会保障与社会福利、社会政策、老年学等。兼任国务院学位委员会社会工作硕士专业学位教育指导委员会委员、教育部普通高等院校社会学学科教学指导委员会委员、中国社会工作教育协会副会长、中国社会学学会常务理事、福建省老年学学会副会长等。

转型时期已婚职业女性在家庭中的角色冲突及调适

摘　要：本文以角色理论为基本分析框架，分析社会转型时期已婚职业女性在家庭中的角色冲突，探讨角色冲突产生的原因及缓解冲突的对策与途径。文章认为，已婚职业妇女在家庭中遭遇的角色冲突主要来自社会角色期望的冲突、理想角色与实际角色之间的冲突，工作角色与家庭角色间的冲突。在社会转型期，随着价值观念的多元化、职业竞争压力增大及部分妇女的地位崛起，上述导致角色冲突的原因不仅未消失，而且影响愈加明显。要缓解角色冲突，从个人角度来讲，应注意及时实现角色转换、加强家庭成员间的沟通、坚持社会化；从社会角度来讲，必须坚持正确的舆论导向，净化社会环境，要大力发展第三产业，促进家务劳动的现代化和社会化。

关键词：社会转型　已婚职业妇女　家庭　角色冲突　调适

经过近二十年的改革开放，我国的经济已取得长足的发展，社会亦发生深刻的变化。这场大规模的经济及社会变革波及社会生活各个领域，深深影响每个社会成员，职业女性在这场变革中面临极大的考验。本文分析社会转型时期已婚职业女性在家庭中的角色冲突，探讨角色冲突产生的原因及缓解这种冲突的对策与途径。

一、已婚职业女性在家庭中的角色与地位

角色与地位是个人社会身份的重要标志，是一个问题的两个方面，地位指个人在社会关系网络中的位置，个人每建立一种新的社会关系，就同时获得一个新的地位；角色则指与其地位相一致的一整套权利和义务的规范与行为模式。角色是地位的外在的动态表现形式，是显性的地位，地位则是角色的内在依据。

已婚职业女性在家庭中的角色与地位取决于她们在家庭中建立的关系的多少。一般来说，已婚职业女性在家庭中至少要扮演三个角色——妻子、母亲、女儿或儿媳，这三种基本角色构成她们在家庭中的基本的个人角色集。与未婚职

业女性相比,已婚职业女性的角色集较为复杂,除了个人在原有家庭中因血缘关系而生的角色,如女儿外,还加入婚姻关系,从而增加了由婚姻关系而生的各种新的角色,如妻子、母亲;此外,这一角色集还增加了姻缘关系,因此,个人还必须扮演由姻缘关系而生的其他角色,如儿媳、妯娌。与上述角色相适应,已婚女性必须履行与其角色相关的义务,这些义务主要有:作为母亲,必须抚养教育未成年子女;作为妻子,应与丈夫一道,实行计划生育;作为女儿或儿媳,还应赡养扶助父母①。

角色同时还与行为模式相关,它表现为一整套与地位相一致的行为模式,人们可以从个人的行为模式上来识别他(她)的角色。角色的行为模式实际上反映的是社会对角色的期望,即社会对其社会成员的角色行为的基本的要求与期待,这种期望通常可以通过社会上多数人的共同的行为模式反映出来。个人在其社会化的过程中,通过学习,逐渐培养起个人对其今后所要扮演的角色的认同,逐步明确这一角色所应担负的权利、义务和行为模式。如果个人今后的行为模式与社会的角色期望有较大的差别,就容易被众人视为"不像个××"、"不是个好××"等。由于角色的社会期待具有很强的社会性、历史性,因此,在不同的历史时期,对于妻子、母亲等角色的社会期待也就具有不同的内涵。

此外,已婚职业女性在家庭之外还扮演多种职业角色,随着社会交往的增加,她们在社团、俱乐部等社会团体中也占有一席之地,这一系列角色不断充实她们原有的个人角色集,使其内容日益丰富。

从社会的角度看,众多社会成员扮演的各种各样的角色之间具有密切的依赖关系,这些相互依赖并相互联系的角色构成以社会联系为纽带的错综复杂的社会角色系统。个人同时生活在个人的角色集和社会角色系统之间,一旦对角色的认知出现偏差,就会产生角色冲突。

二、已婚职业女性在家庭中产生角色冲突的主要原因

个人社会关系的多样性决定了个人角色的多样性与复杂性。社会的发展,已婚职业女性因此得到广阔的发展空间,但也经受了许多烦恼,其中就有家庭中的角色冲突。

家庭中的已婚职业女性遭遇的角色冲突主要有两大类型:一是个人角色集内不同角色之间的冲突,比如需要加班,抽不出时间接孩子,这时工作的角色与母亲的角色在家庭的问题上产生冲突;二是社会角色系统中与其他角色的冲突,比如这时丈夫也要加班,双方在应由谁做出让步的问题上也会产生角色冲突,如

---

① 参见《中华人民共和国宪法》第四十九条。

果一方让步或由第三方参与解决问题,冲突就得以解决,否则冲突就可能升级。日常生活中,类似的角色冲突比比皆是。无论哪一种类型的角色冲突,对于角色冲突的当事人及其家庭成员来说,都具有很大的伤害性,轻则个人在思想上产生紧张、压力、内疚,影响家庭关系,重则会造成个人思想上的痛苦及家庭关系失调,甚至导致家庭解体。

公平地说,不是只有已婚职业女性才遭遇角色冲突,家庭中的角色冲突涉及面更广,参与家庭与社会生活的每个成员或多或少都会遭遇这种冲突,但由于历史的原因,已婚职业女性遭遇的角色冲突更特殊,考察导致这些冲突的主要原因十分必要。从一般的情况看,造成已婚妇女角色冲突的主要原因有三个。

1. 社会角色期望的冲突

角色期望有历史因素,随着社会的发展与进步而被不断增加新的内容。在社会转变与发展的过程中,先进的观念与传统落后的观念往往会在相当一段时期内同时存在,产生强烈的冲突,社会对已婚妇女的角色期望也不例外。在中国传统社会,自阶级社会产生以后的几千年中,女性一直在没有独立身份和尊严的状况下艰难地生存,妇女沦为男性的附属物。经济上,女性被剥夺参与社会生产、获得经济收入的权利,在家庭中没有财产所有权与继承权;政治上亦无参与社会政治的权利,连皇后也只能"治宫中嫔妇事,宫门之外,不得与焉"①;教育上,统治阶级对女子施行文化奴役,鼓吹"女子无才便是德"、"妇人识字多诲淫";伦理上,我国从汉朝董仲舒起,就把"三纲五常"抬高到统治地位,宋明时期的程朱理学进一步将封建的伦理纲常绝对化。在这一套套系统而精致的以"男尊女卑"为核心的理论束缚下,妇女被囚禁在家庭这个狭小的天地里,孝敬父母、侍奉丈夫、养育子女、操持家务;只许主内,不许言外。马克思曾尖锐地指出:"丈夫在家中掌握了权柄,而妻子则被贬低、被奴役,变成丈夫淫欲的奴隶,变成生孩子的简单工具了"②,"除了生育子女以外,不过是一个婢女的头领而已"③。

新中国成立以后,无论在政治、经济、法律上,还是在其他领域,我国广大妇女都确立了主人翁地位,享有与男子平等的权利。但几千年来形成的对妇女的根深蒂固的传统角色期望不可能随着新制度的产生一下子被送进历史的博物馆,它仍顽固地影响着社会成员的思想。这种影响不仅大量地存在于男性之中,也存在于妇女自身,因此,"重男轻女"的思想观念在婚姻、生育、教育、就业等领

---

① 《明史纪事本末》第 14 卷。
② 中共中央马克思、恩格斯、列宁、斯大林著作编译局编译:《马克思恩格斯选集》第四卷,人民出版社 1972 年版,第 52 页。
③ 中共中央马克思、恩格斯、列宁、斯大林著作编译局编译:《马克思恩格斯选集》第四卷,人民社 1972 年版,第 60 页。

域普遍存在。转变这些旧观念绝非一朝一夕之事,它不仅要求已婚职业女性通过学习转变观念,还需要社会环境氛围。如果社会对已婚职业女性的角色期望是一致的,则个人对自身角色行为模式的认同也就较为一致,否则,个人将无所适从,角色冲突就会产生。

2. 理想角色与实际角色之间的冲突

一般来说,社会的角色期望是一种典型状态,个人在实际生活中对同一角色的理解与认同有差别。个人以其对角色的理解而表现出来的角色行为与理想角色之间通常有距离,即在"应该怎样"与"实际怎样"之间是有差距的,多数人的行为模式难以完全符合社会的角色期望。因此,在同一个角色身上,往往会出现理想角色与实际角色之间的冲突。比如,社会普遍认为好妻子应当善于当家理财,管好家务,但由于各种原因导致已婚职业女性无暇顾及家务,这时妇女的实际角色与理想角色之间就有较大差距。如果个人对这一差距有所觉察,就会对家庭产生负疚感,就容易导致个人自身的角色冲突,从而在闲暇时加倍努力;如果个人对这种角色间的差距毫无觉察甚至视为理所当然,就容易导致家庭成员之间的角色冲突,如夫妻间的角色冲突、婆媳间的角色冲突。

值得注意的是,与具有很强规范性的工作角色相比,已婚妇女在家庭中的角色没有严格和明确的规定,是开放的角色,因而女子在其社会化的过程中,对今后扮演的角色内涵及具体行为模式的认识主要依靠其家庭(如母亲)的言传身教以及自身对角色的理解与把握。随着社会的不断进步,理想角色的内涵也在不断变化与更新,已婚职业女性如果不能通过学习不断调整个对角色的认识,就会感到心理上的压力与不适,从而产生角色冲突。

3. 工作角色与家庭角色间的冲突

毫无疑问,女性走出家庭通过就业参与社会生活已是世界潮流。据西安市对妇女从业愿望进行的调查,90.2%的调查对象有就业愿望。国家统计局1996年的调查显示,我国就业人员中,女性占46.6%,比1979年的30%上升16.6个百分点;而这个数字在旧中国只占7.5%。然而,职业女性既要投身社会,又要兼顾家庭,目前还有诸多困难。一方面,由于家庭的核心化趋势,使得家庭自我保障、自我服务的功能大大减弱;另一方面,社会化服务相对滞后,远远跟不上社会发展的需要,已婚职业女性不会也不可能抛开家务劳动。这样,已婚职业女性在职业与家庭之间时常处于两难境地,工作角色与家庭中的角色时常发生冲突,致使许多人为了家庭而不得不放弃个人的事业追求。这种选择又极易导致女性失去自我,失去独立性,最终在家庭与职业竞争中均处于劣势。现实生活中不少家庭与个人的悲剧正是这种恶性循环的结果。如果她们不愿为了家庭而牺牲自己的事业,那么在她个人身上的角色冲突以及与家庭成员主要是丈夫之间的角

色冲突会更加激烈,"女强人"的悲壮正是这种冲突结果的写照。为此,相当多的已婚职业女性自愿选择以"配角"为主的工作角色,不能不说是她们对这种两难境地的无奈选择。

三、社会转型时期已婚职业女性在家庭中的角色面临新考验

毋庸置疑,新中国的建立为广大妇女当家做主提供了政治、经济与法律上的各种保护,但不能不看到这种保护在相当大程度上依赖于原先高度集中的计划经济及与其相适应的社会管理模式,比如通过行政手段实现妇女的就业,而不是靠竞争上岗;通过法规实现男女"同工同酬"而忽视报酬与效率之间的关系。"大锅饭"、"铁饭碗"、"组织安排"式的保护排斥了效率与竞争,结果是使许多职业女性依赖等靠、不思进取,在社会向强调素质、能力和效率的市场经济体制转变时,各种不适应就油然而生,矛盾与冲突就不可避免。

首先,在社会转型时期,上述导致角色冲突的原因不仅未消失,影响愈加明显。虽然每个人因其自身文化程度、个人素质及年龄等方面的不同而对社会转型带来的变化具有不同的承受能力,但已婚职业女性面临更加严峻的考验已是不争的事实。首先,社会转型时期伴随经济发展的多元化而出现的价值观念的多元化,直接对已婚妇女的角色期望产生影响,使其呈现多样性;职业妇女在竞争中进一步树立自信,在创业中获得独立,在成功与失败中认识自我;这一切都将极大地改变她们对传统角色的认识。这就使得社会角色期望之间、理想角色与实际角色、工作角色与家庭角色这三种主要的冲突日益错综复杂,最终必然导致已婚职业女性在家庭中的角色冲突。

其次,转型时期职业竞争压力增大。以追求效率为特征的市场经济体制对职业女性提出空前的挑战,早年参加工作的职业妇女,因其文化素质低、年龄偏大而又缺乏实用技术而面对被优化下岗的威胁。职业女性要在职业竞争中谋得一席之地,就必须参与竞争与拼搏,就不得不减少家务投入,如果社会对已婚女性的角色期望不能更新,则发生在女性身上的角色冲突势必更加激烈。

最后,随着经济体制的转变,女性在一些行业中开始崛起,自 1978 年以来,新增企业中 1/4 由女性创建,个体户中女性占 34%[①],女性因其自身的才能而在职务、报酬方面高于丈夫的现象也已不再鲜见,这就必然动摇丈夫在家庭中的传统的中心地位,使其自尊心受到打击,如果他不能及时调整心态,夫妇间的角色冲突和家庭动荡就难以避免。

已婚职业女性在家庭中的角色冲突给婚姻的质量及家庭的稳定带来极大的

---

① [美]约翰·奈斯比特著,蔚文译:《亚洲大趋势》,外文出版社 1996 年版,第 222 页。

影响,冲突的极端形式——离婚,不仅给子女造成伤害,也给女性造成伤害,影响妇女自身的进一步社会化。1995年中央电视台调查咨询中心在全国32个城市进行的调查结果显示,离婚家庭的孩子的辍学率是正常双亲家庭中孩子的3.5倍[①];美国社会学家古德对离婚妇女进行的调查结果发现,这些妇女除健康欠佳、失眠、吸烟和酗酒外,还有工作效率低下、有不同程度的精神创伤等表现。

四、减缓角色冲突的调适措施

已婚职业女性在家庭中的角色冲突,反映出女性对自身价值的认识以及发挥其能力的要求,折射出社会的进步与文明的发展。应当看到,角色冲突作为个人对其生活环境调适的产物,是不可避免的。随着社会的发展、社会竞争压力的增大,角色冲突可能增加,如果个人通过正确、有效的调适,社会给予配套的措施,角色冲突可以减缓。因此,积极寻找减缓冲突的调适手段与措施是解决角色冲突问题的重要途径。从个人与社会两个角度分析,笔者认为应该重视以下五种调适措施。

1. 及时实现角色转换

角色冲突的最主要原因是个人同时处于两种以上的角色之中而难以选择。大多数人都能合理地在两种角色中做出抉择,多数人的角色冲突产生于未及时实现角色转换。例如女经理回家后,不知不觉地把职业角色行为模式用于家庭之中,使家庭成员产生不快,久而久之,导致冲突。

要实现有效的角色转换,个人就要正确认识自身角色及场景。具体地说,已婚职业女性至少应不断学习或了解作为妻子、母亲等主要角色的基本行为模式,以避免角色的错位,产生不必要的冲突。传统社会对女性的角色定位固然有其糟粕之处,但是,即便是在现代社会,孝敬父母、侍奉丈夫、养育子女、操持家务等角色期望仍然是已婚职业女性不可或缺的"妇德"。在实现家务劳动社会化与现代化之前,女性在家庭中的"主内"地位仍是不变的,如果在家务劳动上过分计较形式上的平等,结果只能自寻烦恼,陷在角色冲突中不可自拔。其次应注意角色的行为模式在不同时间、地点和场合上的不同表现,及时随时间、地点及场合的变换调整个人心态,以与场景相适应的角色出现。

2. 加强家庭成员间的沟通

绝大多数的男女,当他们决定走上结婚的殿堂时都不会企盼离婚。因此,只要双方有感情基础,沟通就不会出现困难。夫妻双方经常交换意见,保持情感上的互动,可以有效地减缓角色冲突。一般说来,夫妻双方的感情与角色冲突之间

---

① 《中国青年报》1996年9月14日。

存在负相关,即双方感情越好,相互间的心理宽容性就越强,就越能够相互体谅,夫妻间产生角色冲突的可能性就越小;即使是发生在个人角色集内的冲突,也可以在对方的帮助或开导下得以缓解。沟通还可以有效地帮助夫妻双方及时认识自身的问题及双方在认识上的差距;家庭成员在角色行为模式上存在的价值观方面的歧见,尤其需要通过沟通来解决。

3. 坚持继续社会化

从社会学的角度说,社会化指社会对个人的文化教化和个人对社会能动选择与调适的统一的过程。传统社会一般比较重视个人的基本社会化,而轻视成年后的社会化,即继续社会化。事实上,社会越发展,继续社会化就越重要,因为继续社会化是基本社会化的延续、完善与发展,是个人自觉适应社会发展的重要手段。继续社会化的内容主要包括两大类:一是社会发展与变化的趋势,包括社会角色期望的发展与变化;二是科学文化知识。前一类的学习,可以使个人的观念及时跟上时代,不断调整角色认知;对于已婚职业女性来说,后一类学习更具现实意义。从根本上说,就业是妇女解放的基础,教育则是妇女就业的前提,也是改善妇女职业构成、提高妇女社会地位的前提。加强学习,提高自身的文化水平,能极大地增强已婚职业女性的能力,有利于增强职业竞争能力,有利于女性自觉地维护和争取自身的合法权益。目前,我国职业女性的文化程度偏低,据1996年,全总女职工部在江西、安徽、上海、甘肃等省份进行的调查,发表《关于下岗女工现状的最新报告》(最新报告),表明,下岗女职工文化偏低者占大多数,上海市下岗女职工初中及以下文化程度的占92%,安徽马鞍山市占95%,纺织系统的下岗女工100%都是初中及以下文化程度。较低的文化素质远远不能适应新的生产的需要,提高女职工的素质成为急需解决的尖锐的课题。

4. 坚持正确的舆论导向,净化社会环境

从社会的角度来说,创造健康、向上的社会环境有助于消除传统的"男尊女卑"等不平等观念,树立与时代相适应的社会角色期望。社会舆论是一种群体力量,个人置身于群体之中,其自我意识的形成及对自身的评价,往往以周围的人的看法为依据,因此,我们很难想象或期待生活于"男尊女卑"的社会环境中的男性能在家庭中平等对待妻子。实事求是地说,前一阶段我国舆论界在对于有关妇女形象的宣传与报道等方面确实存在许多不尽如人意之处。大众传媒制作者极少性别意识,更多性别歧视,包括女性制作者也缺乏这种意识,有损妇女形象的影视、广告客观上误导了社会成员。因此,为了维护妇女权利,把握舆论的正确导向,必须对传媒的内容实行有效的监测、分析和管理。

5. 大力发展第三产业,促进家务劳动的现代化和社会化

这是减轻已婚职业女性角色冲突的最有效途径之一,只有实现家务劳动的

现代化和社会化,才能解除职业妇女的后顾之忧。在转型时期,这一工作的实现更为紧迫也更有必要。因为社会经济模式转型,计划经济下建立的社会保障和社会福利体制逐渐暴露出弊端,改革将促使职业福利逐步社会化。在这个转变过程中,社会必须大力发展第三产业,促进社会化服务,有效承接原来由职业福利承担的任务,家务劳动的社会化、现代化的实现才有可能。发展第三产业,是社会经济转型的重要任务,第三产业的劳动密集型的特点也可有效地促进妇女的就业,这是解决当前下岗女工偏多问题的手段。

第四辑·转型时期已婚职业女性在家庭中的角色冲突及调适

第五辑 性别与教育学

潘懋元,男,厦门大学教育研究院教授、博士生导师,从事教育学研究,出版《高等教育学》、《潘懋元论高等教育》等专著10余部,发表论文300多篇,是我国高等教育新学科的倡建者。现任厦门大学高等教育科学研究所名誉所长、教育研究院名誉院长、中国高等教育学会顾问、全国高等教育学研究会名誉理事长、中国教育发展战略学会顾等。荣获多种学术奖项和国务院特别津贴专家、优秀博士生导师等荣誉;2010年,中国高等教育学会授予他"高等教育科学研究特别贡献奖"。

女子高等教育文化变迁的寒暑表
——中国女子高等教育的过去、现在和未来[*]

摘　要：女子高等教育的变迁与社会的文化现代化过程和现代化程度密切相关。本文首先以西方女学的传入为视点，梳理出中国女子高等教育的近代化历程：西方女学传入的肇端与中国近代女子高等教育的孕育、兴起，男女同校教育的传入与中国近代女子高等教育的发展。本文收集分析了大量数据，从比较的视角对中国女子高等教育的现况和问题进行总体把握和具体分析，展望中国女子高等教育的未来，指出挑战和机遇。

关键词：中国女性　高等教育与文化　问题研究

从文化的角度看，女子教育，尤其是女子高等教育，是社会文化现代化变迁的寒暑表，其发展速度与结构变化，灵敏地反映了社会的文化现代化过程和现代化程度。对于亚洲国家来说，这尤为明显。仔细看中国女子高等教育的产生与发展，其遇到的困难与问题，可以了解这一点。

一、过去：中国女子高等教育的产生与发展

在古代中国，没有女子教育的地位。因为中国传统文化灌输的是"男尊女卑"意识，提倡的是"三从四德"（"三从"指在家从父，出嫁从夫，夫死从子；"四德"指妇德、妇言、妇容、妇功），认为"女子无才便是德"。除宫廷和贵族家塾外，女子不能像男子一样入学读书。

鸦片战争（1840年）之后，西方列强获得在中国传教、办学的权力。最早在中国创办的教会学校，可考察的是英国东方女子教育协会1844年在浙江宁波设立的阿尔特塞女子学校（Aldersay Grile School）。教学生识字、教义、算术和一些生活知识，相当于小学程度。到1860年，这种女子学校在全国增至11所。最早创办的女子高等学校，也是教会设立的华北协和女子大学（1905年）（后改为

---

[*]　本文是在日本安田女子大学演讲的讲稿，发表于《集美大学学报》2001年第3期。

燕京大学)和福建华南女子文理学院(1908年)。从创办女子小学到创办女子大学,这个过程长达60年之久。至于政府举办的女子大学还更晚,北京女子师范学校于1919年升格为国立北京女子高等师范学校,是第一所。

在这期间,西方文化逐渐传入中国,主张学习西方、举办新式学堂的洋务派和维新派中的进步人士,都认为有必要给女性以一定的教育机会。维新派的经元善于1898年在上海创办经正大学,这是中国人自己创办的第一所私立女子学校。接着,革命派的蔡元培创办爱国女校(1902年)、吴怀疚创办务本女学(1902年),这两所女子学校在全国影响很大,各地纷纷响应。到1907年,全国私立女子学校竟达428所。但守旧的清政府,不但不予承认,还多次命令各地撤销、查办、关闭新生的女子学校。由于遭到进步人士的抵制、社会舆论的谴责,清政府不得不于1907年颁布《女子小学堂章程》和《女子师范学堂章程》,从学制上承认女子教育的地位,但限于办小学和师范,且不允许男女同校,也不允许办女子中学,更不允许办女子大学。

"五四"新文化运动冲击了传统文化和封建礼教。1919年,蔡元培主持的北京大学接收了9名女青年为旁听生,引起社会很大震动,因为中国有"男女不同席"的古训。1920年,北京大学和南京高等师范学堂相约进一步公开招收女大学生,打破"男女有别"的性别界限,实现青年男女同校,同坚持封建礼教的顽固分子进行了一场激烈的斗争。但文化的进步是不可阻挡的,全国高等学校纷纷"开女禁"(招收女生),人数也不断增加。到新中国建立前,女大学生最多时达两万多名,占大学生总数17.8%。

表1 新中国建立前女大学生增长表

年 份	大学生总数	女大学生数	女大学生(%)
1922	34 800	887	2.54
1932	42 710	5 161	12.08
1937	31 188	5 352	17.16
1942	64 097	12 273	19.15
1947	155 036	27 604	17.80

韦钰主编:《中国妇女教育》,浙江教育出版社1995年版,第15~16页,第72页。有补充。

1922—1947年中华民国时期的35年间,女大学生的绝对数增长了30倍以上,相对数也从占大学生总数的2.54%增加到17.80%。但一直徘徊在20%以下(最高年份的1941年曾一度达19.80%)。按当时全国女性人口两亿多计算,只占万分之一。可见当时中国女子高等教育是很落后的。

在社会文化现代化的发展中,亚洲国家都属于"后发外生型"。女子教育的产生与发展,比西方发达国家迟缓得多,但相对来说,日本的女子教育,较中国产生较早,发展较快。江户时代,就有为女童开设的寺子屋。明治维新后,在寺子屋上学的女童14.8万,达到适龄女童入学率的10%。1872年颁布的《学制》规定,儿童不分男女,都应接受义务教育。到1900年,适龄女童入学率提高至72%。同年,出现私立津田女子大学和东京女子医学院等女子高等学校。至1935年,全国女子高等学校增加至48所,其中40所是私立的。只有8所是国立和公立的。但招收男生的国立大学,大多排斥女大学生。虽然1913年东北帝国大学就开始招收少量女青年作为特殊学生,而作为最高学府的东京大学却一直到二战之后的1947年,才开始招收女大学生。

由于日本女子教育在亚洲各国中发展较快,对中国早期的女子教育,无论从思想上、模式上,都有积极的影响。日本教育家福泽谕吉、井上毅、森有礼的女子教育言论和著作,都曾被介绍到中国来;清末的女子小学和女子师范章程,基本上抄自日本的学制;当时各省的地方政府派员到日本考察教育,带回日本女子教育的信息。尤其是留日学生回国后的宣传和实践,对中国早期女子教育的发展起很大的作用。

就女子高等教育的发展来说,中国虽然比日本迟得多,但两国女子高等教育的产生与发展过程却有许多相似之处:都是先有私立女大,隔了一段时间,才有政府举办的女子大学;都是先有单独设立的女子大学,隔了很长一段时间,才允许男女青年同校;都先由具有先进思想的男人提倡、创办,然后才由参与女权运动的女人兴办;女大学生所学课程,都是先集中于家政、教育、人文、语言和医护,然后才逐渐向经济、政治、理科、工科、农科扩展。而且,女子教育每走一步,都要受"重男轻女"、"男女有别"传统思想的阻挠,经过曲折、艰难的奋斗才得以实现。这些,充分反映了文化变迁。即使到今天,还可能看到传统文化思想在女子高等教育上的影响,恐怕不能说男女教育已经完全平等。

二、现在:中国女子高等教育的现况和问题

中华人民共和国建国后,女子接受高等教育,有了良好的社会环境。一方面是宪法和法律充分肯定了女性在文化教育以及经济政治上享有同等权利。当时一些政策措施,也有利于女子上大学。例如,大学免费入学并普遍发放助学金,男女学生都通过统一高考公平竞争入学。另一方面,在意识形态上大力宣传"男女并肩干革命"、"妇女半边天"等妇女解放口号;在工厂、学校、政府机构实现男女"同工同酬",在城市实现女性充分就业。这使男女平等成为新社会的主流文化思想。在这样良好的环境下,女子高等教育,无论在绝对数量上或在相对比例上,都有较快发展。女大学生数量,从1947年建国前最高年份2.76万人增至1998年的

130.59万人,50年间增长了47倍。男女大学生的比例,也从82.2%∶17.80%,变为61.69%∶38.31%。女大学生数已接近大学生总数的2/5。但这个发展,并非直线上升,而是波浪式前进。

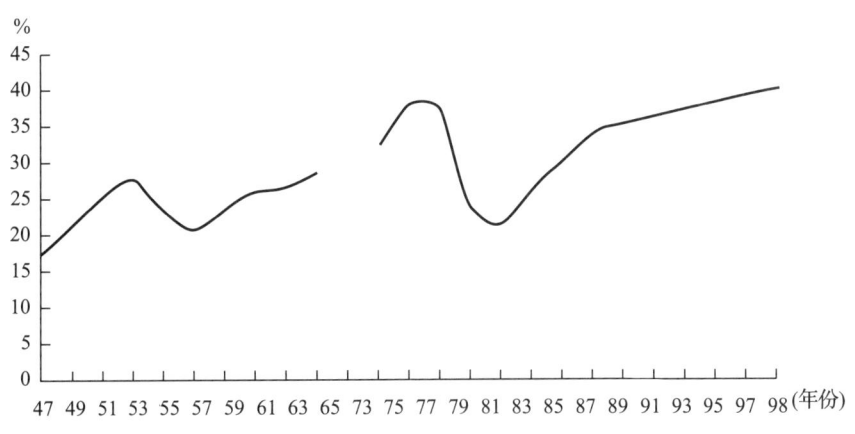

图1 建国后历年女大学生占大学生总数比例(%)

图中的波浪起伏以至中断,同50年来中国的政治、经济、文化变迁有关。50年代初期直线上升,是新中国成立后,男女平等得到法律的保障,助学金制度的建立使工农子女有平等入学机会;50年代中后期的回落,是由于院系调整,大量削减"女性领域"的人文学科而增设"男性领域"的理工农科;50年代末至60年代初逐渐回升,原因是师范教育增长较快,女大学生在师范教育上占有优势,有一部分女大学生迈进传统的"男性领域"。1966年开始的"文化大革命"初期,大学停办,没有统计数字;1972年部分大学恢复招生,男女大学生数量都下降。但由于废除入学考试,改为推荐上学,用行政命令规定了较高的女大学生招生指标,大大地提高了女大学生比例,以致高峰突起。"文革"结束后,恢复入学考试,基本上回到"文革"前的男女大学比例,并且由于大批上山下乡的男知识青年涌入大学而使女大学生比例有所降低;进入80年代,教学秩序恢复,女大学生的绝对数量与相对比例,都稳步上升。特别是1994年以来,上升的趋势更为明显,1998年达到前所未有的130.59万人和38.31%。

女子高等教育反映文化现代化的变迁,不仅体现于数量及比例的增长上,也体现于层次与学科结构的变化上。早期的女子高等教育目标,着重于培养"贤妻良母";女子教育内容,偏于家政、语言、人文学科。即使进入社会参加工作,也只局限于教育与医护。这些学科,成为传统的"女性领域"。思想解放和生产力的发达,使更多的女性敢于也能够闯进"男性领域"的财经、政治、理工、农林学科。1922年的一项统计资料显示,女大学生仅占全国大学生总数的2.54%,且集中于高等师范学校,达9.12%;进入商科、法科、工科的,分别为0.16%、0.12%、

0.39%,竟无一人进入农林科①。到了八九十年代,却是另一番情况。

表2 1978—1998年普通高校女大学生人数及比例

(人)

年度	高等学校学生总数	女生人数	%	年度	高等学校学生总数	女生人数	%
1978	856 322	208 472	24.1	1989	2 082 111	701 593	33.7
1979	1 019 950	245 704	24.1	1990	2 062 695	695 137	33.7
1980	1 143 712	268 137	23.4	1991	2 043 662	682 450	33.4
1981	1 279 472	312 390	24.4	1992	2 184 376	735 942	33.7
1982	1 153 954	305 374	26.5	1993	2 535 517	852 158	33.6
1983	1 206 823	324 926	26.9	1994	2 798 639	964 258	34.5
1984	1 395 656	399 821	28.6	1995	2 906 429	1 029 286	35.4
1985	1 703 115	510 583	30.0	1996	3 021 079	1 100 474	36.4
1986	1 879 994	593 488	31.6	1997	3 174 362	1 184 647	37.3
1987	1 958 725	646 636	33.0	1998	3 408 800	1 305 900	38.3
1988	2 065 923	689 406	33.4				

表3 1993年全国各类普通院校女大学生统计表

院校	人数		比例(%)	
	男	女	男	女
合计	1 683 359	852 158	64.4	33.6
综合院校	191 944	112 001	67.1	36.9
理工院校	703 560	224 992	75.8	24.2
农业院校	97 207	37 595	72.1	27.9
林业院校	15 003	6 021	71.4	28.6
医药院校	130 535	94 401	58.0	42.0
师范院校	322 928	243 624	57.0	43.0
语文院校	7 572	10 188	42.6	57.4
财经院校	101 244	65 827	60.6	39.4
政法院校	25 518	7 823	76.5	23.5
体育院校	12 141	3 431	78.0	22.0
艺术院校	8 577	6 694	56.1	43.9
民族院校	16 837	9 945	62.8	37.1
短期大学	50 293	29 616	62.8	37.1

张建奇:《高等教育中女性地位研究》,中山大学出版社1999年版,第48页。

① 张建奇:《高等教育中女性地位研究》,中山大学出版社1999年版,第14页。

从上表可以概见,虽然进入语文、师范、艺术、医药院校的女大学生仍占较高比例,但进入理工、农林、财经、政治院校的比例也都在20%或30%以上。尤其值得一提的是,女大学生总体比例虽然远低于美国,也低于日本,而理工科的比例达24.2%,高于美国的15%和日本的12.2%(根据《文部统计要览》平成12年版第82页计算)。

但是,当前中国女子高等教育中的"男女平等"、"教育机会均等"的理念远未实现,主要问题如下:

(1)女大学生占大学生总数的比例偏低。同发达国家比,还有很大差距。80年代以来,许多发达国家的女大学生数,已经超过或接近男大学生数。例如:1998年美国注册的大学生中,女大学生占55.8%;澳大利亚占55%;日本也占44.14%;有些发展中国家,如菲律宾、科威特,也都是女多于男。理想的现象,应当是与男女适龄青年人口比例均衡。中国男女比例约为51:49,女性大学生比例应达到49%才合理。现在还差10个百分点以上。根据预测,短期内这一比例很难突破40%。

(2)女性接受高等教育,低层次多,高层次少,由低到高,比例递减,层次越高,男女差别越大。以1993年为例:高等专科学校学生、大学本科生、硕士生、博士生的女性比例分别为37.1%、33.6%、26%、11%。如果从女大学教师的职称比例看,这种由低到高,女低男高的现象更为明显:1993年女大学教师占全国大学教师总数的20.9%,其中:助教39.4%、教员36.4%、讲师29.9%、副教授20.9%、教授10.5%[《中华人民共和国执行提高妇女地位的内罗毕的前瞻战略的国家报告》(第六章),《中国妇女教育》,第361～362页]。这一现象也存在于日本高等教育中。据文部省1999年统计资料:短期大学、大学、硕士课程、博士课程女大学生比例分别为90.02%、36.22%、26.1%、24.9%。短期大学女教师比例为42.7%,其中,助手82.9%、讲师53%、副教授42.9%、教授30.3%;大学女教师比例只有12.9%,其中,助手19.5%、讲师17.6%、助教授12.3%、教授7.5%(根据《文部统计要览》平成12年版,第82,84,88,89页)。这种差异,比中国的更明显。但在美国则较不明显。以一项对2000年将授予各级学位的预测报告为例:女大学生将获得准学士、学士、硕士、博士学位的分别为60.04%、56.27%、57.66%、40.77%(《国外高等教育快讯》,1999年第4期)。这可能也在一定程度上反映出东西方文化的差异。

(3)女大学生的学科选择,虽然已不局限于"女性领域",越来越多向"男性领域"拓展,但尚未改变原来的格局。比例较高的仍然是语文、师范、艺术、医药;除财经外,理工、农林与政法仍偏低。理工科类近年增长较快,主要集中于化学化工和电子信息这些需要更多细心而较少体力的专业上。日本似也有这种现象。

如 1999 年的统计资料显示：修人文、社科、家政、教育、艺术的占女大学生总数的 78.44%，而理工农林合计只占 7.5%（根据《文部统计要览》平成 12 年版，第 82 页所计算）。可见，日本女大学生的学科选择面也不够宽。

对于形成中国大学生性别差异的原因，我们曾进行过调查，发现城乡差别和阶层差别是性别差异的主要原因，深层次的原因则是文化现代化程度的差异。就城乡差别说，城市家庭子女上大学的性别差异已不明显，农村家庭的性别差异仍很明显；就阶层差别说，中产阶层以上和知识分子家庭的性别差异不明显，工人、农民家庭的性别差异则很明显。

表 4　男女大学生家庭的城乡差别

性别	城市	县镇	农村
男	55.42	66.08	85.04
女	14.96	44.58	14.96

王香丽：《我国女性高等教育入学机会差异性研究》，厦门大学 1998 年，硕士论文。

表 5　男女大学生家庭的阶层差别

性别	公务员	企事业机关从业人员	科教文卫专业人员	工人	农民
男	58.82	55.10	57.95	69.34	84.70
女	41.18	44.90	42.05	30.66	15.30

王香丽：《我国女性高等教育入学机会差异性研究》，厦门大学 1998 年，硕士论文。

城乡差别与阶层差别所体现的性别差异，其直接原因是经济收入的高低不同：1999 年全国城市居民人均收入 5 854 元，农村居民人均收入仅 2 210 元，相差一倍半，贫困户大多在农村；其次，公务员和各种从业、专业人员，收入一般高于工人，且经济来源比较稳定可靠，较易支持子女上大学。深层原因则是文化观念上的差异。城市家庭、白领阶层家庭，文化水平较高，受文化思想变迁的影响较快。并且由于人口流动和家庭结构小型化，"养儿防老"、"重男轻女"的传统思想逐渐淡化。有些家庭，已经出现"不重生男重生女"的观念，视女儿、女婿比儿子、媳妇更亲更可依靠。农村家庭和低阶层家庭，传统观念仍很浓厚，对于儿子的期望远远高于对女儿的期望。1994 年，国家计划委员会人口情报研究中心曾对江苏、河北等东部沿海省份的农村家庭主妇进行过一项抽样调查，表明农村妇女对女子受教育的期望值差异很大。

期望儿子接受高中以上教育的达 62.8%，只接受初中以下（义务教育）的只有 37.4%；反之，只期望女儿接受义务教育的 62.6%，期望接受高中以上教育的 37.8%。文明程度较高的东部沿海农村，尚且如此，风气比较闭塞的西部或中部地区,"重男轻女"就更严重。

表6　江苏、河北等省农村妇女对儿女受教育的期望值

(%)

性别	小学以下	初中	高中以上
儿子	0.7	36.7	62.6
女儿	3.6	58.6	37.8

上表见《计划生育与妇女地位调查报告》,《中国人口年鉴》1995年,第328页。

为提高女子高等教育机会,实现"男女平等",既要发展经济,提高农村和低阶层家庭收入;更要提高他们的文化水平,转变传统的"重男轻女"思想。

三、未来:中国女子高等教育进一步发展的问题

中国女子高等教育的现况,对于进一步发展,从文化的角度看,既有利的因素,也有不利的因素。

(一)有利方面

中国以发展经济为中心的改革开放政策,在推动文化现代化上,已经收到初步成效。家庭结构、家庭观念正在发生急剧变化,传统的"重男轻女"思想已经有所淡化,这有利于女性接受高等教育并提高受教育的层次和改变学科结构。

高等教育大众化、多样化,将增加女性接受高等教育的机会。中国当前正在加快高等教育大众化的进程,预计到2010年之前,就可达到适龄青年入学率15%,进入大众化阶段。大众化的高等教育必将是多种形式的教育,特别要大量增加专科层次和职业技术教育。这类高等教育,时间短、费用低、分布广、形式多样,大多可以就地上学,有利于女子入学。日本女子高等教育,60年代以来,快速增长,就是得力于短期大学的发展。

(二)不利方面

高等学校从免收学费到交费上学,不利于低收入家庭女子上大学。多子女家庭,一般先考虑儿子上学问题,如有余力,才考虑女儿上大学;独生子女家庭,对独男总是节衣缩食,千方百计送他上大学;而对独女,经济困难的家庭,往往认为只要受义务教育就够了。这就是农村家庭主妇期望儿子受高中以上(非义务教育)的达62.6%,而期望女儿的只有37.8%的缘故。

大学毕业生就业制度的改革,从国家统一分配到人才市场上双向选择。这种改革有利于引进人才竞争机制,适应市场经济;但却不利于女大学生就业。因为在人才市场上,女性求职处于劣势,许多用人单位不愿招聘女大学生或少招聘

女大学生。其原因很复杂,既有传统"重男轻女"思想作祟,也确有女性自身心理与生理条件的限制,以及成人女性家务负担较男性重。

在人才市场上求职竞争日趋激烈的情况下,一种"妇女复归家庭"思潮正在悄然兴起。理论上,受过高等教育的专门人才,不论男性或女性,都有"成家"与"立业"的矛盾,都要面对家庭角色与社会角色的冲突。但在实际上,这种角度冲突对于男性不甚尖锐,因为就传统思想与传统习惯来说,妇女是家务的主要承担者,所以对于女性来说,角色的冲突特别尖锐。社会对女性家庭角色的期望大大高于对其社会角色的期待,认为女性应在完成家庭职责的基础上追求社会事业,否则就要受到社会指责,从而也就影响女大学生强化家庭责任感而弱化社会事业心。中国政法大学一项对 2430 名大学生的调查显示:女大学生择偶普遍关注的是男性"有事业心和发展前途"(86%)、"社会活动能力强"(62%)、"工作能力强"(55%)、"学识渊博"(48%);男大学生择偶重视的是女性"能理解支持我"(91%)、"善于体贴人"(98%),对女方是否有事业心和发展前途、社会活动能力和工作能力如何,学识是否渊博等等,很少关注[①]。杭州大学的另一项调查显示:男大学生"不希望配偶在事业上比自己强"(64%),要求女方"无论事业上多么成功,都应当作一个贤妻良母"(62%)[②]。这种"男主外,女主内"的传统思想影响下和就业竞争激烈的现况下,就形成"妇女复归家庭"思潮,成为女子高等教育进一步发展的阻力。因此,可以预测,近年来女大学生的比例可能下降。乐观的预测在短期内也很难突破 40% 的大关。

但是,社会总要发展,文化总要进步。随着女子经济地位的提高、政治地位的改善,传统文化思想的变迁,女子高等教育的进一步发展,从总趋势看,是不可逆转的。但在发展过程中,必然会遇到种种困难和阻力,这就需要全社会的努力,尤其是高等教育界的努力,以实现"21 世纪的高等教育:展望和行动的世界宣言"。"宣言"庄严地号召在高等教育领域,"加强妇女的参与和作用"。"宣言"特别指出:

世界很多地方依然存在着各种社会——经济、文化和政治障碍,妨碍她们充分接受高等教育和有效融入大学生活。在争取实现建立在成绩原则基础上的公平的无歧视的教育制度的改革过程中,排除这些障碍仍是一项紧迫的优先任务。

需要进一步作出努力,消除高等教育中有关性别的种种陈词滥调,在不同学科中考虑性别因素和增加妇女比例少的各级和各学科的妇女人数,尤其要加强

---

① 田岚:《寻求理解与体己》;《中国妇女报》1997 年 10 月 18 日。
② 许敏:《中国女大学生双重角色冲突的展望性研究》,张建奇:《高等教育中女性地位研究》,中山大学出版社 1999 年版,第 72～73 页。

她们对决策的积极参与。

应把性别研究作为一门对高等教育的改革和社会变革具有重要意义的知识……(引自1998年世界高等教育会议通过的《21世纪高等教育:展望和行动世界宣言》)

这些号召,对中国以及许多国家进一步发展女子高等教育都有现实的指导意义。

(原发表于《集美大学学报》2001年第3期)

刘海峰，男，厦门大学教育研究院教授、博士生导师、院长、厦门大学考试研究中心主任，兼任国家教育咨询委员会委员、国务院学位委员会学科评议组成员。已出版《科举学导论》、《高等教育历史与理论研究》、《高考改革的理论思考》、《科举考试的教育视角》、《科举制与"科举学"》、《中国科举史》等著作20部，在《中国社会科学》、《历史研究》、《教育研究》等刊物上发表论文200余篇，获教育部人文社会科学优秀成果一等奖等部省级科研成果一等奖8次。2005年被新浪网评选入围"年度文化人物"。

高考与女性接受高等教育之现状与展望

摘 要：女性接受高等教育是提高自身素质进而提高社会地位的主要手段，也是她们履行重要社会职责的有力保证。本文拟在介绍近二十年来中国女性接受高等教育的变化的基础上，分析有关"女状元"增多与高考改革关系的争论，探讨考试社会中女性接受高等教育的发展趋势。

关键词：女性高等教育 高考

女性接受高等教育是提高自身素质进而提高社会地位的主要手段，也是她们履行重要社会职责的有力保证。性别差异是历史客观存在，中国自古以来便存在着教育上的男女不平等，女性在接受高等教育方面更是处于劣势。但是，1949年以后，中国女性接受高等教育的状况有了不小的改变，总的趋势是机会越来越多，在全体接受高等教育人数中所占比重越来越大。本文拟在介绍近二十年来中国女性接受高等教育的变化的基础上，分析有关"女状元"增多与高考改革关系的争论，探讨考试社会中女性接受高等教育的发展趋势。

一、近二十年女性接受高等教育的发展变化

教育对提高人的社会地位具有巨大的作用。中国古代以文教立国，在奉行学而优则仕的科举时代，读书应考是改变一个人前途命运的主要途径。早在宋代，王安石便对个人受教育的投资回报作出过精当的论述，他在《劝学文》中说："读书不破费，读书利万倍……贫者因书富，富者因书贵。"读书便是受教育，用现在的话说，受教育可以使贫者变富、富者变贵。宋真宗的《劝学文》说"书中有女颜如玉"，典型地反映出在中国传统社会中，读书是男子事业，女性则完全被排斥在正规教育和科举考试之外。直到19世纪末，在西学东渐的大潮中，女性才开始进入外国人在华所办教会学校就读。至于中国人自己办高等学校招收女生，则是在20世纪初，此后，接受高等教育的人数渐次增长，至1947年，在所有

154 612名高校学生中,有女生27 604人,占总数的17.8%。①

1949年以后,政策规定妇女在政治、经济、文化教育和社会生活各方面均享有与男子平等的权利,国家制订了高等学校助学金办法,少数高校实行完全公费制,1952年以后又走上全国普通高校统一招生考试(简称高考)的道路。这些办法的实施,在一定程度上有助于女性接受高等教育人数的增加。1952年,高校女生有45 356人,占全体学生总数的23.7%,此后直到1965年,女生的比例在20%上波动发展,1965年达26.9%,为此前的最高比例。

1966年"文化大革命"开始,以废止高考为"突破口",所有高校停止招生达4年之久,1970—1976年,以推荐的办法招收具有两年以上实践经验的"工农兵大学生"。为了维持男女平等的表象,在推荐招生中人为地提高女大学生的比例,1973—1976年,在校女大学生数占学生总数的比例均超过30%,1974年甚至达33.8%②。但是,这些数字并不能真实地反映出当时女性接受教育的实际状况。

1977年恢复高考以来,高等教育步上良性发展轨道。1978年初,"文革"后第一批通过高考公平竞争的大学生入学,二十年来女性接受高等教育的人数显著增加,占全体学生总数的比重也增大。根据历年《中国教育事业统计年鉴》,制成表1。

表1 1978—1997年普通高校女生人数及比例变化表

年度	高等学校学生总数	女生人数	百分比	年度	高等学校学生总数	女生人数	百分比
1978	856 322	208 472	24.1	1988	2 065 923	689 406	33.4
1979	1 019 950	245 704	24.1	1989	2 082 111	701 593	33.7
1980	1 143 712	268 137	23.4	1990	2 062 695	695 137	33.7
1981	1 279 472	312 390	24.4	1991	2 043 662	682 450	33.4
1982	1 153 954	305 374	26.5	1992	2 184 376	735 942	33.7
1983	1 206 823	324 926	26.9	1993	2 535 517	852 158	33.6
1984	1 395 656	399 821	28.6	1994	2 798 639	964 258	34.5
1985	1 703 115	510 586	30.0	1995	2 906 429	1 029 286	35.4
1986	1 879 994	593 488	31.6	1996	3 021 079	1 100 474	36.4
1987	1 958 725	646 636	33.0	1997	3 114 362	1 184 647	37.3

从表1可见,近二十年来高等学校女生数及比例总的趋势是不断增长。

---

① 张建奇:《我国普通高等教育中女性地位的研究》,厦门大学高教所学位论1996年。
② 赵叶珠:《建国后我国女性接受高等教育之研究》,厦门大学高教所学位论文1993年。

1978—1987年增加很快,比例平均每年增长1%。此后进入稳定期,1987—1993年徘徊在33%。看来当女生占全体高校学生总数的1/3时,要经历一个巩固期才会有所突破。近四年来,又出现逐年增长的势头。

从绝对人数看,在校女大学生数增加很快,1997年比1978年增加5.74倍,超过同时期男生的增长速度,高校生源性别差异逐渐缩小,但女性的入学机会还是大大少于男性。以1996年为例,男生与女生的比例为63.6∶36.4,也就是在高等教育阶段,相对于100名入学男生,仅有57名女生入学。男女性别差距远远高于发达国家,只相当于发展中国家80年代中期的平均水平。80年代中期,发达国家相对于100名男生有92名女生在高等学校学习,而发展中国家的这一数字是56名。90年代以后,一些发达国家,如美国、加拿大,女性接受高等教育的比例开始高于男生;发展中国家,男女性接受高等教育的差距逐渐缩小。比较而言,中国大陆女性接受高等教育的机会还不大。

二、有关"女状元"增多与高考改革的争论

随着女性接受高等教育人数和比例的增长,尤其是高考成绩高分数段女生增多和"女状元"频繁出现,近年来围绕"女状元"和高考改革问题展开许多争论。

现行高校招生考试制度是统一命题考试,但分省市评卷统计分数并定额录取。一般各省、直辖市文理科高考总分第一名便被称为"状元"。实际上,这是不太准确的比喻,若以科举时代的科名来类比,各省高考头名应称为"解元"才是,状元应是总分全国第一,文科考生和理科考生各一名,有如过去的文状元和武状元各一名。只是因为分省评卷和定额录取高校新生,所以习惯上人们皆称各省高考第一名为"状元"。这样,每个省市每年皆会产生文理各一名"状元"。加上外语类考生单独计分和某些省市高考科目组的改革,某些省市一年会有3～4名"状元"。从1994年以后,不少省市连续出现"状元"为女性的现象。北京市1994年4名"状元"为女性,1995年为三女一男,1996年文理科"状元"又是女生。陕西1996年3名"状元"均为女性,其他各省文科"状元"也多为女性。上海1995年文科前十名有八名为女性,1996年有七名为女性。高考成绩,尤其是文科,"男不如女"已是各大城市的普遍现象①。为了淡化高考竞争,有关部门要求各省尽量不再渲染高考"状元",1997年各省多未公布高考"状元"姓名,但估计"女状元"和高分女生仍然很多。

高分段的"阴盛阳衰"影响一些大学的招生录取。例如北京市500分以上的文科高分数段,女生占压倒优势,1994年录取女生532人,占文科录取总数的

---

① 珊时:《状元女七分天下的喜和忧》,《大学生》1995年第10期。

69%;1995年录取女生780人,占文科录取总数的70%;1996年北京各重点大学录取的文科学生中,女生占73%。北京外国语大学1994年招收的男女生比例,已为1.3∶8.7,该校当年在京招74人,分数够资格入选的男性考生仅14人,后来又降了几十分,才勉强冒出两位男生。北京外交学院1995年的录取线为543分,北京市上线的考生52人中也只14名男性;该校计划在云南招6人,上调档案分数线的11人中只有1名男生;在辽宁招6人,也仅有2名男生。而且,高考中的女性优势似乎正在超越文科领域,1996年北京录取的理科学生,男女生比例已经从过去的几比一变为1.4∶1。

面对高考成绩"男不如女"的情况,近年来一些论者惊呼性别比例出现新的失调。社会上对外语类大学毕业生的男女比例要求是男多于女,有些部门单位接收毕业生的男、女比例标准是2∶1。可是,此类大学的"入口"与"出口"差异过大,导致女毕业生就业困难。他们分析"女状元"现象说:(1)现行教育体制考试题型相对固定,使女生在性格上占据优势,她们因胆子小、刻苦、踏实而得佳绩。(2)现行的应试标准过于僵化,对考生的回答在意思和词句用法上要求过高,使善于死记硬背的女生得利。由此得出结论,现行的高考应试体制压抑了个人创造性,使富于创造、思维活跃的男生受压制,也强化了女生的性格弱点,有的人认为"女状元"只不过是浮出水面的冰山之角,统计从小学到大学获得各种荣誉的学生性别,会发现另一种"性别歧视"——对男生的歧视,或者说男生明显处于劣势。也许目前学校教育的"好学生"标准,较多地要求学生遵守纪律、服从、温顺等"阴柔"的品质,是更适于女学生的。以死记硬背为主的单一的闭卷书面考试,以一分半分之差决雌雄,实在很不利于男生,尤其不利于那些成熟较晚、童蒙未开的学生。我们应该为考试测量引进一个新的评价指标,使用可信的、客观的考试形式,其优异者在性别的分布上应该是基本相等的。

反驳者指出,将有创造性、独立性、思想活跃、不肯循规蹈矩等归结为男性特征,将胆小谨慎、不善创造性思维、只会死记硬背、感情用事等归结为女性的性格特征,是简单地将男女性别模式化,这种对女性形象的概括反映出对妇女能力和才干的贬低和歧视。将高考文理科"女状元"说成只知死记硬背的学生是牵强附会,学习本身是社会化的过程,是对前人生活经验的总结和提炼。学习成绩出色更多靠的是举一反三、勤学多问,用自己的头脑去考虑问题。在竞争如此激烈的高考中,试题更是包罗万象,为12年学业之总结。没有逻辑推理、归纳总结、融会贯通之能力,谁可以生硬地背下12年学过的天文地理、文史生化、数学外语政治等课程的知识?许多上过高中的女生都不只一次地听家长和老师说"女生没有发展潜力,脑子不如男生聪明……"面对这番"警告",她们只能加倍努力学习,与其说女生的高考成绩得益于背书能力,不如得益于更大压力下的奋力拼搏。

90年代初以前高考"状元"大多是男生,为什么那时没有人提出"男状元"多是因为教育体制压抑了女生的发展,为什么那时没有人问一问"男状元"们有多少发展潜力?为什么理工科一直想当然地被看成"传统男性领域"而进入这个领域的女生多了反倒引起大家的怀疑,为什么男生得"状元"靠的是实力而女生当"状元"就一定是什么地方出了问题?也许更多的问题不是来自高考和教育体制,而是来自人们的头脑,来自"男尊女卑"的传统观念。①

考察男女性别差异在接受高等教育方面的表现,除了看在校男女生的比例外,还应比较报名参加高考的男女考生比例和各年录取大学新生中的性别比例。从表2可见,自从1977年恢复高考以后不久,报考者中女生比例已达到总人数的37%,这一比例在20年间基本上没有什么大的变化,在33%~39%之间波动。

表2 近二十年女性报考录取人数及比例表②

年度	报考总人数	其中女生人数	百分比数	录取总人数	其中女生人数	百分比
1978	6 102 640			292 278	61 743	21.1
1979	4 684 802	1 747 313	37.3	284 102	63 939	22.5
1980	3 327 869	1 161 720	34.9	288 111	67 901	23.6
1981	2 589 020	873 319	33.7	282 962	71 066	25.1
1982	1 867 025	633 792	33.9	304 955	81 458	26.7
1983	1 672 727	581 002	34.7	359 807	107 110	29.8
1984	1 643 565	583 314	35.5	426 854	131 673	29.7
1985	1 758 972	636 949	36.2	499 292	157 463	30.7
1986	1 914 340	684 798	35.8	572 055	187 207	32.7
1987	2 275 063	861 269	37.9	596 661	209 142	33.7
1988	2 716 408	1 018 963	37.5	694 842	239 189	32.3
1989	2 662 118	933 327	35.1	618 940	207 123	33.5
1990	2 832 751	962 321	34.0	618 124	206 214	33.5
1991	2 956 261	1 057 908	35.8	619 874	209 733	33.8

① 晓东:《"女状元"错在哪儿?》,《妇女博览》1997年第1期。
② 胡平:《从普通高等学校招生统一考试看中国女子接受高等教育的发展趋势》,《南京师大学报》1996增刊。

续表

年度	报考总人数	其中女生人数	百分比数	录取总人数	其中女生人数	百分比
1992	3 026 357	1 097 134	36.3	754 192	758 123	34.2
1993	2 861 361	1 055 438	36.9	923 952	311 738	33.7
1994	2 508 061	940 152	37.5	899 846	318 539	35.4
1995	2 530 813	956 228	37.8	925 940	340 644	36.8
1996	2 665 917	1 019 883	38.3	956 812	367 001	38.0
1997	2 842 659	1 113 750	39.2	1 080 411	418 412	38.7

比较表 2 中报考总人数中女生所占百分比与录取总人数中女生所占百分比，即可发现，在 70 年代末 80 年代初，女生占录取总人数的比例要远低于占报考总人数的比例，越到后来这两个百分比越是趋于接近，在 1997 年两者相差不足 1％。这两个百分比趋于一致应该说是一种合理的发展结果。当然，表 2 是各省市总的统计数据，实际上各省市之间的差别还是很大的。如 1994 年北京参加高考的女生为 14 424 人，占全体考生的 51％；1995 年女生为 14 181 人，占全体考生的 52％。就考报人数而言，北京市考生中女性已超过男性，因此高考上分数线女多于男也就不足为奇。女性接受高等教育机会还存在着明显的地区差异，据《中国妇女统计资料》(1949—1989)所载，1988 年女大学生在校生总数比例较高的省市区由高而低依次为新疆、河北、青海、内蒙古、山西，比例值均超过 40％以上；比例由低而高依次为江西、安徽、湖北、海南、湖南等，比例值均低于 30％，江西省仅为 22.5％，近年来，北京、天津、上海三个直辖市女生比例增长尤为明显。从总的趋势看，呈现规律性的变化，即高考录取率越高，女生报名和录取人数比例也越高。无论"女状元"和高分女生增多是喜是忧，这一发展趋势还将继续下去。

三、考试社会中女性接受高等教育的展望

目前的招生考试制度到底是否有利于增加女性接受高等教育的机会，这是一个复杂的问题。中国人做事向来考虑"天理、国法、人情"，人情与关系在中国社会生活中往往起着十分重要的作用。在选拔人才方面，受人情与关系的制约，古代的察举逐渐变成植党营私的手段，现代的推荐则很容易为"走后门"升学大开方便之门。为了有效地制衡人情与关系的困扰，客观公正地选拔人才，中国人发明了考试。1949 年以后，大陆与台湾互相隔绝，但却于 1952 年和 1954 年先后不约而同地走上大学统一招生考试的道路，在世界上最早建立大规模统一招考大学生的制度。这一制度在中国率先出现有其深刻的历史文化渊源。中国过

去是一个科举社会,为了解脱人情困境,现在和将来还须以考试作为社会生活的调节阀,因此必然还要走向一个考试社会。与台湾的大学联考类似,尽管大陆的高考具有不少负面影响,社会各界要求改革高考的压力不断加大,但在可以预见的将来,高考还将成为高校选拔新生的主要管道。

在一个考试社会中,女性接受高等教育的机会大小主要取决于学业成绩和考试分数。但在中国现今推行市场经济改革这样一个不断变动的社会中,女性接受高等教育比例的变化还受到许多因素的制约。

(1)经济因素。高等教育是一种回报率很高的投资,但接受高等教育需有相当大的投入,没有足够的经济实力,一个家庭不易供养子女接受高等教育。由于目前中国城乡居民收入相差很大,而城市多为独生子女家庭,大城市女性接受中等和高等教育的机会几乎相等,农村长期以来上高中和参加高考的学生中男生远远高于女生,因此实行高等教育收费制度改革以后,农村学生上大学的困难增加,城市学生比例增加。1994年以后在校女生和录取女生比例突破长期徘徊在33%的阶段并迅速增加,既是女生自身努力和高等教育发展的必然趋势的体现,也有1994年开始逐渐推行高校收费制度的因素在起作用。尽管城乡居民收支都在稳步增长,但城乡差异依然很大。1996年,全国城镇人均可支配收入和生活费收入分别为4 839元、4 377元人民币,省会城市职工家庭的可支配收入为6 235元,而农村居民人均纯收入仅为1 926元。[①] 城乡差异还有加大的趋势,据统计,农业居民平均每年纯收入与非农业居民平均年生活费收入的差距,1978年为1∶2 136,1993年为1∶2 145,1994年为1∶2 161,1995年为1∶2 147[②],可见总的趋势是不断加大。虽然现今高等学校收费一般在每年

1 500~3 000元之间,只占生均教育成本的25%以内,但不少农村家庭很难支付学费和有关的生活费用。当经济问题影响农村家庭的高等教育投入时,农村考生报考高校的人数在考生总数中的比例下降,同时城市中独生子女一代青年正好进入接受高等教育年龄段,性别比例相对均衡的城市学生升入高校,于是女生在全体大学生中所占比例便明显增加。

(2)传统文化。在影响高等教育发展的政治、经济、文化诸因素中,政治对高等教育具有强大的制约力量。近代以前中国的政治制度、官僚体制和法律条规带有典型的歧视女性的封建色彩,但在1949年以后,可以说政治上制约女性接受高等教育的因素已不复存在。近50年来,制定了许多法律以保证女性在政

---

① 国家统计局:《关于1996年国民经济和社会发展的统计公报》,《人民日报》1997年4月5日。
② 国家统计局:《中国统计年鉴》,中国统计出版社1996年版,第5页。

治、经济、科技、教育、社会和家庭等各个方面与男性享有同等的权利,高等学校招生政策也贯彻男女平等原则。但是,在文化层面上,千百年中积淀下来的"男尊女卑"传统观念还在许多人心里有深刻的存留,"唯女子与小人难养也"、"女子无才便是德"等落伍观念还影响着一些人的思想行为。在一些农村,尤其是落后地区的农村,有些家长还认为"嫁出去的女,泼出去的水",因而不太重视女孩的教育。当家庭经济条件不好时,父母总是更愿意培养男孩而放弃对女孩的培养,甚至让女孩辍学去工作来支援男孩求学,在一些经济不发达地区,女童辍学成为相当严重的问题。重男轻女的性别意识形态和经济因素相结合,造成两性教育机会和教育抱负的差异。这就使全国范围内女性高等教育的比例不可能有很大的增长。

(3)就业前景。80年代末以来,原先计划经济体制下的毕业生工作分配制度逐步改为用人单位与毕业生双向选择自主择业的办法,这对女大学生就业是挑战与机遇并存。有利之处在于为女大学生成才择业开辟了广阔的天地,不利之处是一些单位的负责人往往仅从性别考虑,不愿招用女大学毕业生。因为男生的精力不会被生育和家务分散,且易于安排出差和室外工作,甚至国家医疗卫生、教育及其他社会事业单位也倾向于要男毕业生。1996年1月召开的全国人才市场第二届高校毕业生供需见面会上,参加招聘的42家国家机关中,有27家标明限招或不招女生。女大学生就业难对女性接受高等教育带来明显的消极影响。其一是迫使高校在招生时提出一些附加条件,少招收女生入学;其二是一些女生在专业选择时不得不选择社会认同的、女性较易就业的专业;其三是即使接受高等教育也不能得到与男性同等的就业机会,使一些女性对接受高等教育失去信心或减低抱负。因此,在理论和政策上提倡男女平等,在思想观念和实际工作中贯彻平等原则,仍是一项十分艰巨的任务。

近二十年来中国接受高等教育的女性比例稳步增加,客观上反映出经济发展和社会进步的事实,在一定程度上也得益于实行统一高考择优录取的制度。高考并非"一试定终身",但其分数可以决定考生当年是否能升学。如果没有高考分数线的把关,任由招生单位自主决定录取,有不少女生就会像就业难一样出现升学无门的窘况,女性接受高等教育的机会也将减少。随着高考内容日益朝测试能力而不单纯考试知识的方向改革发展,不管出现再多的"女状元"或"男状元",也是公平竞争的自然结果。中国高等教育正朝着大众化阶段迈进,这将有利于增加女性接受高等教育的机会。然而高等教育大众化本身并不能完全消除高等教育入学机会的差异性。在各种接受高等教育的途径中,由于接受普通高等教育仍然是社会流动、重新选择社会角色和提高社会地位的主要途径,因而高考竞争长期还会处于激烈的状态。未来女性接受普通高等教育的人数和比例还

会有所增长,但不会有大的跃进。在达到40％的比例之后,估计会维持相当长一段时间在此比例上下波动。一些非全日制普通高等教育的形式,如电视开放大学或自学考试等远距离教育形式更有利于女性广泛接受高等教育。1995年上半年,在365万参加自学考试的考生中,女性比例已达到45％,有10个省市女性考生已超过考生总数的50％①。这说明灵活多样的高等教育形式有益于女性。中国普通高等学校中女生比例要接近50％,还是一个相当遥远的未来,虽然大体趋势总是朝此方向不断演进。②

(原发表于《有色金属高教研究》1999年第1期)

---

① 陈金霞:《女性教育新视角——自学考试》,《第五届全国教育考试科研讨论会论文集》,高等教育出版社1997年版。

② 本文写于1998年。1999年推行"3+X"科目改革之后,高考是否对女生有利的问题更为凸显。由于"3+X"中的语文、数学、英语三门主科各占150分,在总分中所占比重较大,而三门中语文和英语两门为语言类科目,这客观上对女生较有利,因为女性在语言方面天生具有一定的优势。国外曾有科学研究发现,在专司察觉和分辨语言等相关区域中,女性大脑神经细胞比男性更多一些,或者说女性大脑的语言中枢要比男性的语言中枢稍大,因而女性拥有优越于男性的语言天赋。实际上在实行"3+X"科目改革之前,恢复高考之后,向来高校的外文系一般都是女性占多数。在目前高度重视甚至过度重视外语的情况下,无论在高考环节或在高等教育阶段,都对女生有一定的益处。

有的省在讨论高考科目改革方案时,也有人提出可以考虑略微降低英语单科的分值,例如不再是150分,而是130分或120分。只是这种提议的出发点主要还是认为外语没有必要与我们的母语强调到同样重要的地步,而非出于性别方面的考虑。也有人认为高考方式更适合女生因为女生身心发育比男生早,我觉得倒不很明显。发育迟早对不同性别学生升学的影响,中考要比高考大得多,与其说高考对女生更有利,还不如说是中考对女生更有利。因为升高中的时候,通常都是15岁左右,而女性更早发育成熟。我们看到有不少男生在高中阶段学习进步很大,到18岁参加高考时,男生与女生在身心发育成熟方面的差距比15岁时小得多。在升高中时就将部分可能很有后劲的男生淘汰掉,问题比高考更大。

30年来,女生在高考中所占的比例稳步上升。2006年全国女生占报名总数的比例是46.5％,占录取总数的比例为48.9％,女生占录取总数的比例已超过占报名总数比例3.4个百分点。2007年女生占录取总数的比例估计将接近50％,30年中女生2007年女生占录取总数的比例,平均每年提高约1个百分点。2007年8月补记。

陈武元,男,厦门大学教育研究院教授,厦门大学社科处副处长,兼任福建省社会科学界联合会第六届委员会委员、厦门市社会科学界联合会第五届委员会委员、厦门大学社会科学界联合会秘书长、全国教育科研管理专业委员会理事、国家自然科学基金管理学部项目评审专家、教育部人文社科基金项目评审专家等职。主持国家、教育部、省级重大项目等多项,主编著作1部,出版译著2部,在《教育研究》、《高等教育研究》、《大学论集》等国内外重要学术刊物上发表论文50余篇。获教育部奖二等奖1项,福建省社科奖二等奖2项、三等奖2项。1997年以来多次赴日本广岛大学、东京大学、九州大学、创价大学、国立大学财务经营中心等进行合作研究或参加学术会议或做学术报告,也曾赴欧美八个国家以及新加坡、中国台湾进行学术交流。

日本女性接受高等教育与就业问题研究

摘 要:本文从高等教育入学率、就业率、学科类别、职业类别、学历类别和年龄类别等几个视角,分析探讨20世纪50年代至90年代日本女性接受高等教育与就业的问题。通过分析探讨,我们发现,二战以后日本女性接受高等教育与就业的情况有了很大的变化,其主要原因是教育的民主化和经济的高速发展,特别是女性的就业形态由原来的M型就业模式向持续就业模式转变,从而促进了女性入学率和就业率的不断提高。

关键词:女性 高等教育 入学率 就业率

二战以后,日本女性接受高等教育的人数不断增加,入学率不断上升,高学历女性的就业率也不断上升。本文拟从高等教育入学率、就业率、学科类别、职业类别、学历类别和年龄类别等几个视角,探讨20世纪50年代至90年代日本女性接受高等教育与就业问题。为了更清楚地了解日本女性接受高等教育与就业的情况,在论述中,也分析男性的有关数据,进行男女性的比较分析。

一、女性高等教育入学率的变化

(一)高等教育入学率

1955—1994年,高等教育入学率①的变化情况如图1所示。1955年,高等教育入学率,男性为15%,女性仅为5%,男性是女性的三倍。高等教育入学率此后持续提高,但入学率提高的程度不同时期是不同的。1960年之前,高等教育入学率几乎未提高,1960年以后快速提高:1960—1970年,每5年提高7个百分点,1970—1975年的5年间快速提高14个百分点,1975年的入学率达到39%;1970年代后半期至1980年代后半期,入学率处于停滞状态,但从1990年

---

① 高等教育入学率指四年制大学、短期大学、高等专门学校和专修学校(专门课程)入学者占适龄青年人口的比率。

开始再次上升,1990 年的入学率达到 54%;5 年后的 1994 年上升 9 个百分点,达到 62%。①

但是,高等教育入学率的提高,男性与女性是不同的。1960—1975 年,在高等教育剧增时期,男性的入学率由 15% 提高到 45%,而女性则由 5% 提高到 33%,入学率与增长率,男性均超过女性。但是,1975—1990 年的 15 年间,男性入学率的增长缓慢,而女性却急剧上升,1980 年,男性入学率增加 6 个百分点,达到 51%,而女性却增加 16 个百分点,达到 49%,女性的入学率已接近男性。此后女性的增长率也比男性高,1988 年,女性入学率超过男性。1990 年以后女性入学率的增长也比男性快。1994 年,高等教育入学者占适龄青年人口的比率,女性为 65%,超过男性的 59%。由此可见,日本高等教育数量规模的扩大,1960—1975 年的 15 年间,男性的贡献大,但是,1975—1990 年的 15 年间,女性扮演主要角色。

尽管女性高等教育入学率超过男性,但不同类型高校的入学率,女性与男性之间的差异仍然存在。从图 1 可以看到,1960 年之前,四年制大学(以下简称大学)和短期大学(以下简称短大)的女性入学率几乎不见提高,1960—1975 年,大学与短大的入学率均提高,但大学的入学率的提高较缓慢,由 3% 上升到 13%,短大的增长率却十分快速,由 5% 上升到 20%,女性高等教育入学者每三人中约有两人在短大学习。1976—1990 年,女性入学率进一步由 39% 上升到 55%,但大学由 13% 上升 15%(短大由 21% 上升到 22%),只增加 2%。进入 1976 年创办的专修学校的入学率则大大提高,增长 18%,对女性高等教育入学率的提高发挥了重要作用。1990 年以后,女性入学率增速再次提高,至 1994 年的 5 年间,增长了 10%。这个时期,专修学校与短大的入学率分别只提高 2%,其增长主要靠大学。

这里必须注意的是,尽管二战以后女性入学率大幅度提高,超过男性入学率,但仅就大学而言,男性入学率为 39%,女性为 21%,可见,大学的女性入学率仍然比男性低(低 18 个百分点),两年制短大的女性入学率却比男性高(高 22 个百分点)。

(二)学科类别下的女性在学者比例

就大学而言,一个明显的特征是,1960—1994 年,女性在学者在社会科学所占的比例由 4% 上升到 23%,上升幅度较大,而教育学则从 27% 下降到 13%,下降幅度也较大,其他学科,例如保健学和家政学分别由 11% 下降到 6%,人文学科由 37% 下降到 35%(图 2)。1960 年,女性在大学中,主要学习人文学科、教育

---

① 文部省编:《文部统计要览》,平成 10 年版。

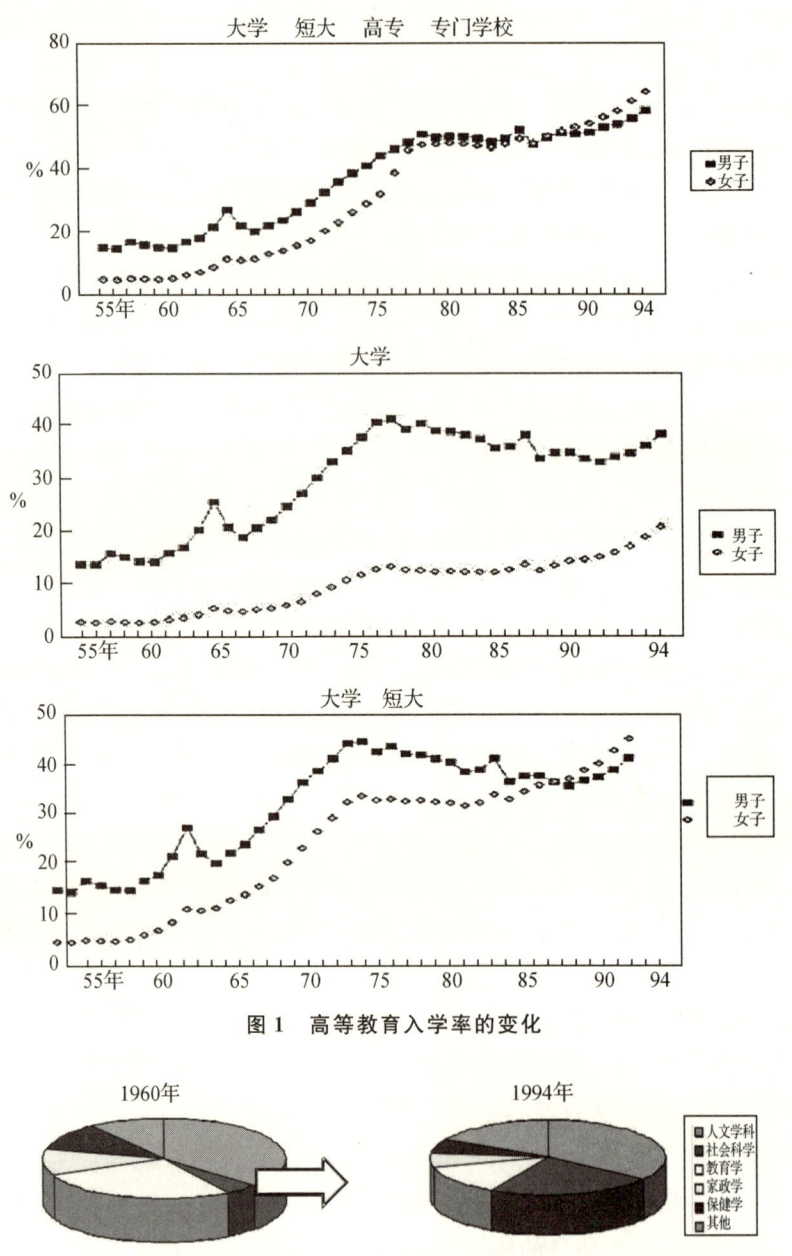

图1 高等教育入学率的变化

图2 女性在学者在四年制学各学科构成比的变化

学、保健学和家政学,1994年,人文学科(35%)仍然占较大的比重,社会科学(23%)也占较大的比重,教育学、保健学、家政学所占的比例却下降,这是一个明显的变化。①

同样的特征在女性占绝对高比例的短大也可以看到。1960—1994 年,女性在学者在短大各学科所占的比例,社会科学由 3% 上升到 12%,人文学科由 22% 上升到 29%,而占据 59% 的家政学则下降到 26%,教育学在 1980 年之前有所增长,此后则下降。1994 年,女性在短大各学科的比例是:人文学科 29%,下面依次是家政学 26%,教育学 16%,社会科学 12%。② 由于大学与短大的女性在学者在社会科学所占的比例上升,而在教育学与家政学所占的比例下降,使得女性在学者在人文学科、社会科学所占的比例变得较高。但是,尽管短大的女性在学者在家政学所占的比例下降,但家政学仍然占据很大的比重。

从男女性在学者在各学科所占比例的比较来看,男性比女性、大学比短大更集中于与经济密切相关的学科上,在大学中,男性多集中于工学和社会科学。长期以来,男性在学科所占比例方面比较稳定,女性变化较大,特别是女性在短大各学科所占比例的变化幅度比大学大。

从以上对高等教育入学率以及在学者在各学科所占比例的分析,可归纳如下几点:

(1)女性高等教育入学率的提高,不同的时期,承担(女性高等教育)的机构不同。1960—1975 年是由大学和短大但主要是由短大来承担,1976—1990 年,虽然专修学校(专门课程)迅速扩大,但 1990 年以后则由大学承担主要角色。

(2)就整个高等教育而言,从 1970 年开始,女性在学者数量迅速上升,1988 年以后开始超过男性。但进入大学的入学率,女性还是比男性低。

(3)女性在学科方面集中于人文学科、社会科学、教育学。特别是大学,女性在人文学科、社会科学、教育学方面所占的比例较高,在短大,家政学所占的比例高,这是女性高等教育的显著特征。

(4)就学科所占比例的变化而言,女性的变化比男性显著,短大的变化比大学显著。

二、从机构类别、学科类别、职业类别看女性的就业率

(一)机构类别(大学与短大)

这里把"就业与升入高一级阶段学习者"占高等教育毕业生的比率称为"就业率"。下面根据《学校基本调查》的数据,对女性的就业情况进行分析。

高等院校毕业生的就业率的变化情况如图 3 所示,男性就业率呈现如下周期性变化:60 年代最高,1976 年跌至低谷,此后缓慢上升,女性就业率则显示出

---

① ② 文部省编:《文部统计要览》,平成 10 年版。

较长时期的上升趋势。1960年,女性高等教育的就业率为56%,男性为86%,两者之间有较大的差距。1975年之前,女性就业率一直在60%左右徘徊。从1980年起,迅速上升,1980年代后半期开始,就业率突破70%,达到80%左右,接近于男性的就业率。女性升入大学院进一步深造的比率,1960年至1980年代前半期,一直在2%左右徘徊。从1985年以后开始上升,进入1990年代以后有显著的增加,1994年进入大学院的入学率为7.2%。如果把女性进入大学院者计入就业者,1985年以后的就业率的上升趋势要更高一些。

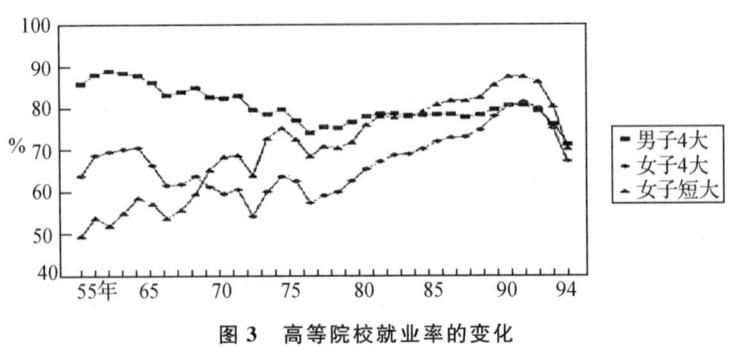

图3 高等院校就业率的变化

如果比较女性短大毕业生与大学毕业生的就业率,1960年之前,大学的就业率比短大高,但70年代以后,短大的就业率超过大学。70年代后半期至1992年间,大学与短大的就业率均持续上升。70年代,大学与短大之间就业率的差距很大,但此后,由于大学就业率的上升,在1990年两者的差距缩小了。特别是把进入大学院的入学者计入就业者,大学与短大基本持平或稍微高了一些。

这样,高等院校应届毕业生的就业率的趋势,男女性呈现出不同的类型。60年代,男女之间在就业率方面的显著差距,由于女性就业率的提高,在1990年时基本消除了。短大的女性比大学的就业率高,但是这个差距从80年代中期以后开始缩小。

1992年以后,男女性的就业率都大幅度下降,这是因为受经济不景气的影响,企业削减白领岗位,并对录用应届毕业生进行控制,以及第二次人口生育高峰带来毕业生数增加的缘故。同时受大学院入学者增加的影响,男性就业率为71%,是60年代以来最低水平,女性也下降至70%。

(二)学科类别

从《文部统计要览》的统计数据来看,1960年,男性在工学、社会科学的就业率为90%以上,人文学科较低,为78%。1975年所有学科的就业率都下降,此后有所恢复,但没有达到60年代的水平。1993年以后,受泡沫经济崩溃后的不景气的影响,男性就业率比1975年更低。1994年,各学科就业率与1960年相比,理学、工学、教育学的就业率下降最大。1960年代学科间就业率的差距很小,但从1970年代开始扩大。1994年,社会科学仍然是就业率最高的学科(81%),但理学毕业生受大学入学率提高的影响,其就业率(52%)是最低的。

下面来看看女性就业率的学科分布情况。女性就业率的学科分布情况与男性正好相反,1960年,在工学、理学、教育学和农学等学科领域,女性的就业率较高,达到80%左右,但人文学科、社会科学、家政学较低,只有50%,各学科的就业率有很大的差距。1975年前后,各学科的女性就业率均处于低谷,但下降幅度比男性小,此后有所恢复。特别是从70年代中期以来,由于原来就业率低的人文学科、社会科学的就业率急剧提高,80年代,学科间就业率的差距缩小。

此外,短大女性的变化情况与大学一样,这可以从下面的数据中得到证实。1960年,各学科的就业率有很大的差距,工学、教育学的就业率达80%～90%,而家政学、人文学科仅达到40%～50%。但是,此后由于家政学、人文学科、社会科学的就业率提高,工学、教育学下降,因此,1980年代以后,各学科的就业率的差距缩小了,基本上所有学科的就业率都在70%～80%。

(三) 职业类别

从《文部统计要览》的统计数据来看,大学毕业的男性所从事的职业的情况,不同时期,变化是很大的。总的来说,销售职业与专门职业(教职除外)的比率上升,教职的比率下降,行政管理职业的比率有一度下降,但1970年以后有所回升,80年代处于停滞状态,1990年以后再次上升。

下面来看看大学毕业的女性的职业构成。1960年,教职的比率达71%,占最大的比重,其他职业的比率均较低,此后,教职的比率大幅度下降,而行政管理职业的比率则大幅度上升。70年代中期,教职与行政管理职业的比率发生逆转,80年代中期,教职与专门职业(教职除外)也发生逆转。值得一提的是,1960年比率低的销售职业(2%)在1980年前后迅速上升,1994年达到14%。这样,1994年大学毕业的女性的职业构成是,行政管理职业的比率最高,达50%,下面依次是专门技术占19%,销售职业14%,教职11%。

短大毕业的女性的职业构成与大学一样,行政管理职业与销售职业的比率均上升,专门技术职业(含教职)的比率下降。1994年,短大毕业的女性的职业构成是,行政管理的比率最高,达到57%,专门技术25%,销售11%。关于职业构成,大学毕业的女性与短大相似,但与男性的职业构成比较,男性相对比较均衡,而女性的职业构成仍然有所偏重。

以上分别从机构类别、学科类别和职业类别考察高等院校应届毕业生的就业率,可以归纳得出如下几点:

(1)从就业率的长期发展趋势来看,由于大学毕业的女性就业率急剧上升,

使得60年代高等院校应届毕业生男女之间的就业率的差距大大缩小,在90年代两者水平接近。60年代后半期以前,大学毕业的女性的就业率比短大高,但此后大学与短大发生逆转,短大超过大学并持续增长。

(2)1966年、1976年、1994年是男女性就业率的低谷。经济的变化对高等院校应届毕业生的就业率有很大的影响。从就业率的变化来看,女性所受的影响比男性小,而且女性的恢复较快。

(3)就学科类别而言,60年代各学科的女性就业率的差距很大,但由于人文学科、社会科学就业率的上升,各学科的就业率的差距缩小,特别是90年代,各学科的就业率大大超过60年代的水平。就男性而言,社会科学、人文学科的就业率下降。

与男性相比,女性就业率在70年代中期的下降幅度较小,而且恢复也快。其结果,1960年代存在的男女之间各学科就业率的差距缩小。

(4)产业结构的变化对高等院校应届毕业生的职业构成和就业率有很大的影响。1960年代,大学毕业的男性与女性在教职等专门职业的比率均很高,特别是女性的比率十分突出。但是,此后产业结构的变化,特别是80年代后半期以信息化和服务化为特色的产业结构的变化,导致女性从事行政管理和销售职业机会增多。这样,女性就从原先占优势的教职等专门职业开始进入原先主要由男性从事的职业领域。

三、从学历类别、年龄类别看女性的就业率

二战以后,随着女性高等教育入学率的提高,其就业率也不断提高。从学历类别、年龄类别来看女性就业率(20～54岁)的变化情况是,1968年"小学、初中毕业"的就业率最高,"短大毕业"、"大学毕业"处于中间,"高中毕业"最低。从时间跨度来看,"小学、初中毕业"、"高中毕业"在70年代中期的石油危机时减少,此后转为增加。而"短大毕业"、"大学毕业"一直处于上升趋势。各学历层次的就业率的差距,由于"高中毕业"、"短大毕业"、"大学毕业"就业率的上升而缩小。①

从年龄类别来看各学历层次的女性就业率:低年龄层的"小学、初中毕业"的就业率最低,"短大毕业"、"大学毕业"最高。从时间跨度来看,低学历者的就业率一直下降,而"高中毕业"、"短大毕业"、"大学毕业"的就业率却持续上升,特别是"大学毕业"的就业率更高。从中老年龄层(40～54岁)来看,"小学、初中毕业"的就业率最高,"短大毕业"、"大学毕业"、"高中毕业"的就业率最低。但是,

---

① 总理府统计局:《就业构造基本调整查报告》,各年度版。

就业率从整体来看是上升的,"高中毕业"的就业率的上升最显著。①

其次,高学历女性各年龄层的就业率的变化情况是,不论哪个年龄层的就业率都处于上升趋势,但上升趋势最快的是 25~29 岁的年龄层,40~45 岁的年龄层的就业率比较缓慢。1968—1992 年,总是 20~24 岁年龄层的就业率最高,30~34 岁年龄层的就业率相对较低。这是因为,大学毕业后就业,结婚、分娩、育儿时期辞职,等养育孩子告一段落后再次就业,即所谓 M 型就业模式。但是,从 25~29 岁、30~39 岁养育孩子时期的高学历女性的就业率的上升趋势来看,M 型就业模式的波谷有可能被拉平②。

通过对学历类别、特别是高学历女性就业的考察,可以归纳如下几点:

(1)高中毕业、短大毕业、大学毕业女性的就业率从 60 年代末开始一直上升。这是因为产业结构的变化对高学历劳动力的需求增大,而高学历劳动力需求的增大有助于高学历者供给的增加。高学历劳动力需求的增加,导致低年龄层的低学历者的就业率下降和高学历者的就业率的提高,从而对高等教育的入学行为起到积极的推动作用。但是,低学历者的就业率仍然较高,表明女性的就业仍然保留着补充家庭收入的性质。特别是从时间跨度看,低学历女性的就业率在石油危机时下降,此后恢复,也说明女性劳动力具有产业预备人员的性质。

(2)包括老年龄层在内,高学历女性的就业率在各年龄层均处于上升趋势,说明产业结构的变化,特别是信息化、服务化发达的劳动力市场的需求更偏向于高学历者。但是,从低年龄层(20~24 岁)与中老年龄层的就业率的差距看,高学历者即使在年轻时就业,其职业也不会坚持到中老年,说明女性持续工作的形态并未形成。

(3)从 70 年代后半期以来,25~29 岁、30~34 岁这一原来就业率最低的年龄层,其就业率不断提高,特别是 25~29 岁就业率的提高最显著。从结婚、生孩子最盛时期的这一年龄层的高学历女性已开始出现不放弃工作的现象来看,女性持续工作的形态有可能形成。

结　语

二战以后,女性高等教育入学率的提高对高学历者的就业率影响很大,两者的关系在不同阶段呈现不同的特点,下面主要分四个阶段进行归纳。

第一阶段:60 年代。女性的入学率与就业率均处于较低的水平上。尽管女性入学率提高,但在就业率方面,短大毕业的女性的就业率提高,而大学毕业的女性的就业率下降。女性就读的学科主要是人文学科、教育学和家政学,学科类

---

①② 总理府统计局:《就业构造基本调整查报告》,各年度版。

别的就业率,教育学和女性入学者较少的理学、工学和农学的就业率相对较高。在职业类别上,教职是女性的主要职业。对女性来说,高学历主要有如下两方面作用:一个是有助于提高自身的修养和找一个条件好的结婚对象;另一个是有助于子女的教育和家庭生活的合理安排。女性的高学历与就业没有直接关联。

第二阶段:1970—1975 年。随着经济的高速发展,家庭收入的提高,短大与大学的女性入学率也有很大的提高,但短大作为女性就学规模扩大的主要接受机构,在 5 年间提高了近 10%。在就业率方面,短大有较高的增长率,大学与短大的人文学科、社会科学在就业率方面上升。在职业方面,从事行政管理职业的比率有显著增长。短大毕业的女性以暂时的、而且是男性岗位的补充的形式就业,可以从低年龄层的高学历者就业率高,中老年龄层就业率低的现象中推测。

第三阶段:1975 年至 80 年代后半期。女性入学率的提高主要由于专修学校(专门课程)的增加而得以实现,而大学与短大则处于停滞状态。这一时期,高等教育毕业生的就业率迅速提高,但从学科类别的就业率看,教育学的就业率下降,而其他学科基本处于上升趋势。在职业构成方面,教职比率下降,而行政管理职业比率上升。从年龄类别来看,高学历低年龄层的就业率高,是因为经济的服务化而带来的产业结构的变化,需要更多的高学历者加入劳动力市场。因此,接受高等教育的女性在毕业后就业是极其自然之事,但是结婚或生孩子后辞职也是常见的。女性的就业形态是,年轻时工作几年,结婚或生孩子后辞职,到中老年时再就业,即所谓的 M 型就业模式。

第四阶段:1990 年以后。女性入学率的提高是由于大学入学者的增加而得以实现的,就业率也是处于历史最高水平。从学历类型来看,大学的就业率超过短大。1986 年,由于实施《雇佣机会均等法》等有利于促进女性就业的政策,劳动力市场对女性的开放程度进一步提高,这个因素对女性的入学与工作的关联有影响,出现了女性持续就业的现象。在学科类别的就业率方面,由于社会科学的就业率上升,家政学和教育学的就业率下降,因而学科类别的就业率的失衡问题得到了一定程度的解决。在职业构成方面,随着教职以外的专门职业、行政管理职业、销售职业的增加,已开始出现很多女性进入原先主要由男性所从事的职业领域。

参考文献

[1]天野正子.女子高等教育の座標[M].垣内,1986.

[2]小沢真知子.女子学生の就職に未来があるか[J].IDE 现代の高等教育.民主教育協会,1995.

[3]小方直幸.戦後大卒労働市場の構造変動[J].大学論集:第 23 集.広島大学大学教育

研究センター,1994.

　[4]金子元久.高等教育進学率の時系列分析[J].大学論集:第 16 集.広島大学大学教育研究センター,1986.

　[5]小林雅之.女子高等教育卒労働市場の構造変動分析[J].放送大学研究年報,1993,(11).

　[6]矢野真和.女子高等教育の効果[J].IDE 現代の高等教育.民主教育協会,1981.

　[7]牟田博光.高等教育論[M].放送大学教育振興会,1983.

（原发表于《南洋问题研究》2004 年第 4 期）

作者简介

  廖志丹,女,厦门大学副教授,厦门大学海洋与环境学院党委副书记。工作以来,在厦大核心刊物发表学术论文 7 篇。其中,论文《社会性别视野下中的高校知识女性发展》发表于《教育评论》,另有论文《从专场招聘会透视女大学生就业难》发表于《2006—2007 年:中国性别平等与妇女发展报告》(妇女绿皮书)。

社会性别视角下加强高校女研究生思想政治教育的思考

摘　要：思想政治教育是研究生教育的重要组成部分。高校女研究生思想政治教育状况不仅直接关系女研究生自身的成长成才,也影响党和国家的教育事业。本文以女研究生为研究对象,阐述高校女研究生思想政治教育中基于社会性别视角的教育理念、教育内容、教育环境的不足,探讨从强化师生社会性别意识、开设性别教育的系列课程和营造校园性别平等文化入手,进一步加强女研究生思想政治教育。

关键词：社会性别　高校　女研究生　思想政治教育

随着高等教育事业的发展,高校女研究生人群日益扩大。女研究生在校生比例由2000年的33.35%[1]增至2005年的43.39%[2],到2008年已经发展到45.67%[3],其中女博士生比例为34.70%,女硕士生比例为48.16%,呈现出逐年上升的势头。女研究生的成才与发展,不仅关系女研究生实现自身的价值,而且直接关系女性人才资源的开发与妇女的解放。它不仅取决于社会经济的发展与社会文化观念的转变,取决于女研究生自身的努力,还取决于思想政治教育在这一过程中发挥作用。中共中央国务院《关于进一步加强和改进大学生思想政治教育的意见》明确指出,加强和改进大学生思想政治教育应"坚持以人为本,贴近实际、贴近生活、贴近学生,努力提高思想政治教育的针对性、实效性"。随着高校女研究生群体的不断壮大,提高女研究生思想政治教育的针对性和实效性成为高校面临的重要课题。

20世纪70年代,在马克思主义唯物史观的启发下,一些西方女性主义者提出"社会性别"(gender)概念。法国著名女性主义者西蒙娜·德·波伏娃认为,

---

[1]　《中国教育年鉴(2001)》,北京人民教育出版社2001年版,第80页。
[2]　《中国教育年鉴(2006)》,北京人民教育出版社2006年版,第121页。
[3]　《中国教育年鉴(2009)》,北京人民教育出版社2009年版,第107页。

女人处于非主体性存在的"他者"(the Other)地位的形成,主要取决于她们所生存的环境。她在其有广泛影响的《第二性》一书中这样说道:"一个人之为女人,与其说是'天生'的,不如说是'形成'的。"①"社会性别"概念对自然科学和人文社会科学中的学科设计、理论框架、研究视角及方法都产生不可忽视的影响,教育领域也不例外。社会性别理论认为男、女差异由社会和文化建构而成,为发展女性教育提供了哲学和方法论。社会性别视角为研究女性发展问题提供了性别视角,为研究如何加强高校女研究生的思想政治教育提供了思考的角度。

一、高校女研究生思想政治教育中忽略社会性别视角

高知女性的教育经历使女研究生们更强调自我的发展,更看重与男性同等的地位。女研究生受教育程度高、知识丰富,渴望知识,追求事业,注重自我价值的实现,但也不可避免地具有自卑、依赖、软弱、敏感等传统女性的弱点。性别角色社会化,是个人关于性别角色和其规范的学习过程,贯穿人的一生的性别认同过程,贯穿社会性别的建构过程。女性扮演的社会角色决定了女研究生较之男研究生在就业、婚恋、学业等方面承受了更大的压力。就业的期望与压力、婚恋的期望与压力、学业的期望与压力是最影响她们主观幸福感的因素,同时,也是做好女研究生思想政治教育中最困扰教育者的问题。女研究生面临的就业压力明显超过男研究生,甚至有女研究生想当"毕婚族",采取先结婚后就业甚至先生子后就业的办法来规避就业压力。面对婚恋时,女研究生常常感到"高处不胜寒"、"高不成低不就",其择偶的难度,大大超过男研究生。已婚的女研究生也会遇到家庭角色和学生身份的冲突、与配偶两地等问题。在面对学业时,研究生阶段的专业学习对思辨能力、逻辑思维能力普遍要求更高,而女性则往往更擅长形象思维。理工类专业还需要完成大量实验,有些专业需要外出进行田野调查,这对体力和耐力都提出较高的要求。若女研究生的学习动力不足,则学业给予的压力也同样不容小觑。这些压力的产生,固然有社会环境的因素,比如社会上对女研究生存在的刻板印象,女博士甚至还被妖魔化成"第三类人"等原因造成,也与高校女研究生思想政治教育中缺乏社会性别视角不无相关。

(一)性别教育的理念有待进一步提升

性别意识教育理应是每一位教育工作者都具有的教育理念。"性别意识"就是自觉地从性别的角度出发观察和认识社会政治、经济、文化和环境,对其进行性别分析和性别规划,以实现社会性别公平。如同环境意识、人口意识、人权意

---

① [法]西蒙娜·德·波伏娃著,桑竹影、南珊译:《第二性——女人》,湖南人民出版社1986年版,第23页。

识,这是一种现代意识。但是,当前,性别意识教育的理念有缺失。中国传统性别角色教育遵循着"男孩要有男孩样"、"女孩要有女孩样"的原则。目前,传统教育的性别教育理念影响依旧深刻,这是显而易见的。表现在女研究生群体中就是,女研究生自我实现的成才意识与传统女性的家庭角色意识经常使之处于两难的境地。于是在就业选择时,相当比重的女研究生的职业首选为高校老师,假如当不了高校老师,中学老师也能认可。安稳和能够照顾家庭成为女研究生职业价值观中最重要的选项。高校思想政治教育对于女研究生群体的特殊性给予的关注度还不够,由此造成教育内容和方式等没有针对性,不适应女研究生群体的特点,难以达到良好的教育效果。教育者忽视了性别教育在人的主体性功能发挥上的重要作用,缺少对女研究生特点的全面关注,缺乏对两性不同的体验、观点和利益的重视和挖掘,忽视两性间的差异性,这也造成女研究生们片面理解男女平等的理论,以为自己和男生一样可以承担相同的社会角色和承担共同的社会责任。

(二)性别教育的内容有待进一步丰富

对女研究生来说,在"高知"与"女性"之间存在矛盾:"高知"意味着较高的成就动机和较多的时间付出,"女性"这一性别角色要求是比男性弱一些,要有时间照顾家庭。一部分女研究生在就业遇到挫折时,尤其是遇到由于生理因素带来的天然不利因素造成就业难时,女性的自尊、自信、自强就会受到强烈的冲击。此时若学校教育缺乏有针对性的教育引导,加上自身发展观念淡漠、自主意识较差,很容易产生自卑感,很容易产生寻找婚姻依托的依赖心理。很遗憾的是,性别教育课程在目前的高校教学计划中,几乎处于空白的状态。绝大多数高校的各类课程设置和教材编写都缺乏性别视角,教学计划和各科大纲都没有针对性别差异的内容,性别教育的相关课程设置不多,更鲜有性别教育的学科点和培养方向。在女研究生群体中,也有相当一部分女研究生注重专业知识的学习,看重考试成绩,对专业之外的知识涉猎较少,造成视野狭窄,影响对专业知识的多角度、深层次理解和综合运用。在运用专业知识解决实际问题的能力上,女研究生总体上不如男研究生,尤其是在理工科专业中,实际动手和创新能力等方面体现得尤为明显。因此,女研究生性别教育在教育内容上更应选择接近她们生活的案例和场景,设计符合她们实际需要的教育方案和内容,帮助她们认识女性角色,增强自我认同,发掘女性的特有优势。开展针对女研究生的互动式辅导沙龙,进行学业帮扶、进行职业生涯规划、进行婚恋引导,促进女研究生群体的健康发展。

(三)公平的教育环境有待进一步营造

环境是一种重要的教育力量。马克思曾指出,人创造环境,同样环境也改变人。人这一思想政治教育的唯一客体,正是教育与环境双重作用的产物。思想政治教育的过程实质上是有选择、有目的的信息传递,是思想政治教育客体接受信息的过程,在这一过程中,教育环境发挥重要作用。自古以来,在中国传统文化中,男女关系一直被视为阴阳协调互补的关系,刚、强、尊、贵等阳性特征是属于男性的,柔、弱、卑、下等阴性特征则被视为女性的,前者一向被认为更有价值。正如文化人类学家玛格丽特·米德所言:"文化总是煞费苦心、千方百计地在错综复杂的条件下,使一个新生儿按既定的文化形象(cultural image)成长。"一种文化一旦形成,即对人的行为提供了标准,同时也形成束缚。对于女研究生来说,她们成长和生存在这样的文化传统之中,传统性别文化的偏见直接影响个人选择,大大削弱了她们从事科学研究的动机和期望。有调查表明,80%的女研究生愿意为家庭适当牺牲事业,个别人甚至可以完全牺牲事业;仅有16%的人会以事业为重,"专科生是赵敏,本科生是黄蓉,硕士生是李莫愁,博士生是灭绝师太"之类的调侃在社会上也流传甚广。思想政治教育的效果不仅受自然文化环境的影响,更受社会文化环境的影响,不仅受社会大文化环境的影响,也受教育对象所处的内部小文化环境的影响。在高校里,高校的师资力量固有的男尊女卑的性别结构和角色分工,成为学生日常观察模仿与角色认同的对象。在教学和评价过程中,作为主导的教师的思想言行也内在地影响着男女接受教育的公平与否。高校校园主流宣传力量缺乏性别视角,性别差异和性别平等的意识没有得到应有的重视。校园文化活动通过舆论风气、校风校纪、生活方式、社会活动等因素的整合来达到学校的教育目标,但在引导学生积极主动的社会参与中发挥性别作用上欠缺意识和方法。即便现在已经有诸如"高校女生节"等的凸显关怀女生为主体的活动设计,但一方面,女研究生的参与度并不高,另一方面,很多高校的女生节在在定位上没有脱离传统的性别观念,反而造成了对性别意识的固化。

二、基于社会性别视角的路径探讨

加强女研究生的思想政治教育,是女研究生群体发展的需求。女研究生主观上寻求发展的愿望和社会客观上能够提供的发展条件、女性对自己角色定位的理想化与生存空间的现实性之间存在着矛盾和冲突。传统的性别文化偏见在女研究生社会化的过程中或多或少地被同化和接受,加上女性自身的因素,使之在发展的道路上存在着一些障碍,而社会文化因素又为女性发展设置了许多外

---

① [美]玛格丽特·米德著,宋践译:《三个原始部落的性别与气质》,浙江人民出版社1988年版,第306页。

部障碍。因此,需要通过拓展思想政治教育的领域、延伸思想政治教育的功能、丰富思想政治教育的载体,使得教育者和女研究生们一起理性、深刻、全面地看待高速变革的社会中的社会进步,将学术逻辑、现实逻辑和历史逻辑紧密结合起来,在比较、综合的基础上正确地看待历史,对待现实社会中女性发展已经取得的成绩和存在的矛盾和问题。

(一)强化师生社会性别意识

高校思想政治教育是一个积极促进社会性别意识主流化的重要渠道。性别教育根基于对每一个生命最基本的尊重,强调通过性别功能的挖掘和发挥,提高两性全面发展的速度和质量。教育者本身教育理念的改变,影响的是一代人的观念和生活方式。教育者充分尊重每一个受教育者的性别差异,把性别教育作为高校多元文化教育的重要一环,从性别的角度去认识和把握教育规律,将使高校教育成为男女生都能积极主动参与的完整教育。迄今为止,对"男女平等"的解读往往是"男女一样"。这种"男女一样",一开始表现为女性男性化、女性中性化,到后来慢慢演化为男性中性化,直至男性的女性化,日韩风又加剧了这一趋势,以致出现不再尊崇两性的自然差异的状况。"平等"的实质在于"取得受教育的机会"是否平等、教育的过程中是否"被平等地对待",教育的成果是否相同,在社会上所分配的各项资源是否均等等问题。男女和谐关系是建立在两性平等之上,而不是在性别上有"男上—女下"、"男支配—女顺从"、"男主体—女附属"关系的男尊女卑的两性和谐之上。因此,应提供更多机会激发教育者与女研究生的自我省视,建立性别敏感度以解构刻板印象。只有教育者本身首先树立并强化社会性别意识,理解社会性别理论所蕴涵的科学、公正、平衡两性关系的全新内涵,才能在教育过程中让作为受教育者的女研究生群体破除刻板印象,认同社会性别意识并自觉将之内化为自己内在的意识。

(二)开设性别教育的系列课程

在高校,思想政治理论课发挥着思想政治教育主渠道的作用。到目前为止,研究生思想政治理论教学除了根据文科和其他学科的不同,在硕士阶段分别开设《科学社会主义理论与实践》或《自然辩证法》,博士阶段分别开设《马克思主义与西方思潮》或《马克思主义与现代科学技术》各一门课外,其他的针对性别教育的课程几乎不开设。性别教育凸显人文关怀。在高校开设社会性别教育课程,不是单纯为性别问题而教育,而是与思想政治理论课程所提倡的培养青年学生科学世界观、人生观和价值观相一致,帮助学生形成正确的性别角色期待,要求学生在观察社会的时候,要学会客观、公正和平等地看待男性与女性,学会使用批判的眼光分析传统性别观念,自觉接纳科学的性别观念,更好地处理学生之间

的交往、两性的恋爱与婚姻问题。包括女研究生在内的青年学生,现在是在校的学生,将来是社会的建设者和决策者。引导他们树立科学、公正、平等的性别理念,将为他们在公领域和私领域均能体现男女平等的理念,实现社会性别意识的主流化打下坚实的基础。虽然早在1996年,郑州大学妇女学研究中心就主办了"妇女学系列讲座";1997年起,北京师范大学教育系就在本科生中开设"性别教育"课程,到目前,有20多所高校开展了女性学及相关性别课程的必修课和选修课,但时至今日,性别教育课程在高等教育中仍被视为无关紧要的课程,也鲜有面向研究生的"性别教育"选修性课程。美国、加拿大等西方国家已把性别教育纳入普通大学的必修课和选修课,美国大学每年开设三万多门与妇女有关的课程。因此,可以结合女研究生群体特点设计并开设性别教育课程(必修课、选修课、讲座课)并形成系列。除开设课程,使研究生掌握一定的社会性别理论外,定期举办性别研究相关的论坛和讲座,组织她们围绕社会和校园的热门话题展开深入讨论,有助于研究生培养从社会性别视角看待现实问题的能力,真正做到学以致用。抽调专家、学者编写教材,大力培训师资,加快性别课程建设的进程。

(三)营造校园性别平等文化

校园文化在思想导向、价值导向、行为导向上都有着很强的思想教育内涵,对思想政治教育起推动和促进作用。依托校园文化建设,以校园精神文化为主线,积极探求校园文化建设与思想政治教育的契合点,延伸思想政治工作平台,不断丰富思想政治教育工作的载体与手段,将发挥高校校园文化的育人功能,实现高校人才培养目标。性别平等教育是一种文化的重新建构。性别平等教育目的不是强化性别界限,而是要淡化性别界限,促进男女两性的和谐相处。高校校园文化是进行性别平等教育的绝佳载体。通过校园性别平等文化活动的开展,不仅可以提高女研究生性别敏感度、破除刻版印象,而且可以落实以人为本的生命关怀,加强性别素质的熏陶。近几年来,高校性别教育普遍采取组织女生节活动的形式,在女研究生群体中也不例外。虽然不同高校的女生节有不同的活动安排,但是活动内容仍有较高的相似性,如举办美容、礼仪讲座、评选"风采之星"等,这无形中增强了女生们对外貌和形象的关注;再如举办水果拼盘比赛、厨艺比赛等比赛,对生活技能的注重某种程度上又凸显了对传统女性角色的传承。因此,营造校园性别平等文化,就要搭建科学文化素质与社会实践相结合的大平台,发挥研究生会的作用,在活动设计上更深刻地体现女研究生们"知性"的内涵,强调男女研究生的共同参与,吸引女研究生自觉地去关注和探讨性别差异和性别认同的问题从而淡化性别界限,促进两性的和谐相处。同时重视学校校报、广播、网页等等宣传媒介中男女出现的比例,强化先进典型的宣传中科学性别角色定位的引导,激发女研究生成长、成才、成功的内驱力。重视各种隐性途径的

教育,用环境,用受教育者自己创造的周围情景,用丰富集体精神生活的一切东西进行教育。优化学校的性别环境,重视学校中男女领导和教师的性别比例以及他们所表现出对男女学生的期望与态度,关注学校组织的各项活动中男女学生参加的比例等,帮助女研究生构建自立、自强、自尊、自信的女性气质,培养女研究生的主体意识。

(原发表于《未来与发展》2010年5期)

  赵叶珠，女，厦门大学教育研究院教授、教育理论研究所副所长，主要从事高等教育基本理论、欧洲高等教育政策、性别与教育等研究。先后参与由加拿大国际发展署资助的中、加、越国际合作课题1项，主持教育部青年课题1项、教育部重点项目1项，参与省、部级课题若干项。近年来受邀赴英国、立陶宛、美国、西班牙等地参加国际学术会议，并随教育部代表团赴越南、印度、以色列等国进行考察。在《高等教育研究》、《心理科学》、《青年研究》、《高等师范教育研究》、《比较教育研究》、《外国教育研究》等重要的教育研究刊物上发表论文数十篇。代表性成果为《美日中三国女子高等教育比较》。

改革开放30年中国妇女教育成就
——基于全球视野的分析

摘 要：改革开放以来，中国大陆妇女教育事业有了长足的发展，取得令人瞩目的成就。从全球视野来看，中国女性群体的文化素质明显提高，无论是女性成人识字率还是青年识字率，在联合国战略优先发展的9个目标国家中均提高最快；与印度和巴西等发展中人口大国相比，无论是中国女性的小学入学率，还是中学入学率，均提高较快，并且其性别平衡指数上升幅度在九国中处于领先水平；女子高等教育规模发展迅速，女性在高等教育各层次中的比例不断提高且性别指数趋于平衡，在亚洲发展中人口大国中，中国的性别平衡指数最高。中国大陆妇女教育事业的发展，对于提升世界人口整体文化教育水平起到了极大的推动作用，对世界文明与进步做出巨大贡献。

关键词：妇女教育　成就　改革开放　性别平衡指数

改革开放以来，中国大陆妇女教育事业有了长足的发展，取得令人瞩目的成就。妇女的文化教育水平得到普遍提高，这不仅表现为女性群体的文化素质明显提高，也表现为国民教育体系中女性小学、中学入学率普遍提高，在高等教育领域中女性的参与也越来越广泛。本文试图以全球视角聚焦中国大陆妇女教育：以性别平衡指数①为观测指标，将中国妇女教育的发展状况置于世界妇女教育近30年来取得的成就。

一、女性群体的文化素质有明显提高

30年来，伴随着改革开放政策下经济的飞速发展和国际社会对妇女教育问题的重视，中国妇女15岁以上人口中具备"读写算"基本能力的人数占总人口中

---

① 性别平衡指数(Gender Parity Index, GPI)代表以女为分子，男为分母的男女比值的指示数据。男女均等数据为1，表明男女人数相等，如果小于1，表明男高于女，如果大于1，表明女高于男。

的比例(成年识字率)和15～24岁人口中具备基本的"读写算"能力人口数占该年龄段总人口的比例(青年识字率)均大幅度提高。

(一)成人识字率

成人识字率既表征一个国家(或群体)的非文盲状况,也衡量文化教育普及程度。根据国际组织公布的数据,2005年全球约有7.71亿文盲,其中的70%集中于中国、印度、印度尼西亚、巴基斯坦、孟加拉国、埃及、尼日利亚、巴西、墨西哥等发展中人口大国①,这些国家成人识字率的提高对全世界文化教育水平的提高举足轻重。有鉴于此,联合国将全民教育(Education for All)的目标锁定在这些国家(E9国家)。数据同时表明,在世界文盲人口中,女性占比近2/3②,因此,提高发展中国家人口大国成人女性的识字率成为联合国全民教育的工作重心。

表1反映联合国9个战略优先发展目标国家成人识字率变化情况。第一,1980年至2015年(推算数据),成人女性识字率有大幅度提高。1980年,巴西和墨西哥两国的成人女性识字率最高,在70%～80%,中国和印度尼西亚两国处于中等水平,在50%～60%,其余5个国家的成人女性识字率低于30%;到2015年,中国与印度尼西亚、巴西、墨西哥等国的成人女性识字率均将接近或超过90%。第二,中国、尼日利亚、埃及、印度、印度尼西亚五国的成人女性识字率增长较快,增长率均在30个百分点以上。第三,与世界平均水平及发达国家相比,1990年中国女性识字率刚好达到世界水平(68.9%);2015年中国将超过世界平均水平(81.0%)约8个百分点,但离发达国家平均水平尚有距离。第四,从性别平衡指数来看,1980年,仅巴西、墨西哥成人识字率的性别平衡指数在0.9以上,说明这两个国家中男女性成人识字率差异较小,趋于平衡;中国和印尼分别为0.67和0.75,属于中等水平;其他5个国家性别平衡指数低于0.5,表明这些国家中女性识字率远低于男性;2000年性别平衡指数有所提高,除巴基斯坦的性别平衡指数仍在0.5以下外,其余国家均超过0.6,中国达到0.85,比前期有明显进步;到2015年,性别平衡指数将进一步提高,所有国家的指数将达到0.6以上。届时,中国的性别平衡指数将略超世界平均水平,但仍未达到发达国家平均水平。

① Unesco. EFA Imperatives in the E9, http://unesdoc.unesco.org/images/0014/001437/143706e.pdf,2007年12月12日。

② 联合国教科文组织:《全民教育全球监测指标》,http://www.efareport.unedco.org,2008年6月2日。

表1 9个发展中人口大国的成人女性识字率及性别平衡指数

年份	1980		1990		2000		2015	
	女性(%)	性别平衡指数	女性(%)	性别平衡指数	女性(%)	性别平衡指数	女性(%)	性别平衡指数
中国	52.3	0.67	68.9	79.01	0.78	0.85	88.9	0.92
印度	26.5	0.49	35.9	58.0	0.45	0.66	58.9	0.66
印度尼西亚	59.6	0.75	72.5	83.62	0.82	0.89	91.1	0.95
巴基斯坦	14.0	0.34	20.1	40.77	0.28	0.49	41.6	0.61
孟加拉国	16.9	0.41	23.7	53.5	0.3	0.61	38.3	0.69
埃及	24.8	0.46	33	54.64	0.44	0.66	57.7	0.78
尼日利亚	21.6	0.48	38.4	64.65	0.56	0.78	77.1	0.9
巴西	73.5	0.94	81.2	97.95	0.87	1.0	92.4	1.01
墨西哥	78.5	0.91	84.3	93.05	0.89	0.96	93.7	0.98
世界平均	—	—	68.9	84.33	0.74	0.87	81.0	0.91
发达国家			96.9	98.38	0.98	0.99	99.2	0.99
发展中国家			57.9	76.29	0.66	0.82	76.1	0.88

资料来源:朱之鑫:《国际统计年鉴2001》,中国统计出版社2001年版,第555页。其中1980年的数据由文盲率换算而得。1990年、2000年和2015年的数据见:UNESCO. Gender and Education for All:the Leap to Equality,2008-9-12.

http://portal. unesco. org/education/en/ev. php-URL_ID=36540&URL_DO=DO_TOPIC&URL_SECTION=201. html.

(二)青年识字率

青年识字率是衡量国家或地区文化教育水平增量的指标之一。与成人识字率(由于包括老年人口且一般上妇女比男子寿命长而无法体现新增人口文化程度的变化及性别差异)相比,青年识字率能较为清晰地反映新增人口识字率的变化情况。

表2为世界9个发展中人口大国1990、2000、2015年度的青年识字率。第一,中国的青年女性识字率在九国中位居前列。1990年中国青年女性识字率达到93.1,在9个人口大国中,位于墨西哥、印尼之后,与巴西并居第三;从2015年的推测数据看,中国与巴西并列位于印尼之后,位居第二,略超墨西哥。第二,与世界平均水平和发达国家相比,中国青年女性识字率均超过世界平均水平,但略低于发达国家水平;1990年,中国与印尼、巴西和墨西哥四国青年女性识字率

超过世界平均水平,其余5个国家的青年女性识字率均低于世界平均水平;到2015年,中国青年女性的识字率将达到98.9%,将同巴西一样接近发达国家的水平(99.8%)。第三,从性别平衡指数来看,1990年和2000年,中国的性别平衡指数均高于世界平均水平,但低于巴西和墨西哥,也低于发达国家的平均水平;2015年,将接近世界发达国家的水平。可见,从青年识字率来看,中国女性的青年识字率正在逐步提高,将在2015年接近发达国家的水平,与男性的差距也将明显缩小。

表2　9个发展中人口大国的青年女性识字率及性别平衡指数

年份	1980		1990		2000	
	女性(%)	性别平衡指数	女性(%)	性别平衡指数	女性(%)	性别平衡指数
中国	93.1	0.95	96.7	0.97	98.9	0.99
印度	54.2	0.74	64.8	0.81	78.4	0.9
印度尼西亚	93.4	0.97	97.1	0.98	99.4	0.99
巴基斯坦	30.6	0.49	49.9	0.7	59.1	0.73
孟加拉国	33.2	0.65	39.7	0.7	50.8	0.78
埃及	51.0	0.72	62.6	0.81	77.3	0.93
尼日利亚	66.5	0.82	84.3	0.94	95.9	0.99
巴西	93.1	1.03	96.7	1.03	98.9	1.03
墨西哥	94.4	0.98	96.6	0.99	98.5	0.99
世界平均	80.0	0.91	83.4	0.93	88.3	0.95
发达国家	99.5	0.99	99.7	1.00	99.8	1.00
发展中国家	75.7	0.88	80.1	0.91	86.6	0.95

资料来源:UNESCO. Gender and Education for All:the Leap to Equality,2008-9-12. http://portal.unesco.org/education/en/ev.php-URL_ID=36540&URL_DO=DO_TOPIC&URL_SECTION=201.html.

综上可见,在国际社会舆论的推动和各国政府的努力之下,20世纪90年代以来,世界各国的成人女性识字率和青年女性识字率均有大幅度提高;在9个发展中人口大国中,中国与印尼、巴西和墨西哥等四国女性的识字率提高最快,促进了整个世界的文化教育水平的提高。

二、妇女基础教育发展成就突出

(一)小学参与率的比较

小学教育是学校教育体系的基础,其发展水平反映该国文化普及程度与水平,因而,受到各国的高度重视——发达国家早在上个世纪初就完成100%的普及率。本文以发展中人口大国印度和巴西为参照,考察近30年来中国小学入学率的变化情况。第一,从女性入学率看,1980年中国和巴西的女性小学入学率超过世界平均水平,印度低于该水平24个百分点;到1997年,3个国家的小学女生入学率分别达到99.9%、71.0%和94.3%,中国上升幅度最快。第二,从性别平衡指数来看,1980—1997年17年间,中国小学入学率的性别平衡指数从0.9上升为1,印度从0.71上升为0.86,巴西从0.95下降为0.94。可见,从小学的情况看,无论是小学女生入学率,还是入学率的性别平衡指数,3个人口大国中中国的女性参与情况最好,印度相对落后。

表3 中国印度巴西女性小学入学率和性别平衡指数

	1980		1990		1995		1997	
	女性(%)	性别平衡指数	女性(%)	性别平衡指数	女性(%)	性别平衡指数	女性(%)	性别平衡指数
中国	79.6	0.90	96.7	0.97	99.5	1.00	99.9	1.00
印度	53.2	0.71	66.3	0.79	71.1	0.85	71.0	0.86
巴西	78.5	0.95	84.0	0.94	90.2	0.91	94.3	0.94
世界平均	77.2	0.90	85.7	0.94	87.5	0.95	88.3	0.96

资料来源:数据引自朱之鑫:《国际统计年鉴》,中国统计出版社2001年版,第562页。

(二)中等教育参与情况的比较

在整个教育体系中,中等教育承上启下,它担负着既为高一级学校输送合格新生也为国家建设培养劳动后备力量的任务。接受中等教育将决定一个人能否进入劳动力市场、能否继续走向高一级教育的关键。

表4反映中国、印度和巴西三国中学入学率的性别差异情况。第一,从1980—1997年的发展过程看,在1980年时,中国女性中学入学率最高,为52.3%,巴西次之,印度最低,比例仅为28.5%;到了1997年,巴西超过中国成为女性中学入学率最高的国家,超过当时世界平均水平,中国仅次于巴西,与世界平均水平接近,印度仍为三国中最低。第二,从性别平衡指数看,中国的指数上升最快,从1980年的0.71上升到1997年的0.88。巴西的性别平衡指数最

高,一直维持在 1 以上,说明在巴西女性中学入学率比男性中学入学率略高;印度的性别平衡指数从 1980 年的 0.55 上升到 1997 年的 0.68,是 3 个国家中指数最低、性别差距缩小最为缓慢的国家。

另据联合国儿童基金会网站公布的数据①,2000—2005 年可获得的最新毛入学率中,中国为 73%,印度为 48%,巴西为 107%;相应地,性别平衡指数,中国为 1.0,印度为 0.8,巴西为 1.10,巴西女性的入学率已经超过男性;中国女性的入学率与男性相当,达到性别平衡;在印度,女性入学率远落后于男性。

总之,比较 3 个国家的中学入学率不难发现,巴西是 3 个国家中中等教育情况最好的国家,女性中等教育入学率和性别平衡指数均较高。中国次之,女性中等教育入学率和性别平衡指数均上升较快。印度最差,不仅女性中学毛入学率最低且性别平衡指数较低。

表 4　中国印度巴西中学净、毛入学率的性别差异

	1980		1990		2000		2015	
	女性（%）	性别平衡指数	女性（%）	性别平衡指数	女性（%）	性别平衡指数	女性（%）	性别平衡指数
中国	52.3	0.71	49.8	0.77	64.0	0.90	65.1	0.88
印度	28.5	0.55	43.0	0.63	48.2	0.68	48.0	0.68
巴西	46.3	1.02	54.3	1.02	64.2	1.02	67.0	1.03
世界	53.7	0.82	57.1	0.86	63.4	0.89	64.1	0.89

资料来源:1980、1990、1995 年的数据引自:朱之鑫:《国际统计年鉴》,中国统计出版社 2001 年版,第 564 页。

综上,比较中国、印度和巴西 3 个发展中人口大国的中小学入学率不难发现,在发展中人口大国中,虽然中国的人口负担最重,普及基础教育的任务最艰巨,但从发展的现实情况看,中国的情况最好。中国小学、中学毛入学率的性别平衡指数上升幅度在九国中处于领先水平。

三、妇女高等教育进步显著

改革开放以来,中国大陆妇女高等教育显著进步,主要表现在:第一,女子高等教育规模迅速扩展。1978 年改革开放之初中国女子高等教育规模为 20.6 万

---

① 《2000—2005 年的数据指区间内可获得的最新毛入学率》,http://www.unicef.org/infobycountry/india_india_statistics.html.

人(在校生数)①。到 2006 年,女子高等教育规模达到 835 万人②,在世界上仅次于美国,位居第二。第二,男女生入学机会趋于平衡。1978 年,女生占在校生总数的比例为 24.1%,性别平衡指数仅为 0.32,到 2006 年,该比例超过 48%,性别平衡指数达到 0.93,男女生高等教育入学机会趋于平衡。第三,女性教育层次不断上移。1978 年女生在本科、研究生层次中的比例分别是 24.1% 和 9.9%,性别平衡指数分别为 0.32 和 0.11。1989 年女生在本专科、硕士、博士三个层次毕业生中的比例分别为 32.53%、22.23%、8.85%,性别平衡指数分别为 0.48、0.29、0.1;到 2006 年,此比例上升为 48.06%、46.36% 和 33.87%。③ 性别平衡指数为 0.93、0.86、0.51.,女性在高等教育阶梯内的重心明显上移,在本专科、硕士、博士三个层次中,男女数量上的差距也明显缩小。

为进一步了解中国妇女高等教育的发展在国际上处于何种水平,笔者选取与发展中国家相比和与发达国家相比两个角度来进行分析。

(一)与发展中国家相比

根据联合国的统计数据,本文将 2003 年度世界发展中人口大国高等教育毛入学率及性别平衡指数列入表 5。首先,巴西和墨西哥高等教育毛入学率超过 20%,中国和印度尼西亚高等教育毛入学率在 15%～20%,跨入大众高等教育的门槛。印度等国家的高等教育毛入学率在 11.9% 及以下。其次,从性别平衡指数看,也可分为三个类别,第一类国家性别平衡指数接近或超过 1,如巴西和墨西哥;第二类国家性别平衡指数在 0.8～0.9,如中国、印度尼西亚和巴基斯坦;第三类国家如印度、尼日利亚和孟加拉国的性别平衡指数较低。综合以上情况,世界人口大国中,中国,无论是高等教育毛入学率还是性别平衡指数,均处于中等水平,位于巴西、墨西哥之后。但是在亚洲的发展中人口大国中,中国的性别平衡指数最高。

表5 若干发展中人口大国高等教育毛入学率、性别比及人口数一览表

	人口数 (万人)2005 年	高等教育毛入学率 2002/2003	
		总计	性别平衡指数
中国	131 580	15.8	0.84
印度	110 340	11.9	0.68
印度尼西亚	22 280	16.4	0.80

---

① 中华人民共和国教育部计划财务司编:《中国教育成就(1949—1983)》,人民教育出版社 1984 年版,第 39 页。

②③ 中华人民共和国教育部发展规划司编:《中国教育统计年鉴 2006》,人民教育出版社 2007 年版,第 5 页。

续表

	人口数（万人）2005年	高等教育毛入学率 2002/2003 总计	性别平衡指数
巴基斯坦	15 790	2.7	0.81
孟加拉国	14 180	6.7	0.50
尼日利亚	13 150	8.1	0.69
巴西	18 640	20.4	1.31
墨西哥	10 700	22.7	0.96

资料来源：UNESCO. EFA Imperatives in the E9，2008-9-12. http://unesdoc.unesco.org/images/0014/001437/143706e.pdf. p7.

（二）与发达国家相比

本文选取日本和美国作为参照国，将1980年和2005年的女生占学生总数的比例和性别平衡指数列入表6。首先，从1980—2005年的动态过程看，女生所占比例和性别平衡指数均有不同程度的增长，其中，中国基数低，增长速度最快，女生占比从1980年的23.4%上升为47.1%，增长23.7个百分点，性别平衡指数从0.31上升为0.89，增长幅度为0.58。日本女生比例上升8个百分点，指数增长幅度为0.22。美国女生比例上升6个百分点，指数增长幅度为0.29。其次，从2005年的静态横向比较看，中国女生占比例超过日本，但仍落后于美国，美国女生比达到57%，性别平衡指数达到1.35，说明美国高校中女生人数远远超过男生。另据欧盟的数据①，2005年欧盟25个国家的高等教育中，女生比例平均为55%，性别平衡指数为1.22，可见，欧美国家在高等教育机构接受教育的女生人数普遍超过男生。

表6 中国美国日本高等教育中女性占比例及性别平衡指数

国家	1980年		2005年	
	女生占比例	性别平衡指数	女生占比例	性别平衡指数
中国	23.4	0.31	47.1	0.89
日本	34.4	0.52	42.4	0.74
美国	51.4	1.06	57.4	1.35

资料来源：赵叶珠：《美日中三国女子高等教育比较》，厦门大学出版社2007年版，第196～210页。

---

① Anon. Share of Women Among Tertiary Students，http://epp.eurostat.ec.europa.eu，2008-6-3。

综上,比较发展中国家和发达国家的情况不难得出结论,随着经济体制改革加速,中国大陆的妇女高等教育进步显著。在发展中国家里,中国的发展速度遥遥领先,但与发达国家相比仍有相当的差距。

小　结

站在全球视野中比较与分析,可以发现,改革开放 30 年来,经济的高速发展为妇女教育事业提供前所未有的发展契机,妇女教育成绩显著,主要表现在:

(1)女性群体的文化素质明显提高。女性成人识字率和青年识字率均大幅度提高,在联合国确定的 9 个全民教育战略优先发展目标国家中,中国的进步最快,作为拥有世界人口 1/5 的国家,这一发展对提高整个世界的文化教育水平起到极大的促进作用。

(2)女性在国民教育体系各层次中的参与程度均有很大幅度的提高,这为女性参与社会奠定了坚实的基础。

(3)从各种指标的性别平衡指数看,男女两性在教育各层次中的参与程度的差距逐步缩小,趋向于性别均衡发展。

当然,从国际比较的视野看,中国妇女教育还有许多问题。如,从总体上看,我国妇女教育仍然较为落后;在妇女基础教育方面,我们不仅与发达国家存在较大差距,与一些发展中国家相比也有差距。在高等教育方面,女性接受高等教育的水平和规模均与世界发达国家存在距离。"教育不平等是由社会各种根深蒂固的力量造成的,这些力量已完全冲破教育体制、教育机构及教育过程的界限,四处渗透"[①],因此,创造良好的社会与政策环境,是妇女教育发展的关键所在。

---

① 联合国教科文组织:《全民教育全球监测报告》,联合国教科文组织 2003 年版,第 1 页。

郑若玲，女，厦门大学教育研究院教授、博士生导师，兼任厦门大学考试研究中心副主任。主要从事高等教育理论与历史、教育公平、考试制度等研究。从2000年至今，已出版专著《科举、高考与社会之关系研究》，合著《中国考试发展史》等4部；发表论文百余篇，被《新华文摘》、《中国社会科学文摘》、《高等学校学报文摘》、《人大复印资料》等全文或重点转载20多篇；主持国家社科青年基金项目、教育部人文社科重点研究基地重大项目等课题10项；获得教育部、省、市各级各类科研奖励20多项，兼任《教育与考试》编委、中国高等教育学会高等教育学专业委员会常务理事、中国教育学会中青年教育理论工作者分会常务理事等职。

新中国女子高等教育的成就
——历史与国际的视角

摘 要：本文对我国女子高等教育进行历史与国际比较研究。从历史比较来看，我国女子高等教育历经了一条数量上从无到有、层次上由低走高、科类分布上从狭窄到广泛的发展道路，取得令人瞩目的成就。从国际比较来看，我国女子高等教育在入学机会和层次分布上，与国外尤其是西方发达国家仍有一定差距，在科类分布上则较为均衡。但受女性身心特点、就业和传统观念等因素制约，女子实际接受高等教育的科类分布仍呈现较明显的性别特点。

关键词：女子高等教育　入学机会　层次分布　科类分布

作为社会的"半边天"，女性在人类社会发展历程中扮演不可或缺的角色。马克思曾说："社会的进步可以用女性的社会地位来精确衡量。"[①]女性接受高等教育则是反映其社会地位高下的重要指标，也是社会平等和文明发展的重要标志。在漫长的封建社会，我国女性地位十分卑微，加之"女子无才便是德"等封建思想影响，女性连接受正规的普通识字教育机会都没有，接受高层次教育更无从谈起。"五四"运动后，中国女子高等教育才真正起步。但受封建思想的影响，解放前女子高等教育发展十分缓慢。新中国建立后，男女平等的思想被写进宪法，妇女受教育权有了法律的保障，女子高等教育迅速崛起，极大地推动我国的政治、经济和文化的发展。本文主要从历史比较与国际比较两个视角，对建国前我国女子高等教育的发展和新中国女子高等教育的成就进行回顾与归纳。鉴于高等教育形式的多样性和性质的复杂性，本文将女子高等教育锁定在普通高等教育形式上。

一、建国前女子高等教育的发展—历史的视角

作为世界四大文明古国之一的中国，在古代即已形成相对完整的学校教育

---

① 中共中央马克思、恩格斯、列宁、斯大林著作编译局编译：《马克思恩格斯全集》(第32卷)，人民出版社1975年版，第571页。

系统。但受"男尊女卑"封建思想的影响,女性一直被拒于正规学校教育门外,即使是宫廷贵族或富家女子,也只能通过封闭的宫廷教育或私塾,接受最基本的教育(主要是针对女性的女德教育)。女子学校教育(包括高等教育)成为我国古代封建社会教育史上的空白。直到近代,这一空白才得以填补。以下分别从近代和民国两个时期考察建国前我国女子高等教育的发展概况。

1. 近代女子高等教育的发轫

第一次鸦片战争后,西方列强在中国获得传教、办学的权利,传教士陆续涌入中国大陆,设医院、办学校,包括不少女子学校。这一阶段教会学校进行的多为宗教、女红、识字、算术等初等女子教育。①

中国女性虽没有通过学校接受高等教育这条途径,但到1881年,却开辟了留学接受高等教育的途径。宁波女子金雅美赴美攻读医学,成为中国第一个到国外接受高等教育的女留学生。此后,福州的何金英、江西的康爱德和湖北的石美玉等也先后赴美学医。这四位女性学成后都回国从事医学工作。她们的成绩在当时社会引起不小的震动,成为维新派兴办女学的主要动力。

到19世纪末,受教会女校和女子留学教育的影响,主张学习西方的洋务派和维新派中的进步人士开始创设女学堂。先是维新派的经元善在梁启超等人的支持下,于1898年创办上海经正女学。1902年,吴怀疚、蔡元培在上海分别创办务本女校和爱国女校。此后,女子学堂雨后春笋般在全国发展起来。截至1907年,全国共有女子学堂428所,女学生15 496人。②

女子学堂的兴办,并非一帆风顺,遭到顽固派的反对。但迫于社会舆论,清政府不得不于1907年颁布《女子小学堂章程》和《女子师范学堂章程》。《章程》对女学设置了诸多限制,如男女不得同校,只能办女子小学和师范,不允许办中学,更不允许办大学。不过,教会学校不在限制之列。因此,中国近代女子高等教育得以在教会大学发轫。1905年,美国教会在北京创办贝满女塾,增设大学课程,定名为北京协和女子大学(后并入燕京大学)。1907年5月,美国教会又在福州创办华南女子大学。1913年11月,美国教会在南京成立金陵女子大学。此后,非女子教会大学开始招收女生,女子接受高等教育的渠道得以拓宽。

---

① 潘懋元:《女子高等教育——文化变迁的寒暑表》,《集美大学学报》2001年第3期。
② 朱有瓛:《中国近代学制史料》(第2辑),华东师范大学出版社1989年版,第649~650页。

表1 建国前女大学生数量增长情况

(人)

年份	大学生总数	女大学生总数	女生比例(%)
1922	34 800	887	2.54
1931	44 167	5 180	11.7
1932	42 710	5 160	12.1
1933	42 936	5 899	13.7
1934	41 768	6 272	15.0
1935	41 128	6 378	15.5
1936	41 922	6 375	15.2
1937	31 188	5 352	17.2
1938	36 180	6 648	18.4
1939	44 422	7 834	19.6
1940	52 376	10 200	19.5
1941	59 457	11 774	19.8
1942	64 097	12 273	19.1
1943	73 699	13 701	18.6
1944	78 909	14 843	18.8
1945	93 498	15 861	19.0
1946	129 336	23 645	18.3
1947	155 036	27 604	17.8

数据来源:《第二次中国教育年鉴》,上海商务印书馆1948年版,第1403,413页。其中,1922年数据来自潘懋元:《女子高等教育——文化变迁的寒暑表》,《集美大学学报》2001年第3期。

2. 民国时期女子高等教育的发展

1911年,中华民国建立。以孙中山为首的革命派非常重视女子教育。1913年,南京临时政府教育部推行《壬子癸丑学制》,颁布《师范教育令》、《大学令》等一系列法令。新学制消除了教育权利上的两性差异,具有明显的反封建精神,规定初等小学可以男女同校,除大学不设女校不招女生外,普通中学、师范学校、高等师范学校和实业学校都可以设立女校。不管效果如何,该学制至少在思想和制度上确立了男女在除大学以外其余层次上教育权利的平等地位。1919年3

月,教育部公布《女子高等师范学校规程》,4月,北京女子师范学校改为北京女子高等师范学校,成为由政府兴办的第一所女子高等教育机构。

1919年"五四"运动后,旧的思想和礼教受到严重冲击。1920年春,北京大学开始招收女生,此举迅速带动其他高校"开女禁"。据庄俞、贺圣鼎于1923年所做的通信调查统计,当年北大招收女生11名,东南大学招收44名,南开大学招收23名,厦门大学招收4名。1922—1947年,全国女大学生的绝对数增长了30倍以上(表1),占大学生总数的比例也从2.4%上升到17.8%,特别是1931年以后,女生比例一直保持在10%以上,1941年甚至达到19.8%。尽管相对来说,建国前女子接受高等教育的比例仍很低,但毕竟跨出从无到有的具有重要历史意义的一步。

二、新中国女子高等教育的成就—国际的视角

建国后,随着女子在政治上的解放,女子高等教育也获得前所未有的发展契机与空间,跃上新台阶。从教育上看,建国初颁布的"为工农服务"的教育方针和"向工农开门"的新学制,实行的"人民助学金制"和全国统一高考制度,为女子高等教育的发展提供了文化、制度和物质上的保障;从就业上看,接受了高等教育的女子获得与男子平等的就业机会,这激发了女子的求学热情,促进了女子高等教育的健康发展。女子不仅获得与男子完全平等的受教育权利,受教育层次不断提高,所涉足的科类领域也日益广泛。中国男女在有些方面的平等程度,甚至超过美国、日本等发达国家。以下主要基于性别对比,通过国际比较并辅之以历史比较,分别从入学机会、教育层次、科类分布三方面来论述新中国女子高等教育的成就。

1. 入学机会逐年增多

由于宪法保障女子享有与男子平等的受教育权利,加之新中国各级教育事业的迅速发展,女性在高等教育领域的入学机会逐年增多。在校女生数及其所占比例是衡量女性高等教育入学机会多寡的重要指标,表2是建国后我国普通高校本专科在校学生总数和女生数的变化情况(缺1966—1972年数据)。

表2 1949—1999年普通高校本专科在校学生总数和女生数及其所占比例

(人)

年份	学生总数	女生人数	比例(%)	年份	学生总数	女生人数	比例(%)
1949	117 133	23 157	19.77	1978	856 322	206 472	24.11
1950	138 731	29 411	21.20	1979	1 019 950	245 704	24.09

---

① 庄俞、贺圣鼎:《最近三十五年之中国教育》,商务印书馆1931年版,第206页。

续表

年份	学生总数	女生人数	比例(%)	年份	学生总数	女生人数	比例(%)
1951	155 570	35 050	22.53	1980	1 143 712	268 137	23.44
1952	193 910	45 356	23.39	1981	1 279 472	312 390	24.42
1953	216 430	54 714	25.58	1982	1 153 954	305 374	26.46
1954	257 731	67 716	26.27	1983	1 206 823	324 926	26.92
1955	292 475	75 755	25.90	1984	1 395 656	399 821	28.65
1956	408 017	100 374	24.60	1985	1 703 115	510 586	29.98
1957	444 359	103 324	23.25	1986	1 879 994	593 488	31.57
1958	659 627	153 712	23.30	1987	1 958 725	646 636	33.01
1959	811 947	183 348	22.58	1988	2 065 923	689 406	33.37
1960	967 166	235 598	24.50	1989	2 082 111	701 593	33.70
1961	829 699	233 488	24.65	1990	2 062 695	695 137	33.70
1962	750 118	210 283	25.34	1991	2 043 662	682 450	33.39
1963	685 314	193 837	25.84	1992	2 184 376	735 942	33.69
1964	674 436	176 343	25.73	1993	2 535 517	852 158	33.61
1965	674 436	181 281	26.88	1994	2 798 639	964 285	34.46
1973	313 645	96 500	30.77	1995	2 906 429	1 029 286	35.41
1974	429 981	145 159	33.76	1996	3 021 079	1 100 474	36.43
1975	500 993	163 290	32.59	1997	3 176 944	1 185 000	37.30
1976	564 715	186 470	33.02	1998	3 408 764	1305 927	38.31
1977	625 319	181 623	29.04	1999	4085874	1 620 554	39.66

数据来源:《中国教育成就》(统计资料)、《中国教育事典》(高等教育卷)、《中国教育年鉴》(1949—1981)、《中国性别统计资料》(1990—1995),以及 1987—1999 年各年度的《中国教育统计年鉴》或《教育事业统计年鉴》。

数据表明,1949—1999 年,在校女大学生数从 2.3 万增加到 162 万,绝对数增长 70 倍以上(学生总数则增长 35 倍左右),所占比例从 19.77% 增至 39.66%。我们可以通过男女生比例的变化来更清楚地展示女子高等教育的发展成就(图1)。可以看出,建国 50 年来,女子接受高等教育机会总体呈上升趋势。当然,与男子接受高等教育的机会相比,差距还比较明显。

尽管建国后我国女大学生比例较之建国前有可观的进展,但与许多国家,特别是教育发达国家,相比,还有一定差距。据 1986 年的统计资料,我国在校女大学生比例在世界 105 个国家(地区)中,排第 74 位,居中等偏后地位,不仅落后于西方发达国家,甚至小于东欧、亚洲和非洲的许多发展中国家,如南斯拉夫、蒙古、菲律宾、科威特、也门、毛里求斯、津巴布韦。从美国、法国、芬兰、挪威等西方发达国家的情况看,进入 80 年代以后,女大学生的比例都超过 50%。1998 年,美国已达到 55.8%,澳大利亚为 55%,日本为 44.14%。中国现在的性别比大概是 51∶49,从理论上说,女大学生比例应达到 49%,而 1999 年本专科女大学生的比例仅为 39.66%,离这一比例显然还有一段距离。①

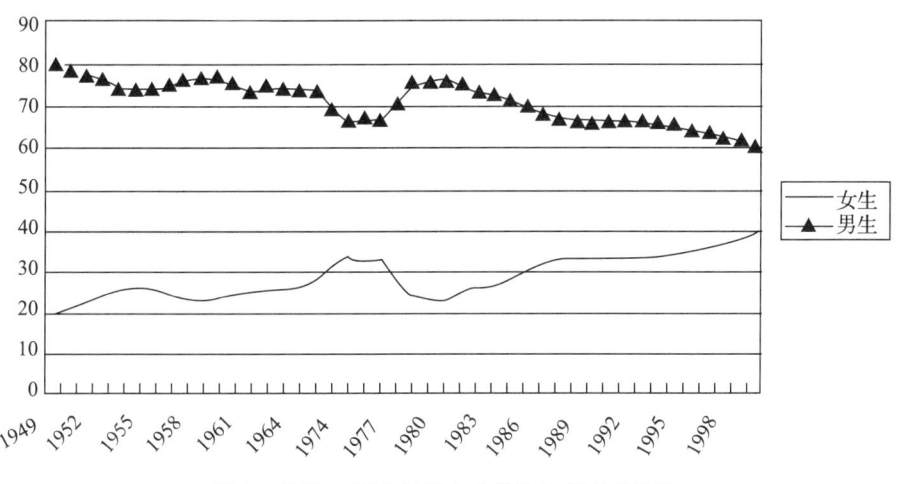

图 1　1949—1999 年男女大学生比例变化比照

2. 教育层次不断提高

当性别教育机会达到相对平等后,教育层次便成为反映高等教育平等的更深层次的指标,高等教育层次的提高主要反映在研究生教育的发展上。虽然早在 1922 年,我国就已有女性接受研究生教育,但建国前为数甚少,到 1947 年,全国仅有女研究生 58 人。②

建国后,特别是 1981 年实行学位制度以来,我国的研究生教育取得长足进步,不仅规模迅速扩大,层次和类别上均有所发展。相应地,我国女研究生教育的规模和层次也分别上一个新台阶。表 3 是建国后我国女研究生数量的发展情况。

---

① 潘懋元:《女子高等教育——文化变迁的寒暑表》,《集美大学学报》2001 年第 3 期。
② 教育部教育年鉴编纂委员会:《第二次中日教育年鉴》,上海商务印书馆 1948 年版,第 1403 页。

表3 建国后我国女研究生人数及所占百分比

(人)

年份	研究生总数 博士 硕士	女研究生总数 博士 硕士	百分比(%)	年份	研究生总数 博士 硕士	女研究生总数 博士 硕士	百分比(%)
1922	8	2	25	1986	4 581 81 244	415 17 530	20.9
1947	424	58	13.7	1987	7 319 92 251	721 20 356	21.2
1963	4 937	790	16.0	1989	10 998 87 948	1 113 18 182	19.5
1964	4 893	641	13.1	1990	9 587 73 612	—	—
1965	4 504	518	11.5	1991	10 579 69 649	1 135 17 710	23.5
1978	8 364	828	9.9	1992	12 468 73 745	1 410 20 091	25.3
1980	21 636	2 553	11.8	1993	15 153 82 873	1 878 23 850	26.2
1981	18 846	2 695	14.3	1994	19 529 98 429	2 708 29 179	27.0
1982	25 912	3 550	13.7	1995	24 752 109 413	3 888 33 830	28.1
1983	37 161	5 314	14.3	1996	30 190 19 380	2 015 39 100	27.5
1984	57 738	9 238	16.0	1998	39 343 145 193	8 041 51 394	32.2
1985	87 183	16 216	18.6	1999	47 649 170 051	10 583 61 110	32.9

注:数据来自各年度教育统计年鉴;为对照方便,特将1922、1947年数据一一列出;1989年为全国研究生数据(包括普通高校和科研机构)。

数据表明,建国后我国女子研究生教育规模逐年扩大,且发展迅速。从绝对数的增长看,1999年女研究生总数已达217 700人,比1947年的58名增长了3 753倍,相对数也从1947年的13.7%增至1999年的32.9%。其中,女博士生数量和比例的增长尤为迅猛,1986—1999年的短短十余年间,女博士生从415人增长到10 583人,绝对数增长25倍多,所占比例从9%上升到22%。

当然,同时应该看到,各层次的高等教育中均存在较严重的性别偏斜现象,层次越高,女生比例越低,性别差距越大。笔者根据1986年和1999年的本专科、硕士和博士三个层次的男女生比例差异情况制成图2。可以看出,这两个年份中,入学机会的性别差距均随教育层次的上升而拉大,说明高等教育机会向有利于男性的方向偏斜。但1999年高等教育各阶段入学机会的性别差距明显小于1986年,这反衬出我国女性接受研究生教育机会的增多。

从国际或地区比较的情况看,高等教育各阶段入学机会的性别偏斜现象似乎带有普遍性,但受文化和教育发展水平的影响,各国的差异程度有所不同。从美国1950—1980年各层次高等教育男女生比例的变化情况看(表4),如果说

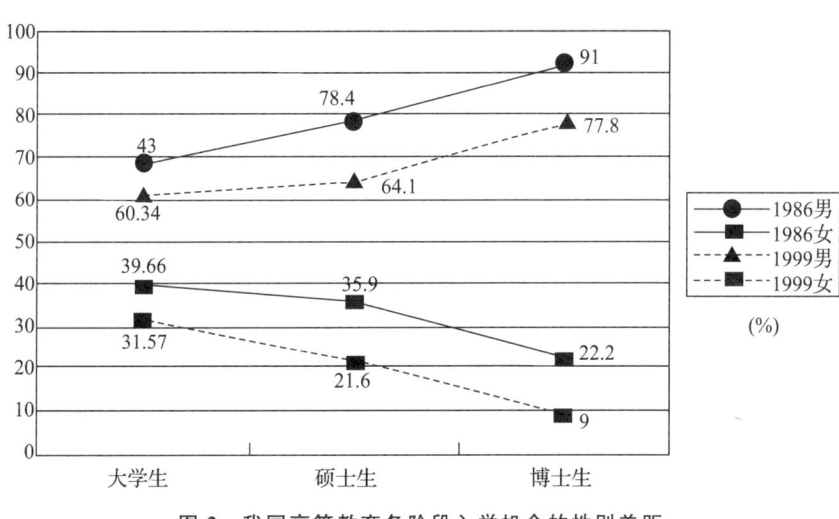

图 2　我国高等教育各阶段入学机会的性别差距

50、60 年代还存在较明显的性别偏斜现象,那么,到 20 世纪 80 年代,高等教育的性别偏斜现象已经消除,实现了高等教育入学机会的男女平等。日本的情况与中国类似,仍存在较严重的性别偏斜现象。据文部省 1999 年的统计资料,日本短期大学、大学、硕士课程、博士课程女学生所占比例分别为 90.02%、36.22%、26.1%、24.9%①。与中国大陆同年相比,日本女硕士生比例较低,仅为 26.1%,中国则达到 35.9%,女博士生比例则比中国的 22.4%略高。台湾的情况也与大陆和日本基本类似。笔者根据 1990 年台湾接受各层次高等教育的人数比例制成性别差距图(图3)②。可以看出,在专科层次,男女比例差距不甚明显。其中,二专层次的女生比例还略大于男生。但到了本科以上阶段,男女比例的差距便越来越悬殊。当然,和大陆同年相比,台湾高等教育的硕士阶段性别差距略小一些,博士阶段则几乎一样。

表 4　1950—1980 年美国高校男女大学生的比例变化

(%)

年份	高等院校		两年制学院		四年制院校		研究生院	
	男	女	男	女	男	女	男	女
1950	68	32	67	36	69	31	73	27
1960	63	37	62	38	63	37	71	29
1970	59	41	59	41	59	41	61	39
1980	49	51	45	55	51	49	50	50

① 潘懋元:《女子高等教育——文化变迁的寒暑表》,《集美大学学报》2001 年第 3 期。
② 杨位平等:《中国台湾大专院校简介》,香港汉荣书局 1993 年版,第 371 页。

以上比较说明,建国后我国女子高等教育的层次迅速提高,女性接受研究生等高层次教育的机会大为增多。当然,与男性的差距仍较大。从国际比较来看,虽然与台湾和日本相比,差距甚小或基本相当,但与美国仍有较大差距。因此,我国女子高等教育在高层次上仍有进一步发展的必要与可能。

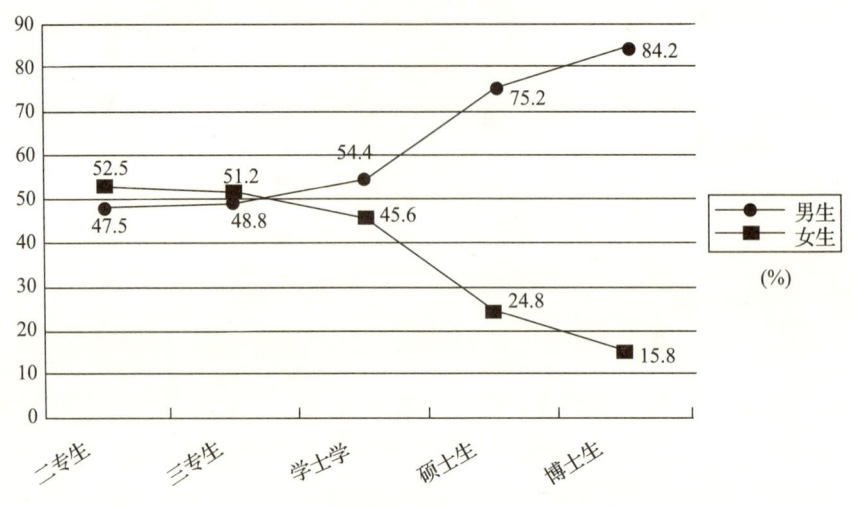

图3　1990年台湾高等教育入学机会的性别差距

3. 科类分布日益广泛

从性别分布的角度看,高等教育的科类一般可分为传统男性领域和传统女性领域,前者如理工、农林、财经、政法、体育,后者如语文、师范、艺术、医药。传统性别领域的形成,既与早期高等教育目标着重于培养"贤妻良母"以及"男主外女主内"等传统观念有关,也与身心特征上的性别差异有关。因此,笔者认为,科类分布与教育平等之间只有某种程度上的关系,不能决然认为,女性不进入传统男性领域便说明男女高等教育机会不平等,或者说,女性进入传统男性领域便反映出男女高等教育机会的平等。但是,女性涉足的科类越广泛,至少说明女性选择的机会越多。这对于高等教育和女性自身的发展,对社会文明的推动,无疑都具有积极意义。

建国前,我国女性接受高等教育的科类分布很不均匀,主要集中在师范、医科类,极少涉足工、农、法、商等科类。以1922年全国大学招收女生的状况为例,在师范、农、工、商、法、医等类大学中,以高等师范学校的女生比例为最高,占9.12%,其次为医科大学,占2.04%,工、商、法科大学女生比例分别为0.39%、0.16%和0.12%,农科大学则无一名女性①。这可能与当时的社会观念如认为

---

① 庄俞、贺圣鼎:《最近三十五年之中国教育》,商务印书馆1931年版,第1999页。

女性比较适合当教师,当时许多行业不向或很少向女性开放的社会现实有关。

建国后,我国高等教育结构经过数次调整,科类结构趋于合理。与此同时,随着我国女性接受高等教育的机会增多,女子高等教育的科类分布越来越广泛,不仅在传统女性领域继续保持优势,进入传统男性领域的女生比例也较解放前有了很大的提高。张建奇认为,考察女子高等教育的科类分布,最准确的是统计全国高等院校分科类的性别构成。但由于资料的缺乏,只能以全国各类别高等学校(特别是专门院校)在校生的性别构成来大致考察女子高等教育的科类分布情况①。笔者研究1985年和1993年全国八类专门院校在校男女生比例发现,无论是1985年还是1993年,女生的科类分布仍主要集中在语文、医药、师范等传统女性领域,但闯入理工、农林、政法、财金等传统男性领域的女大学生比例均在20%以上,较之建国前均有相当大的提高,财金类尤甚,1993年女生比例已接近40%,似乎很难再将它归为传统男性领域科类。

需要指出的是,女生在传统男性科类中所占比例偏低,并不说明其接受这类教育的机会就少。以理工类为例。建国后,我国理工科得以大力发展,理工类院校在校生基数一直遥遥领先于其他专门院校。1986—1999年理工类院校在校大学生数一直占1/3强。尽管80年代以来,我国理工类女性比例一直徘徊在百分之二十几,远不及传统女性科类的女生比例,但理工类女生的绝对数大大超过其他科类,说明我国女性接受理工类教育的机会实际上已大幅增多。因此,不能以理工类女生比例偏低来简单判定女性接受理工类教育的机会少。这一结论与张建奇的研究结果②相类似。

从国外的情况看,各国女性对学科的选择倾向存在很大的共性。笔者根据芬兰、日本、波兰、美国和中国等国1988—1990年女大学生在人文、经济、理工、农林、教育、医科等学科中所占百分比制成图4。③可以看出,无论是女子高等教育比较发达的国家(如芬兰、美国),还是欠发达的国家(如中国),或无论是经济发达国家(如日本),还是发展中国家(如波兰),在女子高等教育的科类分布上都具有很大的共性,即女生比例仍以人文、教育、医科等传统女性领域居高。

判定女子高等教育的科类分布均衡与否,应基于尊重女性自身的意愿或选择这一前提。就我国情况及其与国外的比较来看,可以认为,建国后我国女子高

---

① 张建奇:《高等教育中女性地位研究》,中山大学出版社1999年版,第48页。
② 张建奇:《高等教育中女性地位研究》,中山大学出版社1999年版,第58页。
③ 韦钰:《中国妇女教育》,浙江教育出版社1995年版,第444~467页。其中,日本缺经济类数据,波兰和中国缺人文类数据,美国缺农林类数据。由于各国的统计口径略有差异,且各国数据的年份不完全一致,不能对国别进行绝对比较,但可从中看出各国女性学科选择的倾向性。

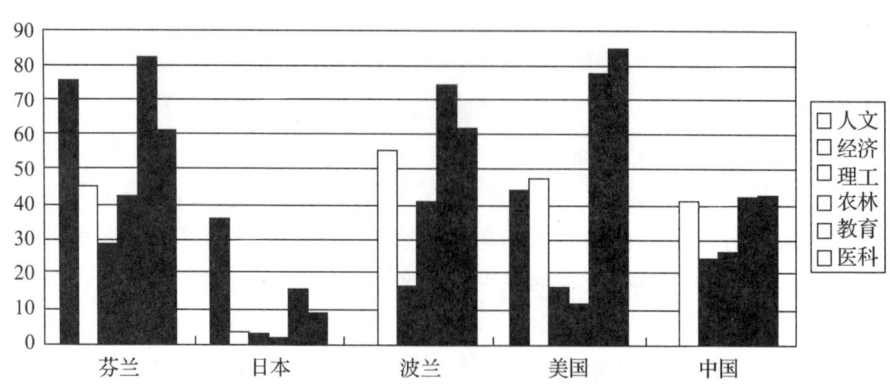

图 4　女子高等教育科类分布的国别比较(%)

等教育已遍及各科类,女子已具有与男子平等的选择各科类高等教育的机会,并且,与其他国家相比,分布还是比较均衡的(图 4)。但受女性身心特点、就业和传统观念等因素制约,女子实际接受高等教育的科类分布仍呈现出较明显的性别特点,这从近年各省高考中文科"状元"多为女性的事实便可见一斑[①]。因此,女子高等教育的科类分布与其说是教育问题,毋宁说是社会问题。

以上历史与国际研究表明,我国女子高等教育历经了一条数量上从无到有、层次上由低走高、科类分布上从狭窄到广泛的发展道路。新中国女子高等教育比之我国古代和近代的情况,发生翻天覆地的变化,取得令人瞩目的成就。但由于起步晚、约束多,我国女子高等教育,无论在入学机会还是层次分布上,与国外尤其是西方发达国家仍有一定差距。不过,科类分布相比于其他国家还是比较均衡的。当然,女子高等教育在成就斐然的同时,也存在不少其他相关问题,如:入学机会和专业选择上的城乡差异和地区差异以及收费上学等对女性入学机会的影响,就业歧视对女性的入学机会、教育意愿以及自我认知的损害等,需要从更深广的视角进行研究。总之,女子高等教育与社会发展之间的互动关系,女子高等教育的现状,决定了中国女子高等教育的发展任重而道远。

(原发表于《清华大学教育研究》2002 年第 6 期)

---

① 刘海峰:《高考与女性接受高等教育之现状与展望》,《有色金属高教研究》1999 年第 1 期。

编后说明

一、本书选取 21 世纪以来在我校任职教师正式发表（个别非正式发表）的相关代表性论文，每人一篇，篇幅一般不超过 1.5 万字。每篇论文附作者近照一帧。论文与照片由作者本人精选提供后，由编者按本书格式要求，进行统一编排处理。

二、由于本书所选论文所跨学科专业较多，论文排序只能按其内容主题做大致归类后编排。

三、本书由厦门大学妇女/性别研究文库编委会策划，厦门大学原党委副书记、妇女/性别研究培训基地陈力文主任担任主编，基地副主任林丹娅教授执编，基地常务副主任李明欢教授组织实施并具体指导。

四、在本书形成过程中，获得相关作者的大力支持与配合，在此特致衷心感谢。

五、本书由厦门大学公共事务学院院长、基地学术指导委员会主任陈振明教授领衔的厦门大学"211 工程"三期"公共政策与政府治理"及"985 工程"公共管理重点学科建设项目资助出版，特此鸣谢。

执行主编：林丹娅

2012 年 11 月

图书在版编目(CIP)数据

厦门大学妇女/性别研究学术文选/陈力文主编. —厦门:厦门大学出版社,
2012.11
ISBN 978-7-5615-4226-2

Ⅰ.①厦… Ⅱ.①陈… Ⅲ.①妇女学-文集 Ⅳ.①C913.68-53

中国版本图书馆 CIP 数据核字(2012)第 129229 号

厦门大学出版社出版发行

(地址:厦门市软件园二期望海路 39 号 邮编:361008)
http://www.xmupress.com
xmup@xmupress.com

厦门集大印刷厂印刷

2012 年 11 月第 1 版 2012 年 11 月第 1 次印刷
开本:787×1092 1/16 印张:34.75 插页:4
字数:623 千字 印数:1～1 000 册
定价:100.00 元

本书如有印装质量问题请直接寄承印厂调换